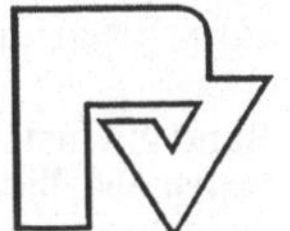

Beiträge zur Wirtschaftsinformatik

Band 1: Lore Alkier
Zukunftsweisende Konzepte
für die EDV-Ausbildung
1992, VIII / 207 Seiten, Brosch. DM 75,-
ISBN 3-7908-0568-8

Band 2: Ulrich Ludwig Küsters
Entwicklung von regelbasierten
Expertensystemen in APL2
1992, VIII/238 Seiten, Brosch. DM 79,-
ISBN 3-7908-0589-0

Band 3: Rolf J. N. Hildebrand
Betriebswirtschaftliche Schwachstellen-
diagnosen im Fertigungsbereich mit
wissensbasierten Systemen
1992, X/163 Seiten, Brosch. DM 65,-
ISBN 3-7908-0594-7

Band 4: Gerhard Walpoth
Computergestützte
Informationsbedarfsanalyse
1993, X/233 Seiten, Brosch. DM 75,-
ISBN 3-7908-0648-X

Band 5: Gerhard A. Kainz
Computergestütze
Distribuierung von Informations-
und Kommunikationssystemen
1993, XII/241 Seiten, Brosch. DM 85,-
ISBN 3-7908-0664-1

Band 6: Dieter Steinmann
Einsatzmöglichkeiten von
Expertensystemen in integrierten
Systemen der Produktionsplanung
und -steuerung (PPS)
1993, XI/217 Seiten, Brosch. DM 78,-
ISBN 3-7908-0665-X

Band 7: Johannes Walther
Rechnergestützte Qualitätssicherung
und CIM
1993, X/281 Seiten, Brosch. DM 90,-
ISBN 3-7908-0684-6

Band 8:
Otto Petrovic
Workgroup Computing –
Computergestützte Teamarbeit
1993, XVI/272 Seiten, Brosch. DM 90,-
ISBN 3-7908-0705-2

Band 9: Gustaf Neumann
Datenmodellierung mit
deduktiven Techniken
1994, VII/223 Seiten, Brosch. DM 75,-
ISBN 3-7908-0717-6

Band 10: Hubert Schüle
DV-Unterstützung beim Planen
und Einführen von CIM-Lösungen
1994, IX/216 Seiten, Brosch. DM 75,-
ISBN 3-7908-0741-9

Band 11: Otto Ch. Krickl (Hrsg.)
Geschäftsprozeßmanagement
1994, VI/302 Seiten, Brosch. DM 90,-
ISBN 3-7908-0782-6

Band 12: Thomas Myrach
Konzeption und Stand
des Einsatzes von Data Dictionaries
1995, XV/330 Seiten. Brosch. DM 98,-
ISBN 3-7908-0822-9

Band 13: Joachim Schmalzl
Architekturmodelle zur Planung
der Informationsverarbeitung
von Kreditinstituten
1995, VIII/298 Seiten. Brosch. DM 98,-
ISBN 3-7908-0840-7

Band 14: Dirk Schreiber
Objektorientierte Entwicklung
betrieblicher Informationssysteme
1995, XVIII/174 Seiten. Brosch. DM 75,-
ISBN 3-7908-0846-6

Band 15: Bärbel Reuter
Direkte und indirekte
Wirkungen rechnerunterstützter
Fertigungssysteme
1995, XVII/259 Seiten. Brosch. DM 90,-
ISBN 3-7908-0850-4

Stefan Hesse

Strategische Datenbanken

Kernelemente computergestützter
Informationssysteme zur Unterstützung
des strategischen Controllings

Mit 68 Abbildungen

Physica-Verlag

Ein Unternehmen des
Springer-Verlags

Reihenherausgeber
Werner A. Müller
Peter Schuster

Autor
Dr. Stefan Hesse
Gleueler Straße 43
D-50931 Köln

ISBN-13: 978-3-7908-0884-1

Die Deutsche Bibliothek – CIP-Einheitsaufnahme
Hesse, Stefan:
Strategische Datenbanken: Kernelemente computergestützter
Informationssysteme zur Unterstützung des strategischen
Controllings / Stefan Hesse. – Heidelberg: Physica-Verl., 1995
(Beiträge zur Wirtschaftsinformatik; Bd. 16)
ISBN-13: 978-3-7908-0884-1   e-ISBN-13: 978-3-642-48199-4
DOI: 10.1007/978-3-642-48199-4
NE: GT

88/2202-5 4 3 2 1 0 - Gedruckt auf säurefreiem Papier

Meinen Eltern

INHALTSVERZEICHNIS

ABKÜRZUNGSVERZEICHNIS

ACM	Association for Computing Machinery
ANSI	American National Standards Institute
AP	Applikationsprogramm
CAD	Computer Aided Design
CAM	Computer Aided Manufacturing
CIM	Computer Integrated Manufacturing
CODASYL	Conference on Data Systems Language
DB	Der Betrieb
DBMS	Datenbankmanagementsystem
DBS	Datenbanksystem
DBTG	Data Base Target Group
DBW	Die Betriebswirtschaft
Diss.	Dissertation
DSS	Decision Support System
DU	Die Unternehmung
FAZ	Frankfurter Allgemeine Zeitung
FuE	Forschung und Entwicklung
GDSS	Group Decision Support System
ggf.	gegebenenfalls
HBR	Harvard Business Review
HiPAC	High Performance Active (Data Base System)
HMD	Handbuch der modernen Datenverarbeitung
HWO	Handwörterbuch der Organisation
i.e.	id est
IEEE	Institute of Electrical and Electronics Engineers
IFAC	International Federation of Automatic Control
IFIP	International Federation of Information Processing
ISO	International Standardization Organization
KEF	Kritische Erfolgsfaktor(en)
krp	Kostenrechnungspraxis
MIS	Management-Informationssystem
ooDBS	objektorientiertes Datenbanksystem
PCT	Patent Cooperating Treaty

RDBS	relationales Datenbanksystem
SDI	Selective Dissemination of Information
SIGMOD	Special Interest Group on Management of Data
SPARC	Standard Planning and Requirement Committee
WISU	Wirtschaft und Studium
WiSt	Das wirtschaftswissenschaftliche Studium
XPS	Expertensystem
ZfB	Zeitschrift für Betriebswirtschaft
ZfbF	Zeitschrift für betriebswirtschaftliche Forschung
ZfO	Zeitschrift für Organisation
ZwF	Zeitschrift für wirtschaftliche Fertigung und Automation

I. EINLEITUNG

A. Problemstellung und Zielsetzung

Im Hinblick auf die zunehmende Komplexität und Dynamik unternehmensinterner und -externer Handlungsvorgaben sowie -möglichkeiten wird ein strategisches Controlling zu einer unverzichtbaren instrumentellen Voraussetzung zur Sicherung des langfristigen Unternehmensbestandes. Dabei ist neben dem Aspekt der Verknüpfung von Planung und Kontrolle im Sinne eines kybernetischen Regelkreises insbesondere der Aspekt der Informationsversorgung des unternehmerischen Handelns hervorzuheben. Information wird nämlich zunehmend als ein eigenständiger Produktionsfaktor mit herausragender Bedeutung für den Wettbewerb erachtet.[1] Um so wichtiger wird eine bedarfsgerechte Informationsbereitstellung.

In diesem Zusammenhang läßt sich jedoch häufig das folgende Paradoxon beobachten: Es herrscht ein Überangebot an Informationen ("information overload") bei gleichzeitigem Mangel notwendiger Informationen (Informationsdefizit).[2] Diese unbefriedigende Situation kann nur behoben werden, wenn die Informationsnachfrage spezifiziert und daraufhin das entsprechende Angebot (handlungs-)relevanter Informationen bereitgestellt wird. Zur Informationsbedarfsermittlung bieten sich besondere (Erhebungs-)Methoden und zur effizienten Informationsbereitstellung die Informationstechnologie an.

Die relativ wohl-strukturierten und sich in ähnlicher Weise wiederholenden Entscheidungssituationen der operativen Ebene erlauben, die Informationsnachfrage gut zu bestimmen und durch technologiegestützte Informationssysteme zu befriedigen. Die Konsequenz ist ein hoher informationstechnologischer Durchdringungsgrad mit datenbankgestützten Administrations- und Dispositionssystemen zur Abwicklung und (Entscheidungs-)Unterstützung operativer Aufgaben.[3] Die Datenbanken dienen dabei als einheitliche und global verfügbare Informationsbasis[4] und sind in ihren Funktionalitäten auf die Verwaltung von strukturierten Massendaten spezialisiert. Inhalt und Auf-

---

Die vorliegende Arbeit wurde im Fachbereich Wirtschaftswissenschaft der Universität Wuppertal im Januar 1995 als Dissertation angenommen.

1) Vgl. etwa PORTER u. MILLAR (Information, 1985), POLKE (Ressource, 1988) u. PICOT (Produktionsfaktor, 1991).

2) Vgl. ZELEWSKI (Leistungspotential, 1986), S. 604 u. BERTHEL (Informationsbedarfsanalyse, 1992), Sp. 875.

3) Vgl. MERTENS u. GRIESE (Informationsverarbeitung Bd. 1, 1991) u. (Informationsverarbeitung Bd. 2, 1991). Als umfassende computergestützte Planungs- und Prognosesysteme mit primär operativer Ausrichtung sind KOLLPROG und REMBA zu nennen. Vgl. dazu MATTHES (KOLLPROG, 1989) sowie MATTHES u. SCHMIDT (Einzelprozeßrechnung, 1991) bzw. MERTENS u. HAUN (Rechnungswesen, 1988).

4) Zur Datenbankunterstützung der Systeme KOLLPROG und REMBA vgl. MATTHES u. ALBERS (Plandatenbanken, 1985) bzw. HAUN (Rechnungswesen, 1987) sowie MERTENS u. HAUN (Rechnungswesen, 1988).

bau dieser Datenbanken wird in Theorie und Praxis unter der Überschrift "(Gesamt-) Unternehmensdatenmodelle" diskutiert.[5]

Die wenig strukturierten Entscheidungssituationen und offenen Wirkungsspektren der strategischen Planung und Kontrolle bereiten dagegen erhebliche Schwierigkeiten bei der Bestimmung des Informationsbedarfs.[6] Dies spiegelt sich zunächst in der geringen Zahl von Methoden zur Bedarfsermittlung wider. Schließlich resultiert daraus der zum operativen Controlling vergleichsweise geringe Verbreitungsgrad technologiegestütz- ter Informationssysteme. Dabei sind gerade auf Grund der offenen und ständigem Wandel unterliegenden Problemstrukturen des strategischen Controllings rechnerge- stützte Instrumente zur Bewertung - an Hand simulierter Wirkungsspektren[7] - und Kontrolle von Strategien notwendig. Relativ weit fortgeschritten sind Ansätze zur Prognose externer, d.h. nicht oder nur wenig beeinflußbarer Größen der Unterneh- mensumwelt (Lageprognosen), die in Form von rechnergestützten mathematisch- statistischen, ökonometrischen und simulativen Modellen zur Verfügung stehen.[8] An- sätze zur kollektiv interaktiven Generierung und Bewertung von Strategien stecken dagegen allerdings noch in den Anfängen.[9] Ebenso sind Systeme zur Kontrolle der in- und externen Bedingungen sowie Wirkungen bei der Strategieumsetzung bisher wenig in der Praxis verbreitet.[10] Gedanken zu einer gemeinsamen Informationsbasis dieser fast ausschließlich isoliert nebeneinander bestehenden Instrumente - einer strategi- schen Datenbank - finden sich nur vereinzelt und undifferenziert in der einschlägigen Literatur.[11]

Das oben aufgezeigte Paradoxon - einerseits "information overload", andererseits In- formationsdefizit - besteht also hauptsächlich im strategischen Controlling - eine in

---

5) Vgl. etwa Heft 152 (Juni) 1991 des HMD und Heft 5 (1990) der Zeitschrift "Wirtschaftsinforma- tik" mit den Schwerpunktthemen "Unternehmensweite Datenmodellierung" bzw. "Datenmodel- lierung".

6) Die empirische Studie von SEIBT u.a. zu Executive Information Systems (EIS), spezielle compu- tergestützte Informationssysteme zur Unterstützung des Top-Managements, nennt die Ermittlung des strategischen Informationsbedarfs als größte Schwierigkeit. Vgl. SEIBT u.a. (EIS, 1994), S. 19f.

7) MATTHES spricht in diesem Zusammenhang von einer "experimentellen BWL", die rechnerge- stützte Simulationen realer Entscheidungssituationen als Laborversuche zur prognostischen Be- wertung alternativer Handlungsoptionen einsetzt. Vgl. MATTHES (Perspektiven, 1989), S. 27.

8) Vgl. MATTHES (KOLLPROG, 1989), S. 150f.

9) Vgl. MATTHES (KOLLPROG, 1989), S. 151. Im weitesten Sinne sind Group Decision Support Systeme (GDSS) gemeint, die in diesem Falle speziell zur Strategiegenerierung und -bewertung eingesetzt werden. Als einer der wenigen Ansätze, die sich mit der Kollektivität strategischer Controllingsysteme beschäftigt sei hier der von DEDERICHS entwickelte computergestützte Ba- sismodul erwähnt. Vgl. dazu DEDERICHS (Basismodul, 1993).

10) Hiermit sind Executive Information Systems (EIS) oder Führungsinformationssysteme ange- sprochen. Vgl. zu deren (noch) geringen Verbreitung die Ergebnisse in der empirischen Studie SEIBT u.a. (EIS, 1994).

11) Die diesbezüglichen Gedanken werden im Abschnitt IV.C.1. ausführlich reflektiert.

Anbetracht dessen eminenter Bedeutung für den langfristigen Unternehmensbestand in einer zunehmend wettbewerbsintensiven Umwelt extrem unbefriedigende Situation.

Das Ziel dieser Arbeit besteht daher im Entwurf einer prototypischen strategischen Datenbank als Kernelement computergestützter Informationssysteme zur Unterstützung des strategischen Controllings. Dieser Prototyp soll als möglichst allgemein verwendbare, musterhafte Ausgangsbasis zur Entwicklung realer strategischer Datenbanken dienen und dadurch die für diesen Bereich bestehende Diskrepanz zwischen Informationsangebot und -nachfrage reduzieren. Die Entscheidung zum Entwurf einer strategischen Informationsbasis als Datenbank bzw. Datenbanksystem begründet sich aus deren zentralen Stellung, die diese Systeme als einheitliche und allgemein zugängliche "Datenverwalter" innerhalb computergestützter Informationssysteme einnehmen.[12]

Die Konkretisierung des angestrebten Prototyps bezieht sich auf zwei Aspekte.

Zum einen sollen die minimal erforderlichen Datenbankinhalte als Informationsgruppen/-cluster strukturiert werden. Dabei ist von einem möglichst allgemeingültigen strategischen Informationsbedarf auszugehen. Der Gedanke einer strategischen Datenbank dehnt in dieser Hinsicht die bisher auf den operativen Bereich beschränkten Bemühungen zur Schaffung eines (Gesamt-)Unternehmensdatenmodells auf den strategischen aus.

Zum anderen wird angestrebt, die zur Verwaltung dieser Informationen notwendigen datenbanktechnologischen Funktionalitäten zusammenzustellen. Zwar sind inzwischen viele neue Arten von Datenbanksystemen entwickelt, implementiert und im Hinblick auf ausgewählte Anwendungsfelder untersucht worden, jedoch nicht oder nur rudimentär unter der Perspektive eines Informationssystems zur Unterstützung des strategischen Controllings.[13] Schließlich sollen die strategischen Informationen in eine datenbanknahe Darstellungsweise übertragen werden.

---

12) SILBERSCHATZ u.a. (Opportunities, 1991), S. 114 sind bezüglich der Bedeutung von Datenbanksystemen folgender Meinung: *"Database technologies are a classic area of computer science that are very useful for MSS (Management Support Systems, Anm. d. Verf.)"*.Vgl. zu einer ausführlicheren Begründung Abschnitt IV.A.4. dieser Arbeit. Die Folge ist eine zunehmende Datenbankorientierung bei der Gestaltung betrieblicher Informationssysteme. Vgl. ORTNER (Modellierung, 1985), S. 20, SCHWARZE (Datenbankorientierung, 1987), MÜLLER-MERBACH (Datenbanken, 1988), S. 7 u. (Informationssysteme, 1989), S. 1027f., SCHEER (Wirtschaftsinformatik, 1990), S. 563 u. BACK-HOCK (Perspektiven, 1991), S. 95.

13) SCOTT MORTON (State, 1986), S. 332f. bemerkt "...However, the absence in the literature of illustration of database technology application and use for MSS suggests that these technologies are still in the early phase of their life cycle...The large body of literature coming from basic technology research by computer vendors and universities indicates that increasingly powerful database tools applicable to MSS will continue to become available." Allenfalls die Beiträge MANOLA (Overview, 1980) sowie PREIß u. STUCKY (Probleme, 1986) analysieren die Einsatzpotentiale von Datenbanksystemen im Rahmen von entscheidungsunterstützenden Systemen. In Anbetracht der schnell voranschreitenden technologischen Entwicklung muß der Beitrag von MANOLA sicherlich als veraltet und der von PREIß u. STUCKY als nicht mehr ganz

B. Vorgehensweise

Nach dieser Einleitung werden im folgenden Kapitel II. die Grundaspekte des strategischen Controllings beleuchtet. Hierzu werden allgemeine Rahmenbedingungen (Abschn. A.) aufgezeigt sowie die Controlling-Konzeption (Abschn. B.) dieser Arbeit entwickelt. Die Darstellung strategischer Orientierungs- und Zielgrößen (Abschn. C.) dient der Abgrenzung zum operativen Controlling und leitet zur Problematik der Konkretisierung von Erfolgspotentialen (Abschn. D.) über. Die Betrachtung des Prozesses (Abschn. E.) und ausgewählter Instrumente (Abschn. F.) des strategischen Controllings schließen das Kapitel ab.

Strategische Informationen als Grundlage des strategischen Controllings sind Gegenstand von Kapitel III. Nachdem zunächst ein Informationsbegriff eingeführt und verschiedene Informationsarten aufgezeigt wurden (Abschn. A.), werden besondere Merkmale strategischer Informationen hervorgehoben (Abschn. B.). Die Darstellung der Theorie unscharfer Mengen - ein wichtiges Mittel zur Abbildung und Verarbeitung vager strategischer Informationen - schließt sich an (Abschn. C.). Zur weiteren Betrachtung strategischer Informationen werden Problematik und Methoden zur Ermittlung des Bedarfs an solchen aufgezeigt (Abschn. D.). Abgeschlossen wird das Kapitel durch den Vorschlag eines strategischen Rechnungswesens als betriebswirtschaftlich-konzeptionelle Basis eines strategischen Informationsangebots (Abschn. E.), das ausgehend von einer Kritik des aktuellen Entwicklungsstandes des Rechnungswesens in seinen Anforderungen konkretisiert wird und zur Bewertung ausgewählter strategisch orientierter Erweiterungsvorschläge in der Literatur dient.

Kapitel IV. stellt strategische Datenbanken als Kernelemente computergestützter Informationssysteme zur Unterstützung des strategischen Controllings vor und leitet zur Betrachtung der Informationstechnologie im allgemeinen und Datenbanksysteme im besonderen über. Dazu werden zunächst computergestützte Informationssysteme (Abschn. A.) anhand ihrer Elemente und des Aufbaus näher beschrieben. Weiterhin werden die Vorteile ihres Einsatzes aufgezeigt und eine zunehmende Datenbankorientierung bei deren Gestaltung konstatiert. Spezielle Entwicklungsformen und Merkmale computergestützter Informationssysteme zur Unterstützung des strategischen Controllings stehen im Mittelpunkt des folgenden Abschnitts B. und leiten zum Konzept der strategischen Datenbank (Abschn. C.) über. Dieses wird zunächst in Bezug zu den im vorherigen Abschnitt dargestellten Systemen charakterisiert und anschließend durch betriebswirtschaftlich-inhaltliche - die sich am strategischen Informationsbedarf orientieren - und informationstechnologisch-funktionale - die sich an Informationsarten und den angrenzenden Planungs- und Kontrollsystemen orientieren - Anforderungen weiter spezifiziert.

---

aktuell eingestuft werden. Darüber hinaus werden im Rahmen der vorliegenden Arbeit die Eignungspotentiale für ein technologiegestütztes Informationssystem zur Unterstützung des strategischen Controllings beleuchtet. Dieses Konzept unterscheidet sich von dem der Entscheidungsunterstützungssysteme, das den erwähnten Beiträgen zugrunde liegt. Vgl. zu diesen Unterschieden Abschnitt IV.B. dieser Arbeit.

Kapitel V. zeigt Entwicklungsstand und -tendenzen der Datenbanktechnologie[14] als primäres informationstechnologisches Instrument zur Realisierung einer strategischen Datenbank auf.[15] Hierzu sind zunächst interne Datenbanken (Abschn. A.) in ihren Grundzügen darzustellen und zu bewerten. Im Vordergrund des Interesses stehen dabei Datenbanksysteme und Datenbankentwurf. Neben konventionellen Datenbanksystemen werden auch neue Ansätze (objektorientierte, zeitbezogene, aktive, deduktive, terminologische, unscharfe und gruppenunterstützende) ausführlich betrachtet. Die Darstellung der grundlegenden Eigenschaften und des Angebots externer Datenbanken sowie eine Bewertung im Vergleich zu alternativen Informationsquellen (Abschn. B.) schließen die datenbanktechnologische Betrachtung ab.

In Kapitel VI. erfolgt eine Analyse der Potentiale von Datenbanken zur Realisierung einer strategischen Datenbank. Im Rahmen der internen Datenbanken (Abschn. A.) werden dabei die bereits dargestellten Datenbanksysteme und deren Funktionen im Vordergrund einer datenbanksystemorientierten Betrachtung stehen. Als Bewertungsgrundlage dienen in erster Linie die in Kapitel IV. aufgestellten informationstechnologisch-funktionalen Anforderungen. Bei den externen Datenbanken (Abschn. B.) tritt dagegen die technologische Perspektive zu Gunsten einer angebotsorientierten in den Hintergrund. Das Informationsangebot externer Datenbanken wird als strategische Chance zur Erlangung von Informationsvorteilen gesehen und für generelle und spezielle Beobachtungsbereiche analysiert.

Auf der Basis der bis dahin erzielten Zwischenergebnisse wird in Kapitel VII. eine prototypische strategische Datenbank konkretisiert. Dazu werden dem Gedanken (funktional) erweiterbarer Datenbanksysteme folgend zunächst die notwendigen Datentypen und Operatoren als datenbanktechnologische Konstruktionselemente vorgestellt (Abschn. A). Die inhaltliche Konkretisierung einer strategischen Datenbank erfolgt dann auf der Ebene eines semantischen Datenmodells und wird durch die Übertragung in das zuvor entwickelte Datenbankmodell abgeschlossen (Abschn. B.).

Die Arbeit schließt mit Kapitel VIII., das die Ergebnisse der Arbeit zusammenfassend bewertet und einen Ausblick auf weitere Forschungsentwicklungen gibt.

---

14) Wie die große Zahl von Veröffentlichungen und auch das folgende Zitat belegen eine keineswegs - wie häufig angenommen - ausgereifte Technologie ohne weitere Entwicklungslinien: "Some might argue that database systems are a mature technology and it is thererfore time to refocus research onto other topics... We argue strongly here that such a turn of events would be a serious mistake. Rather, we claim that solutions to the important database problems of the year 2000 and beyond are not known.", SILBERSCHATZ u.a. (Opportunities, 1991), S. 114.

15) Ironischerweise sah sich der Autor dieser Arbeit gerade in diesem Bereich mit den Problemen eines "information overload" konfrontiert. DATE (Introduction, 1991), S. IXf. schätzt, daß pro Jahr ca. 100.000 Seiten neuen Materials über Datenbanken in Büchern, Fachzeitschriften, Tagungs- und Forschungsberichten sowie Handbüchern veröffentlicht werden.

II. GRUNDASPEKTE DES STRATEGISCHEN CONTROLLINGS

A. Allgemeine und spezielle Rahmenbedingungen

Bei Betrachtung und Gestaltung des betrieblichen Controllings sind Rahmenbedingungen zu beachten. Diese sollen hier in allgemeine und spezielle unterteilt werden. Allgemeine Rahmenbedingungen besitzen einen weiten räumlich-zeitlichen Geltungsbezug, während spezielle durch gegenwärtige Tendenzen im wirtschaftlichen, technologischen und gesellschaftlich-politischen Supersystem der Unternehmung begründet sind und insofern einen stärker situativen Charakter aufweisen.

Als allgemeine Rahmenbedingung soll das von MATTHES vorgestellte axiomatisiertes Referenzsystem realer externer und interner Rahmenbedingungen unternehmerischer Steuerungsprozesse (Controlling) dieser Arbeit zugrunde gelegt werden:[16]

(1) Institutionenaxiom

Es herrscht eine Polyzentrik in einem Netz verteilter, hierarchisch und heterarchisch strukturierter Steuerungsinstitutionen (individuelle und kollektive interne und externe Instanzen oder Anspruchsgruppen[17]), die der Entwicklung ihres Ziel-, Aufgaben-, Kommunikations- und Koordinationssytems entsprechend planen und agieren.

(2) Ziel-/Werteaxiom

Die Instanzen verfolgen intra- und interinstitutional komplementäre und konfligierende Ziele, die eine polykriterielle Bewertung alternativer Handlungsmöglichkeiten sowie Konflikthandhabungsmechanismen erfordern.

(3) Rationalitätsaxiom

Die jeweils verfolgten Zielsysteme sind unvollständig expliziert, evolutionär adaptierend und werden durch unbewußte Antriebe (Affekte) und absichtlich verdeckte Zusatzziele relativiert.

(4) Informationsaxiom

Informationen über Ziele, Alternativen, Wirkungsspektren und Kontextbedingungen sind nur beschränkt einwertiger kardinaler oder ordinaler Messung zugänglich und/ oder nur unvollständig den Steuerungsinstitutionen bekannt. Die nur teilweise hinreichend präzise, vorwiegend jedoch schlecht-strukturierten Entscheidungssituationen erfordern subjektive Schätzungen mit differenziertem Erwartungs- und Risikoverhalten.

(5) Regelaxiom

Steuerungsregeln und -verfahren der Erkenntnisgewinnung und -verarbeitung, der Zielentwicklung, Prognose, Problemstrukturierung, Alternativengenerierung,

---

16) Vgl. MATTHES (Phasen, 1986), S. 284 u. MATTHES (KOLLPROG, 1990), S. 154ff.

17) MATTHES versteht unter Institutionen nur die unternehmensinternen Instanzen und die darin agierenden Mitarbeiter. Hier sollen auch unternehmensexterne Institutionen betrachtet werden, die als Anspruchsgruppen Einfluß auf das unternehmerische Handeln ausüben (z.B. Kapitalgeber, Lieferanten, Kunden, Staat, Gesellschaft).

-ordnung und -selektion, der Koordination, Durchsetzung, Kontrolle und Anpassung von Entscheidungen sind nur teilweise als analytische und synthetische Verfahren expliziert. Vielmehr werden sie vorwiegend als Heuristiken i.S. tradierter Regeln in Verbindung mit affektivem Steuerungsverhalten eingesetzt.

(6) Prozeßaxiom
Steuerungsobjekte sind Prozesse (Beschaffungs-, Produktions-, Distributions-, Zahlungs-, Informations-, Lern-, Administrations- und Steuerungsprozesse selbst) mit ihren dynamischen Aktions- und Reaktionsparametern, die nach gemeinsamen Leistungs- bzw. Produktbezügen zu Prozeßkomplexen oder Projekten zusammengefaßt werden können.

(7) Kontextaxiom
Dynamische Steuerungsobjekte und -bedingungen sind die Ursache für sich verändernde Steuerungsprobleme, die nur mit Hilfe adaptierender und innovierender Handlungsprogramme, -verfahren sowie Steuerungsregeln und -systeme lösbar sind. Insofern besteht eine interdependente Kontext-, Problem- und Systemevolution.

Unter Zugrundelegung dieser Basisaxiome kann der Managementprozeß allgemein als ein offenes, evolutionäres menschliches Denk-, Kommunikations-, Verhandlungs- und Handlungssystem interpretiert werden.[18]

Die speziellen Rahmenbedingungen sind durch das gegenwärtige wirtschaftliche, technologische und gesellschaftlich-politische Umsystem der Unternehmung bestimmt. In der folgenden Aufzählung sind die wichtigsten Entwicklungen erfaßt:[19]

- Internationalisierung und Globalisierung des Wettbewerbs
- Umbrüche in der weltpolitischen Landkarte
- ökologisches Bewußtsein
- Verkürzung der Produktlebenszyklen
- gestiegene Anspruchshaltung der Abnehmer (Wandlung vom Verkäufermarkt zum Käufermarkt)
- Beschleunigung des Wissenszuwachses und der technologischen Möglichkeiten
- veränderte Kostenstrukturen
- Verringerung der Informations- und Wissensvorsprünge

Aus den beschriebenen Entwicklungen resultieren zwei allgemeinere Tendenzen:

• Zunahme der Dynamik
• Zunahme der Unsicherheit

Die Zunahme der Dynamik hat zur Folge, daß die Bereiche und Zeitspannen schrumpfen, für die noch unter einigermaßen gleichbleibenden Bedingungen geplant werden kann.[20] Gemäß des sprichwörtlichen Leitsatzes, aus der Not eine Tugend zu machen, kann die zeitliche Verknappung zu einem strategischen Erfolgsfaktor wer-

---

18) Vgl. MATTHES (Phasen, 1986), S. 290.
19) Vgl. zu einer ähnlichen Übersicht PICOT (Strukturwandel, 1990), S. 121.
20) Vgl. RIEBEL (Unternehmensrechnung, 1990), S. 699.

den.[21] Dabei wird neben den von PORTER vorgeschlagenen generischen Strategien der Kostenführerschaft und Differenzierung[22] die Zeitführerschaft als weitere Kategorie einer strategischen Ausrichtung eingeführt.[23] Unternehmen, die eine Zeitführerschaft verfolgen, realisieren ihren Erfolg auf Grund der Tatsache, Erster zu sein. Empirische Untersuchungen belegen die Attraktivität einer solchen Rolle.[24]

Die Zunahme der (externen) Unsicherheit begründet sich aus den massiv intensivierten Wirkungszusammenhängen der politischen, sozialen und ökonomischen Subsysteme. Die Unsicherheit bleibt ihrem Wesen nach struktureller Art, da selbständig agierende und reagierende Personen sowie Organisationen in ihren Handlungen nicht vorherbestimmbar sind. Hierdurch wird eine Neudefinition des klassischen Managementverständnisses dringlich nötig, das vom Primat der Planung ausgehend der anschließenden Plandurchsetzung durch Organisation und Führung sowie einer abschließenden Kontrolle der Zielerreichung nur eine untergeordnete Rolle zumißt.[25] Planung als ein "...willensbildender, informationsverarbeitender und prinzipiell systematischer Entscheidungsprozeß mit dem Ziel, zukünftige Entscheidungs- oder Handlungsspielräume problemorientiert einzugrenzen und zu strukturieren",[26] übernimmt zwingender Weise eine selektive Funktion, indem als nicht relevant erachtete oder bisher unbekannte Sachverhalte ausgeblendet bleiben. Insbesondere in einer sich schnell wandelnden Umwelt kann diese Selektion zu bestandskritischen Situationen für die Unternehmung führen. Erforderlich wird eine Kompensation des durch die notwendige Selektion unvermeidlich entstehenden Risikos des Ausblendens relevanter Entwicklungen.[27] Diese Risikobegrenzung kann in erster Linie durch Maßnahmen zur Überwachung der Entwicklung und zur etwaigen Gegensteuerung i. S. eines kybernetischen Regelkreises erreicht werden:[28] "Die Fähigkeit zu aperiodischen schnellen Plananpassungen, ja selbst zu tiefgreifenden Umplanungen gewinnt an Bedeutung."[29] Die Kontrolle tritt somit aus dem nachgelagerten Bedeutungszusammenhang des klassischen Managementprozesses heraus und nimmt einen der Planung zumindest gleichberechtigten Stellenwert ein.[30]

---

21) Vgl. zur Zeit als strategischer Erfolgsfaktor SIMON (Zeit, 1989) u. KRYSTEK u. MÜLLER-STEWENS (Frühaufklärung, 1990), S. 337 f.

22) Vgl. PORTER (Wettbewerbsstrategie, 1987), s. 62ff. sowie Abschnitt II.F.1.b).

23) Vgl. ZACHARIAS (Zeitwettbewerb, 1992).

24) Vgl. die Übersicht bei SIMON (Zeit, 1989), S. 126.

25) Zu einer ausführlichen Charakterisierung und Kritik des klassischen Managementprozesses vgl. SCHREYÖGG (Managementprozeß, 1991). Vgl. auch MATTHES (Phasen, 1986), S. 97f.

26) Vgl. SZYPERSKI u. WINAND (Grundbegriffe, 1980), S. 32.

27) Vgl. SCHREYÖGG (Managementprozeß, 1991), S. 278.

28) Vgl. MATTHES (Phasen, 1986), S. 286 u. SCHREYÖGG (Managementprozeß, 1991), S. 278.

29) RIEBEL (Unternehmensrechnung, 1990), S. 699.

30) Vgl. SCHREYÖGG (Managementprozeß, 1991), S. 281. SCHREYÖGG spricht von den Managementfunktionen Planung, Organisation, Personaleinsatz, Führung und Kontrolle als gleichberechtigte Steuerungspotentiale, deren konkrete Ausgestaltung oder Kombination entsprechend ihrer Eignung situationsadäquat erfolgen sollte. Da im Rahmen dieser Arbeit organisations- und führungstheoretische Aspekte nicht behandelt werden sollen, beschränken sich die obigen Ausführungen auf die gewandelte Stellung der Kontrolle.

B. Controlling-Konzeptionen

Der Gedanke des Controllings trägt den veränderten Rahmenbedingunen durch eine integrierte Betrachtung von Planung und Kontrolle Rechnung. Jedoch besteht über den Begriff und die konkrete Gestaltung des Controllings in der einschlägigen Literatur keineswegs Einigkeit.[31] Deswegen soll nach einer knappen Übersicht verschiedener Controlling-Konzeptionen[32] eine für die Zwecke dieser Arbeit sinnvolle entwickelt werden.

Die in der Literatur vorgestellten Controlling-Konzeptionen lassen sich in institutionale und funktional-instrumentale einteilen. Die institutionalen Controlling-Konzeptionen werden stark von organisatorischen Aspekten geprägt und deswegen hier nicht weiter betrachtet.[33] Die funktional-instrumentalen betonen in besonderer Weise die Mittel-Zweck-Beziehung zur Erreichung übergeordneter, durch das Controlling nicht mehr zu hinterfragender Ziele.[34] Die hierunter fallenden Konzeptionen reichen vom bloßen Unterstützungsinstrument als Informationslieferant für Führungsentscheidungen über die Ergänzung der Funktionen der Unternehmensführung (Planung, Organisation, Kontrolle und Führung) bis hin zu deren integrativen Auflösung in einem allumfassenden Controlling.[35]

---

31) Häufig werden etymologische und historische Betrachtungen herangezogen, um verschiedene Auffassungen zu beschreiben und zu begründen. Dies soll hier jedoch nicht vertieft und statt dessen auf die folgende Literatur verwiesen werden. Vgl. zu etymologischen Betrachtungen COENENBERG u. BAUM (Controlling, 1987), S. 1, WEBER (Controlling, 1988), S. 6, WELGE (Controlling, 1988), S. 1 u. PREIßLER (Controlling, 1991), S. 11 sowie zu historischen HORVARTH (Entwicklungstendenzen, 1981), S. 398ff. u. WEBER (Controlling, 1988), S. 1f. Vgl. zu einer Abgrenzung von "Controlling" und "Kontrolle" MATSCHKE u. KOLF (Entwicklung, 1980), S. 603.

32) Unter einer Controlling-Konzeption wird ein umfassendes Begriffsverständnis von Controlling unter dem Aspekt einer Zweck-Mittel-Beziehungen zur Lösung betriebswirtschaftlicher Probleme verstanden. Vgl. COENENBERG u. BAUM (Controlling, 1987), S. 1f. Damit soll sich von der Betrachtung einzelner Definitionen gelöst werden, die für die Zwecke dieser Arbeit zu weit führen würde.

33) Vgl. zu dieser Controlling-Konzeption COENENBERG u. BAUM (Controlling, 1987), S. 5.

34) Vgl. WELGE (Controlling, 1988), S. 6 u. (Planung, 1985), S. 33. Er systematisiert die folgenden Ziele: a. Sicherung der Planung und Integration von Planung und Kontrolle, b. Sicherung der Informationsversorgung, c. Beitrag zur Sicherung der internen Koordinationsfähigkeit der Unternehmungsführung durch integrierende Verknüpfung des Planungs-, Kontroll- und Informationssystems und d. Beitrag zur Sicherung und Erhöhung der externen Flexibilität. Vgl. WELGE (Controlling, 1988), S. 25 ff.

35) Vgl. HORVARTH (Entwicklungstendenzen, 1981), S. 400, COENENBERG u. BAUM (Controlling, 1987), S. 2f. sowie WEBER (Controlling, 1988), S. 11. Vgl. zu synoptischen Übersichten von Controllingauffassungen COENENBERG u. BAUM (Controlling, 1987), S. 9 u. WEBER (Controlling, 1988), S. 25

Vielen Auffassungen liegt das aus der Kybernetik entlehnte Konzept der Lenkung und Steuerung oder Regelung von Prozessen zugrunde.[36] Dieses Paradigma soll hier ausführlicher betrachtet werden, weil es maßgeblich die Controlling-Konzeption dieser Arbeit prägen wird.

Nach diesem Regelkreismodell bildet das Ergebnis der Planung die Planziele und -zwischenziele als im kybernetischen Sinne vorwärtsgekoppelte Steuerungsgrößen (SOLL), deren Erreichen während der Planrealisation durch rückwärtsgekoppelte Regelungsgrössen (IST) laufend zu kontrollieren ist und bei Abweichungen zu nachsteuernden Anpassungsmaßnahmen führen.[37] Diese auch als *einfache Steuerung* bezeichnete Funktionsweise beschränkt sich jedoch auf die Reaktion bereits in der Zielgröße sich niederschlagender Fehlsteuerungen. Eine nachträgliche Abweichungsanalyse gibt Aufschluß über die Ursachen der unerwünschten Ergebnisse und führt so zu erfahrungsbedingtem Lernen. Die *einfache Steuerung* kann als vergangenheitsorientiert charakterisiert werden, da sie sich mit bereits Geschehenem befaßt, jedoch entsteht ein Nutzen durch die Ansammlung von Erfahrungswissen, das potentiell geeignet ist, zukünftige Handlungen zur Zielerreichung zu verbessern. Dieser Effekt soll als indirekte Zukunftsausrichtung der *einfachen Steuerung* bezeichnet werden.

Die Weiterentwicklung der Integration von Planung und Kontrolle zur *komplexen Steuerung* sieht das antizipative Erkennen von Störungen vor, die das Erreichen der verfolgten Ziele in Frage stellen können.[38] Als Vergleichsmaßstab dient dann die zu erwartende Zielgröße (WIRD), so daß eine nachsteuernde Anpassungsmaßnahme die Störgröße bei der Systemsteuerung berücksichtigt, bevor sich diese auf die Zielerreichung ausgewirkt hat.[39]

Verbindet man mit der *einfachen Steuerung* eine nur indirekte Zukunftsausrichtung in der oben beschriebenen Weise, so bedeutet das antizipative Erkennen von Störgrößen bei der *komplexen Steuerung* eine direkte. Demgemäß basiert nach WELGE die *komplexe Steuerung* auf einer innovativ-antizipativen Controllingphilosophie, die den Schwerpunkt von Feedback- auf zukunftsorientierte Feedforeward-Vergleiche (Soll-Wird-Vergleiche) verlagert.[40]

Im Rahmen dieser Arbeit soll Controlling als ein Instrument der Unternehmensführung zur informationellen Unterstützung der Planung und Kontrolle zur Steigerung der internen Koordination und externen Adaption durch die oben beschriebene komplexe Steuerung verstanden werden. Diese Controlling-Konzeption umfaßt lediglich solche Aspekte, die im Rahmen des Untersuchungszieles dieser Arbeit als relevant erachtet werden. Dabei wird von verhaltenssteuernden und organisatorischen Dimensionen anderer Controlling-Konzeptionen abstrahiert.

---

36) Vgl. WEBER (Controlling, 1988), S. 7.
37) Vgl. BECKER (Funktionsprinzipien, 1990), S. 302 ff.
38) Vgl. BECKER (Funktionsprinzipien, 1990), S. 306 ff.
39) Vgl. BECKER (Funktionsprinzipien, 1990), S. 307 u. GÄLWEILER (Kontrolle, 1981), S. 384.
40) Vgl. WELGE (Controlling, 1988), S. 18.

C. Strategische Orientierungs- und Zielgrößen: Erfolgspotentiale

Controlling im bisher ausgeführten Sinne kann sich auf eine operative und eine strategische Ebene beziehen. Die Einführung dieser perspektivischen Unterscheidung erfolgte durch die grundlegenden Veröffentlichungen von ANSOFF[41], der die primäre Aufgabe einer strategischen Orientierung in der Festlegung des grundsätzlichen Wettbewerbsfeldes in Form von Produkt-/Marktkombinationen einer Unternehmung sieht. Im operativen Bereich dagegen sollen die durch die strategischen Vorgaben festgelegten Handlungsspielräume möglichst erfolgreich ausgenutzt werden.

Die Einführung dieser Sichtweise in die deutschsprachige betriebswirtschaftliche Literatur wurde maßgeblich durch GÄLWEILER geprägt, der insbesondere den vorsteuernden Charakter strategischer Entscheidungen betont:

> "Der letzten Endes erreichbare Ertrag eines Unternehmens ist daher in erster Linie von der ökonomischen Qualität der vor den operativen Ausführungsentscheidungen liegenden (strategischen, d. Verf.) Vorlaufentscheidungen verschiedener Art abhängig, weil damit die grundlegenden Voraussetzungen (Potentiale) geschaffen werden für das letztendlich mögliche und erreichbare Maß an ökonomischer Effizienz."[42]

Orientierungsgrößen der strategischen Ebene sind demnach nicht Erfolg und Liquidität, sondern deren Voraussetzungen: Erfolgspotentiale. Allgemein gesprochen werden auf strategischer Ebene operative Handlungsspielräume eröffnet und festgelegt.[43] Die Konzeptionalisierung einer Vorsteuergröße resultiert aus der vorwiegend gegenwarts- und vergangenheitsbezogenen Orientierung der Rechnungswesengrößen Erfolg und Liquidität, die lediglich das bereits geschehene oder weitestgehend bestimmte ökonomische Handeln der Unternehmung abbilden. Krisenhafte Situationen werden somit erst erkannt, wenn ihre Auswirkungen bereits monetär spürbar sind und Anpassungen nicht mehr rechtzeitig ergriffen werden können. Darüber hinaus lassen sich pagatorische Größen in einer dynamischen und unsicheren Umwelt im bereits ausgeführten Sinne kaum verläßlich prognostizieren[44].

Auf Grund des engen Zusammenhangs der Größen Liquidität, Erfolg, gegenwärtige und zukünftige Erfolgspotentiale müssen diese simultan in ein Gleichgewicht gebracht werden.[45] Die ausgleichende Abstimmung resultiert aus dem folgenden wechselseitigen Spannungsverhältnis:

---

41) ANSOFF (Strategy, 1965).

42) GÄLWEILER (Unternehmensplanung, 1986), S. 147.

43) Dieses Verständnis wird auch durch die etymologische Analyse des Begriffs "Strategie" unterstützt: Aus den altgriechischen Wörtern "stratos" (= das Übergeordnete) und "igo" (= tun, handeln) zusammengesetzt, fand der Begriff ursprünglich im Bereich der Staatskunst und Feldherrentechnik Anwendung.

44) Vgl. PÜMPIN (Erfolgspositionen, 1982), S. 31f.

45) Vgl. MALIK (Strategie, 1986), S. 68.

- Erhalt/Aufbau von Erfolgspotentialen erfordern ausreichenden operativen Erfolg und ausreichende operative Liquidität
- ausreichender Erfolg und ausreichende Liquidität wird nur bei vorheriger Schaffung von Erfolgspotentialen möglich

Als zwingende Konsequenz der perspektivischen Erweiterung der strategischen Ebene ergibt sich eine im Vergleich zu operativen Problemen gestiegene Unsicherheit, die sich insbesondere auf den jeweiligen Zielanspruch der Ebenen auswirkt. Die Nutzung bestehender Erfolgspotentiale durch Auswahl geeigneter operativer Prozesse kann wegen der weitgehenden Vorstrukturierung des Entscheidungsfeldes unter der Zielsetzung der Gewinnmaximierung erfolgen.

Dieser relativ hohe Zielanspruch kann auf strategischer Ebene nicht aufrechterhalten bleiben. Als eine sehr allgemeine Zielsetzung strategischen Handelns kann die Sicherung der Überlebensfähigkeit der Unternehmung im Sinne des systemisch-evolutionären Ansatzes verstanden werden.[46] In diesem Zusammenhang kann das strategische Controlling auch als Entwicklungscontrolling verstanden werden, das sich mit der Innovation, Selektion, Kontrolle und Adaption von Investitions-, Produktions-, Absatz- und Finanzierungsstrategien zur Sicherung und Verbesserung (Adaption, Optimierung) der betrieblichen Aktionspotentiale (Erfolgs-, Finanz-, Beschäftigungs-, Wissens-, Organisations u.a. in- und externe Infrastrukturpotentiale) befaßt.[47]

Dieser zunächst sehr generell formulierte Zielanspruch muß situativ konkretisiert werden. Dies geschieht durch die Generierung, Wirkungsprognose und polykriterielle bzw. -zentrische Bewertung alternativer Strategien oder Strategieteile als längerfristig zu realisierende und wirkende Aktionskomplexe (strategische Projekte) zum Aufbau, Einsatz und Abbau von Aktionspotentialen.[48] Diese legen als wichtige Parameter neben den bereits von ABELL erwähnten Produkt-/Marktkombinationen auch den technologischen, kapazitativen und finanziellen Rahmen und die damit verbundenen Entwicklungsziele fest. Nach dem Bezugsobjekt können Unternehmens-, Geschäftsfeld- und Funktionalstrategien unterschieden werden.

D. Problematik der Konkretisierung von Erfolgspotentialen

Das theoretische Potential-Konzept als maßgebliche strategische Orientierungs- und Bezugsgröße bereitet in der praktischen Anwendung erhebliche Schwierigkeiten bei seiner inhaltlichen Konkretisierung. So bemerkt WINAND, daß das Erfolgspotential ein vager und vor allen Dingen auch nur situativ zu operationalisierender Begriff bleibt.[49] Das Problem der Konkretisierung von Erfolgspotentialen besteht zum einen in der bloßen Identifikation durch die Feststellung eines signifikanten Einflusses auf

---

46) Vgl. PÜMPIN (Erfolgspositionen, 1982), S. 29f. u. MALIK (Strategie, 1986), S. 68.

47) Vgl. MATTHES (KOLLPROG, 1989), S. 150.

48) Vgl. MATTHES (KOLLPROG, 1989), S. 150.

49) Vgl. WINAND (Erfolgspotentialplanung, 1989), Sp. 443.

den daraus resultierenden Erfolg und zum anderen in der Meßbarkeit, da Erfolgspotentiale häufig nur auf Nominal- oder bestenfalls auf Ordinalskalen bewertbar sind und damit einen qualitativen Charakter aufweisen.[50] Häufig wird bei einer Konkretisierung von Erfolgspotentialen auf wenn auch nur qualitativ meßbare Größen von Schlüssel-[51] oder Erfolgsfaktoren[52] gesprochen. Trotz der begrifflichen Ähnlichkeiten und Vagheiten soll im Rahmen dieser Arbeit von Erfolgspotentialen gesprochen werden, wenn allgemein der vorsteuernde Charakter dieser Größe betont werden soll. Dagegen soll bei einer näheren Beschreibung eines unternehmerischen Erfolgspotentials von Erfolgsfaktoren gesprochen werden.

Als prinzipielle Quelle zur Konkretisierung von Erfolgspotentialen kommen in Betracht:[53]

- analytisch-deskriptive Modelle,
- empirische Untersuchungen,
- strategische Grundsätze und
- Erfahrungswissen.

Als wichtigste Vertreter der ersten Kategorie sind das Produktlebenszyklus- und das Erfahrungskurvenkonzept zu erwähnen. Das erste problematisiert die beschränkte Lebensdauer eines Produkts, einer Technologie oder eines Marktes und beschreibt mittels bestimmter Phasen einen idealtypischen Verlauf.[54] Das Erfahrungskurvenkonzept weist auf ein stückbezogenes Kostensenkungspotential bei wachsender kumulierter

---

50) Vgl. zu den grundsätzlichen Problemen der Bestimmung von Erfolgspotentialen LANGE (Bestimmung, 1982), S. 28ff.

51) Den konkretisierenden Charakter formuliert WINAND (Erfolgspotentialplanung, 1989), Sp. 445 zwar nicht explizit, ist aber aus seiner Verwendung des Begriffs "Schlüsselfaktoren" evident. GÄLWEILER sieht Schlüsselfaktoren nicht nur auf strategischer Ebene: "Unter Schlüsselfaktoren verstehen wir dabei ganz allgemein diejenigen Faktoren, die bei den strategischen, organisatorischen und operativen Problemkategorien grundlegende Ansatzpunkte für die dort zu treffenden Entscheidungen sind; Ansatzpunkte, die im strategischen Bereich für die frühzeitige Sicherung (Erschließung) künftiger Ertragspotentiale von Bedeutung sind,..." (Unternehmensplanung, 1986), S. 341. Die Systematik strategischer Schlüsselfaktoren bezieht sich nur auf Produkt-/Marktgrößen, vgl. S. 342.

52) DUNST versteht unter Erfolgsfaktoren "...solche Faktoren, die einen wesentlichen Einfluß auf das Erfolgspotential...haben." (Portfoliomanagement, 1979), S. 65. COENENBERG u. BAUM betonen die Erfolgsrelevanz als "...Faktoren, die den unternehmerischen Erfolg langfristig bestimmen" (Controlling, 1987), S. 46. Bei COENENBERG u. GÜNTHER (Stand, 1990), S. 463 findet sich dann die Synthese der beiden vorherigen Verständnisse: "...Faktoren, deren Befolgung Erfolgspotentiale generieren und später zu überdurchschnittlichen Gewinnen und Cash-Flows führen sollen."

53) Vgl. COENENBERG u. BAUM (Controlling, 1987), S. 49.

54) Vgl. zur Darstellung und Bewertung des Produktlebenszykluskonzeptes PFEIFFER u. BISCHOF (Produktlebenszyklus, 1981), CHRUBASIK u. ZIMMERMANN (Schlüsselfaktoren, 1987) S. 427 ff, COENENBERG u. BAUM (Controlling, 1987), S. 55 ff. u. HOMBURG (Unternehmensplanung, 1991), S. 71 ff.

Produktionsmenge hin.[55] Die Ronagraph-Methode, als ein gelegentlich vorgeschlagenes analytisch-deskriptives Modell, visualisiert den engen Zusammenhang zwischen Lebenszyklus, Rendite sowie Liquiditätsbeitrag und dient der Beurteilung finanzwirtschaftlicher Konsistenz eines strategischen Programms[56].

Der aufwendigste und gleichzeitig wohl umstrittenste Versuch einer empirischen Fundierung von Erfolgsfaktoren wird mit der PIMS-Studie (PIMS = Profit Impact of Market Strategies) betrieben, die mit Hilfe statistischer Verfahren einen möglichst vollständigen Katalog der "laws of the market place" erstellen möchte.[57] LANGE regt den Einbezug der Ergebnisse der Industrial-Organization-Forschung an, deren "market structure-conduct-performance"-Paradigma dem "Umwelt-Unternehmens"-Paradigma stark ähnelt[58].

Abb. 1 zeigt die aus den erwähnten Konzepten eruierten wichtigsten strategischen Erfolgsfaktoren.

Strategische Grundsätze - eine weitere potentielle Quelle zur Identifikation von Erfolgspotentialen - sind als zu allgemein einzustufen. Sie könnten bestenfalls als Leitideen, jedoch nicht als Grundlage für die Ableitung von Handlungsempfehlungen fungieren.[59]

Die bisher vorgestellten Konzepte zielen hin auf die Bestimmung allgemeingültiger, d.h. branchen- und unternehmensunabhängiger Erfolgsfaktoren. Jedoch belegen schon die Ergebnisse der PIMS-Studie die situative Bedeutung einzelner Erfolgsfaktoren oder einer bestimmten Kombination.[60] Ausgehend von der Überlegung, daß jede Branche ihre eigenen Besonderheiten aufweist, laufen speziell Studien, die sich mit der Katalogisierung von Erfahrungswissen beschäftigen, auf die Erstellung branchenspezifischer Faktorenübersichten hinaus.[61] Die weitestgehende situative Bedingtheit strategischer Erfolgsfaktoren findet ihren Niederschlag in unternehmensindividuellen Er-

---

55) Vgl. zur Darstellung und Bewertung des Erfahrungskurveneffektes LANGE (Erfahrungskurve, 1984), CHRUBASIK u. ZIMMERMANN (Schlüsselfaktoren, 1987) S. 432 ff., ALBACH (Erfahrungskurve, 1987), COENENBERG u. BAUM (Controlling, 1987), S. 50 ff. u. HOMBURG (Unternehmensplanung, 1991), S. 62 ff.

56) Vgl. zur Darstellung und Bewertung der Ronagraph-Methode COENENBERG u. BAUM (Controlling, 1987), S. 59 f.

57) Zu einer aktuellen Beschreibung des PIMS-Programms vgl. BUZELL u. GAYLE (PIMS-Programm, 1987). Kritische Reflektionen finden sich bei ANDERSON u. PAINE (Reexamination, 1978), WOO u. COOPER (Strategies, 1981), WOO (Evaluation, 1983), LANGE (Bestimmung, 1982), CHRUBASIK u. ZIMMERMANN (Schlüsselfaktoren, 1987), BARZEN u. WAHLE (PIMS, 1990) u. HOMBURG (Unternehmensplanung, 1991), S. 71 ff. Zum praktischen Einsatz von PIMS vgl. HILDEBRANDT u. STRASSER (Praxis, 1990).

58) Vgl. LANGE (Bestimmung, 1982), S. 38ff. Einen Überblick über die quantitative Forschung des Industrial-Organization-Ansatzes gibt NEUMANN (Überblick, 1979).

59) Vgl. COENENBERG u. BAUM (Controlling, 1987), S. 74 f.

60) Vgl. zu den Einschränkungen der Bedeutung des relativen Marktanteils WOO u. COOPER (Strategies, 1981), WOO (Evaluation, 1983) u. DUNST (Einflußfaktoren, 1989), Sp. 1897 ff.

61) Vgl. COENENBERG u. BAUM (Controlling, 1987), S. 48.

folgsfaktoren. Eine wohl häufig praktizierte Vorgehensweise geht von allgemeingültigen strategischen Erfolgsfaktoren aus und modifiziert diese entsprechend der Erfahrungsintuition[62].

1. Marktattraktivität
   - Marktwachstum
   - Konzentrationsgrade auf der Anbieter- und Abnehmerseite
2. Relative Wettbewerbsposition
   - absoluter und relativer Marktanteil
   - relative Produktqualität
3. Investitions- und Kostenattraktivität
   - Kapitalintensität
   - vertikale Integration
   - Produktivität
   - Marketing-Aufwand
   - FuE-Aufwand
   - Innovationsintensität

Abb. 1: Übersicht wichtiger strategischer Erfolgsfaktoren[63]

E. Prozeß des strategischen Controllings

Die Einteilung des gesamtheitlichen kybernetischen Regelkreislaufes des strategischen Controllings in Phasen darf keinesfalls als zeitlich-deterministische und systematische Abfolge gesehen werden, sondern als sachlogische Abgrenzung von Aktivitätenschwerpunkten mit interaktivem und iterativem Charakter, begleitet von kontinuierlichen Rückkopplungsbeziehungen.[64]

Entsprechend den Grundpfeilern des Controllings, Planung und Kontrolle, kann der Prozeß in eben diesen Bereichen zugehörige Phasen unterteilt werden.[65] Der planerische Teil beginnt in einer idealisierten Ausgangssituation mit der generellen Zielplanung zur Festlegung von Wert-, Sach- und Sozialzielen und bildet so die Basis der

---

62) Vgl. COENENBERG u. BAUM (Controlling, 1987), S. 75.

63) Die Übersicht stützt sich maßgeblich auf NEUMANN (Überblick, 1979), S. 647ff., LANGE (Bestimmung, 1982), S. 32, COENENBERG u. BAUM (Controlling, 1987), S. 49ff. sowie DUNST (Einflußfaktoren, 1989), Sp. 75ff.

64) Vgl. SZYPERSKI u. WINAND (Grundbegriffe, 1980), S. 101 u. WELGE (Organisation, 1992), Sp. 2361.

65) Vgl. GÜNTHER (Erfolg, 1991), S. 58.

strategischen Planung.[66] In deren Rahmen sind zunächst durch die Umwelt- und Unternehmensanalyse die von außen auf die Unternehmung einwirkenden externen Chancen und Risiken sowie die internen Stärken und Schwächen zu identifizieren und zu bewerten.[67]

Die ermittelten Chancen-/Risikopotentiale und Stärken-/Schwächenprofile dienen als Basis für die Teilphase der Strategieformulierung, innerhalb derer Strategiealternativen zu generiern, anhand der generellen Ziele zu bewerten und auszuwählen sind.[68] Die Strategieimplementierung beschäftigt sich einerseits mit der inhaltlich-materiellen und zeitlichen Konkretisierung der ausgewählten Strategie in Form von operativen Handlungsprogrammen sowie andererseits mit der strategieadäquaten Gestaltung der Organisationsstruktur und dem begleitenden Einsatz verhaltenssteuernder Instrumente.[69] Zur Kompensation des der Planung immanent anhaftenden Selektionsrisikos im bereits beschriebenen Sinne besteht die Notwendigkeit einer strategischen Kontrolle als Soll-Ist- sowie Soll-Wird-Vergleich zur Analyse und rechzeitigen Identifikation von Störgrößen mit der Intention, unerwünschte Entwicklungen zu vermeiden und im Extremfall das ursprünglich verfolgte Zielanspruchsniveau anzupassen.[70] Diese noch jüngere Ergänzung der strategischen Planung um Kontrollelemente führt erst zum gesamtheitlich verstandenen kybernetischen, strategischen Controllingprozeß[71].

Die Gesamtheit strategischer Kontrollaktivitäten ist Gegenstand zahlreicher Systematisierungsversuche. Dem ursprünglichen Kontrollgedanken des Soll-Ist-Vergleichs am nähesten steht die Planrealisationskontrolle als Endergebnis- oder Fortschrittskontrolle. Die Endergebniskontrolle spielt für strategische Zwecke eine untergeordnete Rolle, da durch sie unerwünschte Entwicklungen erst nach Eintritt ex-post festgestellt werden.[72] Die Fortschrittskontrolle orientiert sich an Zwischenergebnissen. Der weit in die Zukunft reichende strategische Planungshorizont macht es erforderlich, kürzerfristige Handlungsziele in Form von "Meilensteinen" zu formulieren, anhand derer bereits realisierte Teilschritte in ihrer Wirkung beurteilt werden können.[73] Fortschrittskontrollen[74] weisen somit den Charakter von feedback-orientierten Soll-Ist-Vergleichen oder Ergebniskontrollen auf, die jedoch, bedingt durch den nur mittelbaren Be-

---

66) Vgl. GÜNTHER (Erfolg, 1991), S. 58.

67) Vgl. AX u. BÖRSIG (Praxis, 1979), S. 921.

68) Vgl. WELGE (Organisation, 1992), Sp. 2360 u. GÜNTHER (Erfolg, 1991), S. 58.

69) Vgl. WELGE (Organisation, 1992), Sp. 2360 u. GÜNTHER (Erfolg, 1991), S. 58 f.

70) Vgl. WELGE (Organisation, 1992), Sp. 2361.

71) Vgl. COENENBERG u. GÜNTHER (Stand, 1990), S. 460. Zur Bedeutung der Kontrolle vgl. auch Abschnitt II.A.

72) Vgl. COENENBERG u. BAUM (Controlling, 1987), S. 122 ff.

73) Vgl. SCHREYÖGG u. STEINMANN (Kontrolle, 1985), S. 402 u. COENENBERG u. BAUM (Controlling, 1987), S. 122.

74) SCHREYÖGG u. STEINMANN verwenden den Begriff der Durchführungskontrolle vgl. SCHREYÖGG u. STEINMANN (Kontrolle, 1985), SCHREYÖGG u. STEINMANN (Praxis, 1986) u. SCHREYÖGG u. STEINMANN (Perspective, 1987). Um Verwechslungen mit dem später einzuführenden Begriff der "externen Durchführbarkeitskontrolle" zu vermeiden, wird hier nur auf die Verwendung bei SCHREYÖGG u. STEINMANN hingewiesen.

zug der "Meilensteine" zu den verfolgten strategischen Zielen, für feedforeward-orientierte Steuerungszwecke eingesetzt werden können.[75] Mit der Planrealisationskontrolle wird die Planinhaltskontrolle als Überwachung der Strategieumsetzung in geeignete Maßnahmen zur Kontrolle der Zielerreichung - im Gegensatz zur Kontrolle der Zielgenerierung - zusammengefaßt.[76] Letzte problematisiert den Bedingungsrahmen der strategischen Entscheidungen und umfaßt im einzelnen die Leitbild- und Prämissenkontrolle.[77] Ausgehend vom Unternehmensleitbild als selbsternannte gesellschaftliche Leistungsverpflichtung mit sachlich breiterem und zeitlich längerem Wirkungshorizont soll der diesbezügliche Harmoniegrad der angestrebten Strategie bestimmt werden.[78] Dabei kann die Frage nach der Sinnfälligkeit des Leitbildes selber zwar durch den strategischen Controllingprozeß angeregt, aber nicht beantwortet werden.[79]

Prämissenkontrollen beziehen sich auf die Überwachung der durch den selektiven Prozeß der Planung getroffenen Annahmen und fallen somit im Gegensatz zu den Ergebniskontrollen in die Kategorie der ex-ante bereits möglichen Soll-Wird-Vergleiche.[80] Die externe Durchführbarkeitskontrolle überwacht die Konformität der quantitativen und qualitativen Vorhersagen über Umweltfaktoren. Die interne Machbarkeitskontrolle bezieht sich auf das zur Strategieimplementation vorhandene Ressourcenpotential, das einerseits aus zweckgebundenen Mitteln (Konfiguration) und andererseits aus nicht zweckgebundenen (Kapitalien) besteht.[81] Grundsätzlich muß bei dieser Kontrolle eingeschätzt werden, ob genügend Kapitalien vorhanden sind, um eine erforderliche Konfigurationsänderung vorzunehmen und ob die gesamte Ressourcensituation am Ende ausreicht, die avisierte Strategie umzusetzen.[82] Die beiden letztgenannten Kontrollarten können zusammengefaßt als Durchsetzungskontrolle bezeichnet und auf dieser Ebene von der Profitabilitätskontrolle abgegrenzt werden. Die Funktion dieser Kontrollart liegt in der laufenden Beobachtung des strukturellen Rahmens, an dessen Bestand die Unternehmung ihre strategischen Absichten ausrichtet, und stellt somit die "Richtigkeit" der getroffenen strategischen Entscheidung zur Disposition.[83] Als Determinanten der Erfolgswahrscheinlichkeit von Strategien sind die Beziehungen zu den Kunden (Kundenproblem- und Bedarfsorientierung), zu den Konkurrenten (Wettbewerbsorientierung) und zur Aufgabenumwelt (Segmentorientierung) zu beachten[84].

---

75) Vgl. SCHREYÖGG u. STEINMANN (Kontrolle, 1985), S. 403, COENENBERG u. BAUM (Controlling, 1987), S. 123, KÖHLER (Grundprobleme, 1981), S. 282 u. GÄLWEILER (Kontrolle, 1981), S. 394.

76) Vgl. COENENBERG u. BAUM (Controlling, 1987), S. 122 ff.

77) Vgl. COENENBERG u. BAUM (Controlling, 1987), S. 129 ff.

78) Vgl. COENENBERG u. BAUM (Controlling, 1987), S. 126 u. GÄLWEILER (Kontrolle, 1981), S. 397.

79) Vgl. COENENBERG u. BAUM (Controlling, 1987), S. 126 u. zur Problematik der Anpassung des Leitbildes an die Strategie GÄLWEILER (Kontrolle, 1981), S. 397.

80) Vgl. SCHREYÖGG u. STEINMANN (Kontrolle, 1985), S. 401 f.

81) Vgl. COENENBERG u. BAUM (Controlling, 1987), S. 154.

82) Vgl. COENENBERG u. BAUM (Controlling, 1987), S. 154.

83) Vgl. COENENBERG u. BAUM (Controlling, 1987), S. 132.

84) Vgl. COENENBERG u. BAUM (Controlling, 1987), S. 132.

Unter Praktikabilitätsaspekten wird man nicht alle gesetzten Annahmen einer systematischen Kontrolle unterziehen können. Es bietet sich vielmehr eine Dringlichkeitsordnung an, bei der Prämissen, die

- auf schwachen Prognosen beruhen,
- dem eigenen Entscheidungsfeld weitestgehend entzogen sind und
- die einen kritischen Schwellenwert insofern aufweisen, als schon geringe Abweichungen zu weitreichenden Konsequenzen führen,

mit einer besonders hohen Priorität bedacht werden[85].

Die bisher dargestellten Kontrollarten sind gerichteter Natur, da sie im Rahmen der Planung durch die explizit getroffenen Prämissen und festgelegten "Meilensteine" kanalisiert werden und bedürfen selber wiederum der Kompensation durch die ungerichtete strategische Überwachung.[86] Die konzeptionelle Konkretisierung dieser Kontrollarten erfolgt durch die Abgrenzung zum "environmental scanning" und zum Gedanken der Frühwarnung.[87] Erstgenanntes bleibt nicht nur auf die Kontrolle von intendierten Strategien beschränkt, sondern zielt auch auf die Eruierung von Chancen für die Neuplanung und ist somit prinzipiell weiter gefaßt als die strategische Überwachung.[88] Frühwarnsysteme sind auf bestimmte Beobachtungsfelder ausgerichtet, in ihrer Eigenart somit gerichteter Natur und beziehen sich nicht - wie die strategische Überwachung - auf eine bestimmte Strategie, vielmehr rücken sie damit in die Nähe des "environmental scannings"[89].

F. Instrumente des strategischen Controllings

Obwohl sich die Suche nach der generellen Ausrichtung des unternehmerischen Leistungsangebotes durch ein hohes Maß an Kreativität und spontanen Eingebungen auszeichnet, bleiben einzelne Phasen doch durch bestimmte Untersuchungsraster und Denkverfahren methodisch unterstützungsbedürftig.[90] Das Folgende soll ausgewählte Instrumente des strategischen Controllings kurz skizzieren. Empirisch-präskriptive Instrumente können als Modelle strategischer Handlungsfelder und -bedingungen interpretiert werden, die sich auf beobachtete Quasi-Gesetzmäßigkeiten stützen und mehr oder weniger detaillierte Handlungsempfehlungen zu geben versuchen, die zu erfolgreicher strategischer Unternehmenssteuerung führen sollen. Analytisch-proze-

---

85) Vgl. SCHREYÖGG u. STEINMANN (Kontrolle, 1985), S. 401.

86) Vgl. SCHREYÖGG u. STEINMANN (Kontrolle, 1985), S. 401 u. 403.

87) Vgl. dazu die Ausführungen in Abschnitt II.F.2.a).

88) Vgl. SCHREYÖGG u. STEINMANN (Kontrolle, 1985), S. 404.

89) Vgl. SCHREYÖGG u. STEINMANN (Kontrolle, 1985), S. 405 f.

90) Vgl. KÖHLER (Grundprobleme, 1981), S. 267. Zur Zuordnung der einzelnen Instrumente zu den Phasen des strategischen Controllingprozesses vgl. HOMBURG (Unternehmensplanung, 1991), S. 42 u. HINTERHUBER (Unternehmungsführung, Bd. I, 1989), S. 107.

durale Instrumente rücken dagegen in die Nähe von Methoden, die lediglich eine bestimmte Vorgehensweise zur Lösung einer Problemklasse aufzeigen.

1. Empirisch-präskriptive Instrumente

a) Portfolio-Modelle

Werden die bereits dargestellten Konzepte der empirischen Planungsforschung[91] - Erfahrungskostenkurve, Produktlebenszyklus und PIMS - nicht ausschließlich als Erklärungs- und Beschreibungs-, sondern auch als Prognosemodelle eingesetzt, können diese bereits als Instrumente des strategischen Controllings bezeichnet werden. Häufig jedoch finden die Aussagen einen integrativen Eingang in aggregierende Analyse- und Entscheidungsinstrumente.

Wichtigste und meistdiskutierte Vertreter dieser Gattung sind die Portfolio-Konzepte, die Erkenntnisse der empirischen Planungsforschung bezüglich allgemeiner strategischer Erfolgsfaktoren auf eine zweidimensionale Darstellung verdichten (s. Abb. 2).[92] Der Grundgedanke dieser ursprünglich aus der Finanzwirtschaft stammenden Instrumentenklasse[93] besteht in der Einordnung der verschiedenen strategischen Geschäftseinheiten einer Unternehmung in eine Matrix, deren Achsen einerseits umweltbezogene Faktoren und damit Chancen und Risiken, andererseits unternehmensbezogene Größen als Stärken und Schwächen aufweisen. Das Ergebnis der Portfolioplanung sind aus der Positionierung der strategischen Geschäftseinheiten jeweilig abgeleitete Normstrategien, die zu einem finanzwirtschaftlichen Gleichgewicht des Gesamtunternehmens führen.

Auf den Prozeß des strategischen Controllings bezogen, finden Portfoliomodelle ihr hauptsächliches Einsatzgebiet bei der Strategieformulierung.[94] Portfoliokonzepte, insbesondere das Marktanteils-Marktwachstums-Portfolio und das Marktattraktivitäts-Wettbewerbsstärken-Portfolio als die prominentesten Vertreter, sind wegen ihrer visuellen und inhaltlich-argumentativen Anschaulichkeit in der Praxis stark verbreitet[95].

---

91) Vgl. Abschnitt II.D.
92) Vgl. COENENBERG u. BAUM (Controlling, 1987), S. 45. Zu einer ausführlichen Darstellung und Kritik der Portfoliokonzepte vgl. SZYPERSKI u. WINAND (Portfolio-Management, 1978), DUNST (Portfolio-Management, 1979), LANGE (Portfolio-Methoden, 1981), (HASPESLAGH (Portfolio-Planning, 1982), MAUTHE u. ROVENTA (Portfolio-Analyse, 1982) u. HAHN (Zweck, 1983).
93) Vgl. den grundlegenden Beitrag von MARKOWITZ (Portfolio-Selection, 1952) und zu einem Überblick der Anwendung in der Finanzwirtschaft PHILLIPPATOS (Portefeuille-Theorie, 1976).
94) Vgl. HOMBURG (Unternehmensplanung, 1991), S. 42.
95) Vgl. GÜNTHER (Erfolg, 1991), S. 179 ff.

Die Eingängigkeit der Portfoliokonzepte führt allerdings auch zu deren maßgeblichen Kritik: die Verdichtung der internen und externen Erfolgsfaktoren auf einige wenige birgt die Gefahr einer Fehleinschätzung und die Normstrategien beschränken

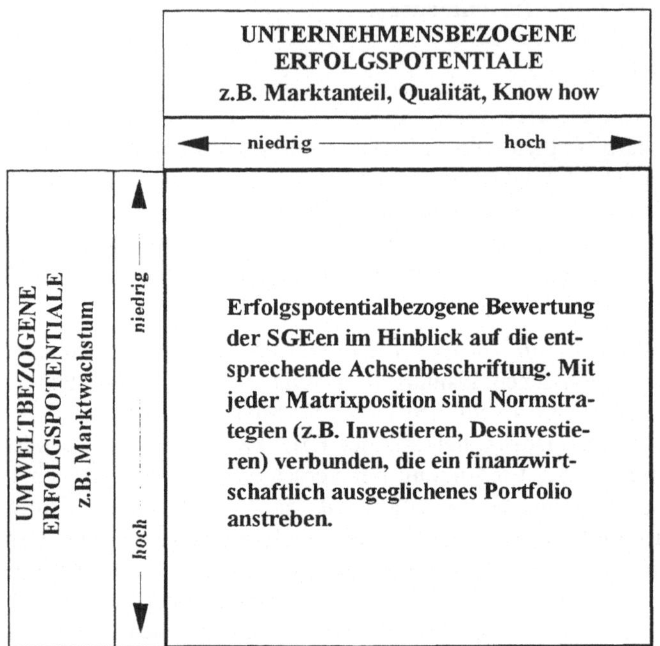

Abb. 2:   Grundgedanke der Portfolio-Modelle

sich auf allgemeine Investitions- oder Desinvestitionsempfehlungen für die strategischen Geschäftseinheiten, ohne konkrete Möglichkeiten der Investitionsverwendung aufzuzeigen. Empirische Untersuchungen[96] haben gezeigt, daß ein undifferenziertes Umsetzen der die Branchenführerschaft verfolgenden Normstrategien zu einer Diffusion strategischer Stärken und schließlich zu unterdurchschnittlichen Erfolgen führen kann. Andererseits agierten Unternehmen mit geringerem Marktanteil überaus erfolgreich.

---

96) Vgl. WOO u. COOPER (Strategies, 1981) u. WOO (Evaluation, 1983).

b) PORTER´s Branchenmodell

Von diesen Erkenntnissen ausgehend, referieren Wettbewerbsmatrizen nicht mehr ausschließlich auf die gesamte Branche, sondern sehen einzelne Segmente als primäres strategisches Handlungsfeld.[97] Als bekannteste Vertreterin dieser Klasse soll hier die evolutionäre Absatzmarktheuristik PORTER´s in ihren Grundzügen skizziert werden.[98] Grundlegendes Analyseinstrument dieses Ansatzes ist das Fünf-Kräfte-Schema (s. Abb. 3), demzufolge die Macht der Lieferanten und Abnehmer, die Gefahr neuer Konkurrenten und Substitutionsprodukte sowie die bestehende Rivalität zwischen den bereits etablierten Wettbewerbern die Branchenattraktivität bestimmen.[99]

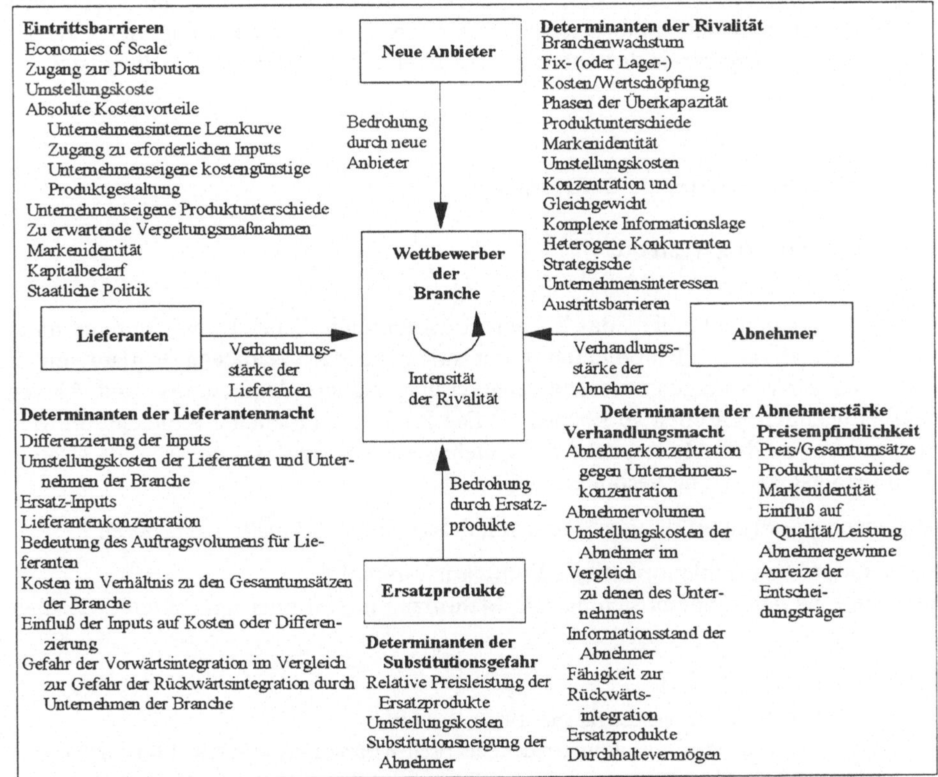

Abb. 3: Das Fünf-Kräfte-Schema
(Quelle: PORTER (Wettbewerbsvorteile, 1986), S. 26)

---

97) Vgl. COENENBERG u. BAUM (Controlling, 1987), S. 112.

98) Vgl. zu einer ausführlichen Darstellung PORTER (Wettbewerbsstrategie, 1987) u. PORTER (Wettbewerbsvorteile, 1986).

99) Vgl. PORTER (Wettbewerbsstrategie, 1987), S. 25ff.

Im Rahmen der brancheninternen Strukturanalyse und Segmentierung werden Unternehmen mit ähnlichen Strategien zu strategischen Gruppen zusammengefaßt. Diese können hinsichtlich ihrer Rentabilität vom Branchendurchschnitt abweichen.[100]

PORTER unterscheidet drei generische Strategietypen: Kostenführerschaft, Differenzierung und Spezialisierung.[101] Bei der Kostenführerschaft verfolgt die Unternehmung das Ziel, kostengünstigster Produzent der Branche zu sein. Die Differenzierungsstrategie stellt eine bestimmte Leistung in den Vordergrund des wettbewerblichen Agierens, die sowohl von der Unternehmung im Vergleich zur Konkurrenz besonders gut erstellt wird, als auch einen vom Kunden preislich honorierten Mehrwert erzeugt. Die Spezialisierungsstrategie betrachtet nicht die gesamte Branche als marktliches Aktionsfeld, sondern nur ausgewählte Segmente, in denen die Unternehmung eine segmentbezogene Leistung besonders kostengünstig und/oder qualitativ hochwertig anbietet. Das Einsatzgebiet der PORTER´schen Branchenanalyse liegt hauptsächlich in der Phase der Umwelt- und Unternehmensanalyse zur Bestimmung der externen Chancen und Risiken sowie des unternehmerischen Stärken-Schwächen-Profils[102].

2. Analytisch-prozedurale Instrumente

a) Frühaufklärungssysteme

Die Frühaufklärung intendiert das Erkennen diskontinuierlicher Entwicklungen innerhalb und außerhalb der Unternehmung mit ausreichendem zeitlichen Vorlauf, um im Sinne einer aktiven Gegensteuerung rechtzeitig geeignete Anpassungs- und Abwendungsmaßnahmen ergreifen zu können.[103] Die Realisierung solcher Konzepte gewinnt insbesondere vor dem Hintergrund der zunehmenden Bedeutung der Zeit als strategischem Erfolgsfaktor[104] an besonderem Gewicht.

Die Genese von Frühaufklärungssytemen läßt sich folgendermaßen skizzieren:[105]

1. Generation: kennzahlenorientierte Frühwarnsysteme[106]
Diese Systeme beschränken sich auf die Identifizierung interner und externer Risiken.

---

100) Vgl. PORTER (Wettbewerbsstrategie, 1987), S. 173ff.

101) Vgl. zu den folgenden Ausführungen der generischen Strategietypen PORTER (Wettbewerbs-strategie, 1987), S. 62 ff.

102) Vgl. HOMBURG (Unternehmensplanung, 1991), S. 42.

103) Vgl. KRYSTEK u. MÜLLER-STEWENS (Frühaufklärung, 1990), S. 337 f., KRYSTEK (Frühaufklärung, 1990), S. 68 u. PERLITZ (Frühwarnsysteme, 1993), Sp. 679.

104) Vgl. zur wachsenden Bedeutung der Zeit als strategischem Erfolgsfaktor Abschnitt II.A.

105) Vgl. KRYSTEK u. MÜLLER-STEWENS (Frühaufklärung, 1990), S. 337 f.

106) Vgl. die Systeme bei AGUILAR (Scanning, 1967) u. SZYPERSKI (Informationssysteme, 1973). PERLITZ (Frühwarnsysteme, 1993), Sp. 680 stellt auch das PIMS-Modell als ein empirisch-orientiertes Kennzahlensystem zur Frühwarnung vor.

Sie basieren auf Hochrechnungen[107] von quantitativen Kennzahlen/-systemen aus dem betrieblichen Rechnungswesen und sind demnach zur strategischen Steuerung nur beschränkt einsetzbar.[108]

2. Generation: indikatororientierte Frühwarnsysteme[109]
Indikatoren sind ausgewählte volks- und betriebswirtschaftliche Variablen innerhalb eng begrenzter Beobachtungsbereiche, die als möglichst gute Repräsentanten für Risiken und Chancen[110] fungieren sollen. Kennzahlen können als Spezialfall von Indikatoren angesehen werden.

3. Generation: Frühaufklärungssysteme
Frühaufklärungssysteme basieren auf den Konzepten der Theorie schwacher Signale und der Diffusionstheorie.[111] Schwache Signale sind unstrukturierte und qualitative Informationen (z.B. Presseberichte u. Expertenurteile) aus und über die Unternehmensumwelt, die strukturellen Umbrüchen vorangehen und dadurch deren frühzeitige Wahrnehmung ermöglichen. Liegen bereits starke Signale (z.B. Statistiken) vor, so ist

---

107)   Hochrechnungen nach den statistischen Verfahren der Trendextrapolation (z.B. Methode der gleitenden Durchschnitte, Methode der kleinsten Quadrate, exponentielle Glättung) implizieren die Zeitstabilitätshypothese, die davon ausgeht, daß die in der Vergangenheit maßgeblichen Einflußfaktoren in ihrem Wirkungsgefüge auch für die Zukunft gelten.

108)   Vgl. HUCH u.a. (Controlling, 1992), S. 357 u. PERLITZ (Frühwarnsysteme, 1993), Sp. 681.

109)   Vgl. die Vorschläge bei KÜHN u. WALLISER (Problemdeckungssystem, 1978), RIESER (Frühwarnsysteme, 1978), REICHMANN u. LACHNIT (Unternehmensführung, 1979) sowie HAHN u. KRYSTEK (Frühwarnsysteme, 1979). Für die Durchführung des Indikatorkonzepts sind fünf Stufen abgrenzbar: 1. Ermittlung von Beobachtungsbereichen, 2. Bestimmmung von Indikatoren je Beobachtungsbereich, 3. Festlegung von Sollgrößen und Toleranzgrenzen, 4. Festlegung der Aufgaben der Informationsverarbeitungsstellen und 5. Ausgestaltung der Informationskanäle. Zur Berücksichtigung von Wechselwirkungen und zeitlichen Interdependenzen der Indikatoren schlägt GOMEZ (Frühwarnung, 1983) Feedback-Diagramme vor, mit deren Hilfe ein kausales Netzwerk modelliert werden kann.

110)   Obwohl auch in indikatororientierten Frühwarnsystemen schon versucht wird, Chancen zu erkennen und damit nicht mehr ausschließlich von "Warnung" gesprochen werden kann, soll der Begriff der Frühaufklärung für die umfassende Konzeption der dritten Generation reserviert bleiben.

111)   Vgl. ausführlich zum Konzept der Schwachen Signale ANSOFF (Managing, 1976). Auf die Kritik des Konzepts der schwachen Signale, die sich maßgeblich auf die mangelhafte Definition schwacher Signale bezieht, soll hier nicht eingegangen werden. Vgl. dazu ausführlich ZELEWSKI (Frühwarnsysteme, 1986), S. 9ff. Vgl. ausführlich zur Diffusionsforschung KRAMPE u. MÜLLER (Diffusionsfunktionen, 1981). PERLITZ (Frühwarnsysteme, 1993), Sp. 682f weist auch auf die mathematische Katastrophentheorie, die Theorie unscharfer Mengen und die Delphi-Methodik hin, die im Zusammenhang mit Frühwarnsystemen eingesetzt werden. Zur beschränkten Einsatzfähigkeit der Katastrophentheorie vgl. ZELEWSKI (Frühwarnsysteme, 1986), S. 8f. Die Delphi-Methode dient als Kreativitätstechnik in erster Linie der Entdeckung schwacher Signale im Rahmen des Scannings. Die Theorie unscharfer Mengen erlaubt die Transformation qualitativer in quantitative Informationen und damit die Integration in mathematisch-statistische Modelle. Die Theorie der unscharfen Mengen wird später behandelt werden.

schon wertvolle Zeit verstrichen. Die Diffusionsforschung, ein Zweig der Kommunikationsforschung, beschäftigt sich mit der Erkundung des Weges der Ausbreitung neuer Verhaltensformen, wobei weniger die genaue Prognose der Zeitpunkte als vielmehr die Erforschung der Abfolge der Etappenereignisse im Vordergrund steht. Nach ihrem Verbreitungsmuster (Infektionsarten) lassen sich Diffusionsfunktionen unterscheiden, die die Ausbreitung "infektuöser" Elemente in einer Gesamtheit beschreiben. Die Muster lassen sich im Analogieschluß auch auf den technologischen, politischen, sozialen und ökonomischen Wandel anwenden.

Als eine Basisaktivität der Frühaufklärung zielt zunächst das "Environmental Scanning" als 360-Grad-Radar auf die erstmalige Identifikation schwacher Signale.[112] Die dort entdeckten schwachen Signale sowie die innerhalb der Szenarioanalyse als besonders kritisch eingestuften Prämissen[113] liefern Hinweise für das sich anschließende "Monitoring" als vertiefendes und dauerhaftes Beobachten des entdeckten Phänomens.[114] Die Diffusionsforschung läßt sich insbesondere für das Monitoring einsetzen. Durch Überwachung und Analyse von[115]

- unternehmensrelevanten Ereignissen und -häufungen,
- Meinungen und Stellungnahmen von Schlüsselpersonen,
- Verlautbarungen wichtiger Organisationen und Institutionen,
- Verbreitung von Meinungen, Ideen usw. in den Medien sowie
- Gesetzgebung und Rechtsprechung im In- und Ausland.

kann die Diffusionsforschung im Rahmen der Frühaufklärung helfen, schwache Signale zu erkennen, zeitlich einzuordnen und somit eine Prognose des strukturellen Umbruchs zu leisten (s. Abb. 4).

Entsprechend dem weitgefaßten Verständnis dieser Konzeption sind Frühaufklärungen wichtige Grundlagen von Entscheidungen sowohl im Rahmen der strategischen Planung zur Bestimmung der strategischen Ausgangssituation als auch zur strategischen Kontrolle und somit für den gesamten Prozeß des strategischen Controllings.[116]

---

112) Vgl. zu Zur Effektivität des Environmental Scannings STUBBART (Scanning, 1982).

113) Vgl. zur Prämissenkontrolle auch S. 17.

114) Vgl. zur Unterscheidung des Scannings und Monitorings MÜLLER (STAR, 1985), S. 374, KRYSTEK u. MÜLLER-STEWENS (Frühaufklärung, 1990), S. 350 sowie PERLITZ (Frühwarnsysteme, 1993), Sp. 681f. Vgl. zum Gedanken der Beobachtung kritischer Prämissen KRAMPE u. MÜLLER (Diffusionsfunktionen, 1981), S. 396.

115) Vgl. KRAMPE u. MÜLLER (Diffusionsfunktionen, 1981), S. 396.

116) Vgl. KRYSTEK u. MÜLLER-STEWENS (Frühaufklärung, 1990), S. 362 f. COENENBERG u. BAUM (Controlling, 1987), S. 160 sehen das Einsatzgebiet von Frühwarnsystemen allein in der Kontrolle der externen Durchführbarkeit. HAHN (Kontrolle, 1990), S. 655 spricht von einem der wichtigsten Instrumente zur Kontrolle der Prämissen von strategischen Plänen.

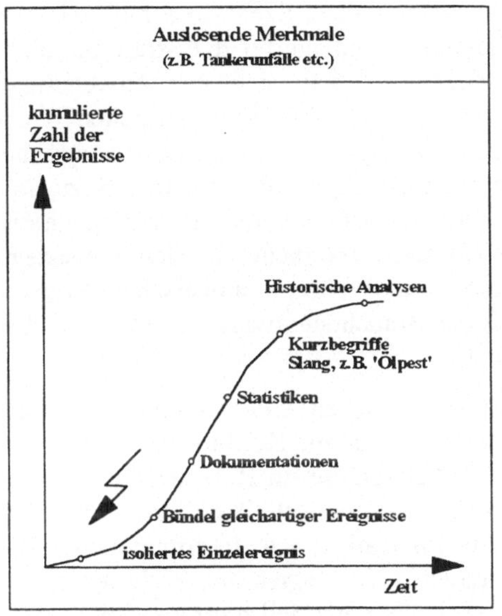

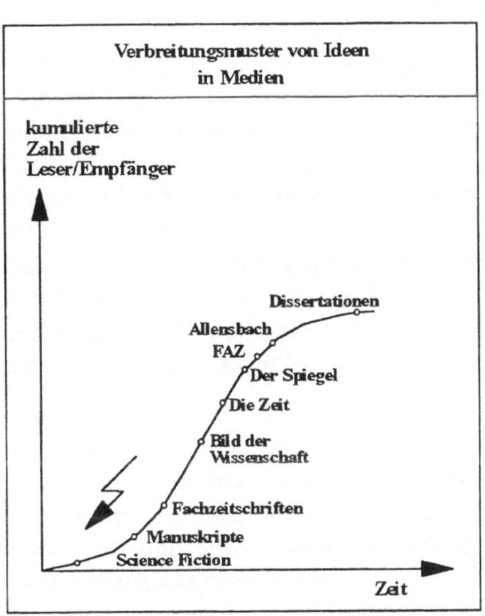

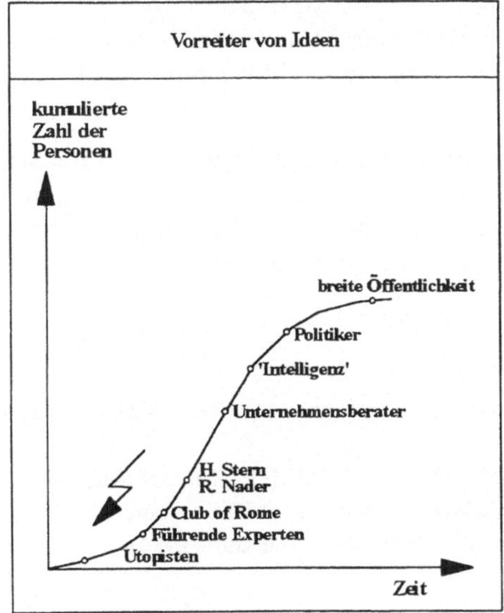

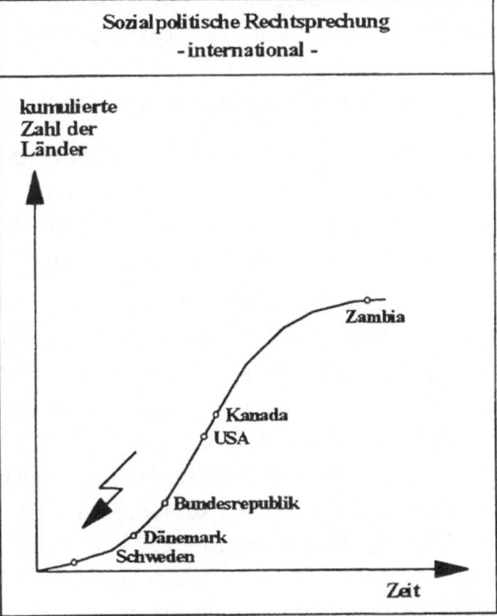

Abb. 4: Strukturelle Trendlinien
(Quelle: KRAMPE u. MÜLLER (Diffusionsfunktionen, 1981), S. 396)

b) Szenariotechnik

Die eng mit dem Gedanken der Frühaufklärung verbundene Szenariotechnik wird zur Umweltanalyse eingesetzt.[117] Sie dient als Planungsgrundlage für die Strategiewahl[118] sowie der Kontrolle externer Durchführbarkeit.[119] Bezog sich der Anwendungsschwerpunkt der ersten Szenario-Analysen auf das gesamte Weltgeschehen[120] und wirtschaftliche Makrosysteme[121], so steht im Mittelpunkt der jüngeren strategischen Umweltbeobachtung die Branche mit deren Veränderungen als primäres Bezugsobjekt.[122] Über die kombinierte Anwendung mathematisch-statistischer und qualitativ-heuristischer Prognosemethoden[123] werden alternativ mögliche, in sich konsistente Zukunftsbilder gezeichnet.[124] Ein optimistisches und ein pessimistisches Szenario stecken als Extrema den Möglichkeitsbereich der Branchenentwicklung ab und helfen insofern, Unsicherheiten explizit zu benennen[125].

Erfolgspotentiale als Steuerungsgrößen des strategischen Controllings lassen sich nicht absolut bewerten, sondern immer nur im Vergleich zur Konkurrenz.[126] Die Einbindung des Konkurrentenverhaltens in die Umweltanalyse im Rahmen der Frühaufklärung oder Szenarioanalyse wird erst durch eine systematische Konkurrentenanalyse möglich. Als wesentliche und das Reaktionsprofil maßgeblich determinierende Elemente werden die jeweiligen Annahmen, Fähigkeiten, Strategien und Ziele der einzelnen in der Branche schon agierenden, aber auch der potentiell eintretenden Wettbewerber vorgeschlagen.[127] Die Analyse der Unternehmens/Konkurrenz-Beziehung versucht, die Frage nach der Erfolgswahrscheinlichkeit einer Strategie im Hinblick auf die erwartete Reaktion der Konkurrenten zu beantworten und bildet somit eine Komponente der Profitabilitätskontrolle[128].

Neben der Analyse der konkurrenzbestimmten Wettbewerbsstruktur sind die Bedarfs- und Aufgabenstruktur zur Beurteilung der strukturellen Profitabilität zu beachten.[129] Die Bedarfsstruktur beleuchtet das Unternehmens/Kunden-Verhältnis, um über bestehende und potentielle Kaufmotive attraktive Produkt-Markt-Bereiche zu eruieren.[130]

---

117) Vgl. HOMBURG (Unternehmensplanung, 1991), S. 42.

118) Vgl. PORTER (Wettbewerbsstrategie, 1987), S. 446.

119) Vgl. COENENBERG u. BAUM (Controlling, 1987), S. 160 sowie SCHREYÖGG u. STEINMANN (Praxis, 1986), S. 44.

120) Vgl. KAHN u. WIENER (Erleben, 1968) u. MESAROVIC u. PESTEL (Menschheit, 1977).

121) Vgl. OBERKAMPF (Szenariotechnik, 1976), LINNEMAN u. KENNELL (Approach, 1977), MACNULTY (Scenario, 1977) sowie GESCHKA u. REIBNITZ (Zukunft, 1980).

122) Vgl. PORTER (Wettbewerbsstrategie, 1987), S. 447.

123) Vgl. HAHN (Planungsrechnung, 1985), S. 173 ff.

124) Vgl. PORTER (Wettbewerbsstrategie, 1987), S. 446.

125) Vgl. PORTER (Wettbewerbsstrategie, 1987), S. 446.

126) Vgl. GÄLWEILER (Unternehmensplanung, 1986), S. 153.

127) Vgl. PORTER (Wettbewerbsstrategie, 1987), S. 79ff.

128) Vgl. COENENBERG u. BAUM (Controlling, 1987), S. 140.

129) Vgl. COENENBERG u. BAUM (Controlling, 1987), S. 132.

130) Vgl. COENENBERG u. BAUM (Controlling, 1987), S. 134.

Besondere Bedeutung erfährt eine den Produktlebenszyklus überspannende Betrachtung, um vornehmlich bei der Gestaltung des Ressourcenpotentials eine längerfristige Nutzung zu gewährleisten.[131] Dies impliziert die aktive Gestaltung des Wandels auf der Anbieterseite und das rechtzeitige reaktive Handeln bei veränderter Nachfrage.[132] Als Ursachen des Wandels kommen die Substitution, die Realisierung latenter Bedürfnisse, die Option als graduelle Substitution und die mit wachsender Marktsättigung einhergehende Differenzierung in Betracht.[133] Eine Art morphologischen Würfel zur Überwindung einer engen Produktorientierung schlägt ABELL vor, indem er die Bedarfsstruktur dauerhafter Kundenprobleme in drei Dimensionen aufspaltet: Bedarfsmerkmale der Funktionserfüllung, Anwenderstruktur oder Nachfragegruppen und Technologien der Funktionserfüllung (s. Abb. 5).[134]

Die Kernfrage der Aufgabenstrukturanalyse zielt ab auf die Einschätzung der operativen Lukrativität in Form zu erwartender Gewinne des anvisierten Branchensegments.[135] Tragfähigkeit (Größe, Wachstum, Preisdifferenzierungsmöglichkeiten), Stabilität (Investitionsklima, Eintrittsbarrieren, Resegmentierungsgefahr) und die Wettbewerbsintensität (Fixkostenanteil, Austrittsbarrieren) des Segments sind neben den Ergebnissen der Konkurrentenanalyse die wichtigen Untersuchungsbereiche zur Beurteilung der wahrscheinlichen Prosperität[136].

Die Durchführung einer Strategie erfolgt nicht uno actu innerhalb eines vollständig überschaubaren Zeitraumes, sondern bedarf der Zerlegung in Maßnahmenbündel samt zugehöriger Teilziele (Meilensteine) zur schrittweisen Realisierung und Durchführungskontrolle.[137] Bei der Formulierung dieser strategischen Projekte fallen zwei Wissenskategorien an: zum einen die im Zuge einer Realisierung eines konkreten Vorhabens für die Zielerreichung notwendigen Voraussetzungen und zum anderen die im Mindestfalle notwendige Zeit für bestimmte Vorgänge oder Ereignisse.[138] Als wirksames Steuerungsinstrument für derartige Problemstrukturen bietet sich die Netzplantechnik an,[139] mit deren Hilfe die einzelnen Aktivitäten des strategischen Plans sowie die zugehörigen zeitlichen Koordinaten zunächst einmal expliziert und graphisch veranschaulicht werden können und anschließend für Überwachungszwecke zur Verfügung stehen.[140] Im Gegensatz zu den entsprechenden Wissenskategorien der operati-

---

131) Vgl. COENENBERG u. BAUM (Controlling, 1987), S. 134.

132) Vgl. COENENBERG u. BAUM (Controlling, 1987), S. 135.

133) Vgl. COENENBERG u. BAUM (Controlling, 1987), S. 135 ff.

134) Vgl. ABELL (Business, 1980), S. 169 ff. ABELL spricht von "costumer functions", "customer groups" und "alternative technologies".

135) Vgl. COENENBERG u. BAUM (Controlling, 1987), S. 149.

136) Vgl. COENENBERG u. BAUM (Controlling, 1987), S. 149 ff.

137) Vgl. MUNARI u. NAUMANN (Steuerung, 1984), S. 372ff.

138) Vgl. GÄLWEILER (Kontrolle, 1979), S. 214 u. (Kontrolle, 1981), S. 384.

139) Vgl. SZYPERSKI u. WINAND (Grundbegriffe, 1980), S. 154.

140) Vgl. HAHN (Kontrolle, 1990), S. 660 sowie SCHREYÖGG u. STEINMANN (Praxis, 1986), S. 43.

ven Steuerung bleiben die Aktions- und Ereignisverknüpfungen sowie deren zeitliche Interdependenz notwendigerweise unscharf.[141]

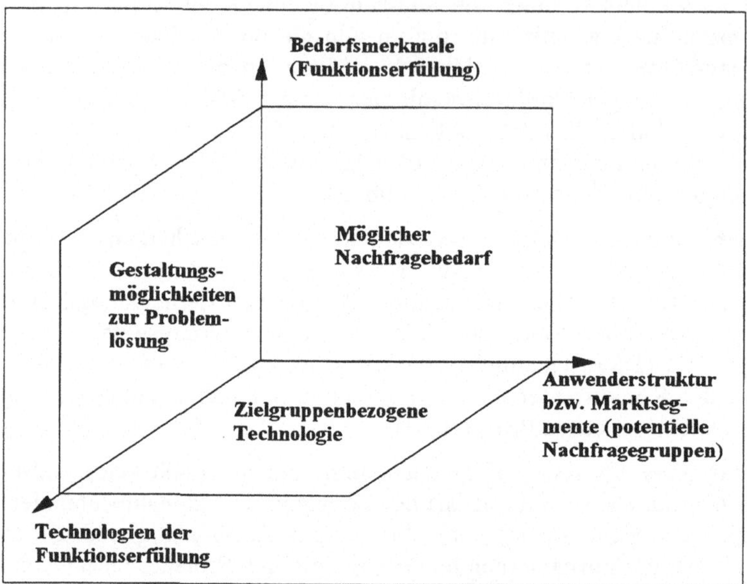

Abb. 5: Elemente der Bedarfsstruktur
(Quelle: COENENBERG u. BAUM (Controlling, 1987),
S. 138 in Anlehnung an ABELL)

III. STRATEGISCHE INFORMATIONEN ALS GRUNDLAGE DES STRATEGISCHEN CONTROLLINGS

A. Information: Begriff und Arten

Information ist Grundlage jeder ökonomischen Entscheidung.[142] Die Bedeutung von Informationen für unternehmerisches Handeln darf daher nicht unterschätzt werden. Diese Bewertung spiegelt sich insbesondere auch in der Darstellung von Information als betrieblichen Produktionsfaktor wider.[143]

Zur Bestimmung des Begriffs "Information" ist eine Vielzahl von Vorschlägen aus unterschiedlichen Fachdisziplinen gemacht worden.[144] Im Rahmen dieser Arbeit soll eine betriebswirtschaftlich orientierte Begriffsauffassung verwendet werden. Hierzu ist es zunächst notwendig, den übergeordneten Begriff "Wissen" zu konkretisieren.[145] SZYPERSKI u. WINAND bezeichnen als Wissen Abbildungen von Phänomenen (Ereignissen, Entwicklungen) oder Werte (Urteile, Schätzungen, Vermutungen).[146] BERTHEL faßt den Wissensbegriff weiter und unterscheidet drei Kategorien von Wissen:

" (1) Wissen über die Welt: Fakten, Hypothesen, Modelle und Theorien, auch Meinungen;
 (2) Wissen über Vorgänge der Informationsbearbeitung, d.h. über Instrumente, mit denen Wissen verfügbar gehalten, abgerufen, aufbereitet und genutzt werden kann: Sprachen, Methoden, Techniken;
 (3) Wissen über Informationsquellen (Sekundärinformationen): Informationsträger(-experten), Dokumente, Archive, Bibliotheken."[147]

Wissen kann in Bezug auf ein Individuum aktualisiert (in den menschlichen Denkvorgang integriert) oder potentiell (lediglich gespeichert aber abrufbar) sein.[148] Im Rahmen dieser Arbeit soll der Wissensbegriff nicht weiter problematisiert und der Auffassung BERTHEL´s gefolgt werden. Informationen lassen sich nun als "zweckorientiertes Wissen" verstehen.[149] Die Zweckeignung haftet dem Wissen nicht von vorneherein

---

142) Vgl. SCHWARZE (Datenbankorientierung, 1987), S. 53.

143) Vgl. dazu SCHWARZE (Datenbankorientierung, 1987), S. 53f. u. PICOT (Produktionsfaktor, 1990).

144) Vgl. zu einer ausführlichen Übersicht, Darstellung und Kritik KRCMAR (Informationsmanagement, 1991), S. 168ff. u. RÜTTLER (Information, 1991), S. 27ff.

145) RÜTTLER (Information, 1991), S. 29 weist auf die damit verbundene Problematik hin, da der Wissensbegriff, insbesondere auch durch die neuerlichen Entwicklungen auf dem Gebiet der Künstlichen Intelligenz, vielfach gedeutet wird.

146) Vgl. SZYPERSKI u. WINAND (Grundbegriffe, 1980), S. 96.

147) BERTHEL (Informationsbedarfsanalyse, 1992), Sp. 873.

148) Vgl. SZYPERSKI u. WINAND (Grundbegriffe, 1980), S. 96.

149) Diese Definition geht auf WITTMANN (Unternehmen, 1959), S. 14 zurück. Vgl. zur Verwendung des Informationsbegriffs in diesem Sinne GANS (Strukturen, 1986), S. 121, BRENNER (Entwurf, 1988), S. 7, CZAP (Construction, 1990), S. 496, KRCMAR (Informa-

an, sondern wird erst in einer bestimmten Entscheidungssituation zur Handlungsvorbereitung relevant.[150] Informationen helfen, Entscheidungen zu treffen, indem sie denkbare Möglichkeiten ausschließen.[151] Unter betrieblichen Informationen wird dasjenige Wissen verstanden, ohne das eine wirksame Aufgabenerfüllung nicht möglich ist.[152]

Der oben verwendete Informationsbegriff wird gelegentlich vom informatikorientierten Begriff der Daten abgegrenzt.[153] Dieser definiert Daten als zum Zweck der maschinellen Weiterverarbeitung gespeicherte Zeichen.[154] Diese für bestimmte Analysezwecke sinnvolle Unterscheidung soll im folgenden nicht durchgeführt werden. Daten und Informationen werden im Rahmen dieser Arbeit synonym verwendet.

Zur Klassifizierung von Informationen sind zahlreiche Vorschläge gemacht worden.[155] Im Folgenden sollen einige für die Zwecke dieser Arbeit bedeutsame Systematisierungen vorgestellt werden.

In Anlehnung an SZYPERSKI sind fünf Informationsschichten "...zu unterscheiden:

(1) Protokollarische Informationen,
    die auf Grund von Betrachtungen direkter oder indirekter Zuordnungsprozesse erstmals Aussagen in einer beliebigen rechnungstechnischen Sprache formulieren.
(2) Aufbereitete Informationen,
    zu deren Gewinnung protokollarische Informationen mit Hilfe einer bestimmten rechnungstechnischen Syntax verdichtet, modifiziert oder umgeformt werden.
(3) Erklärende und prognostische Informationen,
    die an bestimmte reale Anfangsbedingungen anknüpfen und auf Grund geeigneter empirisch-gehaltvoller Wenn-dann-Hypothesen gewonnen werden können.
(4) Technologische Informationen,
    die zulässige Lösungen und praktikable Vorgehensweisen angeben und auf das verfügbare technologische Wissen zurückgreifen.

---

    tionsmanagement, 1991), S. 170, PICOT (Produktionsfaktor, 1990), S. 6, RÜTTLER (Information, 1991), S. 29, STAHLKNECHT (Wirtschaftsinformatik, 1991), S. 7 u. BERTHEL (Informationsbedarfsanalyse, 1992), Sp. 872.

150) Vgl. BERTHEL (Informationsbedarfsanalyse, 1992), Sp. 872. Für Unternehmen leitet sich die Zweckorientierung allgemein aus den Aufgaben ab.

151) Vgl. SZYPERSKI u. WINAND (Grundbegriffe, 1980), S. 96. In diesem Sinne ist auch die von HANSSMANN u. MEYERSIEK (EDV-Einsatz, 1988), S. 730f. zitierte Definition "Information is any difference which makes a difference" von Gregory Bateson zu verstehen.

152) Vgl. BERTHEL (Informationsbedarfsanalyse, 1992), Sp. 873.

153) Vgl. bspw. FICKENSCHER u.a. (Informationsmanagement, 1990), S. 5ff. Andere Begriffsabgrenzungen verstehen Daten als faktisches Wissen oder Aussagen über reale Sachverhalte oder im Rahmen der Entscheidungstheorie als gegebene und unbeeinflußbare Parameter.

154) Vgl. DIN 44300 (FNI 1972), DATE (Introduction, 1991), S. 5, STAHLKNECHT, (Einführung, 1991), S. 7 u. KRCMAR (Informationsmanagement, 1991), S. 171.

155) Vgl. beispielsweise die Darstellung bei RÜTTLER (Information, 1991), S. 33ff. Dort findet sich auch eine Übersicht von Charakteristika, die die Information als einen besonderen Produktionsfaktoren im Vergleich zu den übrigen betrieblichen Ressourcen ausweist.

(5) Ökonomische Auswahlinformationen,
     deren Aufgabe es ist, Aussagen über zweckoptimale Handlungen im Rahmen zielgerichteten Verhaltens zu machen und die Entscheidungsgrundlage für die Wahl optimaler Handlungsstrategien zu bieten."[156]

Als Aussagegeneratoren können den Ebenen Erfassungs-, Aufbereitungs-, Explanations- oder Prognose-, Technologie- und Entscheidungsmodelle zugeordnet werden.

Da innerhalb von Datenbanksystemen insbesondere protokollarische Informationen von Bedeutung sind, sollen diese genauer betrachtet werden. Die Gewinnung protokollarischer Informationen geschieht durch Messung, die bei einer weiten Begriffsauffassung als Abbildung von Objekten und Ereignissen in irgendeiner als Maßskala dienenden Menge gemäß Regeln verstanden werden kann.[157] Drei Meßverfahren werden unterschieden:[158]

(1) Direkte Messung
     als einfachste Art ist nur möglich, wenn nur eine bestimmte, wohldefinierte Eigenschaft eines Sachverhalts auftritt (Eindimensionalität) und dieser Eigenschaft eindeutig ein Element der als Maßskala dienenden Menge zugeordnet werden kann. Das Meßniveau bestimmt sich aus der Art der Maßskala und steigt von den qualitativen Nominal- und Ordinalskalen zu den quantitativen Intervall- und Verhältnisskalen (s. Abb. 6). Gemäß dem zugrunde liegenden Skalenniveau lassen sich qualitative und quantitative Informationen unterscheiden. Da zur Darstellung quantitativer Informationen numerische Zeichen oder Zahlen und für qualitative Informationen alpha-numerische Zeichen oder Text verwendet werden, kann auch die Zeichenart als Klassifikationskriterium dienen.

(2) Indirekte Messung
     wird notwendig, wenn die zweite Voraussetzung für eine direkte Messung - die eindeutige Zuordnung einer Eigenschaft zu einem Element der Maßskala - nicht erfüllt ist. Als Ersatzgröße wird ein Indikator gemessen, von dem man annimmt, daß eine Relation zum ursprünglichen Meßobjekt besteht.

(3) Mehrdimensionale Messung
     wird erforderlich, wenn die erste Voraussetzung für eine direkte Messung nicht zutrifft, d.h. der zu messende Sachverhalt komplexer Natur und nicht schon durch eine Maßgröße eindeutig beschreibbar ist (z.B. Produktqualität, Firmenimage). Da das Messen kein Selbstzweck ist, sondern zu Vergleichszwecken angestellt wird, ergibt sich bei der mehrdimensionalen Messung das Problem der Vergleichbarkeit, das häufig durch die Bildung von Gewichten zu lösen versucht wird.

---

156) SZYPERSKI (Informationssystem, 1981), Sp. 1426 f. SZYPERSKI's Klassifizierung lehnt sich eng an WILD (Grundlagen, 1974), S. 121ff. an.

157) Vgl. SZYPERSKI u. RICHTER (Messung, 1981), Sp. 1207.

158) Vgl. zu den folgenden Ausführungen SZYPERSKI u. RICHTER (Messung, 1981), Sp. 1208ff.

Skalentyp: Merkmale:	Nominalskala	Ordinalskala	Intervallskala	Verhältnisskala
Weitere Bezeichnungen (teilweise unterschiedlich gehandhabt)	qualitative Skalen		quantitative Skalen	
	klassifikatorische	topologische	metrische	
Voraussetzungen	Unterscheidbarkeit der Elemente(-Klassen)	Einteilungsmöglichkeiten des Merkmalsraumes in Klassen	konstante Meßeinheit, willkürlicher Nullpunkt	konstante Meßeinheit, absoluter Nullpunkt (experimentell bestimmt oder deduziert)
Definierte Relation	$= \neq$	$= \neq < >$	$= \neq < >$ $+ -$	$= \neq < >$ $+ - * /$
Grundlegende Meßoperation	Bestimmung der Gleichheit	Bestimmung eines Rangunterschieds oder Abgabe eines komparativen Urteils	Bestimmung der Gleichheit von Intervallen oder Abständen	Bestimmung der Gleichheit von (Zahlen-)-Verhältnissen
Zulässige Transformation	Gruppe der Vertauschungen $x = f(X)$ $(f(X) =$ jede eindeutige Substitution)	Isotorische Gruppe $x = f(X)$ $(f(X) =$ jede zunehmende und stetige Funktion)	Gruppe der linearen Transformation $x = aX + b$ $a > 0; b \neq 0$	Gruppe der Ähnlichkeitstransformationen $x = cX$ $c > 0$
Beispiele	Kontenrahmen, Artikelnummern	Erdbebenstärkenskala, Indifferenzkurven, Rangfolgeverfahren bei der Arbeitsbewertung	Temperatur (in Celsius-, Fahrenheitsgraden), Kalenderdatum, Standardkostenrechnung	Temperatur (in Kelvingraden), Gewicht, Länge, Währungseinheiten, Produkteinheiten

Abb. 6: Meßskalen
(Quelle: SZYPERSKI u. RICHTER (Messung, 1981), Sp. 1207f.)

Der Regelfall des Messens wirtschaftlicher Phänomene besteht in der mehrdimensionalen Messung, die wiederum auf mehrere indirekte und direkte Messungen auf unterschiedlichen Meßniveaus beruht.[159] Der damit verbundene Problemkomplex wird in der Literatur unter dem Begriff der "Operationalisierung" diskutiert und gliedert sich in drei Teilschritte: (1) Abgrenzung des zu erfassenden Phänomens, (2) Identifikation von Indikatoren und (3) die Entwicklung von Meßvorschriften für die Indikatoren[160].

In enger Verbindung zur Meßproblematik steht die Unexaktheit, die prinzipiell jeder Information als Wissen über die Welt anhaftet.[161] Als Aspekte der Unexaktheit lassen sich Unvollständigkeit, Unsicherheit und Vagheit unterscheiden:[162]

(1) Unvollständigkeit
Informationswissenschaftlich gesehen ist ein Modell unvollständig, wenn eine Extension einer Relation oder eine Funktion nicht vollständig bekannt und expliziert ist.[163] Vollständigkeit läßt sich allenfalls für Teile eines Weltmodells erzielen, während die Unvollständigkeit des theoretischen Extremfalls eines gesamthaften Weltmodells unmittelbar evident ist.[164] Sind beispielsweise die Umsatzzahlen aller Konkurrenten bekannt, so kann hinsichtlich eines Teilmodells, das die absoluten und relativen Marktanteile der Mitbewerber abbilden möchte, von Vollständigkeit gesprochen werden. In Bezug auf ein Teilmodell zur Analyse der Gewinnsituation bleiben die Informationen unvollständig, da keine Aussagen bezüglich der Kosten bekannt sind. Die Unvollständigkeit läßt sich insofern charakterisieren als das Nicht-Verfügen über Informationen, die sich in erster Linie auf Ereignisse und Phänomene der Vergangenheit oder Gegenwart[165] beziehen. Grundsätzlich kann sich die Unvollständigkeit auch auf zukunftsbezogene Informationen beziehen, nämlich dann wenn fremderstellte Prognosen (z.B. von Marktforschungsinstituten) oder Pläne der Konkurrenten nicht verfügbar sind. Mögliche Gründe für das Nicht-Verfügen können in einem unverhältnismäßig hohen Beschaffungsaufwand oder in gesetzlichen oder wettbewerblich bedingten Geheimhaltungsbestrebungen liegen. Die Unvollständigkeit kann bewußt oder unbewußt bestehen.Für die unternehmerische Planung muß festgestellt werden, daß die informationelle Grundlage unvollständig bleibt, da sich das Planungsfeld, zu verstehen als Teilmodell der Realität im obigen Sinne, durch die darin enthaltenen prinzipiell unüberschaubar vielen Handlungsalternativen und -bedingungen einer erschöpfenden Be-

---

159) Vgl. dazu auch die Ausführungen zum Informationsaxiom auf S. 6.

160) Vgl. SZYPERSKI u. RICHTER (Messung, 1981), Sp. 1210.

161) Vgl. MORIK u. ROLLINGER (Partnermodellierung, 1983), S. 161 sowie die Ausführungen zum Informationsaxiom auf S. 6.

162) Vgl. MORIK u. ROLLINGER (Partnermodellierung, 1983), S. 161f.

163) Vgl. MORIK u. ROLLINGER (Partnermodellierung, 1983), S. 161.

164) Vgl. MORIK u. ROLLINGER (Partnermodellierung, 1983), S. 161.

165) Strenggenommen dürfte nur von Vergangenheit gesprochen werden, wenn man realistischerweise unterstellt, daß die Beobachtung zeitlich nicht uno actu mit dem zu Beobachtenden zusammenfällt. Hier werden beide erwähnt, um den Gegensatz zu zukunftsbezogenen Informationen, die sich noch nicht realisiert haben, zu betonen.

schreibbarkeit entzieht.[166] Planungsfelder sind insofern nicht abbildbar, sondern nur durch Selektion der für relevant erachteten Modellkomponenten konstruierbar.[167]

(2) Unsicherheit

Während sich die Unvollständigkeit auf den inhaltlichen Umfang der einem Teilmodell zugrunde liegenden Gesamtheit von Aussagen bezieht, läßt sich die Unsicherheit schon für isolierte, einzelne Aussagen feststellen. Die Sicherheit einer Aussage resultiert aus den Gründen, die für und gegen die Richtigkeit der Aussage sprechen.[168] Abgesehen von meßtheoretischen Problemen können nur Aussagen über vergangene oder gegenwärtige Ereignisse sicher sein. Aussagen über zukünftige Ereignisse (Prognosen) sind systematisch unsicher[169], können lediglich durch Verbesserung der Informationsbasis, d.h. durch Sammeln von Gründen (Beobachtungen, Theorien, historischen Analogien u.ä.) besser fundiert werden.[170] Überschneidungspunkte zwischen Unvollständigkeit und Unsicherheit ergeben sich für den Fall, daß Aussagen über Ereignisse der Vergangenheit oder Gegenwart aus den oben schon erwähnten Gründen nicht verfügbar sind, deswegen geschätzt werden müssen und somit auch unsicher sind.

(3) Vagheit/Unschärfe

Unter Vagheit versteht man die Inexaktheit im Sinne eines geringeren Informationsgehalts einer Aussage. Man könnte insofern auch von einer Unvollständigkeit im engeren Sinne sprechen, da sich Vagheit und Unvollständigkeit gleichermaßen durch den Informationsgehalt einer Aussage bestimmen. Im Unterschied zur Unvollständigkeit sind jedoch Teilinformationen vorhanden. Die Vagheit kann weiterhin unterteilt werden in intrinsische Unschärfe, informationelle Unschärfe und unscharfe Relationen.[171] Die intrinsische Unschärfe ist Ausdruck des individual- oder kollektiv-subjektiven Interpretationspielraumes sprachlicher Ausdrücke, wie "angemessener Gewinn", "ausreichende Verzinsung", "vertretbare Kosten". Bei informationeller Unschärfe sind Teilinformationen zwar exakt definier- und meßbar, jedoch bereitet die Aggregation zu einem Gesamturteil Schwierigkeiten.[172] Beispiele für Begriffe, die einer informationellen Unschärfe unterliegen, sind

---

166) Vgl. SCHREYÖGG (Managementprozeß, 1991), S. 266f.

167) Vgl. SCHREYÖGG (Managementprozeß, 1991), S. 266f.

168) Vgl. MORIK u. ROLLINGER (Partnermodellierung, 1983), S. 161.

169) Vgl. MORIK u. ROLLINGER (Partnermodellierung, 1983), S. 161. Zur ausführlichen wissenschaftstheoretischen Begründung der Unmöglichkeit des abschließenden Verifizierens von Wissen und Prognosen vgl. ALBERT (Traktat, 1969), S. 8ff.

170) Nach WILD (Grundlagen, 1974), S. 134ff. bestimmt sich die Qualität einer Prognose primär durch ihren Informationsgehalt, ihren Sicherheitsgrad und die Qualität ihrer empirischen Fundierung. Je höher der Informationsgehalt, d.h. je mehr eine Prognose an Ereignissen ausschließt, desto geringer wird ihr Sicherheitsgrad. Andererseits nimmt der Sicherheitsgrad durch die empirische Begründung anhand von Theorien, historischen Analogien u.ä. wieder zu.

171) Vgl. ROMMELFANGER (Unschärfe, 1988), S. 4.

172) Vgl. ROMMELFANGER (Unschärfe, 1988), S. 4f.

"Kreditwürdigkeit", "Qualität", "Lieferbereitschaft". Unscharfe Relationen liegen vor, wenn die Interdependenzen zwischen einzelnen Größen vage bleiben. Als Beispiele hierfür können Aussagen gelten, wie "der Umsatz hat sich im Vergleich zum letzten Jahr kaum verändert" oder - in Verbindung mit intrinsischer und/oder informationeller Unschärfe - "die Lieferbereitschaft hat sich in letzter Zeit zu vertretbaren Kosten verbessert".

Den Aspekten der Unexaktheit gemäß lassen sich unvollständige, unsichere und unscharfe/vage Informationen unterscheiden.

Nach der Herkunft können betriebliche Informationen aus unternehmensinternen Quellen (z.B. Rechnungswesen, Mitarbeiter) und -externen (z.B. Marktforschungsinstitute, Medien) differenziert werden. Bei entscheidungs-/systemtheoretischer Betrachtungsweise können sich Informationen auf die unternehmensexterne Umwelt bzw. das Supersystem (z.B. Informationen über Märkte, Konkurrenten, die gesamtwirtschaftliche Situation) oder auf das unternehmensinterne Entscheidungsfeld bzw. System (z.B. Informationen über die Kosten- und Erlösstrukturen, die Mitarbeiter, die maschinellen Kapazitäten) beziehen. Unternehmensinterne Quellen enthalten naheliegenderweise den reichsten Fundus an unternehmensbezogenen Informationen. Darüber hinaus sind auch in begrenztem Maße Informationen über das unternehmensexterne Umfeld vorhanden. Externe Quellen bieten dagegen ein nahezu unbegrenztes Angebot an Informationen über die Unternehmensumwelt, während unternehmensbezogene Informationen zwar prinzipiell möglich, aber eher die Ausnahme sind.

Eine letzte Klassifizierungsmöglichkeit von Informationen, die hier eingeführt werden soll, sieht die Unterteilung nach den Steuerungsebenen vor und differenziert in operative und strategische Informationen.[173] Wegen der herausragenden Bedeutung strategischer Informationen für diese Arbeit sollen deren Besonderheiten im Vergleich zu operativen im folgenden Abschnitt ausführlich behandelt werden.

B. Merkmale strategischer Informationen

Allgemein gesehen können alle Informationen, die geeignet scheinen, das Ergebnis des strategischen Controllings zu verbessern, als strategische Informationen bezeichnet werden.[174] Diese inhaltlich interpretationsbedürftige Aussage soll einleitend verdeutlichen, daß Informationen nicht schon bei einer isolierten Betrachtung, sondern nur in ihrem Verwendungszusammenhang als strategisch bezeichnet werden können. Strategische Informationen werden in der Literatur häufig nach der Datenquelle in interne und externe oder durch einen Datenwürfel mit den Dimensionen Kunden/-gruppen, Produkte und Regionen unterteilt.[175] HANSSMANN u. MEYERSIEK[176] untersuchen

---

173) Vgl. auch RÜTTLER (Information, 1991), S. 34.

174) Vgl. KING u. CLELAND (Planning, 1978), S. 222, SPRENGEL (Informationsbedarf, 1984), S. 23 u. RÜTTLER (Information, 1991), S. 34.

175) Vgl. MOORMANN (Planung, 1989), S. 35 und die dort zitierte Literatur.

die Relevanz der oben dargestellten Informationsschichten (s. S. 30) für die Prozeßphasen des strategischen Managements Diagnose, Strategieentwicklung sowie Umsetzung und betonen die herausragende Bedeutung erklärender und prognostischer Informationen. Insgesamt lassen sich strategische Informationen nicht erschöpfend definieren. Die folgenden Tendenzaussagen beziehen sich demnach auf allgemein typische Merkmale von Informationen, die die Grundlage strategischer Entscheidungen
bilden.

(1) Gleichgewichtigkeit unternehmensinterner und -externer Informationen
Während sich der Informationsbedarf des operativen Controlling vorwiegend auf
das unternehmensinterne sowie unmittelbar externe Entscheidungsfeld und damit
auf die Größen des Rechnungswesens, wie Aufwand, Ertrag, Kosten, Leistungen
und Deckungsbeiträge, beschränkt, beziehen sich strategische Informationen in
besonderem Maße auch auf das externe Unternehmensumfeld.[177] Einerseits können nämlich Chancen und Risiken nur durch die unmittelbare Umfeldbetrachtung
entdeckt und andererseits auch die unternehmensbezogenen Stärken und Schwächen nur mittels Konkurrentenbetrachtung bewertet werden. Folglich sind externe
Quellen zur Beschaffung strategischer Informationen bedeutsamer als im operativen Bereich.

(2) Unvollständigkeit strategischer Informationen
Die im Vergleich zur operativen Planung erhebliche Ausweitung des Planungsfel-
des auf unternehmensinterne und -externe Phänomene, die Einfluß auf die zu
steuernden Erfolgspotentiale nehmen, und die dadurch erforderliche stärkere Selektion oder Abstraktion bei der Modellbildung führen zu einem erhöhten Maß an
Unvollständigkeit strategischer Informationen. Insbesondere der externe Bezug
führt zur Unvollständigkeit, da für solche Informationen ein höherer Beschaffungsaufwand betrieben werden muß. Auch die große Bedeutung strategischer
Entscheidungen für die Existenz der Unternehmung führt zu Geheimhaltungsbestrebungen. Deswegen tritt Unvollständigkeit von Informationen insbesondere bei
der Konkurrentenanalyse auf. Schließlich erschwert die langfristige Perspektive
strategischer Betrachtungen die Bestimmung der strategischen Relevanz bestimmter unternehmensinterner und -externer Objekte, zu denen Informationen gesam-
melt werden sollen, und erhöht dadurch die Unvollständigkeit.

(3) Unsicherheit strategischer Informationen
Auf Grund der mangelnden empirischen Fundierung von Theorien sowie des
langfristigen Planungshorizonts muß für die strategische Planung tendenziell eine
hohe Unsicherheit[178] strategisch relevanter Prognosen konstatiert werden.

---

176) Vgl. HANSSMANN u. MEYERSIEK (EDV-Einsatz, 1988), S. 719ff.

177) Vgl. ROCKART (Datenbedarf, 1980), S. 58, HORVARTH (Entwicklungstendenzen, 1981),
     S. 408, HAX u. MAJLUF (Management, 1988), S. 108, MOORMANN (Planung, 1989), S.
     35, PICOT (Strukturwandel, 1990), S. 122 u. (Produktionsfaktor, 1990), S. 9 sowie PICOT u.
     MAIER (Informationssysteme, 1992), Sp. 932f.

178) Vgl. MOORMANN (Planung, 1989), S. 35.

(4) Vagheit strategischer qualitativ-verbaler Informationen
"In betriebswirtschaftlichen Problemlösungsprozessen kommt qualitativ-verbalen Informationen, zum Teil vage formulierten Aussagen, Zielvorstellungen und Restriktionen ein zentraler Stellenwert zu".[179] Insbesondere im Rahmen der strategischen Steuerung sind vage Begriffe (z.B. "intensiver Wettbewerb", "günstiges Investitionsklima", "hohes Marktwachstum", "hohe Branchenattraktivität") und Aussagen (z.B. "Konkurrent A ist wesentlich finanzstärker als Konkurrent B", "das Firmenimage hat sich in letzter Zeit stark verschlechtert") von zentraler Bedeutung. Erfolgspotentiale als zentrale Steuerungsobjekte des strategischen Controllings entziehen sich in der Regel einer quantitativ-numerischen Meßbarkeit und lassen nur eine Bewertung anhand von Ordinal- und Nominalskalen zu.[180] Zur Unterscheidung von quantitativ-numerischen und qualitativ-verbalen Daten sind auch die Begriffe der "hard facts" und "soft facts" geprägt worden: "Hard facts" sind in der Regel numerisch eindeutig meßbare Ergebnisse von Erhebungen und Statistiken, während "soft facts" als Ausdruck subjektiver Sichtweisen und Einschätzungen von Individuen oder Kollektiven typischerweise qualitativ und mehrdeutig sind und sich häufig einer logisch-analytischen Begründung entziehen.[181] Portfolio-Matrizen und das PORTER´sche Fünf-Kräfte-Schema als die prominentesten Vertreter strategischer Planungsinstrumente und -konzepte verwenden vorwiegend qualitativ-verbale Umschreibungen.[182] Andere Beispiele textlicher Informationsgrundlagen des strategischen Controllings sind Berichte über FuE-Ergebnisse, Konkurrentenaktivitäten sowie Branchen- und Marktforschungsberichte.

(5) Subjektiver und kollektiver Interpretationsbedarf
Weiterhin bleibt festzustellen, daß es sich bei der Analyse und Diagnose der Chancen/Risiken und Stärken/Schwächen keinesfalls um eine wertfreie Erhebung objektiver Faktoren handelt[183] und aus einem gegebenen Informationsstand heraus keineswegs eine bestimmte zugehörige Strategie im Sinne eines logisch-deduktiv abgeleiteten Handlungskomplexes resultiert. Vielmehr bedürfen strategische Informationen als Wahrnehmungs- und Bewertungsergebnisse einer subjektiven Interpretation im Rahmen der situativen Gegebenheiten.[184] Diese originär kreative Leistung des strategischen Controllings, die vornehmlich die Teilphase der Strategieformulierung kennzeichnet, bleibt dem menschlichen Entscheidungs-

---

179) MILLING (Aspekte, 1982), S. 716.

180) Vgl. HORVARTH (Entwicklungstendenzen, 1981), S. 408, KÖHLER (Kontrolle, 1976), S. 309ff. u. MOORMANN (Planung, 1989), S. 35.

181) Vgl. ANSOFF u.a. (Unschärfepositionierung, 1981), S. 969f. Vgl. dazu auch die Ausführungen zu dem von ANSOFF geprägten Begriff der "schwachen Signale" auf S. 23. BLEICHER (Grenzen, 1988), S. 40f. spricht im Zusammenhang mit der problematischen Abbildbarkeit von Erfolgspotentialen von "weichen" Konzepten.

182) Vgl. auch Abschnitt II.F.

183) Vgl. STAEHLE (Management, 1991), S. 592.

184) Vgl. HINTERHUBER (Unternehmungsführung, Bd. I, 1989), S. 158 u. STAEHLE (Management, 1991), S. 592.

träger vorbehalten und kann durch kein noch so verfeinertes Informationssystem ersetzt werden[185].

(6) A-priori-Unbestimmbarkeit
Die Unstrukturiertheit strategischer Entscheidungen bedingt, daß der Informationsbedarf nur schlecht im vorhinein kategorisierbar oder schematisierbar ist.[186] Auch ist es theoretisch wie praktisch unmöglich, alle denkbaren Informationsbedürfnisse vorsorglich zu erkunden und die diesbezüglich notwendigen Informationen für den Bedarfsfall bereitzustellen.[187] Strategische Informationen werden insofern spontan benötigt.[188]

C. Die Theorie unscharfer Mengen zur Handhabung vager strategischer Informationen

Der Vorteil quantitativ-numerischer Informationen liegt in der Möglichkeit, diese in mathematische Modelle zu integrieren und damit der maschinellen Informationsverarbeitung zugänglich zu machen. Qualitativ-verbale Informationen sind dagegen nicht formal-analytischen Verfahren zugänglich. Eine Möglichkeit zur "Quantifizierung" besteht in der Einführung von Ersatzgrößen (Proxy-Variablen), von denen angenommen wird, daß sie in einem engen Zusammenhang zur eigentlichen qualitativen Größe stehen.

Doch auch bei der Bewertung quantitativ-numerisch meßbarer Größen oder Ersatzgrößen für qualitative Informationen legen Unvollständigkeit, Unsicherheit und Vagheit strategischer Informationen die Abkehr von den in vielen strategischen Instrumenten (z.B. Portfolioplanungen) geforderten Punktbewertungen nahe. Um sich nicht der Gefahr einer Pseudogenauigkeit[189] auszusetzen, werden strategische Informationen zumeist nur in Bandbreiten[190], systemtheoretisch als Trajektorien bezeichnet, oder als "plausible Bereiche"[191] formuliert. Derartige Bandbreiten können durch Angabe einer (pessimistischen) Unter- und (optimistischen) Obergrenze sowie gegebenenfalls eines wahrscheinlichen Wertes definiert werden.[192] Kritisch bleibt dennoch die damit verbundene duale Logik, die dem Gedanken der fließenden Übergänge in den Grenzbe-

---

185) Vgl. HINTERHUBER (Unternehmungsführung, Bd. I, 1989), S. 158.

186) Vgl. CZAP (Informationsmanagement, 1989), S. 204.

187) Vgl. POHLE (Analyse, 1990), S. 10.

188) Vgl. MOORMANN (Planung, 1989), S. 35.

189) Zu einer ausführlicheren Darstellung der mit einer Punktbewertung verbundenen Gefahren vgl. ANSOFF u.a. (Unschärfenpositionierung, 1981), S. 966f.

190) Vgl. PÜMPIN (Erfolgspositionen, 1982), S. 38ff. sowie KÖHLER (Kontrolle, 1976), S. 311 u. (Grundprobleme, 1981), S. 277 ff.

191) Vgl. ANSOFF u.a. (Unschärfenpositionierung, 1981), S. 967.

192) Vgl. ANSOFF u.a. (Unschärfenpositionierung, 1981), S. 972.

reichen der Bandbreiten nicht gerecht wird.[193] Diesen Mangel zu beheben, erlaubt die "Theorie der unscharfen Mengen"[194], die mit den zugehörigen Beschreibungskonstrukten auch unscharfe Phänomene und Aussagen präzisierbar, darstellbar, in formale Modelle integrierbar und auswertbar macht.[195]

Die "Theorie der unscharfen Mengen" gründet auf der Annahme, daß menschliche Denk- und Entscheidungsprozesse nicht lediglich auf zahlenbasierte Kalküle zurückzuführen sind, sondern daß komplexere Objekte oder Begriffe direkt verarbeitet werden.[196] Solche (Denk-)Objekte werden als "unscharfe Mengen" bezeichnet, da im Einzelfall nicht eindeutig oder zumindest nur rein subjektiv begründet werden kann, ob ein Element zur Menge dieser (Denk-)Objekte gehört. Wesentliche Impulse erfuhr die "Theorie unscharfer Mengen" durch die automatisierte Zeichenerkennung, die sich auf Grund der individuellen Eigenheiten manueller Schriften maßgeblich mit derartigen Zuordnungsproblemen auseinanderzusetzen hat.[197]

Zur Verdeutlichung sollen unscharfe Mengen im Vergleich zum klassischen Mengenbegriff dargestellt werden.[198] Betrachten wir X als eine Menge von Elementen $X = \{x_1, x_2, ..., x_n\}$ und A als eine Teilmenge von X, $A \subset X$, dann kann die Zugehörigkeit eines Elements x aus X zur Teilmenge A durch das übliche Symbol $\in$ oder durch eine charakteristische Funktion $\mu_A(x)$ mit dem binären Wertebereich 1 (ja) und 0 (nein) dargestellt werden. Als Beispiel soll X als die Menge der natürlichen Zahlen 0,1,2,... und A als die Teilmenge aller Zahlen, die größer als 1 sind, gelten. Die charakteristische Funktion sähe dann folgendermaßen aus:

$$\mu_A(x) = \begin{cases} 1 & \text{für } x > 1 \\ 0 & \text{für } x \leq 1 \end{cases}$$

Die Menge A kann nun als Zweitupel $(x; \mu_A(x))$ durch die Elemente von X sowie durch die jedem Element zugeordneten Werte der charakteristischen Funktion hergeleitet werden: $A = \{(x; \mu_A(x)) \mid x \in X\}$. Bei der graphischen Darstellung der Zuord-

---

193) Auch wenn KÖHLER die Zieltrajektorien nicht als exakte Prognoseversuche mißverstanden haben möchte, vgl. KÖHLER (Grundprobleme, 1981), S. 279, verleitet deren graphische Darstellung durch "scharf" begrenzende Kurven zu einer solchen Interpretation. Eine konsequente Visualisierung würde "unscharfe Trichterwolken" bedingen. Die gleiche Kritik läßt sich auch für ANSOFF u.a. (Unschärfenpositionierung, 1981) anführen.

194) Die Theorie der unscharfen Mengen wurde von ZADEH (Fuzzy, 1965) begründet.

195) Vgl. ZIMMERMANN (Planung, 1980), S. 370 sowie ZIMMERMANN u. WERNERS (Planungsentscheidungen, 1989), Sp. 2053.

196) Vgl. MILLING (Aspekte, 1982), S. 718.

197) Vgl. MILLING (Aspekte, 1982), S. 718.

198) Vgl. zu einer umfassenden Einführung in die Theorie unscharfer Mengen ROMMELFANGER (Entscheiden, 1988), BANDEMER u. GOTTWALD (Einführung, 1990) u. ZIMMERMANN (Theory, 1993). Vgl. zu betriebswirtschaftlich orientierten Darstellungen und den folgenden Ausführungen ZIMMERMANN (Planung, 1980), MILLING (Aspekte, 1982) sowie ZIMMERMANN u. WERNERS (Planungsentscheidungen, 1989).

nungsfunktion wird die scharfe Mengenabgrenzung durch den diskontinuierlichen Sprung an der Stelle 2 deutlich (s. Abb. 7).

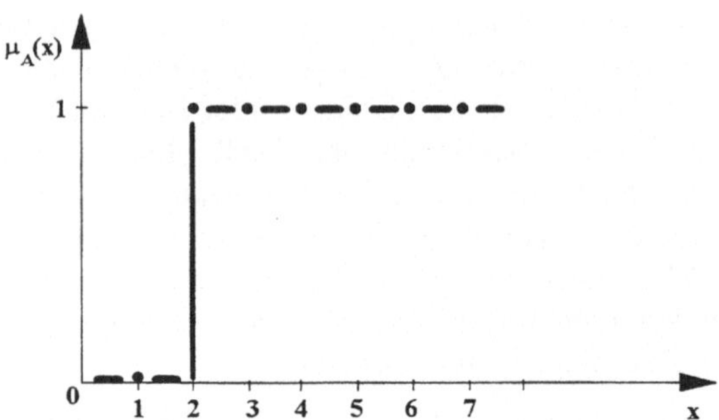

Abb. 7: Charakteristische Funktion zur Definition der Element-Eigenschaft
(Quelle: MILLING (Entscheidungen, 1982), S. 719)

Wie jedoch gesehen, sind solche scharfen Mengen- oder Begriffsabgrenzungen speziell im Rahmen der strategischen Steuerung eher die Ausnahme. Dies bedeutet für die formale Darstellung solcher Konstrukte, daß ein Übergangsbereich existiert, für den die Frage nach der Zugehörigkeit und Nichtzugehörigkeit eines Elements zur Teilmenge A nicht eindeutig mit ja (1) oder nein (0) beantwortet werden kann. An die Stelle des binär-diskreten Wertebereichs tritt nun das kontinuierliche, geschlossene Intervall [0,1], das für jedes Element eine Art "graduelle" Zugehörigkeit zur interessierenden Menge ausdrückt. So könnte beispielsweise die unscharfe Menge $A = \{(x; \mu_A(x))| x \in X\}$ *der natürlichen Zahlen, die "deutlich größer" als 1 sind*, durch folgende Tupel repräsentiert sein $\{\mu_A(1) = 0; \mu_A(2) = 0{,}2; \mu_A(3) = 0{,}4; \mu_A(4) = 0{,}6; \mu_A(5) = 0{,}8; \mu_A(6) = 1; \mu_A(7) = 1, ...\}$ (s. Abb. 8).

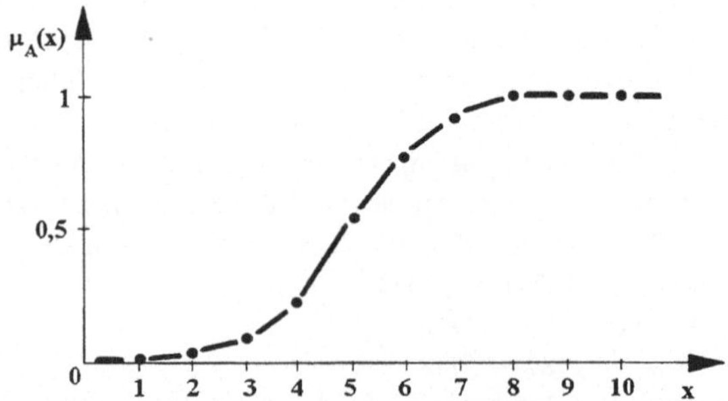

Abb. 8: Zugehörigkeitsfunktion der unscharfen Menge *natürliche Zahlen deutlich größer als 1*
(Quelle: MILLING (Entscheidungen, 1982), S. 720)

ZIMMERMANN u. WERNERS geben als Beispiel die Zugehörigkeitsfunktion für die unscharfe Menge der im Rahmen von Portfolioplanungen festzulegenden *Stars* in Bezug auf den Marktanteil:

$$\mu_A(x) = \begin{cases} 1 & \text{für } x \geq 5,8 \\ \dfrac{1}{2100}\,(-29x^3 - 366x^2 - 877x + 540) & \text{für } 1 < x < 5,8 \\ 0 & \text{für } x \leq 1 \end{cases}$$

Abb. 9 zeigt neben *Stars* auch *Nachwuchs-SGF's* mit geringem Martktanteil.

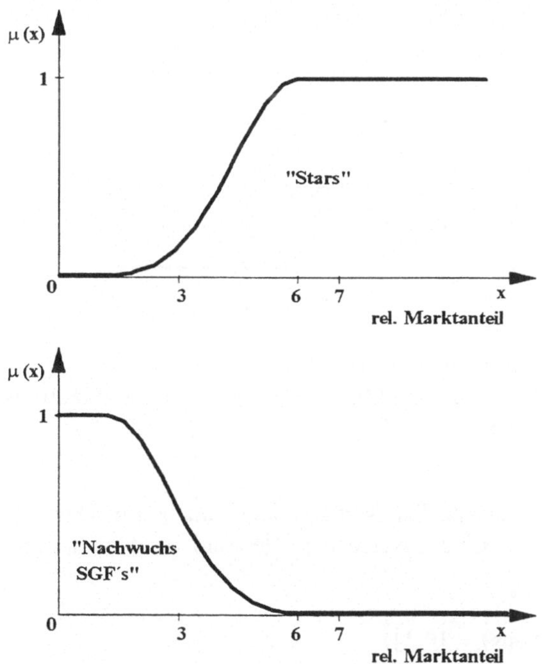

Abb. 9: Unscharfe Mengen *Stars* und *Nachwuchs-SGF's*
(Quelle: ZIMMERMANN u. WERNERS (Planungsentscheidungen, 1989), Sp. 2054)

Die klassische scharfe Menge kann insofern als ein Spezialfall der unscharfen Mengen angesehen werden.

Die bisherigen Ausführungen bezogen sich lediglich auf die Darstellungskonzepte unscharfer Mengen. Für die Integration in mathematische Algorithmen müssen allerdings noch zulässige Operatoren zur Manipulation unscharfer Mengen definiert werden. Hier sollen nur die fundamentalen Operatoren zur Bildung der Schnitt- und Vereinigungsmenge aus zwei oder mehreren unscharfen Mengen betrachtet werden,[199] die sich aus den Zugehörigkeitsfunktionen ableiten lassen:

Schnittmenge:

$\mu_C(x) = \text{Min}(\mu_A(x), \mu_B(x))$, $x \in X$

Vereinigungsmenge:

$\mu_C(x) = \text{Max}(\mu_A(x), \mu_B(x))$, $x \in X$

Abb. 10 zeigt die Schnittmenge der unscharfen Mengen *Stars* und *Nachwuchs-SGF's* als *Günstige SGF's*.

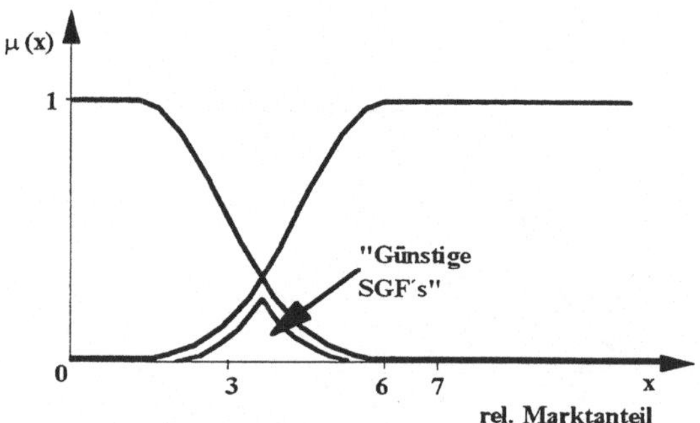

Abb. 10: Schnittmenge *Günstige SGF's*
(Quelle: ZIMMERMANN u. WERNERS (Planungsentscheidungen, 1989), Sp. 2054)

Der Grundgedanke der unscharfen Mengen kann auch zur Darstellung unscharfer Zahlen benutzt werden.[200] Eine unscharfe reelle Zahl ist dann folgendermaßen definiert:

$$Z = \{(x; \mu_Z(x)) \mid x \in \mathbf{R}, \mu_Z(x) \in [0,1]\}$$

Die unscharfe Zahl *ungefähr 5* könnte dann durch die unscharfe Menge $\{\mu_A(3) = 0{,}2;$ $\mu_A(4) = 0{,}6; \mu_A(5) = 1; \mu_A(6) = 0{,}7; \mu_A(7) = 0{,}1\}$ repräsentiert sein. Zur rechentechnischen Vereinfachung im Rahmen der computergestützten Verarbeitung unscharfer Zahlen ist die parametrische LR-Darstellung unscharfer Zahlen vorgeschlagen wor-

---

199) Zu einer ausführlichen Darstellung der Operationen für unscharfe Mengen vgl. MILLING (Aspekte, 1982), S. 721ff.

200) Vgl. ZIMMERMANN (Theory, 1993), S. 57ff.

den.[201] Die LR-Darstellung bildet unscharfe Zahlen allgemein als trapezförmige Funktionen ab und ist als unscharfes Intervall folgendermaßen definiert:

$$\mu_I(x) = \begin{cases} L\,((m\text{-}x)/\alpha)) & \text{für } x \leq m \\ 1 & \text{für } x \in [m,n] \\ R\,((x\text{-}n)/\beta)) & \text{für } x \geq n \end{cases}$$

L steht dabei für den linken aufsteigenden und R für den rechten absteigende Teil der Funktion. m und n werden als Modalwerte, α und β als Dehnung bezeichnet. Parametrisch sind trapezförmige Intervalle als 4er-Tupel beschreibbar: $I = (m, n, \alpha, \beta)$.

Ein Spezialfall der LR-Darstellung sind dreieckförmige Funktionen, für die sich auf Grund der charakeristischen Form die Bezeichnung trianguläre Zahl eingebürgert hat. In diesem Fall muß folgende Bedingung gelten:

$$L(x) = R(x) = \max(0,\ 1\text{-}x)$$

Die parametrische Darstellung verkürzt sich auf drei Werte: $I = (m, \alpha, \beta)$.

Unscharfe Mengen sind dann sinnvoll einsetzbar, wenn

- keine exakten, sondern nur mögliche Werte bekannt sind,
- Daten inhärent unscharf sind,
- Daten nur qualitativ meßbar sind.[202]

Im ersten Fall entsteht die Vagheit von Informationen durch deren Unvollständigkeit.[203] Inhärente Unschärfe tritt auf, wenn zur Abbildung von Daten Begriffe der natürlichen Sprache verwendet werden, deren Bedeutung nur durch subjektive oder kollektive Interpretation festgelegt werden kann. Die Theorie unscharfer Mengen erlaubt die formale Behandlung natürlichsprachlicher Begriffe.[204] Man spricht in diesem Falle von linguistischen Variablen. Da die oben erwähnten Merkmale auch für das strategische Controlling zutreffen[205], bietet sich die Theorie der unscharfen Mengen auch zur Verarbeitung vager strategischer Informationen an.

Kritisch zu beurteilen bleibt die Problematik der konkreten Quantifizierung der Zugehörigkeitsfunktion durch individuelle und/oder kollektive Bewertungen. Jedoch ist dies kein ureigenes Problem der unscharfen Mengen. Die Festlegung von Präferenzfunktionen in der kritisch-rationalen Entscheidungstheorie oder die aus volkswirtschaftlichen Modellen bekannten Indifferenzfunktionen unterliegen ähnlichen Schwierigkeiten.[206]

---

201) Vgl. zu einer ausführlichen Behandlung der LR-Darstellung DUBOIS u. PRADE (Numbers, 1987).

202) Vgl. ZVIELI u. CHEN (Modeling, 1986), S. 320.

203) Vgl. S. 33

204) Vgl. ZEMANKOVA u. KANDEL (Imprecision, 1985), S. 109.

205) Vgl. Abschnitt III.B.

206) Vgl. MILLING (Aspekte, 1982), S. 720.

D. Strategischer Informationsbedarf: Problematik und Methoden

Der Informationsbedarf wird als die Gesamtheit der Informationen bezeichnet, die zur Erfüllung eines informationellen Interesses eines Subjekts oder einer Gruppe im gegebenen Informationskontext zur Erfüllung einer Aufgabe in einer bestimmten Raum/Zeit-Konstellation erforderlich sind.[207] Der Grad der quantitativen und qualitativen Beschreibbarkeit des Informationsbedarfs hängt somit von der Strukturiertheit der Aufgabe ab. Von diesem aus der zu erfüllenden Aufgabe analytisch abzuleitenden objektiven Informationsbedarf ist der von dem Informationsnachfrager subjektiv empfundene Informationsbedarf zu differenzieren.[208] Der subjektive Informationsbedarf aller Aufgabenträger ist als kollektives Informationsbedürfnis die Grundlage für die Entwicklung einer Informationsnachfrage.[209] Objektiver und subjektiver Informationsbedarf sind nicht deckungsgleich (s. Abb. 11). Der Grad der Abweichung dürfte mit abnehmender Bestimmbarkeit des objektiven Informationsbedarfs zunehmen, da der Spielraum für eine subjektive Bedarfsentfaltung dadurch wesentlich größer ausfällt.

Die Bestimmung eines strategischen Informationsbedarfs wird folglich in zweifacher Weise erschwert. Zunächst weisen die Aufgaben eines strategischen Controllings einen vergleichsweise geringen Strukturierungsgrad auf, so daß ein objektiver Informationsbedarf nur vage formuliert werden kann.[210] Weiterhin erwächst daraus ein weiter Spielraum für die Entwicklung subjektiver Informationsbedarfe einzelner Entscheidungsträger.[211]

Dem objektiven und subjektiven Informationsbedarf steht das Informationsangebot gegenüber (s. Abb. 11). Praktische Erfahrungen zeigen, daß auch zwischen diesen Größen eine Divergenz besteht und zu folgender paradoxer Situation führt: Wachsendes Informationsangebot - auch als Informationsflut oder "information overload" bezeichnet[212] - bei ungedeckter Informationsnachfrage führt zum "Mangel im Überfluß".[213] Manche Praxisberichte belegen, daß viele strategische Informationen bereits

---

207) Vgl. SZYPERSKI u. WINAND (Grundbegriffe, 1980), S. 96 u. BERTHEL (Informationsbedarfsanalyse, 1992), Sp. 873.

208) Vgl. PICOT (Produktionsfaktor, 1990), S. 8f. u. BERTHEL (Informationsbedarfsanalyse, 1992), Sp. 873.

209) Vgl. BERTHEL (Informationsbedarfsanalyse, 1992), Sp. 873. Vgl. zur Problematik der Bestimmung des subjektiven Informationsbedarfs RÜTTLER (Information, 1991), S. 44ff.

210) Vgl. PICOT (Produktionsfaktor, 1990), S. 9.

211) Vgl. dazu auch die Ausführungen zum subjektiven und kollektiven Interpretationsbedarf strategischer Informationen auf S. 37.

212) Mit diesen Begriffen ist die Überflutung mit objektiv oder subjektiv irrelevanten Informationen gemeint. Per Definitionem sind Informationen jedoch immer zweck- oder zielgerichtetes Wissen (s.S. 29). Korrekterweise müßte demnach von einer Datenflut oder von einem "data overload" gesprochen werden.

213) Vgl. BERTHEL (Informationsbedarfsanalyse, 1992), Sp. 875.

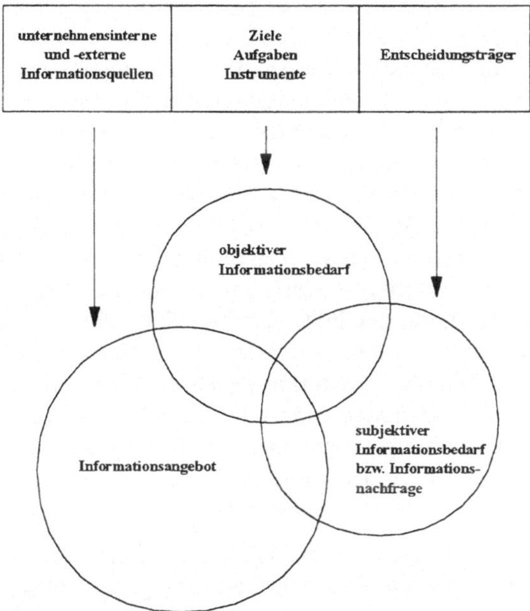

Abb. 11:   Das Verhältnis von Informationsbedarf, -angebot und -nachfrage[214]

im Unternehmen vorhanden sind, aber aus unterschiedlichen Gründen nicht an die entscheidende Stelle weitergeleitet werden.[215] Es ist davon auszugehen, daß dieses Informationsverteilungsproblem nicht nur auf strategische Informationen beschränkt bleibt, sondern ein allgemeines Problem der Informationsversorgung darstellt. Zur Gestaltung von Informationssystemen ist die Kenntnis des Informationsbedarfs notwendige Voraussetzung.[216] Grundsätzlich setzt man sich dabei, wie bei jeder Selektion, zweier Gefahren aus:

- strategisch relevante Informationen werden ausgeblendet und
- strategisch irrelevante problematisiert.

---

214)   In Anlehnung an PICOT (Produktionsfaktor, 1990), S. 8 u. BERTHEL (Informationsbedarfsanalyse, 1992), Sp. 875.

215)   Vgl. HILDEBRANDT u. STRASSER (Praxis, 1990), S. 131. Auch CROCKETT (Revitalizing, 1992), S. 40 berichtet vom Vorhandensein wichtiger strategischer Informationen in verschiedenen sparteneigenen Datenbanken, ohne daß diese zentral für die Gesamtunternehmung ausgewertet wurden. Das unternehmensinterne Vorhandensein nachgefragter Informationen bei unbefriedigten Informationsbedürfnissen ist auch auf Systemschwächen, wie lange Zugriffszeiten und mangelnde Problemadäquanz, zurückzuführen. Vgl. dazu RÜTTLER (Information, 1991), S. 42. Darüber hinaus ist auch die mangelnde Benutzerfreundlichkeit mancher Systeme für die Diskrepanz verantwortlich.

216)   Vgl. BERTHEL (Informationsbedarfsanalyse, 1992), Sp. 876.

Zur Ermittlung des Informationsbedarfs bei einer weitestgehenden Vermeidung dieser Gefahren werden mehrere Methoden vorgeschlagen. Ein großer Teil dieser Analyseverfahren eignet sich vorwiegend für die Analyse eines objektiven Informationsbedarfs bei gut-strukturierten und sich häufig wiederholenden Routineaufgaben oder orientiert sich an bestehenden Informationssystemen und versucht, den Informationsbedarf durch Lücken im Informationsangebot zu eruieren. So geht beispielsweise das System der Bedarfserhebung[217] von einem bereits bestehenden Informationssystem aus und versucht über die Befragung einer großen Anzahl von Managern, deren Gesamtinformationsbedarf zu ermitteln und mit dem aktuellen Informationsangebot zu vergleichen. Am Ende stehen Erweiterungsbedarfe für die eingesetzten Informationssysteme. Zwar wird mit dieser Methode der Informationsbedarf sehr umfassend erhoben, aber neben der schon erwähnten starken Orientierung an DV-technischen Gegebenheiten wird der Nutzen dieser Methode weiterhin durch die Personal- und Kostenintensität eingeschränkt. Die diesen Methoden zugrunde liegende EDV-technische Ausrichtung beschränkt von vorneherein deren Eignung zur Erhebung des von technischen Systemen losgelösten, vielmehr durch die Informationsbedürfnisse der Benutzer und deren Aufgabenfelder bestimmten Informationsbedarfs.

Für die Analyse des objektiven Informationsbedarfs bei schlecht-strukturierten Aufgaben, wie sie im Rahmen des strategischen Controllings auftreten, bietet sich eine induktive Vorgehensweise an.[218] Dabei läßt sich der Gestalter eines Informationssystems bei der Festlegung des Informationsbedarfs von seinen allgemeinen Kenntnissen des Managementprozesses leiten.[219]

Zur weiteren Systematisierung der Vorgehensweise können folgende Aspekte des Managementprozesses dienen:

- Prozeßphasen
- Erfolgsfaktoren
- Instrumente

In Anlehnung an den bereits geschilderten strategischen Controllingprozeß kann eine Bestimmung des phasenbezogenen Informationsbedarfs erfolgen,[220] jedoch erweist sich dieser Weg bei näherer Betrachtung als weniger geeignet, da die enge informationelle Verknüpfung der einzelnen Prozeßschritte zu umfangreichen Überschneidungen führen würde.

Die Orientierung an strategischen Erfolgsfaktoren liefert wichtige Hinweise für die Bestimmung eines strategischen Informationsbedarfs. Als Ausgangspunkt dienen dabei die in zahlreichen empirischen Untersuchungen aufgedeckten Faktoren, die als Voraussetzung für einen überdurchschnittlichen Erfolg im Wettbewerb erachtet wer-

---

217) Vgl. ROCKART (Datenbedarf, 1980) S. 47. Als weitere Beispiele für solche Methoden sind Structured Analysis, Information Analysis, Nebenprodukttechnik und Nullmethode zu nennen. Vgl. zu einer eingehenderen Darstellung und Bewertung der Methoden ROCKART (Datenbedarf, 1980), S. 46 f. u. SPRENGEL (Informationsbedarf, 1984), S. 64f.

218) Vgl. BERTHEL (Informationsbedarfsanalyse, 1992), Sp. 882.

219) Vgl. BERTHEL (Informationsbedarfsanalyse, 1992), Sp. 882.

220) Vgl. zu dieser Vorgehensweise KING u. CLELAND (Planning, 1978), S. 224.

den.[221] Bei dieser Vorgehensweise ist allerdings die Nicht-Existenz allgemeingültiger, d.h. branchen- und unternehmensunabhängiger Erfolgsfaktoren zu beachten. Darüber hinaus führt die unzureichende Möglichkeit einer intersubjektiven Validierung zur Bildung individueller, von den einzelnen Entscheidungsträgern als relevant erachteter Erfolgsfaktoren. Dadurch verwischen die Grenzen der Erhebung des objektiven und subjektiven Informationsbedarfs. Auf Grund der geringen Strukturiertheit strategischer Aufgaben und des damit verbundenen subjektiven Interpretationsspielraumes wird eine strenge Trennung zwischen objektivem und subjektivem Informationsbedarf ohnehin nicht möglich sein.

Zur Klasse der erfolgsfaktorenorientierten Informationsbedarfsanalyse kann das System der Schlüsselindikatoren[222] gezählt werden. Das Grundkonzept sieht eine Auswahl von Schlüsselindikatoren durch das Top-Management vor, die den Erfolg der Unternehmung möglichst gut abbilden sollen. Zu jedem Indikator sind Sollwerte und zugehörige Signifikanzschwellen zu bestimmen. Bei der Abfrage können sämtliche Daten oder auch nur festgestellte Abweichungen ausgewählt werden. Im praktischen Einsatz dieser Methode zeigt sich eine starke Ausrichtung auf Finanzdaten, so daß die Verwandtschaft zu Kennzahlensystemen offenkundig hervortritt. Dementsprechend kann dann auch die mit Kennzahlensystemen verbundene Kritik - Schwierigkeiten bei der Festlegung aussagekräftiger Kennzahlen, starke Interpretationsbedürftigkeit der Abweichungen - unmittelbar auf die Methode der Schlüsselindikatoren übertragen werden[223].

Ein häufig im Zusammenhang mit der Erhebung eines strategischen Informationsbedarfs diskutiertes Verfahren ist die Methode der "Kritischen Erfolgsfaktoren" (KEF).[224] Die KEF-Methode greift die grundlegenden Gedanken DANIELS[225] auf, der feststellte, daß in jeder Branche und auch für jedes Unternehmen einige wenige Erfolgsfaktoren maßgeblich über den Erfolg entscheiden. In späteren Veröffentlichungen wurde die Unternehmensindividualität der KEF hervorgehoben[226] und der dafür ursächliche Sachverhalt bestimmt.[227]

Die Begründer der KEF-Methode verstehen unter Kritischen Erfolgsfaktoren situativ relevante Bereiche, in denen gute Leistungsergebnisse notwendig sind, um übergeordnete Ziele zu erreichen, und denen das Management konstant äußerste Aufmerksamkeit schenken sollte.[228] Bei controllingtheoretischer Betrachtung sind KEF mit besonders bedeutsamen Prämissen vergleichbar. KEF sind das Ergebnis subjektiver Urteile,

---

221) Vgl. dazu Abschnitt II.D.

222) Vgl. zu einer ausführlichen Darstellung ROCKART (Datenbedarf, 1980) S. 47f. sowie HAX u. MAJLUF (Management, 1988), S. 108f.

223) Vgl. SPRENGEL (Informationsbedarf, 1984), S. 64.

224) Vgl. zu einer ausführlichen Darstellung ROCKART (Datenbedarf, 1980) sowie BULLEN u. ROCKART (Primer, 1986).

225) Vgl. DANIEL (Management, 1961).

226) Vgl. ANTHONY u.a. (Key, 1972).

227) Vgl. ROCKART (Datenbedarf, 1980) S. 51.

228) Vgl. ROCKART (Datenbedarf, 1980), S. 50 sowie BULLEN u. ROCKART (Primer, 1986), S. 385.

die mittels Interviewtechnik erhoben werden und für deren Zustandekommen kein bestimmter Algorithmus existiert.[229] Primäres Anliegen dieser Methode ist die Explizierung der implizit in den Köpfen der Entscheidungsträger vorhandenen KEF.[230] Zur Überwachung der KEF sind jeweils quantitativ und/oder qualitativ meßbare Indikatoren festzulegen.[231] BULLEN u. ROCKART klassifizieren KEF nach drei Dimensionen.[232] Nach den primären Quellen von KEF werden branchen-, umwelt-, strategieposition- und managerbezogene sowie temporär-unvorhergesehene unterschieden. Die übrigen Dimensionen unterscheiden unternehmensinterne von -externen und überwachende von adaptierend-innovierenden KEF. Die zuletzt genannten weisen einen geringeren Kontrollaspekt auf, vielmehr dienen sie der frühzeitigen Anpassung an sich verändernde Umweltbedingungen. Wie die jeweils übergeordneten Ziele weisen auch KEF einen hierarchischen Charakter auf.[233] Bei einer Top-down-Betrachtung können sich KEF auf die Ebenen der Branche, des Gesamtunternehmens, eines organisatorischen Teilbereichs oder eines einzelnen Managers beziehen.

Für die KEF-Methode werden drei Haupteinsatzzwecke genannt:[234]

- Bestimmung des managerbezogenen Informationsbedarfs
- Unterstützung des strategischen und operativen Planungs- und Kontrollprozesses einer Organisation
- Ausgangsbasis für die Informationssystemgestaltung

Die Summe der managerbezogenen Informationsbedürfnisse bildet das gesamte subjektive Informationsbedürfnis, das sich als Informationsnachfrage entfaltet. Im strategischen Planungs- und Kontrollprozeß sind branchen-, gesamtunternehmens- und spartenbezogene KEF als wichtige Orientierungsgrößen beim Erhalt und Aufbau von Erfolgspotentialen interpretierbar und helfen somit bei der Strategiefindung.[235] KEF auf den unteren Hierarchieebenen der Unternehmung liefern wichtige Hinweise für die operative Ressourcenallokation. Der Schwerpunkt der Methode liegt jedoch weniger auf der Planungs- als auf der Kontrollfunktion, da die KEF eine Leistungsüberwachung und -verbesserung für bestehende Geschäftsbereiche erleichtern.[236] Es hat sich gezeigt, daß die Schnittmenge individueller Informationsbedürfnisse des Top-Managements die gesamtunternehmensbezogenen KEF darstellt.[237] Insbesondere diese dienen

---

229) Vgl. BULLEN u. ROCKART (Primer, 1986), S. 387.

230) Vgl. BULLEN u. ROCKART (Primer, 1986), S. 389.

231) Vgl. BULLEN u. ROCKART (Primer, 1986), S. 390.

232) Vgl. BULLEN u. ROCKART (Primer, 1986), S. 390ff.

233) Vgl. BULLEN u. ROCKART (Primer, 1986), S. 392ff.

234) Vgl. BULLEN u. ROCKART (Primer, 1986), S. 404ff.

235) Offensichtlich hat sich in Bezug auf die Möglichkeiten der KEF-Methode zur Unterstützung der strategischen Planung die Meinung von ROCKART im Laufe der Zeit und der damit verbundenen Erfahrung relativiert. So wird in seinem frühen Beitrag (Datenbedarf, 1980), S. 53 noch folgendes bemerkt: "Hervorheben möchte ich noch, daß die KEF-Methode keinen Anspruch darauf erhebt, Informationsfragen für die strategische Planung beantworten zu können."

236) Vgl. ROCKART (Datenbedarf, 1980) S. 53.

237) Vgl. BULLEN u. ROCKART (Primer, 1986), S. 409.

der Gestaltung von Informationssystemen. Hierbei unterscheiden BULLEN u. ROCKART "on-line order entry systems" zur Unterstützung des operativen Tagesgeschäftes und speziell auf strategische Informationsbedürfnisse ausgerichtete "information databases".[238] Der Bedarf an "on-line order entry systems" kann als Nebenprodukt der KEF-Methode betrachtet werden, da sich der strategische Informationsbedarf in der Regel nicht aus einem einzelnen operativ orientierten System befriedigen läßt. Hauptziel ist die Entwicklung von "information databases", die neben den vorwiegend quantitativen Daten aus den operativen Systemen auch qualitative Informationen über Kunden, Märkte und interne Pläne sowie Informationen aus externen Datenbanken enthalten.[239]

Der starke Einfluß subjektiver Einschätzungen im Rahmen der KEF-Methode nimmt SPRENGEL als Anlaß zur Kritik und schlägt vor, den strategischen Informationsbedarf anhand strategischer Entscheidungshilfen oder Instrumente einzugrenzen.[240] Auch AX u. BÖRSIG sind der Meinung, daß eine "...nicht von Auswertungsmodellen gesteuerte Datenerhebung zu einer Datenbasis führt, die nur sehr schwer handhabbar und im Rahmen der strategischen Planung von begrenztem Nutzen ist..."[241] Die Orientierung an strategischen Analyseinstrumenten weist gegenüber einer primär subjektiven Erhebung des strategischen Informationsbedarfs aus folgenden Gründen eine gesteigerte Objektivität auf. Zunächst erlauben die meisten strategischen Instrumente auf der Basis ihrer empirischen Fundierung eine Beurteilung der strategischen Relevanz der darin verwendeten Informationen. Weiterhin leitet sich der Informationsbedarf nicht aus isoliert betrachteten Erfolgsfaktoren ab, sondern aus einem Beziehungsgeflecht mehrerer Erfolgsfaktoren, die in ihrem situativen Kontext und Ursache-Wirkungs-Zusammenhang analysiert werden.[242] Schließlich wird man durch die systematische Vorgehensweise anhand der Instrumente dem Ziel der Vollständigkeit der Informationsbedarfsformulierung besser gerecht.

Dennoch empfiehlt sich auf Grund des durch die mangelnde Aufgabenstrukturierung bedingten offenen Interpretationsspielraumes strategischer Informationen ein kombinierter Methodeneinsatz. Die instrumental geleitete Vorgehensweise zielt dabei unter Ausschaltung subjektiver Einflüsse auf die Erhebung des aufgabeninduzierten objektiven Informationsbedarfs ab, der komplementäre Einsatz der KEF-Methode auf die Ergänzung um subjektiv empfundene Informationsbedürfnisse. Hierbei kann die Strukturierung des Informationssuchprozesses durch die Informationsanforderungen der strategischen Entscheidungshilfen zu einer Vereinfachung, Systematisierung und Vollständigkeit der subjektiven Formulierung des Informationsbedarfs führen.[243]

---

238) Vgl. BULLEN u. ROCKART (Primer, 1986), S. 410. "On-line order entry systems" entsprechen den auf S. 65 dargestellten Administrations- und Dispositionssystemen.

239) Vgl. BULLEN u. ROCKART (Primer, 1986), S. 411f. Die von den Autoren erwähnten "information databases" sind mit den in Abschnitt IV.C.1. aufgezeigten Konzepten von ROCKART u. TREACY gleichzusetzen.

240) Vgl. SPRENGEL (Informationsbedarf, 1984), S. 67ff.

241) AX u. BÖRSIG (Praxis, 1979), S. 921.

242) Vgl. SPRENGEL (Informationsbedarf, 1984), S. 77.

243) Vgl. SPRENGEL (Informationsbedarf, 1984), S. 77.

In Anbetracht des Zieles dieser Arbeit - der Entwicklung eines möglichst allgemein verwendbaren Musters einer strategischen Datenbank - wird für die inhaltliche Konzeption der Datenbank die instrumentengeleitete Vorgehensweise von besonderer Relevanz sein.

E. Strategisches Rechnungswesen als betriebswirtschaftlich-konzeptionelle Basis eines strategischen Informationsangebots

1. Entwicklungsstand des Rechnungswesens

Informationen, die vom Rechnungswesen bereitgestellt werden, sind deskriptiver Natur und sollen beschreibende, feststellende Aussagen über vergangene, gegenwärtige oder zukünftige ökonomisch relevante Ereignisse und Situationen enthalten.[244] Gewonnen werden diese Informationen durch die Messung und Bewertung betrieblicher Sachverhalte.[245] Als wichtige Teilgebiete des Rechnungswesens lassen sich inhaltlich-materiell die auf Zahlungsströmen (Ein- und Auszahlungen) basierende Finanzrechnung, die Aufwands- und Ertragsgrößen sowie Kosten- und Leistungsgrößen ausweisende Erfolgsrechnung, die Vermögens- und Kapitalrechnungen als Bestandsrechnungen sowie die sonstigen statistischen Rechnungen unterscheiden.[246]

Faßt man das Rechnungswesen sehr weit als "die Gesamtheit aller wirtschaftlich auswertbaren und sich auf Datenträger niederschlagenden Akte der Informationsgewinnung und Informationsverarbeitung einer Unternehmung"[247], so ist es mit einem allgemeinen betrieblichen Informationssystem gleichzusetzen. Fraglich bleibt dann jedoch, welche Arten von Informationen Bestandteil dieses Systems sind.

Das traditionelle "Meßinstrument" in Unternehmungen, das Rechnungswesen, greift bislang jedoch nicht auf alle möglichen Meßinstrumente zurück und verzichtet weitgehend auf die Erfassung der damit abbildbaren realen Phänomene.[248]

Betrachtet man das Rechnungswesen im Hinblick auf seine Verwendungsfähigkeit im Rahmen des Controllings allgemein und für das strategische Controlling speziell, so lassen sich einige Merkmale aufdecken, die die Eignung stark in Frage stellen.

Die meisten Meßvorgänge im Rahmen des betrieblichen Rechnungswesens sind als Spezialfall der indirekten Messung Bewertungen, deren Ergebnis immer durch die den Bewertungen zugrunde liegende spezielle Zwecksetzung maßgeblich bestimmt wird.[249] Durch die vom Gesetzgeber vorgeschriebene externe Rechnungslegungs- und Dokumentationspflicht sind die Informationen des Rechnungswesens häufig an Inter-

---

244) Vgl. SZYPERSKI (Informationssystem, 1981), Sp. 1426.

245) Vgl. SZYPERSKI u. RICHTER (Messung, 1981), Sp. 1206.

246) Vgl. KÖHLER (Marketing-Accounting, 1989), S. 122.

247) COENENBERG (Rechnungswesen, 1980), Sp. 1996.

248) Vgl. SZYPERSKI u. RICHTER (Messung, 1981), Sp. 1211.

249) Vgl. SZYPERSKI u. RICHTER (Messung, 1981), Sp. 1211.

essen externer Anspruchsgruppen ausgerichtet, wie Kapitalgeber, Banken, Fiskus, Verbände, Öffentlichkeit, Kunden und Lieferanten.[250] Bilanzpolitisch gefärbte Informationen sind für eine am "tatsächlichen" wirtschaftlichen Geschehen sich orientierende Unternehmenssteuerung denkbar ungeeignet. In der Konsequenz entwickelte sich ein eigenständiger rechnungstechnischer Abbildungsbereich, der allgemein als Kosten- und Leistungsrechnung bezeichnet wird und durch die Verlagerung der Objektdimensionen von Ist- über Normal- zu Plangrößen und von Voll- zu Teilkosten die Lösung von Planungs- und Entscheidungsaufgaben erleichtert.[251] Neuere Ansätze und instrumentelle Verfeinerung eines solchen entscheidungsorientierten Rechnungswesens[252] schaffen zwar eine verbesserte Entscheidungsgrundlage, die auch einen nicht zu unterschätzenden strategischen Aussagewert aufweist[253], beziehen sich jedoch weiterhin auf die operativen und vorwiegend intern orientierten Größen Liquidität und Gewinn. Die interne Ausrichtung des Rechnungswesens wird einer strategischen Betrachtung nicht gerecht, da es beispielsweise nicht ausreicht, die eigene Kostenstruktur zu kennen, vielmehr muß eine Bewertung im Vergleich zu den Konkurrenten erfolgen, um diesbezügliche Wettbewerbsvorteile zu erkennen[254].

---

250)   Vgl. SZYPERSKI u. WINAND (Rechnungswesen, 1981), Sp. 1349

251)   Vgl. MACHARZINA (Rechnungswesen, 1989), Sp. 1714.

252)   Vgl. zum entscheidungsorientierten Rechnungswesen MÄNNEL u. WARNICK (Rechnungswesen, 1990). Die wichtigsten Ansätze bilden die Flexible Plankostenrechnung, die Relative Einzelkosten- und Deckungsbeitragsrechnung, die Prozeßkostenrechnung und das Target-Costing. Vgl. zur Flexiblen Plankostenrechnung KILGER (Plankostenrechnung, 1988) sowie SCHEER (Grenzplankostenrechnung, 1991). Vgl. zur Relativen Einzelkosten- und Deckungsbeitragsrechnung RIEBEL (Unternehmensrechnung, 1990). Vgl. zur Prozeßkostenrechnung HORVARTH u. MAYER (Prozeßkostenrechnung, 1989) sowie COENENBERG u. FISCHER (Prozeßkostenrechnung, 1991). Vgl. zum Target-Costing HORVARTH u. SEIDEN-SCHWARZ (Zielkostenmanagement, 1992) und zur Kombination mit der Prozeßkostenrechnung SEIDENSCHWARZ (Prozeßkostenrechnung, 1991).

253)   Vgl. SCHIMANK (Entscheidungsunterstützung, 1990), PÜMPIN (Erfolgspositionen, 1982), S. 57 sowie SCHREYÖGG u. STEINMANN (Praxis, 1986), S. 43, die von der Eignung des Rechnungswesens zur (Zwischen-)Ergebniskontrolle berichten. Ein weiterer wichtiger Einsatzbereich liegt in der internen Machbarkeitskontrolle, die sich an der gegebenen, als "harte" Bedingung den strategischen Möglichkeitsraum beschränkenden Ressourcensituation orientiert.

254)   Vgl. HAX u. MAJLUF (Management, 1988), S. 108. Weitere Kritikpunkte am traditionellen Rechnungswesen, die hier nicht näher behandelt werden sollen, sind: a. dysfunktionale Aspekte der Periodisierung, vgl. dazu BLEICHER (Grenzen, 1988), S. 36 ff., RIEBEL (Überlegungen, 1987), S. 1156, (Entscheidungen, 1988) u. (Probleme, 1989), b. mangelnde Abbildung des Humankapitals, vgl. dazu BLEICHER (Grenzen, 1988), S. 36ff. sowie SZYPERSKI u. RICHTER (Messung, 1981), Sp. 1211 und c. dysfunktionale verhaltenssteuernde Wirkungen, vgl. dazu BLEICHER (Grenzen, 1988), S. 36 ff. u. SZYPERSKI (Informationssystem, 1981), Sp. 1430.

Zur Unterstützung des strategischen Controllings wird deswegen häufig die Forderung nach einem strategischen Rechnungswesen laut.[255] Der konzeptionell umfassendste Ansatz der Entwicklung eines strategischen Rechnungswesens zielt auf eine umfassende Abbildung von Erfolgspotentialen.[256] Erste Schwierigkeiten ergäben sich aus der unzureichenden empirischen Fundierung allgemeingültiger, d.h. nicht unternehmensspezifischer Erfolgsfaktoren.[257] Diese wären jedoch durch unternehmens-, im Extremfall sogar durch managerindividuelle inhaltliche Gestaltung des strategischen Rechnungswesens prinzipiell lösbar.

Mit diesen Gedanken wird unmittelbar evident, daß der Begriff Rechnungswesen im strategischen Rahmen mißverständlich wirkt, da eine Rechnung im engeren Sinne, wie sie im traditionellen Rechnungswesen an monetären Größen vollzogen wird, nicht stattfindet. Das Abbilden wirtschaftlichen Geschehens in monetären Kategorien bereitet schon im operativen Bereich Schwierigkeiten und wird auf strategischer Ebene praktisch unmöglich. Es sollte deshalb generell von einem Informationssystem gesprochen werden.[258]

2. Anforderungen an ein strategisches Rechnungswesen

Aus den Grundmerkmalen des strategischen Controllings einerseits und den Grenzen des traditionellen Rechnungswesens andererseits lassen sich folgende Anforderungen an ein strategisches Rechnungswesen oder Informationssystem ableiten:

(1) Strategischer Zweckbezug der Bewertungen: Erfolgspotentialorientierung
Wie bereits erwähnt, wird jedes Bewertungsergebnis durch den zugrunde liegenden Bewertungszweck beeinflußt. Konsequenterweise dürfen Ergebnisse, die durch nicht strategisch ausgerichtete Bewertungen zustande gekommen sind, nicht oder nur beschränkt als strategische Informationen verwendet werden.

(2) Projekt- und Prozeßdenken
Aufbau und Erhalt von Erfolgspotentialen vollziehen sich nicht in kurzen Zeiträumen, sondern bedürfen eines längerfristigen Denkens in zusammenhängenden Projektdimensionen. Ein strategisches Projekt läßt sich in einzelne strategische Prozesse oder Maßnahmen zerlegen. Diese unterscheiden sich von ihren operativen Pendants durch zahlreichere Disjunktionen, d.h. Entwicklungsmöglichkeiten auf Grund der größeren Freiheiten strategischer Entscheidungen, und durch vielfältigere Wirkungskomplexe, die eine multikriterielle Bewertung an einem komplexen Zielsystem erfordern.

---

255) Vgl. GÄLWEILER (Kontrolle, 1979), S. 210 ff u. MALIK (Strategie, 1986), S. 68 u. BLEICHER (Grenzen, 1988), S. 40 f.

256) Vgl. GÄLWEILER (Kontrolle, 1979), S. 210, MUNARI u. NAUMANN (Steuerung, 1984), S. 372, MALIK (Strategie, 1986), S. 68 u. BLEICHER (Grenzen, 1988), S. 41 u. 46.

257) Vgl. dazu die Ausführungen in Abschnitt II.D.

258) Vgl. MUNARI u. NAUMANN (Steuerung, 1984), S. 372.

(3) Öffnung des Objektbereichs: interne und externe Informationsobjekte
Die Identifikation und aktive Beachtung von Stärken und Schwächen sowie von Chancen und Risiken als Hauptanliegen des strategischen Controllings ist nur bei einer simultanen Bewertung interner und externer Gegebenheiten und Entwicklungen möglich.

(4) Öffnung des Meß- und Abbildungsinstrumentariums
Strategische Effekte beschränken sich nicht auf direkt quantitativ meßbare monetäre Größen, sondern wirken auch auf nur qualitativ und zumeist nur indirekt bewertbare Erfolgselemente ein. Neben der Integration von qualitativen Abbildungen sind Konzepte erforderlich, mit deren Hilfe die Vagheit von Bewertungen in Form von Bandbreiten und Möglichkeitsbereichen abbild- und verarbeitbar ist.[259]

3. Ansätze eines strategischen Rechnungswesens

Der noch relativ neue Gedanke eines strategischen Rechnungswesens im oben aufgezeigten Sinne hat noch nicht zu einer Vielzahl von Vorschlägen geführt. Hier sollen nun die in der Literatur diskutierten Ansätze anhand der zuvor aufgestellten Anforderungen bewertet und eingeordnet werden.

(1) Klassifikation in operative und strategische Aufwendungen
Eine erste, noch stark am konventionellen Rechnungswesen angeknüpfte Erweiterung wäre die Aufteilung von Aufwendungen in operative und strategische.[260] Neben dem damit verbundenen Aufwand der Umgestaltung des Buchhaltungsverfahrens[261] dürfte eine klare Trennung von operativen und strategischen Zahlungsströmen erhebliche Schwierigkeiten bereiten, da die Größen des Rechnungswesens nicht schon für sich gesehen, sondern nur durch den Interpretationsrahmen einer solchen Einstufung zugänglich gemacht werden können.[262] Da Aufwendungen als Ergebnisse von Bewertungen im Kontext des traditionell operativ orientierten Rechnungswesens anzusehen sind, wird die erste Forderung an ein strategisches Rechnungswesen nicht erfüllt. Dem Projekt- und Prozeßdenken würde die Klassifikation der Aufwendungen prinzipiell nicht entgegenstehen, bezögen sich die strategischen Aufwendungen tatsächlich auf strategische Maßnah-

---

259) So auch POHLE (Analyse, 1990), S. 17: "Auf der Grundlage der Erörterung weicher Faktoren der Unternehmensführung sollte sich die Betriebswirtschaftslehre bemühen, Ansätze für solche heute als "qualitativ" bezeichneten Größen zu entwickeln." Der Autor schlägt beispielsweise vor, die Anzahl der angemeldeten Patente oder Veröffentlichungen eigener Mitarbeiter in namhaften einschlägigen Fachzeitschriften als "proxy" für die technologischen Fähigkeiten einer Unternehmung zu verwenden.

260) Vgl. zu diesem Vorschlag HAX u. MAJLUF (Management, 1988), S. 108. Dort wird von der Firma Texas Instruments berichtet, die alle Ausgaben als operativ oder strategisch einstufen.

261) Vgl. HAX u. MAJLUF (Management, 1988), S. 108.

262) Vgl. auch zur Abhängigkeit des Bewertungsergebnisses vom Bewertungszweck SZYPERSKI u. RICHTER (Messung, 1981), Sp. 1211.

men oder Prozesse. Jedoch wird die Erfassung der jeweiligen Wirkungen nicht problematisiert. Hinsichtlich der dritten und vierten Anforderung ist kein Fortschritt im Vergleich zu traditionellen Methoden festzustellen. Abschließend läßt sich somit das vorgestellte Konzept als strategisches "Anhängsel" des bisherigen Rechnungswesens klassifizieren, das allenfalls der zweiten Anforderung ansatzweise gerecht wird.

(2) "Ansatzpunkte strategischer Bilanzierung" nach HAMEL
HAMEL sieht seinen folgenden Vorschlag als eine Erweiterung der klassischen Bilanzpolitik. Er schlägt die Erweiterung des bilanzpolitischen Horizonts vor, der realistischerweise bei 5-7 Jahren anzusetzen wäre, um die Auswirkungen der wirtschaftlichen Entwicklung der Unternehmung auf spätere Bilanzen antizipieren zu können.[263] Auch regt Hamel an, die in der Bilanzierungspraxis vorherrschende primäre Ausrichtung bilanzpolitischer Bewertungen an der Gruppe der Anteilseigner in Frage und zunächst alle potentiellen Adressaten zur Disposition zu stellen.[264] Eine andere Erweiterung ist ausgerichtet auf die Größe Gewinn als Schwerpunkt des bilanzpolitischen Interesses. Häufig sind andere Bilanzpositionen von größerer Bedeutung, um die gewünschten Verhaltensweisen bei den jeweiligen Adressaten hervorzurufen. HAMEL fordert deswegen den Aufbau von Flexibilitätsreserven, um in späteren Perioden entstehende bilanzpolitische Interessen der Adressaten befriedigen zu können.[265]

Auch dieser Ansatz bewegt sich innerhalb der Kategorien des traditionellen Rechnungswesens. Darüber hinaus erübrigt sich eine Bewertung anhand der aufgestellten Forderungen, da HAMEL die strategische Bilanz weniger als ein Hilfsmittel zur Abbildung von Erfolgspotentialen innerhalb des strategischen Controllings sieht, sondern mehr als ein Instrument zur Verhaltenssteuerung der Adressatengruppen im Sinne der (strategischen) Unternehmensziele.

(3) Strategische Bilanzen als Plan- und Prognosebilanzen
Plan- und Prognosebilanzen versuchen, Strategien anhand ihrer bilanziell zu erwartenden Auswirkungen zu bewerten.[266] Auch dieser Ansatz verfolgt die Darstellung strategischer Sachverhalte ausschließlich mit Hilfe der herkömmlichen Denkkategorien des Jahresabschlusses und bleibt insofern konzeptionell vollständig dem Feld des traditionellen Rechnungswesens verhaftet.

(4) Kostenträgerinformationsbogen
Den Gedanken der Kostenstellenbogen als Informationsträger zur operativen Steuerung aufgreifend, schlägt FRÖHLING einen Kostenträgerinformationsbogen als strategisches Berichtsinstrument vor.[267] Dieser enthält strategische Kostenrechnungs-, Finanz-/Investitions- und Marktindikatoren für das eigene Unter-

---

263) Vgl. HAMEL (Bilanzierung, 1984), S. 904.
264) Vgl. HAMEL (Bilanzierung, 1984), S. 906ff.
265) Vgl. HAMEL (Bilanzierung, 1984), S. 909ff.
266) Vgl. LÜCKE (Planbilanz, 1989), Sp. 1284 sowie HINTERHUBER u.a. (Planbilanzen, 1986) u. HAHN u.a. (Gesamtunternehmungsmodelle, 1990), die EDV-gestützte Systeme vorstellen.
267) Vgl. FRÖHLING (ACCOUNTING, 1991), S. 11.

Sparte: Produkt: Region:	Strategische Kostenrechnungsindikatoren					Strategische Finanz-/Investitionsindikatoren				Strategische Marktindikatoren			...
	Absatz-menge	Umsatz je Stk.	Vollkst. je Stk.	Prozkst. je Stk.	...	Cash Flow	ROI	Bar-wert	...	MA	Rel. MA	...	...
Eigenes Unternehmen: - gegenwärtige Position - Veränderung in Periode					...				...			...	...
Führender Konkurrent A: - gegenwärtige Position - Veränderung in Periode - rel. Position zu uns					...				...			...	...
Direkter Konkurrent B: - gegenwärtige Position - Veränderung in Periode - rel. Position zu uns					...				...			...	...
...	...	...	...	...	...	...	...	...	...	...	...	...	...

Abb. 12: Kostenträgerinformationsbogen
(Quelle: FRÖHLING (ACCOUNTING, 1991), S. 11.)

nehmen, den führenden Konkurrenten sowie andere direkte Konkurrenten als gegenwärtige und prognostizierte oder angestrebte Größen (s. Abb. 12).

Im Gegensatz zu den bisherigen Ansätzen findet hier erstmals eine Öffnung des Objektbereichs des Rechnungswesens in Richtung externer Konkurrenz- und Marktinformationen statt. Alle übrigen Anforderungen bleiben jedoch weiterhin nicht erfüllt.

(5) Human Resource Accounting
Als Human Resource Accounting - im deutschsprachigen Raum hat sich der Begriff "Humanvermögensrechnung" eingebürgert - kann ein Teilrechnungswesen, das Informationen über menschliche Ressourcen bereitstellt, bezeichnet werden.[268] Zu den menschlichen Ressourcen zählen weitgefaßt alle Personen, die Beiträge zur Erreichung der Unternehmensziele leisten können (Eigen- u. Fremdkapitalgeber, Mitarbeiter, Kunden, Lieferanten usw.). Bisher entwickelte Konzepte der Humanvermögensrechnung gehen jedoch von einer engeren Begriffsauffassung aus, den Belegschaftsmitgliedern. Die inhaltliche Erweiterung des Abbildungsbereichs des betrieblichen Rech-nungswesens auf das Humanvermögen erfordert ebenfalls die Ausdehnung des Meß- und Bewertungsinstrumentariums auf qualitative Skalen und indirekte Messung.[269]

Das Human Resource Accounting bildet lediglich ein Element eines umfassenderen strategischen Rechnungswesens, da das Humanvermögen nur ein möglicher Erfolgsfaktor unter vielen ist. Jedoch liefern die Forschungsbemühungen auf diesem Feld wichtige Erkenntnisse über die Abbildungsproblematik des menschlichen Wertschöpfungsfaktors. Im Rahmen der Forderung der Öffnung des Objektbereichs auf interne und externe Informationsobjekte sollte der weiten Begriffsauffassung des Humanvermögens gefolgt werden.

(6) Strategische Bilanzen als Potentialbilanzen
(Erfolgs-)Potentialbilanzen ersetzen die quantitativen klassischen Bilanzpositionen durch qualitative Bewertungen der Stärken und Schwächen sowie Chancen und Risiken durch ein Expertenteam.[270] Ein Ziel dieser Konzeption ist das Erkennen eines strategischen Engpasses, der im Beispiel aus Abb. 13 im Personalbereich liegt.

Diese Konzeption wird der aufgestellten Forderung einer Erfolgspotentialorientierung umfassend gerecht, da die Erfolgspotentiale durch die simultane Betrachtung interner und externer Größen qualitativ abgebildet werden. Lediglich das Projekt- und Prozeßdenken wird nicht explizit betont, könnte aber durch ergänzende Instrumente (z.B. strategische Netzpläne) integriert werden.

---

268) Vgl. dazu und zu den folgenden Ausführungen STREIM (Accounting, 1989), Sp. 743.

269) Vgl. SZYPERSKI u. RICHTER (Messung, 1981), Sp. 1206 u. STREIM (Accounting, 1989), Sp. 747f.

270) Vgl. zu diesen strategisch orientierten (Erfolgs-)Potentialbilanzen MANN (Praxis, 1989), S. 58ff.

AKTIVA	PASSIVA	Ab-stand	Rang
100 90 80 70 60 50 40 30 20 10	**100** 0 90 80 70 60 50 40 30 20 10 0		
Kapital		150	4
1. gesunde Finanzstruktur 2. hoher Aktienkurs ...	1. Überkapazitäen am Markt 2. wachsende Fixkostenbelastung ...		
Material		130	3
1. guter Qualitätsstand Fertigwaren 2. Spitzenprodukte, Qualitätsvorsprung ...	1. Verteuerung der Rohstoffe 2. Monopolisierung der Rohstofflieferanten ...		
Personal		80	1
1. neues Management 2. neugeschaffene Nachfolgeregelungen u. Stellvertr. ...	1. Facharbeitermangel 2. steigende Fluktuation im Produktionsbereich ...		
Absatz		170	5
1. steigende Markenprofilierung 2. steigende Distribution im Handel ...	1. Konzentrationsprozeß am Absatzmarkt 2. Steigender Wettbewerb ...		
Know how		110	2
1. Schubladenpläne für neue Produkte 2. bewährte Verfahren zur Krisenbewältigung ...	1. Rationalisierungsbedarf in der Verwaltung 2. fehlende Automatisierung in der Fertigung ...		

Abb. 13: Strategische Bilanz
(Quelle: MANN (Praxis, 1989), S. 58 ff.)

(7) Ist- und Soll-Potentialbilanz sowie Potentialerfolgsrechnung
EBERT erweitert den Gedanken der (Erfolgs-)Potentialbilanz in dynamischer Hinsicht, indem er durch die Einführung von Ist- und Soll-Potentialbilanz sowie Potentialerfolgsrechnung verschiedene Zeitpunkte oder Veränderungsgrößen betrachtet (s. Abb. 14).

Zwar wird durch diese Konzeption noch keine umfassende dynamische Perspektive i.S. eines Prozeß- und Projektdenkens realisiert, jedoch wird der Vorschlag von EBERT den aufgestellten Anforderungen eines strategischen Rechnungswesens in weitestgehender Form gerecht.

Ist-Potentialbilanz

Potentiale	Wert	0 50 100
1. Externe Potentiale		
2. Interne Potentiale		
2.1 Institutionelle Potentiale		
2.1.1 Organisation	50	
2.1.2 Systemniveau	70	
2.2 Personelle Potentiale		
2.2.1 Qualifikation der Mitarbeiter		
2.2.1.1 Betriebswirtschaftliches Wissen	60	
2.2.1.2 Technisches Wissen	30	
2.2.2 Motivation der Mitarbeiter	50	

Soll-Potentialbilanz

Potentiale	Wert	0 50 100
1. Externe Potentiale		
2. Interne Potentiale		
2.1 Institutionelle Potentiale		
2.1.1 Organisation	40	
2.1.2 Systemniveau	90	
2.2 Personelle Potentiale		
2.2.1 Qualifikation der Mitarbeiter		
2.2.1.1 Betriebswirtschaftliches Wissen	30	
2.2.1.2 Technisches Wissen	70	
2.2.2 Motivation der Mitarbeiter	80	

Potentialerfolgsrechnung

Potentiale	Wert	Abnahme 0 Zunahme
1. Externe Potentiale		
2. Interne Potentiale		
2.1 Institutionelle Potentiale		
2.1.1 Organisation	-10	
2.1.2 Systemniveau	+20	
2.2 Personelle Potentiale		
2.2.1 Qualifikation der Mitarbeiter		
2.2.1.1 Betriebswirtschaftliches Wissen	-30	
2.2.1.2 Technisches Wissen	+40	
2.2.2 Motivation der Mitarbeiter	+30	

Abb. 14: Ist- und Soll-Potentialbilanz sowie Potentialerfolgsrechnung
(Quelle: EBERT (Controlling, 1991), S. 291)

IV. STRATEGISCHE DATENBANKEN IM RAHMEN DES COMPUTERGE-STÜTZTEN CONTROLLINGS

A. Computergestützte Informationssysteme

1. Elemente

Computergestützte Informationssysteme bestehen aus personellen, organisatorischen sowie hardware- und softwaretechnischen Elementen.[271] Die softwaretechnischen lassen sich weiterhin in Datenbanksysteme sowie Modell- und Methodenbanksysteme unterscheiden.[272] Neuerdings werden auch Softwarewerkzeuge für Endbenutzer, Expertensysteme und Systeme der Mensch-Maschine-Interaktion als eigenständige Elemente genannt.[273]

Datenbanksysteme dienen der zentralen Verwaltung einer gemeinsamen logischen Datenbasis, auf die alle Benutzer eines computergestützten Informationssystems zugreifen können.[274] In diesem Sinne sind damit zunächst unternehmensintern betriebene Datenbanksysteme zu verstehen. Interne Datenbanksysteme werden in erster Linie aus den operativ ausgerichteten Administrations- und Dispositionssystemen gespeist.[275] Bei einer weitergefaßten Betrachtung von Datenbanksystemen sind darunter auch solche zu verstehen, die von unternehmensexternen Anbietern betrieben und gegen eine Benutzungsgebühr abgefragt werden können. Da für das unternehmenseigene Informationsmanagement der Betrieb der externen Datenbanksysteme per definitionem entfällt, wird kurz von externen Datenbanken gesprochen. - Generell wird bei einer betriebswirtschaftlichen Betrachtung überwiegend der Terminus "Datenbank" benutzt.[276] - Mit externen Datenbanken sind komfortable Auswertungen bei relativ günstigen Informationsbeschaffungskosten möglich. Darüber hinaus können die exter-

---

271) Vgl. STAHLKNECHT (Planung, 1989), Sp. 210 sowie PICOT u. MAIER (Informationssysteme, 1992), Sp. 924. Im Rahmen dieser Arbeit stehen das informationstechnologische, insbesondere das datenbanktechnische Element im Vordergrund des Interesses. Deswegen werden hardwaretechnische, personelle und organisatorische Aspekte von computergestützten Informationssystemen nicht weiter betrachtet.

272) Vgl. SCHEER (Wirtschaftsinformatik, 1990), S. 9 sowie PICOT u. MAIER (Informationssysteme, 1992), Sp. 924.

273) Vgl. PICOT u. MAIER (Informationssysteme, 1992).

274) Vgl. PICOT u. MAIER (Informationssysteme, 1992), Sp. 925. Eine eingehende Behandlung von Datenbanksystemen erfolgt später in Kapitel V.

275) Vgl. MERTENS u. GRIESE (Informationsverarbeitung Bd. 2, 1991), S. 27. Vgl. zu Administrations- und Dispositionssystemen FN 307.

276) Diese Begriffsauffassung wird bei der späteren Behandlung der Datenbanktechnologie und deren Nutzenpotentiale in Abschnitt V bzw. VI zur Gliederung in interne und externe Datenbanken zugrunde gelegt. Eine informatikorientierte Begriffsauffassung versteht unter "Datenbank" eine Datensammlung, die von einem Datenbankmanagementsystem (auch Datenbankverwaltungssystem) verwaltet wird. Beide Komponenten bilden ein Datenbanksystem. Diese Begrifflichkeiten werden später in Abschnitt V.A.2. ausführlich behandelt.

nen Daten bei Bedarf in interne Datenbanken übertragen werden und stehen für die weitere Nutzung zur Verfügung.

Modell- und Methodenbanken dienen der weiteren Verarbeitung und Darstellung von Daten.[277] Modelle, verstanden als vereinfachende Abbilder der Realität, dienen der problem- und zielorientierten Informationsverarbeitung, indem mittels Simulation das Auffinden von Lösungen angestrebt wird.[278] Als Bausteine von Modellen können Methoden eingesetzt werden, die in (Lösungs-)Schritten bestimmte Problemklassen behandeln.[279] Softwarewerkzeuge für Endbenutzer sollen den Umgang mit dem Informationssystem auch informationstechnologisch unkundigen Mitarbeitern ohne Hilfe einer spezialisierten EDV-Abteilung erlauben.[280]

Expertensysteme dienen in ähnlicher Weise wie Modell- und Methodenbanksysteme einer weitergehenden Datenverarbeitung, unterscheiden sich jedoch bezüglich der Lösungsfindung. Während in Modellen und Methoden der Lösungsalgorithmus in prozeduraler Weise starr vorgegeben ist, enthält ein Expertensystem Wissen, zumeist in Form von Regeln über einen eingegrenzten Anwendungsbereich, das zur Lösungsfindung problemspezifisch eingesetzt wird.[281]

Zu den Softwarewerkzeugen für Endbenutzer zählen nicht-prozedurale Endbenutzersprachen, Planungssprachen und integrierte Softwarepakete.[282] Sie sollen den Benutzer in der Fachabteilung durch leicht bedienbare Softwaresysteme von der zentralen DV-Abteilung unabhängig machen und ihm die Möglichkeit geben, eigene kleine Anwendungen entwikkeln zu können (Personal Computing oder Individuelle Datenverarbeitung).[283] Systeme der Mensch-Maschine-Interaktion - auch als Zugangssysteme bezeichnet - verfolgen die gleichen Ziele. Sie basieren zumeist auf den Konzepten der Künstlichen Intelligenz (z.B. Benutzerverhalten adaptierende, lernende Zugangssysteme).

---

277) Vgl. PICOT u. MAIER (Informationssysteme, 1992), Sp. 925. Zu einer ausführlichen Darstellung von Methoden- und Modellbanken vgl. DICKHOVEN u. MINNEMANN (Methodenbanksysteme, 1989), MERTENS u. GRIESE (Informationsverarbeitung, Bd. 1, 1991), S. 32ff. sowie BODENDORF (Methodenbanken, 1992). Der bei MERTENS u. GRIESE vorzufindenden weiteren Unterscheidung von Methoden- und Modellbanken einerseits und Planungssprachen sowie Tabellenkalkulationen andererseits soll hier nicht gefolgt werden., da beide Klassen der Verarbeitung von Daten in sehr ähnlicher Form dienen. Durch die Integration umfangreicher Methodenbibliotheken in moderne Tabellenkalkulationsprogramme verwischen zudem die Grenzen der Systeme.

278) Vgl. PICOT u. MAIER (Informationssysteme, 1992), Sp. 925. Im allgemeinen ist eine strenge Trennung zwischen Methoden und Modellen nicht möglich. Vgl. MERTENS u. GRIESE (Informationsverarbeitung, Bd. 1, 1991), S. 39.

279) Vgl. PICOT u. MAIER (Informationssysteme, 1992), Sp. 926.

280) Vgl. PICOT u. MAIER (Informationssysteme, 1992), Sp. 926. Die später noch zu behandelnde Datenbanksprache SQL zählt zu diesen Instrumenten. Vgl. dazu Abschnitt V.A.4.b).

281) Vgl. zu einer ausführlicheren Darstellung von Expertensystemen Abschnitt V.A.6.c).

282) Vgl. STAHLKNECHT (Wirtschaftsinformatik, 1991), S. 227.

283) Vgl. STAHLKNECHT (Wirtschaftsinformatik, 1991), S. 227.

Die Abgrenzung der softwaretechnologischen Komponenten fällt mit fortschreitender technologischer Entwicklung zunehmend schwerer, da die damit einhergehende Softwaresystemvielfalt eine eindeutige Zuordnung anhand bisheriger komponententypischer Funktionen nicht mehr zuläßt.[284]

2. Aufbau

Die zu Beginn der informationstechnologischen Entwicklung weitestgehend isoliert nebeneinander bestehenden partiellen Informationssysteme weisen eine zunehmende Integrationstendenz zu einem ganzheitlichen, unternehmensweiten Informationssystem auf. Bei einer managementtheoretischen Betrachtung zeigt das integrierte Informationssystem einen pyramidalen Aufbau, der hierarchisch in fünf Ebenen unterteilt werden kann (s. Abb. 15).

Die Systeme der unteren Ebenen dienen der Abbildung, Automatisierung und Unterstützung der operativen Tätigkeiten. Die Systeme der höheren Hierarchieebenen weisen eine zunehmende strategische Ausrichtung auf und erfordern insofern die Ergänzung um externe Informationen über Konkurrenten, Märkte, Kunden usw.[285] Diese Art der Information wird zunehmend durch externe Datenbanken in maschinenlesbarer Form angeboten.

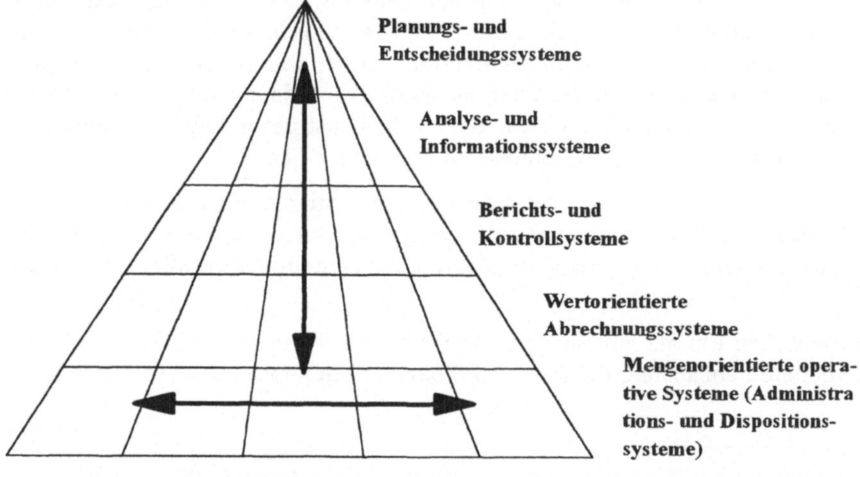

Abb. 15: Integrierte Informationssysteme
(Quelle: SCHEER (Wirtschaftsinformatik, 1990), S. 8)

---

284) So ist beispielsweise die mit relationalen Datenbanksystemen verbundene Abfragesprache SQL auch eine nicht-prozedurale Endbenutzersprache. Vgl. dazu Abschn. V.A.4.c). Die Verwischung der Grenzen zwischen den softwaretechnologischen Komponenten spiegelt sich auch in den Entwicklungen der Datenbanktechnologie wider. Vgl. dazu Abschnitt V.A.6.

285) Vgl. PICOT u. MAIER (Informationssysteme, 1992), Sp. 932f. u. HUCH (Stand, 1992), S. 22. Vgl. zum Bedarf externer Informationen auf strategischer Ebene auch Abschnitt III.B.

3. Vorteile der Computerunterstützung

Für den Einsatz der Informationstechnologie spricht eine Vielzahl erzielbarer Nutzeffekte. Diese sind ursächlich auf die zeitliche und ökonomische Effizienz der elektronischen

- Informationsverarbeitung und
- Informationsübertragung

von Rechnersystemen zurückzuführen.

Die Nutzeffekte werden durch die Integrationstendenzen der Informationssysteme verstärkt.Die Integration der partiellen Informationssysteme läßt sich analytisch auf zwei Dimensionen zurückführen.[286] Eine, die Objektdimension, unterscheidet eine Daten- und eine Verarbeitungsintegration, die andere betrachtet eine vertikale und horizontale Integrationsrichtung.

Verarbeitungsintegration bedeutet die programmtechnische Verknüpfung verschiedener Informationssysteme, so daß übergreifende Arbeitsabläufe ohne Mitwirken der Benutzer automatisch abgewickelt werden.[287] Die horizontale Verknüpfung, die sich vorwiegend auf die unteren Ebenen beschränkt, repräsentiert die Integration funktionaler Informationssysteme zur Realisierung von den Material- und Leistungserstellungsprozeß begleitenden, durchgängigen Informationsströmen.[288] Die vertikale Integration steht für die Weiterverwendung von Daten oder für das Auslösen von Verarbeitungsaktivitäten über die Ebenen hinweg.[289] Bottom-up bedeutet dies die Informationsfundierung und Verarbeitungsinitiierung durch untergeordnete Ebenen, Top-down die Vorgabe- und Orientierungfunktion übergeordneter Ebenen. Der technische Durchdringungsgrad fällt auf Grund der Aufgabenstruktur bei den operativen Basisprozessen stärker aus als auf strategisch-steuernder Ebene.

Unter Datenintegration werden die möglichst frühzeitige Erfassung und Bereitstellung von Daten in einer weitestgehend auswertungszweckneutralen und aktuellen Datensammlung als Basis des gesamten Informationssystems über alle Ebenen verstanden.[290]

Im betrieblichen Einsatz läßt sich eine Vielzahl erzielbarer Nutzeffekte der Computerunterstützung beobachten, die sich nicht überschneidungsfrei und erschöpfend in einer

---

286) MERTENS u. GRIESE (Informationsverarbeitung Bd. 1, 1991), S. 2ff. unterscheiden vier Dimensionen. Außer den beiden dargestellten werden nach der Integrationsreichweite eine inner- und eine zwischenbetriebliche sowie nach dem Automatitionsgrad eine voll- und eine teilautomatische Integration behandelt.

287) Vgl. HUCH (Stand, 1992), S. 22f. MERTENS u. GRIESE (Informationsverarbeitung Bd. 1, 1991), S. 2ff. differenzieren die Verarbeitungsintegration in Funktions-, Methoden- und Programmintegration.

288) Vgl. SCHEER (Wirtschaftsinformatik, 1990), S. 10.

289) Vgl. SCHEER (Wirtschaftsinformatik, 1990), S. 10.

290) Vgl. HUCH (Stand, 1992), S. 22.

Systematik darstellen lassen. Die folgende Aufzählung erwähnt solche Nutzeffekte, die als besonders bedeutsam erachtet werden:[291]

- breiteres Informationsangebot
- flexible Informationsverknüpfung
- Informationen stehen schneller zur Verfügung und ermöglichen eine zeitnahe Kontrolle[292]
- Rationalisierung und Automatisierung von strukturierten Arbeitsprozessen
- kein "Vergessen" von Vorgängen
- Verwirklichung moderner betriebswirtschaftlicher Konzeptionen (z.B. Kostenrechnungsverfahren)
- komplexe Berechnungen in Simulationen (z.B. What-if- und How-to-achieve-Rechnungen)[293]
- Verbesserung der Kommunikation
- ganzheitliche Informationsflüsse über Abteilungsgrenzen hinweg
- globale Perspektiven unternehmensweiter Planungs- und Kontrollsysteme
- stärkere Berücksichtigung des Zeitbezugs

Im folgenden soll aufgezeigt werden, welchen besonderen Beitrag Datenbanksysteme zur Erreichung dieser Nutzeffekte leisten und weshalb sie eine Sonderstellung gegenüber anderen Elementen computergestützter Informationssysteme einnehmen.

4. Zunehmende Datenbankorientierung

Für die besondere Bedeutung der informationstechnologischen Komponente Datenbank (intern betriebene Datenbanksysteme und externe Datenbanken) und der damit einhergehenden "Datenbankorientierung in der Informationsverarbeitung"[294] sprechen die folgenden Gründe:

---

291) Vgl. MERTENS u. GRIESE (Informationsverarbeitung, Bd. 2, 1991), S. 7f u. MERTENS (EDV, 1993), Sp. 415f.).

292) DE LONG u. ROCKART (Survey, 1986), S. 197 berichten von einem Fall, in dem Führungskräften Monatsberichte der operativen Tätigkeiten einzelner Sparten über einen Online-Zugang schon zwei Tage nach den Abschlußarbeiten zur Verfügung standen. Vorher waren diese Informationen erst nach 20 Tagen zugänglich. Vielfach wird für Daten des Rechnungswesens auch das Ziel der Tagesaktualität genannt. Vgl. dazu DECHERT (Erschließung), S. 298. Vgl. zur Beschleunigung des Rechnungswesens durch IT auch MERTENS (EDV, 1993), Sp. 416.

293) Vgl. zu diesem Einsatzzweck der Computerunterstützung den Begriff einer "experimentellen BWL" zur simulativen Bewertung alternativer Handlungskomplexe bei MATTHES (Perspektiven, 1989), S. 27.

294) BACK-HOCK (Perspektiven, 1991), S. 95. Vgl. auch SCHWARZE (Datenbankorientierung, 1987) u. SCHEER (Wirtschaftsinformatik, 1990), S. 563. ORTNER (Modellierung, 1985), S. 20 bemerkt: "Der Einsatz von Datenbanksystemen rückt immer mehr in den Mittelpunkt des

- Wachsende Bedeutung von Informationen oder Daten als betrieblicher Produktionsfaktor[295]
- Informationsverarbeitung in Betrieben ist weniger durch komplexe Algorithmen als durch umfangreiche Datenmengen gekennzeichnet[296]
- Zentrale Stellung als Datenbasis innerhalb eines Informationssystems[297]
- Die Datenintegration wird informationstechnologisch in bester Weise durch unternehmensweite Datenbanksysteme gewährleistet[298]
- Wachsendes Informationsangebot in externen Datenbanken

Die zunehmende Datenbankorientierung spiegelt sich hauptsächlich in den umfangreichen Bestrebungen wider, eine gesamtheitliche Beschreibung aller im Unternehmen zu verwaltenden Informationen zu erstellen.[299] In diesem (Gesamt-)Unternehmensdatenmodell sind die einzelnen Datenelemente und deren Beziehungen auf logischer, d.h. EDV-unabhängiger Ebene erfaßt.[300] Das Unternehmensdatenmodell gibt insofern einen Überblick über das Daten-/Informationsangebot.[301]

B. Computergestützte Informationssysteme zur Unterstützung des strategischen Controllings

Über die konzeptionelle Ausgestaltung eines computergestützten Informationssystems zur Unterstützung des strategischen Controllings bestand und besteht auch weiterhin wenig Einigkeit. Häufig wird auch allgemein von strategischen, computergestützten Informationssystemen gesprochen. Die Verwendung des Attributs "strategisch" kann

---

Aufbaus rechnergestützter Informations- und Kommunikationssysteme der Datenverarbeitung in Wirtschaft und Verwaltung".

295) Vgl. Abschnitt III.A.

296) Vgl. SCHWARZE (Datenbankorientierung, 1987), S. 54.

297) Vgl. BACK-HOCK (Perspektiven, 1991), S. 95.

298) Vgl. MERTENS u. GRIESE (Informationsverarbeitung Bd. 1, 1991), S. 1.

299) Vgl. zur Darstellung und Diskussion von (Gesamt-)Unternehmensdatenmodellen ORTNER (Modellierung, 1985) u. SCHEER (Wirtschaftsinformatik, 1990) sowie Heft 152 (Juni) 1991 des HMD und Heft 5 (1990) der Zeitschrift "Wirtschaftsinformatik" mit den Schwerpunktthemen "Unternehmensweite Datenmodellierung" bzw. "Datenmodellierung".

300) Vgl. MERTENS u. GRIESE (Informationsverarbeitung Bd. 1, 1991), S. 1. Als Beschreibungsinstrument hat sich das Entity-Relationship-Modell durchgesetzt. Dieses wird später in Abschnitt V.A.5.c)(1) ausführlich behandelt.

301) In diesem Sinne wird auch von einem "data warehouse" gesprochen. Die wörtliche Übersetzung würde "Datenlager" oder "Datenlagerhaus" lauten. Der erwähnte Informationsangebotsaspekt würde durch die Übersetzung des Terminus als "Datenwarenhaus" betont. Vgl. zu dieser Verwendung BACK-HOCK (Perspektiven, 1991), S. 95 sowie MERTENS u. GRIESE (Informationsverarbeitung, Bd. 2, 1991), S. 24.

dabei in doppeltem Sinne verstanden werden,[302] der im Hinblick auf die Unterstützung des strategischen Controllings einen indirekten oder direkten Beitrag meint. Indirekt wird beigetragen, wenn über den Einsatz der Informationstechnologie in operativen Administrations- und Dispositionssystemen[303] ein strategischer Wettbewerbsvorteil gegenüber der Konkurrenz entsteht.[304] Beispielsweise kann durch den Einsatz eines computergestützten Logistiksystems die Lieferzeit verkürzt und dadurch im Vergleich zur Konkurrenz ein höherer Kundennutzen geschaffen werden. Direkte Beiträge beziehen sich dagegen auf die unmittelbare Unterstützung der einzelnen Phasen des strategischen Controllings. So können rechnergestützte Simulationsmodelle helfen, die Konsequenzen alternativer Strategien besser zu bewerten. Im folgenden sollen unter strategischen computergestützten Informationssystemen solche verstanden werden, die einen direkten Unterstützungsbeitrag zum strategischen Controlling leisten.

Den technologischen Möglichkeiten und managementtheoretischen Konzeptionen entsprechend haben sich im Laufe der Zeit verschiedene Arten computergestützter Informationssysteme herausgebildet.[305]

Das frühe Konzept des Management-Informationssystems (MIS) Ende der 60er Jahre sah eine Ausdehnung der transaktional[306] orientierten Administrations- und Dispositionssysteme[307] vor zur Abbildung operativer Basisprozesse zu einem hochintegrierten, unternehmensweiten Berichtssystem zwecks Unterstützung der vielfältigen Planungs-, Entscheidungs- und Kontrollprozesse auf allen Ebenen der Unternehmenshierarchie.[308] MIS wurden dabei als eine Art Filter gesehen, die aus den umfangreichen Daten der Basissysteme Informationen für das Management aggregierten.[309] Gründe für das Scheitern dieses umfassenden Ansatzes lagen in den unzureichenden techni-

---

302) Vgl. zu dieser Differenzierung RÜTTLER (Information, 1991), S. 67 und die dort angegebene Literatur zu den unterschiedlichen Verwendungen.

303) Vgl. zu Administrations- und Dispositionssystemen FN 307.

304) In diesem Sinne wird der Begriff auch bei RÜTTLER (Information, 1991), S. 181ff. verwendet. Dort wird auch für solche Systeme eine Systematik für unterschiedliche Einsatzzwecke vorgeschlagen.

305) Vgl. zu einer ausführlichen Übersicht autorenbezogener Klassifizierungvorschläge von computergestützten Informationssystemen KLEINHANS (Wissensverarbeitung, 1989), S. 106ff. RÜTTLER (Information, 1991), S. 53 bemerkt völlig zurecht, daß man beinahe versucht ist, "...die von Softwareherstellern und Autoren immer wieder neu kreierten Systembezeichnungen als bloße "Marketingvehikel" zu interpretieren...". Deshalb sollen im Rahmen dieser Arbeit nur solche System- und Begriffskonzeptionen reflektiert werden, die eine gewisse Verwendungshäufigkeit und damit Akzeptanz erfahren haben.

306) Vgl. zur Bedeutung des Begriffs Transaktionen im informatikorientierten Kontext S. 86.

307) Hierunter werden partielle Informationssysteme mit stark strukturierten, sich häufig wiederholenden, homogenen Verarbeitungseinheiten (Transaktionen) zur mengen- und wertmäßigen Abbildung des operativen Unternehmensgeschehens verstanden. Vgl. SCHEER (Wirtschaftsinformatik, 1990), S. 6, MERTENS u. GRIESE (Informationsverarbeitung Bd. 1, 1991), S. 10ff. sowie PICOT u. MAIER (Informationssysteme, 1992), Sp. 931ff.

308) Vgl. PICOT u. MAIER (Informationssysteme, 1992), Sp. 930.

309) Vgl. GRAHAM (Knowledge, 1988), S. 11.

schen Möglichkeiten, den hohen Entwicklungskosten, dem Fehlen externer Informationen, den naiven Vorstellungen über die Akzeptanz solcher Systeme sowie den unrealistischen Annahmen über das Funktionieren von Organisationen und den Ablauf individueller und kollektiver Entscheidungsprozesse.[310]

Auf der Grundlage der pyramidalen Betrachtungsweise von computergestützten Informationssystemen werden im Anschluß an die Gedanken der MIS partielle Informationssysteme zur Unterstützung der dispositiven Tätigkeiten des Managements auf den höheren Ebenen diskutiert. Derartige Systeme bezeichnet man als Decision Support Systeme (DSS)[311]. Im Gegensatz zu den lediglich bottom-up aggregierenden MIS erlauben DSS den interaktiven, explorativen Zugang zu Daten und Modellen.[312] Mit diesen rechnergestützten, interaktiven Systemen sollen Entscheidungsträger in schlecht oder semi-strukturierten[313] und ad-hoc auftretenden Entscheidungssituationen unterstützt werden.[314] Dementsprechend werden neben einem benutzerfreundlichen, interaktiven Zugang zu Daten Methoden und Entscheidungsmodelle gefordert, durch die alle Phasen und Formen eines Entscheidungsprozesses abgedeckt werden.[315] Auf Grund des Bedarfs an externen Informationen wird für DSS auch der Zugang zu externen Datenbanken gefordert.[316] Da eine Vielzahl unternehmerischer Entscheidungen durch Gruppen getroffen wird, sind besondere Group Decision Support Systeme (GDSS) entwickelt worden, die auf die besonderen Aspekte von Gruppenstrukturen ausgerichtet sind.[317] Häufig werden DSS eingesetzt, um Sensitivitäts- oder "What-if"- und "How-to-achieve"-Analysen durchzuführen.[318] DSS haben sich in erster Linie zur Entscheidungsunterstützung in funktionalen Teilbereichen (Beschaffung, Produktion, Absatz, Finanzierung) auf mittlerer Managementebene als geeignet erwiesen.[319] Die Abbildung von Entscheidungsproblemen mit Hilfe formaler Modelle in DSS auf der Ebene des Top-Managements scheint sich dagegen nicht durchgesetzt zu haben.[320]

---

310) Vgl. WAGNER (Informationssysteme, 1987), S. 112ff., PICOT u. MAIER (Informationssysteme, 1992), Sp. 931 u. STENZ (Führungssysteme, 1992), S. 704f.

311) Als deutschsprachiges Synonym hat sich der Begriff "Entscheidungsunterstützungssystem" (EUS) durchgesetzt.

312) Vgl. GRAHAM (Knowledge, 1988), S. 11.

313) Schlecht strukturierte Entscheidungsprobleme sind dadurch gekennzeichnet, daß über Ausgangssituation, Alternativen und Ziele nur wenige Informationen verfügbar sind. Vgl. zu einer ausführlichen Darstellung REITMAN (Decision, 1964) zit. n. MUßHOFF (DSS, 1989).

314) Vgl. KATZ (Database, 1988), S. 55, ROCKART u. DE LONG (Systems, 1988), S 17ff., MUßHOFF (DSS, 1989), Sp. 255, SCHEER (Wirtschaftsinformatik, 1990), S. 10 sowie PICOT u. MAIER (Informationssysteme, 1992), Sp. 933.

315) Vgl. PICOT u. MAIER (Informationssysteme, 1992), Sp. 933.

316) Vgl. MOORMANN (Planung, 1989), S. 39 u. 97 sowie MUßHOFF (DSS, 1989), Sp. 257.

317) Vgl. MUßHOFF (DSS, 1989), Sp. 260. Grundlegende Aspekte zu GDSS sollen im Rahmen der Behandlung gruppenunterstützender Datenbanksysteme in Abschnitt V.A.6.f) behandelt werden.

318) Vgl. GRAHAM (Knowledge, 1988), S. 11 u. BACK-HOCK (EIS, 1990), S. 138.

319) Vgl. BACK-HOCK (EIS, 1990), S. 138.

320) Vgl. ROCKART u. TREACY (CEO, 1982).

Ergebnisse der empirischen Managementforschung belegen, daß Topmanager Probleme mit Hilfe subjektiver, interner Modelle, die nur in ihren Köpfen existieren und auch
nur schlecht durch formale Modelle expliziert werden können, ad-hoc im Moment des
Auftretens lösen.[321] Mit Hinweis auf diese und andere besondere Anforderungen bei
der Entscheidungsunterstützung des Top-Managements werden neuerdings Executive
Information Systeme (EIS) konzeptualisiert.[322] Im Gegensatz zu entscheidungsvorbe-
reitenden DSS dienen EIS in erster Linie der Unterstützung der frühen Phasen der
Beobachtung, Überwachung, Analyse und Diagnose der Unternehmensentwicklung,
der Märkte und der Konkurrenz mit dem Ziel, frühzeitig Handlungsbedarf zu erkennen und Entscheidungsprozesse zu veranlassen.[323] Für die Konzipierung von EIS folgt
daraus die Einschränkung der für DSS typischen Modellorientierung zugunsten einer
Datenorientierung.[324] Diese konkretisiert sich einerseits in einem relativ konstanten
Berichtswesen (Briefing Book), andererseits in flexiblen Ad-hoc-Abfragen mit wech-
selnden Inhalten.[325] Die Daten werden mit Hilfe der impliziten Modelle der Manager
- verstanden als systematisiertes Erfahrungs- und Expertenwissen - interpretiert und
dadurch zu Informationen.[326] EIS leisten somit den größten Beitrag zur informationstechnologischen Unterstützung des strategischen Controllings.

Im Rahmen dieser Arbeit sollen computergestützte Informationssysteme zur direkten
Unterstützung des strategischen Controllings kurz als strategische Informationssyste-

---

321)   Vgl. ROCKART (Role, 1986), S. 377, TREACY (Supporting, 1986), S. 172f. sowie ROCK-
       ART u. DE LONG (Systems, 1988), S. 56ff. Vgl. auch das Regelaxiom auf S. 6.
322)   Vgl. ROCKART u. TREACY (CEO, 1982), DE LONG u. ROCKART (Survey, 1986),
       SCOTT MORTON (State, 1986), TREACY (Supporting, 1986), ROCKART u. DE LONG
       (Systems, 1988), BACK-HOCK (Perspektiven, 1991), S. 96, MERTENS u. GRIESE (Infor-
       mationsverarbeitung, Bd. 2, 1991), S. 43f. sowie STENZ (Führungssysteme, 1992). Einige
       Autoren verwenden auch den Begriff "Executive Support Systeme". Als deutschsprachige
       Synonyme werden "Chef-", "Führungs-" oder "Vorstandsinformationssysteme" genannt.
       Inzwischen werden auch schon EIS-Entwicklungssysteme angeboten. Bei BACK-HOCK
       (EIS, 1990), S. 139, RIEGER (EIS, 1990), S. 186ff. sowie MERTENS u. GRIESE (Informati-
       onsverarbeitung Bd. 2, 1991) S. 44 werden MACCONTROL, COMMANDER-EIS der Com-
       share GmbH, EXECUTIVE-EDGE von Execucom GmbH, DIRECT-LINE, EXECUTIVE
       DECISIONS/VM von IBM und FCS-PILOT von Pilot Executive Software GmbH genannt.
       Bei RIEGER findet sich eine vergleichende Darstellung der wichtigsten Merkmale dieser
       Systeme. Vgl. auch die Übersicht der in der Praxis verwendeten EIS-Werkzeuge bei SEIBT
       u.a. (EIS, 1994), S. 8ff.
323)   Vgl. RIEGER (EIS, 1990), S. 184 sowie MERTENS u. GRIESE (Informationsverarbeitung
       Bd. 2, 1991) S. 43.
324)   Vgl. SCOTT MORTON (State, 1986), S. 330. POHLE (Analyse, 1990), S. 9 bemerkt: "Bei
       Informationssystemen für den Vorstand ist es mit reiner Rechenarbeit nicht getan. Hier ist auf
       Veränderungen in der "internen oder externen Unternehmensumwelt" mit veränderten Infor-
       mationsbedürfnissen der Geschäftsführung zu reagieren."
325)   Vgl. RIEGER (EIS, 1990), S. 188. RECHKEMMER (Topmanager, 1994), S. 28 beschränkt
       die Funktion von EIS sogar auf die "Versorgung mit Grundinformationen" und lehnt Ad-hoc-
       Datenbankabfragen ab.
326)   Vgl. TREACY (Supporting, 1986), S. 173f. u. POHLE (Analyse, 1990), S. 10.

me[327] (SIS) bezeichnet und im folgenden Sinne verstanden werden. Als wesentlicher Baustein findet das Konzept der EIS und die damit verbundene Datenorientierung Eingang. Darüber hinaus soll jedoch der Unterstützungsanspruch auf die Prozeßphasen der Strategiegenerierung und -bewertung mit Hilfe moderner Methoden und Modelle erweitert werden. Das scheint angesichts der fortschreitenden Entwicklungen auf den Gebieten der Künstlichen Intelligenz und der Theorie der unscharfen Mengen gerechtfertigt zu sein. Die von der empirischen Managementforschung beobachtete Problematik des nur als vage Vorstellung in den Köpfen der Entscheidungsträger vorhandenen Expertenwissens läßt sich mit Hilfe moderner Methoden aus den genannten Forschungsgebieten teilweise entschärfen.[328] Dennoch soll in SIS auch weiterhin eine Datenorientierung dominieren, da der Grad der Modellunterstützung für das strategische Controlling auf Grund der wenig strukturierten und sich häufig wandelnden Aufgaben im Vergleich zum operativen Bereich gering bleibt. SIS kommen durch die Integration der Methoden- und Modellunterstützung dem Konzept der Executive Support Systems (ESS) nahe. Sie sind jedoch von EIS und ESS wegen des weitergesteckten Benutzerkreises abzugrenzen. Während sich EIS und ESS in ihren Konzeptionen auf das Topmanagement, d.h. die Vorstandsmitglieder von Großunternehmen, beschränken, werden als Benutzer von SIS auch alle Mitarbeiter des gesamten die Vorstandsebene unterstützenden Apparats (Assistenten, Stäbe, Projektteams u.ä.) vorgesehen.[329]

Informationssysteme zur Unterstützung des strategischen Controllings sind bisher relativ selten im praktischen Einsatz, so daß auch empirische Erfahrungsberichte dementsprechend knapp ausfallen.[330] Für die theoretische und praktische Entwicklung von SIS bietet sich an, im Wege einer evolutionären Vorgehensweise bereits bestehende, weitestgehend aber noch operativ ausgerichtete computergestützte Informationssysteme im Hinblick auf die besonderen Anforderungen der Strategieunterstützung zu

---

327) Die hier zugrunde gelegte Auffassung strategischer Informationssysteme unterscheidet sich von derjenigen bei WAGNER (Informationssysteme, 1987), S. 130, der darunter auch solche Informationssysteme versteht, die einen indirekten Beitrag zur Unterstützung des strategischen Controllings leisten. Vgl. zur Unterscheidung direkter und indirekter Beiträge S. 65.

328) Als Beispiel für den Einsatz der Theorie unscharfer Mengen im Rahmen von Simulationsmodellen zur Strategiemodellierung und -bewertung vgl. DEDERICHS (Basismodul, 1993).

329) Die empirische Studie von SEIBT u.a. zu EIS untersucht auch diese weitergefaßte Zielgruppe. Es wird festgestellt, daß die Akzeptanz der Systeme - damit wohl auch die Nutzung - beim Vorstand und in der Controlling-Abteilung besonders hoch ist, bei Assistenten dagegen niedrig. Vgl. SEIBT u.a. (EIS, 1994), S. 20f. RECHKEMMER (Topmanager, 1994), S. 27 betont die Nutzenpotentiale, wenn die direkten Mitarbeiter der Topmanager EIS benutzen und dadurch indirekt dessen Informationsversorgung verbessern.

330) Die empirische Studie von DE LONG u. ROCKART (Survey, 1986) stützt sich auf telefonisch geführte Interviews mit 50 aus der 1984er "Fortune 500"-Liste zufällig ausgewählten Unternehmen. Nur in drei von 39 Fällen wurde die tägliche Nutzung von Terminals durch Führungskräfte festgestellt. Vgl. auch CROCKETT (Revitalizing, 1992), S. 39f. u. RECHKEMMER (Topmanager, 1994), S. 29f., die eine zu technikorientierte EIS-Gestaltung auf Kosten einer unzureichenden Orientierung am Informationsbedarf der Topmanager bemängeln.

erweitern. Hierfür bietet sich beispielsweise KOLLPROG[331] an - ein kollektives Prognosesystem zur Entwicklungsplanung der Unternehmung. Im Mittelpunkt dieses computergestützten Planungs- und Prognosesystems steht die kurz- und mittelfristige Produkt- oder Projektplanung mit den damit verbundenen Teilproblematiken der Ablauf-, Termin-, Losgrößen-, Kapazitäts-, Programm- und Finanzplanung. Strategische Fragestellungen können mit diesem System ersatzweise durch Vergröberung von Zeitmaßstäben für Planperioden und Prozeßdauern, Zusammenfassung von Aktionen und Folgebeziehungen sowie parametrisch variierbare Randbedingungen (z.B. stark veränderte Kapazitäts-, Markt-, Produktgruppenbedingungen) - zu verstehen als alternativ entwickelbare Strategien - untersucht werden.[332] Für eine angemessene Unterstützung sind jedoch umfassende Erweiterungen notwendig. Dazu gehören hauptsächlich Instrumente zur Beschreibung und Verarbeitung nicht-deterministischer und/oder unscharfer Problemparameter und -strukturen[333] sowie eine Ausdehnung der Datenbasis auf strategische Informationen mit internem und insbesondere externem Bezug (z.B. Konkurrenten, schwache Signale).

C. Konzept einer strategischen Datenbank

1. Charakterisierung

Die Datenorientierung computergestützter Informationssysteme im allgemeinen und zur Unterstützung des strategischen Controllings im besonderen[334] macht den informationstechnologischen Baustein Datenbank zum zentralen Element mit dominierender Bedeutung.[335] Dieser Auffassung folgend ist eine strategische Datenbank im

---

331) Vgl. zu einer ausführlichen Beschreibung dieses ursprünglich am Planungsseminar der Universität Köln entwickelten und am Lehrstuhl Rechnergestütztes Controlling der Universität Wuppertal erweiterten computergestützten Informationssystems MATTHES (KOLLPROG, 1989) sowie MATTHES u. SCHMIDT (Einzelprozeßrechnung, 1991). REMBA ist ein ähnlich integriertes Informationssystem, das an der Universität Erlangen-Nürnberg entwickelt wurde. Vgl. dazu MERTENS u. HAUN (Rechnungswesen, 1988). Beide Systeme basieren auf der RIEBEL´schen Konzeption der relativen Einzelkosten- und Deckungsbeitragsrechnung und folgen auch dem Gedanken einer möglichst auswertungsneutralen Grundrechnung (Datensammlung) und flexibler Sonderrechnungen (Auswertungen). Vgl. dazu auch die Ausführungen in Abschnitt VI.A.1.

332) Vgl. MATTHES (KOLLPROG, 1989), S. 149 u. 153 sowie MATTHES u. SCHMIDT (Einzelprozeßrechnung, 1991), S. 217.

333) Zu einer diesbezüglichen Erweiterung vgl. DEDERICHS (Basismodul, 1993).

334) Vgl. dazu die Ausführungen zu EIS und SIS in Abschnitt IV.B.

335) HANSSMANN u. MEYERSIEK (EDV-Einsatz, 1988), S. 731 erachten es als notwendig für die technische Realisation eines DV-Instrumentariums zur Unterstützung des strategischen Controllings, die Datenstrukturen als Ausgangsbasis für die analytische Unterstützung des strategischen Managements zu organisieren und inhaltlich zu füllen. Vgl. auch die Ergebnisse der empirischen Studie von SEIBT u.a. zu EIS: "Eine große Bedeutung ... hat die Realisie-

Rahmen dieser Arbeit als Kernelement eines Informationssystems zur Unterstützung des strategischen Controllings zu verstehen, das in seinen Basisfunktionen Informationen speichern, bei Bedarf liefern und auch in gewissem Umfange weiterverarbeiten kann.

Inhalt und Struktur einer solchen strategischen Datenbank sind schon seit längerem Gegenstand der Forschung. Dabei ist zu beachten, daß frühe Ansätze noch keine Computerunterstützung thematisieren oder diese explizit ausschließen. Mit der fortschreitenden Entwicklung der Informationstechnologie werden dann auch zunehmend deren Einsatzmöglichkeiten zur Realisierung einer strategischen Datenbank erkannt und thematisiert. Im folgenden soll zunächst ein Überblick der wichtigsten Vorschläge zur Gestaltung einer strategischen Datenbank gegeben werden. Damit soll zum einen der Gedanke der strategischen Datenbank weiter konkretisiert, zum anderen die zentrale Bedeutung für ein strategisches Controlling demonstriert werden.

Eine frühe und auch umfassende Betrachtung von *strategic data bases* erfolgt durch KING u. CLELAND.[336] Die Autoren verstehen darunter "...concise statements of the *most significant* strategic items related to various clientele/or environments which affect the organization´s strategic choices."[337] Sie sehen den Einsatzschwerpunkt bei der Beurteilung der strategischen Ausgangssituation.[338] Dementsprechend unterteilt sich die Informationsbasis in die Bereiche umweltbezogene Chancen und Risiken, Branchenmerkmale, unternehmensbezogene Stärken und Schwächen, Konkurrentenprofile sowie Einstellungen und Werte des Managements, Annahmen und Prognosen.[339] Der Begriff *data base* darf jedoch nicht mit Datenbanken im EDV-technischen Sinne gleichgesetzt werden. Vielmehr betonen KING u. CELAND, daß die von ihnen vorgeschlagenen *strategic data bases* das Ergebnis der von Planungsexperten und Managern in Teams erarbeiteten (Daten-)Bewertungen darstellen, je Bereich lediglich eine Liste der 10-15 wichtigsten Punkte umfassen und sich insofern in Inhalt, Umfang und Speichermedium von Datenbanken eines computergestützten Informationssystems unterscheiden.[340]

AX und BÖRSIG halten wegen der besonderen Anforderungen der strategischen Planung den Aufbau einer eigenen strategischen Informationsbasis für unablässig.[341] Sie setzen das Anlegen dieser Datenbasis mit der unternehmens- und umweltbezogenen Analyse der strategischen Ausgangssituation gleich.[342] Der Datenbedarf sollte sich an

---

rung einer eigenen EIS-Datenbasis, die meist Voraussetzung für weitergehende Analysefunktionen, eine problemlose Datenverwaltung und die Gewährung hoher Systemflexibilität ist." SEIBT u.a. (EIS, 1994), S. 16.

336) Vgl. KING u. CLELAND (Information, 1977) u. (Planning, 1978).

337) KING u. CLELAND (Information, 1977), S. 59.

338) Vgl. KING u. CLELAND (Planning, 1978), S. 77.

339) Vgl. KING u. CLELAND (Information, 1977) u. (Planning, 1978), S. 77 u. 98ff. Annahmen und Prognosen werden von KING u. CLELAND als besondere Elemente angesehen. Vgl. zur Begründung dieser Vorgehensweise (Planning, 1978), S. 107.

340) Vgl. KING u. CLELAND (Information, 1977), S. 60f. u. (Planning, 1978), S. 101.

341) Vgl. AX u. BÖRSIG (Praxis, 1979), S. 921.

342) Vgl. AX u. BÖRSIG (Praxis, 1979), S. 921.

den für die Strategiefindung vorgesehenen strategischen Instrumenten (Portfolio- und Gap-Analyse) orientieren und wegen der flexiblen Auswertungsmöglichkeiten über Fragebogen und strukturierte Interviews erhoben werden.[343] Für die Verwaltung der Interviewergebnisse schlagen die Autoren eine EDV-Unterstützung vor, weil dadurch die Ergebnisse sofort allgemein verfügbar sind.

ROCKART sieht für die Bestimmung des Inhalts einer strategischen Datenbank die Methode der "Kritischen Erfolgsfaktoren" (KEF) als geeignet an.[344] Da sich ein großer Teil der KEF auf die Unternehmensumwelt bezieht, werden externe Informationsquellen als besonders wichtig herausgestellt.[345] Für unternehmensinterne KEF läßt sich beobachten, daß sich diese auf Informationen der unterschiedlichen betrieblichen Teilbereiche stützen.[346] Der Einsatz von Datenbanksystemen erweist sich deswegen als besonders sinnvoll, da mit deren Hilfe Mehrfachzugriffe erleichtert werden.[347] ROCKART und TREACY berichten von einer *executive data base* bei Northwest Industries, die 350 finanzwirtschaftlich-operative, 45 gesamtwirtschaftliche und branchenbezogene Zeitreihen sowie den Zugang zu externen Datenbanken umfaßt.[348] Als ein weiteres Beispiel führt ROCKART ein weltweites Informationssystem der Firma IBM an, das umfangreiches Datenmaterial über Kunden, Branchen und ökonomische Rahmenbedingungen umfaßt.[349] Allgemein sehen die Autoren als Mittelpunkt eines jeden strategischen Informationssystems einen *data cube*, der die wichtigsten Geschäftsvariablen für alle Geschäftseinheiten, Konkurrenten, Abnehmer und Branchen im zeitlichen Verlauf enthält (s. Abb. 16).[350]

HENDERSON u.a. entwickeln als erste ein strategisches Datenmodell auf der Grundlage eines vereinfachten Entity-Relationship-Modells, das die erwähnten Kritischen Erfolgsfaktoren mit einbezieht.[351] Das Modell (s. Abb. 17) integriert Datenbereiche (Rechtecke) aus dem strategischen Kontext (z.B. Kritischer Erfolgsfaktor "Drilling Projects") und operativ orientierte Größen (z.B. "Invoice" u. "Billing").

Das von HENDERSON erstellte Modell erinnert an die aktuell in Theorie und Praxis diskutierten Unternehmensdatenmodelle[352], deren Ziel in der möglichst vollständigen Modellierung sämtlicher Daten liegt, die in einem Unternehmen anfallen. Im Gegensatz zum obenerwähnten Modell beschränken sich diese in erster Linie auf die Darstel-

---

343) Vgl. AX u. BÖRSIG (Praxis, 1979), S. 921.

344) Vgl. ROCKART (Datenbedarf, 1980) sowie auch BULLEN u. ROCKART (Primer, 1986), S. 408ff.

345) Vgl. ROCKART (Datenbedarf, 1980) S. 58.

346) Vgl. ROCKART (Datenbedarf, 1980) S. 58.

347) Vgl. ROCKART (Datenbedarf, 1980) S. 58.

348) Vgl. ROCKART u. TREACY (CEO, 1982), S. 85. Siehe zu einer ausführlicheren Beschreibung dieser Datenbank ROCKART u. DE LONG (Systems, 1988), S. 113f.

349) Vgl. ROCKART (Role, 1986), S. 380.

350) Vgl. ROCKART u. TREACY (CEO, 1982), S. 83f.

351) Vgl. HENDERSON u.a. (Methodology, 1986), S. 276ff. Vgl. zu einer ausführlichen Darstellung des Entity-Relationship-Modells Abschnitt V.A.5.c)(1).

352) Vgl. zu den (Gesamt-)Unternehmensdatenmodellen Abschnitt IV.A.4.und die dort angegebene Literatur.

lung der Daten aus den operativen Administrations- und Dispositionssystemen, ohne strategische Informationen einzubeziehen.

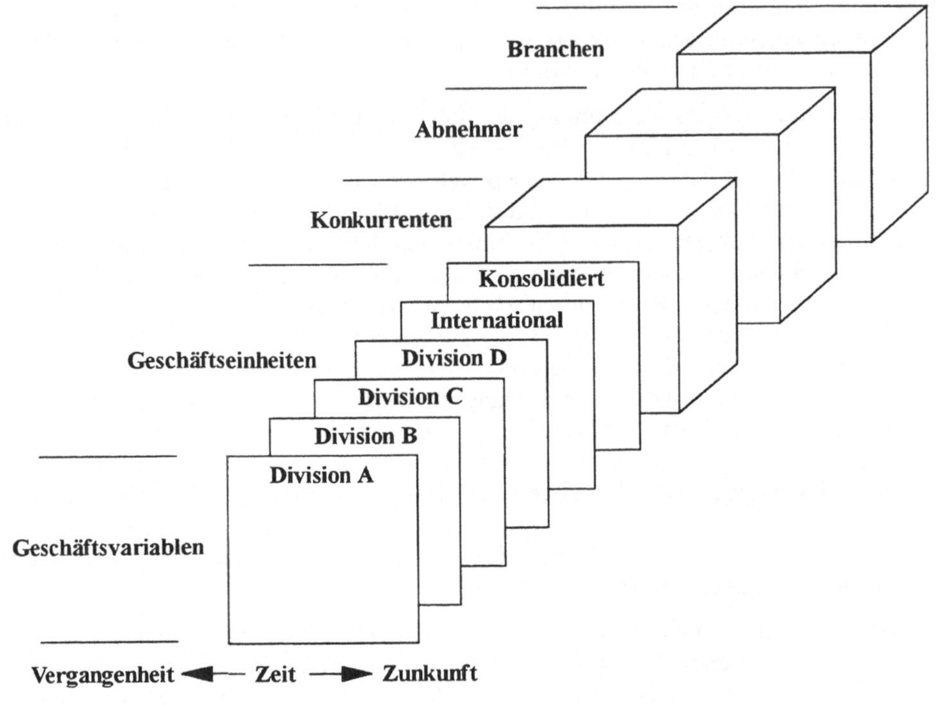

Abb. 16: Datenwürfel
(Quelle: ROCKART u. TREACY (CEO, 1982), S. 83)

HANSSMANN und MEYERSIEK sehen ebenfalls die Notwendigkeit zur Einrichtung einer strategisch orientierten Datenbasis oder Datenbank.[353] Datenstrukturen als Ausgangsbasis für die analytische Unterstützung des strategischen Managements zu organisieren und inhaltlich zu füllen, sehen die Autoren als eine notwendige Aufgabe für die technische Realisation eines DV-Instrumentariums. Aus den unterschiedlichen Datendetaillierungs- und -strukturierungsanforderungen von Global- und Geschäftsfeldplanungen leiten HANSSMANN und MEYERSIEK zwei Datenbereiche (Dateien) ab. In einer *Top-down-Datei* sollen aggregierte Daten über Märkte, Regionen und Wettbewerber detailliert nach Zeiträumen und Inhalten (Mengen, Erlösen, Deckungsbeiträgen, Kapazitäten) gespeichert werden. Eine *Bottom-up-Datei* könnte segmentspezifische Preis- und Mengeninformationen über Kunden sowie Kapazitäts-, Kosten- und Mengeninformationen über Wettbewerber enthalten. Insgesamt umfaßt die strategische Datenbank interne (Kunden, Segmente, Kosten) und externe Datenbereiche (Wettbewerber, Märkte, Technologien). Als wichtige Datenquelle wird auf die Auswertung von Kunden- und Lieferantengesprächen, Seminaren und Messebesuchen

---

353) Vgl. HANSSMANN u. MEYERSIEK (EDV-Einsatz, 1988), S. 731ff.

verwiesen, um daraus ein besseres Verständnis der Haupterfolgsfaktoren zu entwik-keln.[354] Die Autoren betonen die Notwendigkeit einer Rechnerunterstützung wegen der Masse zu verwaltender Daten. Zur EDV-technischen Verwaltung werden auf Grund der tabellarischen Speicherungsstrukturen und der effizienten Auswertungs-möglichkeiten relationale Datenbanksysteme vorgeschlagen. Darüber hinaus wird auch Raum für die Eingabe freier Texte als Quelle weniger strukturierter Informatio-nen gefordert.

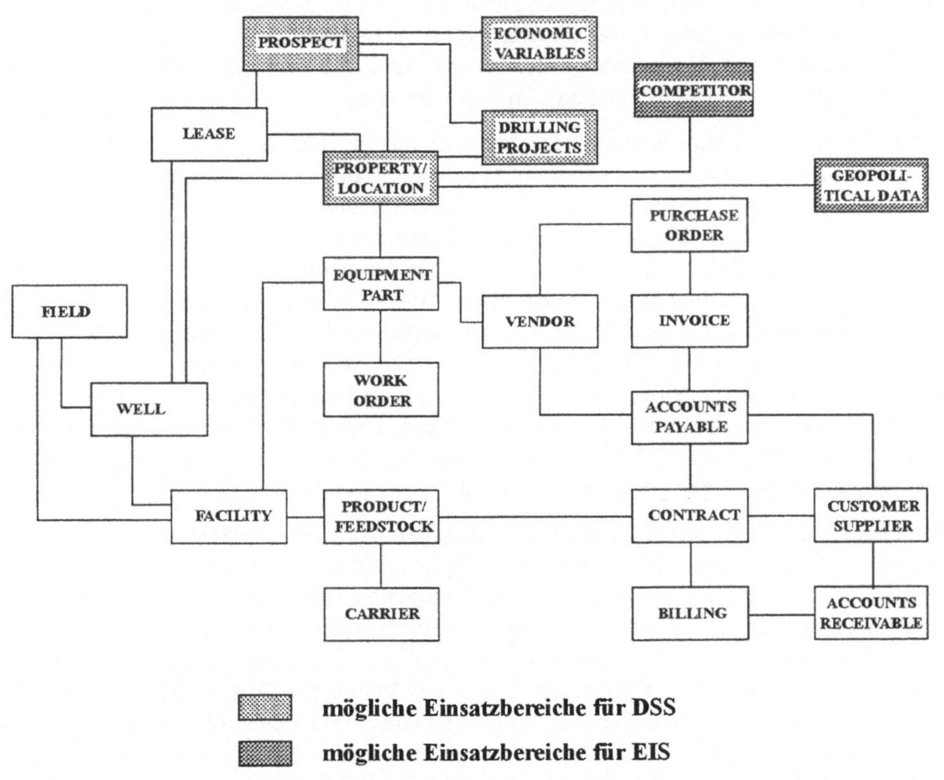

Abb. 17: Strategisches Datenmodell nach HENDERSON u.a.
(Quelle: HENDERSON u.a. (Methodology, 1986), S. 277)

Auch STREICHER und TURNHEIM sprechen von einer strategischen Datenbank als einer informationstechnologischen Basis eines strategischen Informationssystems.[355] Sie betonen ebenfalls die gleichsame Relevanz und Notwendigkeit zur Integration von Daten interner (z.B. strategische Geschäftseinheiten, Investitionen, FuE-Vorhaben, Jahresabschlußzahlen) und externer Herkunft (z.B. über Konkurrenten, Marktentwick-

---

354)   Vgl. HANSSMANN u. MEYERSIEK (EDV-Einsatz, 1988), S. 733.
355)   Vgl. STREICHER u. TURNHEIM (Planen, 1988), S. 121ff.

lungen, Patente, Gesamtwirtschaft). Darüber hinaus sind früherkennende Informationen über Mitbewerber, Technologietrends, Werkstoffneuerungen, Qualitätsveränderungen u.ä. in einer strategischen Datenbank unternehmensweit erfaßt und systematisiert.

Als weitere Anregung zur Konkretisierung einer strategischen Datenbank kann der Vorschlag von RÖMER zur Einrichtung eines Konkurrenteninformationssystems dienen.[356] Für jeden als relevant erachteten Konkurrenten werden Grunddaten - unternehmensbezogene, produktbezogene und marketingorientierte - sowie Wettbewerbs- und Strategiedaten verwaltet. Die letztgenannten sind nicht wie die Grunddaten durch unmittelbare Datensammlung beschaffbar, sondern beruhen in erster Linie auf subjektiver Schätzung und Verknüpfung der Markt- und Wettbewerbsverhältnisse, Wettbewerbsstärke, Ziele und Strategien von Konkurrenten.

SZWECZAK greift das Konzept der strategischen Datenbasis von KING u. CLELAND auf und untersucht die Möglichkeiten einer Computerunterstützung.[357] Da die Erstellung einer strategischen Datenbasis innerhalb einer Gruppe erfolgt, diskutiert SZWECZAK verschiedene Formen der Computerunterstützung von Gruppenentscheidungen und führt verschiedene Beispiele für den erfolgreichen Einsatz von Computer-Konferenzsystemen in einem ähnlichen Anwendungskontext an. Aspekte einer Datenbankunterstützung werden nicht direkt angesprochen. Der Autor stellt als Vorteile einer Computerunterstützung den Wegfall von Reisekosten und -zeit sowie die Verringerung unerwünschter individual- und gruppenpsychologischer Effekte einer face-to-face-Kommunikation in den Vordergrund. Diesen Vorteilen sind die Systemkosten, eine bisher geringe Verbreitung solcher Systeme und eine mangelnde Akzeptanz seitens der Manager gegenüberzustellen.

Nach MOORMANN umfaßt eine strategische Datenbasis numerische, verbale und zukünftig auch graphische Daten über das Unternehmen sowie das strategische Umfeld.[358] Zu den numerischen unternehmensbezogenen Informationen zählt der Autor vergangenheits- und zukunftsorientierte strategisch relevante Eckwerte aus dem traditionellen Rechnungswesen (Kosten- und Leistungsrechnung, Jahresabschluß).[359] Verbale Berichte und Notizen beziehen sich auf Personal-, Organisations- und Marketingpolitik sowie die Grundstrategie und das Unternehmensleitbild.[360] Umfeldbezogene Daten, für die externe Datenbanken als besonders geeignete Datenquellen erwähnt werden, beziehen sich auf den gesamtwirtschaftlichen Bereich, das Marktpotential, die Konkurrenz und sonstige Einflüsse aus Recht, Politik, Technologie und Ökologie.[361]

---

356) Vgl. RÖMER (Konkurrenzforschung, 1988).
357) Vgl. SZWECZAK (Building, 1988).
358) Vgl. MOORMANN (Planung, 1989), S. 94.
359) Vgl. MOORMANN (Planung, 1989), S. 94.
360) Vgl. MOORMANN (Planung, 1989), S. 94f.
361) Vgl. MOORMANN (Planung, 1989), S. 95f.

STENZ fordert ebenfalls, ein strategisches Informationssystem müsse interne und externe Informationen enthalten.[362] Erstere umfassen Finanz-, Marketing- und Umsatz-, Personal- und Produktionsdaten. Zu den externen Informationen, deren Beschaffung über externe Datenbanken vorgeschlagen wird, werden Markt- und Börsenanalysen sowie finanzwirtschaftliche Informationen über Konkurrenten gezählt.

Als strategische Datenbank kann auch die von LINK für einen mittelständischen Kosumartikelhersteller vorgeschlagene Konzeption eines datenbankgestützen Frühwarnsystems verstanden werden, die Daten über Händler, Regionen und Konkurrenten vorsieht.[363] Auch das von KRYSTEK und MÜLLER-STEWENS entwickelte datenbankgestützte Frühaufklärungssystem deckt mit den darin erfaßten Trendmeldungen einen Teilbereich einer strategischen Datenbank ab.[364]

Ähnlich wie HENDERSON benutzt auch DAVISON das Entity-Relationship-Modell, um typische Begriffe im Kontext der strategischen Planung für eine datenbanktechnische Unterstützung zugänglich zu machen.[365] Dabei werden verschiedene Zielarten (Mission, Aim und Objective), Kritische Erfolgsfaktoren und zugehörige Meßkriterien, Strategien und Taktiken, Politiken, Funktionen und Prozesse sowie Prioritäten definiert und modelliert (s. Abb. 18).

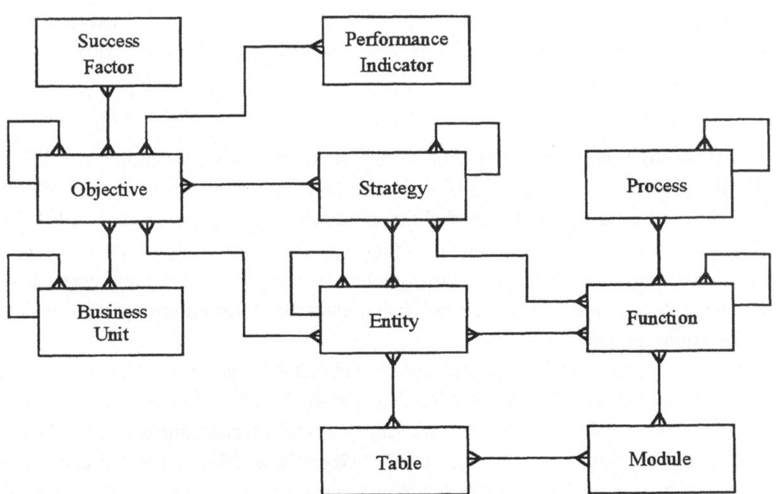

Abb. 18: Strategisches Datenmodell nach DAVISON
(Quelle: DAVISON (Planning, 1992), S. 50)

---

362) Vgl. STENZ (Führungssysteme, 1992), S. 709f.

363) Vgl. LINK (Früherkennungssystem, 1991). Vgl. auch die diesbezüglichen Ausführungen auf S. 228 dieser Arbeit.

364) Vgl. MÜLLER (STAR, 1985) sowie KRYSTEK u. MÜLLER-STEWENS (Frühaufklärung, 1990). Vgl. auch die diesbezüglichen Ausführungen auf S. 230 dieser Arbeit.

365) Vgl. DAVISON (Planning, 1992).

Nach diesem Überblick läßt sich abschließend zunächst feststellen, daß eine strategische Datenbank als ein besonderes Element im Rahmen eines SIS gesehen wird. Jedoch ist auch zu konstatieren, daß trotz dieser Bedeutung die meisten Ansätze nur skizzenhaft bleiben, sich größtenteils auf eine allgemeine Beschreibung der notwendigen Inhalte der Datenbank beschränken und den informationstechnologischen Aspekt in Form von Datenbanksystemen entweder gar nicht oder nur ansatzweise berücksichtigen.[366] Zur Entwicklung eines diese Mängel behebenden Ansatzes einer strategischen Datenbank sollen im folgenden zunächst notwendige Anforderungen entwickelt werden.

2. Anforderungen

Beim Aufbau einer strategischen Datenbank als Kernelement eines SIS sind zwei Gesichtspunkte des Datenbankeinsatzes zu unterscheiden. Zum einen dient sie im Sinne der EIS der direkten Informationsversorgung der menschlichen Aufgabenträger. Demzufolge können die an EIS gestellten Anforderungen, die sich auf die Ebene der Datenverwaltung beziehen,[367] auf eine strategische Datenbank übertragen werden. Zum anderen wird eine strategische Datenbank dem umfassenderen Konzept der SIS entsprechend auch als Informationsspeicher von Input- und Outputdaten für weiter-

---

366) Hinweise auf die Eignung relationaler Datenbanksysteme finden sich lediglich bei BULLEN u. ROCKART (Primer, 1986), S. 412, ROCKART (Role, 1986), S. 379 sowie HANSSMANN u. MEYERSIEK (EDV-Einsatz, 1988), S. 733f. LINK (Früherkennungssystem, 1991) sowie KRYSTEK u. MÜLLER-STEWENS (Frühaufklärung, 1990) verwenden zwar in ihren Ansätzen zur Frühwarnung relationale Datenbanksysteme, machen diese aber nicht zum Mittelpunkt der Betrachtung im Kontext eines computergestützten Informationssystems zur Unterstützung des strategischen Controllings.

367) Andere EIS-Anforderungen beziehen sich auf die Mensch-Maschine-Schnittstelle. Für den Zugang zum System fordern BACK-HOCK (EIS, 1990), S. 138, RIEGER (EIS, 1990), S. 186ff. u. 192f. sowie MERTENS u. GRIESE (Informationsverarbeitung Bd. 2, 1991) S. 43f. eine leicht bedienbare, einheitliche graphische PC-Oberfläche. Hierzu sind Eingaben über die Tastatur zu minimieren und der Einsatz von Zeigeinstrumenten (Maus, Touch-Screen u.ä.) vorzuziehen. Darüber hinaus kommt der integrierten Behandlung von Daten, Text und Bild in neuen Konzepten (z.B. Hypertext) eine große Bedeutung zu. Zur Vermeidung von "Zahlenfriedhöfen" bei der Informationsausgabe empfehlen MERTENS u. GRIESE (Informationsverarbeitung Bd. 2, 1991) S. 52ff. ein graphisch orientiertes Berichtssystem mit formal einheitlichem Aufbau, bei dem Überblick- und Detailinformationen deutlich voneinander getrennt und außergewöhnliche Datenkonstellationen hervorzuheben sind. Bei vielen Informationsobjekten empfehlen die Autoren darüber hinaus die Angabe von Vergleichsgrößen, die vielfach auch als Trendlinien durch Vergangenheits- und Zukunftswerte dargestellt werden sollten. Die Kriterien können nicht trennscharf unterschieden werden, da die Datenbank- oder Hostsprache als Schnittstelle zum Datenbanksystem bzw. zur externen Datenbank auch Auswirkungen auf die Mensch-Maschine-Schnittstelle hat.

verarbeitende Modelle und Methoden zur Strategieunterstützung[368] verwendet. Der Anforderungskatalog ist folglich noch um diesbezügliche Aspekte der Modell- und Methodenintegration zu erweitern.

Die Gesamtheit der Anforderungen soll nach betriebswirtschaflich-inhaltlichen und informationstechnologisch-funktionalen unterschieden werden. Die erstgenannten leiten sich maßgeblich aus dem objektiven und subjektiven Informationsbedarf des strategischen Controllings und der damit betrauten Aufgabenträger ab. Letztere beziehen sich auf die mit Hilfe der Informationstechnologie realisierbaren Unterstützungsfunktionen und sind ihrerseits wiederum durch die betriebswirtschaflich-inhaltlichen Anforderungen bestimmt.

a) Betriebswirtschaftlich-inhaltliche Anforderungen

Die betriebswirtschaftlich-inhaltlichen Anforderungen an eine strategische Datenbank lassen sich aus verschiedenen Perspektiven betrachten. Dabei sind Überschneidungen unvermeidlich. Da die folgenden Anforderungen jedoch als offene Checkliste zu verstehen sind, entsteht dadurch keine besondere Problematik.

Von einer controlling-theoretischen Warte aus müssen folgende Datenbereiche in einer strategischen Datenbank enthalten sein:

- kollektive und individuelle Ziele
- Pläne als Maßnahmenbündel oder Zwischenziele
- Prämissen als angenommene Bedingungen (Prognosen) über die interne und externe
  Umwelt
- IST-Daten

Von der Position des Informationsmanagements aus muß die strategische Datenbank ein geeignetes Informationsangebot für den objektiven Informationsbedarf und die subjektiven Informationsbedürnisse bereitstellen.[369]

Der objektive Informationsbedarf leitet sich aus den zu bewältigenden Aufgaben ab. Ersatzweise können die zur Bewältigung dieser Aufgaben eingesetzten Instrumente des strategischen Controllings zur Ermittlung des objektiven Informationsbedarfs eingesetzt werden. Dabei ergeben sich folgende Datenbereiche:

- Strategische Geschäftseinheiten
- Erfolgspotentiale/-faktoren
- Strategien
- Szenarien
- Branchen
- Konkurrenten

---

368) Z.B. das von DEDERICHS (Basismodul, 1993) vorgeschlagene strategische Simulationsmodell.

369) Vgl. Abschnitt III.D.

- Kunden
- Lieferanten
- schwache Signale

Die subjektiven Informationsbedürnisse des strategischen Controllings lassen sich anhand der Methode der Kritischen Erfolgsfaktoren ermitteln. Da Kritische Erfolgsfaktoren in besonderer Weise situativ auf die Branche, das Unternehmen oder rein subjektiv auf einen einzelnen Manager bezogen sind, lassen sie sich allenfalls exemplarisch aufstellen. Für die Formulierung einer betriebswirtschaftlich-inhaltlichen Anforderung folgt daraus, daß Kritische Erfolgsfaktoren Bestandteile einer strategischen Datenbank sein müssen. Neben der zumeist nur verbalen Beschreibung müssen die zugehörigen Meßkriterien zur Operationalisierung der KEF darin enthalten sein:

- Kritische Erfolgsfaktoren
- Meßkriterien

b) Informationstechnologisch-funktionale Anforderungen

Aus den betriebswirtschaftlich-inhaltlichen Anforderungen an eine strategische Datenbank leiten sich wiederum die informationstechnologisch-funktionalen ab:

(1) Ad-hoc-Datenzugang
Die beschränkte Möglichkeit einer A-priori-Festlegung des strategischen Informationsbedarfs erfordert einen benutzerfreundlichen Ad-hoc-Datenzugang, um für auftretende Entscheidungsprobleme den situativen Informationsbedarf flexibel zu befriedigen.[370]

(2) Flexible Verknüpfbarkeit der Daten
Daten müssen entsprechend den ad-hoc auftretenden Informations- und Auswertungsbedürfnissen frei miteinander kombinier- und verknüpfbar sein.

(3) Zugang zu internen Datenbanken
Praxisberichte zeigen, daß viele strategisch relevante Informationen bereits im Unternehmen vorhanden sind, die aber aus unterschiedlichen Gründen nicht an die entscheidende Stelle weitergeleitet werden.[371] SIS müssen Zugriff auf alle im Unternehmen verfügbaren Datenbanken haben.[372] Dazu gehören insbesondere

---

370) Vgl. TREACY (Supporting, 1986), S. 186 sowie ROCKART u. DE LONG (Systems, 1988), S. 112ff.

371) Vgl. HILDEBRANDT u. STRASSER (Praxis, 1990), S. 131.

372) Die empirische Studie von SEIBT u.a. zu EIS stellt fest, daß interne Daten häufig noch manuell in eine EIS-eigene Datenbasis eingegeben werden. Insofern kann auch nicht verwundern, daß der Aufwand zur Datenextraktion (aus internen und externen Datenbanken) den anderer Aktivitäten bei der Entwicklung und Pflege eines EIS übersteigt. Vgl. SEIBT u.a. (EIS, 1994), S. 14 u. 16f.

auch die den Administrations- und Dispositionssystemen zugrunde liegenden Datenbanken.[373]

(4) Zugang zu externen Datenbanken
Der externe und situative Informationsbedarf des strategischen Controllings[374] erfordert den Zugang auch zu externen Datenbanken als umfangreiches Informationsangebot über das unternehmerische Umfeld.[375]

(5) Data Drilling
Jede Aggregation von Daten ist zwingenderweise mit einem Informationsverlust verbunden, der in einigen Fällen wichtige Sachverhalte verschleiert. Deswegen darf ein SIS nicht auf ein vordefiniertes kennzahlenorientiertes Berichtssystem beschränkt bleiben, sondern muß in benutzerfreundlicher Weise den Zugang zu beliebig detaillierten Daten in unternehmensweiten Datenbanken erlauben (Data Drilling).[376] In diesem Zusammenhang wird darauf hingewiesen, daß nicht nur Ergebnisdaten, sondern auch prozessuale Daten abgebildet werden müssen, da nur anhand derer die Ursachen für Fehlentwicklungen gefunden und damit die Grundlage für Lösungsansätze geschaffen werden können.[377]

(6) Individualisierung des Datenangebots
Der Individualität von Informationsbedürfnissen und Interpretationsmustern muß Rechnung getragen werden.[378]

---

373) Vgl. BULLEN u. ROCKART (Primer, 1986), S. 411, BACK-HOCK (EIS, 1990), S. 138, POHLE (Analyse, 1990), S. 3 u. STENZ (Führungssysteme, 1992), S. 711.

374) Vgl. Abschnitt III.B.

375) Vgl. BULLEN u. ROCKART (Primer, 1986), S. 412, ROCKART (Role, 1986), S. 379, RIEBEL (Überlegungen, 1987), S. 1165, HANSSMANN u. MEYERSIEK (EDV-Einsatz, 1988), S. 732, BACK-HOCK (EIS, 1990), S. 138f., POHLE (Analyse, 1990), S. 10 sowie RIEGER (EIS, 1990), S. 186. Jedoch zeigt sich beim praktischen Einsatz von EIS, daß darin (noch) selten externe Datenbanken genutzt werden. Allerdings planen 66% der ausgewerteten Unternehmen eine Einbindung. Vgl. SEIBT u.a. (EIS, 1994), S. 14.

376) Vgl. ROCKART (Role, 1986), S. 379, BACK-HOCK (EIS, 1990), S. 139, RIEGER (EIS, 1990), S. 194, MERTENS u. GRIESE (Informationsverarbeitung Bd. 2, 1991) S. 44 sowie STENZ (Führungssysteme, 1992), S. 710. ROCKART u. TREACY (CEO, 1982), S. 87 belegen die Bedeutung von Detailinformationen anhand des folgenden Zitats eines Top-Managers: "There is a huge advantage to the CEO to get his hands dirty in the data,...the answers to many significant questions are found in the detail."

377) Vgl. CROCKETT (Revitalizing, 1992), S. 41 u. 43

378) Vgl. ROCKART u. TREACY (CEO, 1982), TREACY (Supporting, 1986), S. 185, BACK-HOCK (EIS, 1990), S. 139, RIEGER (EIS, 1990), S. 186 sowie MERTENS u. GRIESE (Informationsverarbeitung Bd. 2, 1991) S. 44 u. 52. Vgl. dazu auch die Ausführungen zum subjektiven und kollektiven Interpretationsbedarf strategischer Informationen auf S. 37 sowie zum subjektiven Informationsbedarf auf S. 44.

(7) Zeitbezug der Daten
Dynamik des Marktgeschehens, Zeitwettbewerb sowie der langfristige und kybernetische Charakter des strategischen Controllings erfordern eine zeitbezogene Verwaltung der Daten.[379]

(8) Alarmfunktion
Außergewöhnliche Datenkonstellationen sollen selbständig erkannt und automatisch berichtet,[380] im Idealfall bereits Abweichungen kausal erklärt werden können.[381] Durch die Alarmfunktion wird eine systemgestützte, strategische Kontrolle realisiert, die den menschlichen Aufgabenträger von Routinekontrollen entlastet und für anspruchsvollere Aufgaben freihält. Dadurch leistet die Alarmfunktion einen Beitrag zur Reduktion der Informationsflut und -komplexität.[382]

(9) Kommunikationsmechanismen
Ein Großteil strategischer Aufgaben wird von Gruppen wahrgenommen. Solche arbeitsteiligen Gruppenstrukturen erfordern die Unterstützung durch Koordinations- und Kommunikationsmechanismen.[383]

(10) Verwaltung von Regeln
Neben Daten (Faktenwissen) sollte eine strategische Datenbank Regeln als (Problem-)Lösungswissen umfassen.[384]

(11) Verwaltung qualitativer Daten in Textform
Viele strategische Einflußfaktoren lassen sich nicht als quantitative, sondern nur als qualitative Größen als Begriffe oder Texte abbilden.[385] In einer strategischen Datenbank sollten deswegen begriffs- oder textorientierte Verwaltungs- und Retrievalmechanismen vorhanden sein.[386]

---

379) Vgl. ROCKART u. TREACY (CEO, 1982), S. 83f. u. RIEGER (EIS, 1990), S. 194.

380) Vgl. BACK-HOCK (EIS, 1990), S. 139, RIEGER (EIS, 1990), S. 193 u. 195f., MERTENS u. GRIESE (Informationsverarbeitung Bd. 2, 1991) S. 43, STENZ (Führungssysteme, 1992), S. 710 u. RECHKEMMER (Topmanager, 1994), S. 30.

381) Vgl. BACK-HOCK (EIS, 1990), S. 139 u. RIEGER (EIS, 1990), S. 197.

382) Vgl. RIEGER (EIS, 1990), S. 195.

383) Beispielsweise fordern BACK-HOCK (EIS, 1990), S. 139, RIEGER (EIS, 1990), S. 185, MERTENS u. GRIESE (Informationsverarbeitung Bd. 2, 1991) S. 43 sowie STENZ (Führungssysteme, 1992), S. 710 Electronic Mail-Systeme. RIEGER (EIS, 1990), S. 186 fordert "...führungsorientierte Weiterverarbeitungsfunktionen, z.B. Kommentierung, Wiedervorlage, Delegation, Mailing etc." Vgl. auch die umfassendere Diskussion der Möglichkeiten einer gruppenorientierten Computerunterstützung bei SZWECZAK (Building, 1988) sowie S. 74 dieser Arbeit.

384) Vgl. PREIß u. STUCKY (Probleme, 1986), S. 196ff.

385) Vgl. Abschnitt III.B.

386) Vgl. BULLEN u. ROCKART (Primer, 1986), S. 411f., HANSSMANN u. MEYERSIEK (EDV-Einsatz, 1988), S. 733, BACK-HOCK (EIS, 1990), S. 137, RIEGER (EIS, 1990), S. 194 sowie MERTENS u. GRIESE (Informationsverarbeitung Bd. 2, 1991) S. 14 u. 43.

(12) Verwaltung unscharfer Daten
Elemente impliziter Modelle lassen sich nicht in scharfe und konsistente Aussagen fassen.[387] Strategische Datenbanken sollten die Verwaltung unscharfer Daten ermöglichen und dadurch die zumindest partielle Explizierung impliziter Modelle vereinfachen.[388]

Die informationstechnologisch-funktionalen Anforderungen dienen im weiteren Verlauf der Arbeit zur Beurteilung der Eignung verschiedener Datenbanktechnologien als Kernelemente eines SIS.

---

387) Vgl. TREACY (Supporting, 1986), S. 186 u. Abschnitt III.B.
388) Vgl. TREACY (Supporting, 1986), S. 186f. u. POHLE (Analyse, 1990), S. 16. Vgl. auch die Erfordernisse, die sich im Hinblick auf die Unterstützung von Modellen und Methoden, die unscharfe Daten verarbeiten, ergeben. So werden bei DEDERICHS (Basismodul, 1993) trianguläre Zahlen verarbeitet.

V. STAND UND ENTWICKLUNGSTENDENZEN DER DATENBANK-TECHNOLOGIE

Bei der folgenden datenbanktechnologischen Betrachtung liegt der Schwerpunkt auf internen Datenbanken, da diese im Gegensatz zu externen per definitionem "im eigenen Hause" betrieben werden. Insofern werden Unternehmen nicht nur mit der Abfragetechnik - wie bei externen Datenbanken -, sondern auch mit Design, Pflege und Betrieb des Datenbanksystems konfrontiert und treffen durch die Wahl eines bestimmten Datenbanksystems eine wichtige Vorentscheidung. Bei externen Datenbanken soll sich der datenbanktechnologische Aspekt auf Abfrage und Inhalt im Vergleich zu alternativen Informationsquellen beschränken.

A. Interne Datenbanken

1. Probleme der Dateiverarbeitung

In den frühen Entwicklungsstadien der Elektronischen Datenverarbeitung standen die Programme als Algorithmen zur Verarbeitung der Daten in Form von Dateien im Vordergrund des Interesses. Das Ergebnis dieser Orientierung bezeichnet man heute zur Abgrenzung von der moderneren Konzeption der Datenbanksysteme als Dateiverarbeitung. Bei ihr besteht eine enge Verknüpfung zwischen Anwendungsprogramm und Ein-/Ausgabedatei(en), da deren Satzaufbau im Anwendungsprogramm beschrieben wird (s. Abb. 19). Dies ist notwendig, damit die Dateien, die vom Anwendungsprogramm als "Bandwurm" gelesen und geschrieben werden, in sinnvoller Weise anhand des beschriebenen Satzaufbaus "zerhackt" und für die Verarbeitung interpretierbar gemacht werden können. Demzufolge erfordert jede Veränderung des Satzaufbaus einer Datei eine entsprechende Anpassung der Satzbeschreibung im Anwendungsprogramm (Datenabhängigkeit).[389]

Die sich im Laufe der Zeit weiterentwickelnden und wachsenden Benutzerwünsche und die damit einhergehende wechselnde Informationsnachfrage führten bei der Dateiverarbeitung zu einem kaum noch überschaubaren Bestand an Dateien und Programmen (s. Abb. 20), bei der der einzelne Programmierer seine Dateien selber aufbaut, unabhängig und zumeist auch ohne Kenntnis von bereits bestehenden.[390] Dieses Verhalten läßt sich mit den mühevollen Anpassungen bei Änderungen des Dateiauf-

---

389) Vgl. DATE (Introduction, 1991), S. 18.
390) Vgl. SCHLAGETER u. STUCKY (Datenbanksysteme, 1983), S. 20. MERTES u. KLONKI (Vorgehensweise, 1991), S. 314 berichten von einer "Altlasten"-Untersuchung bei der Hoesch AG mit folgenden c.a.-Ergebnissen: 260.000 physische Datenelemente in 40.000 Dateien mit 25.000 Datensatzbeschreibungen, die von 30.000 Jobs, 69.000 Programmen und 39.000 Auswertungen verarbeitet wurden.

Anwendungsprogramm

Dateien(-beschreibungs-)teil

Eingabedatei: Mitarbeiter
M-Nr	numerisch 4 Stellen
M-Name	alphanumerisch 14 Stellen
M-Stkl.	numerisch 1 Stelle
M-Gehalt	numerisch 4 Stellen

Eingabedatei: Projekte
P-Nr.	numerisch 4 Stellen
P-Name	alphanumerisch 20 Stellen
P-Leit.	numerisch 4 Stellen
P-Mitarb.	numerisch 4 Stellen
P-%-Anteil	numerisch 2 Stellen

Ausgabedatei (auf Drucker): Liste
A-P-Name	alphanumerisch 20 Stellen
A-M-Name	alphanumerisch 14 Stellen

Programmteil

Öffne Dateien Mitarbeiter, Projekte, Liste
Lies einzelnen Datensatz aus Datei Mitarbeiter bis Dateiende
    Lies einzelnen Datensatz aus Datei Projekte bis Dateiende
      Wenn M-Nr. = P-Mitarb.
        dann übertrage M-Name nach A-M-Name und
          übertrage P-Name nach A-P-Name und
          drucke A-P-Name, A-M-Name
      sonst nichts
    Schleifenende Datei Projekte lesen
Schleifenende Datei Mitarbeiter lesen
Schließe Dateien Mitarbeiter, Projekte, Liste
Programmende

Abb. 19: Daten- bzw. Dateienbeschreibung in Anwendungsprogrammen der Dateiverarbeitung

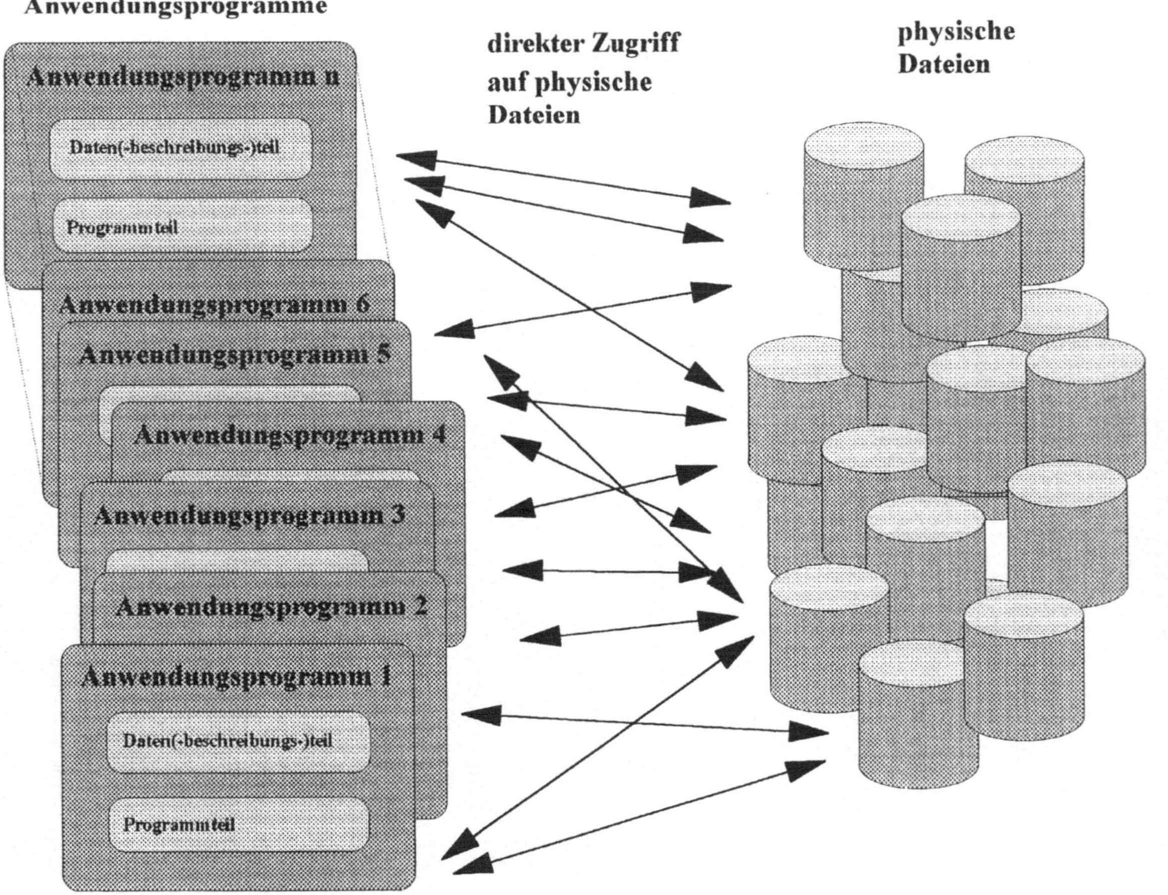

Abb. 20: Unüberschaubarer Bestand an Dateien und Anwendungsprogrammen der Dateiverarbeitung

baus und der Anwendungsprogramme erklären.[391] Die Folge ist entweder die Mehrfachspeicherung (Redundanz) von Informationen in verschiedenen physischen Dateien[392] oder eine ständige Neuorganisation der Dateien durch Umsortierungen.[393]

Neben der mit der Redundanz verbundenen Speicherplatzverschwendung, die allerdings mit sinkenden Speicherkosten tendenziell an Bedeutung verliert, ist eine sehr aufwendige Datenpflege nötig, die eine Änderung in allen betroffenen Dateien gewährleisten muß. Praktisch kann diese nicht systemgestützte Datenpflege nur unvollkommen bleiben, und im Laufe der Zeit schleichen sich Dateninkonsistenzen, d.h. sich widersprechende Daten, ein[394].

Vor dem Hintergrund sich wandelnder unternehmerischer Aufgaben mit unterschiedlichem Informationsbedarf als Reaktion auf eine sich dynamisch verändernde Umwelt erweist sich diese Inflexibilität als äußerst problematisch.

2. Basiskonzepte und Komponenten von Datenbanksystemen

Die gestiegenen Anforderungen bei der Verarbeitung von Massendaten in den 60er Jahren ließen sich kaum noch durch die bloße Entwicklung schnellerer und preisgünstiger Hardwarekomponenten bewältigen, sondern verlangten eine verstärkte Konzentration auf Fortschritt im Verfahrens- und Softwarebereich mit den Zielen,

- die Arbeitsproduktivität der Benutzer[395] zu erhöhen und
- die Informationsversorgung hinsichtlich Vielfältigkeit und Reaktionszeit zu verbessern[396].

Als ein wesentliches Hindernis bei der Verfolgung dieser Ziele erwiesen sich die enge Verknüpfung zwischen Daten und Anwendungen der Dateiverarbeitung und die daraus resultierenden Probleme. Zur Lösung dieser Probleme sollten nun die Daten als eigenständiges Organisationselement von den Anwendungen getrennt werden.[397] Das Ergebnis dieser Bemühungen war die Entwicklung von Datenbanksystemen.

---

391) Zu den gegenseitigen Anpassungserfordernissen im einzelnen vgl. das ausführliche Fallbeispiel in SCHLAGETER u. STUCKY (Datenbanksysteme, 1983), S. 17 ff.

392) MERTES u. KLONKI (Vorgehensweise, 1991), S. 314 belegen das Ausmaß der Redundanz und der damit verbundenen Gefahren mit dem 224-fachen Vorkommen des Datenelements `MM´ mit einer Länge zwischen einem und zwölf Byte.

393) Vgl. KRIEGER u. STUCKY (Datenbanken, 1992), Sp. 456.

394) Vgl. SCHLAGETER u. STUCKY (Datenbanksysteme, 1983), S. 20.

395) Unter "Benutzer" wird mit zunehmender Benutzerfreundlichkeit der Programmiersprachen und -tools nicht nur der klassische Programmierer der EDV-Abteilung fallen, sondern auch der Endanwender in der Fachabteilung, der eigene Informationsbedürfnisse im Rahmen der sog. Individuellen Datenverarbeitung (IDV) eigenständig befriedigt.

396) Vgl. WEDEKIND (Datenbanksysteme, 1978), S. 5.

397) Vgl. SCHEER (Betriebswirtschaftslehre, 1986), S. 12 sowie KRIEGER u. STUCKY (Datenbanken, 1992), Sp. 457.

Als Grundstein der Entwicklung und zentrales Basiskonzept von Datenbanksystemen kann das vom Normenausschuß ANSI/SPARC als Leitbild für die zukünftige Datenbankarchitektur vorgeschlagene 3-Ebenen-Modell (s. Abb. 21) betrachtet werden. Im Zentrum der Architektur steht das konzeptionelle Schema, das die Gesamtheit aller Daten unabhängig von Gesichtspunkten der Datenverarbeitung beschreibt.[398] Auf der externen Ebene sind logische Dateien oder Sichten (Views) als externe Schemata vorgesehen, die die jeweilig von den verschiedenen Benutzern oder Anwendungsprogrammen benötigten Ausschnitte aus dem gesamtheitlichen konzeptionellen Schema selektieren.[399] Der internen Ebene bleibt die Gestaltung und Verwaltung der physischen Speicher- und Zugriffsstrukturen[400] der im konzeptionellen Schema nur logisch beschriebenen Daten vorbehalten.[401] Die Problemdekomposition auf drei Ebenen überwindet die enge Verknüpfung von Daten oder Dateien und Anwendungsprogrammen (s. Abb. 20) und führt zu einer weitestgehenden Verlagerung der Datenverwaltungsaufgaben von den Anwendungsprogrammen auf das Datenbanksystem (s. Abb. 22).

Ein weiteres wichtiges Basismerkmal von Datenbanksystemen im Vergleich zur Dateiverarbeitung sind das ACID-Transaktionskonzept und die damit verbundene Persistenz der Daten. Eine Transaktion ist ein kurzer Verarbeitungszyklus, der sich in den meisten Fällen aus mehreren Elementaraktionen zusammensetzt (z.B. Buchung und Gegenbuchung) und sich durch die folgenden Eigenschaften des ACID-Prinzips auszeichnet:[402]

- Atomicity,
  - entweder alle oder keine Elementaraktionen werden durchgeführt -

---

398) Vgl. SCHLAGETER u. STUCKY (Datenbanksysteme, 1983), S. 28 sowie DATE (Introduction, 1991), S. 38.

399) Vgl. WEDEKIND (Datenbanksysteme, 1978), S. 11; KRIEGER u. STUCKY (Datenbanken, 1992), Sp. 459, SCHLAGETER u. STUCKY (Datenbanksysteme, 1983), S. 26 u. 30 ff., DATE (Introduction, 1991), S. 34 u. STAHLKNECHT (Wirtschaftsinformatik, 1991), S. 193.

400) Die physische Datenorganisation beschäftigt sich mit Datenspeicherung und -zugriff. Zur geeigneten Gestaltung dieser Ebene sind statistische Informationen über die Häufigkeit von Zugriffen, erforderlichen Antwortzeiten usw. sowie die Eigenschaften der Hardware zu berücksichtigen. Das interne Schema legt dementsprechend die Darstellung von Attributwerten in Feldern, den Aufbau der gespeicherten Datensätze, die Speicherverfahren (Listen, Ketten, Tabellen oder invertierte Dateien) und die Zugriffspfade fest. Die interne Ebene nimmt einen starken Einfluß auf die Performance der Datenbank. Vgl. zu Fragen des internen Schemas sowie der physischen Datenorganisation SCHLAGETER u. STUCKY (Datenbanksysteme, 1983), S. 33f u. 219ff., DATE (Introduction, 1991), S. 55ff., STAHLKNECHT (Wirtschaftsinformatik, 1991), S. 210ff. u. HANSEN (Wirtschaftsinformatik, 1992), S. 572f. u. 533ff.

401) Vgl. KRIEGER u. STUCKY (Datenbanken, 1992), Sp. 459, SCHLAGETER u. STUCKY (Datenbanksysteme, 1983), S. 33 f. u. STAHLKNECHT (Wirtschaftsinformatik, 1991), S. 193.

402) Vgl. GRAY (Transaction, 1981).

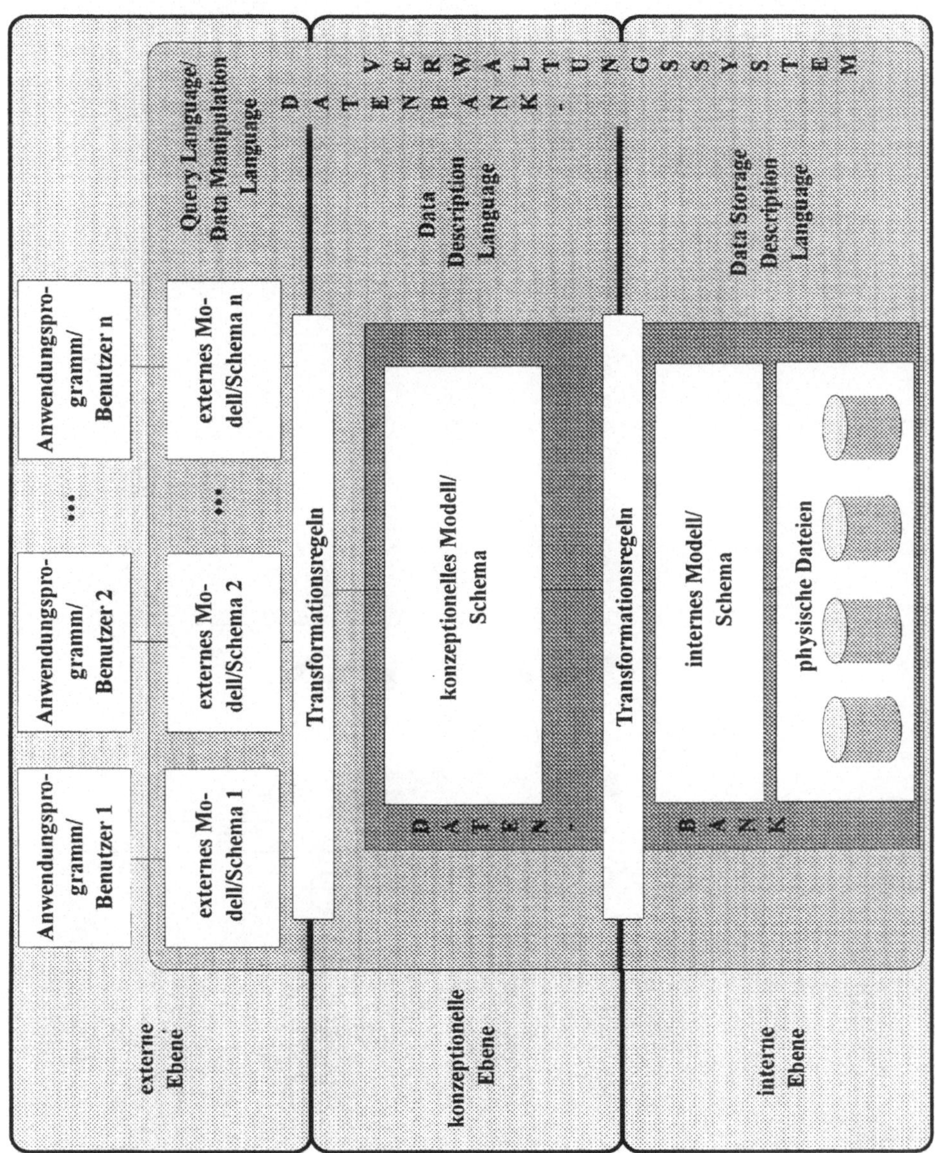

Abb. 21: 3-Ebenen-Modell für Datenbankarchitekturen des ANSI/SPARC-
Normenausschusses[403]

---

403) In Anlehnung an WEDEKIND (Datenbanksysteme, 1978), S. 11, SCHLAGETER u.
STUCKY (Datenbanksysteme, 1983), S. 27, DATE (Introduction, 1991), S. 35 u. STAHL-
KNECHT (Wirtschaftsinformatik, 1991), S. 217.

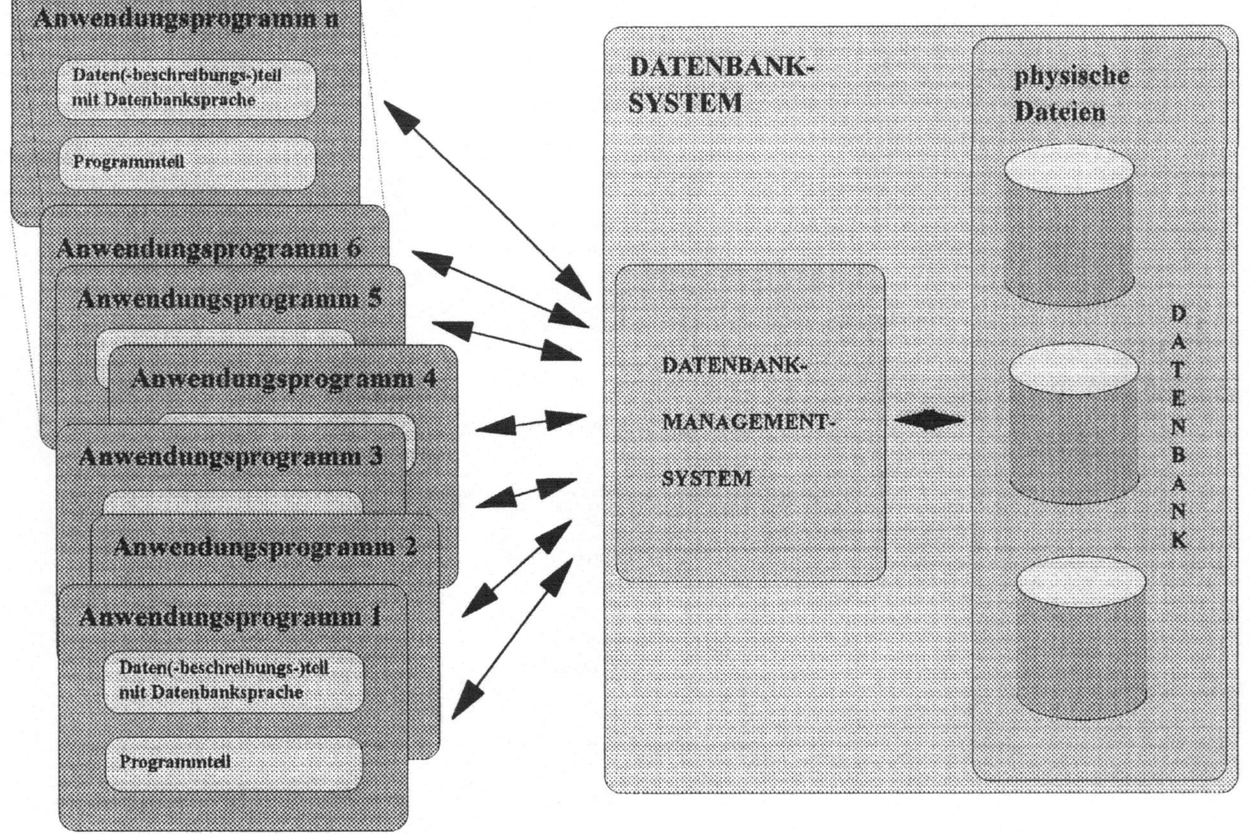

Abb. 22: Anwendungsprogramme und Datenbanksystem

- **Consistency,**
  - eine Transaktion führt die Datenbank von einem (nach bestimmten Regeln) konsistenten in einen anderen ebenfalls konsistenten Zustand über -
- **Isolation,**
  - die Effekte einer erfolgreichen Transaktion werden außen erst nach ihrem Ende sichtbar -
- **Durability,**
  - nach dem Transaktionsende ist die Wiederholbarkeit für eine eventuelle Fehlerbehandlung gesichert.

Am Ende einer Transaktion werden die Daten automatisch auf einem Sekundärspeicher dauerhaft gespeichert (Persistenz). Die Dateiverarbeitung gewährleistet dagegen nicht die dauerhafte Speicherung über die Ausführungszeiten von Programmen[404] hinaus auf einem peripheren Speicher.

Datenbanksysteme bestehen aus den Komponenten Datenbank und Datenbankmanagementsystem[405], die die oben aufgezeigten Basiskonzepte softwaretechnisch realisieren (s. Abb. 22).

Je nach Betrachtungsweise kann unter einer Datenbank folgendes verstanden werden:

- **Physischer Aspekt**
  Die Datenbank ist eine Zusammenfassung von dauerhaft gespeicherten Daten in physischen Dateien.[406] In diesem Sinne entspricht die Datenbank dem internen Schema.

- **Logischer Aspekt**
  Die Datenbank besteht aus logisch zusammengehörenden, global geltenden Daten und entspricht insofern dem konzeptionellen Schema. In diesem Zusammenhang wird auch häufig von Datenbasis gesprochen.[407]

Während die Datenbank lediglich als eine Sammlung von Daten zu betrachten ist, stellt das Datenbankmanagementsystem ein betriebssystemnahes Programmpaket zur Verwaltung der Datenbank dar.[408] Zu den Aufgaben des Datenbankmanagementsystems gehören:

---

404) Vgl. SCHLAGETER u. UNLAND (Concepts, 1990), S. 169 sowie KEMPER u. MOERKOTTE (Basiskonzepte, 1993), S. 75.

405) Synonym wird auch Datenbankverwaltungssystem oder Datenverwaltungssystem verwendet.

406) Vgl. STAHLKNECHT (Wirtschaftsinformatik, 1991), S. 167.

407) Vgl. PICOT u. MAIER (Informationssysteme, 1992), Sp. 925.

408) KRIEGER u. STUCKY (Datenbanken, 1992), Sp. 458 zählen auch "einige Werkzeuge zum DBMS, die einen komfortablen Umgang bei der Anwendungsprogrammierung und beim Aufbau einer Datenbank bieten; hierzu gehören insbesondere Programm-, Menü-, Formular-, Reportgeneratoren sowie Tools für den Datenbankentwurf." Dieser weiten Begriffsfassung soll sich hier nicht angeschlossen werden, da dadurch die Grenzen des Datenbanksystems zerfließen und eine vergleichende Beurteilung verschiedener Datenbanksysteme erschwert wird.

(1) Beschreibung der verschiedenen Ebenen

Die Darstellung der Daten der verschiedenen Schemata erfolgt zunächst durch formale Datenbankmodelle[409], die die zur Daten(-struktur-)beschreibung zulässigen Elemente und die erlaubten Operatoren zur Abfrage und Manipulation der Datenbestände festlegen und softwaretechnisch als Datenbanksprache realisiert sind.[410] Das Datenbankmodell fungiert somit als formaler Rahmen zur Abstraktion der realen Welt zur computergerechten Darstellung relevanter Zusammenhänge.[411] Die Beschreibungsdaten der verschiedenen Ebenen werden sinnvollerweise in der Datenbank abgelegt und für die Aufgaben des Datenbankmanagementsystems zur Verfügung gestellt. Im Mittelpunkt steht dabei der Data Dictionary[412], der auch als Meta-Datenbank zu betrachten ist, da dort Informationen über Inhalt und Struktur der Datenbank verwaltet werden.[413] Die Ansichten über die Aufgaben des Data Dictionary gehen weit auseinander und reichen von der Beschreibung der Daten bis hin zu physischen Verwaltungsfunktionen[414].

(2) Transformation zwischen den Ebenen

Die Verknüpfung der drei Ebenen geschieht über interne Transformationsregeln, die vom konzeptionellen Schema, das die Daten gesamtheitlich und logisch beschreibt, ausgehen.[415] Einerseits wird dadurch die perspektivenspezifische Extraktion von Daten zu verschiedenen externen Schemata, andererseits die Übersetzung der logischen Datenstruktur in die physischen Speicher- und Zugriffsstrukturen gesteuert. Die automatisierte Transformation zwischen den Ebenen anhand der Beschreibungen realisiert die Datenunabhängigkeit in Datenbanksystemen.

(3) Transaktionsmanagement

Das Datenbankmanagementsystem hat das vorhin aufgezeigte ACID-Transaktionskonzept zu realisieren und die damit verbundene Persistenz der Daten zu gewährleisten. Dabei sind insbesondere parallele Transaktionen zu steuern, die nicht beliebig nebeneinander ablaufen dürfen. Diesbezügliche Probleme paralleler Transaktionen werden unter dem Stichwort "Synchronisation" diskutiert.[416] Ein

---

409) Allgemein können alle Instrumente zur Beschreibung von Datenstrukturen als Datenmodelle bezeichnet werden. Datenbankmodelle sind dann solche, die als Grundlage für konkrete Datenbanksysteme fungieren. Datenmodelle im allgemeinen Sinne werden später in Abschnitt V.A.5. betrachtet.

410) Vgl. LOCKEMANN u. RADERMACHER (1990, Konzepte), S. 4 u. SINZ (Erweiterungen, 1990), S. 18.

411) Vgl. KRIEGER u. STUCKY (Datenbanken, 1992), Sp. 460.

412) Synonym wird der Begriff "Datenwörterbuch" verwendet.

413) Vgl. ORTNER u.a. (Entwicklung, 1990), S. 17 sowie KRIEGER u. STUCKY (Datenbanken, 1992), Sp. 459. Vgl. den erstgenannten Beitrag auch zu einer ausführlichen Darstellung der Entwicklung und Einführung standardisierter Datenelemente.

414) Vgl. STAHLKNECHT (Wirtschaftsinformatik, 1991), S. 218.

415) Vgl. SCHLAGETER u. STUCKY (Datenbanksysteme, 1983), S. 34f u. WEDEKIND (Datenbanksysteme, 1978), S. 11f.

416) Vgl. SCHLAGETER u. STUCKY (Datenbanksysteme, 1983), S. 295.

System paralleler Transaktionen läuft korrekt ab, wenn Serialisierbarkeit vorliegt, also wenn es mindestens eine (gedachte) serielle Ausführung derselben Transaktion gibt, die denselben Datenbankzustand und dieselben Ausgabedaten der Transaktionen liefert.[417] Zur Prüfung dieser Bedingung ist eine Reihe von Verfahren entwickelt worden, die an dieser Stelle nicht weiter betrachtet werden können, aber zu einer weitestgehenden Beherrschung der Problematik gleichzeitiger Datenbankzugriffe geführt haben.[418]

3. Vorteile beim Einsatz von Datenbanksystemen auf informationstechnologischer und betriebswirtschaftlich-anwendungsorientierter Ebene

Aus der Realisierung der Basiskonzepte lassen sich zunächst auf informationstechnologischer Ebene unmittelbare und auf betriebswirtschaftlich-anwendungsorientierter Ebene mittelbare Vorteile des Einsatzes von Datenbanksystemen im Vergleich zur Dateiverarbeitung ableiten (s. Abb. 23).[419]

Folgende unmittelbare Vorteile sind auf informationstechnologischer Ebene festzustellen:

(1) Datenunabhängigkeit
Die "Entkopplung" von Daten und Verarbeitungsalgorithmik durch die 3-Ebenen-Architektur führt zu einer zweifachen Datenunabhängigkeit der Anwendungsprogramme. *Physische Datenunabhängigkeit* besteht, wenn eine Veränderung der Speicher- und Zugriffsverfahren (internes Schema) ohne Anpassung in den Anwendungsprogrammen (externe Schemata) möglich ist.[420] Dies wird dadurch erreicht, daß die physischen Speicher- und Zugriffsstrukturen der Daten nicht mehr in den Anwendungsprogrammen beschrieben werden und für den Anwendungsentwickler nicht bekannt sein müssen.[421] Diese Forderung basiert auf dem Gedanken des "Versteckens" unnötiger Informationen, da die Kenntnisse der internen Datenverwaltung für die eigentliche Aufgabe des Programmierers nicht pri-

---

417) Vgl. SCHLAGETER u. STUCKY (Datenbanksysteme, 1983), S. 299.

418) Zur ausführlichen Darstellung vgl. SCHLAGETER u. STUCKY (Datenbanksysteme, 1983), S. 299ff.

419) Die Vorteile von Datenbanksystemen im Vergleich zur konventionellen Dateiverarbeitung werden in der Literatur nicht in dieser Form in Beziehung gesetzt. Vielmehr finden sich autorenindividuelle Systematiken nach Konzepten, Aufgaben und Vorteilen von Datenbanksystemen. Abb. 23 versucht, die Aussagen bei SCHLAGETER u. STUCKY (Datenbanksysteme, 1983), S. 21ff., DATE (Introduction, 1991), S. 13ff., STAHLKNECHT (Wirtschaftsinformatik, 1991), S. 214ff. sowie KRIEGER u. STUCKY (Datenbanken, 1992), Sp. 457f. zu integrieren.

420) Vgl. MANOLA (Technology, 1980), S. 74 sowie SCHLAGETER u. STUCKY (Datenbanksysteme, 1983), S. 22.

421) Vgl. MANOLA (Technology, 1980), S. 75 sowie SCHLAGETER u. STUCKY (Datenbanksysteme, 1983), S. 22.

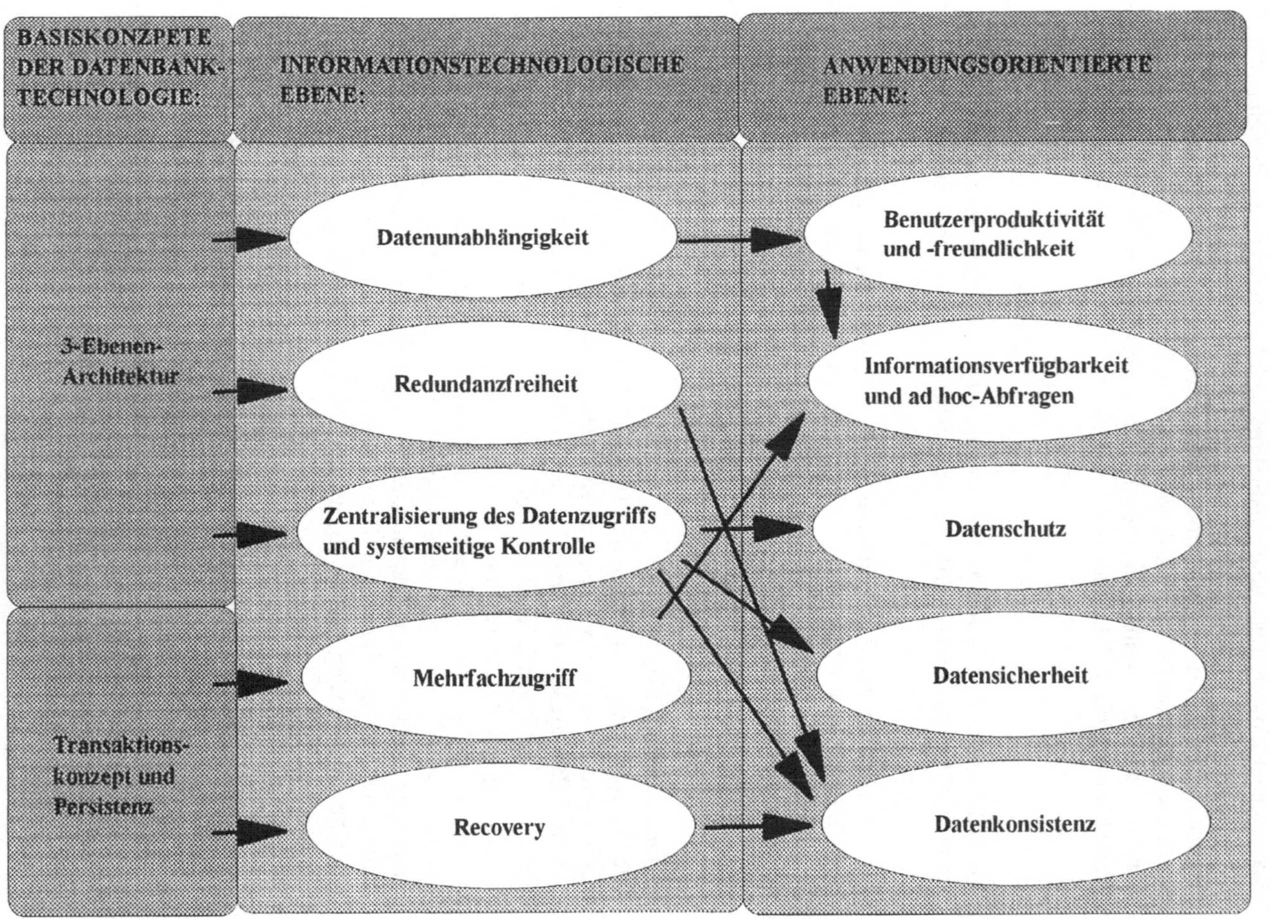

Abb. 23: Vorteile von Datenbanksystemen

mär relevant sind.[422] In der Konsequenz bedeutet dies eine Steigerung der Produktivität der Benutzer, da diese sich nicht mehr mit Belangen der physischen Ebene beschäftigen müssen, und eine Flexibilität bei Gestaltung der Speicher- und Zugriffstechniken, da deren Veränderung keinen Pflegeaufwand der Anwendungsprogramme erfordert.[423] *Logische Datenunabhängigkeit* liegt vor, wenn die logische Sicht eines Anwendungsprogrammes (externe Schemata) unabhängig von Änderungen anderer Teile der logischen Gesamtsicht (konzeptionelles Schema) bleibt. Das Hinzukommen neuer Daten oder das Verändern allgemeiner Datenstrukturen durch neue Anwendungen darf keinen oder möglichst wenig Pflegeaufwand in bestehenden Programmen nach sich ziehen.[424]

(2) Zentralisierung der Daten und des Datenzugriffs
Alle Daten werden in der Datenbank zusammengefaßt und als logische und physische Einheit betrachtet. Der Datenzugriff erfolgt zentralisiert durch das Datenbankmanagementsystem. Es ermöglicht eine systemseitige Kontrolle der Zugriffe im Hinblick auf Berechtigung und Korrektheit.

(3) Redundanzfreiheit
Die Trennung der Daten von den Anwendungsprogrammen sowie ihre Betrachtung und Verwaltung über den Data Dictionary als logische Einheit ermöglichen die Redundanzfreiheit der Daten.

(4) Mehrfachzugriff
Das Transaktionskonzept ermöglicht die gleichzeitige Nutzung der Datenbestände von verschiedenen Anwendungen, ohne daß durch die Parallelität der Verarbeitung unerwünschte Effekte (z.B. Minderung der Datenkonsistenz) entstehen.

(5) Recovery[425]
Bei der Durchführung einer Transaktion ist die Datenbank vorübergehend inkonsistent (z.B. nur Buchung ohne Gegenbuchung). Treten in diesem Stadium Störungen (z.B. Stromausfall) auf, dann erlaubt das Transaktionskonzept auf Grund des ACID-Prinzips die Wiederherstellung des vorherigen konsistenten Datenbankzustands (Recovery).

Die aufgezeigten Vorteile werden durch Delegation von Aufgaben an das System erzielt. So muß der Benutzer einer Datenbank beispielsweise nicht mehr die physischen Speicherungs- und Zugriffsstrukturen der Daten/Dateien kennen, weil das Datenbankmanagementsystem über dieses Wissen in Form der internen Schemabeschreibungen verfügt und für das Auffinden der Daten benutzt. Diese Erweiterung der systemseitigen Verwaltungsaufgaben geht allerdings zu Lasten der zeitlichen Effizienz (Performance) im Vergleich zur Dateiverarbeitung. Deswegen wird für Datenbanksy-

---

422) Vgl. WEDEKIND (Datenbanksysteme, 1978), S. 5.

423) Vgl. WEDEKIND (Datenbanksysteme, 1978), S. 5.

424) Vgl. KRIEGER u. STUCKY (Datenbanken, 1992), Sp. 459 sowie SCHLAGETER u. STUCKY (Datenbanksysteme, 1983), S. 22 u. STAHLKNECHT (Wirtschaftsinformatik, 1991), S. 192.

425) Vgl. zu einer ausführlichen Darstellung SCHLAGETER u. STUCKY (Datenbanksysteme, 1983), S. 325ff.

steme die Realisierung der Basiskonzepte mit ausreichender Performance gefordert, wie sie sich beispielsweise in den Antwortzeiten widerspiegelt.[426] Eine rasch steigende Leistungsfähigkeit der Informationstechnologie bei gleichzeitig sinkenden Kosten macht die Erfüllung dieser Forderung jedoch relativ unproblematisch. Die allgemeine Leitlinie der informationstechnologischen Entwicklung - die weitergehende Verlagerung von Aufgaben vom Menschen zum System und die damit zunehmende Benutzerfreundlichkeit - kann hier also auch bei Datenbanksystemen beobachtet werden.

Die Basiskonzepte und die damit erzielbaren Vorteile können nicht von allen Datenbanksystemen gleichermaßen gut umgesetzt werden. Vielmehr lassen sich bestimmte Typen anhand der erwähnten Vorteile - verstanden als Anforderungen/Kriterien, die in unterschiedlichen Graden erfüllt werden können - beurteilen. So bieten die meisten Datenbanksysteme beispielsweise (noch) keine vollständige Datenunabhängigkeit. Vielmehr muß gefragt werden, inwieweit ein einzelnes System Datenunabhängigkeit gewährleistet, um Abfragen zu erleichtern und den Pflegeaufwand zu minimieren.[427] Bei der Beurteilung unterschiedlicher Datenbanksysteme muß außerdem beachtet werden, daß bestimmte Anforderungen in konfliktärer Beziehung zueinander stehen: so wird z.B. weniger Redundanz mit geringerer Flexibilität, geringerer zeitlicher Effizienz und auch geringerer Datensicherheit erkauft.[428] Deshalb nimmt man häufig ein gewisses Maß an Redundanz in Kauf, um so im Hinblick auf die konkurrierenden Vorteile eine Kompromißlösung zu erreichen. Auch (räumlich) verteilte Datenbanken[429] sind das Ergebnis einer konfliktären Zielbeziehung. Die Forderung Zentralisierung der Daten und teilweise auch des Datenzugriffs wird im Interesse des noch aufzuzeigenden betriebswirtschaftlich-anwendungsorientierten Zieles einer Erhöhung der Informationsversorgung aufgegeben. Diese Entscheidung bietet sich für die Fälle an, in denen Datenbank und Benutzer räumlich weit auseinanderliegen und deshalb die Nachteile hoher Datenübertragungskosten und -zeiten die Vorteile der Zentralisierung übersteigen.

Die Eignung eines Datenbanksystems zur Erreichung der unmittelbaren Vorteile auf informationstechnologischer Ebene wirkt sich natürlich auch auf die mittelbaren betriebswirtschaftlich-anwendungsorientierten Vorteile[430] aus, die im folgenden dargestellt werden:

(1) Benutzerfreundlichkeit und -produktivität
   Die gesteigerte Datenunabhängigkeit machen den Programmierer bei der Entwicklung datenbankbasierter Anwendungen und den Benutzer in der Fachabtei-

---

426) Vgl. STAHLKNECHT (Wirtschaftsinformatik, 1991), S. 216.

427) Vgl. SCHLAGETER u. STUCKY (Datenbanksysteme, 1983), S. 40 u. DATE (Introduction, 1991), S. 22.

428) Vgl. STAHLKNECHT (Wirtschaftsinformatik, 1991), S. 216. Die konfliktären Beziehungen sind in Abb. 23 nicht problematisiert, da dort die Vorteile im Vergleich zur konventionellen Dateiverarbeitung im Vordergrund stehen und nicht die Entwicklung eines Kriterienrasters zur Bewertung unterschiedlicher Datenbanksysteme intendiert wird.

429) Vgl. zu einer ausführlichen Darstellung verteilter Datenbanksysteme DATE (Introduction, 1990), S. 617ff.

430) Vgl. dazu auch die zu Beginn der Datenbanksystementwicklung aufgestellten Ziele auf S. 85.

lung bei der gelegentlichen Datenbankabfrage unabhängig von Sachzwängen der physischen oder auch logischen Ebene. Das erhöht die Produktivität der Benutzer, insbesondere der Programmierer, und ermöglicht erst den selbständigen Zugang zur Datenbank für den weniger EDV-technisch geschulten Informationsnachfrager. Darüber hinaus wird der Programmierer in der zentralen EDV-Abteilung von weniger anspruchsvollen kleinen Abfragen im Auftrage einzelner Benutzer entlastet und kann seine Kapazität mehr für die professionelle Anwendungsentwicklung einsetzen.

(2) Erhöhte Informationsverfügbarkeit
Die durch die Datenunabhängigkeit erreichte Erhöhung der Benutzerfreundlichkeit und -produktivität wirkt sich gleichzeitig positiv auf die Informationsverfügbarkeit aus. Der Programmierer kann schneller komplexe Anwendungen erstellen, der gelegentliche Benutzer wird zum Selbstversorger. Daten sind ohne Sachzwänge der physischen Ebene leichter verknüpf- und ad-hoc ohne großen Aufwand formulierbar.Die Informationsverfügbarkeit erhöht sich auch durch den Mehrfachzugriff auf Daten.

(3) Korrektheit (Integrität bzw. Konsistenz)[431] der Daten
Die Zentralisierung von Daten und des Datenzugriffs sowie die dadurch ermöglichte systemseitige Kontrolle erhöhen die Konsistenz der Daten. Auch die in Datenbanksystemen mögliche Redundanzfreiheit sorgt für eine gesteigerte Verläßlichkeit der Daten, da eine Änderung der Daten nur einmal und nicht - wie bei redundanter Datenhaltung - mehrfach erfolgen muß. Schließlich dient das vom Transaktionsmangement gewährleistete Recovery der Wiederherstellung konsistenter Datenbankzustände bei unvorhergesehenen Systemfehlern oder Störungen.

(4) Datensicherheit
Zentralisierung und die dadurch ermöglichte Kontrolle schützen vor ungewolltem Datenverlust, weil beispielsweise Fehlbedienungen vom System erkannt und abgelehnt werden können. Auch die vom Transaktionsmangement gewährleistete Persistenz der Daten erhöht die Datensicherheit.

(5) Datenschutz
Schließlich vereinfachen Zentralisierung und Kontrolle im o.a. Sinne Schutzmaßnahmen zur Vermeidung von technischem und/oder rechtlichem Mißbrauch der Daten.

---

431) Gelegentlich werden die Begriffe "Integrität" und "Konsistenz" (der Daten) differenziert. Dann bezieht sich Integrität auf die Korrektheit unter technischen Aspekten und Konsistenz auf die Widerspruchsfreiheit gegenüber Realwelt und Vollständigkeit der Daten. Vgl. SCHLAGETER u. STUCKY (Datenbanksysteme, 1983), S. 287f. Im Rahmen dieser Arbeit soll sich der Begriffsbestimmung dieser Autoren angeschlossen werden, die Integrität und Konsistenz als Synonyme verwenden und damit generell die Korrektheit der Daten im Hinblick auf die Realwelt verstehen.

4. Konventionelle Datenbanksysteme

Unter konventionellen Datenbanksystemen (genauer: Datenbankmanagementsysteme)[432] sollen hier solche verstanden werden, die schon seit mehreren Jahren als marktfähige Produkte zur Verfügung stehen und sich einer gewissen Verbreitung in der Praxis erfreuen. Dazu zählen zunächst die pionierhaften hierarchischen Datenbanksysteme, die Netzwerk-Datenbanksysteme als deren unmittelbare Weiterentwicklung und die damit konkurrierenden relationalen Datenbanksysteme, die sich auf Grund ihrer Vorteile zunehmend durchsetzen und inzwischen wohl auch schon als Standard betrachtet werden können.[433] Auf die kurze Darstellung von hierarchischen und Netzwerk-Datenbanksystemen soll hier trotzdem nicht verzichtet werden, da dadurch insbesondere relationale, aber auch neuere Datenbanksysteme besser bewertet werden können.

Die Bezeichnung von Datenbanksystemtypen richtet sich nach dem zugrundeliegenden Datenbankmodell zur Beschreibung der verschiedenen Schemata(-ebenen). Durch die Eigenschaften des zugrunde gelegten Datenbankmodells werden maßgeblich die Unterschiede dieser Datenbanksysteme hinsichtlich Programmieraufwand, Integritätssicherung und Effizienz determiniert.[434]

a) Hierarchische und Netzwerk-Datenbanksysteme

Das hierarchische Datenbankmodell entstand als unmittelbare Erweiterung der Dateiverarbeitung zur Verwaltung von Dateien mit Wiederholungsgruppen, die eine komplex-variable Satzlänge erforderten.[435] Der Grundgedanke sieht eine Aussonderung der sich wiederholenden Datenfelder aus der ursprünglichen Datei vor und die Zuweisung zu untergeordneten sequentiellen Dateien, so daß über physische Zeiger eine Datei- und Zugriffshierarchie entsteht.[436] Als Strukturelemente werden Entitätsty-

---

432) Vgl. zu einer ausführlichen Definition dieser Begriffe S. 89. Im Rahmen dieser Arbeit ist die Unterscheidung der Begriffe in den meisten Fällen entbehrlich. Auch in der einschlägigen Literatur wird eine solche Unterscheidung selten getroffen. Deswegen soll hier i.d.R. der weiter gefaßte Begriff "Datenbanksystem" verwendet werden.

433) Nach HADERLE (Database, 1990), S. 7 werden bei ca. 70% aller Großrechner einsetzenden Unternehmen relationale Datenbanksysteme verwendet. Mit der Verbreitung von Client-Server-Architekturen werden relationale Datenbanksysteme zunehmend auch auf leistungsfähigen PC-Servern eingesetzt und sind von den Clients über SQL-Schnittstellen verfügbar.

434) Vgl. KRIEGER u. STUCKY (Datenbanken, 1992), Sp. 461.

435) Vgl. SCHLAGETER u. STUCKY (Datenbanksysteme, 1983), S. 71 u. STAHLKNECHT (Wirtschaftsinformatik, 1991), S. 203.

436) Vgl. SCHLAGETER u. STUCKY (Datenbanksysteme, 1983), S. 71.

pen[437] mit dazugehörenden Attributen, hierarchische Beziehungen und Hierarchien als Gesamtheit der Struktur verwendet, so daß übergeordnete Entitätstypen als Väter und untergeordnete als Söhne bezeichnet werden.[438] Die Ordnung innerhalb der hierarchischen Entitätstypen (Dateien) und Entitäten (Datensätze) orientiert sich an der allgemeinen Leseart von Texten: von oben nach unten und von links nach rechts.[439]

Hierarchische Strukturen sind aber nur in wenigen Fällen geeignet, die Komplexität realer Datenstrukturen abzubilden, die sich vorwiegend durch vernetzte Beziehungen auszeichnen.[440] Die Abbildung nicht-hierarchischer Beziehungen kann nur über den Umweg der Mehrfachspeicherung von Daten (Redundanz) mit den bereits erwähnten Gefahren für die Datenkonsistenz erkauft werden.[441]

Dieser Nachteil war Anlaß für die Entwicklung des Netzwerk-Datenbankmodells, das auch Verknüpfungen eines "Sohnes" zu mehreren "Vätern" erlaubt. Das hierarchische Datenbankmodell kann insofern als Spezialfall des Netzwerk-Datenbankmodells verstanden werden.[442]

Die Grundlage für das Netzwerk-Datenbankmodell sind die Vorschläge der CODA-SYL Data Base Target Group (DBTG),[443] die zur Bildung des konzeptionellen Schemas zwei Konstruktionselemente vorsehen. Set-Typen verknüpfen Record-Typen, indem sie übergeordnete als Owner und untergeordnete als Member deklarieren. Durch die gleichzeitige Verwendung von Record-Typen als Owner und Member können Netzstrukturen modelliert werden. Die graphische Darstellung erfolgt durch Knoten für Record-Typen und gerichtete Kanten für Set-Typen. Die Schemadefinition einer Netzwerk-Datenbank beschreibt dementsprechend die vorhandenen Record-Typen mit ihren Attributen einschließlich deren Wertebereiche sowie die Set-Typen wie bei hierarchischen Systemen in einer COBOL-ähnlichen Notation.[444]

In hierarchischen und Netzwerk-Datenbanksystemen beziehen sich die Datenmanipulationsbefehle immer nur auf einen Datensatz, so daß man sich Satz für Satz durch die Datenstruktur "navigieren" muß.[445] Die satzweise Verarbeitung erfordert vom Daten-

---

437) Entitäten sind Objekte der realen oder gedachten Welt (z.B. Maschine X, Rechnung 4711). Entitätstypen sind Zusammenfassungen gleichartiger Entitäten (z.B. Maschinen, Rechnungen). Vgl. zu einer ausführlichen Behandlung dieser Begriffe V.A.5.c)(1).

438) Vgl. SCHLAGETER u. STUCKY (Datenbanksysteme, 1983), S. 71f u. STAHLKNECHT (Wirtschaftsinformatik, 1991), S. 201.

439) Vgl. SCHLAGETER u. STUCKY (Datenbanksysteme, 1983), S. 73f.

440) Vgl. SCHLAGETER u. STUCKY (Datenbanksysteme, 1983), S. 76f.

441) Vgl. STAHLKNECHT (Wirtschaftsinformatik, 1991), S. 203.

442) Vgl. SCHLAGETER u. STUCKY (Datenbanksysteme, 1983), S. 71.

443) Vgl. CODASYL (Report, 1971), (Report 73) u. (Report 78). Die folgenden Ausführungen beziehen sich maßgeblich auf die Schilderungen von VETTER (Informationssysteme, 1982), S. 195ff. sowie SCHLAGETER u. STUCKY (Datenbanksysteme, 1983).

444) Vgl. SCHLAGETER u. STUCKY (Datenbanksysteme, 1983), S. 68 sowie zu einer ausführliche Darstellung der CODASYL-Datenbeschreibungssprache S. 98ff.

445) Prinzipiell können neben der ursprünglich einzigen vorgesehenen Programmiersprache COBOL alle prozeduralen Sprachen als sog. Wirtssprachen die Schnittstelle zum Datenbank-

bankverwaltungssystem die Verwaltung von Aktualitäts-Indikatoren (currency indicators), die die vom Anwendungsprogramm augenblicklich zu verarbeitenden Sätze (Records) determinieren.[446] Die Satzverarbeitung und die damit notwendigerweise verbundene Beachtung der Aktualitäts-Indikatoren sind die Ursache für eine sehr aufwendige Programmierung von Abfragen und Anwendungen.[447]

Abschließend müssen zwei maßgebliche Problemkomplexe der hierarchischen und Netzwerk-Datenbanksysteme festgestellt werden. Erstens bleibt der Grundgedanke der Schemaunabhängigkeit des 3-Ebenen-Modells nur unzureichend berücksichtigt: Auf konzeptioneller Ebene werden Datenbeziehungen als Zeiger festgelegt, die gleichsam die physikalischen Speicherungsstrukturen und Zugriffspfade der internen Ebene festschreiben. Zweitens sind die prozeduralen Datenbankschnittstellen zu kompliziert. Sie beschränken den professionellen Programmierer in seiner Produktivität und machen die eigenständige Datenbankabfrage durch den gelegentlichen Benutzer unmöglich.[448]

b) Relationale Datenbanksysteme

CODD[449] nimmt die oben aufgezeigte Kritik am hierarchischen und Netzwerk-Datenbankmodell zum Anlaß, ein auf der mathematischen Relationentheorie basierendes Datenbankmodell zu entwickeln.

Im relationalen Datenbankmodell erfolgt die Abbildung der Diskurswelt nur durch das Konstruktionselement Relation.[450] Jede Relation wird in ihrem Aufbau durch ein Relationenschema beschrieben.[451] Das Schema gibt Auskunft über die in der Relation enthaltenen Attribute und deren Wertebereiche. Relationen als "Inhalte" der Schemata

---

system bilden. Die Datenmanipulationssprache besteht dann in einer Erweiterung der Wirtssprachen um bestimmte Befehle zur "Navigation" in der Datenbank. Vgl. zu einer ausführlichen Beschreibung dieser speziellen Befehle SCHLAGETER u. STUCKY (Datenbanksysteme, 1983), S. 96 u. 111ff.

446) Vgl. SCHLAGETER u. STUCKY (Datenbanksysteme, 1983), S. 92f.

447) Vgl. KRIEGER u. STUCKY (Datenbanken, 1992), Sp. 464.

448) Vgl. SCHLAGETER u. STUCKY (Datenbanksysteme, 1983), S. 119f.

449) CODD gilt durch seinen Beitrag (Model, 1970) als der Begründer des relationalen Datenbankmodells.

450) Vgl. KRIEGER u. STUCKY (Datenbanken, 1992), Sp. 462. Vgl. zur folgenden Darstellung der Grundbegriffe des relationalen Datenbankmodells CODD (Model, 1970), SCHLAGETER u. STUCKY (Datenbanksysteme, 1983) sowie DATE (Introduction, 1991), S. 245ff.. Auf die ausführliche Darstellung der mathematischen Grundlagen dieses Modells sei hier verzichtet und auf die angegebene Literatur verwiesen.

451) Die Unterteilung in Schema als beschreibenden Teil und Instanz als eigentlichen "Inhalt" (hier: Relation) findet sich in den meisten Datenmodellen. Eine Überwindung dieser Zweiteilung erfolgt neuerdings durch die Einführung von Metatypen. Vgl. HEUER (Konzepte, 1991), S. 207.

sind Mengen von Tupeln, die eine reale Entität der Diskurswelt durch eine bestimmte Wertekombination der dazugehörenden Attribute genau abbilden. Mengentheoretisch kann eine Relation auch als eine Teilmenge des kartesischen Produkts über den Wertebereichen der Attribute des Relationenschemas bezeichnet werden.[452] Die eindeutige Identifizierung der Tupel geschieht durch ein Schlüsselattribut oder eine -attributskombination (Primärschlüssel).[453] Formulartechnisch gesehen entspricht eine Relation einer Tabelle,[454] so daß ihre Darstellung häufig tabellarisch erfolgt (s. Abb. 24).

Mit Hilfe von Relationen lassen sich hierarchische und vernetzte Datenstrukturen gleichermaßen gut modellieren.[455] Die im hierarchischen und Netzwerk-Datenbankmodell explizite Darstellung der Datenbeziehungen über physische Verknüpfungen (Zeiger) wird im Relationenmodell implizit durch die Dateninhalte der Tabellen (Fremdschlüssel) realisiert. Fremdschlüssel sind als Attribute oder -kombinationen zu verstehen, die in einer Tabelle als Primärschlüssel fungieren und zusätzlich Bestandteil einer oder mehrerer "fremder" Tabellen sind. So kann für jede Entität (Tupel) der "fremden" Tabelle über den Fremdschlüssel das korrespondierende Tupel in der Tabelle gefunden werden, in der der Fremdschlüssel als Primärschlüssel dient. Die Modellierung von Datenbeziehungen durch den Inhalt von Tabellen und nicht durch explizite Verweise ist Grundlage für eine weitestgehende Realisierung des 3-Ebenen-Modells.

Relation

Schlüsselattribut/ -attributskombination

Tupel	Attribut A1	Attribut A2	...	Attribut An
	Wert W1 aus Domäne A1	Wert W1 aus Domäne A2	...	...
	Wert W2 aus Domäne A1	...	...	...
	...	...	...	...
	Wert Wn aus Domäne A1	...	...	Wert Wn aus Domäne An

Abb. 24: Grundbegriffe des Relationenmodells

---

452) Vgl. HEUER (Konzepte, 1991), S. 205.
453) Vgl. CODD (Model, 1970), S. 380.
454) Vgl. WEDEKIND (Datenbanksysteme, 1978), S. 9.
455) Vgl. STAHLKNECHT (Wirtschaftsinformatik, 1991), S. 205.

Zur systematischen Vermeidung von Redundanz und der damit einhergehenden Gefahren von Dateninkonsistenzen[456] werden die Relationen einem Normalisierungsprozeß unterworfen.[457] Grundlage für die eng mit dem Relationenmodell verbundene Normalisierungstheorie bildet der Begriff der funktionalen Abhängigkeit.[458] Im allgemeinen werden drei Normalformen unterschieden:[459]

1. Normalform: *atomare* Attribute
Eine Relation befindet sich in erster Normalform, wenn alle innerhalb der Tupel auftretenden Werte *atomar* sind, d.h. nicht weiter zerlegbar.

2. Normalform: *volle* funktionale Abhängigkeit
Eine Relation befindet sich in zweiter Normalform, wenn die Forderungen der ersten erfüllt und alle Nichtschlüsselattribute von der *gesamten* Primärschlüsselattributskombination funktional abhängig sind.

3. Normalform: *transitiv* funktionale Abhängigkeiten
Eine Relation befindet sich in dritter Normalform, wenn die Forderungen der zweiten erfüllt und *transitiv* funktional, d.h. zwischen Nichtschlüsselattributen, keine Abhängigkeiten bestehen.

Beim Normalisierungsprozeß werden Relationen in redundanzärmere (Elementar-)Relationen zerlegt (s. Abb. 25). Die Bewahrung des Informationszusammenhanges (Semantik) bei diesem Analyseprozeß wird durch Fremdschlüssel gewährleistet.[460]

---

456) Inkonsistenzen können durch Anomalien beim Ändern, Einfügen und Löschen von Tupeln entstehen. Vgl. dazu LAUSEN u. MARX (Relationenmodell, 1990), S. 33f u. STICKEL (Datenbankdesign, 1991), S. 47.

457) Vgl. CODD (Model, 1970), S. 381f.

458) Vgl. zu den formalen Grundlagen der Normalisierungstheorie und zum Begriff der funktionalen Abhängigkeit WEDEKIND (Datenbanksysteme, 1978), S. 10 sowie LAUSEN u. MARX (Relationenmodell, 1990), S. 37ff.

459) Vgl. WEDEKIND (Datenbanksysteme, 1978), S. 10, SCHLAGETER u. STUCKY (Datenbanksysteme, 1983), S. 183ff., LAUSEN u. MARX (Relationenmodell, 1990), STAHLKNECHT (Wirtschaftsinformatik, 1991), S. 206ff. u. STICKEL (Datenbankdesign, 1991), S. 44ff. Bei der hier vorgestellten Form der Normalisierung wird von einem gegebenen Primärschlüssel ausgegangen. In vielen Fällen kommen jedoch alternative Attribute oder -kombinationen als Primärschlüsselkandidaten in Frage. Aus diesem Grunde ist eine allgemeinere Definition von Normalformen entwickelt worden, vgl. dazu STICKEL (Datenbankdesign, 1991), S. 56ff. In der Praxis bleibt der Normalisierungsprozeß zumeist auf die dritte Normalform beschränkt, jedoch werden in der Theorie noch die 4. und 5. sowie die Boyce-Codd-Normalform unterschieden. Vgl. dazu SCHLAGETER u. STUCKY (Datenbanksysteme, 1983), S. 189ff., LAUSEN u. MARX (Relationenmodell, 1990), S. 39ff. u. STICKEL (Datenbankdesign, 1991), S. 56 u. S. 59ff. Von der Relevanz der höheren Normalformen im praktischen Einsatz berichtet dagegen HANF (Datenmodellierung, 1991), S. 303f.

460) Vgl. CODD (Model, 1970), S. 380.

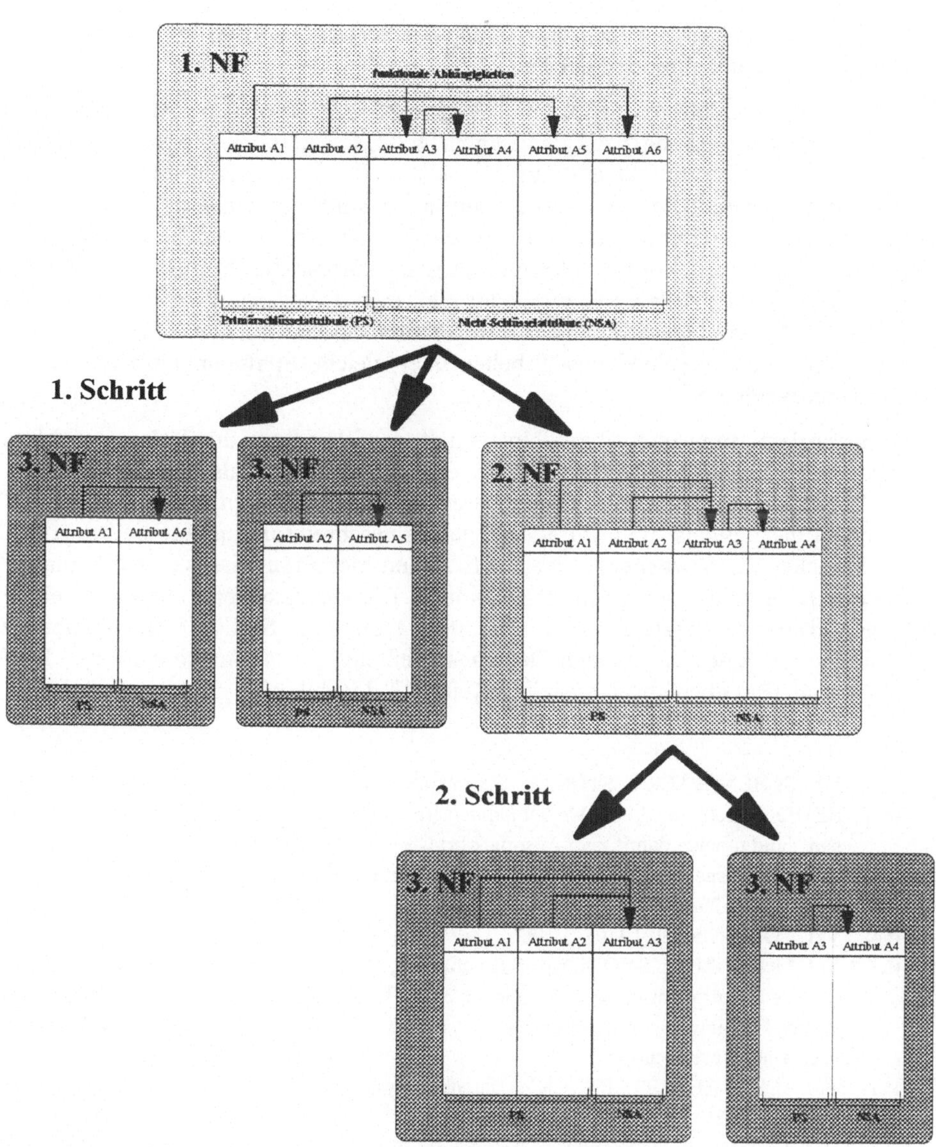

Abb. 25: Normalisierung von Relationen

Eine relationale Datenbank besteht aus Relationen bzw. Tabellen, die sich mindestens in erster Normalform befinden müssen.[461] Gemäß dieser Modellierung sind alle Relationen gleichberechtigt, d.h., es bestehen keine durch das relationale Datenbankmodell

---

461)   Vgl. SCHLAGETER u. STUCKY (Datenbanksysteme, 1983), S. 86.

vorgegebenen Zugriffs- oder Verarbeitungshierarchien, wie dies im hierarchischen und Netzwerk-Datenbankmodell der Fall ist.[462]

Neben dem geschilderten Strukturteil wird mit dem relationalen Datenbankmodell ein Operationenteil verbunden,[463] der Regeln zur integritäts- und konsistenzwahrenden Datenmanipulation umfaßt und auf den relationalen Operatoren der Mathematik basiert.[464] Zu den fünf Basisoperatoren, auf die sich alle Abfragen an Mengen oder Relationen (Tabellen) zurückführen lassen, gehören die Projektion (Spaltenauswahl), die Restriktion oder Selektion (Zeilenauswahl), das kartesische Produkt (kombinatorische Verknüpfung aller Zeilen aus zwei oder mehreren Tabellen), die Vereinigung und die Differenz. Andere Operatoren (z.B. Intersection = Schnittmenge, Join = Verknüpfung von Tupeln aus verschiedenen Tabellen über gleiche Spalteninhalte) können daraus abgeleitet werden.[465]

Mengenorientierung und Abgeschlossenheit - das Ergebnis der Relationenabfrage ist wieder eine Relation - der relationalen Operatoren dienen als theoretische Basis für die Entwicklung deskriptiver Datenbanksprachen.[466] Deskriptivität bedeutet, daß der Benutzer das gewünschte (Abfrage-)Ergebnis beschreibt und nicht wie bei prozeduralen Sprachen die Vorgehensweise zur Erzielung des Ergebnisses angeben muß.[467] Zu dieser Klasse gehört auch die für relationale Datenbanksysteme meistverbreitete und standardisierte[468] Sprache Structured Query Language (SQL).[469] Der gesamte SQL-Befehlsvorrat läßt sich in einen Datenbeschreibungs-, Datenmanipulations-, Datenabfrage- und Datenberechtigungsteil aufteilen.[470] Datenbeschreibungs- (CREATE TA-

---

462) Vgl. SCHLAGETER u. STUCKY (Datenbanksysteme, 1983), S. 86.

463) HEUER spricht von "...im Modell *implizit* (im Original nicht kursiv) enthaltenen Operationen." und möchte damit zum Ausdruck bringen, daß die Definition dieser Operatoren nicht anwendungsspezifisch, sondern dem Relationenmodell inhärent sind. Vgl. HEUER (Konzepte, 1991), S. 208.

464) Vgl. CODD (Model, 1970), S. 383.

465) Vgl. McKENZIE u. SNODGRASS (Evaluation, 1991), S. 505. Dies ist leicht nachvollziehbar: die Schnittmenge zweier Relationen ergibt sich, wenn man von der Vereinigungsmenge zweimal die jeweiligen Differenzen der Mengen abzieht; der Join bedeutet eine Restriktion nach einer Vereinigung.

466) Vgl. SCHLAGETER u. STUCKY (Datenbanksysteme, 1983), S. 89 u. HEUER (Konzepte, 1991), S. 208f.

467) Deskriptivität gilt als wichtiges Merkmal der Programmiersprachen der 4. Generation. Prozedurale und satzverarbeitende Programmiersprachen (z.B. COBOL, PASCAL, C) zählt man zur 3. Generation. Vgl. dazu STAHLKNECHT (Wirtschaftsinformatik, 1991), S. 118f. u. HANSEN (Wirtschaftsinformatik, 1992), S. 362f.

468) Vgl. zur ausführlichen Darstellung des ersten Standards ISO (SQL, 1987) und zu dessen Erweiterung ISO (SQL, 1989). Seit 1992 besteht ein zweiter Standard: SQL2, vgl. dazu ISO (SQL, 1992).

469) Vgl. KRIEGER u. STUCKY (Datenbanken, 1992), Sp. 463.

470) Der Grundgedanke von Datenbanksystemen - die strikte Trennung von Datendefinition und -verarbeitung - schlägt sich in einigen Fällen in getrennten Sprachen zur Beschreibung und Manipulation der Daten nieder. Vgl. KRIEGER u. STUCKY (Datenbanken, 1992), Sp. 460.

BLE, CREATE VIEW) sowie Datenberechtigungsteil (GRANT) dienen der datenbanktechnischen Implementierung der Relationenschemata im konzeptionellen und
externen Datenbankschema. Zur Datenabfrage dient der SELECT-Befehl, der auch als
Beschreibung der gewünschten Ergebnistabelle verstanden werden kann. Abb. 26
zeigt seinen grundlegenden Aufbau. Da das Ergebnis einer Abfrage immer wieder eine
Tabelle ergibt[471], kann diese wiederum als Ausgangsbasis für weitere Analysen dienen. Dadurch werden explorative Datenabfragen, bei denen der Datenbankbenutzer
anfänglich nur vage Vorstellungen über die zu suchenden Informationen besitzt und
die sich mit weiteren Abfragen zunehmend konkretisieren, in komfortabler Weise unterstützt.

```
SELECT       Spalte(n)
FROM         Tabelle(n)
optional:
WHERE        Zeilenbedingung(-skomplex)
GROUP BY     Spalte(n)
HAVING       Gruppenzeilenbedingung(-komplex)
ORDER BY     Spalte(n)
```

Abb. 26: Grundstruktur des SELECT-Befehls

Datenmanipulationsstatements verändern den Inhalt der Tabellen, indem Attributwerte
aktualisiert (UPDATE), neue Zeilen eingefügt (INSERT) und nicht mehr benötigte
gelöscht werden (DELETE).[472]

Der SQL-Standard wird, durch herstellerspezifische Erweiterungen kommerziell verfügbarer relationaler Datenbanksysteme angeregt, stetig weiterentwickelt.[473] Die konsequente Weiterführung des Gedankens der Deskriptivität führt zu grafikorientierten
Datenbankschnittstellen, bei denen im Gegensatz zur verbalen Ergebnisumschreibung
von SQL der gewünschte Output dem System anhand von grafischen Symbolen mit-

---

471)   Die Basis für diesen Sachverhalt ist die Abgeschlossenheit der relationalen Operatoren.

472)   Der bei einigen Autoren vorzufindenden Zuordnung des SELECT-Befehls zum Datenmanipu-
       lationsteil von SQL, wie z.B. bei SHAW (Standards, 1990), S. 59, soll hier nicht gefolgt wer-
       den, da das bloße Abfragen der Daten nicht - wie dies der Begriff der Manipulation impli-
       ziert - deren Bestand und Inhalt verändert.

473)   Zu den herstellerspezifischen Erweiterungen und den Vorschlägen neuerer Standards vgl.
       SHAW (Standards, 1990), S. 61ff., PISTOR (SQL3, 1993) u. WEBER (SQL2-Norm, 1993).
       Die vorgesehenen Erweiterungen des SQL3-Standards werden im Zusammenhang mit objekt-
       orientierten Datenbanksystemen in Abschnitt V.A.6.a) behandelt werden.

geteilt wird.[474] Empirische Untersuchungen belegen die Benutzerfreundlichkeit und die daraus resultierende gestiegene Produktivität sowie Informationsversorgung deskriptiver Sprachen im allgemeinen und grafikorientierter im besonderen.[475] Neuere Forschungen nutzen Erkenntnisse der Künstlichen Intelligenz und verfolgen die Entwicklung natürlichsprachiger Datenbankschnittstellen.[476] Wie empirische Studien vielfach belegen, erhöht das Verständnis über den Aufbau und die Funktionsweise eines Datenbanksystems die Qualität der Benutzerabfragen.[477] Zukünftige Abfragesprachen müßten demnach eine explorative Vorgehensweise ermöglichen, die dem Benutzer den Inhalt der Datenbank auf konzeptioneller Ebene grafisch aufzeigt.[478]

Die Abfragesprache SQL dient neben der direkten Abfrage der Datenbank durch den Benutzer auch als Schnittstelle zu Applikationsprogrammen. Im AP/DB-Kommunikationsteil werden die im Applikationsprogramm benötigten oder erzeugten Daten über SQL-Anweisungen gesteuert.[479]

Bei der Bewertung relationaler Datenbanksysteme im Vergleich zu vorangegangenen lassen sich folgende Vorteile feststellen:[480]

(1) Konzeptionelle Einfachheit des Strukturteils des Datenbankmodells
Mit dem Konstruktionselement Relation und der Fremdschlüsselkonzeption lassen sich hierarchische und vernetzte Datenbeziehungen weitestgehend redundanzfrei auf logischer Ebene darstellen.

(2) Gesteigerte Datenunabhängigkeit
Mit Hilfe der Fremdschlüsselkonzeption werden Datenbeziehungen auf rein logischer Ebene modelliert und nicht wie im hierarchischen und Netzwerk-Datenbankmodell auf physischer Ebene über Zeiger. Insofern wird das relationale Da-

---

474) Als früheste Entwicklung gilt die Query-by-Example-Schnittstelle (QbE). Vgl. ZLOOF (QbE, 1975), ders. (QbE, 1977). Modernere Systeme nutzen zusätzlich die Maus- und Fenstertechnik. GIMNICH u.a. (Factors, 1990), S. 122 diskutieren auch menügesteuerte Abfragesysteme.

475) Vgl. HADERLE (Evolution, 1990), S. 9 u. 11.

476) Vgl. dazu sowie zu einer generellen Beurteilung der verschiedenen Ansätze (lineare, formale Sprachen wie SQL, menügesteuerte, grafische und natürlichsprachige Schnittstellen) GIMNICH u.a. (Factors, 1990).

477) Vgl. den Überblick und die Ergebnisse der empirischen Studien zu diesem Thema bei GIMNICH u.a. (Factors, 1990), S. 125ff.

478) Vgl. GIMNICH u.a. (Factors, 1990), S. 128f. Vgl. auch Abschnitt V.A.5.d) zu den Vorteilen semantischer Datenmodelle und Abschnitt V.A.6.a) zu objektorientierten Abfragesprachen. Vgl. auch die Übersicht zu grafischen Schnittstellen in Verbindung mit semantischen Datenbankmodellen in HULL u. KING (Modeling, 1987), S. 250ff.

479) Vgl. NITTEL (Vergleich, 1989), S. 13.

480) Vgl. SCHLAGETER u. STUCKY (Datenbanksysteme, 1983), S. 90, HULL u. KING (Modeling, 1987), S. 201f, HADERLE (Database, 1990), S. 9f., LAUSEN u. MARX (Relationenmodell, 1990), S. 30, LOCKEMANN u. RADERMACHER (1990, Konzepte), S. 4, HEUER (Konzepte, 1991), S. 203, KRIEGER u. STUCKY (Datenbanken, 1992), Sp. 462 sowie STAHLKNECHT (Wirtschaftsinformatik, 1991), S. 210.

tenbankmodell der Forderung nach Trennung der verschiedenen Ebenen des 3-Ebenen-Modells besser gerecht.

(3) Gesteigerte Datenneutralität
Da durch die logische Datenmodellierung noch keine physischen Zugriffs- und Speicherstrukturen festgelegt werden, wie dies in den Vorgängermodellen durch vordefinierte Einstiegspunkte (Wurzeltypen) und Zeiger der Fall war, wird auch keine bestehende oder zukünftige Anwendung durch eine solche Struktur begünstigt oder benachteiligt.

(4) Deskriptive Abfragesprache SQL
Die Deskriptivität der Abfragesprache SQL erhöht die Benutzerfreundlichkeit der Datenbank. Dadurch werden einerseits Endbenutzer in den Fachabteilungen unabhängig von den Programmierexperten der zentralen EDV-Abteilung. Andererseits wird die Produktivität der Programmierer bei der Entwicklung komplexer Anwendungen gesteigert.[481]

Die anfänglich kritisierte unzureichende zeitliche Performanz relationaler Datenbanksysteme hat mit der wachsenden theoretischen Fundierung und den damit verfügbaren effizienten Optimierungs- und Implementierungsmethoden sowie der rasch fortschreitenden Leistungsfähigkeit der Computertechnologie an Bedeutung verlor.[482]

c) Kritik konventioneller Datenbanksysteme

Die bisher dargestellten konventionellen Datenbanksysteme wurden zur Unterstützung operativ-kommerzieller Administrations- und Dispositionssysteme konzipiert.[483] Für diese Anwendungsdomänen bieten sie ein durchaus befriedigendes Maß an Datensicherheit, -konsistenz, Mehrbenutzerbetrieb, Performanz usw.[484] Die sich im Laufe der Zeit entwickelnden - insbesondere durch die hardwaretechnologischen Fortschritte erst möglichen - neuen Anwendungsbereiche der Informationstechnologie, sog. Non-Standard-Anwendungen, lassen dagegen die Grenzen der konventionellen Datenbank-

---

481) Die beiden letztgenannten Vorteile tragen zur Bewältigung des sog. "Softwareentwicklungsstaues" bei. Die Eigenständigkeit der Endbenutzer im Rahmen der sog. "Individuellen Datenverarbeitung" entlastet den Engpaß Zentrale EDV-Abteilung. Die gesteigerte Produktivität der Programmierer gestattet die schnellere Befriedigung der Nachfrage nach neuen Anwendungen.

482) Vgl. HADERLE (Database, 1990), S. 11f.

483) Vgl. PREIß u. STUCKY (Probleme, 1986), S. 193 sowie KRIEGER u. STUCKY (Datenbanken, 1992), Sp. 467.

484) Vgl. PREIß u. STUCKY (Probleme, 1986), S. 193 sowie KRIEGER u. STUCKY (Datenbanken, 1992), Sp. 467.

technologie offen zutage treten. Unter Non-Standard-Anwendungen werden folgende Bereiche zusammengefaßt:[485]

- entscheidungsunterstützende Systeme im weitesten Sinne (DSS, EIS u. SIS)
- ingenieur-wissenschaftliche, technische Systeme (CAx, CIM)
- Bürokommunikationssysteme
- grafische Benutzeroberflächen
- geografische Informationssysteme
- Multimedia-Anwendungen
- Software-Entwicklungsumgebungen
- Systems Engineering
- Systeme der Künstlichen Intelligenz

Bei relationalen Datenbanksystemen - den fortschrittlichsten Vertretern konventioneller Datenbanksysteme - lassen sich im Hinblick auf die Unterstützung von Non-Standard-Anwendungen folgende Unzulänglichkeiten feststellen:

(1) Informationszergliederung: 1:n-Abbildung
In relationalen Datenbanksystemen führt die Forderung nach der ersten Normalform zu einer künstlichen Zergliederung komplexer Objekte der Diskurswelt in verschiedene Datenbankobjekte (1 Realobjekt : n Datenbankobjekten/Relationen; 1:n-Abbildung).[486] Bei der Datenabfrage durch den Benutzer oder das Applikationsprogramm muß dieser Verlust an Semantik durch (Relationen-)Verbundoperationen wieder kompensiert werden.[487] Das führt einerseits zu einem datenbanktechnischen Verarbeitungsmehraufwand im Moment der Datenabfrage,[488] und andererseits zu einer höheren kognitiven Anforderung an den Benutzer der Datenbank, weil dieser Kenntnisse über die Verteilung der Daten auf die verschiedenen Relationen besitzen muß. Ändert sich die Struktur des Realobjekts derart, daß auch die Verteilung der Objektinformationen auf die Relationen davon betroffen ist, sind Anpassungen im Applikationsprogramm notwendig. Insofern muß festgestellt werden, daß die Abbildung komplexer Datenstrukturen durch das relationale Datenbankmodell unvollständig bleibt ("semantic gap"), so daß ein Teil

---

485) Vgl. PREIß u. STUCKY (Probleme, 1986), S. 193, NITTEL (Vergleich, 1989), S. 11, DITTRICH (Datenmodelle, 1990), S. 235, HANEWINCKEL u. KÜSPERT (Integration, 1990), DEUX u.a. (O$_2$-System, 1991), S. 35, LAMB (ObjectStore, 1991), S. 51, KRIEGER u. STUCKY (Datenbanken, 1992), Sp. 467, MATTHES u.a. (Datenbanken, 1992), S. 55ff., SINZ u. AMBERG (Datenbanksysteme, 1992), S. 440 sowie GÖPFERT (Datenbanksysteme, 1993), S. 25.

486) Vgl. PECKHAM u. MARYANSKI (1988, Models), S. 171, NITTEL (Vergleich, 1989), S. 11f., DITTRICH (Datenmodelle, 1990), S. 230, SCHLAGETER u. UNLAND (Concepts, 1990), S. 154 sowie KEMPER u. MOERKOTTE (Basiskonzepte, 1993), S. 70. Diese Zergliederung verschärft sich mit der weiteren Redundanzvermeidung bei 2. und 3. Normalform.

487) Vgl. KEMPER u. MOERKOTTE (Basiskonzepte, 1993), S. 70.

488) Vgl. GEBHARDT (Wissen, 1987), S. 83, NITTEL (Vergleich, 1989), S. 12 u. STAHLKNECHT (Wirtschaftsinformatik, 1991), S. 209f. Aus diesem Grunde wird aus praktischen Gründen häufig ein Kompromiß zwischen Redundanz und Performanz angestrebt.

dieser Datensemantik in den Anwendungsprogrammen rekonstruiert werden muß; dies läuft jedoch der eigentlichen Datenbankidee zuwider.[489]

(2) Redundanz in den Fremdschlüsseln
Kritisch wird gelegentlich die durch die Fremdschlüsselkonzeption geschaffene Mehrfachspeicherung der Primärschlüssel angeführt.[490]

(3) Benutzerverwaltete Schlüsselattribute
Zur eindeutigen Identifizierung von Tupeln muß in Relationen ein Schlüssel vom Benutzer der Datenbank verwaltet werden.[491]

(4) Ungeeignete Programmierschnittstelle
Die Datenbanksprache SQL deckt nicht alle in herkömmlichen Programmiersprachen möglichen Datenmanipulationen ab. Aus diesem Grunde müssen die Daten in die Applikationsprogramme übertragen werden. Dies geschieht durch das "Einbetten" von SQL-Befehlen in den Programmcode.[492] Unterschiedliche Verarbeitungsprinzipien[493] von Datenbank- und Programmiersprache führen jedoch zu einem Strukturbruch ("impedance mismatch") und zu einer umständlichen Anwendungsprogrammierung.[494]

(5) Anwendungsprogramm (AP)/Datenbank (DB)-Interaktion
Die AP/DB-Interaktion über einen AP/DB-Kommunikationsteil, der applikationsspezifische Datenstrukturen und Prozeduren zur Navigation in Objekten sowie zur Änderung von Werten enthält, bedingt die folgenden Probleme (s. auch Abb. 37 auf S. 140):[495]
(a) Die Extraktion der Daten über aufwendige Verbundoperatoren kann zum Flaschenhals der Applikation werden (Performanzproblem)
(b) Der AP/DB-Kommunikationsteil muß für jedes Applikationsprogramm eigens erstellt werden (Programmierproblem).
(c) Die Datenintegrität wird erst beim abschließenden Zurückschreiben in die Datenbank und nicht schon während der Verarbeitung überprüft (Integritätsproblem).
(d) Änderungen der Schemadefinition kann Anpassungen in mehreren Applikationsprogrammen nach sich ziehen (mangelnde logische Datenunabhängigkeit).

---

489) Vgl. DITTRICH (Stand, 1990), S. 344.

490) Vgl. STAHLKNECHT (Wirtschaftsinformatik, 1991), S. 209.

491) Vgl. KEMPER u. MOERKOTTE (Basiskonzepte, 1993), S. 71

492) Diese Verwendungsform von SQL nennt man "embedded" SQL. Das Einbetten von SQL-Statements geschieht, indem ein auf die verwendete Programmiersprache spezialisierter Pre-Compiler (z.B. Pre-Compiler für COBOL) den Quellcode mit den SQL-Statements in Anweisungen der betreffenden Sprache übersetzt.

493) SQL arbeitet als eine Sprache der 4. Generation mengenverarbeitend. Die problemorientierten Programmiersprachen dagegen gehören der 3. Generation an und zeichnen sich durch eine Satzverarbeitung aus.

494) Vgl. SCHLAGETER u. UNLAND (Concepts, 1990), S. 155 sowie KEMPER u. MOERKOTTE (Basiskonzepte, 1993), S. 70.

495) Vgl. NITTEL (Vergleich, 1989), S. 13.

(6) Mangelnde Verhaltensmodellierung
In relationalen Datenbanksystemen stehen nur die Basisoperatoren[496] der Relationenalgebra zur Datenmanipulation zur Verfügung; die Modellierung des Verhaltens von Objekten ist im Datenbankmodell nicht möglich und ist in den Anwendungsprogrammen versteckt.[497]

Darüber hinaus wird an konventionellen Datenbanksystemen allgemein folgendes kritisiert:

(1) Beschränkung auf Fakten
Wissen liegt in Fakten und Regeln vor. Datenbanksysteme beschränken sich auf die Verwaltung von Fakten.

(2) Passivität
Häufig ist es sinnvoll, Aktivitäten in Abhängigkeit von Datenbankinhalten zu formulieren. Für solche Aktivitäten bietet sich die Verwaltung im Datenbanksystem an. Konventionelle Datenbanksysteme bieten diese Möglichkeit nicht oder nur sehr rudimentär.

(3) Mangelnde Textunterstützung
Informationen in Textform können in Datenbanksystemen nur unzureichend verwaltet werden.[498]

(4) Mangelnde Zeitberücksichtigung
Datenbanksysteme sind als statisch zu bezeichnen, da sie keine speziellen Mechanismen zur Verwaltung des Zeitbezugs von Daten vorsehen.

(5) Mangelnde Fähigkeit zur Verwaltung unexakter Daten
Datenbanksysteme verwalten ausschließlich wohldefinierte Daten.

Als Reaktion auf die an konventionellen, insbesondere relationalen Datenbanksystemen geübte Kritik sind viele prototypische, teilweise auch schon kommerziell verfügbare Datenbanksysteme entwickelt worden, die die üblichen Funktionalitäten erweitern. Um einen ersten Eindruck des zunächst vielleicht noch visionär anmutenden Feldes zukünftiger Datenbankanwendungen zu gewinnen, wurden die folgenden Entwicklungslinien/Thesen aus der einschlägigen Literatur zusammengetragen:[499]

- weitere Bedeutungszunahme von Ad-hoc-Abfragen
- inhaltsorientierter Zugriff über verschiedene Bedeutungskontexte (Facetten)

---

496) Vgl. zu den relationalen Operatoren 102.

497) Vgl. KEMPER u. MOERKOTTE (Basiskonzepte, 1993), S. 70, NITTEL (Vergleich, 1989), S. 12 sowie SCHLAGETER u. UNLAND (Concepts, 1990), S. 154.

498) Für die Verwaltung von Textinformationen werden Dokumentenverwaltungssysteme eingesetzt. Allerdings weisen auch diese unbefriedigende Eigenschaften auf.

499) Vgl. zu diesen Tendenzen CZAP (Informationsspeicherung, 1989), S. 255f. u. (Informationsmanagement, 1989), S. 209, HADERLE (Database, 1990), LOCKEMANN u.a. (Future, 1990), SILBERSCHATZ u.a. (Opportunities, 1991) u. HANSEN (Wirtschaftsinformatik, 1992), S. 597f.

- Online-Verfügbarkeit umfangreicher (mehreren Terrabyte = 10^{12})[500] Datenbestände
- heterogen-komplexe Datenbestände mit geringem Wiederholungsgrad (z.B. Multi-Media, mehrsprachig)
- verteilte Datenbestände (weltweit auf verschiedene Rechner, verschiedene Speichermedien, neben Sekundärspeicher auch Tertiärspeicher)
- Integrierte Wissensverarbeitung (Fakten und Regeln)
- Handhabung inkonsistenter, unvollständiger, unscharfer und unsicherer Wissensbestände
- Implementierung der Zeitdimension
- langanhaltende Transaktionen
- unmittelbarer Kontakt der Datenbanken zur physischen Welt

Bevor konkrete Prototypen vorgestellt werden, soll auf den Datenbankentwurf eingegangen werden. Damit werden im Rahmen dieser Arbeit zwei Intentionen verfolgt.

Erstens leiten die semantischen Datenmodelle - die zentralen Instrumente des Datenbankentwurfs - zur späteren Darstellung der Datenbanksystemprototypen über. Sie haben nämlich einen gemeinsamen Grundgedanken: die Anreicherung der Datenbank um mehr Wissen über Inhalt und mögliche Verwendung der Daten. Die Trennlinie zwischen nachrelationalen Datenbanksystemen und semantischen Datenmodelle läßt sich denn auch nicht eindeutig ziehen, da das Abgrenzungskriterium - datenbanktechnische Implementierung - gradueller Natur ist.[501] Die hier vorgenommene Einteilung orientiert sich an den Abgrenzungen und Berichten über Implementierungen von Datenbanksystemen in der einschlägigen Literatur.

Zweitens wird ein Ausschnitt dieses Entwurfsprozesses innerhalb dieser Arbeit zu durchlaufen sein, wenn Inhalt und Struktur der strategischen Datenbank zu konkretisieren sind.

5. Datenbankentwurf

Bei den vorgestellten konventionellen Datenbanksystemen wird die Struktur der Datenbank mit Hilfe der jeweiligen Datenbankmodelle beschrieben. Dies ist aber nur ein kleiner Ausschnitt der Tätigkeiten, die der Nutzung eines Datenbanksystems vorangehen. Die Gesamtheit dieser Aktivitäten soll im folgenden betrachtet und schwerpunktmäßig vertieft werden.

---

500) SILBERSCHATZ u.a. berichten von Projekten der NASA mit Datenaufkommen aus der Weltraumforschung mit 10^{16} Bytes. Das Anfallen von Daten wird sich explosionsartig erweitern; "alte" Daten sollten in vielen Fällen nicht gelöscht werden, da mit ihnen neue Hypothesen geprüft werden könnten. Vgl. SILBERSCHATZ u.a. (Opportunities, 1991), S. 115.

501) Dies gilt insbesondere für objektorientierte Datenmodelle, da deren datenbanktechnische Realisierung in Form von marktfähigen Datenbanksystemen in letzter Zeit stark zunimmt.

a) Charakterisierung, Bedeutung und Ziel

Der Datenbankentwurf - auch Datenbankdesign genannt - kann, wie die folgenden Definitionen zeigen, auf verschiedene Weise charakterisiert werden. Eine sehr allgemeine Definition des Entwurfsprozesses gibt ORTNER, indem er darunter "...die Strukturierung eines Gegenstandsbereiches auf verschiedenen Abstraktionsebenen"[502] versteht. Ein ähnliches Verständnis zeigen LOCKEMANN u. RADERMACHER. Sie sehen unter Datenbankentwurf "...die Bestimmung der Diskurswelt und ihrer Gesetzmäßigkeiten und deren Umsetzung in eine formale Beschreibung...".[503] Konkreter formuliert THALHEIM seine Auffassung über Datenbankdesign, nämlich als "...den Entwurf der logischen und physischen Struktur einer Datenbank, die Beschreibung des Verhaltens und der Semantik der Datenbank...".[504]

Hier soll unter Datenbankdesign die schrittweise Konkretisierung von der fachlichen Anforderungsspezifikation in natürlichsprachiger Form bis hin zur einsatzfähigen Implementierung einer Datenbankanwendung auf einem Hardwaresystem unter Einsatz eines bestimmten Datenbanksystems verstanden werden.

Von der Datenbank "... wird gefordert, daß sie zu jedem Zeitpunkt ein korrektes Abbild der von ihr zu beschreibenden Realität (sog. Diskurswelt, Anm. d. Verf.) darstellt."[505] Diese Forderung ist beim Datenbankdesign zu beachten und wird durch dessen Ergebnis realisiert - ein System bestimmter Regeln, auch Schema genannt, das den Inhalt der Datenbank kontrolliert.[506] Demgemäß weist der Prozeß der Datenmodellierung den Charakter einer (Regel-)Entwurfstechnik auf.[507] Da die Datenbank maßgeblich das Leistungspotential der datenbankgestützten Anwendungen terminiert,[508] wird der Datenbankentwurf zu einer kritischen Voraussetzung für den Einsatz eines leistungsfähigen Datenbanksystems.[509]

Ziel der Forschungsbemühungen im Bereich des Datenbankentwurfs ist die Bereitstellung adäquater Analyse- und Darstellungsmittel (Datenmodelle) für jede Abstraktionsebene, die erlauben jeweilig relevante Anforderungen an die endgültige Datenbanklösung zu spezifizieren und dadurch den Entwurfsprozeß schrittweise und systematisch

---

502) ORTNER (Modellierung, 1985), S. 20. ORTNER zielt mit seinem Vorschlag zum Datenbankdesign "...nicht primär auf die Modellierung (Nachbildung) von Informationsstrukturen in Datenbanksystemen ab, sondern versucht, einen kritisch-rationalen Weg der (Re-)Konstruktion (eventuellen Neugestaltung) der relevanten Begriffe und Begriffsbeziehungen beim Datenbankentwurf aufzuzeigen" ,S.26. Dadurch erklärt sich die Allgemeinheit seiner Definition.

503) LOCKEMANN u. RADERMACHER (1990, Konzepte), S. 4.

504) THALHEIM (1991, Konzepte), S. 2.

505) LOCKEMANN u. RADERMACHER (1990, Konzepte), S. 3.

506) Vgl. LOCKEMANN u. RADERMACHER (1990, Konzepte), S. 3.

507) LOCKEMANN u. RADERMACHER (1990, Konzepte), S. 3.

508) Vgl. BUBENKO (Modelling, 1980) u. CONNOR (Analysis, 1981).

509) Vgl. HARS u. SCHEER (Datenstrukturierung, 1991), THALHEIM (1991, Konzepte), S. 1 sowie LOCKEMANN u. RADERMACHER (1990, Konzepte), S. 4. Insgesamt ist auch ein beachtlicher Anstieg von Veröffentlichungen zu diesem Thema festzustellen.

vorantreiben,[510] um schließlich alle wichtigen Informationen des Anwendungsgebietes für eine effektive Verarbeitung der Datenbank zu gewinnen.[511] Dabei soll die Differenz zwischen der menschlichen Wahrnehmung der Diskurswelt und den EDV-technischen Anforderungen zur effizienten Speichernutzung und Performanz sukzessiv überwunden werden.[512]

b) Phasen

Grundlage aller Phaseneinteilungen des Datenbankentwurfs ist das bereits vorgestellte 3-Ebenen-Modell[513], das durch die Unterscheidung in eine interne, externe und konzeptionelle Schemaebene schon eine prinzipielle Vorgehensweise vorstrukturiert. Im Entwurf des konzeptionellen Schemas, Schnittstelle zwischen betriebswirtschaftlichem Anwendungswissen und Umsetzung in den Formalismus der Informationstechnologie[514], liegt der neuralgische Punkt des Datenbankdesigns. Einerseits muß mit Hilfe des auf dieser Ebene verwendeten Datenmodells die Realwelt unabhängig von DV-Gesichtspunkten abbildbar sein, andererseits soll auch eine möglichst weitgehende Vorbereitung für die Datenbankimplementierung erzielt werden.[515] Mit jedem konkreten Datenbanksystem ist ein bestimmtes Datenmodell (dann Datenbankmodell) verbunden, mit dessen Hilfe die Daten beschrieben und manipuliert werden. Z. Z. kommerziell verfügbare und weitverbreitete Datenbanksysteme[516] erweisen sich mit ihren Konstruktionsprinzipien als zu abstrakt und erschweren die direkte Modellierung der Diskurswelt durch Datenbankspezialisten und spätere Anwender in der Fachabteilung, so daß sich eine mehrstufige Vorgehensweise empfiehlt.[517]

Inzwischen wird deshalb die konzeptionelle Ebene weiter unterschieden in eine von EDV-und Datenbankaspekten unabhängige, benutzernahe und in eine datenbanksystemabhängige, systemnahe.[518] Auf der erstgenannten Ebene wird wegen der Nähe zur eigentlichen Fachaufgabe von semantischen Datenmodellen, auf der anderen Ebene von (logischen) Daten(-bank-)modellen gesprochen. Abb. 27 zeigt den erweiterten Bezug der Realwelt oder fachlicher Spezifikation zum Datenbanksystem auf den verschiedenen Ebenen und soll gleichzeitig als terminologische Basis für die weiteren Ausführungen dienen.

---

510) Vgl. ORTNER (Modellierung, 1985), S. 28.
511) THALHEIM (1991, Konzepte), S. 2.
512) Vgl. PECKHAM u. MARYANSKI (1988, Models), S. 154.
513) Vgl. Abschnitt V.A.2.
514) Vgl. SCHEER (Entwurf, 1991), S. 184.
515) Vgl. SCHLAGETER u. STUCKY (Datenbanksysteme, 1983), S. 42.
516) Hierarchische, Netzwerk- und relationale Datenbanksysteme.
517) Vgl. HEUER (Konzepte, 1991), S. 210.
518) Vgl. SCHLAGETER u. STUCKY (Datenbanksysteme, 1983), S. 42 f.

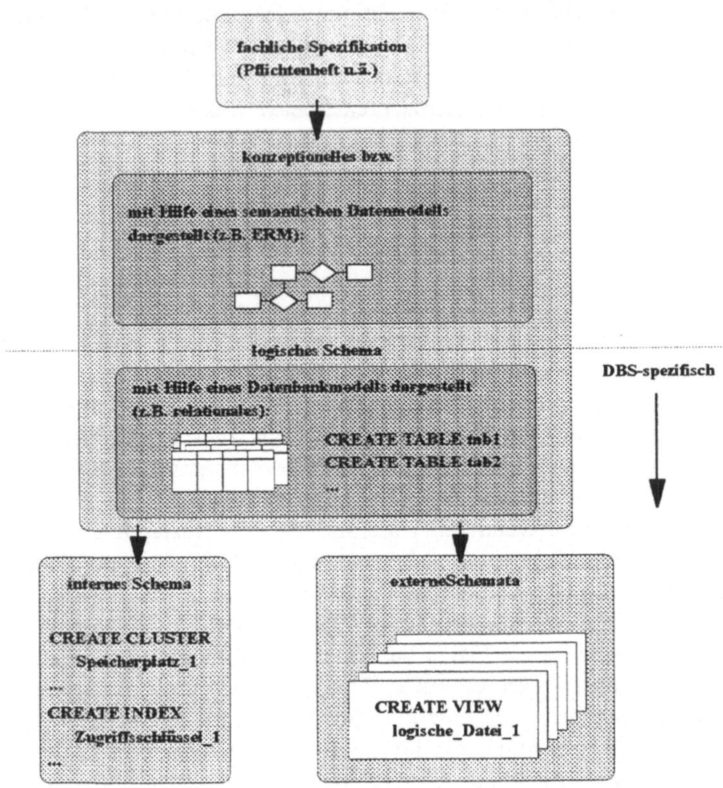

Abb. 27: Ebenen, Konzepte und Instrumente des Datenbankdesigns[519]

Ähnlich bezeichnet SINZ das Ergebnis der semantischen Datenmodellierung eines relevanten Ausschnitts der Realität in eine Struktur aus (Daten-)Objekttypen als konzeptionelles Schema[520].

Es muß darauf hingewiesen werden, daß der Begriff des Datenmodells in der Literatur in einem doppelten Sinne benutzt wird, der häufig zu Mißverständnissen führt. Zum einen wird unter einem Datenmodell die hier bereits genannte Bedeutung im Sinne einer Datenbeschreibungssprache oder eines Datenbeschreibungsinstruments verstanden,[521] zum anderen wird aber auch das Ergebnis der Beschreibungsprozedur, genau-

---

519) In Anlehnung an SCHLAGETER u. STUCKY (Datenbanksysteme, 1983), S. 43, LOCKE-MANN u. RADERMACHER (1990, Konzepte), S. 5 sowie STAHLKNECHT (Wirtschaftsinformatik, 1991), S. 192f.

520) Vgl. SINZ (Erweiterungen, 1990), S. 18

521) Vgl. SCHLAGETER u. STUCKY (Datenbanksysteme, 1983), S. 42, LOCKEMANN u. RA-DERMACHER (1990, Konzepte), S. 4 sowie HANSEN (Wirtschaftsinformatik, 1992), S. 566.

er gesagt die Schemata, als Datenmodell bezeichnet.[522] Falls sich aus dem Zusammenhang nicht die zweitgenannte Bedeutung ergibt, soll im Rahmen dieser Arbeit der Begriff "Datenmodell" in seiner erstgenannten Bedeutung verwandt und das Ergebnis der Datenmodellierung "Schema" genannt werden.

LOCKEMANN u. RADERMACHER unterscheiden zwei wichtige Teilabschnitte der Datenmodellierung.[523] Nachdem der Planer unter Verwendung systemanalytischer Methoden ein Bild der Anforderungen der Anwendung gewonnen hat, wird zunächst ein semantisches oder konzeptionelles Schema unter Einsatz eines semantischen Datenmodells erstellt. Dann folgt die quasi-mechanistische Transformation mit Hilfe eines datenbanksystemabhängigen logischen Daten(-bank-)modells in das logische Schema.[524] HARS u. SCHEER schließen an diese Phase noch die Umsetzung in die Datenbeschreibungssprache eines Datenbanksystems an.[525]Eine andere Unterteilung des Modellierungsprozesses sieht THALHEIM vor[526]:

1. Anforderungs-Analyse und Spezifikation
2. Konzeptioneller Entwurf in einem konzeptionellen Modell
3. Logischer Entwurf in einem Datenbankmodell
4. Implementations-Entwurf in einer Datenbank-Definitions-Sprache
5. Verfeinerung des Entwurfs (Verteilung, Sicherheit,...)
6. Physischer Entwurf des Prozeßverhaltens

Es läßt sich feststellen, daß die ersten drei Schritte inhaltlich der Phasenunterscheidung von LOCKEMANN und RADERMACHER entsprechen. Darüber hinaus werden weitergehende Entwurfsschritte (4-6) bis hin zur physischen Ebene einbezogen.

Das umfassendste Verständnis der Datenmodellierung zeigt ORTNER, indem er den gesamten Entwicklungsprozeß von DB-Anwendungen betrachtet.[527] Er teilt Abstraktionsebenen ein in operative, fachliche, logische und physische. Auf der operativen Ebene besteht eine Mangelsituation hinsichtlich der Informationsversorgung, die durch die Einrichtung einer Datenbankanwendung behoben werden soll. Die fachliche

---

522) In der Wissenschaftstheorie versteht man unter einem Modell die Abbildung eines Realitätsausschnittes, der die für den Modellbenutzer relevanten Phänomene enthält. Insofern weisen LOCKEMANN u. RADERMACHER (1990, Konzepte), S. 4 zu Recht auf die Mißverständlichkeit des Begriffs Datenmodell in seiner Bedeutung als Beschreibungskonstrukt hin. Die aktuelle Diskussion sog. unternehmensweiter Datenmodelle als gesamtheitliches, konzeptionelles Schema einer Unternehmung verstärkt die Verwendung des Begriffs als Ergebnis der Datenbeschreibung.. Vgl. zur Darstellung und Diskussion von (Gesamt-)Unternehmensdatenmodellen Abschnitt IV.A.4. und die dort angegebene Literatur.

523) Vgl. zu den folgenden Ausführungen LOCKEMANN u. RADERMACHER (1990, Konzepte), S. 5 f.

524) ORTNER benutzt den Begriff des formal-logischen Datenmodells und unterscheidet dieses von einer Phase des physischen Datenbankentwurfs. Vgl. ORTNER (Modellierung, 1985), S. 24.

525) Vgl. HARS u. SCHEER (Datenstrukturierung, 1991), S. 43.

526) Vgl. zu den folgenden Ausführungen THALHEIM (1991, Konzepte), S. 3 f.

527) Vgl. zu den folgenden Ausführungen ORTNER (Modellierung, 1985), S. 20 ff.

Ebene legt dazu zunächst die Aufgabenstellung des Benutzers eindeutig fest und konkretisiert die zu deren Lösung erforderlichen Fachbegriffe. Im Rahmen der logischen Datenstrukturierung (Z_2, Z_3, Z_4) wird das Ergebnis des Fachentwurfs mit Hilfe eines semantischen Datenmodells und eines logischen Datenbankmodells weiter konkretisiert. Es schließen sich einerseits die physische Detaillierung der Datenstrukturen (Z_3', Z_3'') und andererseits im Rahmen der strukturierten Programmierung die Entwicklung der Anwendung (Z_5, Z_6) an.

Da sich der Datenbankdesignprozeß sowohl durch Komplexität (z.B. bei der Darstellung und Verwaltung des zumeist umfangreichen konzeptionellen Schemas) als auch durch stark strukturierte Tätigkeiten (z.B. die Transformation von einem semantischen Datenmodell in ein Datenbankmodell oder eine Datenbanksprache) auszeichnet, werden in modernen Systemen computergestützte Entwurfsinstrumente eingesetzt.[528]

Da sich erfahrungsgemäß frühe Fehler in einem schrittweisen Entwicklungsprozeß besonders gravierend auf das spätere Ergebnis (Datenbank) auswirken[529], muß der fachlichen und logischen Ebene eine große Bedeutung zugemessen werden. In diesem Zusammenhang betonen LOCKEMANN u. RADERMACHER: "Die schwerwiegendste Entscheidung liegt deshalb in der Wahl des semantischen Datenmodells."[530] Dies gilt im besonderen für den Datenbankentwurf[531] und wegen der bereits oben belegten zentralen Rolle der Datenbank für die Eignung der gesamten Datenbankanwendung im allgemeinen.

Probleme der späteren physischen Datenstrukturierungsphase sollen im Rahmen dieser Arbeit nicht behandelt werden. Diese Phasen dienen ausschließlich der Festlegung von Speicher- und Zugriffsstrukturen unter der Zielsetzung einer ausreichenden zeitlichen Effizienz (Performanz) des Datenbankbetriebs und terminieren weniger die prinzipielle Einsatzfähigkeit des Systems.[532]

---

528) Eine ausführliche Darstellung der Funktionen und speziellen Instrumente des Datenbankdesigns, die einen Spezialbereich des Computer Aided Software Engineering (CASE) ausmachen, findet sich bei HARS u. SCHEER (Datenstrukturierung, 1991).

529) Diese Aussage wird als Analogieschluß zu Erfahrungen mit Phasenkonzepten des Software-Engineering getroffen. THALHEIM (1991, Konzepte) beginnt seinen Beitrag so: "Allgemein bekannt ist, daß mit dem Entwurf eines Informationssystems (insbesondere eines Datenbanksystems) wesentliche Entscheidungen für die effektive Nutzung des Systems bereits getroffen werden."

530) LOCKEMANN u. RADERMACHER (1990, Konzepte), S. 12.

531) Vgl. ORTNER (Modellierung, 1985), S. 20 u. SINZ (Erweiterungen, 1990), S. 17. SINZ spricht von konzeptioneller Datenmodellierung.

532) Die Zerlegung des Entwurfsprozesses in eine logische und eine physische Phase wird durch die physische Datenunabhängigkeit möglich.

c) Semantische Datenmodelle

Semantische Datenmodelle entstanden auf Grund der beschränkten Ausdrucksfähigkeiten der in den meisten Datenbanksystemen verwendeten Datenbankmodelle (hierarchisches, Netzwerk- und relationales Modell) in Bezug auf die inhaltliche Bedeutung der gespeicherten Daten.[533] Bisher haben die in diesem Rahmen diskutierten Konzepte jedoch wenig Eingang in Datenbanksysteme gefunden.[534] Der Schwerpunkt dieser Forschungsrichtung hat sich vielmehr auf den Datenbankdesignprozeß verlagert und beschäftigt sich mit den Problematiken der frühen Entwurfsphasen, die zunächst weitgehend unabhängig von EDV- sowie Datenbankaspekten bleiben.[535]

ORTNER versteht unter semantischer Datenmodellierung den "...Entwurf von Datenbankanwendungen auf noch nicht formal-logischer, sondern auf einer benutzernahen fachsprachlichen Ebene des Datenbankentwurfs."[536] SINZ unterscheidet semantische Datenmodelle von den Datenbankmodellen (hierarchisches, Netzwerk- und relationales Datenbankmodell) durch Hervorhebung zweier Aspekte des Begriffs der Semantik:

- Semantik als Beziehung zur Realität durch die Verfügbarkeit eines Begriffssystems in Form einer Fachsprache zur Beschreibung der relevanten Informationsobjekte des interessierenden Realitätsausschnitts und
- Semantik der Daten im Hinblick auf ihre zulässige Verwendung und Manipulation.[537]

LOCKEMANN und RADERMACHER bezeichnen die in der ersten Phase ihres Datenmodellierungsprozesses eingesetzten datenbanksystemunabhängigen Formalismen als semantische Datenmodelle.[538] PECKHAM und MARYANSKI dagegen verstehen unter semantischen Datenmodellen all jene, die mehr Semantik als das relationale Datenbankmodell erfassen können.[539] Das aufgezeigte Verständnis der semantischen Datenmodellierung zeigt eine Parallele zur Motivation bei der Entwicklung bestimmter höherer Programmiersprachen (z.B. ALGOL), die ebenfalls den Benutzer mit mächtigeren Programmierwerkzeugen versorgen und von maschinen- oder systemseitigen Zwängen entlasten wollen.[540] Auf die gleiche Bestrebung der später zu behandelnden neuartigen Datenbanksystemprototypen wurde bereits hingewiesen.

Bisher steckt der semantische Aspekt der Daten vorwiegend in den Anwendungsprogrammen oder muß in Abfragen durch den Benutzer rekonstruiert werden.[541] Die

---

533) Vgl. DATE (Introduction, 1990), S. 579.

534) Vgl. DATE (Introduction, 1990), S. 685f.

535) Vgl. DATE (Introduction, 1990), S. 580 sowie KRIEGER u. STUCKY (Datenbanken, 1992), Sp. 461.

536) ORTNER (Modellierung, 1985), S. 20.

537) Vgl. SINZ (Erweiterungen, 1990), S. 18. Ähnlich auch GEBHARDT (Wissen, 1987), S. 79.

538) Vgl. LOCKEMANN u. RADERMACHER (1990, Konzepte), S. 5.

539) Vgl. PECKHAM u. MARYANSKI (1988, Models), S. 153.

540) Vgl. HULL u. KING (Modeling, 1987), S. 203.

541) Vgl. GEBHARDT (Wissen, 1987), S. 79f.

Vorteile von Datenbanksystemen[542] können aber um so stärker genutzt werden, je mehr Datensemantik aus den Anwendungsprogrammen in das Datenbanksystem verlagert wird.[543]

Neuere Entwicklungen der Datenbanktechnologie zielen auf die Fähigkeit ab, mehr Semantik direkt im datenbanksystemabhängigen, logischen Schema zu erfassen.[544] Die mangelnde Beschreibungsfähigkeit bestehender Datenbankmodelle würde damit aufgehoben und eigenständige semantische Datenmodelle als Hilfskonstrukte überflüssig machen.[545] Jedoch bleiben die meisten Forschungsbemühungen vorwiegend noch auf prototypische Datenbanksysteme beschränkt und es ist wohl auch in naher Zukunft nicht mit einer bahnbrechenden Neuerung zu rechnen.[546]

Die folgende Darstellung semantischer Datenmodelle behandelt nur solche, die im Rahmen dieser Arbeit als relevant erachtet werden.[547] Die Auswahl orientiert sich dabei an den bereits aufgestellten Anforderungen[548] an strategische Datenbanken.[549]

---

542) Vgl. zu diesen Vorteilen Abschnitt V.A.3.

543) Vgl. SCHLAGETER u. UNLAND (Concepts, 1990), S. 155.

544) Vgl. SCHLAGETER u. UNLAND (Concepts, 1990), S. 155. Vgl. dazu auch den Überblick bei HULL u. KING (Modeling, 1987), S. 246ff. zu Systemimplementationen, die zwar auf semantischen Datenmodellen beruhen aber nicht als Datenbanksysteme im üblichen Sinne verstanden werden können.

545) Vgl. LOCKEMANN u. RADERMACHER (1990, Konzepte), S. 6.

546) Vgl. PECKHAM u. MARYANSKI (1988, Models), S. 186 sowie HANSEN (Wirtschaftsinformatik, 1992), S. 598.

547) Zu einer ausführlichen und umfassenden Darstellung verschiedener semantischer Datenmodelle vgl. HULL u. KING (Modeling, 1987).

548) Vgl. Abschnitt C.2.

549) Nicht behandelt wird das RM/T, eine von CODD selbst vorgeschlagene Erweiterung des relationalen Datenbankmodells, das jedoch weiterhin auf einer (daten-)formalen Ebene bleibt. Vgl. zu diesem Modell CODD (Extending, 1979) u. DATE (Introduction, 1990), S. 593ff. Weiterhin sollen Modelle, die den Schwerpunkt auf die Erfassung des Verhaltens der Daten legen, sollen ausgeklammert werden. Hierzu zählen beispielsweise SHM+ und TAXIS. Diese Modelle setzen einen stark reglementierten Informationsfluß voraus bzw. rücken sehr stark in die Nähe einer Programmiersprache und verlieren dadurch wichtige Datenbankeigenschaften. Vgl. KING u. McLEOD (Methodology, 1985) bzw. HULL u. KING (Modeling, 1987), S. 249 sowie PECKHAM u. MARYANSKI (1988, Models), S. 166f. Vgl. auch FN 627. Schließlich sollen auch die semantische Netze/Rahmen und Frames, die in erster Linie als Wissensrepräsentationstechniken auf dem Gebiet der Künstlichen Intelligenz fungieren, aber auch gelegentlich als semantische Datenmodelle betrachtet werden, ausgeklammert werden. Zwar bieten sie interessante Ansätze zur Datenmodellierung, sind aber von einer datenbanksystemähnlichen Umsetzung weit entfernt. Vgl. HULL u. KING (Modeling, 1987), S. 212.

(1) Entity-Relationship-Modell (ERM)

Einen frühen Beitrag zu semantischen Datenmodellen im oben beschriebenen Sinne lieferte CHEN mit der Vorstellung des Entity-Relationship-Modells (ERM),[550] das ursprünglich als Basis für die Entwicklung einer neuen, alte Systeme synthetisierenden Klasse von Datenbanksystemen vorgesehen war.[551] Zwar sind inzwischen einige Protoypen von ERM-Datenbanksystemen entwickelt worden,[552] jedoch werden das ERM und seine Erweiterungen weiterhin als Datenbankdesigninstrumente eingesetzt und sind in dieser Funktion das weitestverbreitete semantische Datenmodell in der Praxis.[553] Im Hinblick auf diese Funktion soll das ERM im Rahmen dieser Arbeit behandelt werden.

Konstruktionselemente des ERM sind Entitäten (Entities) und Beziehungen (Relationships). Unter einer Entität versteht CHEN "...a thing which can be distinctly identified."[554] Eine Entität kann somit als ein Gegenstand der realen oder gedanklichen Welt verstanden werden (z.B. eine Maschine, ein Produkt, eine Rechnung, ein Kunde). Eine Beziehung "...is an association among entities"[555] (z.B. ein Auftrag als Verknüpfung eines Produkts und eines Kunden). Gleichartige Entitäten und Beziehungen werden zu Entitäts- (Entity-sets) und Beziehungstypen (Relationship-sets) zusammenfaßt (z.B. Entitätstyp Kunden, Beziehungstyp Aufträge).[556] Attribute beschreiben einzelne Entitäten und Beziehungen durch die Zuweisung eines durch Beobachtung oder Messung ermittelten Wertes[557] (z.B. Maschinenname, Maschinenkapazität, Auftragsnummer, Auftragsdatum). Attribute sind nur bei Entitätstypen zwingend notwendig.[558] Zur Identifikation einzelner Entitäten und Beziehungen werden Primärschlüssel verwendet, die aus einem Attribut oder einer Kombination von Attributen bestehen können.[559] Manche Entitätstypen können nicht allein anhand ihrer Attribute eindeutig identifiziert werden, sondern benötigen Attribute aus anderen Entitätstypen, mit denen sie in Beziehung stehen (z.B. Auftragsposten von Auftragskopf). Solche Typen werden im Unterschied zu regulären als schwache bezeichnet, da deren Existenz von anderen Entitätstypen abhängt.[560] Ebenso werden alle Beziehungstypen, die mit schwachen Entitätstypen verknüpft sind, als schwache bezeichnet.

---

550) Vgl. CHEN (Model, 1976).

551) Vgl. CHEN (Model, 1976), S. 9f. .

552) Vgl. CHEN (Algebra, 1984), S. 37 und die dort angegebenen Quellen. CHEN entwickelt in diesem Beitrag auch eine Algebra für das ERM als Grundlage für die Entwicklung einer diesbezüglichen Datenbanksprache.

553) Vgl. LAUSEN u. MARX (Relationenmodell, 1990), S. 42, KRIEGER u. STUCKY (Datenbanken, 1992), Sp. 461 sowie STAHLKNECHT (Wirtschaftsinformatik, 1991), S. 192f.

554) CHEN (Model, 1976), S. 10.

555) CHEN (Model, 1976), S. 10.

556) Vgl. CHEN (Model, 1976), S. 11f.

557) Vgl. CHEN (Model, 1976), S. 11.

558) Vgl. SINZ (Erweiterungen, 1990), S. 19.

559) Vgl. CHEN (Model, 1976), S. 14.

560) Vgl. CHEN (Model, 1976), S. 17f.

Zur graphischen Darstellung von Datenstrukturen entwickelte CHEN das ERM-Diagramm, in dem reguläre Entitätstypen als Rechtecke mit einfachem und schwache mit doppeltem Rahmen sowie Beziehungstypen als Rauten dargestellt werden (s. Abb. 28).[561] Die Verknüpfungen von Entitäts- und Beziehungstypen werden durch ungerichtete Kanten, Existenzabhängigkeiten schwacher von regulären Entitätstypen durch Pfeile visualisiert. Je nach Art der quantitativen Zuordnung von Entitäten entstehen 1:1-, 1:n- und m:n-Beziehungen (Beziehungskomplexität), die an den Kanten vermerkt werden[562] (z.B. 1:n-Beziehung: eine Abteilung beschäftigt mehrere Mitarbeiter, aber jeder Mitarbeiter arbeitet in nur einer Abteilung).

Das ERM erlaubt eine Top-Down-Vorgehensweise bei der Datenmodellierung, indem zunächst Entitäts- und Beziehungstypen und erst anschließend dazugehörende Attribute betrachtet werden.[563] Als graphisches Symbol zur Attributsdarstellung werden Ellipsen verwendet; Schlüsselattribute oder -attributskombinationen werden unterstrichen[564].

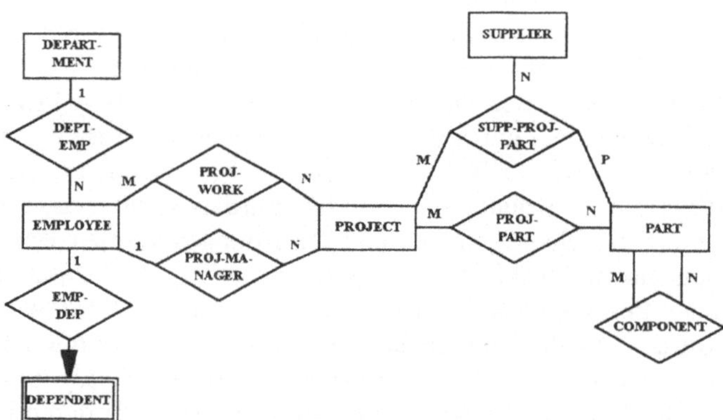

Abb. 28: Beispiel für eine mit Hilfe des Entity-Relationship-Modells dargestellten Datenstruktur
(Quelle: CHEN (Model, 1976), S. 19)

---

561) Vgl. CHEN (Model, 1976), S. 19f.
562) Vgl. CHEN (Model, 1976), S. 20.
563) Vgl. SINZ (Erweiterungen, 1990), S. 21.
564) Vgl. SINZ (Erweiterungen, 1990), S. 19.

(2) Erweiterungen des ERM

Im Laufe der Zeit wurde das ER-Modell durch CHEN[565] sowie durch zahlreiche andere Autoren[566] weiterentwickelt und in seiner Beschreibungsfähigkeit der realen Strukturen stark erweitert. In den folgenden Abschnitten soll dazu ein Überblick über die für die Fragestellung dieser Arbeit als relevant erachteter Erweiterungen gegeben werden.

(a) Objektorientierte Erweiterungen

Das von THALHEIM vorgeschlagene Higher-Order Entity-Relationship Modell (HERM)[567] erweitert das ursprüngliche ER-Modell in verschiedenen Bereichen. Neben einfachen Attributen werden im HERM auch komplexe Attribute durch Tupel- und Mengen-Konstruktoren zugelassen. Das HERM weist durch die Erweiterung um komplexe Attribute und klassifizierende Gruppen erste Merkmale einer strukturellen Objektorientierung und starke Ähnlichkeit mit den später noch darzustellenden NF^2-Datenmodell auf.[568] Um Über-/Teilklassen-Beziehungen auszudrücken, können Entitytypen zu Gruppen (Clustern) zusammengefaßt werden. Bei den Relationshiptypen werden solche erster Ordnung als Assoziationen von Entitytypen oder -gruppen und solche höherer Ordnung als Assoziationen von Relationships und Entitytypen oder -gruppen unterschieden. Zu den aus dem relationalen Datenbankmodell bekannten werden noch die Operatoren des NF^2-Datenmodells erlaubt, da nur mit diesen komplexe Attribute verwaltbar sind.

---

565) Eine ausführliche Übersicht der von CHEN zu diesem Thema veröffentlichten Beiträge findet sich in SINZ (Erweiterungen, 1990).

566) Übersicht und vergleichende Darstellungen über die verschiedenen Weiterentwicklungen finden sich bei ORTNER (Modellierung, 1985), HULL u. KING (Modeling, 1987), ELMASRI u. NAVATHE (1989, Fundamentals) sowie bei PECKHAM u. MARYANSKI (1988, Models).

567) Vgl. zu den folgenden Ausführungen sowie zu einer umfassenden Darstellung THALHEIM (1991, Konzepte). Das HERM wird an dieser Stelle vorgestellt, da die in ihm verwendeten Konstrukte sich unmittelbar an das ER-Modell anlehnen und THALHEIM (1991, Konzepte), S. 15 sein Modell auch selber als eine direkte Erweiterung ansieht: "Eine Erweiterung (des ER-Modells, der Verf.) stellt das HERM ...dar".

568) Vgl. zu den Merkmalen objektorientierter Ansätze Abschnitt V.A.5.c)(4). Die Erweiterung um komplexe Attribute steht in unmittelbarer Verwandtschaft zum NF^2-Ansatz, aus dem auch die erweiterten Operatoren stammen. Die Unterscheidung verschiedener Relationshiptypen und die sich daraus ergebende bessere Spezifizierbarkeit von dazugehörenden Integritätsbedingungen erinnern an das RM/T-Modell. Vgl. dazu CODD (Extending, 1979) u. DATE (Introduction, 1990), S. 593ff. Vgl. zum NF^2-Ansatz Abschnitt V.A.5.c)(3).

(b) Modellierung von Zeit- und Verhaltensaspekten

Die Modellierung dynamischer Eigenschaften von Daten reicht von der bloßen Spezifikation von Lösch- und Einfügeoperationen bis hin zur expliziten, (daten-)objektbezogenen Beschreibung der zulässigen Veränderungsoperationen und damit des Objektverhaltens in einem umfassenden Sinne.[569] Konventionelle Datenbankmodelle beschränken sich auf das Low-Level-Verhalten der Daten, während in jüngerer Vergangenheit semantische Datenmodelle neben der Abbildung der primär statischer Datenstruktur auf die Erfassung des dynamischen Verhaltens der Objekte im umfassenderen Sinne zielen.[570]

Ausgehend vom Verständnis einer Entität als ab der ersten Existenz sich zumeist fortlaufend veränderndes Objekt (dynamischer Aspekt)[571] ergänzen EDER u.a. in ihrem Behaviour Integrated Entity-Relationship-Approach (BIER) das Surrogatkonzept und das Konzept der "absolute time" sowie der "entity time".[572] Das Surrogatkonzept sieht einen systemseitig verwalteten Primärschlüssel vor, der alle Datenobjekte eindeutig identifiziert.[573] Die "entity time" repräsentiert einen bestimmten, aktuellen Zutand einer Entität und die "absolute time" den Zeitpunkt, seit dem dieser Zustand besteht (Bsp.: "verheiratet" seit "24.04.89"). Es wird zunächst vorgeschlagen, die Zustandsinformationen als schwachen Entitätstyp i.S.v. CHEN zu modellieren (s. Abb. 29).[574]

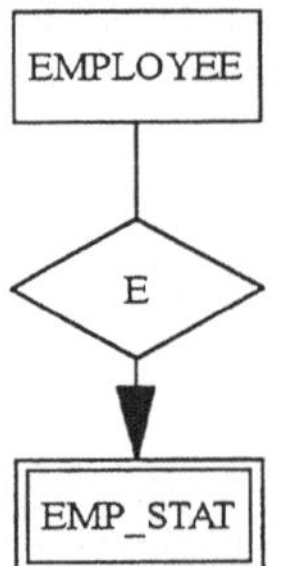

Abb. 29: Zustandsinformationen als schwache Entitätstypen
(Quelle: EDER u.a. (BIER, 1987), S. 150)

---

569)   Vgl. PECKHAM u. MARYANSKI (1988, Models), S. 159.

570)   Vgl. HULL u. KING (Modeling, 1987), S. 201 u. 249. Die Modellierung von Verhaltensaspekten in semantischen Datenmodellen ist stark durch die Konzepte der objektorientierten Programmierung beeinflußt. Zur Darstellung objektorientierter Ansätze s. Abschn. A.5.c)(4).

571)   Vgl. zu diesem Verständnis der Dynamik von Daten den Beitrag von SAKAI (Method, 1983).

572)   Vgl. EDER u.a. (BIER, 1987), S. 148ff.

573)   Vgl. EDER u.a. (BIER, 1987), S. 148. Dieses Konzept wird auch später bei der Objektorientierung behandelt werden.

Durch Einbezug des Generalisierungs- und Spezialisierungsgedankens werden die möglichen Zustände als Subtypen eingeführt (s. Abb. 30).[575] Werden Informationen, die sich auf vergangene Zustände beziehen, nicht überschrieben, so bleibt die historische Zustandsentwicklung erhalten[576].

FERG legt der von ihm vorgeschlagenen zeitbezogenen Erweiterung RAKE[577] folgende Konzepte zugrunde: Geschichte wird als eine Folge von sich durch Ereignisse (events) verändernden Zuständen (states) verstanden; Zeitpunkte werden durch Zeitstempel (tstamps) erfaßt, die auch dazu dienen können, eine Zeitperiode als Paar von Anfangs- (BEGINstamp) und Endzeitpunkten (ENDstamp) darzustellen.[578] Da im Laufe der Zeit Entitäten und Beziehungen ähnliche und gleiche Zustände durchlaufen

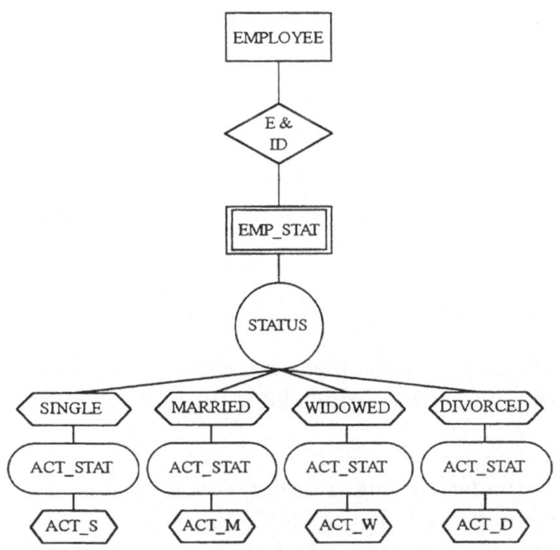

Abb. 30: Alternativ mögliche Zustände als Subtypen
(Quelle: EDER u.a. (BIER, 1987), S. 153)

können, sollten zur eindeutigen Identifizierung aus praktischen Gründen künstliche Schlüssel herangezogen werden.[579] Es wird vorgeschlagen, den Zeitbezug von Zuständen durch Relationships zu modellieren, in die die (Geltungs-)Perioden als eigen-

---

574) Vgl. EDER u.a. (BIER, 1987), S. 150.

575) Vgl. EDER u.a. (BIER, 1987), S. 151ff.

576) Vgl. EDER u.a. (BIER, 1987), S. 152.

577) Das Akronym RAKE setzt sich aus den Konstruktoren "Relationship", "Attribute", "Key" und "Entity" zusammen. Vgl. FERG (Modelling, 1985), S. 280.

578) Vgl. FERG (Modelling, 1985), S. 281.

579) Vgl. FERG (Modelling, 1985), S. 281.

ständiger Entitätstyp eingehen.[580] Da dies jedoch die Übersichtlichkeit stark einschränkt, sind die beiden Attribute des Entitätstyps Zeitperiode (BEGINstamp und ENDstamp) in die Relationships aufzunehmen und der "ENDstamp" wird Bestandteil des zusammengesetzten Schlüssels (s. Abb. 31).[581]

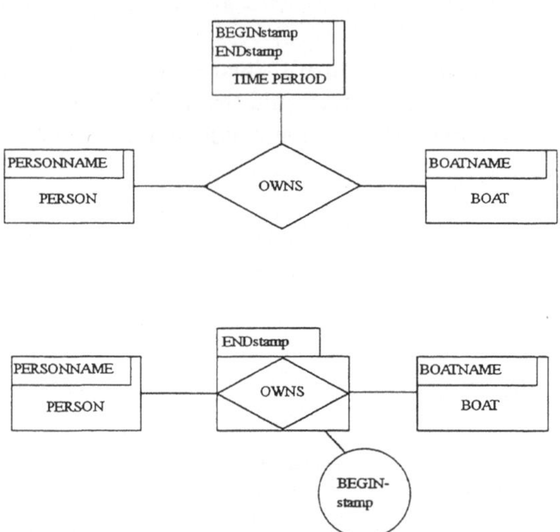

Abb. 31: Modellierungsalternativen zeitbezogener Beziehungstypen
(Quelle: FERG (Modelling, 1985), S. 282)

Zur Darstellung von Attributsänderungen in der Zeit sind diese aus dem ursprünglichen Entitätstyp auszulagern und als eigenständigen Relationshiptyp zu modellieren.[582] FERG schlägt vor, für jedes zeitveränderliche Attribut[583] einen eigenständigen Relationship- oder Entitätstypen[584] einzurichten (s. Abb. 32 b.). Als nachteilig muß jedoch die Zergliederung der entitätsbezogenen Daten auf sehr viele Entitätstypen beurteilt werden. Alternativ wird deswegen vorgeschlagen, alle zeitvariablen Attribute in einen gesonderten Entitätstyp "Snapshot" auszulagern (s. Abb. 32 c.), der bei jeder Veränderung eines Attributs den Zustand aller Attribute erfaßt.[585]

---

580) Vgl. FERG (Modelling, 1985), S. 282.

581) Vgl. FERG (Modelling, 1985), S. 282.

582) Vgl. FERG (Modelling, 1985), S. 284.

583) Prinzipiell müssen alle Attribute, außer Primärschlüsselattribute, veränderlich sein. Hier werden unter zeitveränderlichen Attributen nur solche verstanden, für die die Protokollierung dieser Veränderungen für den Benutzer der Datenbank nützlich ist.

584) Zur Vereinfachung der Darstellung werden anstatt gesonderter Relationships direkt Entitätstypen verwendet, die über gemeinsame Attribute (hier M_Nr) verknüpft werden.

585) Vgl. FERG (Modelling, 1985), S. 284.

HILDEBRAND u. MÜßIG unterscheiden vier prinzipielle Möglichkeiten der Berücksichtigung von Zeitaspekten im ERM. Erstens bietet sich an, Vergangenheitsdaten nicht zu überschreiben, sondern ähnlich einer Anachronie aktuelle Daten hinzuzufügen. Vergangene und aktuelle Zustände können, wie auch schon von EDER u.a. sowie von FERG vorgeschlagen, als schwache Entitytypen i.S. von CHEN zu den dazugehörenden regulären Entitäten geführt werden.[586] Zweitens wird ein Kennzeich-

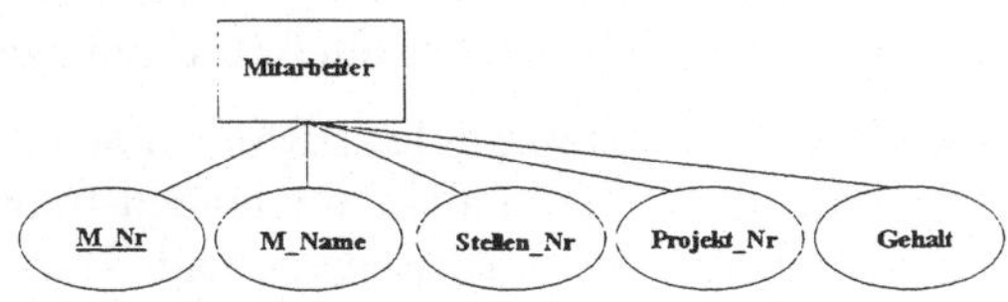

a. Modellierung ohne Zeitbezug

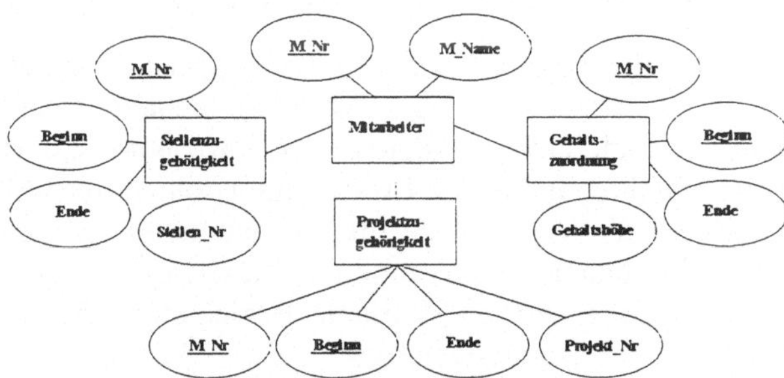

b. Modellierung zeitbezogener Attribute als
eigenständige Entitätstypen

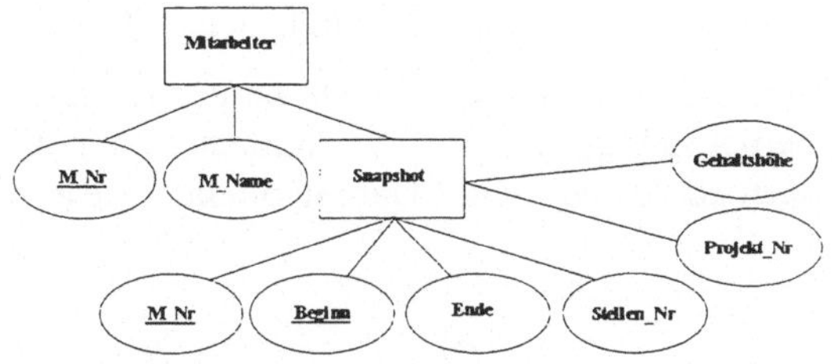

c. Modellierung zeitbezogener Attribute als Entitätstyp
"Snapshot"

Abb. 32: Modellierungsalternativen zeitbezogener Attribute[587]

---

586) Vgl. HILDEBRAND u. MÜßIG (Modellierung, 1991), S. 240.

587) In Anlehnung an FERG (Modelling, 1985), S. 283f. Es wird angenommen, daß jeder Mitarbeiter zu einem bestimmten Zeitpunkt immer nur eine neue Stelle oder ein neues Projekt zugewiesen bekommt. Ansonsten muß der Primärschlüssel erweitert werden.

nungsattribut vorgeschlagen, das gegenwarts-, vergangenheits- und zukunftsbezogene Daten unterscheidet.[588] Dabei können jedoch nur so viele nicht gegenwartsbezogene Daten gespeichert bleiben, wie Attributsausprägungen zugelassen sind. Drittens können bei einer bestimmten Anzahl und Art interessierender zeitbezogener Daten Attributgruppen (z.B. Januar-Umsatz, Februar-Umsatz,... oder rollierende Gruppen, wie Umsatz-aktueller-Monat-plus-3-Monate, ..., Umsatz-aktueller-Monat-minus-3-Monate) eingesetzt werden[589]. Schließlich besteht viertens die Möglichkeit, bei einer klar abgrenzbaren, zeitabhängigen Anzahl von Subtypen eines Informationsobjektes alle zeitabhängigen Attribute in neue Informationsobjekte auszulagern.[590]

Die sicherlich weitestgehende Erweiterung des ERM um den Zeitaspekt stellt das von KLOPPROGGE vorgeschlagene TERM (Time-extended-Entity-Relationship-Model) dar, bei dem die "Geschichte" von Attributen und Beziehungen durch Nicht-Überschreiben "alter" Zustände dokumentiert wird. Unter Geschichte versteht man die "... Abbildung h einer Menge T in eine Menge V, wenn die Menge T eine Repräsentation für Zeit und V der Wertevorrat der Parameter eines Aussagetyps ist."[591]

Zunächst wird ein für alle Zustände gültiges "Schnappschußmodell" mit Hilfe des ER-Modells erstellt. In der zweiten Phase der Schemamodellierung schließt sich die Kennzeichnung zeitlich veränderlicher Komponenten (Attribute und Rollen) an (s. Abb. 33).[592] Attributsgeschichten geben die Entwicklung "objektlokaler" Eigenschaften wider, Rollengeschichten die Veränderung der Beziehungen zwischen den Objekten.[593] Typische Beispiele für zeitlich sich verändernde Attribute sind alle Bestandsdaten, wie Kontobestand und Auftragsbestand. Variable Beziehungen finden sich bei Veränderungen von Stücklisten, Stellengefügen usw.

Zeitlich konstante Komponenten verändern sich während der Existenz ihres Bezugsobjektes nicht.[594] Während zur Repräsentation der Geschichte zeitlich konstanter Komponenten ein einzelner Zustandswert ausreicht, werden zeitlich variable Komponenten in ihrer Entwicklung durch eine Zustandsmenge dargestellt.[595]

Geht man davon aus, daß dynamische Aspekte bereits durch die explizite Betrachtung von Zeitgrößen berücksichtigt werden, so können schon die oben erwähnten Zustandsmodellierungen als "dynamische" Datenmodelle angesehen werden.

---

588) Vgl. HILDEBRAND u. MÜßIG (Modellierung, 1991), S. 240f.
589) Vgl. HILDEBRAND u. MÜßIG (Modellierung, 1991), S. 241.
590) Vgl. HILDEBRAND u. MÜßIG (Modellierung, 1991), S. 241.
591) KLOPPROGGE (Konzepte, 1983), S. 8.
592) Vgl. KLOPPROGGE (Konzepte, 1983), S. 105ff. Die Unterscheidung zeitlich konstanter und veränderlicher Attribute ähnelt der Unterscheidung von Stamm- und Bestandsdaten aus der klassischen Datenorganisation. Vgl. STAHLKNECHT (Wirtschaftsinformatik, 1991), S.164 u. HANSEN (Wirtschaftsinformatik, 1992), S. 109.
593) Vgl. KLOPPROGGE (Konzepte, 1983), S. 75.
594) Vgl. KLOPPROGGE (Konzepte, 1983), S. 75.
595) Vgl. KLOPPROGGE (Konzepte, 1983), S. 75.

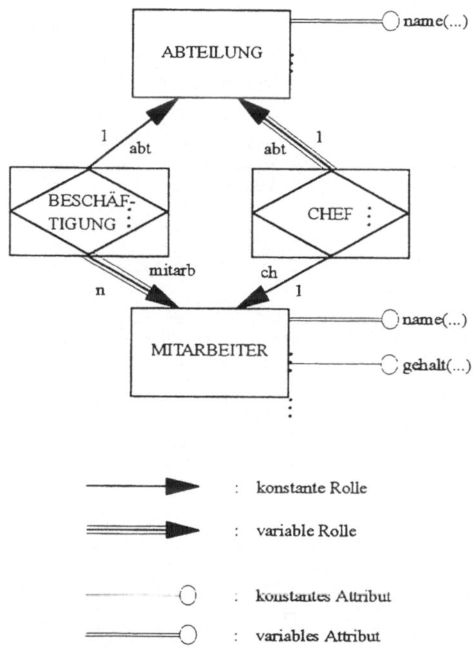

Abb. 33: **Rollen- und Attributgeschichten im TERM**
(Quelle: **KLOPPROGGE (Konzepte, 1983), S. 110)**

EDER u.a. gehen jedoch weiter, indem sie das BIER-Modell in zwei "shells" aufteilen, von denen die bereits oben beschriebene "externe shell" lediglich das statische,
erweiterte Entity-Relationship-Diagramm enthält und erst die "interne shell" als
B(ehaviour)-Diagramm die eigentliche Dynamik durch Prozeßmodellierung abbildet
(s. Abb. 34).[596] Mit Hilfe der Symboltechnik von Petri-Netzen[597] werden die Zustand-
sänderungen als komplexe Netze expliziert, in denen eine bestimmte Entität jederzeit
durch ihren augenblicklichen Zustand lokalisiert werden kann.[598]

---

596)   Vgl. EDER u.a. (BIER, 1987), S. 160.

597)   Petri-Netze sind gerichtete Graphen, die mit zwei verschiedenen Knotentypen Zustände (*Stel-*
len) und Übergänge zwischen diesen (*Transitionen*) beschreiben. Die Dynamik der modellier-
ten Anwendung wird durch *Marken*, die sich entlang der Kanten bewegen, ausgedrückt. Zur
weiteren Darstellung von Petri-Netzen und deren Anwendung vgl. REISIG (Petri-Netze,
1982) u. HERZOG u.a. (Petri-Netze, 1984).

598)   Vgl. EDER u.a. (BIER, 1987), S. 156.

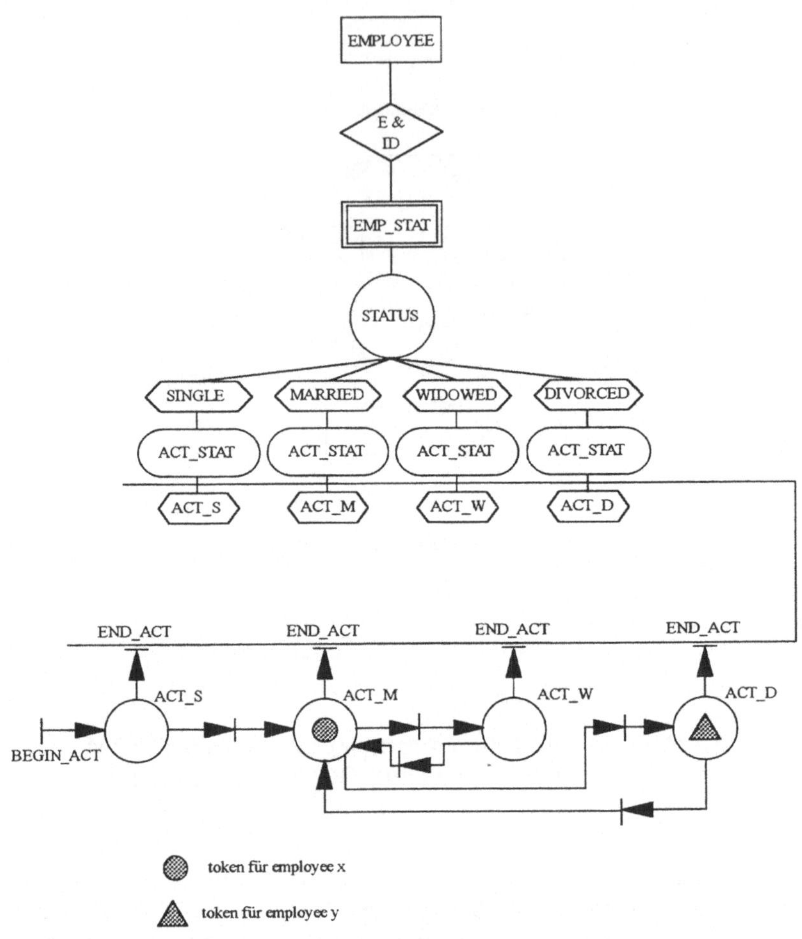

Abb. 34: Erweitertes ER- und B-Diagramm im BIER-Modell
(Quelle: EDER u.a. (BIER, 1987), S. 155f.)

(c) Beschreibung unscharfer Datenstrukturen

Das ERM klassischer Provenienz unterstellt exakte Informationen als Basis der Datenmodellierung. Oft sind jedoch viele Informationen unvollständig, unsicher oder/und vage. ZVIELI u. CHEN[599] schlagen deshalb eine diesbezügliche Erweiterung des Fuzzy Entity-Relationship-Modell (FERM) vor, das durch den Einbezug der Theorie

---

599) Vgl. zu den folgenden Ausführungen ZVIELI u. CHEN (Modeling, 1986).

unscharfer Mengen[600] seinen Einsatzbereich auch auf unscharfe Daten und -strukturen erweitern möchte.

Die Autoren unterscheiden drei unabhängige, jedoch kombinativ miteinander verknüpfbare Ebenen von Unschärfe:

(1) Konzeptionelles Schema als unscharfe Menge
Die erste Ebene der Unschärfe betrifft das Datenbankdesign und betrachtet das konzeptionelle Schema als unscharfe Menge. Im herkömmlichen ERM sind Entitäts-, Relationshiptypen und Attribute (semantische Objekte) entweder mit einem Zugehörigkeitsgrad zur Menge des konzeptionellen Schemas von 1 (Bestandteil) oder 0 (Nicht-Bestandteil) gekennzeichnet. In der vorgeschlagenen Erweiterung sollen auch unscharfe Zugehörigkeitsgrade zwischen 0 und 1 zugelassen werden. Symboltechnisch werden die unscharf dazugehörenden semantischen Objekte des konzeptionellen Schemas mit einem "F" und ggf. dem Zugehörigkeitsgrad markiert (s. Abb. 35).

(2) Entitäts- und Relationshiptypen als unscharfe Mengen
Die zweite Ebene der Unschärfe bezieht sich auf die Zugehörigkeit einzelner Entitäten und Relationships zu Entitätstypen oder Relationshiptypen. Zur Kennzeichnung dieses Sachverhalts wird ein "f" an den Symbolen der Objekttypen vorgeschlagen (s. Abb. 35).

(3) Attribute als unscharfe Mengen
Auf der dritten Ebene werden unscharfe Attributswerte eingeführt. Zur Kennzeichnung eines Attributssymboles mit dieser Art von Unschärfe wird ebenfalls ein "f" verwendet (s. Abb. 35).

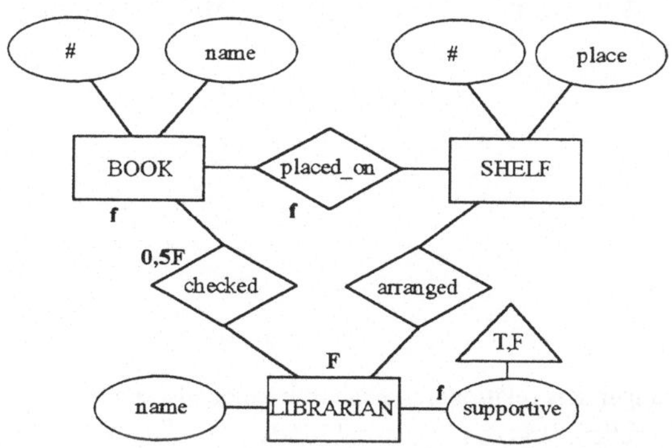

Abb. 35: Unscharfe Datenstrukturen im FERM
(Quelle: ZVIELI u. CHEN (Fuzzy, 1986), S. 325)

---

600) Vgl. Abschnitt III.C.

ZVIELI und CHEN erweitern auch die Abfragesprache des ERM zu einer Fuzzy ER-Algebra (FERA). Diese bezieht sich jedoch ausschließlich auf die zweite und dritte Ebene der Unschärfe und weist insofern keinen Bezug zum Datenbankdesign auf. Deswegen und auf Grund erheblicher Ähnlichkeiten soll die FERA bei der späteren Behandlung der Ansätze unscharfer Datenbanksysteme dargestellt werden.

(3) NF^2-Datenmodell

Das NF^2-Modell ist als eine direkte Weiterentwicklung des relationalen in Richtung semantischer Datenmodelle zu verstehen.[601] Die Forderung des relationalen Datenbankmodells nach der ersten Normalform verbietet mehrwertige Attribute,[602] so daß in bestimmten Fällen inhaltlich zusammengehörende Daten auf mehrere Relationen verteilt werden müssen. Diese Aufspaltung bedeutet einen Verlust an Semantik.

Das NF^2-Modell[603] gibt die strenge Forderung des relationalen Modells nach erster Normalform auf und erlaubt mehrwertige Attribute bis hin zu Relationen als Attribute. Läßt man solche Wiederholgruppen zu, so kommt man zu hierarchischen Strukturen in Form von geschachtelten Relationen ("nested relations": Relationen als Attribute) und/ oder komplexen Objekten (Relationen und Tupel als Attribute).[604] Manche NF^2-Modelle sehen auch einen Listenkonstruktor vor, weil in einigen Fällen auch die Reihenfolge der Elemente bedeutsam ist.[605] Eine Datenstrukturbeschreibung könnte folgendermaßen aussehen:[606]

(a) Relationenschreibweise

Abteilung (Abt_Nr, Abt_Name, Abt_Budget, ..., Abt_Mitarbeiter (M_Nr, M_Name, M_Name, ...))

---

601) Andere Erweiterungen des relationalen Datenbankmodells, die hier aber nicht eingehender behandelt werden sollen, sind das Structural Model, vgl. dazu WIEDERHOLD u. EL-MASRI (Model, 1980) und GEM, vgl. dazu ZANIOLO (GEM, 1983).

602) Vgl. Abschnitt V.A.4.b).

603) Die Bezeichnung kommt folgendermaßen zustande: <u>N</u>on-<u>F</u>irst-<u>N</u>ormal-<u>F</u>orm-Modell → <u>NFNF</u>-Modell → <u>NF</u>^{2}-Modell.

604) Vgl. SCHEK u. SCHOLL (Evolution, 1990), S. 137f.

605) Vgl. HEUER (Konzepte, 1991), S. 216. Neben dem Listenkonstruktor wird auch ein Multimengenkonstruktor vorgeschlagen, der Duplikate in Mengen erlaubt.

606) In Anlehnung an SCHEK u. SCHOLL (Evolution, 1990), S. 138.

(b) SQL-ähnliche Syntax

CREATE TABLE Abteilung

(Abt_Nr	integer(4),
Abt_Name	char(20),
Abt_Budget	integer(12,2),
...	...,
Abt_Mitarbeiter	Mitarbeiter);

CREATE TABLE Mitarbeiter

(M_Nr	integer(4),
M_Name	char(20),
M_Gehalt	integer(10,2),
...	...);

Obwohl das NF^2-Modell vom algebraischen Standpunkt her nicht mächtiger ist als das relationale Modell, sondern "nur" die zulässige Anwendung der Konstruktionselemente des relationalen Datenbankmodells erweitert, indem nicht nur "flache" Strukturen, sondern auch komplexe Objekte zugelassen werden,[607] enthält es doch mehr semantisches Wissen. Hierarchische und komplexe Strukturen können nämlich direkt modelliert, zusammengehörende Daten auch gemeinsam abgespeichert und manipuliert werden.[608] Für das NF^2-Modell sind ebenfalls leistungsfähige Datenmanipulationssprachen entwickelt worden.[609] Am Beispiel oben könnte eine SQL-ähnliche Abfrage aller Abteilungsnamen von Mitarbeitern, deren monatliches Gehalt höher ist als DM 3.000, folgendermaßen aussehen:

```
SELECT   Abt_Name, ( SELECT   M_Name
                     FROM     Abt_Mitarbeiter
                     WHERE    M_Gehalt > 3000)
FROM     Abteilung;
```

Das NF^2-Modell bleibt als ungerichteter Graph auf die Darstellung hierarchischer Strukturen beschränkt, so daß rekursive, netzartige Objektbeschreibungen nicht möglich sind.[610] So wäre es für einen beschleunigten Datenzugriff wünschenswert, daß auch von den Mitarbeitertupeln ein (rekursiver) Rückverweis auf die entsprechenden Abteilungsdaten existiert. Deshalb werden Standard- und benutzerdefinierte Funktionen als Werte von Attributen eingeführt[611], die mit Zeigern im klassischen Sinne auf zu verknüpfende Objekte verweisen.[612] Die oben vorgenommene Schemabeschreibung wäre dann um die Funktion *arbeitet_in* zu ergänzen:

---

607) Vgl. SCHEK u. SCHOLL (Evolution, 1990), S. 137 u. GEBHARDT (Wissen, 1987), S. 84.

608) Vgl. GEBHARDT (Wissen, 1987), S. 84.

609) Vgl. HULL u. KING (Modeling, 1987), S. 253 sowie SCHEK u. SCHOLL (Evolution, 1990), S. 138.

610) Vgl. SCHEK u. SCHOLL (Evolution, 1990), S. 138.

611) Zur Einführung von Funktionen als Attribute vgl. HEUER (Konzepte, 1991), S. 210.

612) Vgl. SCHEK u. SCHOLL (Evolution, 1990), S. 139.

```
CREATE TABLE Abteilung
     (Abt_Nr                    integer(4),
     ...                        ...);

CREATE TABLE Mitarbeiter
     (M_Nr                      integer(4),
     M_Name                     char(20),
     M_Gehalt                   integer(10,2),

     ...                        ...,

     arbeitet_in                Abteilung,

     ...                        ...);
```

Bei häufiger Generalisierung oder Spezialisierung ist ein Wiederverwenden von Datenobjektbeschreibungen sinnvoll. Konzeptionelle Realisierung erfährt dieser Gedanke durch die Vererbungstechnik, die allgemeine Beschreibungsmerkmale der übergeordneten Gattungsbegriffe auf die untergeordneten Artbegriffe vererbt.[613]

SCHEK u. SCHOLL verwenden zur Visualisierung rekursiver Objektbeschreibungen über Funktionen und Vererbungshierarchien das Wissensrepräsentationsmodell KL-ONE.[614]

Das NF^2-Modell bleibt zwar im Gegensatz zu anderen semantischen Datenmodellen tabellen- und damit datenbankobjektorientiert, ist aber ein wichtiger Schritt in Richtung objektorientierte Datenmodelle.[615]

(4) Objektorientierte Datenmodelle

Objektorientierte Datenmodelle integrieren Eigenschaften der semantischen Datenmodelle und der objektorientierten Programmierung. Das vorrangige Ziel der objektorientierten Datenmodellierung besteht in der Abbildung von "Realobjekten" der Diskurswelt durch das einzige Datenmodellkonstrukt Objekt.[616] Dadurch wird die Informationszergliederung des relationalen Datenbankmodells auf mehrere Relationen vermieden. Als Erweiterung der semantischen Datenmodellierung, bei der vorwiegend die statische Datensicht eines Systems beschrieben wird, umfaßt die objektorientierte neben einer Beschreibung der Objektstruktur die Modellierung damit verbundener

---

613) Vgl. GEBHARDT (Wissen, 1987), S. 86, SCHEK u. SCHOLL (Evolution, 1990), S. 139, WEDEKIND (Objektorientierung, 1990) u. HEUER (Konzepte, 1991), S. 213.

614) Vgl. zu einer ausführlichen Darstellung von KL-ONE BRACHMAN u. SCHMOLZE (KL-ONE, 1985). Als Symbole werden verwendet: Ellipsen = Objekttypen, einfach bepfeilte Kanten = Einwert-Funktionen, doppelt bepfeilte Kanten = Mehrwert-Funktionen, Kreise = atomare Datentypen, Breite Kanten = Vererbung

615) So zählt HEUER (Konzepte, 1991), S. 215 das NF^2-Modell zu den Datenmodellen für komplexe Objekte. Wie im nächsten Abschnitt zu sehen sein wird, zählen komplexe Objekte zu den Merkmalen objektorientierter Datenmodelle.

616) Vgl. NITTEL (Vergleich, 1989), S. 12 u. DITTRICH (Datenmodelle, 1990), S. 232.

Funktionen als Methoden oder Nachrichten.[617] Die 1:1-Abbildung bezieht sich somit nicht nur auf den statisch-strukturellen Teil der Datenbeschreibung, sondern auch auf die Festlegung des dynamischen Verhaltens der Objekte.[618]

Auf Grund der relativen Neuartigkeit des objektorientierten Ansatzes herrscht bisher wenig Einigkeit über die Merkmale von Objektmodellen.[619] Im folgenden sollen die wesentlichen Eigenschaften objektorientierter Datenmodelle charakterisiert werden:[620]

(1) Komplexe Objekte/Objektklassen
Gleichartige Objekte werden zu Objektklassen zusammengefaßt und in ihrer Struktur in der entsprechenden Klassendefinition beschrieben.[621] Neben den zumeist üblichen elementaren Attributen (integer, string usw.) stehen komplexe Attribute (Tupel, Menge, Liste) zur Definition der Objektklassen zur Verfügung. Dadurch lassen sich auch komplexe Objekte beschreiben. Einzelne Objekte einer Objektklasse werden als Instanzen bezeichnet.

(2) Objektklassenbeziehungen
Durch die Klassendefinitionen können Beziehungen zwischen diesen definiert werden. Außer der Modellierung hierarchischer Beziehungen (Super-, Subklasse, überlappende Klassen) sind rekursive Strukturen abbildbar.

(3) Objektklassenverhalten
Zur Modellierung des Objekt(-klassen-)verhaltens umfaßt die Objektklassendefinition neben der Strukturbeschreibung die zulässigen Operatoren.[622] Im Gegensatz zu den modellimmanenten (Basis-)Operatoren im relationalen Datenbankmodell sind in objektorientierten Datenbanksystemen beliebige Manipulationsroutinen programmierbar und auf einzelne oder verschiedene (Polymorphismus) Klassen von Objekten anwendbar.

---

617) Vgl. FERSTL u. SINZ (Objektmodellierung, 1990), S. 567 u. HEUER (Datenbankentwurf, 1993).

618) Vgl. DITTRICH (Datenmodelle, 1990), S. 232.

619) Vgl. DATE (Introduction, 1990), S. 683, SINZ u. AMBERG (Datenbanksysteme, 1992), S. 438 u. HEUER (Konzepte, 1991), S. 214.

620) Vgl. zu den folgenden Ausführungen bzgl. der wesentlichen Eigenschaften objektorientierter Datenmodelle GEBHARDT (Wissen, 1987), NITTEL (Vergleich, 1989), DATE (Introduction, 1990), S. 687ff., DITTRICH (Datenmodelle, 1990), WEDEKIND (Objektorientierung, 1990), HEUER (Konzepte, 1991), SINZ u. AMBERG (Datenbanksysteme, 1992).

621) Auf die Unterscheidung von Klassen und Typen sei hier verzichtet. Vgl. dazu HEUER (Konzepte, 1991), S. 214ff.

622) HULL u. KING unterscheiden objektorientierte Datenmodelle von den semantischen, da in jenen einem Objekt lokal eine Prozedur oder Funktion zur Errechnung abgeleiteter Daten zugeordnet werden kann. Jedoch unterstreichen sie die Ähnlichkeit mit semantischen Datenmodellen im Hinblick auf die Modellierung komplexer Objekte; vgl. HULL u. KING (Modeling, 1987), S. 255. Im Rahmen dieser Arbeit werden objektorientierte Datenmodelle ebenfalls zu den semantischen Datenmodellen gezählt werden, da sie auch dem Ziel dienen, mehr datenbezogene Semantik im Datenbanksystem zu implementieren.

(4) Datenkapselung
Der Zugriff auf die einzelnen Objekte sollte nur über die für diese Objektklasse zugelassenen Operatoren möglich sein. Bei korrekter Formulierung der Operatoren sind dann datenkonsistenzgefährdende Objektmanipulationen weitestgehend ausgeschlossen.

(5) Objektidentität
Alle Objekte müssen unabhängig von ihren augenblicklichen Werten durch einen besonderen Identifikator (Surrogat) gekennzeichnet sein. Dadurch können Gleichheit und Identität von Objekten unterschieden werden.

(6) Vererbung
Bei der Vererbung werden Gemeinsamkeiten von Objekten oder Objektklassen genutzt. Es müssen zwei Formen unterschieden werden:
    (a) Objekttypenvererbung
        Gemeinsame Eigenschaften (strukturelle und verhaltensmäßige) von Objekttypen (Klassen) werden vererbt.[623] Durch die Objekttypenvererbung werden Redundanzen bei der Datenstrukturbeschreibung vermieden.
    (b) Objektvererbung
        Gemeinsame Werte von Objekten (Instanzen) werden vererbt.[624] Durch die Objektvererbung werden Mehrfachspeicherungen von Datenwerten vermieden.

Im Vergleich zum relationalen Datenbankmodell oder NF^2-Datenmodell lassen sich im Strukturteil einige Gemeinsamkeiten feststellen, während der Verhaltensaspekt nur in objektorientierten Datenmodellen erfaßt wird (s. Abb. 36).

Zur Klassifikation von objektorientierten Datenmodellen lassen sich diese in strukturell, verhaltensmäßig und voll objektorientiert unterteilen.[625] Zu den strukturell objektorientierten Datenmodellen kann das NF^2-Modell gezählt werden.[626] Eher verhaltensmäßig objektorientierte Datenmodelle sind den objektorientierten Programmiersprachen verwandt.[627] Voll objektorientierte Datenmodelle dagegen sind noch recht selten vorzufinden.[628] Eines der wenigen bisher bekannten ist das Semantische Objekt-

---

623)   HEUER (Konzepte, 1991), S. 227 spricht deswegen auch von Strukturvererbung.

624)   DITTRICH (Datenmodelle, 1990), S. 233 dagegen betrachtet die Objektvererbung nicht explizit. Dies könnte dadurch erklärt werden, daß DITTRICH die Objektvererbung zwischen Ober- und Unterobjekt implizit durch die komplexe Objektmodellierung erfaßt sieht. Für die Zwecke dieser Arbeit sollen die hier erwähnten Vererbungsarten eine ausreichende Unterscheidung darstellen. Für eine ausführliche Darstellung der Vererbung vgl. ADOLF u. FILLHARDT (Vererbungsbegriff, 1993).

625)   Vgl. DITTRICH (Datenmodelle, 1990), S. 234.

626)   Vgl. zu einer Gegenüberstellung des Nested Relational Model, eines NF2-Modells, mit dem Objektmodell SCHEK u. SCHOLL (Evolution, 1990), S. 144.

627)   Vgl. DITTRICH (Datenmodelle, 1990), S. 234. In diese Klasse können die in dieser Arbeit nicht behandelten Modelle SHM+ und TAXIS eingeordnet werden. Vgl. zu diesen Modellen BRODIE u. RIDJANOVIC (Design, 1984) bzw. MYLOPOULUS u.a. (Representation, 1980) sowie PECKHAM u. MARYANSKI (1988, Models), S. 166f.

628)   Vgl. DITTRICH (Datenmodelle, 1990), S. 234.

Objektmodell	Relationenmodell
Allgemeine Merkmale	
Klassendefinition	Relationstyp
Klasse	Relation
Objekt	Tupel
Strukturmerkmale	
Attribut	Attribut
- elementar	- 1. NF
- komplex	- NF^2, eNF^2
Vererbung von Attributen	* fehlt *
Verhaltensmerkmale	
Außensicht	
Nachrichtendefinition	* fehlt *
Vererbung von Nachrichten- definition	* fehlt *
Innensicht	* fehlt *
Operator (Methode)	* fehlt *
Vererbung von Operatoren	

Abb. 36: Vergleichende Gegenüberstellung zentraler Begriffe des Objekt-
und Relationenmodells
(Quelle: SINZ u. AMBERG (Datenbanksysteme, 1992), S. 439)

modell (SOM). Die Modellierung erfolgt auf zwei Ebenen: auf der ersten die Erstellung des (statischen) konzeptionellen Objektmodells mit Hilfe des Strukturierten Entity-Relationship-Modells (SERM)[629] und des Objektmodells von Smalltalk sowie auf
der zweiten die Vorgangsmodellierung betrieblicher Abläufe in Form von Vorgangsobjekttypen.[630] Die Vorgangsobjekttypen werden durch die hierarchische Gliederung
der betrieblichen Aufgaben ermittelt und in ihrer dynamischen Struktur durch Petri-
Netze dargestellt.[631]

d) Bewertung und Entwicklungstendenzen

Im Vergleich mit Datenbankmodellen weisen semantische Datenmodelle folgende
Vorteile auf:[632]

---

629) Vgl. dazu SINZ (SERM, 1988) u. SINZ (Erweiterungen, 1990).
630) Vgl. FERSTL u. SINZ (Objektmodellierung, 1990).
631) Vgl. FERSTL u. SINZ (Vorgehensmodell, 1991).
632) Vgl. dazu mit ausführlichen Beispielen HULL u. KING (Modeling, 1987), S. 208ff sowie
      PECKHAM u. MARYANSKI (1988, Models), S. 157ff.

(1) Gesteigerte Datenunabhängigkeit.
Komplexe Objekte müssen im relationalen Datenbankmodell durch den Benutzer aus den verschiedenen Tabellen mit Hilfe des JOIN-Operators zusammengesetzt werden. In semantischen Datenmodellen werden komplexe Objekte ganzheitlich modelliert und müssen bei der Abfrage nicht mehr rekonstruiert werden.

(2) Gesteigerte Integritätsüberwachung
Konventionelle Datenbankmodelle erfordern die Überwachung von logischen Verknüpfungen zwischen Datenbankobjekten (z.B. Tabellen) durch den Benutzer. Semantische Datenmodelle erlauben dagegen die Formulierung solcher Bedingungen im konzeptionellen Schema.

(3) Gesteigerte Modellierungseffizienz
Modellimmanente Operationen und Bedingungen entlasten von automatisierbaren Routinemodellierungsaktivitäten.

(4) Verminderte semantische Überladung
In den konventionellen Datenbankmodellen stehen im Gegensatz zu semantischen Datenmodellen nur zwei bis drei Konstruktoren zur Verfügung, die jedoch nicht ausreichen, die Komplexität realer Gegebenheiten ausreichend zu beschreiben und somit semantisch überladen sind.

(5) Abstraktionsmechanismen
Semantische Datenmodelle erlauben auf komfortable Weise die Abstraktion bestimmter Ausschnitte. Einerseits können verschiedene Detailstufen des Schemas betrachtet werden, die in den beiden Extremfällen die komplette Objektstruktur oder nur die Objekte und deren Beziehungen wiedergeben, andererseits kann sich die Abstraktion auf bestimmte Segmente richten, dadurch Informationen über bestimmte Objekte aufzeigen und über deren Beziehungen auf "benachbarte" Informationen verweisen.[633] Außerdem können neue Bestandteile des Schemas durch Verwendung von Beschreibungen bereits existierender Schemaelemente abgeleitet werden.[634]

Der ursprüngliche Anspruch semantischer Datenmodelle als "Papier-und-Bleistift-Instrumente" zur Schemaspezifizierung mit anschließender Übertragung in ein konventionelles Datenbankmodell weicht zunehmend der Bestrebung, Datenbanksysteme zu entwickeln, die unmittelbar auf solche Modelle aufbauen und die umfassendere Semantik mit Hilfe einer ausgeprägteren Datenbeschreibungssprache erfassen.[635] Parallel dazu wurden Datenbanksprachen für semantische Datenmodelle vorgestellt.[636] Die aktuelle Entwicklung ist hauptsächlich von den Konzepten der Objektorientierung ge-

---

633) Diese Möglichkeit ist besonders wichtig für explorative Datenbankabfragen, bei denen dem Benutzer der Inhalt der Datenbank nicht bekannt ist. Vgl. dazu auch die Ausführungen in Abschnitt V.A.4.b).

634) Abgeleitete Schemaelemente unterscheiden sich von Views dadurch, daß sie Bestandteil des konzeptionellen Schemas sind. Vgl. HULL u. KING (Modeling, 1987), S. 211.

635) Vgl. HULL u. KING (Modeling, 1987), S. 202f.

636) Vgl. zu einem Überblick HULL u. KING (Modeling, 1987), S. 244f. Vgl. insbesondere auch CHEN (Algebra, 1984).

prägt. Oft muß aber die konzeptionelle Einfachheit der Datenbeschreibung und Datenmanipulation des Relationenmodells aufgegeben werden.[637] Die Folge ist das bisherige Fehlen effizienter semantischer Datenbanksysteme.[638]

6. Neue Ansätze von Datenbanksystemen

Im Gegensatz zu den semantischen Datenmodellen, deren Einsatzschwerpunkt in den frühen Phasen des Datenbankentwurfs liegt, beschäftigen sich die im folgenden zu betrachtenden Konzepte mit der Erweiterung bestimmter datenbanktechnologischer Funktionalitäten, die zumeist in konkreten Prototypen erforscht werden und teilweise auch schon in kommerziell verfügbare Datenbanksysteme Eingang gefunden haben. Wichtige Anregungen erhält dieser Forschungsbereich aus den Gebieten der semantischen Datenmodelle, der objektorientierten Programmierung und der Künstlichen Intelligenz.

Die Vielfalt der Entwicklungen läßt sich nur schwierig zusammenfassend betiteln. Die gelegentlich verwendeten Attribute "nach-" oder "post-relational"[639] sollen hier nicht verwendet werden, da sie suggerieren würden, daß es sich um gänzlich neue Konzepte, d.h. relationale Datenbanksysteme ersetzende, handeln würde. Tatsächlich sind aber die meisten Ansätze oder Prototypen Erweiterungen der relationalen Technologie.

Das weitere Vorgehen soll sich an den folgenden Entwicklungs-Clustern orientieren:

- objektorientierte Datenbanksysteme
- zeitbezogene Datenbanksysteme
- aktive Datenbanksysteme
- deduktive Datenbanksysteme
- terminologische Datenbanksysteme
- unscharfe Datenbanksysteme
- gruppenunterstützende Datenbanksysteme

Diese Einteilung orientiert sich nicht an analytischen Kriterien, sondern an den sich im Laufe der Zeit entwickelten Forschungsrichtungen. Auf die damit unvermeidlich einhergehenden Überschneidungen wird an entsprechender Stelle explizit hingewiesen.

---

637) Vgl. HULL u. KING (Modeling, 1987), S. 202.
638) Vgl. HULL u. KING (Modeling, 1987), S. 203 sowie DATE (Introduction, 1990), S. 580.
639) Vgl. zu dieser Verwendung SCHMIDT u. MATTHES (Technology, 1990) bzw. DITTRICH (Stand, 1990).

a) Objektorientierte Datenbanksysteme

Objektorientierte Datenbanksysteme (ooDBS) integrieren Konzepte konventioneller Datenbanksysteme, der semantischen Datenmodellierung, der Wissensrepräsentationstechniken der Künstlichen Intelligenz und der objektorientierten Programmierung.[640] Sie basieren auf einem objektorientierten Daten-/Datenbankmodell, dessen Konzepte[641] sie systemtechnisch realisiert zur Verfügung stellen, und zeichnen sich zusätzlich durch die üblichen Datenbanksystemeigenschaften[642] aus.[643] Objektorientierte Daten-/Datenbankmodelle dienen demnach als Grundlage für die Beschreibung des Schemas und der zulässigen Operatoren einer objektorientierten Datenbank.[644]

Eine objektorientierte Datenbank besteht aus Objekten, die die Informationsobjekte der Realität im Verhältnis 1:1 abbilden;[645] So werden beispielsweise die Daten einer Rechnung nicht auf verschiedene Datenbankobjekte verteilt, wie dies beim relationalen Datenbankmodell durch die Zergliederung im Rahmen der Normalisierung auf verschiedene Tabellen geschieht, sondern objektbezogen zusammengehalten. Zur Schemadefinition solcher komplexen Objekte müssen geeignete Datentypen (benutzerdefinierte, abstrakte Datentypen, Tupel, Mengen, Listen) und Vererbungsmechanismen verfügbar sein. Die Objektidentifikation erfolgt nicht wie bei relationalen Datenbanksystemen über Attributswerte, sondern wird systemseitig durch die Objektidentifikatoren (Surrogate) übernommen, die von den Attributswerten der Objekte isoliert werden.[646]

Die objekt(-klassen-)bezogenen Operationen werden zumeist in einer objektorientierten Programmiersprache formuliert. Da diese Operationen objekt(-klassen-)bezogen sind, bietet sich an, sie im Data Dictionary neben den statischen Beschreibungsmerkmalen zu verwalten.[647] Auf Benutzerebene ist dann die Datenmanipulation nur noch durch die definierten Operationen möglich (Datenkapselung).[648]

Objektorientierte Datenbanksysteme stellen sicherlich die am weitesten entwickelte neue Technologie dar.[649] Zur Realisierung eines ooDBS sind zwei unterschiedliche

---

640) Vgl. NITTEL (Vergleich, 1989), S. 12 u. DITTRICH (Stand, 1990), S. 344f.

641) Vgl. Abschnitt V.A.5.c)(4)

642) Vgl. Abschnitt V.A.2.

643) Vgl. DITTRICH (Datenmodelle, 1990), S. 231f. u. SCHLAGETER u. UNLAND (Concepts, 1990), S. 159. Vgl. zur Darstellung und Problematik der Realisierung der Datenbankeigenschaften KEMPER u. MOERKOTTE (Basiskonzepte, 1993), S. 75ff.

644) Vgl. SINZ u. AMBERG (Datenbanksysteme, 1992), S. 438.

645) Vgl. DITTRICH (Stand, 1990), S. 345.

646) Vgl. NITTEL (Vergleich, 1989), S. 12f., DITTRICH (Stand, 1990), S. 346 sowie SCHLAGETER u. UNLAND (Concepts, 1990), S. 166.

647) Vgl. SCHÄFER (Entwurfstechniken, 1993), S. 50.

648) Vgl. NITTEL (Vergleich, 1989), S. 12, DITTRICH (Stand, 1990), S. 346 sowie SCHLAGETER u. UNLAND (Concepts, 1990), S. 163.

649) Vgl. zu einer Übersicht kommerziell verfügbarer objektorientierter Datenbanksysteme CATTELL (Object, 1991), HEUER (Datenbanken, 1992) u. KOCH (Marktübersicht, 1992). Jedoch

Vorgehensphilosophien möglich: einerseits die Erweiterung bestehender Datenbanksysteme um objektorientierte Konzepte und andererseits die Ergänzung objektorientierter Programmiersprachen um typische Datenbankeigenschaften.[650] Je nach Ausgangsbasis der Entwicklung (Datenbank oder Programmiersprache) und zugrunde liegendem Objektmodell und sind objektorientierte Datenbanksysteme als überwiegend strukturell, überwiegend verhaltensmäßig oder voll objektorientiert einzuordnen.[651]

Systeme der strukturellen Objektorientierung gehen vom relationalen Datenbankmodell oder ER-Modell aus und reichern diese mit objektorientierten Konzepten an.[652] Die breite Akzeptanz relationaler Datenbanksysteme spricht für deren Verwendung als Ausgangsbasis bei der Realisierung objektorientierter Systeme. Diese Tendenz spiegelt sich auch in der neueren Entwicklung der Datenbanksprache SQL wider. Im Projekt SQL3 wird an objektorientierten Erweiterungen des SQL-Standards gearbeitet. Dazu gehören:[653]

- abstrakte Datentypen
- benutzerdefinierte Funktionen
- Objektidentität
- Typschablonen
- Sub- und Supertypen
- Sub- und Supertabellen

Durch diese Ergänzungen werden die meisten Forderungen objektorientierter Konzepte erfüllt und entscheidende Schwächen relationaler Datenbanksysteme überwunden.[654] Jedoch wird der aktuell diskutierte SQL3-Standard erst in einigen Jahren als Norm verabschiedet sein.[655]

---

muß auch beachtet werden, daß das Attribut "objektorientiert" von den Herstellern auch häufig als Marketingvehikel mißbraucht wird, ohne daß maßgebliche Konzepte realisiert sind.

650) Vgl. CATTELL (Next-Generation, 1991), S. 32, SINZ u. AMBERG (Datenbanksysteme, 1992), S. 438 sowie KEMPER u. MOERKOTTE (Basiskonzepte, 1993), S. 69, die im ersten Fall von einem "evolutionären", im zweiten von einem "revolutionären" Ansatz sprechen.

651) Vgl. dazu auch die Ausführungen in V.A.5.c)(4).

652) Vgl. DITTRICH (Stand, 1990), S. 347f. u. CATTELL (Next-Generation, 1991), S. 32. Die in den Abschnitten V.A.5.c)(2)(a) und (3) diskutierten semantischen Datenmodelle (HERM bzw. NF$^{2)}$ dienen in diesen Fällen als Datenbankmodelle. Zu einem Überblick der prototypischen Systeme vgl. DITTRICH (Stand, 1990), S. 348 und die dort angegebene Literatur, CATTELL (Next-Generation, 1991), S. 32 sowie GÖPFERT (Datenbanksysteme, 1993), S. 32. Vgl. auch die Darstellungen von POSTGRES, AIM-P und STARBURST als das relationale Datenbankmodell in seinen Grundzügen bewahrende, objektorientiert erweiterte Datenbanksysteme bei LOCKEMANN (Weiterentwicklung, 1993). Zu POSTGRES vgl. insbesondere auch STONEBRAKER u. KEMNITZ (POSTGRES, 1991). Zu AIM-P vgl. insbesondere auch KÜSPERT u. RAHM (Trends, 1990), S. 285ff. Zu STARBURST vgl. insbesondere auch LINDSAY u. HAAS (STARBURST, 1990) sowie LOHMAN u.a. (STARBURST, 1991).

653) Vgl. SHAW (Standards, 1990), S. 79f. u. PISTOR (SQL3, 1993), S. 90ff.

654) Vgl. PISTOR (SQL3, 1993), S. 92f.

655) Vgl. WEBER (SQL2-Norm, 1993), S. 95. SQL-orientierte Sprachen sind vor allen Dingen in den oben aufgeführten strukturell objektorientierten Datenbanksystemen implementiert und in

Ausgangsbasis der verhaltensmäßig objektorientierten Systeme sind häufig objektorientierte Programmiersprachen, beispielsweise C++, die um Datenbankeigenschaften, insbesondere die automatisierte Speicherung der Objekte (Persistenz), ergänzt werden.[656] Bei diesem Ansatz wird ein oft erwähnter Nachteil der Trennung der Beschreibung von Daten im Datenmodell und im Anwendungsprogramm ("impedance mismatch") aufgehoben, da beides integriert verwaltet wird.[657] In manchen objektorientierten Datenbanksystemen sind Datenbanksprache und objektorientierte Programmiersprache zu einer Einheit verschmolzen.[658]

Voll objektorientierte Datenbanksysteme sind dagegen noch relativ selten anzutreffen, dürften aber in naher Zukunft an Bedeutung zunehmen.[659]

Eine Bewertung von objektorientierten Datenbanksysteme im Vergleich zu relationalen soll die Darstellung abschließen. Global gesehen liegt die größte Errungenschaft objektorientierter Datenbanksysteme darin, daß mit deren Hilfe wesentlich mehr Semantik der Daten aus den Anwendungsprogrammen in die Datenbank verlagert werden kann.[660] Im einzelnen lassen sich folgende Vorteile ausmachen:

(1) Die künstliche Informationszergliederung relationaler Datenbanksysteme in Tabellen und der damit verbundene Verlust an Semantik werden durch die Modellie-

---

vielen Fällen auch schon kommerziell erhältlich. Jedoch auch bei den weiter unten noch zu behandelnden voll objektorientierten Datenbanksystemen sind SQL-ähnliche Sprachen im Einsatz. Vgl. dazu die O_2Query des O_2-Systems bei DEUX u.a. (O_2-System, 1991).

656) Vgl. DITTRICH (Stand, 1990), S. 348 u. CATTELL (Next-Generation, 1991), S. 32. Als Repräsentanten der verhaltensmäßig objektorientierten Systeme werden O_2, ObjectStore, Gem-Stone und Ontos genannt. Vgl. auch zur Darstellung von O_2 DEUX u.a. (O_2-System, 1991), zur Darstellung von ObjectStore LAMB (ObjectStore, 1991), zur Darstellung von Gem-Stone BUTTERWORTH u.a. (Gem-Stone, 1991). GÖPFERT (Datenbanksysteme, 1993), S. 32 zählt neben dem kommerziell verfügbaren Gem-Stone vier weitere Prototypen auf. Ein anderes Beispiel für eine Datenbankprogrammiersprache ist GOM. Vgl. dazu KEMPER u. MOERKOTTE (Basiskonzepte, 1993).

657) Vgl. DITTRICH (Stand, 1990), S. 348. Vgl. zu diesem "Pseudo"-Vorteil auch S. 140.

658) Vgl. CATTELL (Next-Generation, 1991), S. 32.

659) Vgl. DITTRICH (Stand, 1990), S. 348, der zunächst nur ORION erwähnt. Dagegen führt GÖPFERT (Datenbanksysteme, 1993), S. 32 schon vier kommerziell verfügbare und sechs prototypische voll objektorientierte Datenbanksysteme auf. Die umfassendere, zeitlich später erstellte Aufzählung von GÖPFERT muß als Hinweis für die äußerst dynamische Entwicklung auf diesem Datenbankfeld gewertet werden. Während DITTRICH Ontos und CATTELL ObjectStore sowie O_2 noch zu den verhaltensmäßig objektorientierten Systemen zählen, sieht GÖPFERT diese Systeme als voll objektorientiert an. Diese Auffassung könnte durch unterschiedliche Einteilungskriterien der Autoren begründet werden. CATTELL (Next-Generation, 1991), S. 32 weist auf die vielfältigen Möglichkeiten der Differenzierung hin, jedoch könnte dieser Umstand auch als ein weiteres Indiz der dynamischen Entwicklung gewertet werden, da CATTELL die Klasse der voll objektorientierten Systeme noch gar nicht einführt. Durch Verbesserungen und neuere Versionen kann dann die unterschiedliche Klassifizierung nachvollzogen werden.

660) Vgl. DITTRICH (Datenmodelle, 1990), S. 234.

rung komplexer Objekte aufgehoben.[661]

(2) In objektorientierten Datenbanksystemen wird eine höhere Datenunabhängigkeit erreicht, weil der Benutzer die Objekte ganzheitlich behandeln kann und nicht erst über Verknüpfungen (Joins) zusammenstellen muß.[662]

(3) Dynamische, objektspezifische Eigenschaften, die häufig mit komplexen Objekten verbunden sind, können direkt in das Datenmodell eingebunden werden.[663]

(4) Durch Vererbung struktureller und verhaltensmäßiger Objekteigenschaften wird Redundanz bei den Datenbeschreibungen vermieden.

(5) Die Wiederverwendbarkeit von Softwarebausteinen durch Vererbung und Spezialisierung erleichtert die evolutionäre Entwicklung großer Anwendungssysteme und erhöht die Produktivität der Programmierer.[664]

(6) Für bestimmte Anwendungsgebiete werden Typen- oder Klassenbibliotheken als Software-Halbfabrikate verfügbar sein.[665]

(7) Je nach Bedarf des Benutzers sind verschiedene Abstraktionslevel bei der Objektansicht möglich.[666]

(8) Da die Objektmanipulationen weitestgehend innerhalb der Datenbank durch die Sprache des Objektmodells geschehen, verringern sich die Probleme des "impedance mismatch",[667] und im Gegensatz zu relationalen benötigen objektorientierte Datenbanksysteme keinen umfangreichen AP/DB-Kommunikationsteil (s. Abb. 37).[668] Hierdurch werden die Probleme der AP/DB-Interaktion relationaler Datenbanksysteme vermieden: es entfällt die aufwendige Initialisierung und Programmierung des AP/DB-Kommunikationsteils, die Datenintegrität wird

---

661) Vgl. KEMPER u. MOERKOTTE (Basiskonzepte, 1993), S. 71, SINZ u. AMBERG (Datenbanksysteme, 1992), S. 440 sowie SCHLAGETER u. UNLAND (Concepts, 1990), S. 154.

662) Vgl. SINZ u. AMBERG (Datenbanksysteme, 1992), S. 440.

663) Vgl. SCHLAGETER u. UNLAND (Concepts, 1990), S. 154f. sowie KEMPER u. MOERKOTTE (Basiskonzepte, 1993), S. 70. Eng damit verbunden ist der aktive Charakter der Objekte und damit der Datenbank durch die Formulierung von automatisch ablaufenden Aktionen im Datenbanksystem. Diese Funktionalität kann bei weiter Fassung des Konzepts der Verhaltensmodellierung Bestandteil objektorientierter Datenbanksysteme sein. Da Aktivität in zukünftigen Datenbanken eine überaus wichtige Rolle übernehmen könnte, soll diese Entwicklung im Rahmen dieser Arbeit eigenständig und nicht gewissermaßen als Nebeneffekt objektorientierter Systeme behandelt werden.

664) Vgl. NITTEL (Vergleich, 1989), S. 14 u. GÖPFERT (Datenbanksysteme, 1993), S. 25. SCHÄFER (Entwurfstechniken, 1993), S. 53 berichtet von einer Reduzierung des Entwurfsaufwandes um 30-40%.

665) Vgl. NITTEL (Vergleich, 1989), S. 14, DITTRICH (Stand, 1990), S. 351 u. GÖPFERT (Datenbanksysteme, 1993), S. 25.

666) Vgl. SCHLAGETER u. UNLAND (Concepts, 1990), S. 155.

667) Vgl. SINZ u. AMBERG (Datenbanksysteme, 1992), S. 440 sowie KEMPER u. MOERKOTTE (Basiskonzepte, 1993), S. 70f.

668) Vgl. NITTEL (Vergleich, 1989), S. 13. Vgl. zur AP/DBS-Interaktion auch Abschn. V.A.4.c).

durch den alleinigen Zugriff über Nachrichten gesteigert, Konsistenzprüfungen können sofort durchgeführt werden, da die Operationen einen direkten Niederschlag in der Datenbank erfahren, und schließlich sind keine Anpassungen bei Schemaänderungen nötig, da durch die Datenkapselung die Veränderung der internen Struktur (z.B. Attribute, Methoden) keinen Einfluß auf den externen Zugriff ausübt.[669] Dieser Vorteil ist jedoch nur ein zweifelhafter, da er dadurch erkauft wird, daß in objektorientierten Datenbanken objektorientierte Programmiersprachen verwendet werden, die auf Grund ihrer Prozeduralität einen Rückschritt im Vergleich zur benutzerfreundlich deklarativen Sprache SQL bedeuten.[670] Ziel sollte es vielmehr sein, mengenverarbeitende und deklarative Programmiersprachen zur Vermeidung des "impedance mismatch" zu entwickeln.[671]

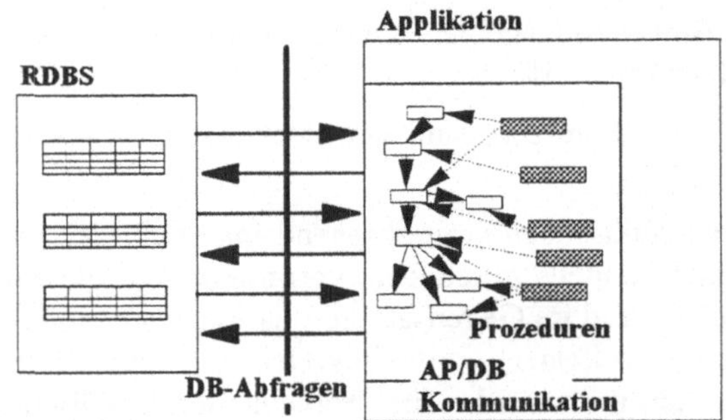

Aufbau der Objekte im AP/DB Kommunikationsteil durch die Applikation mittels diverser Datenbankabfragen

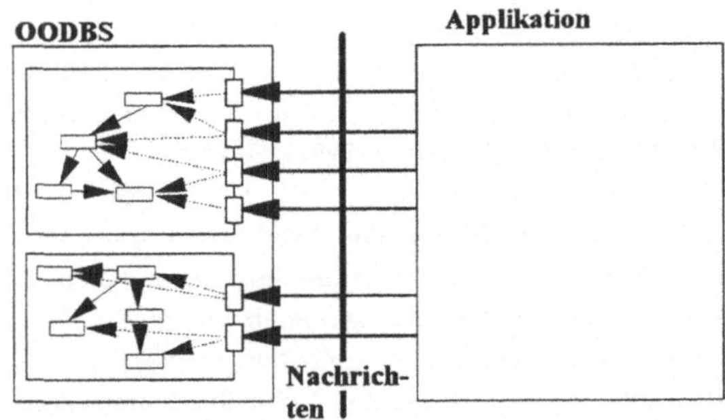

Verarbeitung der Objekte ausschließlich im OODBS

Abb. 37: Unterschiede der Zusammenarbeit zwischen Datenbanksystem und Applikationsprogrammen bei relationalen und objektorientierten Systemen.
(Quelle: NITTEL (Vergleich, 1989), S. 13)

---

669) Vgl. NITTEL (Vergleich, 1989), S. 13.

(9) Durch die systemseitige Verwaltung der Objektidentifikatoren wird eine Versionsverwaltung erleichtert, die unterschiedliche Zustände von Objekten dokumentiert und insofern einen Zeitbezug der Objekte oder Daten herstellt.[672]

Objektorientierten Datenbanksysteme weisen allerdings auch einige Nachteile auf. Diese sind entweder notwendigerweise mit diesen eng verknüpft und werden es wahrscheinlich auch bleiben (z.B. höhere Systemleistung erforderlich) oder sie sind auf eine noch mangelhafte theoretische Fundierung zurückzuführen[673] und in Zukunft vielleicht zu beheben. Die folgenden Punkte nennen die wichtigsten Nachteile objektorientierter Datenbanksysteme:

(1) Bisher ist kein Standard für Objektmodell und Abfragesprache vorhanden, und es wird ihn wohl auch in absehbarer Zukunft nicht geben.[674]

(2) Objektorientierte Datenbanksysteme sind nur in Verbindung mit objektorientierten Programmiersprachen einsetzbar.[675] Diese sind prozedural und nicht deklarativ wie SQL.

(3) Mit der Formulierung objektspezifischer, teilweise prozedural-navigierender Operationen läßt sich die Qualität der (impliziten) Anfrageoperationen relationaler Datenbanken nicht erreichen.[676] Als möglichen Ersatz bieten sich die Implementierung von impliziten Operationen und deren Vererbung auf alle Objekte an, wodurch jedoch die Forderung einer Datenkapselung verletzt wird.[677]

(4) Die Forderung einer Datenkapselung schränkt die Möglichkeit von Ad-hoc-Abfragen insofern ein, als nur noch "vordefinierte" Ad-hoc-Abfragen möglich sind.[678] Sinnvoller wäre dagegen die Möglichkeit eines Ad-hoc-Modus, der die strenge Forderung einer Datenkapselung aufgibt.[679]

(5) Komplexe Objekte sind als Hierarchien zu verstehen. Jedoch sind, wie auch schon beim hierarchischen Datenbankmodell kritisch angemerkt, vielfach vernetzte Strukturen der Realwelt zu modellieren und abzufragen, die bei einer objektorientierten Modellierung Schwierigkeiten bereiten.[680] Die hierarchische Struktur komplexer Objekte führt ähnlich wie bei hierarchischen Datenbanksystemen zu

---

670) Vgl. DATE (Introduction, 1990), S. 702.

671) Vgl. DATE (Introduction, 1990), S. 702.

672) Die Versionsverwaltung ist eng verbunden mit der Entwicklung zeitbezogener Datenbanksysteme, s. Abschnitt. V.A.6.b, und soll dort ausführlicher behandelt werden.

673) Vgl. zu den diversen Teilproblemen, die für relationale Datenbanksysteme auf Grund der theoretischen Durchdringung schon gelöst wurden DATE (Introduction, 1990), S. 703.

674) Vgl. SINZ u. AMBERG (Datenbanksysteme, 1992), S. 440 sowie GÖPFERT (Datenbanksysteme, 1993), S. 26.

675) Vgl. SINZ u. AMBERG (Datenbanksysteme, 1992), S. 440.

676) Vgl. DATE (Introduction, 1990), S. 701 u. HEUER (Konzepte, 1991), S. 236.

677) Vgl. HEUER (Konzepte, 1991), S. 237.

678) Vgl. SCHLAGETER u. UNLAND (Concepts, 1990), S. 171.

679) Vgl. SCHLAGETER u. UNLAND (Concepts, 1990), S. 171.

680) Vgl. DATE (Introduction, 1990), S. 684 u. 703.

einer geringeren Datenneutralität im Vergleich zu relationalen Datenbanken, da solche Abfragen begünstigt werden, die sich auf Daten innerhalb einer Hierarchie oder eines Objektes beziehen.

(6) Objektorientierte Datenbanksysteme sind ein relativ junger Ansatz und entbehren noch einer umfassenden theoretischen Fundierung .

(7) Die neuen Konzepte der Objektorientierung und die damit verbundenen neuen Methoden der Anwendungsentwicklung erfordern einen erheblichen Lernaufwand.[681]

(8) Jegliche Erweiterung der Aufgaben und Funktionen des Rechnersystems erfordert notwendigerweise eine erhöhte Systemleistung.[682]

Die aufgezeigten Nachteile können als Argumente für das NF^2-Datenmodell[683] dienen.[684] Das NF^2-Datenmodell vereinigt den (Daten-)Strukturteil des objektorientierten Datenmodells mit dem Operationenteil des relationalen Datenbankmodells. Insofern wird einerseits die Informationszergliederung des relationalen Datenbankmodells vermieden und andererseits dessen theoretischer Unterbau und damit die Basis für eine deklarative Abfragesprache beibehalten. Ein solches System wurde am Wissenschaftlichen Zentrum der IBM in Heidelberg mit dem **Advanced Information Management Prototype (AIM-P)** implementiert.[685]

b) Zeitbezogene Datenbanksysteme

Zeit ist ein wichtiger Faktor jeglicher Phänomene der Realwelt[686] und damit auch ein unverzichtbarer Bestandteil eines computergestützten Informationssystems.[687] Vor allem mit der Etablierung relationaler Datenbanksysteme erwachsen neue Einsatzgebiete, wovon die meisten einen Zeitbezug aufweisen.[688] Die wachsende Bedeutung

---

681) Vgl. GÖPFERT (Datenbanksysteme, 1993), S. 26. Vgl. zu den Methoden der objektorientierten Modelle FERSTL u. SINZ (Objektmodellierung, 1990) u. (Vorgehensmodell, 1991) sowie SCHÄFER (Entwurfstechniken, 1993).

682) Vgl. GÖPFERT (Datenbanksysteme, 1993), S. 26.

683) Vgl. Abschnitt V.A.5.c)(3).

684) Darauf weist auch DATE (Introduction, 1990), S. 703 u. 721.

685) Vgl. HANEWINCKEL u. KÜSPERT (Integration, 1990), S. 51.

686) Alle Erscheinungen überhaupt...sind in der Zeit und stehen notwendigerweise in Verhältnissen der Zeit" KANT zit. nach STÖRIG (Weltgeschichte, 1985), S. 397.

687) Vgl. ARIAV (Model, 1986), S. 517, DATE (Introduction, 1990), S. 717, KNOLMAYER u.a. (Daten, 1991), S. 293, McKENZIE u. SNODGRASS (Evaluation, 1991), S. 501 sowie HILDEBRAND (Zeit, 1992), S. 465.

688) Vgl. McKENZIE u. SNODGRASS (Evaluation, 1991), S. 502.

dieser Forschungsrichtung läßt sich auch durch die ansteigende Zahl von Veröffentlichungen zu diesem Thema belegen.[689]

Bisherige Datenbanksysteme berücksichtigen den Zeitfaktor aus zwei Gründen nur unzureichend:

- Attributswerte werden bei der Aktualisierung überschrieben, so daß in der Regel nur der zum gegenwärtigen Zeitpunkt gültige Zustand abgebildet wird ("snapshot-databases" oder "Update-in-Place"-Vorgehensweise).[690]
- Abfragesprachen bieten keine oder nur wenige Operatoren zur zeitbezogenen Auswertung.

Das Konzept zeitbezogener Datenbanksysteme verfolgt dementsprechend folgende Ziele:[691]

- Vermeidung der "Update-in-Place"-Vorgehensweise.
- Flexible Modellierung und Auswertung des Zeitbezugs der Daten.

Insgesamt sollen zeitbezogene Datenbanksysteme den Aufwand zur Berücksichtigung des Zeitaspekts verringern, indem dieser aus den verschiedenen Anwendungsprogrammen herausgezogen und zentral in der Datenbank verwaltet wird.[692] Die unmittelbare Erfassung des Zeitaspekts im Datenmodell erweitert somit den semantischen Gehalt der Datenbankobjekte.[693]

Die Vermeidung der "Update-in-Place"-Vorgehensweise bedeutet, daß die Attributswerte bei einer Aktualisierung nicht mehr unbedingt überschrieben werden. Es muß vielmehr möglich sein, sämtliche bekannte Werte, die das Datenobjekt in der Zeit angenommen hat, zu bewahren und zur Abfrage zur Verfügung zu stellen (Informationsbewahrungsaspekt).[694] Der Informationsbewahrungsaspekt zeitbezogener Datenbanksysteme darf aber keinesfalls als Vergangenheitsorientierung interpretiert werden; denn die in der Datenbank aufgezeichneten Werte können sich gleichermaßen auf Vergangenheit, Gegenwart und Zukunft beziehen.[695] Die Informationsbewahrung bedeutet lediglich, daß aufgezeichnete Werte nicht durch neu eingegebene überschrieben

---

689) Vgl. KNOLMAYER (Berücksichtigung, 1989), S. 82 u. DATE (Introduction, 1990), S. 717. Vgl. zur genauen Entwicklung der Veröffentlichungen die Abbildung bei SOO (Bibliography, 1991), S. 14. McKENZIE u. SNODGRASS (Evaluation, 1991), S. 502 zählen ca. 320 Artikel seit Anfang der 80er Jahre. Zu einem recht vollständigen Überblick vgl. die komplementären Bibliografien bei BOLOUR u.a. (Survey, 1982), McKENZIE (Bibliography, 1986), STAM u. SNODGRASS (Bibliography, 1988) sowie SOO (Bibliography, 1991).

690) Vgl. SCHLAGETER u. UNLAND (Concepts, 1990), S. 186, McKENZIE u. SNODGRASS (Evaluation, 1991), S. 502 u. 506. KNOLMAYER u.a. (Daten, 1991), S. 289.

691) Vgl. KNOLMAYER u.a. (Daten, 1991), S. 293f.

692) Vgl. DATE (Introduction, 1990), S. 717.

693) Vgl. GEBHARDT (Wissen, 1987), S. 84 u. DATE (Introduction, 1990), S. 717.

694) Vgl. KLOPPROGGE (Konzept, 1983), S. 2ff.

695) Vgl. KLOPPROGGE (Konzept, 1983), S. 44 u. HILDEBRAND (Zeit, 1992), S. 365.

werden. Der Zeitbezug der in der Datenbank abzubildenden Zustände der realen Welt ist vollkommen unabhängig von der zeitlichen Reihenfolge der Aufzeichnung.[696]

Die Abkehr von der "Update-in-Place"-Vorgehensweise wirft die Frage auf nach der Vollständigkeit zeitlicher Dokumentation von Attributswertänderungen, die sich auf einem Kontinuum zwischen folgenden Extremen bewegt:[697]

- Nur aktuelle Werte sind in der Datenbank gespeichert ("Update-in-Place"-Vorgehensweise).
- Jede Änderung wird atomar dokumentiert.

Dazwischen liegen die Möglichkeiten, Daten zu bestimmten Zeitpunkten oder nach bestimmten Zeiträumen (rollierend) zu löschen oder zu aggregieren und als solche zu bewahren.[698] Der Vollständigkeitsgrad zeitlicher Dokumentation wird bestimmt durch Abwägen der Anwendungserfordernisse einerseits sowie die Performanz und Speicherkapazität des Rechnersystems andererseits.[699] Die mit der Abkehr von der "Update-in-Place"-Vorgehensweise verbundenen enormen Anforderungen an die Speichertechnologie sind neuerdings mit modernen optischen Speichermedien wirtschaftlich erfüllbar.[700]

Eine "ideale", d.h. lückenlose Aufzeichnung[701] vergangener Werte, die Abfragen nach Werten beliebiger Zeitpunkte ermöglichen würde, ist allenfalls bei einigen sich diskret verändernden Daten durchführbar, bei kontinuierlicher Datenentwicklung aber unmöglich.[702] Die unvermeidliche potentielle Fehlerbehaftetheit und Unvollständigkeit einer zeitlichen Datenprotokollierung führen zu einer kompromißhaften "quasi-realen" Aufzeichnung von Werten.[703]

Zur Diskussion von zeitbezogenen Datenmodellen als Basis für die Datenbankentwicklung sind zwei Konzepte eingeführt worden:

- Konzept der Zeitmodellierung
- Konzept der Zeitarten

---

696) Vgl. KLOPPROGGE (Konzept, 1983), S. 44.

697) Vgl. HILDEBRAND u. MÜßIG (Modellierung, 1991), S. 241.

698) Vgl. HILDEBRAND (Zeit, 1992), S. 466.

699) Vgl. KLOPPROGGE (Konzept, 1983), S. 54 sowie HILDEBRAND u. MÜßIG (Modellierung, 1991), S. 241. KLOPPROGGE führt bei seiner allgemeinen, nicht ausschließlich auf die EDV-technische Repräsentation bezogenen Betrachtung auch die Erkenntnis- und Wahrnehmungsfähigkeit als Determinante des möglichen Abbildungsgrades des Zeitaspekts an. Dieser Aspekt soll hier nicht problematisiert werden.

700) Vgl. DATE (Introduction, 1990), S. 718.

701) Vgl. KLOPPROGGE (Konzept, 1983), S. 14 u. 16.

702) Vgl. KNOLMAYER (Berücksichtigung, 1989), S. 80.

703) Vgl. KLOPPROGGE (Konzept, 1983), S. 16. KLOPPROGGE führt aus diesem Grunde eine dreiwertige Logik mit einem dritten Wahrheitswert "unbekannt, ob wahr oder falsch" ein.

Das Konzept der Zeitmodellierung unterscheidet eine kontinuierliche und eine diskrete Betrachtung.[704] Im kontinuierlichen Modell werden zur zeitlichen Fixierung Zeitpunkte, die durch eine reale Zahl abgebildet werden, verwendet.[705] Der kontinuierliche Charakter entsteht durch die Möglichkeit, beliebig genaue Zeitpunkte[706] auf einer Zeitachse zu benennen. Das diskrete Modell kennt nur Zeitintervalle, die durch eine natürliche Zahl, die für die Anzahl eines elementaren Zeitintervalls ("chronon") steht, repräsentiert werden.[707] Ein elementarer Zeitintervall könnte z.B. ein Tag, eine Woche, ein Monat sein. Beim diskreten Modell stellt sich die Frage nach der elementaren Zeiteinheit, die nicht weiter zerlegt werden soll.[708] Diese Frage kann nur im Hinblick auf die zu unterstützende Anwendung und die damit verbundenen realen Gegebenheiten, d.h. das Änderungsverhalten der Daten, beantwortet werden.[709] In konventionellen Datenbanksystemen, die größtenteils neben alpha-numerischen, logischen und binären (z.B. integer, real, character, boolean, raw) einen zeitbezogenen Datentyp (z.B. date) als Wertebereich zulassen, ist die zeitliche Genauigkeit systemseitig vorgegeben.[710] Die zumeist sekundengenaue Zeitangabe kann zu grob, aber auch zu fein sein. Eine zu grobe zeitliche Einteilung führt zu Abbildungsungenauigkeiten, eine zu feine Periodisierung dagegen beeinträchtigt zwar nicht die Abbildungsgenauigkeit, führt aber zu unnötigem Verwaltungs- und Speicherungsaufwand.[711]

Die meisten zeitbezogenen Datenmodelle basieren auf dem diskreten Ansatz. Hierfür sind verschiedene praktische Argumente ausschlaggebend:[712]

(1) Zeitmessungen/-angaben sind notwendigerweise unpräzise, da sich Ereignisse nicht auf einen einzigen Zeitpunkt beziehen, sondern zumeist während eines mehr oder minder langen Zeitraumes ablaufen. Die Präzisierbarkeit hängt außerdem

---

704) Vgl. McKENZIE u. SNODGRASS (Evaluation, 1991), S. 506. Die Zeitmodellierung darf nicht mit der oben bereits angesprochenen Art der realen Datenveränderung in der Zeit, die ebenfalls kontinuierlich oder diskret stattfinden kann, verwechselt werden.

705) Vgl. McKENZIE u. SNODGRASS (Evaluation, 1991), S. 506.

706) Die zeitliche Genauigkeit der Angabe wird dann nur durch das Zeitformat beschränkt. Beispielsweise erlaubt das Format YY:MM:DD:HH:MM:SS eine sekundengenaue zeitliche Fixierung.

707) Vgl. McKENZIE u. SNODGRASS (Evaluation, 1991), S. 506.

708) Vgl. KNOLMAYER (Berücksichtigung, 1989), S. 79.

709) Vgl. ARIAV (Model, 1986), S. 505f.: "Thus the Chronon of an air traffic control database is probably a fraction of a second, while the Chronon of a payroll application may be an hour, week, or month." Vgl. auch KNOLMAYER u.a. (Daten, 1991), S. 290 zur Erfordernis der tagesgenauen Liquiditätsbestimmung, während die Prognose des tagesgenauen Finanzbedarfs für ein Jahr kaum realistisch erscheint.

710) In den meisten relationalen Datenbanksystemen speichert der Datentyp "date" neben dem Datum die sekundengenaue Uhrzeit.

711) Vgl. KNOLMAYER (Berücksichtigung, 1989), S. 80.

712) Vgl. KNOLMAYER (Berücksichtigung, 1989), S. 80. sowie McKENZIE u. SNODGRASS (Evaluation, 1991), S. 507.

davon ab, ob ein Vergangenheits- oder Zukunftsbezug vorliegt und wie "entfernt" die zeitlich zu determinierenden Sachverhalte von der Gegenwart liegen.[713]

(2) Die Verwendung von Zeitbegriffen bezieht sich zumeist auf Zeiträume.[714]

(3) Zeiträume können im diskreten Modell durch die Angabe einer natürlichen Zahl für die Anzahl der elementaren Zeitintervalle einfacher dargestellt werden.

(4) Kontinuierliche Betrachtungen lassen sich approximieren.[715]

(5) Schließlich müssen alle Zeitmodellierungen notwendigerweise einer Diskretisierung unterliegen, sei sie auch noch so gering.

Bezeichnen wir alle Attribute, die Zeitwerte aufnehmen, als zeitbezogene, lassen sie sich anhand der Bedeutung des Zeitwertes unterscheiden. Das Konzept der Zeitarten unterscheidet drei unabhängige Zeitkategorien, die in zeitbezogenen Attributen aufgenommen werden können (s. Abb. 38).

Zeitart	Bedeutung	Verwendung	Konsequenz
Gültigkeitszeit ("valid time")	Dauer der Gültigkeit von Daten in der Realwelt	Datenbankeintragungen wird der Zeitraum ihrer Gültigkeit in der Realwelt (Gültigkeits-zeit-Beginn, ggf. Gültigkeits-zeit-Ende) beigefügt	Historie der Zustände der Realwelt bleibt erhalten und über Berichte auswertbar
Transaktionszeit, Registrierzeit ("transaction time")	Zeitpunkt der Eintragung von Daten in der Datenban	Datenbankeintragungen wird der Zeitpunkt der Speicherung (Transaktions-Beginn) und ggf. der Änderung (Transaktionsende) in der Datenbank beigefügt	Historie der Zustände der Datenbank bleibt erhalten und über Berichte auswertbar (Versionenmanagement)
Benutzerspezifizierte Zeit ("user-defined time")	Weitere zeitbezogene Daten über Objekte der Realwelt (z.B. Zahlungszeitpunkte, Kündigungsfristen, Liefertermine)	Anwendungsspezifisch	Anwendungsspezifische Auswertungsmöglichkeiten

Abb. 38: Arten der Berücksichtigung zeitbezogener Daten in Datenbanksystemen[716]

---

713) Vgl. KLOPPROGGE (Konzept, 1983), S. 10, KNOLMAYER (Berücksichtigung, 1989), S. 80 sowie HILDEBRAND u. MÜßIG (Modellierung, 1991), S. 242.

714) Auch bei vermeintlichen Zeitpunktangaben, beispielsweise wenn wir sagen, daß etwas um 15.30 Uhr passiert ist, meinen wir damit doch eine gewisse Zeitspanne, vielleicht gerade diese Minute.

715) Vgl. KLOPPROGGE (Konzept, 1983), S.12f. u. 77ff. sowie KNOLMAYER (Berücksichtigung, 1989), S. 80.

716) Die Übersicht stützt sich maßgeblich auf KNOLMAYER u.a. (Daten, 1991), S. 296. Die Konzepte wurden von SNODGRASS u. AHN (Time, 1985) eingeführt. KLOPPROGGE (Konzept, 1983), S. 43f. betrachtet neben der Gültigkeits- und Registrierzeit die Zeit der Wertbestim-

Die Ergänzung von Datensätzen oder Attributen um Gültigkeits- und Registrierzeit in Form von Zeitpunkten oder Intervallen (Anfangs- und Endzeitpunkt) wird als Zeitstempelung bezeichnet.[717] Gültigkeitszeiten müssen vom Benutzer oder Anwendungsprogramm eingegeben werden, die Transaktionszeit kann unter Verwendung der Systemuhr automatisch gespeichert werden.[718] Gültigkeits- und Registrierzeit fallen bei manueller Datenerfassung mehr oder minder lange auseinander und sind nur bei automatischer Betriebsdatenerfassung nahezu zeitgleich.[719]

Konventionelle Datenbanksysteme unterstützen mit den darin enthaltenen zeitbezogenen Datentypen (z.B. "date") nur die benutzerspezifizierte Zeit.[720] Aber die Datenbank behandelt Attribute mit einem zeitlichen Wertebereich nicht gesondert. Die Verwaltung zeitbezogener Daten ist demnach prinzipiell auch mit allen konventionellen Datenbanken möglich, nur muß sie auf umständliche Weise in den Anwendungsprogrammen oder durch den Benutzer realisiert werden.[721]

Zur Klassifizierung zeitbezogener Datenmodelle bietet sich das Ausmaß der Unterstützung oben erwähnter Zeitkategorien an: historische Datenbanken unterstützen nur die Gültigkeitszeit, Rollback-Datenbanken nur die Registrierzeit und temporale Datenbanken sehen beide Konzepte vor.[722] In historischen Datenbanken werden spätere Korrekturen falscher Gültigkeitszeiten im "Update-in-Place"-Verfahren vorgenommen, während in "Rollback"-Datenbanken Datenelemente nur ergänzt werden dürfen.[723] Nicht gegenwartsbezogene Abfragen (As-of-Abfragen)[724] können in historischen und "Rollback"-Datenbanken zu unterschiedlichen Ergebnissen führen, wenn Registrier- und Gültigkeitszeit auseinanderfallen, also keine automatische Betriebsdatenerfassung eingerichtet ist. Bei vergangenheitsbezogenen As-of-Abfragen liefern hi-

---

mung/-messung. Diese Dreiteilung basiert auf der Drei-Ebenen-Betrachtung der Abbildung der Umwelt auf eine Datenbasis: Umweltebene, empirische Ebene und Ebene der Repräsentation. In manchen Fällen der Korrektur von zeitbezogenen Daten/Tupeln reicht die Unterscheidung von Gültigkeits- und Registrierzeit nicht aus. KNOLMAYER u.a. (Daten, 1991), S. 299 schlagen deswegen die Einführung der auf BEN-ZVI zurückgehenden Korrekturzeit vor. Die Zeit der Wertbestimmung und Korrekturzeit sollen hier jedoch nicht weiter betrachtet werden.

717) Vgl. KNOLMAYER u.a. (Daten, 1991), S. 294.

718) Vgl. KNOLMAYER u.a. (Daten, 1991), S. 295.

719) Vgl. KNOLMAYER (Berücksichtigung, 1989), S. 79.

720) Vgl. McKENZIE u. SNODGRASS (Evaluation, 1991), S. 506. Ein zeitbezogener Datentyp ist auch in den meisten Programmiersprachen und Tabellenkalkulationen verfügbar. Vgl. KNOLMAYER (Berücksichtigung, 1989), S. 81 u. 84.

721) Vgl. das Beispiel bei McKENZIE u. SNODGRASS (Evaluation, 1991), S. 502ff. u. S. 506. Es wird gezeigt, daß bereits einfache, zeitbezogene Auswertungen zu Komplikationen führen können.

722) Vgl. McKENZIE u. SNODGRASS (Evaluation, 1991), S. 506.

723) Vgl. KNOLMAYER (Berücksichtigung, 1989), S. 82.

724) As-of-Abfragen stehen für nicht-gegenwartsbezogene Abfragen in der Form "as-of-date" (als wäre es von diesem Zeitpunkt). Vgl. FERG (Modelling, 1985), S. 284 sowie SNODGRASS u. AHN (Time, 1985), 238ff.

storische Datenbanksysteme Informationen, die den damaligen Realitätszustand beschreiben, nach heutigem Kenntnisstand (Was weiß man heute über damals?). "Rollback"-Datenbanken dagegen zeigen Daten, die das Informationssystem zu diesem früheren Zeitpunkt ausgegeben hätte (Was hat man damals gewußt?).

Die Registrierzeit bezieht sich per definitionem auf ein stattfindendes Ereignis (= Dateneingabe in das System). Sie kann nie einen zukunftsbezogenen Wert aufnehmen und weist insofern einen ausschließlich vergangenheitsorientierten Bezug auf. Die Gültigkeitszeit dagegen hat keinen ausschließlichen Zeitbezug. Werte können gleichermaßen Aussagen für die Vergangenheit (IST-Werte) und die Zukunft (Plan- und Prognosewerte) bilden.

Als Grundlage für die Entwicklung zeitbezogener Datenbanksysteme dienen ausgewählte Datenmodelle (hierarchisches, relationales, objektorientierte und der Entity-Relationship-Ansatz), die um Aspekte der Zeitorientierung erweitert werden.[725] Die folgenden Ausführungen sollen sich auf Erweiterungen des relationalen Datenbankmodells beschränken.[726]

Zeitliche Attribute sind in gewisser Weise als Meta-Attribute zu interpretieren, da sie andere Attribute zeitlich spezifizieren. Diese Orthogonalität führt häufig zur Vorstellung der zeitlichen Entwicklung als dritte Dimension.[727] Die Forderung des relationalen Datenbankmodells nach erster Normalform oder nach atomaren Attributen bzw. zweidimensionalen ("flachen") Tabellen erschwert jedoch die Modellierung zeitveränderlicher Daten. Zeitliche Attribute dienen dazu, für einen bestimmten Zeitpunkt relevante Daten zu selektieren und werden dadurch zum Bestandteil eines zusammengesetzten Schlüssels.[728] In normalisierten, zeitabhängigen Relationen existiert im allgemeinen nur ein zeitbezogenes Nicht-Schlüsselattribut, da zeitinvariante Attribute[729] schon von einem Teil des Primärschlüssels abhängen würden.[730] Dies führt statt zu

---

725) Vgl. KNOLMAYER u.a. (Daten, 1991), S. 294 und die dortige Zuordnung der Modelle.

726) Hierfür bestehen folgende Gründe: Erstens wird das hierarchische Datenbankmodell als veraltet betrachtet. Zweitens wurden Zeitaspekte des ER-Ansatzes und des objektorientierten Datenmodells bereits in den Abschnitten V.A.5.c)(2)(b) bzw. V.A.5.c)(4) behandelt. Drittens wird bei den meisten Erweiterungen vom relationalen Datenbankmodell ausgegangen, da dieses eine besondere praktische Bedeutung genießt. Vgl. zum letzten Grund KNOLMAYER u.a. (Daten, 1991), S. 294 sowie McKENZIE u. SNODGRASS (Evaluation, 1991), S. 502.

727) Vgl. ARIAV (Model, 1986) u. KNOLMAYER (Berücksichtigung, 1989), S. 79. ARIAV sieht darin den "...most "natural" and "comfortable" way..." Zeit zu modellieren und legt diese Perspektive seinem zeitorientierten Datenmodell (TODM) zugrunde. Dieser Gedanke findet sich auch in den dreidimensionalen Datendarstellungen bei ROCKART u. TREACY (CEO, 1982), S. 84 (s. dazu Abb. 16) sowie bei SCHRADE (Informationspotentiale, 1990) wieder.

728) Vgl. KNOLMAYER (Berücksichtigung, 1989), S. 82.

729) Hier sei nur noch einmal auf die klassische Unterscheidung zwischen zeitinvarianten Stamm- und zeitvarianten Bestandsdaten hingewiesen. Vgl. STAHLKNECHT (Wirtschaftsinformatik, 1991), S. 164 u. HANSEN (Wirtschaftsinformatik, 1992), S. 108f.

730) Vgl. KNOLMAYER (Berücksichtigung, 1989), S. 82. Vgl. zur Darstellung und zu den Zielen der Normalisierung Abschnitt V.A.4.b). Vgl. auch den Vorschlag zur Modellierung von Attributsänderungen von FERG in Abschnitt V.A.5.c)(2)(b).

Relationen mit mehreren Attributen zu kleineren Relationen für jedes zeitveränderliche Attribut.[731] Für die in Abb. 32 b. als ERM dargestellte Datenstruktur ergeben sich
daraus folgende Relationen:

MITARBEITER (M_Nr, M_Name)
STELLENZUGEHÖRIGKEIT (M_Nr, Beginn, Ende, Stellen_Nr)
PROJEKTZUGEHÖRIGKEIT (M_Nr, Beginn, Ende, Projekt_Nr)
GEHALTSZUORDNUNG (M_Nr, Beginn, Ende, Gehaltshöhe)

Abfragen, die sich auf die zeitliche Entwicklung eines Attributs beziehen, würden
durch eine derartige Datenstruktur begünstigt, da alle Informationen in nur einer einzigen Relation enthalten sind.[732] Dagegen wird in vielen Fällen nicht ein einzelnes Attribut interessieren, sondern alle objektbezogenen Attribute. Derartige Abfragen sind
datenbanktechnisch sehr aufwendig, weil für jedes Attribut eine eigenständige Relation einzubeziehen und mit allen anderen Relationen zu verknüpfen ist.[733] Zur Vereinfachung dieser Abfragen wird vorgeschlagen, alle zeitveränderlichen Attribute zusammen in einer Relation anzuordnen und die verschiedenen Zustände in der Zeit durch
Momentaufnahmen ("snapshots") zu protokollieren.[734] Die Relationen zur Datenstruktur aus Abb. 32 c. sähen dann folgendermaßen aus:

MITARBEITER (M_Nr, M_Name)
SNAPSHOT (M_Nr, Beginn, Ende, Stellen_Nr, Projekt_Nr, Gehaltshöhe)

Da jede Veränderung eines einzelnen Attributs eine Momentaufnahme der Gesamtheit
auslöst, muß ein hoher Speicherbedarf in Kauf genommen werden.[735] Gleichzeitig bedeutet dies die Schaffung von zeitlicher Redundanz, weil Zustände nicht veränderter
Attribute in mehreren Zeilen der Relationen festgehalten werden. Bei einer nachträgli-
chen Änderung dieser Zustände muß dafür gesorgt werden, daß alle betroffenen Zeilen aktualisiert werden, sonst entstehen inkonsistente Datenbestände.[736]

Hoher Speicherbedarf und zeitliche Redundanz können reduziert werden, wenn die
Forderung nach einer lückenlosen, zeitlichen Protokollierung aufgegeben wird. Mo-

---

731) Vgl. KNOLMAYER (Berücksichtigung, 1989), S. 82.
732) Vgl. FERG (Modelling, 1985), S. 284. Dieser Vorschlag kann als relationale Parallele des
      Zeit-Konzepts von SHOSHANI u. KAWAGOE (Data, 1986) gelten. Die Autoren sehen zeit-
      bezogene Werte als Triplet aus "surrogate" (hier: bestimmter Bootsname), "time" (Zeitpunkt/-
      raum) und "value" (hier: bestimmte Farbe). Jedoch werden dem "surrogat" weitere "time-
      value"-Paare zugewiesen, ohne den Surrogatwert - wie beim Vorschlag von FERG - jedesmal
      zu wiederholen, so daß eine "time sequence" zur zeitlichen Dokumentation entsteht. Der An-
      satz von SHOSHANI u. KAWAGOE soll hier nicht weiter verfolgt werden, da nur die Gül-
      tigkeitszeit betrachtet wird und kein Bezug zum relationalen Datenbankmodell genommen
      wird.
733) Vgl. FERG (Modelling, 1985), S. 284.
734) Vgl. FERG (Modelling, 1985), S. 284.
735) Vgl. FERG (Modelling, 1985), S. 284.
736) Vgl. zu den Gefahren der Redundanz S. 85.

mentaufnahmen werden dann nur noch zu bestimmten Zeitpunkten und nicht schon bei jeder Veränderung eines einzelnen Attributs ausgelöst.

Das aufgezeigte Polylemma zwischen den alternativen Darstellungsmöglichkeiten der Attributsentwicklung durch eigenständige Relationen für jedes Attribut einerseits und durch Momentaufnahmen andererseits, läßt sich durch objektorientierte Erweiterungen der Datenstruktur aufheben. Komplexe Datenstrukturen erlauben jede Attributsänderung, ohne eine Zergliederung auf mehrere Relationen und ohne zeitliche Redundanz zu dokumentieren.

Da die zeitliche Dokumentation aus oben aufgeführten Gründen unvermeidlich lückenhaft bleiben muß, sind häufig Approximationen nötig, beispielsweise in Form der linearen Interpolation. Das Verfahren der zeitlichen Approximation ist je nach Datenobjekt unterschiedlich und sollte deshalb objektbezogen beschreibbar sein.[737] Hier wird unmittelbar ein Bezug zur Verhaltensmodellierung der Objektorientierung offensichtlich. Zeitbezogene Datenbanksysteme sollten demnach die Modellierung einer Herleitungsfunktion im konzeptionellen Schema erlauben.

Zur Beschreibung der Datenstruktur dienen auch Integritätsbedingungen, die sich im relationalen Datenbankmodell insbesondere auf die Beziehungen zwischen Primär- und Fremdschlüssel (referentielle Integrität) beziehen: Die formale Korrektheit der Daten ist nur gewährleistet, wenn zu jedem Fremdschlüssel einer Tabelle ein Primärschlüssel in einer anderen Tabelle existiert. Integritätsbedingungen können nicht nur auf dieser formalen, sondern auch auf inhaltlicher Ebene der Daten formuliert werden (z.B.: "Jeder Mitarbeiter verdient mindestens DM 3000,-".). Beschriebene Integritätsbedingungen sind statischer Art, weil ihre Validierung anhand der sich auf einen Zeitpunkt beziehenden Daten erfolgt. In zeitbezogenen Datenbanksytemen sollten auch temporäre Integritätsbedingungen möglich sein (z.B.: "Personen, die schon einmal dem Unternehmen angehörten, werden nicht wieder eingestellt." oder "Das Gehalt darf niemals sinken.").[738] Temporäre Integritätsbedingungen vergleichen Daten, die sich auf verschiedene Zeitpunkte beziehen. Zur Formulierung solcher Bedingungen muß das Datenmodell um zeitbezogene Begriffe (z.B. "immer", "niemals", "ab jetzt", "bis jetzt") erweitert werden.[739]

Zur Definition eines Datenmodells gehört neben der Beschreibung der Datenstrukturen (Aufbau und Integritätsbedingungen) die Bereitstellung zulässiger Operatoren zur konsistenten Datenmanipulation und -auswertung. Für zeitbezogene Datenmodelle oder Datenbanksysteme bedeutet das eine Erweiterung um zeitbezogene Operatoren und deren Implementierung in der jeweiligen Datenbanksprache. Dadurch sollen zeitpunkt- (Bestandsgrößen) und zeitraumbezogene (Bewegungsgrößen) Fragen beantwortet werden können.[740]

---

737) Vgl. KLOPPROGGE (Konzepte, 1983), S. 74.

738) Vgl. KUNG (Framework, 1984), S. 92f.

739) Vgl. KUNG (Framework, 1984), S. 92.

740) Vgl. HILDEBRAND u. MÜßIG (Modellierung, 1991), S. 239f.

Viele elementare Datums- und Zeitfunktionen finden sich insbesondere in endbenutzerorientierten Programmiersprachen und Tabellenkalkulationen.[741] Im Datenbankbereich impliziert die zeitbezogene Erweiterung des relationalen Datenbankmodells die Ausdehnung der Relationenalgebra auf zeitorientierte Operatoren. Eine derartige Erweiterung schlägt beispielsweise BEN-ZVI vor.[742] Die grundlegenden Basisoperatoren[743] der Relationenalgebra unterstützen direkt Gültigkeits- und Registrierzeit. Darüber hinaus wird ein Time-View-Operator eingeführt, um "snapshots" von Datenbankzuständen zur Beantwortung zeitpunktbezogener Fragen zu erhalten. KUNG schlägt die Erweiterung um zeitlogische Operatoren ("before", "after", "always" und "at") vor.[744] In ähnlicher Form erweitert ARIAV den Selektions- und Restriktionsoperator der Relationenalgebra, um die ganze Objektgeschichte, einen Ausschnitt daraus ("before", "after", "while", "as-of" u.a.) bezogen auf die Gesamtheit oder eine Auswahl der objektbezogenen Attribute sichtbar zu machen.[745]

Die Vorstellung einer Erweiterung der zweidimensionalen "flachen" Denkweise des relationalen Modells um eine dritte zeitbezogene Dimension läßt unwillkürlich den Gedanken an eine grafische Darstellung denken. Konsequenz ist die Entwicklung spezieller grafischer Benutzerschnittstellen zur zeitbezogenen Datenbankabfrage, um Zeitabläufe und die sich darin vollziehenden Datenveränderungen zu visualisieren.[746] Einen sinnvollen Einsatz bieten Operatoren zur zeithierarchiebezogenen Aggregation,[747] wenn umfangreiche Primärdaten vorliegen, diese aber entweder aus Laufzeitgründen nicht ausgewertet werden können oder nicht in dieser Detailliertheit benötigt werden.[748]

Die konsequente Umsetzung zeitbezogener Datenbanksysteme im dargelegten Sinne bietet folgende Vorteile im Vergleich zu herkömmlichen Systemen:[749]

(1) Gesonderte Behandlung zeitbezogener Daten/Attribute (z.B. durch automatische Zeitstempelung).
(2) Zeitbezogene Dokumentation in einem zeitlich organisierten Data Dictionary.
(3) Möglichkeit zur Definition zeitbezogener Integritätsbedingungen.

---

741) Vgl. KNOLMAYER (Berücksichtigung, 1989), S. 81.

742) Vgl. BEN-ZVI (Model, 1982). Zu einem Überblick zeitbezogener Operatoren und Abfragesprachen vgl. SNODGRASS (Language, 1987), S. 284ff. sowie McKENZIE u. SNODGRASS (Evaluation, 1991), S. 519.

743) Vgl. zu den relationalen Operatoren 102.

744) Vgl. KUNG (Framework, 1984), S. 94 u. 97.

745) Vgl. zu den Operatoren im Datenmodell TODM (Time Oriented Data Model) und zur Syntax von TOSQL (Time Oriented SQL) ARIAV (Model, 1986), S. 508ff.

746) Vgl. ARIAV (Time, 1983) zit. n. ARIAV (Model, 1986), S. 517 u. KNOLMAYER (Berücksichtigung, 1989), S. 83.

747) Ansätze finden sich bei ARIAV (Model, 1986), S. 516f. Dort werden im Rahmen von TOSQL bereits im Standard-SQL vorgesehene Gruppierungsfunktionen (COUNT, AVERAGE, SUM, MAX und MIN) für zeitbezogene Attribute eingerichtet.

748) Vgl. KNOLMAYER (Berücksichtigung, 1989), S. 83.

749) Vgl. KNOLMAYER u.a. (Daten, 1991), S. 294.

(4) Zeitbezogene Auswertungen durch Bereitstellung besonderer Operatoren (z.B. Interpolations-, Aggregations-, Früher-/Später- und "Snapshot"-Operatoren sowie As-of-Abfragen).

Die geschilderten Ansätze bleiben lediglich als Prototypen auf der Forschungsebene. Bisher unterstützt kein kommerziell verfügbares Datenbanksystem explizit die Konzepte der Zeitmodellierung und Zeitarten.[750] Erste Ansätze finden sich jedoch schon im SQL2-Standard.[751] Als neue Datentypen sind DATE, TIME und TIMESTAMP mit dazugehörenden arithmetischen und vergleichenden Operatoren verfügbar. Außerdem werden Datentypen für einfache Intervalle (z.B. YEAR, MONTH, DAY, HOUR, SECOND und Sekundenbruchteile) sowie Mehrfeldintervalle (z.B. YEAR TO MONTH) unterstützt, so daß die starre Zeitmodellierung durch bisherige Zeitformate überwunden wird. Die vorgesehenen objektorientierten Erweiterungen in SQL3 überwinden die Beschränkung auf zweidimensionale Tabellen. Die oben aufgezeigten Probleme bei der Darstellung zeitlicher Entwicklung der Attribute werden dadurch verringert.

Die potentielle Eignung objektorientierter Datenbanksysteme zur datenbanktechnischen Realisation des Zeitbezugs von Daten zeigen bereits die geplanten SQL-Standards. Neben den komplexen Datentypen zur redundanzfreien Speicherung zeitbezogener Attribute können die benutzerdefinierten Datentypen zur Modellierung beliebiger Zeitintervalle (z.B. mehrere Jahre, Quartale, überlappende Intervalle) eingesetzt werden. Eine geeignete Definition des Datentyps "ZEIT" kann zudem die Formulierung zeitbezogener Operatoren vereinfachen.[752] So benötigt die Darstellung des Datums "24. Februar 1994" mit "240294" zwar weniger Speicherplatz als mit "19940224", doch eignet sich diese Version besser für Vergleichsoperatoren als jene, weil sie beim Jahrtausendwechsel nicht zu Mehrdeutigkeiten führen kann.[753] Zur Verwaltung und Abfrage (früher-, später-Operatoren, Geschichtsdarstellung für ein Objekt) zeitbezogener Tupel kann eine chronologische Ordnung auf logischer oder sogar physischer Ebene hilfreich sein.[754] Objektorientierte Konzepte sehen dafür den Listenkonstruktor vor.

Die Eignung objektorientierter Konzepte bleibt nicht auf den Strukturteil in Form komplexer und benutzerdefinierter Daten beschränkt. Auch die automatische Versionenverwaltung durch systemseitig verwaltete Identifikatoren (Schlüssel) bietet eine direkte Unterstützung der Dokumentation zeitlich veränderlicher Datenobjekte.[755] Die Unterscheidung aktueller Objekte von vergangenen wird dadurch erleichtert. Ferner besteht durch die objektorientierte Erweiterung die Möglichkeit, zeitspezifische Integritätsbedingungen und Operatoren zu definieren.

---

750) Vgl. SNODGRASS (Directions, 1990), S. 88 sowie SILBERSCHATZ u.a. (Opportunities, 1991), S. 116.

751) Vgl. SHAW (Standards, 1990), S. 67 u. 74.

752) Vgl. HILDEBRAND (Zeit, 1992), S. 465.

753) Vgl. HILDEBRAND (Zeit, 1992), S. 466.

754) Vgl. ARIAV (Model, 1986), S. 507.

755) Vgl. SCHLAGETER u. UNLAND (Concepts, 1990), S. 187f.

Eine wichtige Determinante des wirtschaftlichen Einsatzes zeitbezogener Datenbank-systeme liegt in der technologischen Entwicklung. Die optische Speichertechnologie schafft wichtige Voraussetzungen für eine wirtschaftliche Verwaltung der zusätzlichen Daten.[756] Da in zeitbezogenen Datenbanksystemen die Daten vorwiegend ergänzt statt aktualisiert werden, kommen auch optische Nur-Lese-Speichermedien zur Massendatenverwaltung in Betracht. Neben der Unterstützung des Hauptspeichers und der Sekundärspeicher (z.B. Festplatte) müssen zukünftige zeitbezogene Daten-banksysteme zur Handhabung der enormen Datenmengen Tertiärspeicher (z.B. Da-tenarchive auf Nur-Lese-Medien) als zusätzliche Ebene verwalten können.[757] Schließ-lich kann die Performanz durch spezielle Speicher- und Zugriffsverfahren[758] sowie dedizierte Rechnerarchitekturen für zeitbezogene Datenbanksysteme entscheidend verbessert werden.[759]

c) Regelverarbeitende Datenbanksysteme

Die grundlegenden Gedanken zu einer regelorientierten Programmierung und einer Regelintegration in Datenbanksysteme wurden etwa zur gleichen Zeit aufgegriffen. So zeigte DIJKSTRA als einer der ersten den Weg zu nicht-deterministischen Program-men mit Hilfe konditionierter Aktionsteile (Regeln) auf und legte damit den Grund-stein für die regelorientierte Programmierung und die künstliche Intelligenz.[760] Gleichzeitig entwickelte ESWARAN die Idee konditionierter Datenzugriffe zur Erhal-tung der Datenkonsistenz.[761]

Über die Bedeutung von Regeln für Datenbanksysteme herrscht heute Einigkeit. So meinen STONEBRAKER u. KEMNITZ: "It is clear to us that all DBMSs need a ru-les system."[762] Ebenso sehen SILBERSCHATZ u.a., daß "next generation applicati-ons (Datenbanksysteme, Anm. d. Verf.) will frequently involve large numbers of ru-les...". [763] Die geschilderten Auffassungen sind konsequent, beinhalten doch auch schon herkömmliche Datenbanksysteme datenmodellimmanente Integritätsregeln. Der Einsatz von Regeln in Datenbanksystemen sollte jedoch nicht auf diese datenmodell-formale Ebene beschränkt bleiben. In vielen Fällen erlaubt die Regelverwaltung inner-

---

756) Vgl. DATE (Introduction, 1990), S. 717f. sowie McKENZIE u. SNODGRASS (Evaluation, 1991), S. 502.

757) Vgl. SILBERSCHATZ u.a. (Opportunities, 1991), S. 117.

758) Vgl. dazu die Vorschläge von SHOSHANI u. KAWAGOE (Data, 1986), S. 84ff. HANEWIN-CKEL u. KÜSPERT (Integration, 1990), S. 56 berichtet von einer komprimierten Speiche-rung, die den aktuellen Zustand komplett, den vergangenen als "Delta", d.h. nur die Abwei-chung vom aktuellen Zustand, abbildet.

759) Vgl. KNOLMAYER (Berücksichtigung, 1989), S. 85.

760) Vgl. DIJKSTRA (Commands, 1975).

761) Vgl. ESWARAN (Trigger, 1976).

762) STONEBRAKER u. KEMNITZ (POSTGRES, 1991), S. 85

763) SILBERSCHATZ u.a. (Opportunities, 1991), S. 116.

halb des Datenbanksystems eine semantisch gehaltvollere Datenmodellierung und damit auch eine effizientere Aufgabenverteilung zwischen Datenbank und Anwendungsprogrammen.[764]

Da speziell für die Verwaltung und Verarbeitung von Regeln Expertensysteme eingesetzt werden, sollen diese im folgenden kurz dargestellt werden. Expertensysteme sind als Programmsysteme zu verstehen, die versuchen, Expertenwissen zu erfassen und für eine computerunterstützte Problemlösung eines abgegrenzten Fachgebiets einzusetzen.[765] Im allgemeinen besteht ein Expertensystem aus folgenden Komponenten:[766]

* Wissensbank
  Mit Hilfe dieser Komponente wird das Expertenwissen des Fachgebiets mittels verschiedener Wissensrepräsentationstechniken abgebildet und gespeichert. Eine wichtige Darstellungsform expliziert das Wissen als Wenn-dann-Regeln.[767]

* Problemlösungskomponente
  Da im Gegensatz zur traditionellen algorithmenorientierten Programmierung in Expertensystemen kein fester Problemlösungsweg vorgegeben ist, sondern in jedem Einzelfall individuell entwickelt werden muß, ist eine Komponente erforderlich, die die Regeln der Wissensbank problemorientiert anwendet. Dabei muß festgestellt werden, welche Regeln in welcher Reihenfolge anwendbar sind. Es werden zwei Richtungen von Schlußfolgerungen (Inferenzen) unterschieden. Das vorwärtsgesteuerte Schlußfolgern geht vom Problem aus, analysiert, welcher Wenn-Teil einer Regel für die Ausgangsdaten zutrifft, und leitet über den Dann-Teil das (Zwischen-)Ergebnis ab. Das rückwärtsgesteuerte Schlußfolgern geht von einem angestrebten Zustand aus und analysiert, welcher Dann-Teil einer Regel auf die erwünschten Ergebnisdaten anwendbar ist und leitet daraus die notwendigen Voraussetzungen anhand des Wenn-Teils ab.

* Erklärungskomponente
  Die Erklärungskomponente dient der Abfrage von Wissen aus der Wissensbank

---

764) Vgl. STONEBRAKER u. KEMNITZ (POSTGRES, 1991), S. 85.

765) Vgl. zu dieser Definition und einer ausführlichen Darstellung von Expertensystemen PUPPE (Expertensysteme, 1988). Vgl. auch HEILMANN u. SIMON (Expertensysteme, 1989), S. 4, MILLING (Expertensysteme, 1989), S. 385 u. SCHMIDT (Expertensysteme, 1989), S. 257 sowie GABRIEL u. FRICKE (Expertensysteme, 1991), S. 545. Im Hinblick auf die zumeist nicht vollautomatische Entscheidung durch das System wird auch von Expertenunterstützungssystemen gesprochen.

766) Vgl. HEILMANN u. SIMON (Expertensysteme, 1989), S. 4ff., MILLING (Expertensysteme, 1989), S. 385f. u. SCHMIDT (Expertensysteme, 1989), S. 257f. sowie GABRIEL u. FRICKE (Expertensysteme, 1991), S. 545ff.

767) Andere wichtige Wissensrepräsentationstechniken sind Frames, die eine starke Ähnlichkeit zum objektorientierten Datenmodell aufweisen, semantische Netze und Constraints. Oft ist eine Kombination von Wissensrepräsentationstechniken erforderlich. Die Ausführungen sollen aus zwei Gründen auf die regelorientierte Darstellungsform beschränkt bleiben: für das im Rahmen dieser Arbeit notwendige Grundverständnis von Expertensystemen reicht das aus und bei der Betrachtung von Datenbanksystemen stehen Regeln im Vordergrund.

und der Offenlegung von Aktivitäten der Problemlösungskomponente, so daß ein Expertensystem nicht nur eine Lösung entwickeln, sondern diese auch begründen und erklären kann.

- Wissensakquisitionskomponente
  Als Schnittstelle zwischen dem menschlichen Experten als Wissenslieferanten und der Wissensbank dient die Wissensakquisitionskomponente. Sie soll eine möglichst komfortable Erfassung des Wissens mit den Repräsentationstechniken gewährleisten.

- Dialogkomponente
  Die Dialogkomponente ist eine Benutzerschnittstelle beim Einsatz des Expertensystems.

Die Komponenten sind in einigen Fällen um Schnittstellen zu anderen informationstechnologischen Elementen, insbesondere Datenbanken, und einer Lernkomponente, die die Wissensbasis automatisch anhand von Erfahrungswissen verbessert, zu ergänzen.[768]

Der Gedanke einer integrierten Verwaltung von Regeln und Fakten durch ein einziges Funktionselement wird von der Expertensystem- und Datenbanksystemforschung gleichermaßen getragen und versucht zu realisieren[769]. Terminologisch korrekt wäre es dann, von Wissensbanksystemen zu sprechen.[770] Da der Schwerpunkt dieser Arbeit auf der Datenbankseite liegt, sollen vornehmlich solche Ansätze betrachtet werden, die sich der Problematik von der Seite der Datenbanksysteme aus nähern.

Regelverarbeitende Datenbanksysteme lassen sich in aktive und deduktive unterscheiden. Sowohl bei der Entwicklung von aktiven als auch von deduktiven Datenbanksystemen steht die Erweiterung der Datenbankinhalte um Regeln im Vordergrund. Der Unterschied beider Konzeptionen kann auf dreierlei Weise dargestellt werden:

1. Nach der zugrunde liegenden Regelart
   Unterscheiden wir mit SILBERSCHATZ u.a. *deklarative* Regeln, mit einem Bedingungs- und einem Aussageteil (z.B. wenn a = wahr, dann ist auch b = wahr), von *imperativen* Regeln, die anstatt des Aussageteils einen Aktionsteil aufweisen (z.B. wenn a = true, dann führe b aus),[771] so sind jene Inhalt deduktiver Datenbanksysteme, während diese als Bausteine aktiver Datenbanksysteme fungieren.

2. Nach dem Regelaufbau
   Wie noch zu sehen sein wird, hat es sich als sinnvoll erwiesen, die wenn-Komponente aktiver Regeln in einen Ereignis- und einen Bedingungsteil im engeren Sinne zu zerlegen. Demzufolge bestehen Regeln in aktiven Datenbanksystemen aus den drei Elementen Ereignisbeschreibung, Bedingungs- und Aktionsteil.

---

768) Vgl. GABRIEL u. FRICKE (Expertensysteme, 1991), S. 552f.

769) Vgl. ZELEWSKI (Leistungspotential, 1986), S. 590ff.

770) Vgl. zu den diesbezüglichen terminologischen Abgrenzungen S. 29.

771) Vgl. SILBERSCHATZ u.a. (Opportunities, 1991), S. 116.

3. Nach dem Zweck des Regeleinsatzes
   In aktiven Datenbanksystemen stehen die häufig auch engen zeitlichen Restriktionen unterworfene Auslösung und Ausführung einfacher und komplexer Aktionen
   unter Kontrolle des Datenbankmanagementsystems im Vordergrund. Deduktive
   Datenbanksysteme dagegen erweitern die Mächtigkeit der Datenabfrage, insbesondere auch durch rekursive Abfragen, indem mit Hilfe bekannter Regeln aus vorhandenen Daten nicht explizit in der Datenbank enthaltene Fakten abgeleitet werden.[772] Deduktive Datenbanksysteme können in diesem Sinne auch als passiv betrachtet werden, weil sie lediglich auf Anfragen (von Benutzern oder Anwendungsprogrammen) reagieren.[773]

Die konzeptionellen Unterschiede sind jedoch nicht überschneidungsfrei, denn in beiden Systemen werden gleiche oder ähnliche Techniken genutzt.[774] So kann beispielsweise der Zweck aktiver Regeln in der Herleitung neuer Daten aus den explizit in der
Datenbank gespeicherten liegen.[775] Die Zuordnung prototypischer Systeme zur Klasse
der aktiven oder deduktiven Datenbanksysteme bereitet deswegen auch einige
Schwierigkeiten, die sich auch in einer nicht ganz einhelligen Meinung in der Literatur
widerspiegeln. Darüber hinaus weisen viele Implementierungen Merkmale beider Systemarten auf. In den folgenden Ausführungen zu aktiven und deduktiven Datenbanksystemen sollen deswegen vorwiegend solche Prototypen vorgestellt werden, die für
ihre Klasse besonders typisch sind.

(1) Aktive Datenbanksysteme

Konventionelle Datenbanksysteme lassen sich als passiv charakterisieren, da fast alle
Operationen überwiegend extern durch den Benutzer initiiert werden.[776] Oft aber ergibt sich die Notwendigkeit von Aktivitäten aus einem bestimmten Datenbankinhalt.
Beispielsweise muß bei einer Materiallagerverwaltung ein Bestellvorgang ausgelöst
werden, sobald durch einen Warenabgang der Mindestbestand unterschritten wird. In
passiven Datenbanksystemen bestehen zwei Möglichkeiten zur Unterstützung einer
solchen Aufgabe:[777]

---

772)   Vgl. HANSON (Ariel, 1989), S. 12, DITTRICH (Stand, 1990), S. 349 sowie KOTZ u. DITT
       RICH (Approach, 1993), S. 55.

773)   Vgl. HANSON (Ariel, 1989), S. 12.

774)   Vgl. DITTRICH (Stand, 1990), S. 350 sowie KOTZ u. DITTRICH (Approach, 1993), S. 55.

775)   Vgl. zu diesem Einsatzzweck aktiver Regeln LOHMANN u.a. (STARBURST, 1991), S. 97
       sowie die typischen Aufgabengebiete aktiver Datenbanksysteme in Abschnitt V.A.6.c)(1), die
       auch die Ableitung von Daten (z.B. für Views) umfassen. Geht man von der Annahme aus,
       daß bei jeder Aktionsauslösung aktionsbezogene und insofern auch neue Daten entstehen, so
       wird eine Abgrenzung unmöglich.

776)   Vgl. DITTRICH (Stand, 1990), S. 348 sowie GATZIU u. DITTRICH (SAMOS, 1993), S. 94.

777)   Vgl. DAYAL (Database, 1988), S. 150 u. DITTRICH (Stand, 1990), S. 348.

- Ein Sachbearbeiter oder eine Abfrageroutine kontrolliert regelmäßig die Lagerbestände und löst erforderlichenfalls den Bestellvorgang aus (Polling).
- Jedes Anwendungsprogramm, das einen Warenabgang auslöst, überprüft auch gleichzeitig die Notwendigkeit zur Wiederbestellung.

Beide Lösungen sind mit Nachteilen verbunden:[778]

- Im ersten Fall besteht die Gefahr, daß der Datenbestand zu selten oder zu oft abgefragt wird. Dadurch wird entweder der Bestellvorgang zu lange aufgeschoben oder die Datenbank durch unnötige Abfrage zu stark belastet und in ihrer Performanz beeinträchtigt. Der Umgang mit diesen Nachteilen ist besonders dann schwierig, wenn der Warenabgang unvorhersehbar und unregelmäßig (nach Zeitpunkt, Art und Menge) stattfindet.
- Im zweiten Fall werden die Regeln, die den Datenbestand analysieren und die eventuell auszulösenden Aktionen beschreiben, auf mehrere Anwendungsprogramme verteilt. Dadurch wird die Übersichtlichkeit der Aktionskomplexe beeinträchtigt und es kann zur Mehrfachprogrammierung/-speicherung (Redundanz) von Aktionsfolgen kommen. Analog zur Datenredundanz wird hierdurch nicht nur der Speicherbedarf erhöht, sondern auch die Gefahr ungleicher Aktionsfolgen in verschiedenen Anwendungsprogrammen steigt, d.h., gleiche Ereignisse führen zu unterschiedlichen Aktionen. Insgesamt werden die Wartung und Pflege der Anwendungen aufwendiger.

Ausgehend von der begründeten Annahme, daß die das aktionenauslösende Ereignis beschreibenden Daten in der Datenbank enthalten sind, liegt die Übertragung der Aufgaben der Ereigniserkennung und Aktionsauslösung auf das Datenverwaltungssystem nahe.[779] Unter aktiven Datenbanksystemen werden nun speziell solche Systeme verstanden, die zusätzlich zu den üblichen Funktionalitäten nach bestimmten Ereignissen vordefinierte Datenkonstellationen erkennen und entsprechende Aktionen auslösen und überwachen.[780]

Erste Ansätze zur Implementierung von Aktivität lassen sich schon im Netzwerk-Datenbankmodell in Form von *database procedures* finden.[781] Andere Ansätze zur Aktivitätenverwaltung im Umfeld von Datenbanksystemen bestehen als *trigger* und *alerter*.[782] Explizite Trigger wurden erst im Zusammenhang mit relationalen Datenbanken mit der Aufgabe der Datenkonsistenzerhaltung entwickelt.[783] Inzwischen ist eine Reihe von "aktiven" Erweiterungen vorgeschlagen worden.

Im Rahmen von Information Retrieval Systemen[784] bietet die selektive Informationsverteilung (Selective **D**issemination of **I**nformation, SDI) eine aktive Erweiterung der

---

778) Vgl. DAYAL (Database, 1988), S. 150f. u. DITTRICH (Stand, 1990), S. 348.

779) Vgl. DITTRICH (Stand, 1990), S. 349.

780) Vgl. DITTRICH (Stand, 1990), S. 349 sowie GATZIU u. DITTRICH (SAMOS, 1993), S. 94.

781) Vgl. MANOLA (Technology, 1980), S. 83 u. DAYAL (Database, 1988), S. 151.

782) Vgl. MANOLA (Technology, 1980), S. 83.

783) Vgl. ESWARAN (Trigger, 1976).

784) Vgl. zu Information Retrieval Systemen (Synonym: Dokumentenverwaltungssystem) Abschnitt V.A.6.d).

Informationserschließung.[785] Bei diesem Verfahren teilen die Mitarbeiter ihre Informationsbedürfnisse in Form von "permanenten Anfragen" ("Daueraufträgen", "Informationsbedarfsprofilen") dem System mit. Jedes neu hinzukommende Dokument wird von diesen gespeicherten Recherchen überprüft und bei Entsprechung dem Informationsnachfrager zugeleitet. Automatisierte Abfragen bieten sich insbesondere bei einer Vielzahl hinzukommender Dokumente an. Typischer Einsatzbereich sind externe Datenbanken.

Zu Datenbanksystemen, die sich primär mit der Implementierung von Aktivität beschäftigen, sind fünf umfangreichere Forschungsprojekte anzuführen: SAMOS, POSTGRES, STARBURST, Ariel und HiPAC. Hier soll zunächst das umfassendste System HiPAC ausführlich vorgestellt, bevor die Unterschiede zu den restlichen herausgearbeitet werden.

Grundlage des HiPAC-Projekts ist das von DAYAL eingeführte Paradigma der ECA-Regel als eine differenzierte Sichtweise von Triggern:[786]

Wenn .... **E**VENT (Ereignis/-se) eintritt/eintreten,
dann prüfe .... **C**ONDITION (Bedingung/-en) und - falls erfüllt -
löse .... **A**CTION (Aktion/-en) aus.

Ereignisse sind immer an einen bestimmten Zeitpunkt gebunden; nur die Art der Bestimmung variiert und kann als Klassifizierungsmerkmal von Ereignissen dienen.[787] Ereigniszeitpunkte können durch Datenbankoperationen (z.B. Löschen, Einfügen), explizite Zeitangaben (absolute und relative Zeitpunkte) oder als bestimmte, extern durch einen Benutzer oder ein Anwendungsprogramm ausgelöste Vorgänge definiert sein.[788] Einzelereignisse können zu Ereigniskomplexen zusammengefaßt werden und erlauben so eine differenziertere Beschreibung.[789] Auch Bedingungen können beliebig komplex aufgebaut sein. Sie beziehen sich in erster Linie auf den Datenbankinhalt,[790] können im Bedarfsfall aber auch durch externe Benutzereingaben ergänzt werden. Das Untersuchungsfeld bleibt nicht nur auf einzelne Datenwerte oder einen bestimmten Datenbankzustand beschränkt, sondern kann sich auch auf Aggregationen und Entwicklungen von Datenobjekten beziehen.[791] Aktionen sind beliebige durch EDV-Systeme ausführbare Aktivitäten, die jedoch unter Verwaltung des Datenbanksystems

---

785) Vgl. MERTENS u. GRIESE (Informationsverarbeitung Bd. 2), S. 23.

786) Vgl. DAYAL (Database, 1988), S. 151.

787) Vgl. GATZIU u. DITTRICH (SAMOS, 1993), S. 94.

788) Vgl. DAYAL (Database, 1988), S. 151 sowie GATZIU u. DITTRICH (SAMOS, 1993), S. 94.

789) Vgl. DITTRICH (Stand, 1990), S. 349 sowie GATZIU u. DITTRICH (SAMOS, 1993), S. 95.

790) Vgl. DAYAL (Database, 1988), S. 151. Dort bezieht sich die Bedingung ausschließlich auf den Datenbankinhalt.

791) Vgl. DAYAL (Database, 1988), S. 152. Voraussetzung für die Auswertung von Zeitreihen ist das Speichern von vergangenheitsbezogenen Werten. Zeitbezogene Datenbanksysteme, vgl. V.A.6.b), zielen u.a. auf die Informationsbewahrung "alter" Werte, indem diese nicht überschrieben, sondern durch aktuelle ergänzt werden.

ablaufen müssen[792] (z.B. muß der erfolgreiche Ausdruck einer Alarmliste dem Datenverwaltungssystem mitgeteilt werden). Das bedeutet, daß Aktionen auch wieder Ereignisse erzeugen können und somit auch Aktionsketten modellierbar sind.[793]

ECA-Regeln können auch auf EA- oder CA-Regeln reduziert werden.[794] Im ersten Falle wird keine Bedingung vor der Regelausführung geprüft. Der Anwendungsbereich solcher Regelarten wird dadurch stark eingeschränkt. CA-Regeln entsprechen den von Expertensystemen bekannten Produktionsregeln (Wenn-Dann-Regeln) und unterscheiden sich in ihrer semantischen Ausdrucksfähigkeit nicht von ECA-Regeln. Für die Verwendung von CA-Regeln spricht deren einfach vorzunehmende Formulierung durch den Benutzer, der nicht zwischen auslösendem Ereignis und Bedingung unterscheiden muß.[795] Nachteilig wirken sich jedoch die kompliziertere Bedingungsanalyse bei der Regelbearbeitung auf Grund der Vermischung von ereignis- und rein bedingungsbezogenen Elementen und das zeitaufwendigere Auffinden der Regeln aus.[796] Dieser Mangel führt insbesondere im Falle großer Regelbestände zu großen Effizienzverlusten. Da bei den meisten aktiven Datenbankeinsätzen mehr oder weniger strikte zeitliche Restriktionen wirksam und/oder große Regelbestände auszuwerten sind, wird fast ausschließlich das ECA-Paradigma zugrunde gelegt.

Den zunächst von Datenbanksystemen unabhängigen, allgemeinen Vorschlag des ECA-Paradigmas[797] greifen REINWALD u. WEDEKIND auf, indem sie ein logisches Schema zum Entwurf von ECA-Regelsystemen entwickeln, das sich überwiegend mit der Parallelität von Triggern beschäftigt und versucht, die Trigger in eine redundante Darstellung zu transformieren.[798] Zentrale Konstrukte sind zum einen das ForkSchema, das sich anbietet, falls ein Ereignis in mehreren Triggern vorkommt oder diese auslöst, und zum anderen das Join-Schema, welches Einzelerreignisse zu Ereigniskomplexen bündelt (s. Abb. 39). Zusammengesetzte Ereignisse lassen sich mit Junktoren (Konjunktion, Disjunktion und Sequenz) aus Elementarereignissen bilden.

Besitzen Ereignisse Relevanz für mehrere Trigger, stellt sich die Frage nach dem Gültigkeitsbereich und der Lebensdauer eines Ereignisses. Der Gültigkeitsbereich ist bestimmt durch die Trigger, in denen das Ereignis vorkommt. Da Trigger unabhängig voneinander formuliert werden, sollte ein Ereignis alle gültigen Trigger auslösen. Sind Ereignisse mit der und-Verknüpfung zusammengesetzt, muß festgelegt werden, wie lange auf den Eintritt der übrigen Ereignisse gewartet wird. Die Autoren schlagen dazu Verarbeitungszyklen vor, die erkannte Ereignisse in einer FIFO-Warteschlange

---

792)   Vgl. DITTRICH (Stand, 1990), S. 349.

793)   Vgl. DITTRICH (Stand, 1990), S. 349.

794)   Vgl. KOTZ u. DITTRICH (Approach, 1993), S. 56.

795)   Vgl. KOTZ u. DITTRICH (Approach, 1993), S. 56.

796)   Vgl. KOTZ u. DITTRICH (Approach, 1993), S. 56 u. 59.

797)   Allgemein kann von ereignisorientierter Programmierung gesprochen werden, die z.B. in
       Window-Managern als interaktive Präsentationsbetriebssysteme und anderen Ressourcenmanagern eingesetzt wird. Vgl. REINWALD u. WEDEKIND (Triggerentwurfssystem, 1993), S.
       26.

798)   Vgl. REINWALD u. WEDEKIND (Triggerentwurfssystem, 1993).

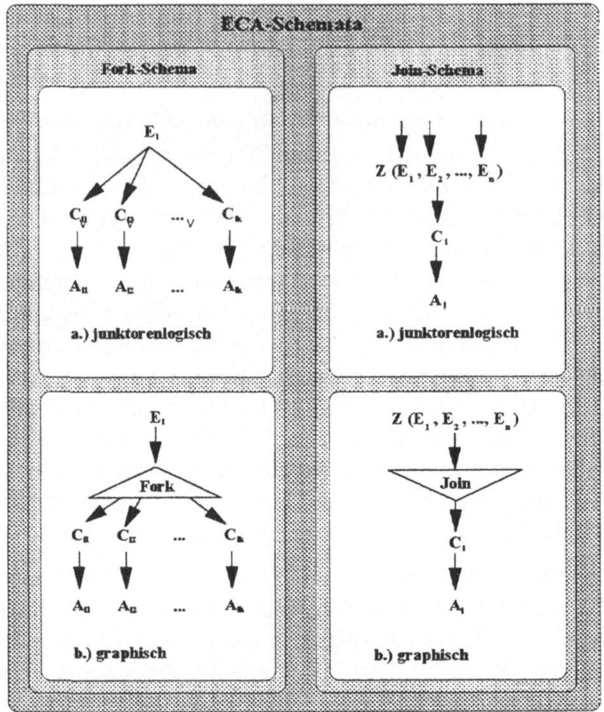

Abb. 39: ECA-Schemata: Fork- und Join-Schema
(Quelle: REINWALD u. WEDEKIND (Triggerentwurfssystem, 1993), S. 29f.)

verwalten, und weisen auf eine ähnliche Vorgehensweise im Datenbanksystem IN-
GRES Version 6.4 hin.

Zur Implementierung der ECA-Regeln werden im HiPAC-Projekt die folgenden Auf-
gabenkomplexe unterschieden:[799]

- Regelmodellierung
- Ausführungsmodellierung
- Bedingungsprüfung
- Ressourcen- und Ablaufsteuerung

Die Regelmodellierung befaßt sich mit der Darstellung und Verarbeitung der ECA-
Regeln. Als Basis dient in HiPAC ein objektorientiertes Datenmodell, in dem Attribu-

---

799) Die folgenden Ausführungen beziehen sich auf das HiPAC (High Performance ACtive
DBMS)-Projekt, das z.Z. am besten den aktuellen Forschungsstand widerspiegelt. Vgl. zum
HiPAC-Projekt DAYAL (Active, 1988), DAYAL u.a. (HiPAC, 1988), CHAKRAVARTHY
(Active, 1989), McCARTHY u. DAYAL (Architecture, 1989) sowie DAYAL u.a. (Activities,
1990).

te, Beziehungen und Operationen von Objekten durch Funktionen abgebildet werden.[800] Regeln werden als Objekte behandelt und bestehen minimalerweise aus Funktionen, die auf Ereignis-, Bedingungs- und Aktionsobjekte sowie einen eindeutigen Regelbezeichner verweisen. Optional können Funktionen auf zeitliche Restriktionen, Alternativaktionen und Regelattribute zielen. Alternativaktionen können durchgeführt werden, falls die ursprünglich vorgesehenen nicht innerhalb der zeitlichen Vorgaben abgeschlossen werden können. Regelattribute erlauben die Klassifizierung von Regeln, um beispielsweise kontextsensitiv relevante Regeln aus einem großen Bestand schneller finden und verwalten zu können.

Das in HiPAC verwendete objektorientierte Datenmodell erlaubt durch die Funktionenorientierung eine sehr flexible Regelmodellierung. Beispielsweise hat die Funktion Ereignis ein Ereignisobjekt zum Ergebnis, das aus einem Ergebnisbezeichner und einer Liste formaler Argumente besteht, die das Ereignis allgemein beschreiben (z.B. E: Lagerabgang; Argumente: Materialart m, Menge x).[801] Für Ereignisobjekte ist wiederum über eine Funktion die Operation Signal definiert, die die aktuellen Argumente mit den allgemeinen verbindet und so das Ereignis näher spezifiziert (z.B. E: Lagerabgang; Argumente: Materialart 1E, Menge 134). Auch zusammengesetzte Ereignisse lassen sich aus elementaren Ereignissen mit Hilfe der folgenden Konstruktoren bilden: Disjunktion (oder-Verknüpfung), Sequenz (zwei oder mehrere Ereignisse hintereinander) und Abschluß (ein weiteres Ereignis definiert den Abschluß).[802] Bei einem Vergleich mit den oben aufgezeigten Konstruktoren bei REINWALD u. WEDEKIND (Disjunktion, Konjunktion und Sequenz) könnte Abschluß als Konjunktion interpretiert werden, da schließlich auch beide Ereignisse vorliegen müssen. Insofern würden sich die Ansätze nicht unterscheiden.

Bedingungsobjekte bestehen aus einer oder mehreren Datenbankabfragen (meistens in einer Datenbanksprache formuliert, z.B. SQL) und Aktionsobjekten aus einer oder mehreren Aktionen. Zu beiden Objekttypen müssen Verknüpfungsmodi spezifiziert werden. Diese sollen im Rahmen des Ausführungsmodells dargestellt werden.

Insgesamt fünf Operatoren sind im Regelmodell vorgesehen:

- Create
- Delete
- Activate
- Deactivate
- Fire

Der Fire-Operator wird für eine bestimmte Regel bei Erkennen des dazugehörenden Ereignisses intern durch das System aufgerufen. Die De-/Activate-Operatoren dienen der kontextorientierten Regelverwaltung.

---

800) Vgl. ausführlich zu diesem Datenmodell MANOLA u. DAYAL (Model, 1986).

801) Zur Entstehung und Erkennung von Ereignissen vgl. REINWALD u. WEDEKIND (Triggerentwurfssystem, 1993), S. 26f. Die Autoren sprechen auch von einem Ereignisschema, das mit aktuellen Werten eines bestimmten Ereignisses belegt wird.

802) Vgl. CHAKRAVARTHY (Active, 1989), S. 23.

Die Implementierung von Regeln als Objekte hat folgende Vorteile:

- Regeln können mit anderen Objekten verknüpft werden und Attribute aufnehmen. Dadurch ist die Modellierung eines Kontextbezugs durch Attribute möglich. Der Kontextbezug von Regeln erhöht die Performanz und die Verständlichkeit sowie Wartbarkeit der Wissensbasis. Weiterhin können Funktionen über Regelhierarchien vererbt und spezialisiert werden.

- Regeln können wie andere Objekte geschaffen, modifiziert und gelöscht werden. Weiterhin unterliegen sie als Datenbankobjekte der Transaktionenverwaltung, so daß eine zur Ausführung gelangende Regel nicht verändert werden kann.

Die Ausführungsmodellierung erweitert das Transaktionenkonzept[803] herkömmlicher passiver Datenbanksysteme zur Handhabung von ECA-Regeln. Die Verknüpfung der das Ereignis auslösenden Transaktion mit der Ausführung einer kompletten Regel würde im Hinblick auf die Atomaritätsforderung des Transaktionskonzeptes eine starke Einschränkung bedeuten. Aus diesem Grunde wurde in HiPAC die Ausführung von auslösenden Transaktionen und Regeln/Regelteilen entkoppelt. Es entsteht ein Modell von Transaktionen, wovon jede einzelne mehrere Subtransaktionen, die auch parallel ablaufen können, umfassen kann (Transaktionshierarchie). Die Änderungen einer Subtransaktion werden erst mit den Änderungen der Wurzel-Transaktion dauerhaft, wenn also alle zugeordneten Subtransaktionen erfolgreich abgeschlossen sind. Während der Bearbeitung einer Subtransaktion werden die übergeordneten Transaktionen ausgesetzt.

Verknüpfungsbeziehungen in HiPAC bestehen einerseits zwischen ereignisauslösender Transaktion und Bedingungsprüfung sowie andererseits zwischen Bedingungsprüfung und Aktionsausführung. Für beide Bereiche stehen vier Verknüpfungsmodi zur Verfügung:

1. Unmittelbare Verknüpfung
   Eine Transaktion: Die auslösende Transaktion (Ereignisauslösung, Bedingungsprüfung) wird bis zur vollständigen Ausführung der ausgelösten Teiltransaktion (Bedingungsprüfung/Aktionsdurchführung) unterbrochen.

2. Aufgeschobene Verknüpfung
   Eine Transaktion: Die ausgelöste Teiltransaktion (Bedingungsprüfung/Aktionsdurchführung) wird unmittelbar vor dem Ende (Commit) der auslösenden Transaktion (Ereignisauslösung, Bedingungsprüfung) aufgerufen.

3. Losgelöste, aber ursächlich abhängige Verknüpfung
   Zwei getrennte Transaktionen: Die ausgelöste Transaktion wird nur durchgeführt, wenn die auslösende erfolgreich durchgeführt wurde.

4. Losgelöste und auch ursächlich unabhängige Verknüpfung
   Zwei getrennte Transaktionen: Die ausgelöste Transaktion wird auch dann durchgeführt, wenn die auslösende nicht erfolgreich durchgeführt wurde.

---

803) Vgl. zum Transaktionskonzept S. 86.

Die Entkopplung bewirkt folgendes:

- Die auslösende Transaktion kann früher abgeschlossen werden, da sie nicht mehr von der kompletten Regelverarbeitung abhängt.
- Es werden weniger Datenbankobjekte durch "wartende" Transaktionen gesperrt.
- Ein etwaiger Recovery-Aufwand wird vermindert.

Darüber hinaus lassen sich aufwendige Aktionen auf Zeiten verlagern, in denen der Rechner nicht ausgelastet ist.[804] Voraussetzung hierfür ist allerdings ein ausreichender zeitlicher Spielraum für die Ereignisreaktion. So entsteht ein verschachteltes Transaktionskonzept, das mehrere Regeln bei Vorliegen von Serialisierbarkeit parallel verarbeiten kann.[805]

Bei der Bedingungsprüfung gilt es, eine Menge von Datenbankabfragen möglichst effizient auszuwerten. Hierzu existieren mehrere konkurrierender Ansätze, auf deren weitere Darstellung hier verzichtet wird. Auch die Ressourcen- und Ablaufsteuerung bezieht sich vorwiegend auf Effizienzbetrachtungen und wird deswegen ebenfalls nicht weiter aufgezeigt.[806]

Zur Handhabung von ECA-Regeln umfaßt die Architektur der HiPAC-Datenbank neben den in objektorientierten Datenbanksystemen üblichen Funktionseinheiten (Objektmanager, Transaktionsmanager, Speicherverwaltung) Ereignisdetektoren (je einen für anwendungsindizierte, zeitabhängige und datenbankoperationenbezogene Signale), einen Regelmanager und einen Bedingungsmanager (s. Abb. 40).

Nach der Darstellung des HiPAC-Projekts werden nun die übrigen Prototypen vergleichend betrachtet.

SAMOS (<u>S</u>wiss <u>A</u>ctive <u>M</u>echanism-Based <u>O</u>bject-Oriented Database <u>S</u>ystem)[807] setzt aktive Komponenten auf das Datenbanksystem ObjectStore auf, ohne dieses zu verändern. Demgemäß besteht kein aktives Datenbanksystem im strengen Sinne, da das Datenbanksystem als Black-Box angesehen wird und deswegen Leistungseinbußen in Kauf genommen werden müssen. Dennoch soll dieser Prototyp hier dargestellt werden, um weitere wichtige Aspekte dieses Forschungsfeldes, insbesondere die einer Ereignissprache, aufzuzeigen.

Ein Schwerpunkt von SAMOS liegt in der Bereitstellung einer Ereignissprache mit wenigen, aber orthogonal anwendbaren Konzepten zur Modellierung eines breiten Spektrums von Umweltsituationen. Bei der objektorientierten Datenbankbasis liegt es nahe, Ereignisklassen zu definieren und einzelne Ereignisse als deren Instanzen aufzu-

---

804) Vgl. APPELRATH u.a. (Entwicklung, 1993), S. 82.

805) Eine ausführliche Beschreibung des Ausführungsmodells findet sich bei HSU u.a. (Execution, 1988).

806) Vgl. zur ausführlichen Darstellung von Bedingungsprüfung sowie Ressourcen- und Ablaufsteuerung DAYAL (Active, 1988) S. 157ff.

807) Vgl. zur ausführlichen Darstellung von SAMOS und den folgenden Ausführungen GATZIU u. DITTRICH (SAMOS, 1993).

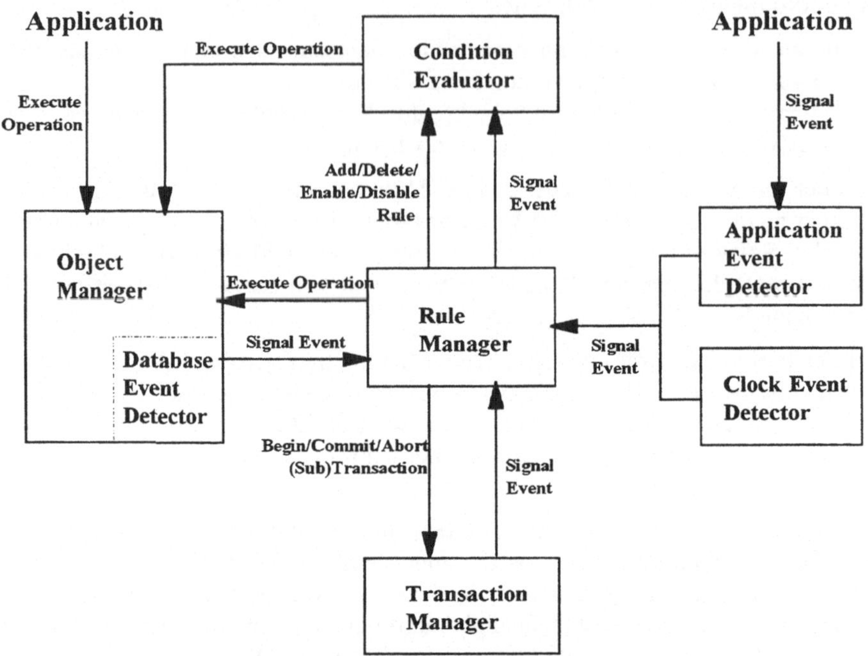

Abb. 40: Architektur eines aktiven Datenbanksystems
(Quelle: DAYAL (Active, 1988) S. 163)

fassen.[808] In Regeln werden stets Ereignisklassen verwendet, die beim Ereigniseintritt instantiiert werden. Dem Grundgedanken der Mehrfachverwendung von Objekten oder Objektklassen folgend, werden Ereignisklassen zunächst regelunabhängig modelliert und erst dann in einer oder mehreren Regeln verwendet. Wie schon bei DAYAL sowie REINWALD u. WEDEKIND wird auch bei SAMOS in primitive (einfache) und zusammengesetzte Ereignisse unterschieden.[809] Primitive Ereignisse sind:

- Zeitereignisse
  Sie sind durch Zeitangaben gekennzeichnet.[810] Hierbei können explizite und implizite Zeitangaben verwendet werden. Jene lassen sich weiter danach unterschei-

---

808) Im folgenden wird weiterhin nur von "Ereignis" gesprochen. Ob Ereignisklasse oder -instanz gemeint ist, läßt sich aus dem Zusammenhang herleiten.

809) Im folgenden wird auch hier nur von "Ereignis" gesprochen. Ob ein primitives oder komplexes Ereignis gemeint ist, läßt sich wiederum aus dem Zusammenhang herleiten.

810) In SAMOS erfolgt eine Zeitpunktbestimmung durch Angabe von Jahr, Monat, Tag, Stunde und Minute. Für zeitkritische aktive Datenbanksteuerung (z.B. bei Prozeßverarbeitung, Börsenprogrammen) sind diese Angaben zu grob und müßten auf Sekunden oder noch kleinere Zeitwerte ausgedehnt werden.

den, ob absolute oder periodisch wiederkehrende Zeitpunkte das Ereignis beschreiben. Implizite Zeitpunktbestimmungen erfolgen in Abhängigkeit anderer Ereignisse/Ereigniszeitpunkte (z.B. Endzeitpunkt einer bestimmten Aktionsausführung). Häufig werden implizite Zeitpunkte in relativen Zeitangaben (t + x, z.B. Endzeitpunkt einer bestimmten Aktionsausführung + 2 Tage) verwendet.

- Methodenereignisse
  Methodenereignisse ergeben sich durch den Aufruf einer Objektmethode durch Nachrichten. Es muß zwischen den Ereignissen vor dem Beginn (before) oder nach dem Ende (after) der Methodenausführung unterschieden werden.

- Wertereignisse
  Diese beziehen sich auf den Beginn oder das Ende von Datenmanipulationsoperationen, die bei strenger Datenkapselung immer Bestandteile von Methoden sind.

- Transaktionsereignisse
  Sie beziehen sich auf den Anfang, das erfolgreiche Ende oder den Abbruch einer Transaktion.

- abstrakte Ereignisse
  Solche müssen im Gegensatz zu den oben genannten Ereignistypen, die automatisch von SAMOS automatisch erkannt werden, explizit definiert werden. Abstrakte Ereignisse beziehen sich auf datenbankexterne Situationen (z.B. den Aufruf eines Programms auf Betriebssystemebene).

Zusammengesetzte Ereignisse werden mit einer Ereignisalgebra beschrieben, die sechs Ereigniskonstruktoren vorsieht, beschrieben. *DISJUNKTION* (E1 oder E2), *SEQUENZ* (E1, später E2) und *KONJUNKTION* (E1 und E2) sind bereits aus den dargestellten Konzepten von DAYAL sowie REINWALD u. WEDEKIND bekannt. Drei weitere Konstruktoren erlauben die Überwachung des Eintretens von Ereignissen während eines Zeitraums. Das Nicht-Eintreten eines Ereignisses *Not* E1 während eines Zeitraums wird an dessen Ende signalisiert. *Not any* erlaubt die Überwachung aller definierter Ereignisse. Der Stern-Operator * E signalisiert nur das erstmalige Auftreten eines sich in einem Zeitintervall wiederholenden Ereignisses. Mit dem Geschichte-Operator *Times*(n, E) oder *Times* ([n1-n2], E) wird nach n-maligem oder nach n1-n2-maligem Auftreten am Ende des Zeitintervalls der Eintritt signalisiert. Zur Modellierung und Entdeckung zusammengesetzter Ereignisse werden in SAMOS Petri-Netze verwendet.

Das Nicht-/Eintreten eines Ereignisses interessiert häufig nur während eines bestimmten Zeitraums oder läßt sich nur zeitraumbezogen formulieren. Zeitintervalle werden in SAMOS in der allgemeinen Form [*start_point* - *end_point*] modelliert, wobei neben konkreten Intervallen (z.B. [92.06.01 - 92.07.01]) periodisch wiederkehrende (z.B. *every month* [15,18:00 - 16,18:00]) definiert werden können. Überwachungsintervalle können während der Regeldefinition oder regelunabhängig im Sinne einer Ereignisbibliothek formuliert und anschließend in mehreren Regeln aufgerufen werden. Darüber hinaus steht eine Reihe von Operatoren zur Ereignisverknüpfung zur Verfügung (z.B. *overlap* (interval, interval), *extend* (interval, interval)).

Bei der Instantiierung eines Ereignisses fallen spezifische Werte an, die für die weitere Regelverarbeitung von Interesse sind und weiterhin zur Verfügung stehen müssen. In HiPAC werden diese Werte über Signale zwischen den Ereignisdetektoren und den übrigen Funktionsmodulen kommuniziert. In SAMOS werden eingetretene Ereignisse durch Umgebungsparameter und Ereignisartparameter näher spezifiziert. Jene umfassen den Zeitpunkt der Entdeckung, den Identifikator der auslösenden Transaktion und des Benutzers. Bei zusammengesetzten Ereignissen umfassen sie nur den Entdeckungszeitpunkt. Ereignisartparameter sind spezifische Parameter, die sich nach den oben beschriebenen Ereignisarten richten. Sequenz-, Konjunktion-, Stern- und Geschichte-Operator benötigen oft die Einschränkung von Teilereignissen mit gleichen Parameterwerten, die z.B. durch dieselbe Transaktion oder denselben Benutzer ausgelöst wurden oder sich auf dasselbe Objekt beziehen. Dies läßt sich durch *same*-Zusatz (z.B. *same* user) modellieren. Weitere Implementierungs- und Ausführungsaspekte sollen hier nicht betrachtet werden, da sie sich diese sehr stark an HiPAC anlehnen.

SAMOS intendiert, ein breites Spektrum von Umweltsituationen oder -ereignissen mit wenigen orthogonalen Konstrukten modellierbar zu machen. Das Ergebnis kann zu ungünstigen Ereignisbeschreibungen führen, da diese auf vielen verschiedenen Wegen möglich sind. Deswegen bietet sich an, nur Teile der Ereignissprache für spezifische Anwendungsbereiche zur Verfügung zu stellen. Beispielsweise hat es sich gezeigt, daß Börsenapplikationen häufig nur statistischer Natur sind und deswegen vorwiegend zusammengesetzte Ereignisse, Stern- und Geschichte-Operatoren sowie implizite Zeitpunktbestimmungen Verwendung finden. Darüber hinaus sollen interaktive und grafikgestützte Entwurfsinstrumente den Umgang mit der Ereignissprache vereinfachen.

Komplementär zu SAMOS, dessen Schwerpunkt auf der Entwicklung einer Ereignissprache liegt, beschäftigt man sich in einem anderen Projekt[811] mit datenbanknäheren Aspekten. Ebenso wie in SAMOS wird in diesem Projekt aktive Funktionalität einem kommerziell verfügbaren Datenbanksystem aufgesetzt, und zwar GemStone, einem objektorientierten und auf Smalltalk basierenden Produkt. Auch hier handelt es sich demzufolge nicht um ein aktives Datenbanksystem im strengen Sinne, da das als Basis dienende Datenbanksystem wieder als Black-Box betrachtet wird und somit auch Leistungseinbußen hingenommen werden müssen.

Das zugrunde liegende ECA-Konzept wurde aus HiPAC übernommen, wodurch auch die dortigen Verknüpfungsmodi verfügbar sind. Die Ereignismodellierung orientiert sich an SAMOS, so daß auf ihre Skizzierung verzichtet werden kann. Die Architektur gliedert sich in vier Schichten (s. Abb. 41).

Der Schwerpunkt des Projekts liegt auf den unteren drei Schichten. Im übrigen sind auch hier ähnliche Probleme wie in HiPAC zu lösen. Die Darstellung soll lediglich verdeutlichen, wie kommerziell verfügbare Datenbanksysteme um aktive Komponenten erweitert werden können.

---

811) Vgl. zur ausführlichen Darstellung des Projekts und zu den folgenden Ausführungen KOTZ u. DITTRICH (Approach, 1993).

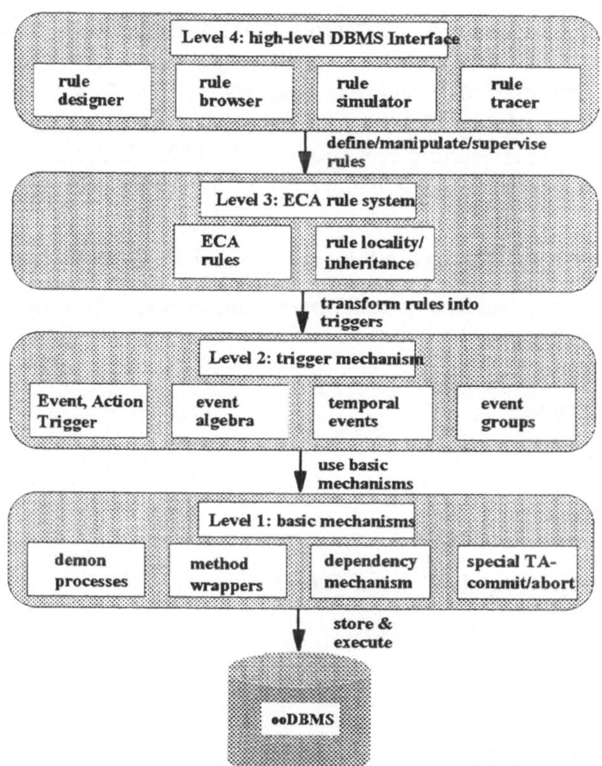

Abb. 41: 4-Schichten-Systemarchitektur in SAMOS
(Quelle: KOTZ u. DITTRICH (Approach, 1993),
S. 60)

Das bereits vorgestellte Datenbanksystem POSTGRES ist ein das relationale Datenbankmodell in seinen Grundzügen bewahrendes, objektorientiertes Datenbanksystem,
das die Verwaltung von Aktivitätsregeln (Wenn-Dann-Regeln) erlaubt.[812] Aktive Regeln sind in POSTGRES folgendermaßen aufgebaut:

ON *event* [TO] *object* WHERE
POSTQUEL-*qualification*
THEN DO [INSTEAD]
POSTQUEL-command(s)

---

812) Vgl. zu den Ausführungen zu POSTGRES STONEBRAKER u. KEMNITZ (POSTGRES,
1991).

Events bleiben ausschließlich auf Datenbankaktionen (retrieve, replace, delete, append oder new) beschränkt und können beispielsweise keine Ereignisse außerhalb der Datenbank oder Zeitpunkte als Ereignisse beschreiben. Die Regeln dienen in erster Linie einer gesteigerten Integritätskontrolle und der Generierung abgeleiteter Daten (automatischen Aktualisierung von Views und Objektversionen). Dabei kann dies dem gleichen Ziel dienen:

Bsp.: Der Angestellte Schmitz soll immer das gleiche Gehalt wie Müller beziehen.

Lösung 1: Integritätsbedingung auf Anwendungsebene, d.h. nicht auf Datenmodellebene, beschränkt

ON new emp.salary WHERE
emp.name = "Müller"
THEN DO replace
e (salary = new.salary)
FROM e in emp
WHERE e.name = "Schmitz"

Lösung 2: Generierung abgeleiteter Daten

ON retrieve TO emp.salary WHERE
emp.name = "Schmitz"
THEN DO INSTEAD retrieve
(emp.salary)
WHERE emp.name = "Müller"

Die Wahl der Strategie hängt von der Abfragehäufigkeit der jeweiligen Daten ab. In Bezug auf das Ausführungsmodell läßt sich zu POSTGRES anmerken, daß auch die Notwendigkeit zur Entkopplung bestimmter Transaktionen gesehen und eine Implementierung eines ähnlichen Transaktionskonzepts wie in HiPAC angestrebt wird.

Global gesehen läßt sich POSTGRES somit in die Klasse der zahlreichen Ansätze einordnen, die auf die automatische Generierung abgeleiteter Daten (z.B. in Views) sowie eine Verbesserung der Zugangs- und Integritätskontrolle zielen.[813]

Auch STARBURST integriert objektorientierte Konstrukte in einen relationalen Datenbankkern.[814] Im Gegensatz zu POSTGRES besteht in STARBURST die Möglichkeit, Ereignisse auf Methodenebene und damit flexibler als auf der Ebene grundlegender Datenbankoperationen zu definieren. Auch können beliebige Funktionen als Aktionen modelliert werden, so daß insgesamt der Regelbezug nicht auf die Datenbank beschränkt bleibt und einen weiten Anwendungsbereich eröffnet. Weiterhin ist in STARBURST ein Verknüpfungsmodus vorgesehen: "...rules can be activated in DEFERRED mode, which defers evaluating the rule´s condition until the user actively

---

813) Vgl. die kurze Übersicht bei DAYAL (Database, 1988), S. 151.

814) Vgl. zur Darstellung der Regelkomponente in STARBURST LOHMANN u.a. (STARBURST, 1991), S. 103ff.

ASSERTs the rule."[815] Es bleibt jedoch festzuhalten, daß die Verzögerung nur zwischen "ASSERT" und Bedingungsprüfung und nicht zwischen Bedingungsprüfung und Aktionsausführung eingerichtet werden kann. Es bleibt auch unklar, ob unter "user" ein menschlicher Benutzer oder ein Anwendungsprogramm zu verstehen ist. Darüber hinaus sind keine differenzierten Verknüpfungsmodi im obigen Sinne verfügbar. In STARBURST werden Regeln als komplexe SQL-Statements formuliert.[816] Die oben aufgezeigten Vorteile der objektorientierten Formulierung in HiPAC bestehen somit nicht. Die Weiterleitung von Informationen zur Regelbearbeitung wird in STARBURST durch "active-tables" realisiert.[817]

Das Ziel des Ariel-Projekts[818] besteht in der Entwicklung eines konventionellen relationalen Datenbanksystems erweitert um ein Regelsystem, das auch den Forschungsschwerpunkt ausmacht. Der Datenbankteil wird deswegen so einfach wie möglich gehalten und mit einem Datenbankentwicklungswerkzeug realisiert. Insofern möchte und kann Ariel auf Datenbankebene nicht mit POSTGRES oder STARBURST konkurrieren. Die Datenabfragesprache ist eine Untermenge der POSTGRES-Sprache POSTQUEL. Regeln werden mit Hilfe der Ariel Rule Language formuliert und weisen folgende generelle Syntax auf:

DEFINE RULE *rule-name*
[PRIORITY *priority-val*]
[ON *event*]
[IF *condition*]
THEN *action*

Als Ereignisse sind Datenbankoperationen und zeitliche Angaben (einmalige und wiederkehrende Zeitpunkte sowie Zeitintervalle) vorgesehen. Regeln werden komplett in der auslösenden Transaktion abgearbeitet. Ist ein Ereignis für mehrere Regeln relevant, wird nur eine ausgeführt, und zwar die mit der höchsten Priorität (-1000 bis 1000, Standard 0). Während Bedingungen in Ariel sich ausschließlich auf Datenbankebene beschränken, können im Aktionsteil nach benutzerdefinierte Funktionen und andere Programme aufgerufen werden. Die Regelverarbeitung in Ariel erfolgt auch dem in Produktionssystemen üblichen Recognize-act-style-Verfahren, bei dem zunächst alle relevanten Regeln ausfindig gemacht und entsprechend ihrer Priorität nacheinander verarbeitet werden, sofern vorher kein expliziter Ausstieg angezeigt wird. Die folgenden Beispiele sollen einen Eindruck von aktiven Regeln in Ariel vermitteln:

Bsp. 1: Integritätsbedingung, daß kein Gehalt um mehr als 10 % erhöht wird

---

815) LOHMANN u.a. (STARBURST, 1991), S. 105.

816) Vgl. LOHMANN u.a. (STARBURST, 1991), S. 105.

817) Vgl. LOHMANN u.a. (STARBURST, 1991), S. 105.

818) Vgl. zur ausführlichen Darstellung von Ariel und zu den folgenden Ausführungen HANSON (Ariel, 1989).

```
DEFINE RULE raise-limit
IF emp.salary > 1.1 * previous emp.salary
THEN abort
```

Bsp. 2: Erinnerung an Treffen
```
DEFINE RULE staff_mtg_reminder
ON time = 14:00
IF emp.dept = "Sales"
THEN execute RemindAboutMeeting ("Staff Meeting at 2", emp.name)
```

Bsp. 3: Automatische Umsatzberichterstellung
```
DEFINE RULE time_rule
ON every hour
    starting   08:00
    ending     17:00
THEN execute CompileTradingFigures()
```

Neben den Ansätzen im Datenbankbereich werden auf dem Sektor der Künstlichen Intelligenz aktive Objekte modelliert und implementiert.[819] Allerdings bleibt im Gegensatz zu Datenbanksystemen die Anzahl der Objekte (Regeln und Fakten) durch die Hauptspeicherbeschränkung gering, und ein Mehrfachzugriff ist nicht möglich.[820]

Die Implementierung von ECA-Regeln in Datenbanksystemen erlaubt die Durchführung unterschiedlichster Aufgaben unter einem einheitlichen Paradigma. Dafür müßten bisher eigene dedizierte Komponenten eingesetzt werden. Hier nun eine keineswegs vollständige Übersicht der durch aktive Datenbanksysteme durchführbaren Aufgaben:

- Alerters
  Automatische Reaktion auf Ereignisse als Ersatz des Polling. Flexible Regelmodellierung durch komplexe Ereignis-, Bedingungs- und Aktionsdefinition sowie Verknüpfungsmodi, Zeitlimits, Alternativaktionen und Kontextattribuierung. Alerters stellen die kanonische Verwendung aktiver Datenbanksysteme dar.

- Funktionsintegration: DBS und XPS
  Die Problemlösungskomponente (Inferenzmaschine) von Expertensystemen durchsucht sequentiell den gesamten Regelbestand der Wissensbasis. Der Kontextbezug von Regeln erlaubt das schnellere Auffinden relevanter Regeln auch in großen Wissensbeständen. Weitere Performanzgewinne entstehen durch den Gebrauch von Speicher-, Indizierungs- und Retrieval-Techniken sowie die Verwaltung von Mehrfachzugriffen und parallelen Aktionen des Datenbanksystems. ECA-Regeln erlauben eine feinere Problemstrukturierung als einfache Wenn-Dann-Regeln in Expertensystemen.

- Verwaltung von komplexen Integritätsbedingungen
  Ausdehnung des Geltungsbereichs der Integritätsbedingungen von der formalen Datenmodell-Ebene (z.B. referentielle Integrität der Fremdschlüssel zu den Primär-

---

819) Vgl. DAYAL (Database, 1988), S. 151.

820) Vgl. DAYAL (Database, 1988), S. 151.

schlüsseln im relationalen Datenbankmodell) auf die Anwendungsebene (z.B. Abschreibungsregeln). Es besteht die Möglichkeit zur Formulierung kausal zeitlich versetzter Integritätsprüfung (z.B. Abschreibungsmethoden dürfen nicht gewechselt werden).

- Zugangskontrolle
Detaillierte Berechtigungsprüfung.

- Aktualisierung abgeleiteter Daten und materialisierter Views
ECA-Regeln können dazu dienen, einen Benutzer direkt zu informieren. Insbesondere bei der Unterstützung von Gruppenarbeit sind automatische Mitteilungen vorteilhaft.

- Verbesserung Integration heterogener Systeme
Unterstützung der Integration heterogener Hard- und Softwaresysteme durch automatische Datenkonvertierung.

Die erweiterte Funktionalität aktiver Datenbanksysteme bietet im Vergleich zu herkömmlichen Systemen folgende Vorteile:[821]

- einfache und flexible Systementwicklung durch einheitliche ECA-Regelverwaltung
- schnelle, rechtzeitige und effiziente Aktionsausführung
- gesteigerte Umweltsemantik und Entlastung der Anwendungsprogramme von Aufgaben der Informationsverwaltung.

Aktive Datenbanksysteme erweitern die Funktionalität herkömmlicher passiver Datenbanksysteme in erheblicher Weise. Durch die Regelverarbeitung und das in HiPAC verwendete Datenmodell sind die Beziehungen zu Expertensystemen und objektorientierten Datenbanksystemen unmittelbar evident. Berührungspunkte mit zeitbezogenen Datenbanksystemen ergeben sich durch die Anwendungserfordernisse bezüglich der zeitlichen Restriktionen.[822] Die Wahl eines Zeitmodells bestimmt die maximale zeitliche Detaillierung der Datenerfassung und der Ereignisdetektion. Auch die Überwachung kausal zeitlich versetzter Integritätsbedingungen wird durch zeitbezogene Datenbanksysteme unterstützt. Die Auswertung historischer Daten erlaubt durch eine Trendextrapolation die Ereignisantizipation.[823] Zeitliche Konstrukte zur Definition von Ereignissen und Zeitlimits für den Vergleich von alten und neuen Werten sowie zur Trendextrapolation werden deswegen auch als notwendige HiPAC-Erweiterungen angesehen.[824] Um den Vergleich von alten und neuen Werten zu ermöglichen, wird in HiPAC das Konzept einer Δ-Relation eingeführt, die alle Attribute doppelt hält und mit Vorher-/Nachher-Präfixen versieht, so daß für jedes Tupel ein aktueller und vorheriger Wert gespeichert werden.[825] Ebenso werden in STARBURST und Ariel alte und neue Werte über sog. *transition tables* verfügbar gehalten oder über den Befehl

---

821) Vgl. DAYAL (Database, 1988), S. 151, McCARTHY u. DAYAL (Architecture, 1989), S. 220 sowie DITTRICH (Stand, 1990), S. 349.
822) Vgl. DAYAL u.a. (HiPAC, 1988), S. 53f.
823) Vgl. DAYAL u.a. (HiPAC, 1988), S. 54.
824) Vgl. DAYAL u.a. (HiPAC, 1988), S. 55.
825) Vgl. CHAKRAVARTHY (Active, 1989), S. 24f.

previous alte Werte im Bedingungsteil aufgerufen, um so mit neuen verglichen werden zu können.[826] Die Konzepte entsprechen ansatzweise - da nicht alle vergangenen Werte dokumentiert werden - dem Gedanken der Informationsbewahrung in zeitbezogenen Datenbanksystemen.

POSTGRES, STARBURST und HiPAC basieren auf objektorientierten Datenmodellen oder Erweiterungen des relationalen Datenbankmodells. Die SAMOS-Projekte benutzen unmittelbar objektorientierte Datenbanksysteme oder bauen darauf auf. Insgesamt können zwei Gründe für die Eignung objektorientierter Datenbanksysteme zur Umsetzung aktiver Funktionalität angeführt werden:

- Regeln und deren Komponenten (Ereignisse, Bedingungen und Aktionen) lassen sich als Objekte modellieren. Dies geschieht bereits in allen geschilderten Prototypen.[827]
- Ein wesentliches Merkmal objektorientierter Datenbanksysteme ist die Modellierung des Verhaltens der Objekte.

Von dort bedarf es nur eines kleinen Schrittes zur Aktivitätsmodellierung, wie auch LOCKEMANN u.a. treffend bemerken: "A consequent extension is to replace the reactive behavior of the objects by active behavior, that is to let the objects come to life seemingly on their own, or to have them detemine their own fate."[828] Auch UNLAND u. SCHLAGETER zählen Trigger oder ECA-Regeln und aktive Objekte explizit zu den Merkmalen objektorientierter Datenbanksysteme.[829]

REINWALD u. WEDEKIND sind ebenfalls der Meinung, daß sich ECA-Konzept und Objektorientierung gegenseitig ergänzen, indem beispielsweise konditionierte Aktionen bei den Objekten eingekapselt und durch Ereignisse von außen aufgerufen werden.[830] Ebenso sehen auch KOTZ u. DITTRICH, daß "the concepts of object-oriented and active DBMS do not necessarily belong together...but they obviously complement each other." und daß "all elements of the active DBMS can be modeled in the object oriented paradigm and may be accessed exactly as other data."[831]

Insgesamt kann also festgestellt werden, daß aktive Datenbanksysteme eine enge Affinität zu objektorientierten Datenbanksystemen aufweisen und durch diese implementiert werden können. Dieser Bezug gewinnt besondere Bedeutung mit den objektorientierten Erweiterungen im geplanten SQL3-Standard. Dort sollen benutzerdefinierte Funktionen in Form von SQL-Funktionen zur komplexen Datenbankabfrage und -manipulation sowie externe Funktionen, die in einer der unterstützten Wirtssprachen (z.B. C) programmiert werden, erlaubt sein.[832]

---

826)   Vgl. LINDSAY u. HAAS (STARBURST, 1990), S. 238 u. HANSON (Ariel, 1989), S. 14f.

827)   Siehe zu den Vorteilen der objektorientierten Formulierung von Regeln auch S. 160.

828)   LOCKEMANN u.a. (Future, 1990), S. 25.

829)   Vgl. SCHLAGETER u. UNLAND (Concepts, 1990), S. 187f.

830)   Vgl. REINWALD u. WEDEKIND (Triggerentwurfssystem, 1993), S. 31.

831)   KOTZ u. DITTRICH (Approach, 1993), S. 54.

832)   Vgl. SHAW (Standards, 1990), S. 79, PISTOR (SQL3, 1993), S. 90 u. WEBER (SQL2-Norm, 1993), S. 95.

(2) Deduktive Datenbanksysteme

Anlaß zur Entwicklung deduktiver Datenbanksysteme war der Nachteil, daß die getrennte Verarbeitung in regel- und datenspezialisierten Funktionselementen (Experten- und Datenbanksystemen) einer integrierten Wissensverarbeitung nicht gerecht wird.

Ein erster Schritt in Richtung deduktive Datenbanksysteme liegt in der Verknüpfung von Experten- und Datenbanksystemen. Auf Grund der weiten Verbreitung beider Systeme handelt es sich zumeist um Prologimplementationen und relationale Datenbanksysteme. Prolog (Programming in logic) ist eine logikbasierte Programmiersprache, mit deren Hilfe Wissen in Form von Horn-Klauseln als Fakten oder Regeln modelliert wird.[833]

Die Regelauswertung in Prolog erfolgt rückwärts, indem von der Datenabfrage ausgehend die interessierenden Fakten und Regeln analysiert werden. Die Ähnlichkeit von Fakten in Prolog und Tupeln relationaler Datenbanksysteme fällt sofort ins Auge. Die Beschränkung der Expertensysteme, daß alle Fakten und Regeln im Hauptspeicher gehalten werden müssen, soll durch die Kopplung mit Datenbanksystemen überwunden werden.

Beispielhaft sollen hier vier Systeme dargestellt werden.[834] MYLOPOULOS u. BRODIE unterscheiden zwei durch den Intensitätsgrad der Systeminteraktion bestimmte Kooperationsarten: *loose* und *tight coupling*.[835] Das *loose coupling* sieht eine statische Schnittstelle zwischen Experten- und Datenbanksystem zum Datenaustausch und zur Datenstrukturkonvertierung vor. Für jede einzelne Regelausführung sind ein oder mehrere Datenbankzugriffe notwendig. Als ein Beispiel dieser Klasse sei hier PROSQL[836] genannt, eine Verknüpfung von Prolog und SQL/DS. In diesem System wird die Datenbanksprache SQL in Prolog eingebettet (embedded SQL). Lösungen des *loose coupling* werden von vielen Expertensystemherstellern angeboten. Neben den weiter unten noch zu behandelnden allgemeinen Problemen der Systemkopplung spricht die mangelnde Performanz gegen solche Lösungen. Insbesondere führt die durch das Expertensystem induzierte naive Datenzugriffsstrategie bei rekursiven Abfragen zu vielen Datenbankzugriffen, die durch die einmalige Übertragung der immer wieder zu befragenden Relation (z.B. die oben angeführte Beteiligungsrelation) umgangen werden könnten.[837]

---

833) Vgl. LAUSEN u. SEIB (Datenbanksystemen, 1989), S. 126.

834) Vgl. LAUSEN u. SEIB (Datenbanksystemen, 1989), S. 131ff. sowie MYLOPOULOS u. BRODIE (Trends, 1990), S. 160ff.

835) Vgl. MYLOPOULOS u. BRODIE (Trends, 1990), S. 160ff. Die Autoren weisen jedoch darauf hin, daß die als loose und tight coupling vorgeschlagenen Lösungen lediglich zwei mögliche Formen auf einem Kontinuum von Integrationsgraden darstellen.

836) Vgl. CHANG u. WALKER (PROSQL, 1984) zit. n. LAUSEN u. SEIB (Datenbanksystemen, 1989).

837) Vgl. MYLOPOULOS u. BRODIE (Trends, 1990), S. 161.

Das *tight coupling* zeichnet sich durch dynamische Schnittstellen aus, die eine dediziertere Zusammenarbeit ermöglichen. EDUCE[838] bietet neben einer losen Kopplung, die der Lösung in PROSQL gleicht, eine engere, die Prolog mit den Zugriffsprimitiven der relationalen Datenbank Ingres ausstattet und damit nicht über die Abfragesprache, sondern direkt auf die Daten zugreift. Darüber hinaus werden durch die Analyse der zu verarbeitenden Regeln im Ableitungsbaum[839] größere Einheiten benötigter Daten bei einem Datenbankzugriff übertragen. Im Prototyp BERMUDA[840] kommuniziert Prolog mit der Datenbank über den Bermuda-Agenten, der Prolog-Anfragen in SQL-Anweisungen übersetzt, diese an einen Lader zur Ausführung übergibt und die Daten aus den Ladern satzweise dem Prologsystem zur Verfügung stellt. Die Verbesserung der Interaktion resultiert im wesentlichen aus der Zusammenfassung mehrerer Prologanfragen zu einer Datenbankabfrage, dem Sichern von Ergebnissen vorheriger Datenbankabfragen, dem vorausschauenden Laden von Ergebnissen, der Unterstützung mehrerer Prolog-Prozesse und der Verwendung mehrerer Lader.

Zwar konnte anhand dieser Prototypen gezeigt werden, daß trotz der zusätzlichen Einrichtungen (z.B. Bermuda-Agent) die Performanz verbessert wurde,[841] doch hierdurch erfolgt allenfalls eine Symptom-, jedoch keine Ursachenbekämpfung. Die notwendigerweise mit der Kopplung verbundenen Nachteile bleiben bestehen:[842]

- Eine Datenbankabfrage stellt eine Menge von Tupeln zur Verfügung (mengenorientiert) während Prolog einzelne Fakten oder Regeln sukzessive verarbeitet (satzorientiert). Hierdurch entsteht der sog. impedance mismatch, der eine Synchronisation der Daten erfordert.

- Die Reihenfolge der Regel- und Faktenverarbeitung in Prolog hat Auswirkungen auf das Ergebnis. Bei mengenorientierten, relationalen Datenbankabfragen spielt die Reihenfolge keine Rolle. Eine auf Verbesserung der Laufzeit zielende Umstellung der Reihenfolge in relationalen Datenbanksystemen ist bei einer Kopplung mit Prolog nicht zulässig.

- Die zeitweilige Doppelthaltung der Daten (Redundanz) in Datenbank- und Expertensystem birgt die Gefahr von Inkonsistenzen.

- Für die Daten im Expertensystem sind Persistenz und Recovery nicht gewährleistet.

---

838) Vgl. BOCCA (EDUCE, 1986) zit. n. LAUSEN u. SEIB (Datenbanksystemen, 1989).

839) Der Ableitungsbaum gibt die sich aus der gegebenen Abfrage zu untersuchenden Regeln in Baumstruktur wider. Vgl. dazu das ausführliche Beispiel bei LAUSEN u. SEIB (Datenbanksystemen, 1989), S. 126ff.

840) Vgl. IOANNIDIS u.a. (BERMUDA, 1988) zit. n. LAUSEN u. SEIB (Datenbanksystemen, 1989).

841) Vgl. MYLOPOULOS u. BRODIE (Trends, 1990), S. 165.

842) Vgl. LAUSEN u. SEIB (Datenbanksystemen, 1989), S. 128f., CHIMENTI u.a. (LDL, 1990), S. 76f., MYLOPOULOS u. BRODIE (Trends, 1990), S. 161 sowie NOACK (Datalog, 1992), S. 114.

Die Nachteile getrennter Daten- und Regelverarbeitung lassen sich nur durch eine integrative Lösung mit einer einheitlichen Sprache zur regelbasierten Datenabfrage und Anwendungsentwicklung überwinden.[843]

Hierzu sind drei prinzipielle Strategien geeignet:[844]

1. Komplette Neuentwicklung
2. Erweiterung wissensbasierter Systeme um Datenbankfunktionalitäten
3. Erweiterung von Datenbanksystemen um Funktionalitäten wissensbasierter Systeme

Die komplette Neuentwicklung, ein im Gegensatz zu den anderen evolutionären Strategien als revolutionär zu bezeichnende Vorgehensweise, wird als wenig aussichtsreich erachtet. Da auch bestehende Systeme komplett neuentwickelt werden müßten, würde sie der berechtigten und wichtigen Forderung der Anwender nach Investitionsschutz zuwiderlaufen. Die zweite Strategie soll hier aus verschiedenen Gründen nicht weiter untersucht werden. Die Ausführungen würden durch eine intensivere Betrachtung der von Expertensystemen ausgehenden Entwicklung den thematische Rahmen dieser Arbeit sprengen. Außerdem bleiben Expertensysteme im Gegensatz zu Datenbanksystemen, die seit Jahren erfolgreich in der Praxis eingesetzt werden, auf spezielle Anwendungsbereiche beschränkt, so daß diese Strategie geringere Durchsetzungschancen besitzt.[845] Deswegen werden nur noch die Bemühungen, die die dritte Strategie verfolgen, beleuchtet.

DATE definiert deduktive Datenbanksysteme folgendermaßen: "A *deductive DBMS* is a DBMS that supports the proof-theoretic view of a database, and in particular is capable of deducing additional facts from the "extensional database" (i.e., the base relations) by applying specified *deductive axioms* or *rules of inference* (= intensionale Datenbank, Anm. d. Verf.) to those facts."[846] Die prüftheoretische Perspektive sieht die Datenbank als eine Menge von Grundaxiomen (Fakten als Tupel in Tabellen = extensionale Datenbank und Regeln = intensionale Datenbank), an Hand derer die Abfrage auf "wahr" oder "falsch" untersucht wird.[847] Nur Daten, für die die Abfrage den Wert "wahr" ergibt, werden als Ergebnis ausgegeben. Diese Betrachtungsweise läßt sich anhand relationaler Datenbanksysteme folgendermaßen illustrieren: Eine SELECT-Abfrage beschreibt ein gewünschtes Ergebnis, indem bestimmte Auswahlkriterien (Relation(en), Spalte(n), Zeilenbedingung(en) usw.) angegeben werden. Daten oder Tupel, die den Auswahlkriterien genügen, d.h. für die die Abfrage als zu beweisender Term den Wert "wahr" ergibt, sind Bestandteil der Ergebnisrelation.

Die Integration von Regeln - zumeist als Horn-Klauseln ($\cong$ Wenn-Dann-Regeln) - in deduktive Datenbanksysteme dient der Ableitung neuer (intensionale Datenbank) aus bereits explizit gespeicherten Fakten (extensionale Datenbank) (s. Abb. 42). Regeln

---

843) Vgl. CHIMENTI u.a. (LDL, 1990), S. 76.

844) Vgl. LAUSEN u. SEIB (Datenbanksystemen, 1989), S. 121.

845) Vgl. LAUSEN u. SEIB (Datenbanksystemen, 1989), S. 121.

846) DATE (Introduction, 1990), S. 659.

847) Vgl. DATE (Introduction, 1990), S. 642.

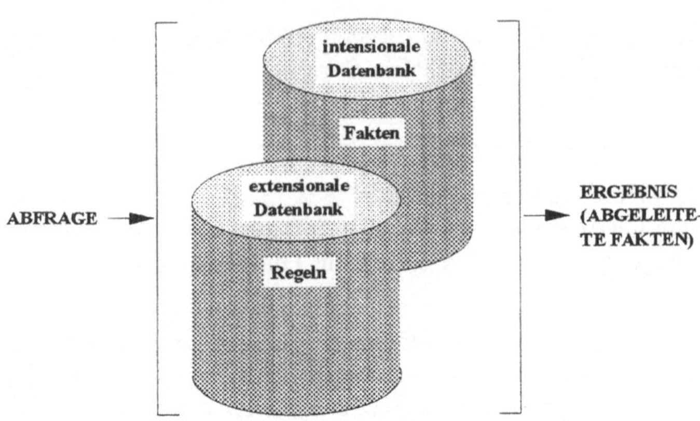

Abb. 42: Komponenten und Funktionsweise deduktiver Datenbanksysteme[848]

werden zwar grundsätzlich auch schon in konventionellen Datenbanksystemen realisiert, so z.B. in relationalen durch Views, jedoch beschränken sich Views - als gespeicherte Abfragen - lediglich auf Ausschnitte der extensionalen Datenbank. Durch den
intensionalen Teil deduktiver Datenbanksysteme werden insbesondere auch rekursive
Abfragen möglich, die von konventionellen Datenbanksystemen nicht unterstützt werden.[849] Deduktive Datenbanksysteme sind insofern auf die Ausdehnung der Regelorientierung und eine integrative Verknüpfung von wissensbasierten Systemen und Datenbanksystemen gerichtet. Angestrebt werden Systeme, die sämtliche Datenbank-

---

848) In Anlehnung an PREIß u. STUCKY (Probleme, 1986), S. 207 sowie GARDARIN u.
KIERNAN (Analysis, 1990), S. 199.

849) Vgl. LAUSEN u. SEIB (Datenbanksystemen, 1989), S. 121ff. sowie TSUR (Introduction,
1992), S. 64. Rekursive Abfragen sind beispielsweise bei der Stücklistenauflösung im Rahmen
der Fertigungsplanung erforderlich. Häufig werden Elementarteile in mehreren Bauteilen
eingesetzt, die selbst wiederum in Baugruppen Verwendung finden, die dann schließlich zu
Endprodukten zusammengefügt werden. Die Abfrage aller direkt und indirekt in ein Produkt
eingehenden Elementar- und Bauteile sowie Baugruppen aus einer Relation TEILESTRUK
TUR (O-TNR, U-TNR) mit den Spalten Ober- und Unterteil, ist mit SQL nicht möglich. Allenfalls lassen sich die mit der Abfrage "SELECT U-TNR FROM TEILESTRUKTUR WHE
RE O-TNR = 4711" alle direkt in das Produkt 4711 eingehenden Elementar- und Bauteile
sowie Baugruppen auflisten. Das Ergebnis dieser Abfrage müßte dann weiter aufgelöst werden, und zwar so oft, bis man auf der untersten Ebene der Konstruktionshierarchie angelangt
wäre. Diese Vorgehensweise ist schon bei wenigen Konstruktionsstufen sehr aufwendig und
unter durchaus realistischen Bedingungen (mehrere Hundert bis Tausend Konstruktionsteile
auf mehreren Konstruktionsstufen) gar undenkbar. Die Auflösung derartiger Strukturen ist
nur durch rekursive Abfragekonstrukte möglich.

funktionen aufweisen und gleichzeitig eine deklarative, regelbasierte Datenbanksprache mit Inferenzmechanismen zur Verfügung stellen.[850]

Als grundlegende Entwicklung auf dem Sektor deduktiver Datenbanksysteme kann DATALOG[851] gelten, eine regelbasierte Sprache der Logik erster Ordnung. In DATALOG wird Wissen (Fakten und Regeln), ähnlich wie in Prolog, mit Hilfe von Horn-Klauseln modelliert. Ein konkretes, deduktives Datenbanksystem ist dann ein DATALOG-Programm als Sammlung von Fakten und Regeln. Aber auch die Abfragen auf die Datenbank sind in DATALOG zu formulieren, so daß eine einheitliche Datenbanksprache zur Fakten- und Regelverwaltung und -manipulation besteht.

Die Menge der Fakten entspricht den Tupeln von Relationen, und die Fakten desselben Prädikats bilden eine bestimmte Relation. Die Gesamtheit der durch die Fakten definierten Relationen wird als extensionale Datenbank bezeichnet. Durch die Anwendung der Regeln auf die Fakten oder extensionale Datenbank können weitere Fakten abgeleitet werden. Die auf diese Weise bildbaren Relationen ergeben insgesamt die intensionale Datenbank.

Die Verwandtschaft mir relationalen Konstrukten ist offensichtlich und wird in Abb. 43 dargestellt.

Logikprogrammierung	relationale Datenbanken
Regel[852]	View
Prädikat	Relation
Grundfakt	Tupel
Argument	Attribut
Ziel	Abfrage

Abb. 43: Terminologische Verwandtschaft zwischen Begriffen der
Logikprogrammierung und relationaler Datenbanken
(Quelle: NOACK (Datalog, 1992), S. 114)

DATALOG bleibt jedoch in seiner ursprünglichen Form wegen mangelhafter Ausdrucksstärke ungeeignet zum Einsatz in realen Anwendungssituationen. Folgende Beschränkungen sind festzustellen:[853]

---

850) Vgl. LAUSEN u. SEIB (Datenbanksystemen, 1989), S. 120, MYLOPOULOS u. BRODIE (Trends, 1990), S. 166, HANSEN (Wirtschaftsinformatik, 1992), S. 600 u. NOACK (Datalog, 1992), S. 114.

851) Zur ausführlichen Darstellung von DATALOG und zu den Ausführungen vgl. ULLMAN (Database, 1988). Zusammenfassende Beiträge zu DATALOG finden sich in DATE (Introduction, 1990), S. 662ff. u. NOACK (Datalog, 1992).

852) Nur nicht rekursive Regeln, da Views nicht rekursiv formulierbar sind.

853) DATALOG als Vereinfachung der logischen Programmierung bietet demgegenüber keine (Gruppen-)Funktionen (wie z.B. Durchschittsbildung, Summierung) und erlaubt nicht die

- Fakten werden nicht über Attributsnamen, sondern über die relative Position bestimmt.
- Feldfunktionen (z.B. Summierung, Durchschnittsbildung) werden nicht unterstützt.
- Es besteht keine Möglichkeit zum Update.
- Negationen können nicht im Bedingungsteil verwendet werden.

Diverse Erweiterungen, die sukzessive die Beschreibungsfähigkeit verbessern sollen und als DATALOG-Hierarchien bezeichnet werden, sind vorgeschlagen worden.[854] Ab einer gewissen Hierarchiestufe läßt sich die bereits konstatierte Ähnlichkeit von Datalog und relationalem Datenmodell auch auf der Operatorenebene nachweisen. Jede nicht rekursive DATALOG-Regel kann dann in der Relationenalgebra ausgedrückt werden und umgekehrt.[855]

Von den vielen bekannten auf DATALOG basierenden oder eng angelehnten Prototypen deduktiver Datenbanken soll hier nur LDL (Logical Data Language) näher beschrieben werden, um den aktuellen Stand der Forschung aufzuzeigen.[856] Ein LDL-Programm besteht aus vier Komponenten:

- Die *Schema Description (Extensional Data Base)* beschreibt die Relationenstrukturen.
- Das *Dataset* umfaßt die Daten als eigentliche Inhalte der Relationen.
- Das *Ruleset (Intensional Data Base)* verwaltet die Regeln.
- *Query Forms* dienen der komfortablen Abfrageformulierung.

Das folgende Beispiel soll die Funktionsweise der Komponenten verdeutlichen:[857]

1. Datenbankschema:
Gesellschaftsstruktur(Mutterfirma char, Tochterfirma char)

2. Daten
Gesellschaftsstruktur('Mutter A AG', 'Tochter A GmbH')
Gesellschaftsstruktur('Großmutter AG', 'Mutter B AG')

Verwendung von Negationen im Bedingungsteil. Vgl. LAUSEN u. SEIB (Datenbanksystemen, 1989), S. 126, DATE (Introduction, 1990), S. 684, LOCKEMANN u.a. (Future, 1990), S. 24, HANSEN (Wirtschaftsinformatik, 1992), S. 601 sowie NOACK (Datalog, 1992), S. 116. Negationen sind jedoch bedeutsame Konstrukte, da sie in über 30 % aller Regeln in Expertensystemen vorkommen. Vgl. GUPTA u. FORGY (Measurements, 1983) zit. n. HANSON (Ariel, 1989), S. 13.

854) Vgl. zu einer ausführlichen Darstellung der Erweiterungen GARDARIN u. VALDURIEZ (Databases, 1989) sowie NOACK (Datalog, 1992), S. 116ff.

855) Vgl. NOACK (Datalog, 1992), S. 118.

856) Vgl. zu einer ausführlichen Darstellung von LDL CHIMENTI u.a. (LDL, 1990) u. TSUR (Introduction, 1992), S. 71ff. Vgl. zu Übersichten und Kurzdarstellungen anderer Prototypen deduktiver Datenbanken PREIß u. STUCKY (Probleme, 1986), NOACK (Datalog, 1992), S. 120f., HANSEN (Wirtschaftsinformatik, 1992), S. 601ff. u. TSUR (Introduction, 1992), S. 71 sowie die dort angegebene Literatur.

857) In Anlehnung an das Beispiel bei TSUR (Introduction, 1992), S. 71ff.

Gesellschaftsstruktur('Vater GmbH', 'Tochter B GmbH')
Gesellschaftsstruktur('Großvater AG', 'Mutter A AG')

3. Regeln
(1) Ahnengesellschaften(X, Y) ⇐ Gesellschaftsstruktur(X, Y)
(2) Ahnengesellschaften(X, Y) ⇐ Ahnengesellschaften(X, Z), Gesellschafts-
     struktur(Z,Y)

4. Abfrageform
Ahnengesellschaften(X?, Y)

5. Abfrage
Ahnengesellschaften(X, 'Tochter A GmbH')

6. Ergebnis
('Mutter A AG', 'Tochter A GmbH')
('Großvater AG', 'Tochter A GmbH')

Die Logical Data Language (LDL) geht weit über die Basiskonzepte von DATALOG hinaus:[858] Erstens sind bei der Datenstrukturbeschreibung geschachtelte Relationen oder komplexe Objekte, Listen und Mengen erlaubt, zweitens dürfen in Regeln Negationen formuliert werden und drittens schließlich bietet LDL Sprachkonstrukte für Aggregat- und Mengenoperationen sowie Updates.

Ein anderer Prototyp, der ebenfalls deduktive Funktionalität bietet, ist das bereits erwähnte System POSTGRES. Dort bestehen die Aufgaben der Regelverwaltung, wie bereits bei den Ausführungen zu aktiven Datenbanksystemen gesehen, in der gesteigerten Integritätskontrolle und der Generierung abgeleiteter Daten.[859] Insofern könnte POSTGRES bedingt schon als deduktives Datenbanksystem bezeichnet werden.[860] Weiterhin gewährleistet das System auch Persistenz für Regeln und bietet forward und backward chaining sowie eine effiziente Regelauswahl. Darüber hinaus lassen sich rekursive Abfragen direkt durch den *-Zusatz ausdrücken. Ist eine Relation TEILESTRUKTUR (OBERTEIL, UNTERTEIL) gegeben, dann lautet die Abfrage in POSTGRES:[861]


```
RETRIEVE * INTO ANTWORT (TEILESTRUKTUR.OBERTEIL)
FROM A IN ANTWORT
WHERE TEILESTRUKTUR.UNTERTEIL = "Komponente_1" OR
      TEILESTRUKTUR.UNTERTEIL = A.OBERTEIL
```

---

858) Vgl. NOACK (Datalog, 1992), S. 121.

859) Vgl. insbesondere Lösung 2 des Beispiels auf S. 168. Vgl. zu einer ausführlichen Darstellung der Regelverwaltung STONEBRAKER u. KEMNITZ (POSTGRES, 1991), S. 85ff.

860) Auf die Problematik der Abgrenzung wurde bereits in Abschnitt V.A.6.c) hingewiesen. Eine Unterscheidung wird schwierig, falls, wie im Falle oben, aktive Regeln (mit Ereignis- und Aktionsteil) zur Generierung abgeleiteter Daten dienen.

861) In Anlehnung an das Beispiel bei STONEBRAKER u. KEMNITZ (POSTGRES, 1991), S. 84.

Allerdings bieten in jüngerer Vergangenheit auch einige herstellerspezifische SQL-Dialekte rekursive Sprachkonstrukte. So lassen sich beispielsweise in ORACLE 6.0 Tabellenspalten, über die eine rekursive Verknüpfung hergestellt werden soll, mit Hilfe des "CONNECT BY"-Zusatzes in der SELECT-Anweisung verbinden und somit rekursive Abfragen formulieren.[862] Die genannte POSTGRES-Abfrage sieht in ORACLE folgendermaßen aus:

```
SELECT OBERTEIL ANTWORT
FROM TEILESTRUKTUR
CONNECT BY UNTERTEIL = PRIOR OBERTEIL
START WITH UNTERTEIL = "Komponente_1";
```

Die übrigen Prototypen aktiver Datenbanksysteme (STARBURST, ARIEL u. Hi-PAC) können dann auch als deduktive bezeichnet werden, wenn die Regeln zur Generierung abgeleiteter Daten eingesetzt werden.

Weitere Forschungsbemühungen sind ausgerichtet auf die Vereinigung deduktiver und objektorientierter Eigenschaften in Datenbanksystemen.[863] Diesbezügliche Ambitionen werden mit dem Prototypen LDL++ verfolgt, der als eine Weiterentwicklung von LDL die darin verfügbaren Regelverarbeitungsmechanismen mit den Möglichkeiten von C++ zur Modellierung komplexer Objekte und zugehöriger Methoden kombinieren möchte.[864] Damit könnten dann beispielsweise die Datentypen ZEIT und WÄHRUNG in die Datenbank eingebracht werden.[865] Auch POSTGRES und STARBURST bieten die Möglichkeit zur Modellierung komplexer Objekte.[866]

Allgemein gesehen bieten sich deduktive Datenbanksysteme für Anwendungsbereiche an, in denen:

- eine Vielzahl von rekursiven oder speziellen Ad-hoc-Abfragen notwendig ist und/oder
- große Mengen von Daten auszuwerten sind.[867]

Rekursive Strukturen treten beispielsweise bei der Stücklistenauflösung in der Fertigungsplanung oder bei Betrachtung der Organisationshierarchie auf. Abfragen, wie "Welche Teile gehen in Produkt x ein?" oder "Welche Mitarbeiter unterstehen Herrn x?", werden durch deduktive Datenbanken in komfortabler Weise unterstützt.

Große Mengen einfach strukturierter (Meß-)Daten sind häufig in wissenschaftlichen Datenbanken zu verwalten. Ein diesbezüglicher Einsatz von Datenbanken ist sowohl

---

862) Vgl. ORACLE (SQL, 1990), S. 6-9f.

863) Vgl. LOCKEMANN u.a. (Future, 1990), S. 24 u. NOACK (Datalog, 1992), S. 122.

864) Vgl. TSUR (Introduction, 1992), S. 77.

865) Vgl. TSUR (Introduction, 1992), S. 77.

866) Vgl. Abschnitt V.A.6.a).

867) Vgl. dazu und zu den folgenden Anwendungsbeispielen CHIMENTI u.a. (LDL, 1990), S. 87f., TSUR (Databases, 1991) u. TSUR (Introduction, 1992), S. 74f.

auf naturwissenschaftlichem (z.B. astro-physische Meßdaten[868], DNA-Strukturen) als auch auf wirtschaftswissenschaftlichem (z.B. Scannerkassendaten, Marktforschungs-daten, Börsenkurse) Feld anzutreffen. Das Auswertungsziel derartiger Datenbanken besteht in der Erkennung und Validierung von Zusammenhängen und Gesetzmäßig-keiten (z.B. Trends auf Konsumgüter- und Aktienmärkten). Da die zu testenden Hy-pothesen/-systeme (Theorien) anfänglich nur vage formuliert, explorativ erarbeitet und anhand der umfangreichen Datenbestände einer Prüfung unterzogen werden, sind sowohl effiziente Datenzugriffsmechanismen als auch komfortable Möglichkeiten zur Ad-hoc-Abfrage oder Hypothesenmodifikation notwendig.

Schließlich lassen sich die Regeln, ähnlich wie bei aktiven Datenbanksystemen, zu Datenintegritätskontrollen einsetzen, die von der Datenmodellebene bis hin zu bran-chenspezifischen Integritätsregeln reichen können und dadurch den Aufbau unterneh-mensweiter Datenmodelle erleichtern.

Mit der Ausdehnung der zugrunde liegenden Datenbankeigenschaften auf objektorien-tierte Funktionalitäten werden auch intelligente Auswertungen komplexer Datenstruk-turen möglich, z.B. im oben geschilderten Projekt LDL++.[869]

d) Terminologische Datenbanksysteme

Konventionelle Datenbanksysteme sind zur Verwaltung von Massendaten mit gleich-artiger, sich für einzelne Datenobjekte wiederholender Struktur (z.B. Artikel, Rech-nungen) vorgesehen. Beispielsweise werden die Massendaten (Faktenwissen) in rela-tionalen Datenbanksystemen in den Zeilen (Tupel) der Tabellen (Relation) gespei-chert. Die Strukturinformationen werden mit Hilfe der logischen Datenbeschreibung (Datei-, Tabellenbeschreibungen u.ä.) festgelegt. Zu den Strukturinformationen gehö-ren in relationalen Datenbanksystemen zum einen die Tabellennamen mit den entspre-chenden Spaltennamen (Relationenschema) und zum anderen die Gesamtheit der Ta-bellen, deren Beziehungen implizit durch gemeinsame Spalten(-inhalte) im Sinne des Primär-/Fremdschlüsselkonzepts ausgedrückt werden. Alle Strukturinformationen (Relationenschemata) werden im Data Dictionary, d.h. organisatorisch getrennt von den Fakten verwaltet.

Die Trennung von objektindividuellen Fakten und objektgenerellen Strukturinforma-tionen in herkömmlichen Datenbanksystemen ist ein Resultat der traditionellen Ein-satzbereiche, die sich durch eine Vielzahl strukturell stabiler und gleichartiger Objekte auszeichnet.[870] In diesen Anwendungsdomänen bietet es sich im Interesse einer red-

---

868) SILBERSCHATZ u.a. (Opportunities, 1991), S. 115 berichtet von Projekten der NASA mit Datenaufkommen aus der Weltraumforschung mit 10^{16} Bytes.

869) Vgl. HULL u. KING (Modeling, 1987), S. 254, die auch auf diesen wichtigen Forschungsbe-reich hinweisen.

870) Vgl. CZAP (Ansätze, 1988), S. 219, CZAP (Informationsmanagement, 1989), S. 207 u. CZAP (Informationsspeicherung, 1989), S. 252.

undanten Datenhaltung an, die für mehrere Objekte gültigen Strukturinformationen von den objektindividuellen Daten zu trennen und nur einmal zu speichern. Die vorgenannte Vermeidung von Redundanz durch die Trennung der Wissensarten führt jedoch dazu, daß die Bedeutung der objektindividuellen Daten nur durch die Inbeziehungsetzung zu den dazugehörenden Strukturinformationen inhaltlich interpretierbar ist, d.h., daß die Semantik der Daten von der Syntax abhängt.[871] Das folgende Beispiel verdeutlicht den engen Zusammenhang zwischen Fakten- und Strukturwissen:[872]

Die folgende Tabelle zeigt die Daten in Zusammenhang mit den betreffenden Strukturinformationen.

Art.Nr.	Bezeichnung	Preis	Menge	Lieferanten-Nr.
4711	Tisch	75,80	300	34568987
...	...	...	...	...

Läßt man die Strukturinformationen weg, ergibt sich eine nicht mehr interpretierbare Folge von Zeichen:

4711Tisch758030034568987

Im Gegensatz zu Massendaten weisen Texte oder Dokumente allenfalls eine syntaktische Trivialstruktur als Kette alphanumerischer Zeichen auf.[873] Konventionelle Datenbanksysteme sind insofern nicht geeignet, Informationen in Textform zu verwalten.[874]

Eine andere mögliche Strukturierung von Texten liegt in der Bildung der syntaktischen Einheit "Wort" als Zeichenkette ohne Leerzeichen. Diese Strukturierungsmöglichkeit liegt einer auf Text- und Dokumentenverwaltung spezialisierten Datenbanksystemart - den Dokumentenverwaltungssystemen oder Information-Retrieval-Systemen[875] - zugrunde. In diesen Systemen kann das Wiederfinden bestimmter Dokumente entweder über Deskriptoren oder direkt über eine Volltextsuche erfolgen. Für die erste Möglichkeit wird eine Dokumentationssprache benötigt, eine natürliche oder künstlich geschaffene Sprache (z.B. Nummernkreise).[876] Jedes Dokument muß mit

---

871)   Vgl. CZAP (Ansätze, 1988), S. 219, CZAP (Informationsmanagement, 1989), S. 207 u. CZAP (Informationsspeicherung, 1989), S. 253.

872)   Vgl. zu diesem Beispiel CZAP (Ansätze, 1988), S. 218f.

873)   Vgl. CZAP (Informationsmanagement, 1989), S. 207f. u. CZAP (Informationsspeicherung, 1989), S. 253.

874)   SAGER (Course, 1990) S. 180f. führt neben der Beschränkung herkömmlicher Datenbanksysteme auf strukturierte Daten noch deren mangelnde Fähigkeit zur Unterstützung von Mehrsprachlichkeit und zur Unterscheidung von Groß- und Kleinschreibung hin.

875)   Vgl. zur ausführlichen Darstellung dieser Systeme MERTENS u. GRIESE (Informationsverarbeitung Bd. 2), S. 14ff. u. STAHLKNECHT (Wirtschaftsinformatik, 1991), S. 223ff.

876)   Vgl. SCHERFF (Online-Datenbanken, 1988), S. 8. Vgl. zu einer ausführlichen Beschreibung des Aufbaus eines Deskriptorensystems und der damit verbundenen Probleme MERTENS u. GRIESE (Informationsverarbeitung Bd. 2, 1991), S. 15ff.

Hilfe dieser Deskriptoren beschrieben werden (Indexierung, Erschließung)[877], wobei immer die Gefahr der Informationsverfälschung durch eine ungeeignete Deskriptorenwahl besteht. Der wortorientierte Zugriff über Deskriptoren mit einer natürlichen Sprache leidet auf Grund von Homonymie und Synonymie bei der Volltextsuche unter einer unzureichenden Inhaltsorientierung.[878] Homonymie liegt vor, wenn ein Wort verschiedene Bedeutungsinhalte aufweist (z.B. "Rechner" als Taschenrechner oder als Mainframe oder als rechnende Person)[879]. Als Synonyme werden verschiedene Wörter mit gleicher Bedeutung bezeichnet (z.B. "Kunden" und "Abnehmer")[880]. Bei Suchanfragen führt die Homonymie zu einer Auswahl irrelevanter und die Synonymie zur Nicht-Auswahl relevanter Dokumente, jene also zur mangelnden "Precision", diese zum mangelnden "Recall". Das Problem des unzureichenden Recalls kann durch einen Thesaurus, der als geschlossener, vorgegebener Wortschatz mit Querverweisen zwischen den Synonymen zu verstehen ist, relativ einfach gemildert werden.[881] Dagegen bereitet die Problematik der Homonymie einige Schwierigkeiten, da die konkrete Bedeutung eines Wortes nur im Kontext erkannt werden kann, d.h. durch Analyse der "benachbarten" Wörter oder Begriffe. Dabei müßte bestimmt werden, zu welcher Bedeutung des Homonyms die "benachbarten" Begriffe oder die des gesamten Textes inhaltlich am ehesten passen. Dabei kann ebenfalls ein Thesaurus benutzt werden, da in diesem nicht nur Synonyme sondern auch semantische Begriffsbeziehungen erfaßt werden sollten. Dokumentenverwaltungssysteme bieten in ihrer gegenwärtigen Form aber noch keine ausreichende Unterstützung zum Aufbau eines begriffsorientierten Thesaurus, da sie insbesondere nur hierarchische Begriffssysteme zulassen.[882]

An dieser Kritik knüpfen terminologische Datenbanksysteme an, indem sie den Gedanken des Thesaurus auf begriffstheoretischer Ebene weiterführen. Den Ausgangspunkt bildet das auf FREGE zurückgehende semantische Dreieck, das den engen Zusammenhang zwischen Begriff, Symbol (z.B. Wort) und zu beschreibendem Objekt ausdrückt (s. Abb. 44).

Als weiterführende Entwicklung gilt die von WÜSTER begründete allgemeine Terminologielehre[883], die sich mit dem Aufbau von Begriffssystemen und deren Gesetzmä-

---

877) Die Indexierung kann je nach Beteiligung menschlicher und maschineller Aufgabenträger manuell, semi-manuell oder automatisch erfolgen. Vgl. SCHERFF (Online-Datenbanken, 1988), S. 8 sowie MERTENS u. GRIESE (Informationsverarbeitung Bd. 2, 1991), S. 18.

878) Vgl. CZAP (Informationsmanagement, 1989), S. 208 u. CZAP (Informationsspeicherung, 1989), S. 253.

879) Einen guten Eindruck von der Problematik der Homonymie bekommt man, wenn man die verschiedenen Erklärungen zu einem Stichwort in einem Lexikon betrachtet.

880) Hier kann der Blick in ein Synonym-Lexikon einen Eindruck von der Problematik vermitteln.

881) Vgl. SCHERFF (Online-Datenbanken, 1988), S. 8 sowie MERTENS u. GRIESE (Informationsverarbeitung Bd. 2), S. 16.

882) Vgl. dazu und zu anderen Gründen SAGER (Course, 1990) S. 181ff.

883) WÜSTER (Terminologielehre, 1985) wiederum stützt sich auf die Gedanken von ARISTOTELES und LEIBNITZ zum Begriff, die davon ausgehen, daß jeder Begriff durch Merkmale beschreibbar ist. Die Bildung von Begriffsystemen ist als ein Teil von Wissen auch Gegenstand der Forschungen auf dem Gebiete der Künstlichen Intelligenz.

ßigkeiten zur Ordnung und Strukturierung von Wissen beschäftigt.[884] Terminologien gelten als die Fundamente einer jeden Wissenschaft.[885]

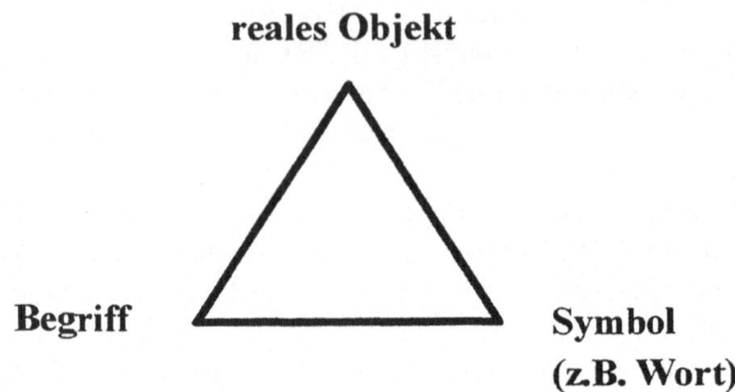

Abb. 44:   Semantisches Dreieck
(Quelle: DZHINCHARADZE u. VOLKOVA
(Terminology, 1990), S. 1)

Die grundlegende Problematik der Begriffsbildung soll anhand der folgenden ausgewählten Thesen skizziert werden:[886]

- Begriffe sind Erkenntniseinheiten.
  Unter Erkenntnis versteht man das begründete Wissen eines Sachverhalts. Demnach setzen Erkenntnis und auch jeder Begriff Nachvollziehbarkeit und Erklärbarkeit voraus. Wissen kann "flach" strukturiert sein, d.h. nur Fakten beinhalten, oder auch Beziehungen zwischen den Fakten umfassen.[887] Folglich umfaßt ein Begriff neben Faktenwissen Angaben über Beziehungen zu anderen Begriffen.

- Begriffe haben Individualitätscharakter.
  Erkenntnis und damit auch Begriffe sind kontext- und personenbezogen.

- Begriffe sind willkürlich definierte Erkenntniseinheiten.
  Es gibt keine allgemein anerkannten Regeln zur "richtigen" Konstruktion von Begriffen.

---

884)   Vgl. CZAP (Datenbankunterstützung, 1989), S. 369.

885)   Vgl. DZHINCHARADZE, A. u. VOLKOVA, I (Terminology, 1990), S. 1.

886)   Vgl. zu einer vollständigen Darstellung CZAP (Ansätze, 1988), S. 214ff. Die Thesen wurden von CZAP als Zusammenfassung der begriffstheoretischen Ergebnisse des International Congress on Terminology and Knowledge Engineering, 29. Sept. - 1. Okt. 1987 an der Universität Trier formuliert. Die Auswahl der Thesen erfolgte pragmatisch mit der Zielsetzung, für die Thematik dieser Arbeit entbehrliche Aspekte auszusparen.

887)   Vgl. zu "flachen" Datenstrukturen auch die Kritik der NF^2- und objektorientierten Datenmodelle an relationalen Konzepten in den Abschnitten V.A.5.c)(3) bzw. (4).

- Begriffsbildung erfolgt zu Kommunikationszwecken.
  Begriffe sollen Erkenntnisse mitteilbar, nachvollziehbar und damit speicherbar machen. An die Stelle eines Richtigkeitsanspruches der Begriffsbildung tritt ein Zweckmäßigkeitsanspruch, der regelmäßig einer Überprüfung zu unterziehen ist.

- Die Zweckorientierung von Begriffen begünstigt Standardisierungen.
  Die Kommunikation in einer Gruppe erfordert eine gewisse Standardisierung, um eine gemeinsame Verständigungsbasis zu haben.

- Die Standardisierung von Begriffen nimmt ihnen ihre Dynamik.
  Standardisierte Begriffe werden im Laufe der Zeit realitätsfremd und dadurch die Beziehungen im semantischen Dreieck gestört. Insofern entsteht ein Spannungsverhältnis zwischen allgemeiner Verständlichkeit durch Standardisierung einerseits und Aktualität oder Wirklichkeitsbezug durch laufende Anpassung andererseits.

- Begriffe haben eine unterschiedliche Stabilität.
  Empirische Begriffe (z.B. Gewicht) zeichnen sich durch eine hohe Stabilität aus. Dagegen sind theoretische Begriffe (z.B. Erfolgspotential) tendenziell instabil und können verschwinden, wenn sie auf einem Irrtum beruhen.

- Es gibt kein endliches Erzeugendensystem zur Bildung aller möglichen Begriffe.
  Die intensionale (durch andere Begriffe) und extensionale (durch endliche Aufzählung) Begriffsbildung reichen alleine nicht aus, um die Begriffe einer Fachsprache zu bilden. Es muß immer auch auf notwendigerweise unpräzise, exemplarische Beschreibungen der Alltagssprache zurückgegriffen werden.

Unter terminologischen Datenbanksystemen (auch: Termbanken) sind unabhängig von der technologischen Realisierung solche Datenbanksysteme zu verstehen, die beliebige, nicht standardisierte Texte nach inhaltlichen Kriterien strukturieren können.[888] Termbanken bestehen aus einer Sammlung von Fachbegriffen mit Definition und Anwendungserläuterungen, die sich hinsichtlich ihrer Entwicklungsstufen in wort- und begriffsorientierte unterscheiden lassen.[889]

Der Ursprung von Termbanken im allgemeinen und wortorientierten im besonderen liegt im Bereich der (Fremdsprachen-)Übersetzungssysteme zur Automatisierung und Unterstützung von Übersetzungstätigkeiten sowie zur Terminologiekontrolle, indem die Wörter der Quellsprache in die korrespondierenden Wörter der Zielsprache übertragen werden.[890] MAYER u. MAIER definieren wortorientierte Datenbanken als "...ein ein- oder mehrsprachiges Wörterbuch, dessen Einträge in einer Datenbank gespeichert sind. Es wird zum Nachschlagen nach Begriffen, deren Definitionen, ihren Beziehungen untereinander und fremdsprachlichen Äquivalenten benutzt. Den Benutzern werden Mechanismen zur Verfügung gestellt, mit deren Hilfe Informationen ab-

---

888) Vgl. CZAP (Informationsspeicherung, 1989), S. 256.

889) Vgl. CZAP (Datenbankunterstützung, 1989), S. 368.

890) Vgl. CZAP (Datenbankunterstützung, 1989), S. 368.

gerufen oder eingegeben werden können"[891]. Auf Grund dieser Orientierung wird auch von Datenbanken vom "Dictionary Type" gesprochen.[892]

Mit Hilfe von wortorientierten Termbanken, die zwar zunächst in erster Linie der Übersetzung von (Fach-)Texten in verschiedene Sprachen dienen, könnten auch einige Probleme der Dokumentenverwaltungssysteme ansatzweise gelöst werden. Die Deskriptorenverwaltung würde durch das "elektronische Wörterbuch" ersetzt, das die in den Texten verwendeten Fachbegriffe bedeutungsmäßig durch Definitionen erfaßte und mit Synonymen verknüpfte. Der fremdsprachliche Bezug wäre für diese Einsatzart entbehrlich. Eine verbesserte Suche ergäbe sich dadurch, daß sich der Benutzer über die Bedeutung der Begriffe anhand der Definitionen informieren und seine Suchabfrage treffender formulieren könnte. In Dokumentenverwaltungssystemen wird dagegen unterstellt, daß Deskriptorenvergeber und Abfrager die gleiche terminologische Grundlage besitzen. Auch würde durch die explizite Berücksichtigung von Synonymen der "Recall" der Suchabfragen erhöht. Diese Vorteile müssen natürlich dem Nachteil des gestiegenen Aufwands zur Pflege der wortorientierten Termbank gegenübergestellt werden.

Trotz der aufgezeigten Vorteile wortorientierter Termbanken im Vergleich zu Dokumentenverwaltungssystemen bleiben wichtige Probleme bestehen. Für die Unterstützung der fremdsprachlichen Übersetzungstätigkeit besteht insbesondere das Problem der mangelnden Äquivalenz von Wörtern der Quell- und Zielsprache sowie der Erkennung von Homonymie.[893] Weiterhin weisen Terminologiedatenbanken die Tendenz auf, in den durch Bedeutungsvielfalt der Wörter gekennzeichneten allgemeinsprachlichen Bereich hineinzuwachsen, obwohl in erster Linie Fachsprachen unterstützt werden sollen.[894]

Für begriffsorientierte Termbanken[895] wird im Gegensatz zu Datenbanksystemen herkömmlicher Provenienz eine selbsterklärende Repräsentationsform gefordert, deren Semantik weitestgehend unabhängig von der Syntax bleibt.[896] Eine solche Darstel-

---

891) MAYER u. MAIER (Terminologiedatenbanken, 1987), S. 151. Die Autoren sprechen anstatt von wortorientierten Termbanken von Terminologiedatenbanken. Beide Begriffe sollen im folgenden Synonym verwendet werden.

892) Vgl. CZAP (Datenbankunterstützung, 1989), S. 368. Beispiele für wortorientierte Termbanken sind TERMIUM, das in Kanada zur Übersetzung offizieller Texte zwischen den beiden Amtssprachen Englisch und Französisch fungiert, EURODICAUTOM der Kommission der Europäischen Gemeinschaft in Luxemburg und das von der Siemens AG entwickelte und betriebene System TEAM. Vgl. zu diesen Beispielanwendungen MAYER u. MAIER (Terminologiedatenbanken, 1987), S. 151 u. CZAP (Datenbankunterstützung, 1989), S. 368.

893) Vgl. THOMAS (Project, 1986), S. 55ff. zit. n. CZAP (Datenbankunterstützung, 1989), S. 368.

894) Vgl. THOMAS (Project, 1986), S. 55ff. zit. n. CZAP (Datenbankunterstützung, 1989), S. 368.

895) CZAP (Datenbankunterstützung, 1989), S. 368 benutzt terminologische Datenbanksysteme als Oberbegriff für wort- und begriffsorientierte Termbanken. Aufgrund der untergeordneten Bedeutung wortorientierter Termbanken sind im folgenden mit terminologischen Datenbanksystemen immer begriffsorientierte Termbanken gemeint.

896) Vgl. CZAP (Ansätze, 1988), S. 219. Vgl. auch das Beispiel auf S. 182 zur Kritik der Bedeutungsherleitung über die Syntax.

lungform zielt auf die ganzheitliche Behandlung und Verwaltung von Begriffen mit den dazugehörenden Begriffsbeziehungen, wobei diese wiederum als Begriffe verstanden werden.[897] Begriffsorientierte unterscheiden sich also von wortorientierten Termbanken dadurch, daß sie den Begriff unabhängig von seiner Benennung durch Wörter betrachten und in den Mittelpunkt einer umfassenden Systematik stellen.[898] Demnach werden Texte nicht mehr als Folge von Wörtern, sondern Begriffen - semantischen Einheiten - interpretiert.[899] Nur die Identifikation von Informationen über den semantischen Gehalt bedeutet einen inhaltsorientierten Datenzugriff durch die später noch zu konkretisierenden Ähnlichkeits- und Abhängigkeitsbeziehungen.[900]

Für die EDV-technische Umsetzung terminologischer Datenbanksysteme sind herkömmliche (z.B. relationale) Datenbanksysteme wegen der darin vorgesehenen Trennung von Fakten- und Strukturwissen aus zweierlei Gründen nicht geeignet.[901] Erstens verringert die Individualität von Begriffen die Redundanz von Strukturinformationen und erhöht damit deren Anteil in der Datenbank. Zweitens führt die Dynamik der Begriffe, die sich in erster Linie durch wechselnde Beziehungen zu anderen Begriffen manifestiert, zu einer laufenden Veränderung oder gegenseitigen Anpassung von Fakten- und Strukturwissen.[902] Insgesamt verringert sich demzufolge der Vorteil der Redundanzvermeidung innerhalb der Strukturinformationen, während der Nachteil - die Notwendigkeit zur bedeutungsmäßigen Rekonstruktion von Begriffen über das getrennt gehaltene Fakten- und Strukturwissen - weiterhin bestehen bleibt.

Im Anschluß sollen nun Aufbau und Funktionsweise einer terminologischen Datenbank skizziert werden[903]. Basiskonstrukt terminologischer Datenbanksysteme ist der Begriff, der sich über Merkmale inhaltlich beschreiben läßt. Der Dynamik des Begriffsinhaltes wird über einen Zeitindex Rechnung getragen, der wechselnde Merkmalsarten und -mengen vorsieht. Das formale Begriffsmodell sieht dann folgendermaßen aus:

$$B_t := \{m_{1,t}, m_{2,t} ..., m_{n,t}\} \text{ mit } t = \text{Zeitindex, } m_{j,t} = \text{Merkmal j zum Zeitpunkt t.}$$

Begriffe können wiederum aus Begriffen bestehen, so daß sich Ober- und Unterbegriffe und somit ganze Begriffssysteme bilden lassen. Verschiedene Begriffsbezeichnungen (Synonyme) lassen sich ebenfalls als Merkmale eines Begriffs auffassen. Die feinen Unterscheidungen zwischen Merkmalen und Begriffen sind innerhalb des Datenbanksystems zu vernachlässigen und können formal gleichbehandelt werden.

---

897) Vgl. CZAP (Ansätze, 1988), S. 219.

898) Vgl. CZAP (Datenbankunterstützung, 1989), S. 368.

899) Vgl. CZAP (Informationsmanagement, 1989), S. 210.

900) Vgl. CZAP (Informationsmanagement, 1989), S. 210.

901) Vgl. CZAP (Ansätze, 1988), S. 218f., CZAP (Informationsmanagement, 1989), S. 207 u. CZAP (Informationsspeicherung, 1989), S. 252f.

902) Vgl. CZAP (Ansätze, 1988), S. 219.

903) Die folgenden Ausführungen basieren auf den Darstellungen bei CZAP (Informationsspeicherung, 1989), S. 256ff.

Als Elementardatentypen werden einfache und strukturierte Typen eingeführt:

- einfache Datentypen (char, string, integer, real, boolean)
- strukturierte Datentypen (array, record)

Zu einem Zeitpunkt t besteht in der Termbank eine Menge konstanter, nicht weiter zerlegbarer Eigenschaften, die aus einfachen Datentypen konstruiert sind:

$$E_t := \{e_1, e_2, ..., e_{n_t}\}$$

Jedes e_i besteht aus einer Benennung, einer Datentypfestlegung und evtl. einer lediglich als Kommentar zu betrachtenden Erläuterung. Aus diesen elementaren Bausteinen lassen sich nun Merkmale und Begriffe bilden.

Merkmale und mögliche Ausprägungen:

$$m_i := [e_{1,i}, e_{2,i}, ..., e_{n_t,i}]$$

Begriffe werden mittels bereits bekannter Merkmale oder Begriffe extensional oder intensional definiert. Die extensionale Definition wird durch eine Auflistung aller bekannten Begriffsausprägungen erreicht:

$$B_t := [\, B_{t,i_1}, B_{t,i_2}, ..., B_{t,i_n}]$$

Die intensionale Begriffsdefinition erfolgt durch die Verwendung von Konstruktoren, die in Ähnlichkeits- und Abhängigkeitsbeziehungen gegliedert werden können:

Ähnlichkeitsbeziehungen:
- Identifikation (Synonymiebeziehung)
- Klassifikation bzw. Prädikation
- Generalisierung bzw. Spezialisierung

Abhängigkeitsbeziehungen:
- Konnexion
  Zusammenfassung in wechselseitiger Beziehung stehender Begriffe zu einem neuen Begriff.
- Partizipative und possessive Integration
- Algorithmus
  Zur Definition komplexer Begriffe erweist sich eine algorithmische Beschreibung als sinnvoll.

Die Vernetzung von Begriffen läßt sich über die Ausprägung einzelner Merkmale einrichten.[904]

---

904) Hier wird die Verwandtschaft zu semantischen Netzen, Wissensrepräsentationstechniken der Künstlichen Intelligenz, offenkundig.

Ein Beispiel soll den Aufbau und die Funktionsweise terminologischer Datenbanksysteme verdeutlichen. Folgender in Textform vorliegender Sachverhalt soll in einer Termbank modelliert und erfaßt werden:

"Währungsabsprache zur Festlegung von Bandbreiten zwischen US $ und
DM vom Dezember 1987"

Abb. 45 zeigt die Erfassung dieses Sachverhalts in einem terminologischen Datenbanksystem.

CZAP konstatierte 1988 zum Abschluß des ersten "International Congress on Terminology and Knowledge Engineering", daß die theoretischen Grundlagen noch weit entfernt sind von der konkreten Realisierung in handhabbaren terminologischen Datenbanksystemen.[905] In einer späteren Veröffentlichung wird auf die Verfügbarkeit der Basissoftware und erste Ansätze "konzeptorientierter terminologischer Datenbanksysteme" verwiesen.[906] Als mögliche technologische Realisierung begriffsorientierter Termbanken kommen objektorientierte Datenbanksysteme in Frage. Diese Systeme bieten die notwendigen Datentypen sowie alle Möglichkeiten, komplexe Begriffe mit den betreffenden Begriffsbeziehungen als Objekte oder Objekthierarchien und -netze zu modellieren.

Während die datenbanktechnische Machbarkeit mit Hilfe moderner Konzepte tendenziell zunimmt, bleiben Bedenken auf konzeptioneller Ebene weitestgehend unverändert bestehen. So wird der Einsatz einer terminologischen Datenbank auf Grund des enormen Aufwands zur Schaffung der organisatorischen Rahmenbedingungen zur Pflege des Begriffssystems, zur Einspeisung der Dokumente und zur Nutzung[907] gut zu überlegen sein. Der diesbezügliche Aufwand wird durch die zu erfassende Dokumentenmasse bestimmt, die sich durch die Quantität (Anzahl und Umfang) und die Qualität (Inhalt) der einzelnen Dokumente konstituiert. Die qualitative Dimension bestimmt sich durch das Spektrum der verwendeten Begriffe (enges Spektrum in Fachsprachen, weites in der Alltagssprache) und deren Dynamik. Die konzeptionelle Grundlage terminologischer Datenbanksysteme, daß Begriffe im allgemeinen durch Merkmale oder andere Begriffe beschreibbar sind[908], trifft nur auf Fachsprachen zu

---

905) Vgl. CZAP (Ansätze, 1988), S. 221.

906) Vgl. CZAP (Informationsmanagement, 1989), S. 211. Leider konkretisiert CZAP weder die Art der Basissoftware, noch gibt er nähere Hinweise auf besagte Ansätze. Möglicherweise sind mit Basissoftware objektorientierte Konzepte gemeint. Die Ausführungen zu den begriffstheoretischen Grundlagen legen jedenfalls eine solche Interpretation nahe. Darüber hinaus behandelt CZAP in der vorgenannten Quelle nicht ausschließlich terminologische Datenbanksysteme, sondern spricht generell von "semantischen Datenbanksystemen" und auch von "objektorientierten Datenbanksystemen", s. S. 209.

907) Vgl. CZAP (Informationsmanagement, 1989), S. 211f.

908) Neuere Ansätze der Terminologielehre betonen die sich in der Zeit verändernde Bedeutung von Begriffen (Dynamik) und integrieren fuzzytheoretische Konzepte, die über Zugehörig-

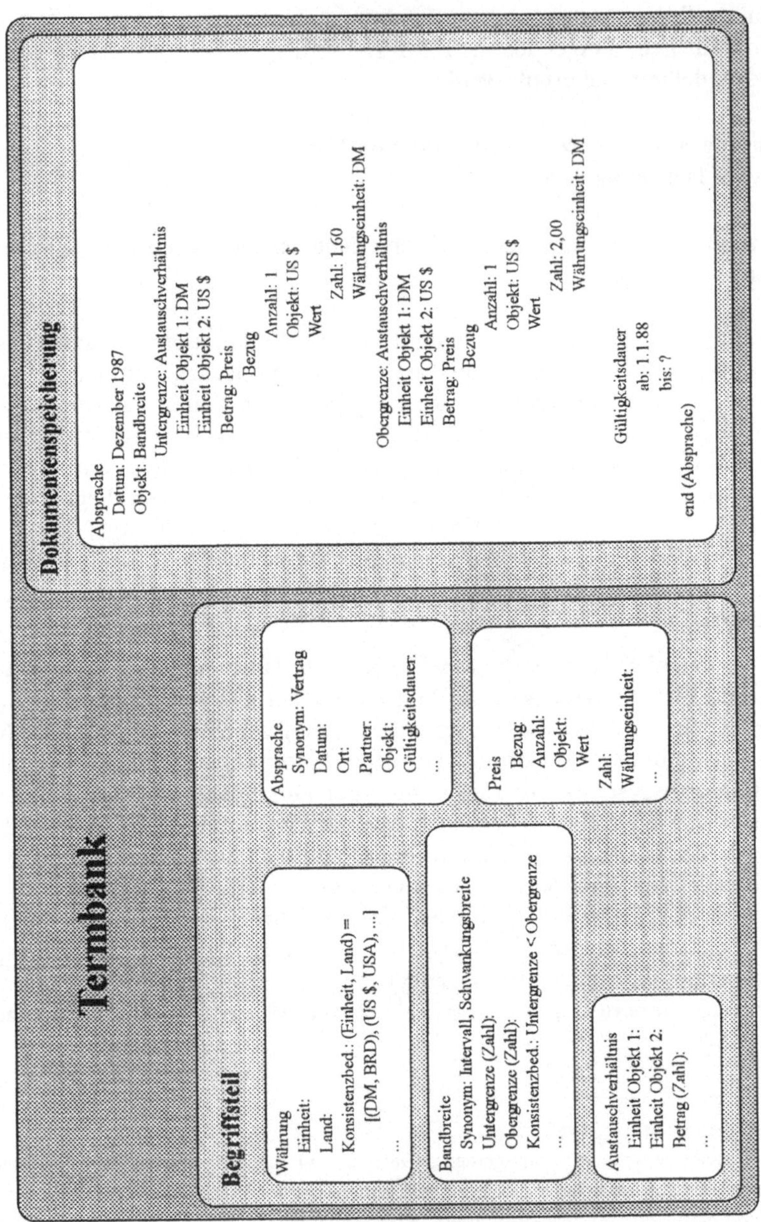

Abb. 45: Beispiel einer terminologischen Datenbank
(Quelle: CZAP (Informationsspeicherung, 1989), S. 259f.)

keitsfunktionen den Zusammenhang zwischen Bedeutungsinhalt und Begriff herstellen möchten. Vgl. dazu auch das Konzept der linguistischen Variable auf S. 43.

und wird der Vieldeutigkeiten der Alltagssprache nicht gerecht. Die Dynamik der Begriffe erfordert eine regelmäßige Überwachung der Übereinstimmung des Begriffs mit dem zu beschreibenden Objekt (s. semantisches Dreieck).[909] Der dynamikinduzierte Aufwand wird zum einen durch das Ausmaß der Dynamik und zum anderen durch die Größe des anzupassenden Begriffssystems bestimmt.

Der Nutzen begriffsorientierter Termbanken determiniert sich zunächst unmittelbar durch die Intensität der Wiederverwendung gleicher oder ähnlicher Begriffe zum Wiederfinden eingespeicherter Dokumente und zur Einspeisung und Klassifizierung neuer Texte.

Insgesamt lassen sich terminologische Datenbanksysteme als Instrumente zum Speichern und inhaltsorientierten Durchsuchen oder Wiederfinden erfaßter Texte und zur terminologischen Standardsetzung[910] wenig dynamischer Fachsprachen einsetzen.

Die Problematik der aufwendigen Erfassung von Dokumenten könnte durch eine veränderte Konzeption terminologischer Datenbanksysteme abgeschwächt werden. Denkbar wäre die eigenständige inhaltliche Interpretation der Dokumente durch das System. Dokumente mit einem hohen Anteil nicht bekannter Begriffe oder Begriffsbezeichnungen würden aussortiert und müßten durch einen menschlichen Aufgabenträger gesondert eingespeist werden.[911]

Die inhaltliche Verarbeitung von Texten gilt auch als eine Domäne der Künstlichen Intelligenz. Ein Einsatzschwerpunkt derartiger Systeme liegt in der benutzerorientierten Zusammenfassung umfangreicher Texte, um z.B. einen aktuellen Pressepiegel, Auswertungen von Fachzeitschriften oder Memos über Mitarbeiterberichte automatisch erstellen zu lassen.[912] Als Instrumente zur Wissensmodellierung werden vornehmlich semantische Rahmen oder Netze eingesetzt,[913] die alle Möglichkeiten bieten, die oben geschilderte Begriffskonzeption terminologischer Datenbanksysteme abzubilden.

Die Möglichkeit, Texte durch das terminologische Datenbanksystem inhaltlich zu interpretieren, würde helfen, die Informationsflut zu bewältigen.[914] Dieser Effekt würde

---

909) Vgl. CZAP (Ansätze, 1988), S. 216.

910) Vgl. CZAP (Datenbankunterstützung, 1989), S. 369.

911) ZELEWSKI (Leistungspotential, 1986), S. 704 berichtet von einem Expertensystem, das bei der Triumph-Adler AG entwickelt wird. Abzuspeichernde Texte werden entweder über einen elektronischen Briefkasten zugeleitet oder opto-elektronisch eingescannt. Falls der vom System selbständig erkannte Inhalt zur Klassifizierung nicht ausreicht, wird ein Benutzer zu ergänzenden Angaben aufgefordert, die als Basis für eine Erweiterung des Klassifizierungswissens dienen.

912) Vgl. ZELEWSKI (Leistungspotential, 1986), S. 702 sowie die dort aufgeführten Systeme. Eine ausführlichere Behandlung ausgewählter Systeme innerhalb dieser Arbeit erfolgt später in Abschnitt VI.A.2.d).

913) Vgl. ZELEWSKI (Leistungspotential, 1986), S. 703 u. SAGER (Course, 1990), S. 183ff.

914) Vgl. dazu ZELEWSKI (Leistungspotential, 1986), S. 701, der diesen Effekt bei der Diskussion des Leistungspotentials intelligenter Automaten für die Textverarbeitung anführt.

sich besonders für die Analyse externer Datenbanken anbieten, die Daten in Textform bereithalten.

e) Unscharfe Datenbanksysteme

Reale Phänomene sind häufig nur unvollkommen und/oder unpräzise beschreib- und abbildbar. Deswegen wird für die maschinelle Informationsverarbeitung im allgemeinen und Datenbanksysteme im besonderen gefordert, inexakte und inkonsistente Daten verwalten zu können.[915]

In konventionellen Datenbanksystemen wird diese Forderung nur unzureichend erfüllt. Eine Möglichkeit der Modellierung inexakter Informationen in konventionellen Datenbanksystemen besteht in der Einführung von Attributen, die den Grad der Exaktheit anderer Attribute oder Attributswerte ausdrücken. Zur datenbanktechnischen Handhabung inexakter Projektzahlungstermine führt TROSSMANN[916] folgende Relationen ein:

Relation GEWIßHEIT

GEWIßHEITSGRAD	BEZEICHNUNG	PARAMETERANZAHL	
0	völlige_Ungewißheit	0	...
1	Festwert	0	...
2	Gleichverteilungsintervall	2	...
3	Intervall	2	...
4	Normalverteilung	1	...
10	nach_rechts_offenes_Intervall 0	...	
...	...	....	...

Relation GEWIßHEITSPARAMETER

GEWIßHEITSGRAD	PARAMETERNR	BEZEICHNUNG	PARAMETERHÖHE	
2	1	untere_Intervallgrenze	2	...
2	2	obere_Intervallgrenze	2	...
3	1	untere_Intervallgrenze	20	...
3	2	obere_Intervallgrenze	50	...
4	1	Variationskoeffizient	3	...
...	...	...	...	...

Die Relationen enthalten in dieser Version sechs Gewißheitsgrade, die über die Gewißheitsparameter weiter spezifiziert werden. Die Fortsetzungspunkte sollen andeu-

915) Vgl. ZEMANKOVA u. KANDEL (Imprecision, 1985), S. 107f. u. 137 sowie LOCKEMANN u.a. (Future, 1990), S. 29.
916) Vgl. TROSSMANN (Finanzplanung, 1990), S. 491ff.

ten, daß beliebige Gewißheitsgrade definierbar und durch weitere Attribute spezifizierbar sind. Die Attribuierung von Zahlungsterminen mit verschiedenen Gewißheitsgraden erlaubt die Abbildung von Projekten, die in ihren Liquiditätswirkungen noch nicht scharf umrissen sind.[917] Bei Veränderung der Kenntnisstände kann auf andere Gewißheitsgrade übergegangen werden.[918]

Wenn auch, wie am Beispiel oben gesehen, die Handhabung inexakter Informationen in Datenbanksystemen konventioneller Provenienz grundsätzlich möglich ist, so werden direkte Abbildung und Verarbeitung inexakter Informationen im relationalen Datenbankmodell nicht oder nur sehr begrenzt unterstützt.[919] Die Behandlung inexakter Informationen bleibt im aufgezeigten Beispiel datenbanktechnisch indirekt, da die inhaltliche Interpretation der Daten als inexakte Informationen außerhalb der Datenbanksphäre geschieht. So werden beispielsweise keine neuen Datentypen für unscharfe Attribute und keine Operatoren zur Manipulation unscharfer Daten implementiert. Ein weiterer Mangel herkömmlicher relationaler Datenbanksysteme ergibt sich aus der ungenügenden Eignung der auf diesem Datenmodell beruhenden Speicherungs- und Retrievalverfahren, die nur für exakte Informationen ausgelegt sind.[920] Nun sollen verschiedene Ansätze dargestellt werden, die eine weitergehende Unterstützung bei der datenbanktechnischen Verwaltung inexakter Informationen bieten.

Die bereits eingeführte Unterscheidung unvollständiger und unscharfer Informationen[921] findet auch auf datenbanktechnischer Ebene ihren Niederschlag. Ansätze, die sich mit erstgenannter Art inexakter Informationen befassen, verstehen die vorhandenen Informationen als scharf definiert und betrachten insofern nicht das Konzept unscharfer Mengen.[922] Unvollständig sind Systeme, wenn nicht für alle darin enthaltenen Attribute die dazugehörenden Werte bekannt sind.[923] Auf Attributsebene kann Unvollständigkeit von Informationen in folgenden Formen vorkommen:[924]

- NULL-Werte
- indefiniert disjunkte Werte
- mögliche Werte.

---

917) Vgl. TROSSMANN (Finanzplanung, 1990), S. 494.

918) Vgl. TROSSMANN (Finanzplanung, 1990), S. 494.

919) Vgl. RAJU u. MAJUMDAR (Study, 1987), S. 19 u. (Dependencies, 1988), S. 129, LIU u. SUNDERRAMAN (Information, 1990), S. 2, LOCKEMANN u.a. (Future, 1990), S. 28, TRIPATHY u. SAXENA (Dependencies, 1990), S. 267 sowie SUTTON u. KING (Integration, 1992), S. 156.

920) Vgl. LOCKEMANN u.a. (Future, 1990), S. 28 sowie SUTTON u. KING (Integration, 1992), S. 157.

921) Vgl. zu dieser Unterscheidung auch S. 33.

922) Vgl. LIPSKI (Issues, 1979), S. 266 sowie BUCKLES u. PETRY (Representation, 1982), S. 214. Wie später gezeigt wird, ist diese Unterscheidung nicht immer überschneidungsfrei.

923) Vgl. LIPSKI (Issues, 1979), S. 269.

924) Vgl. LIU u. SUNDERRAMAN (Information, 1990), S. 1. Bei dieser Unterscheidung wird nicht die Unvollständigkeit von Informationen berücksichtigt, die sich bei der Datenmodellierung ergeben kann. Vgl. zur Problematik der Unvollständigkeit des Datenmodells Abschnitt V.A.5.c)(2)(c).

In derzeitigen relationalen Datenbanksystemen werden nur NULL-Werte unterstützt.[925] NULL-Werte sind allgemein als Datenfeldinhalte zu verstehen, die, zumeist mangels Kenntnis, undefiniert und nicht mit dem Zahlenwert Null (= 0) zu verwechseln sind.[926] Die einzige inhaltsbezogene Information besteht in der Kenntnis, daß der Wert ein Element der zugehörigen Domäne ist.[927]

Die Auswertungsmöglichkeiten von NULL-Werten beschränken sich auf die direkte Abfrage, ob ein Datenfeld einen solchen Wert enthält, ansonsten bleiben NULL-Werte bei der Datenabfrage (z.B. bei der Durchschnittsberechnung) unberücksichtigt.[928] Für den Standard SQL3 sind verschiedene NULL-Zustände vorgesehen.[929]

Unter indefiniert disjunkten Werten werden zwei oder mehrere Tupel verstanden, die alternativ wahr sein können. Mögliche Werte stellen Informationen dar, die in ihrem Wahrheitswert nicht bestimmt sind. Können Angaben über den "Möglichkeitsgrad" gemacht werden, dann bietet sich die Theorie unscharfer Mengen zur Behandlung dieser Informationen an. In diesem Falle kommt es zu Überschneidungen zwischen unvollständigen und unscharfen Informationen. Unscharfe Daten sind generell dann sinnvoll einsetzbar, wenn

- nicht exakte, aber mögliche Werte(-verteilungen) bekannt,
- die Werte inhärent unscharf oder
- die Werte nur qualitativ meßbar sind.[930]

Die meisten Ansätzen zur Berücksichtigung inexakter Informationen gehen vom relationalen Datenbankmodell aus.[931] Von den folgenden dargestellten Ansätzen sind die von LIU u. SUNDERRAMAN, BUCKLES u. PETRY sowie ZEMANKOVA u. KANDEL entwickelten als direkte unscharfe Erweiterungen des relationalen Datenbankmodells zu sehen. Der Vorschlag von ZVIELI u. CHEN basiert auf dem Entity-Relationship-Modell und erweitert die Betrachtung unscharfer Sachverhalte auf die

---

925) In ORACLE Vers. 6.0 sind standardmäßig NULL-Werte erlaubt. Bei der Tabellendefinition kann durch den Zusatz "NOT NULL" die Eingabe von NULL-Werten spaltenweise ausgeschlossen werden. Dieser Zusatz empfiehlt sich für Schlüsselfelder. Vgl. ORACLE (SQL, 1990), S. 5-36f u. 5-55. Entsprechend der Definition können z.Z. kommerziell verfügbare Datenbanksysteme als unvollständige Systeme gelten. Das diesbezügliche Unterstützungspotential bleibt jedoch nur rudimentär.

926) Vgl. LAUSEN u. MARX (Relationenmodell, 1990), S. 33, ORACLE (SQL, 1990), S. 3-25 sowie SUTTON u. KING (Integration, 1992), S. 157.

927) Zu anderen Verwendungskonzepten und damit verbundenen Interpretationen von NULL-Werten vgl. den Überblick bei SUTTON u. KING (Integration, 1992), S. 160 sowie die dort angegebene Literatur.

928) Vgl. LAUSEN u. MARX (Relationenmodell, 1990), S. 33, ORACLE (SQL, 1990), S. 3-25 u. 4-43 sowie SUTTON u. KING (Integration, 1992), S. 157f.

929) Vgl. SHAW (Standards, 1990), S. 80.

930) Vgl. ZVIELI u. CHEN (Modeling, 1986), S. 320.

931) Vgl. zu anderen inexakten Datenmodellen BUCKLES u.a. (Models, 1990), die das Netzwerk-Datenbankmodell erweitern, sowie SUTTON u. KING (Integration, 1992), die das funktionale Datenmodell FDL als Ausgangsbasis nehmen.

Phase des Datenbankdesigns.[932] Die übrigen Konzepte dieses Vorschlags weisen jedoch erhebliche Ähnlichkeiten zu den relationalen Erweiterungen auf.

(i)   Der Ansatz von LIU u. SUNDERRAMAN[933]

LIU u. SUNDERRAMAN entwickeln ein erweitertes relationales Datenbankmodell zur Handhabung indefiniert disjunkter und möglicher Werte, für die kein "Möglichkeitsgrad" angegeben werden kann oder soll. Dazu werden die traditionellen Tabellen als *I-tables* konzipiert, die dreigeteilt Tupel mit definierten, indefiniert disjunkten und möglichen Daten speichern (s. Abb. 46).

Lieferanten_Nr	Lieferteil_Nr		Lieferteil_Nr	Lieferteil_Farbe
L1	LT1	definite Tupel	LT1	blau
L2	LT3		LT3	rot
L3	LT5		LT4	rot
L5	LT5			
L4	LT3	disjunkt indefiniteTupel	LT5	rot
L4	LT4		LT6	rot
L5	LT1	mögliche Tupel	LT7	schwarz

Abb. 46:   Definierte, indefiniert disjunkte und mögliche Daten in I-Tables
(Quelle: LIU u. SUNDERRAMAN (Information, 1990), S. 3)

Die Autoren erweitern ebenfalls die relationale Algebra, um die erwähnten Arten unvollständiger Informationen abfragen und manipulieren zu können. Die Ergebnisrelationen sind dann wiederum nach dem Muster der *I-tables* in definierte, indefiniert disjunkte und mögliche Tupel dreigeteilt. Der Ansatz von LIU u. SUNDERRAMAN soll hier nicht weiter dargestellt werden, da die noch aufzuzeigenden Ansätze, die die Theorie unscharfer Mengen integrieren und damit auch die Angabe von "Möglichkeitsgraden" erlauben, eine weitergehende Unterstützung zur datenbanktechnischen Handhabung inexakter Informationen bieten[934].

---

932)   Zu den diesbezüglichen Gedanken von ZVIELI u. CHEN vgl. V.A.5.c)(2)(c). Überlegungen zum Datenbankdesign in unscharfen relationalen Datenbankmodellen, die insbesondere die informationsverlustfreie Zerlegung von Relationen (Normalisierung) behandeln, finden sich bei RAJU u. MAJUMDAR (Study, 1987) u. (Dependencies, 1988) sowie bei TRIPATHY u. SAXENA (Dependencies, 1990).

933)   Vgl. zu einer ausführlichen Darstellung LIU u. SUNDERRAMAN (Information, 1990) sowie (Model, 1991).

934)   LIU u. SUNDERRAMAN (Information, 1990), S. 28 weisen auf die erweiterten Möglichkeiten von Ansätzen hin, die auf der Theorie unscharfer Mengen basieren. Lediglich die Model-

(ii) Der Ansatz von BUCKLES u. PETRY[935]

BUCKLES u. PETRY entwickeln ein unscharfes relationales Datenbankmodell, das als Spezialfall das klassische Relationenmodell enthält. Kennzeichnend für diesen Ansatz sind zwei wesentliche Erweiterungen. Zunächst werden in unscharfen relationalen Datenbankmodellen nicht-atomare Attributswerte[936] zugelassen. Ein Attributswert d_{ij} (i = Tupelindex) ist eine Untermenge des dazugehörenden Wertebereichs D_j. Als Domänen sind endliche Skalare und unscharfe Zahlen zugelassen. Demzufolge kann jedes Element der Potenzmenge 2^{D_j} (z.B. einzelne Skalare, einzelne unscharfe Zahlen, Sequenzen von Skalaren und von unscharfen Zahlen) außer der Nullmenge ein Attributswert sein. Eine unscharfe Relation läßt sich dann als Teilmenge des kartesischen Produkts seiner Attributswerte definieren:

$$R \subseteq 2^{D_1} \times 2^{D_2} \times ... \times 2^{D_m}$$

Die zweite Erweiterung und das zentrale Konstrukt zur Implementierung von Unschärfe sind die Similaritätsrelationen ("similarity relations")[937], mit deren Hilfe sich der Ähnlichkeitsgrad verschiedener Attributswerte abbilden läßt:

Similaritätsrelation: $s_j : D_j \times D_j \rightarrow [0,1]$

für $D_j = \{w, x, y, z\}$ ergibt sich dann

	w	x	y	z
w	1	0	0	0
x	0	1	0,5	0,3
y	0	0,5	1	0,3
z	0	0,3	0,3	1

Es bleibt zu beachten, daß die Attributswerte keine unscharfen Größen darstellen. Die fuzzy-set-theoretische Interpretation der Similaritätsrelationen zeigt, daß jede Zeile (und wegen der Symmetrie-Eigenschaft auch Spalte) eine diskrete Zugehörigkeitsfunktion zwischen einem Attributswert einerseits und den restlichen -werten andererseits repräsentiert.

---

lierung indefiniert disjunkter Daten ist durch die Theorie unscharfer Mengen nicht möglich. Doch wird diese Art inexakter Information als weniger bedeutsam erachtet.

935) Vgl. zu den folgenden Ausführungen BUCKLES u. PETRY (Representation, 1982), BUCKLES u. PETRY (Characterization, 1983) sowie BUCKLES u.a. (Calculus, 1989).

936) Insofern kann das von BUCKLES u. PETRY entwickelte unscharfe relationale Datenbankmodell zu den NF^2-Modellen gezählt werden. Vgl. zu derartigen Datenmodellen Abschnitt V.A.5.c)(3).

937) Das Konzept der Similaritätsrelation geht auf ZADEH (Relations, 1970) zurück. Eine Weiterentwicklung des Konzepts der Similaritätsrelationen findet sich bei SHENOI u. MELTON (Relations, 1989) u. (Model, 1990). Die Autoren schlagen dort eine Clusterung von Attributswerten auf der Grundlage von Ähnlichkeitswerten vor.

Similaritätsrelationen sind reflexiv, symmetrisch und transitiv:

Reflexivität: $s_j(a,a) = 1$

Symmetrie: $s_j(a,b) = s_j(b,a)$

Transitivität: $s_j(a,c) \geq \max \left[\min_{\forall b \in D_j} (s_j(a,b), s_j(a,c)) \right]$

Auf Grund dieser Eigenschaften enthalten Similaritätsrelationen einen hohen Anteil redundanter Informationen. POTOCZNY schlägt im Interesse einer redundanzvermeidenden Speicherung[938] vor, nur die Werte einer Zeile oder einer Spalte explizit zu speichern, da die restlichen Werte daraus abgeleitet werden können.[939]

Im Vergleich zu konventionellen relationalen Datenbankmodellen muß festgestellt werden, daß dort implizit Identitätsrelationen enthalten sind, die als Teilmengen auch in Similaritätsrelationen vorkommen. Identitätsrelationen verknüpfen identische Attributswerte (z.B. w und w, x und x) und finden sich in Similaritätsrelationen als Menge aller Elemente auf einer gedachten Diagonale von links oben nach rechts unten mit dem Ähnlichkeitsgrad 1 (= Identität) wieder.

Als Grundlage für die Formulierung von Operatoren zur Verarbeitung unscharfer relationaler Daten wird ein Schwellenwert ("threshold") definiert, der sich auf den in den Similaritätsrelationen festgehaltenen Ähnlichkeitsgrad bezieht:

$$THRES(D_j) = \min_{\forall i} \left\{ \min_{x, y \in d_{ij}} [s(x,y)] \right\}$$

Bei jeder Abfrage, die eine attributswertbezogene Bedingung umfaßt, kann nun ein Schwellenwert angegeben werden. Somit werden auch Tupel wiedergefunden, die nicht einem Ähnlichkeitsgrad von 1, sondern im Maße des Schwellenwerts der Bedingung entsprechen. In SQL formuliert könnte eine solche Abfrage folgendermaßen aussehen:

```
SELECT      Spalte 1, Spalte 2
FROM        R
WHERE       Spalte 1 = Wert mit THRES > 0,5;
```

Durch die Similaritätsrelationen und die Angabe von Schwellenwerten sind im Gegensatz zum scharfen Relationenmodell, wo nur identische Werte erkannt und beispiels-

---

938)   Vgl. zu den Nachteilen von Redundanz S. 85.

939)   Vgl. POTOCZNY (Relations, 1984).

weise für eine Tabellenverknüpfung (Join) eingesetzt werden, auch Tabellenverknüpfungen über ähnliche Werte möglich, z.B. mit minimalem Ähnlichkeitsgrad von 0,5.

Zur Erweiterung der Abfragesprache gehören auch linguistische Ausdrücke (z.B. "sehr", "mehr_oder_weniger"). In Verbindung mit den üblichen Logikoperatoren ("und", "oder", "nicht") lassen sich dann beliebig komplexe, unscharfe Bedingungen formulieren. Die Operationalisierung der linguistischen Ausdrücke stützt sich bei gegebener Zugehörigkeitsfunktion μ: $F \to [0,1]$ auf folgende Operatoren:

DIL (dilation):
betont zentrale Elemente einer Menge, d.h. Elemente mit einem Zugehörigkeitswert um 0,5, indem deren Zugehörigkeitswerte erhöht werden.
DIL $(F) = \{\mu^{1/2}(a)\,|\,a \in F\}$

CON (concentration):
unterbetont zentrale Elemente einer Menge, indem deren Zugehörigkeitswerte herabgesetzt werden.
CON $(F) = \{\mu^2(a)\,|\,a \in F\}$

Der DIL-Operator dient der Unterstützung des linguistischen Ausdrucks "mehr-oder-weniger", der CON-Operator wird mit "sehr" in Verbindung gebracht.

In einem anderen Beitrag behandeln die Autoren die Verwaltung unscharfer Zahlen in LR-Darstellung in Datenbanksystemen.[940] Als Beispiel dienen Daten über unterschiedliche zeitliche Präferenzen von Kursterminen auf Seite der Studenten und Professoren, die in parametrischer Form als trianguläre Zahlen[941] in einer Relation enthalten sind:

RELATION Scholar

Student	Course	Time
Weiss	Computability	(14,2,1)
Baum	Logic	(10,1,2)
Celli	Databases	(11,3,2)
Gerard	Fuzzy Sets	(8,0,3)
Morgan	Fuzzy Sets	(13,2,1)
Goldstein	Databases	(10,1,1)
Hayahis	Logic	(15,3,1)
Moritani	Computability	(12,2,2)
Herbst	Logic	(12,2,2)
Monet	Fuzzy Sets	(11,1,3)

---

940) Vgl. zu den folgenden Ausführungen BUCKLES u. PETRY (Numbers, 1984).
941) Vgl. zu triangulären Zahlen S. 43.

RELATION Faculty

Professor	Course	Time
Hebert	Databases	(15,2,2)
Buckles	Logic	(10,1,1)
Hebert	Computability	(11,2,1)
Petry	Fuzzy Sets	(14,1,2)

Als Beispielabfrage gilt zu ermitteln, welche Professoren und Studenten ähnliche Zeitpräferenzen aufweisen. Mit Hilfe erweiterter relationaler Operatoren[942] kann die Abfrage wie folgt formuliert werden:

```
(Join((SCHOLAR, FACULTY over COURSE, TIME))
       with   LEVEL(COURSE) = 1
              LEVEL(PROFESSOR) = 1
              LEVEL(STUDENT) = 0,
              LEVEL(TIME) = 0,5)
       giving SCHEDULE.943
```

Sie führt zu dem Ergebnis:

Professor	Student	Course	Time
Hebert	{Celli}	Databases	{(11,3,2), (15,2,2)}
Buckles	{Baum, Herbst}	Logic	{(10,1,1), (10,1,2), (12,2,2)}
Hebert	{Moritani, Weiss}	Computability	{(11,2,1), (12,2,2), (14,2,1)}
Petry	{Monet, Morgan}	Fuzzy Sets	{(11,1,3), (13,2,1), (10,1,1)}

(iii) Der Ansatz von ZEMANKOVA u. KANDEL[944]

Das von ZEMANKOVA u. KANDEL vorgeschlagene und auch datenbanktechnisch implementierte unscharfe Datenmodell FRDB (**F**uzzy **R**elational **D**ata **B**ase) unterteilt sich in

---

942)   Vgl. zu den relationalen Operatoren S. 102

943)   Die LEVEL-Angabe ist mit dem vorher beschriebenen THREShold vergleichbar. LEVEL (COURSE) und LEVEL(PROFESSOR) bedeutet, daß der Join nur über gleiche Attributswerte erfolgt. LEVEL(STUDENT) = 0 bedeutet, daß alle Studententupel miteinander verknüpft werden. LEVEL(TIME) bedeutet, daß Tupel ausgewählt werden, die in den Zeitwerten zu 50% übereinstimmen. Dies ist die quantitative Umsetzung des Terminus "ähnliche Zeitvorstellungen".

944)   Vgl. zu den folgenden Ausführungen ZEMANKOVA-LEECH u. KANDEL (Fuzzy, 1984) sowie ZEMANKOVA u. KANDEL (Imprecision, 1985). Vgl. insbesondere zur datenbanktechnischen Implementierung auf der Basis des Relational Information Management System RIM bei Boeing Inc. SCHLAK u. ZEMANKOVA-LEECH (Introduction, 1983).

- eine Wertedatenbank VDB (Value **Data Base**),
- eine erklärende Datenbank EDB (**Explanatory Data Base**) und
- Übersetzungsregeln.

Die erstgenannte Organisationseinheit speichert aktuelle Werte, während der zweite Teil aus einer Sammlung semantischer Relationen oder Funktionen besteht, die "erklären", wie der Übereinstimmungsgrad eines gegebenen Wertes mit der Benutzerabfrage bestimmt werden kann. Die erklärende Komponente erlaubt insofern die benutzerindividuelle Interpretation der Inhalte der Wertedatenbank.

Als Datentypen sind in FRDB

- diskrete Skalare (z.B. Farbe = {rot, weiß, blau},
- diskrete oder kontinuierliche Zahlenmengen und
- das Intervall [0,1] zugelassen.

Attributswerte können sein

- atomare Skalare oder Zahlen,
- eine Liste von Skalaren oder Zahlen,
- eine Zugehörigkeitsfunktion von skalaren oder numerischen Datentypen,
- eine reelle Zahl aus dem Intervall [0,1] oder schließlich
- ein NULL-Wert.

Die Modellierungsmöglichkeiten einer Wertedatenbank sollen an einem Beispiel illustriert werden:[945]

NAME	AGE	RESIDENCY	HAIR COLOR	SMART
Tom	25	Knoxville, Atlanta	0,8/brown + 0,6/black	0,8
Bob	30	Tallahassee	0,3/blond + 0,7/red	0,6
Al	35	Boston, New York	1/brown	0,4
Ron	-	Miami, Tampa	0,4/brown + 0,9/red	0,9

Der Querstrich bei AGE repräsentiert einen NULL-Wert und wird als "nicht bekannt" interpretiert. In RESIDENCY sind Listen von Skalaren enthalten, die alternative Wohnorte angeben. HAIR COLOR wird durch eine Zugehörigkeitsfunktion über die Wertemenge {blond, red, brown, black} spezifiziert. Für Tom bedeuten die Werte, daß seine Haarfarbe zwischen braun und schwarz liegt, eher aber zu braun tendiert. Das Attribut SMART beinhaltet Zugehörigkeitswerte zur Menge intelligenter Personen, die sich beispielsweise über den I.Q. bilden lassen. Typ 3 der Attributswerte weist die größte Beschreibungsfähigkeit auf und beinhaltet die übrigen Typen als Spezialfälle. Alle Relationen müssen einen Primärschlüssel als atomaren Skalaren oder Zahl aufweisen. Die Relationen sollten zur Redundanzvermeidung in dritter Normalform gehalten werden.

---

945) Beispiel entnommen aus ZEMANKOVA u. KANDEL (Imprecision, 1985), S. 122.

Die Relationen der EDB beinhalten Informationen zur semantischen Interpretation der Werte in der VDB. Die semantischen Relationen der EDB, die die scharfen Vergleichsoperatoren der relationalen Algebra (=, ≠, <, ≤, >, ≥) relaxieren, basieren auf folgenden Konzepten:

- Unscharfe Untermengen
  Unscharfe Untermengen sind als Abbildungen von Attributswerten der VDB auf den Intervall [0,1] zu verstehen. Die Relation YOUNG versteht sich beispielsweise als Explikation des Begriffs oder der linguistischen Variable[946] "young" anhand der Attributswerte von AGE:

Relation YOUNG

AGE	m_{YOUNG}
10	1.0
20	0,9
30	0,8
40	0,6

Die Darstellung kann auch in Funktionsschreibweise vorgenommen werden:

$$F = S(x; a,b,c).$$

Dabei ist x eine Variable über den Wertebereich D und S die Standardzugehörigkeitsfunktion mit den Parametern a,b und c. Weiterhin können neue unscharfe (Unter-) Mengen aus bereits definierten abgeleitet werden. Hierzu stehen die Modifizierer NOT, VERY/MUCH, APPROXIMATELY sowie die logischen Verknüpfer AND und OR zur Verfügung. Neue unscharfe Mengen können auch durch gewichtete Verknüpfung entstehen.

Beispiele:
DUMM = NOT INTELLIGENT
GESUND = 0,8 x SCHLANK AND 0,2 NICHTRAUCHER

Unscharfe Untermengen erweitern die Ausdrucksfähigkeit der Abfragesprache, indem sie die Abbildung intrinsisch unexakter Begriffe[947] der natürlichen Sprache ermöglichen. Die Darstellung derartiger linguistischer Variablen durch unscharfe Mengen als Ergebnis einer subjektiven Interpretation realisiert die Individualisierung des FRDB-Modells.

---

946) Vgl. zu linguistischen Variablen S. 43.
947) Vgl. S. 34.

- Similaritätsrelationen[948]
  Die Similaritätsrelationen beziehen sich auf skalare Werte und weisen die Eigenschaften der Reflexivität und Symmetrie auf. Im Unterschied zu BUCKLES u. PETRY wird aber keine Max-Min-Transitivität gefordert, da dies in bestimmten Fällen einer intuitiven Ähnlichkeitsfestlegung widerspricht.[949]

- Proximitätsrelation
  In Proximitätsrelationen wird bei ZEMANKOVA u. KANDEL die "Nähe" zwischen zwei numerischen Werten ausgedrückt. Gegeben sei die numerische Domäne D_i und die Elemente x, y, z $\in D_i$. Dann ist die Proximitätsrelation p(x, y) $\in [0,1]$ reflexiv und symmetrisch sowie transitiv in der Form

$$p(x, z) \geq \max_{y \in D_i} \{\, p(x, y)\, p(y, z)\, \}.$$

Die generelle Form von Proximitätsrelationen sieht so aus:

$$p(x, y) = e^{-\beta |x-y|}, \text{ wobei } \beta > 0.^{950}$$

- Generelle unscharfe Relationen
  Sind x, y $\in D_i$, mit D als skalare oder numerische Domäne, dann repräsentiert g(x, y) die Stärke der Verbindung zwischen x und y als eine gerichtete Kante mit dem Intervall [0,1] als Wertebereich. Generelle unscharfe Relationen sind nicht unbedingt reflexiv oder symmetrisch. Als Beispiele für derartige Beziehungen können Freundschaften oder Beziehungen in einer Gruppe angeführt werden, die von jeder Seite unterschiedlich empfunden werden. Eine Relation könnte dann folgendermaßen aussehen:

a → b	g(a, b)
X Y	0,5
Y X	0,2
Y Z	0,6
Z Y	0,6
X Z	0,8
Z X	0,3

---

948) Vgl. zu Similaritätsrelationen S. 196.

949) Vgl. dazu genauer ZEMANKOVA u. KANDEL (Imprecision, 1985), S. 125f.

950) Diese auch als absolute Proximität bezeichnete Form trägt nicht der wachsenden Nähe oder abnehmenden Differenz größer werdender Zahlen Rechnung. Hierzu werden komplexere relative Proximitäten erforderlich. Vgl. dazu ZEMANKOVA u. KANDEL (Imprecision, 1985), S. 126f.

Die Abfragesprache des FRDB basiert auf den relationalen Operatoren[951]. Zur anschaulicheren Darstellung der Datenbanksprache des FRDB wurden die folgenden Abfragen in natürlichsprachige oder SQL-ähnliche Befehle[952] übertragen und in Bezug auf diese erläutert.

Unscharfe Mengen werden in Abfragen folgender Form verwendet:

"Finde X, für die X.A = F gilt",

wobei X.A ein Attribut zur Beschreibung von X ist und F eine Vorschrift zur Beschreibung der für das Attribut A definierten unscharfen Menge.

Similaritäts- und Proximitätsrelationen werden für folgende Abfragen eingesetzt:

"Finde X, für die X.A θ d gilt",

wobei X.A ein Attribut zur Beschreibung von X und θ ein unscharfer Vergleichsoperator ist, während d $\in$ D einen Wert von Attribut A aus dem Wertebereich D bestimmt.

Generell sieht die Syntax einer SELECT-Abfrage im FRDB-Modell folgendermaßen aus:

SELECT {A1 [, A2, ...]; ALL}	$\Leftarrow$ Spaltenauswahl
FROM R1	$\Leftarrow$ nur eine Tabelle
[SORTED BY A1 [= {A; D}] [, A2 [= {A; D}, ...]]]	$\Leftarrow$ Sortierfolge der Ergebnistupel
[[{conj}] <condition>	$\Leftarrow$ WHERE-Bedingung
({AND; OR} [{conj}] <condition>)^k	$\leftarrow$ (einfach/komplex,
[{(m POSS = t); (m CERT = t)[953]}]]	$\leftarrow$ mit/ohne Angabe eines thresholds)

---

951) Vgl. zu den relationalen Operatoren 102.

952) Vgl. zur allgemeinen Grundstruktur des SELECT-Befehls Abb. 26 auf S. 103.

953) Bei POSS wird der Möglichkeitsgrad der Erfüllung der Bedingung durch folgende Meßvorschrift ermittelt:

$$p_x(q) = p_x(\text{<condition>})$$
$$= \text{Poss}\{A2(\text{of } x) \text{ is F}\}$$
$$= \sup_{u \in D2} p_{A2(x)}(u)m_F(u).$$

Bei CERT wird der Sicherheitsgrad der Erfüllung der Bedingung gemessen:

$$c_x(q) = c_x(\text{<condition>})$$
$$= \text{Cert}\{A2(\text{of } x) \text{ is F}\}$$
$$= \max(0, \inf_{u \in D2}(p_{A2(x)}(u)m_F(u)) > 0).$$

Erst durch die horizontale Auswahl von Tupeln durch den der WHERE-Bedingung entsprechenden Teil werden unscharfe Konzepte verarbeitet. Der Bedingungsteil kann einfach oder durch logische Verknüpfung mittels AND und OR komplex aufgebaut sein (k steht für die Anzahl der Wiederholung des zugehörigen Terms in der Klammer). Die Menge der Konjunktionen {conj} umfaßt die Elemente SUCH THAT, WHERE, WHO, WHOSE, WHOM und WHICH, die bei der Verarbeitung jedoch gleichbehandelt werden und lediglich die Lesbarkeit erhöhen sollen. Durch t wird die Akzeptanzschwelle festgelegt, die bei Nicht-Angabe als Standardwert POSS = 0,5 annimmt.

Der Bedingungsteil im engeren Sinne <condition> kann weiterhin in folgenden Formen vorliegen:

[A] IS m F
A IS m θ c
A1 IS m θ A2
IS m_1 AS F_1 AS m_2 F_2
IS m_1 θ $m_2 F_1$ THAN $m_3 F_2$
LINK IS [s] linkname {TO ; FROM} c

Die Variable m steht für eine Menge unscharfer Modifizierer (NOT, VERY/MUCH, APPROXIMATELY[954], leere Menge oder Kombination mittels AND und OR). θ steht für einen unscharfen Vergleichsoperator (GREATER, LESS, MORE) unscharfer Mengen, c für eine Attributskonstante und F_i (i = 1,2,...,) für eine Vorschrift zur Bildung unscharfer Mengen der abgefragten Attribute. LINK verbindet die in der EDB gespeicherte, durch linkname spezifizierte Relation mit dem Attribut A. s steht für STRONG und ist ein weiterer Modifizierer, der VERY entspricht.

Einige beispielhafte SELECT-Anweisungen sollen einen Eindruck über die Abfragemöglichkeiten im FRDB-Modell geben:

SELECT NAME, IQ
FROM PERSON
WHO IS VERY SMART (POSS = 0,7)

SELECT NAME
FROM PERSON
WHO IS MUCH MORE INTELLIGENT THAN ATHLETIC OR WHO IS NOT
VERY YOUNG

---

954) Die Möglichkeitsgrade werden durch die Modifizierer folgendermaßen beeinflußt:
NOT Bedingung $\rightarrow$ 1- (Möglichkeitsgrad der Bedingung)
VERY/MUCH Bedingung $\rightarrow$ (Möglichkeitsgrad der Bedingung)^2
APPROXIMATELY Bedingung $\rightarrow$ (Möglichkeitsgrad der Bedingung)$^{1/2}$
Sicherheitsgrade werden analog modifiziert. Vgl. auch die Ausführungen zu den CON- und DIL-Operatoren auf S. 198.

```
SELECT NAME
FROM GROUP
WHERE LINK IS STRONG INFLUENCE FROM 'JIM'

SELECT NAME
FROM PERSON
WHOSE HAIR IS 'BROWN' (CERT = 1,0)
```

Die letzte Anweisung bedeutet, daß die Haarfarbe braun sein muß. Insofern umfaßt die Abfragesprache des FRDB-Modells die Standard-SQL-Befehle als Spezialfall.

Abschließend soll an einem Beispiel aufgezeigt werden, wie mittels VDB, EDB und internen Ableitungskalkülen unscharfe Daten verarbeitet und Abfrageergebnisse erzeugt werden. Dazu sei neben der oben bereits dargestellten Relation PERSON aus der VDB noch die Similaritätsrelation HAARFARBE eingeführt:

Similaritätsrelation HAARFARBE[955]

HAIR COLOR	S-HAIR COLOR	SIM
blond	red	0,6
blond	brown	0,4
blond	black	0,0
red	brown	0,5
red	black	0,1
brown	black	0,8

Die folgende Abfrage soll beantwortet werden:

```
SELECT NAME
FROM PERSON
WHOSE HAIR COLOR IS 'brown' AND WHO IS VERY SMART (POSS = 0,4)
```

Die Teilbedingung brauner Haare soll für Bob geprüft werden. In der VDB ist Bob's Haarfarbe gespeichert:

$$P_{\text{HAIR COLOR}}(\text{Bob}) = 0,3/\text{blond} + 0,7/\text{red}$$

Die Möglichkeit, daß Bob braune Haare hat, wird durch die Möglichkeitsmessung[956] bewertet:

---

955) Auf Grund der Symmetrie- und Reflexivitätseigenschaft der Similaritätsmatrix können in der Similaritätsrelation redundante Werte weggelassen werden. Vgl. auch S. 197.
956) Vgl. FN 954.

p_{BOB}(HAIR COLOR IS BROWN)
= max(0,3s(blond,brown); 0,7s(red,brown))
= max(0,3 x 0,4; 0,7 x 0,5)
= max(0,12; 0,35) = 0,35

Es ist zu beachten, daß der Möglichkeitsgrad dieser Aussage nicht gleich null ist, obwohl Bob´s Haarfarbe in der Relation PERSON zwischen blond und rot klassifiziert wird. Über die Similaritätsrelation in der EDB wird jedoch die Möglichkeit eingeräumt, daß die Haarfarbe braun ist.

Der Möglichkeitsgrad für die Bedingung, daß Bob intelligent ist, wird über die Vorschrift des unscharfen Modifizierers VERY und des Wertes für SMART in der Relation PERSON ermittelt:

$$p(\text{VERY SMART}) = p(\text{SMART})^2$$

und für Bob

$$p_{BOB}(\text{VERY SMART}) = 0,6^2 = 0,36$$

Schließlich kann der Möglichkeitsgrad der Bedingung für Bob folgendermaßen beziffert werden:

$$p_{BOB}(q) \quad = p_{BOB}(\text{HAIR COLOR IS BROWN}) \; \& \; p_{BOB}(\text{VERY SMART})$$
$$= 0,35 \; \& \; 0,36 = \underline{0,35}$$

Als Zwischenergebnistabelle ohne threshold ergibt sich

NAME	p(HAIR COLOR IS BROWN) &	p(VERY SMART) =	$p(q)$
Tom	0,80	0,64	0,64
Bob	0,35	0,36	0,35
Al	1,00	0,16	0,16
Ron	0,45	0,81	0,45

Da in der Abfrage der threshold mit 0,4 angegeben war, beschränkt sich das Ergebnis der Abfrage auf:

NAME	$p(q)$
Tom	0,64
Ron	0,45

(iv) Der Ansatz von ZVIELI und CHEN[957]

ZVIELI u. CHEN stellen fest, daß kein Vorschlag zur Behandlung von NULL-Werten vollständig befriedigt, und schlagen deswegen die formale Handhabung inexakter Informationen mittels unscharfer Mengen vor.[958] Der sich auf die Datenmodellierung beziehende Teil des Ansatzes eines Entity-Relationship-Modells zur Handhabung unscharfer Daten und -strukturen wurde bereits skizziert.[959] Hier soll nun die zugehörige Manipulationssprache zur Behandlung unscharfer Daten FERA (Fuzzy Entity Relationship Algebra) dargestellt werden. Als Objekte umfaßt die Sprache unscharfe Entitätsmengen (E_n) und -typen (ET_n), unscharfe Attribute (A_n), Wertemengen (V_n), Wertetypen (VT_n) und unscharfe direktionale Relationships (R_n). FERA ist eine Verallgemeinerung der von CHEN vorgeschlagenen ERM-bezogenen Algebra[960] und umfaßt diese als Spezialfall. Die maßgeblichen Erweiterungen von FERA beziehen sich auf folgende grundlegende Operatoren:

- Vereinigung, Differenz, Produkt und gewichtete Summe unscharfer Entitätsmengen,[961]
- Auswahl von Entitäten über unscharfe Attribute oder Relationships,
- Unscharfe Auswahl, Vereinigung, Schnittmenge, Differenz und cartesisches Produkt zweier Wertemengen,[962]
- Unscharfe Komposition von Relationships durch Multiplikation der Zugehörigkeitsfunktionen der Ausgangs-Relationships,
- Unscharfe Projektionen von Relationshipmengen auf Entitätsmengen sowie Entitätsmengen und Relationshipmengen auf Attribute,
- Unscharfe lineare und euklidische Distanz,
- Unschärfeneliminierung durch Finden der "nächstgelegenen" Entität auf der Basis euklidischer Distanz,
- CON- und DIL-Operatoren und "thresholds",[963]
- Scharfe und unscharfe Gruppenfunktionen (COUNT, SUM, MAX usw.) sowie arithmetische Manipulationen,
- Natürlichsprachige Ergebnisaufbereitung durch Gruppenbildung (z.B. Zuweisung G1: "sehr ähnlich" = [0,9 - 1[).

Die Möglichkeiten der FERA sollen an einigen Beispielen veranschaulicht werden.[964] Gegeben seien die unscharfen Entitätsmengen Lieferanten und Lieferteile sowie die diese verknüpfende unscharfe Relationship Lieferbeziehung (s. Abb. 47). Die Entitätsmenge Lieferanten weist das Schlüsselattribut L_Nr und das unscharfe Attribut

---

957) Vgl. zu den folgenden Ausführungen ZVIELI u. CHEN (Modeling, 1986).

958) Vgl. ZVIELI u. CHEN (Modeling, 1986), S. 320.

959) Vgl. Abschnitt V.A.5,c)(2)(a).

960) Vgl. dazu FN 552.

961) Vgl. zu den Operationen für unscharfe Mengen S. 42). Die gewichtete Summe ist durch $\mu_{A+\alpha B}$ = MIN $\{1, \mu_A + \alpha \times \mu_B\}$ definiert.

962) Diese Operatoren sind analog der entsprechenden Operatoren für Entitätsmengen definiert.

963) Vgl. zu den CON- und DIL-Operatoren S. 198.

964) Vgl. dazu ZVIELI u. CHEN (Modeling, 1986), S. 325ff.

"L_Stadt" auf, die darauf hindeuten, daß die Lieferung aus einer der darin enthaltenen Städte erfolgen kann. Das Schlüsselattribut LT_Nr und das unscharfe Attribut LT-Stadt, das die Unschärfe des Lieferorts ausdrückt, kennzeichnen die Entitätsmenge Lieferteile.

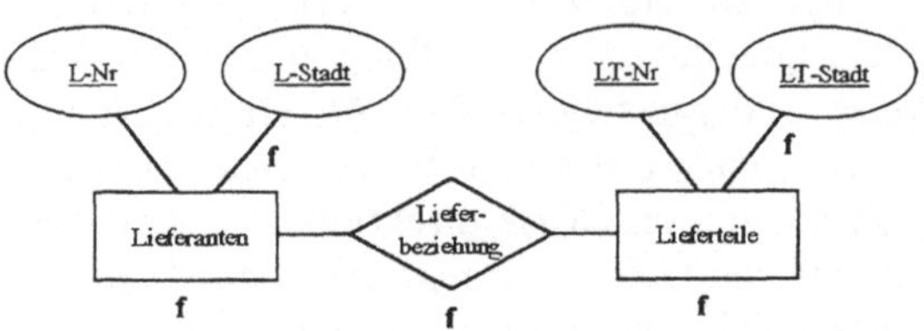

Abb. 47: Beispiel eines FERM für Lieferanten, Lieferteile und Lieferbeziehungen[965]

Eine erste Abfrage ermittelt Lieferanten für Teil 2:[966]

SELECT L_Nr
FROM Lieferanten
WHERE LT_Nr = 2 AND μ_{LT} = 1

Diese Abfrage hat nur Lieferanten zum Ergebnis, von denen bekannt ist, daß diese ganz sicher Teil 2 liefern (Zugehörigkeitsgrad =1). Dieses Ergebnis hätte sich auch mit jedem herkömmlichen relationalen Datenbanksystem erzielen lassen. Die besondere Leistungsfähigkeit unscharfer Konzepte zeigt sich bei der Abfrage von Lieferanten, die das Teil wahrscheinlich anbieten. Hierzu bietet FERA verschiedene Möglichkeiten. Erstens kann mit dem Operator zur Unschärfeneliminierung (UF) der "nächstgelegene" Lieferant herausgefunden, zweitens kann durch die Angabe eines Zugehörigkeitsgrades ("threshold") die Ergebnisbeschreibung erweitert, drittens kann der CON-Operator eingesetzt werden.

1. Möglichkeit:
SELECT L_Nr
FROM L
WHERE LT_Nr = 2 AND UF(LT)

---

965) In Anlehnung an ZVIELI u. CHEN (Modeling, 1986), S. 325.

966) ZVIELI u. CHEN formulieren die Abfragen mit Hilfe der Operatoren der Relationenalgebra. Zum besseren Verständnis sind die Abfragen an den SQL-Standard angelehnt. Da im ERM Beziehungen (Relationships) direkt modelliert werden, brauchen die Entitätsmengen nicht wie die Tabellen im relationalen Datenbankmodell über gemeinsame Spalten (JOIN-Bedingungen) verknüpft werden.

2. Möglichkeit:
SELECT L_Nr
FROM L
WHERE LT_Nr = 2 AND $\mu_{LT} \geq 0,7$

3. Möglichkeit:
SELECT L_Nr
FROM L
WHERE LT_Nr = 2 AND CON(LT)

Nachdem die wichtigsten Ansätze unscharfer Datenbanksysteme dargestellt wurden, soll nun eine Bestandsaufnahme der Einsatzgebiete vorgenommen werden. Da bisher nur Prototypen entwickelt wurden, können keine empirisch fundierten Aussagen gemacht, sondern allenfalls Vermutungen über potentielle Anwendungen angestellt werden. Als Grundlage sollen zunächst die Beispiele dienen, mit denen die Autoren ihre Ansätze vorstellen. LIU u. SUNDERRAMAN wählen als Demonstrationsobjekt unscharfe Informationen über familiäre Verwandtschaftsbeziehungen[967] und über Lieferanten oder Lieferteile.[968] BUCKLES u. PETRY zeigen die Einsatzmöglichkeiten von Similiaritätsrelationen anhand ähnlicher Anforderungen an Footballspielern auf unterschiedlichen Feldpositionen.[969] Die Autoren weisen aber auch schon auf die analoge Problemstellung bei der Mitarbeiterauswahl auf der Grundlage von Leistungs- und Anforderungsprofilen hin.[970] Darüber hinaus werden Vergleiche der unternehmenseigenen Produktlinie mit den Produktlinien der Konkurrenten und den durch die Marktforschung ermittelten Kundenbedürfnissen sowie die Standortfrage neuer Lager- oder Distributionszentren als potentielle Anwendungen aufgeführt.[971] ZEMAN-KOVA u. KANDEL wählen zur Darstellung ihres Ansatzes als Beispiel zunächst auch personenbezogene Daten.[972] Generell werden jedoch alle Anwendungen, die unscharfe Daten verarbeiten, für die Unterstützung durch unscharfe Datenbanksysteme als geeignet betrachtet.[973] Als konkrete Anwendungsbeispiele werden Arbeitsvermittlungen, Immobilienvermittlungen und Studiumszulassungen erwähnt.[974] Besondere Erwähnung finden Entscheidungsunterstützungsysteme und die darin auftretenden "What-if-Analysen", für die sich unscharfe Datenbanksysteme als geeignete Informationsbasis anbieten.[975] Eine weitere Domäne unscharfer Datenbanksysteme liegt in der unscharfen Mustererkennung. Anwendungsbeispiele hierfür sind Sturmwolkenerkennung,

---

967) Vgl. LIU u. SUNDERRAMAN (Model, 1991).

968) Vgl. LIU u. SUNDERRAMAN (Information, 1990).

969) Vgl. BUCKLES u. PETRY (Representation, 1982).

970) Vgl. BUCKLES u. PETRY (Representation, 1982), S. 225 sowie (Characterization, 1983), S. 76.

971) Vgl. BUCKLES u. PETRY (Representation, 1982), S. 225.

972) Vgl. ZEMANKOVA u. KANDEL (Imprecision, 1985).

973) Vgl. ZEMANKOVA u. KANDEL (Imprecision, 1985), S. 137.

974) Vgl. ZEMANKOVA u. KANDEL (Imprecision, 1985), S. 137.

975) Vgl. ZEMANKOVA u. KANDEL (Imprecision, 1985), S. 137f.

geologische Erschließung und das Erkennen von Markttrends.[976] Beispiele für den erfolgreichen Einsatz unscharfer Logik innerhalb medizinischer Diagnosesysteme beweisen, daß unscharfe Datenbanksysteme auch für diesen Anwendungsbereich sinnvoll sind.[977] Abschließend weisen die Autoren auf die Möglichkeit zur Unterstützung wissensbasierter Systeme hin, die unscharfe Daten und Regeln verarbeiten.[978] ZVIELI u. CHEN demonstrieren ihren Ansatz anhand von Datenbeispielen einer Bibliotheksverwaltung sowie von Lieferanten und Lieferteilen.[979] Außer der instrumentellen Eignung zum Aufbau wissensbasierter Systeme werden keine anwendungsbezogenen Aussagen gemacht.[980]

Allgemein betrachtet bieten sich unscharfe Datenbanksyteme entsprechend der Einsatzgebiete unscharfer Mengen[981] für Anwendungsbereiche an, die durch einen hohen Anteil unbestimmter vorwiegend qualitativ meßbarer und verbaler Daten gekennzeichnet sind. Die bereits in der Literatur erwähnten Anwendungen weisen zumindest eines dieser Merkmale auf, oft sogar alle. Als besonders relevant für controllingbezogene Einsatzgebiete treten die Anwendungen als Personalinformationssystem, als Lieferanteninformationssystem, zur Produktlinienanalyse, zur Markttrenderkennung und generell innerhalb von Entscheidungsunterstützungssystemen in den Vordergrund des Interesses. Analog zu Personalinformationssystemen können auch Maschineninformationssysteme unscharfe Eignungspotentiale verwalten und wichtige Informationen zur Produktionsplanung bereitstellen. Generell bieten sich alle Planungssysteme durch ihren Zukunftsbezug für den Einsatz unscharfer Datenbanksysteme an. Die häufig arbeitsteilig stattfindende, durch wechselseitige Verhandlungsprozesse gekennzeichnete Planerstellung kann als schrittweises Eliminieren von Unschärfe oder umgekehrt als Festlegen von Daten betrachtet werden, für das sich unscharfe Datenbanksysteme als prädestiniert erweisen. Derartige Konkretisierungsprozesse treten beispielsweise auch bei der Entwicklung komplexer technischer Produkte auf, wobei die Unbestimmtheit von Daten als noch nicht getroffene Entscheidung für eine Realisierungsalternative gewertet wird.[982]

Ein weiterer Anwendungsaspekt wird insbesondere durch den Ansatz von ZEMANKOVA u. KANDEL aufgedeckt. Die *explanatory data base* ermöglicht eine Individualisierung von Daten in der *value data base*. Diese Individualisierung drückt die benutzereigenen semantischen Interpretationen linguistischer Variablen durch unscharfe Mengen und Relationen aus.

Die vielen Einsatzmöglichkeiten unscharfer Informationsverarbeitung lassen auf vielfältige Kombinations- und Integrationsbeziehungen zwischen unscharfen und den übrigen neuen Ansätzen der Datenbanktechnologie schließen. Auf Grund des sich im

---

976) Vgl. ZEMANKOVA u. KANDEL (Imprecision, 1985), S. 138.

977) Vgl. ZEMANKOVA u. KANDEL (Imprecision, 1985), S. 138.

978) Vgl. ZEMANKOVA u. KANDEL (Imprecision, 1985), S. 138.

979) Vgl. ZVIELI u. CHEN (Modeling, 1986).

980) Vgl. ZVIELI u. CHEN (Modeling, 1986), S. 326.

981) Vgl. S. 43.

982) Vgl. JABLONSKI (Datenbankunterstützung, 1993), S. 35.

Laufe der Zeit wandelnden Informations- und Kenntnisstandes besteht eine besondere
Beziehung zwischen zeitbezogenen und unscharfen Datenmodellen. KLOPPROGGE
integriert deswegen eine mehrwertige Logik, die neben den Standardwerten der boo-
le'schen Logik *wahr* und *falsch* auch die Ausprägungen *unbekannt, undefiniert* und
ungewiß umfaßt, in das von ihm entworfene zeitbezogene Datenmodell TERM.[983]
JABLONSKI u.a., die im Datenbankprototyp[984] zur Unterstützung der Entwicklung
komplexer technischer Produkte unterschiedliche Freigabestufen als Datenqualitäten
zum Ausdruck der Unbestimmtheit vorsehen, bringen diesen Sachverhalt in direkter
Weise zum Ausdruck (s. Abb. 48).

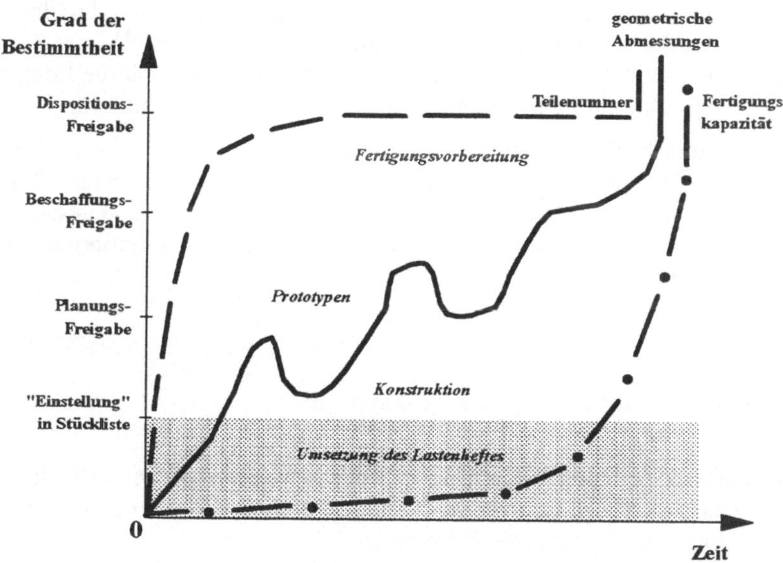

Abb. 48: Zu- und Abnahme der Bestimmtheit von Attributen eines Fertigungs-
teils
(Quelle: JABLONSKI (Datenbankunterstützung, 1993), S. 36)

Es ist anzumerken, daß der Bestimmtheitsgrad der Daten nicht stetig steigt, sondern
zwischenzeitlich auch abnimmt, d.h., bereits gefällte Entscheidungen über Realisie-
rungsalternativen werden wieder revidiert. Zeitbezogene Datenbanksysteme eignen
sich dabei in hervorragender Weise zur Aufbewahrung vergangener Kenntnisstände
und unterstützen dadurch den iterativen Entwurfsprozeß. Die Erhöhung des Be-

---

983) Vgl. KLOPPROGGE (Konzepte, 1983), S. 56ff. Vgl. zu TERM auch Abschnitt V.A.5.c)(2)(b)
u. V.A.6.b).
984) Vgl. JABLONSKI u.a. (Datenbankunterstützung, 1993), S. 37f. Vgl. zur ausführlichen Darstellung des Projekts PSA-DBS Abschnitt V.A.6.f).

stimmtheitsgrades der Daten erfolgt in dem von JABLONSKI u.a. beschriebenen ingenieurtechnischen Entwurfsprozeß in kooperativer Gruppenarbeit.[985] Insofern besteht auch eine Beziehung von unscharfen zu gruppenunterstützenden Datenbanksystemen.

Ein anderer Konnex, der den Einsatz unscharfer Konzepte im Rahmen zeitbezogener Datenbanksysteme nahelegt, besteht in der Tatsache, daß Zeitangaben häufig unscharf formuliert werden (z.B. in letzter/nächster Zeit, in naher Zukunft, bald).[986] Deswegen werden Operatoren gefordert, die Daten wiederfinden und verknüpfen, deren Zeitbezug nicht exakt, sondern nur ungefähr angegeben werden kann.[987]

ZEMANKOVA u. KANDEL bemerken, daß sich unscharfe Datenbanksysteme als Basis für Expertensysteme und sonstige Systeme der Künstlichen Intelligenz anbieten.[988] Die Vielzahl von Beiträgen zur Verarbeitung unscharfen Wissens in regelbasierten Systemen zeugt von dessen Bedeutung.[989] Insofern ist auch die Integration unscharfer Konzepte für aktive und deduktive Datenbanksysteme sinnvoll.[990]

Die Konzepte unscharfer Datenbanksysteme eignen sich auch für solche Systeme der Künstlichen Intelligenz, die sich mit natürlicher Sprache beschäftigen.[991] In diesem Zusammenhang wird über linguistische Variablen, die sich durch unscharfe Mengen abbilden und verarbeiten lassen, eine Verwandtschaft zu textorientierten Datenbanksystemen erkennbar.[992]

f) Gruppenunterstützende Datenbanksysteme

Auf eine umfassende Unterstützung von Gruppenarbeits- und -entscheidungsprozessen[993] zielt eine Reihe neuerer Software-Tools, die unter den Namen Groupware oder Group Decision Support Systeme[994] firmieren.

---

985) Vgl. JABLONSKI u.a. (Datenbankunterstützung, 1993), S. 35f.

986) Vgl. ARIAV (Model, 1986), S. 524.

987) Vgl. ARIAV (Model, 1986), S. 525.

988) Vgl. ZEMANKOVA u. KANDEL (Imprecision, 1985), S. 138.

989) Vgl. etwa GRAHAM (Knowledge, 1988) und die dort angegebene Literatur.

990) Vgl. zur Integration inexakter Informationen in deduktive Datenbanksysteme den Ansatz von LIU u. SUNDERRAMAN (Applying, 1987).

991) Vgl. ZEMANKOVA u. KANDEL (Imprecision, 1985), S. 138 sowie ZVIELI u. CHEN (Modeling, 1986), S. 326.

992) Vgl. CZAP (Datenbankunterstützung, 1989), S. 369. Vgl. auch FN 908.

993) Vgl. zu einer allgemeinen Darstellung von Gruppen und Gruppenstrukturen WISWEDE (Gruppen, 1992). Zur Bedeutung von Gruppenarbeit im Unternehmen vgl. KRCMAR (Überblick, 1992), S. 6f.

994) Vgl. zur ausführlichen Darstellung dieser Systeme KRAEMER u. KING (Systems, 1988), KRCMAR (Computerunterstützung, 1988), VETSCHERA (Support, 1990) u. SPLETT-STÖSSER (Gestaltung, 1991).

Eine gebräuchliche Unterscheidung möglicher Formen der Gruppenunterstützung verwendet als Einteilungskriterien einerseits die zeitliche Ausdehnung mit den Ausprägungen begrenzte (synchrone) oder fortdauernde (asynchrone) Entscheidungszeit, andererseits die räumlichen Bedingungen mit gemeinsamem oder getrenntem Entscheidungsraum als alternative Formen.[995] Abb. 49 zeigt die sich daraus ergebenden Kombinationsformen.

Anwesenheit der Teilnehmer	zu gleicher Zeit	zu unterschiedichen Zeiten
am gleichen Ort	• umfassend computer-unterstütze Sitzung • computerunterstützte Sitzungsmoderation • Group Decision Support Systems • Präsentationssoftware	• Terminkalender-Management für Gruppen • Projektmanagement-Software • Textfilterungs-Software
an unterschied-lichen Orten	• Audio mit Videokonferenz • Screen Sharing • Spontaninteraktion durch Nachrichtenaustausch im Rechnernetz	• Electronic Conferencing und Bulletin-Boards • Werkzeuge zur Konversationsstrukturierung • Mehrfachautoren-Software

Abb. 49: Groupware-Kategorien mit Beispielen
(Quelle: KRCMAR (Überblick, 1992), S. 7)

Eine Unterscheidung nach dem Umfang der Unterstützung schlägt VETSCHERA vor und teilt ein in die vier Klassen: keine Unterstützung, Prozeßvereinfachung, interaktive und normative Anleitung.[996] KRCMAR kritisiert die diversen Einteilungsversuche und betont die Notwendigkeit einer integrativen Sichtweise.[997] Aus dieser Perspektive wird die Gruppenarbeit als ein Wechsel von Sitzungs- und Nicht-Sitzungsphasen gesehen, der ganzheitlich durch integrierte Instrumente unterstützt werden muß.[998] Im folgenden sollen die diesbezüglichen Möglichkeiten gruppenunterstützender Datenbanksysteme beleuchtet werden.

---

995) Vgl. DE SANCTIS u. GALLUPE (Systems, 1985) zit. n. KRCMAR (Computerunterstützung, 1988), S. 10 u. (Überblick, 1992), S. 7f. sowie SPLETTSTÖSSER (Gestaltung, 1991), S. 326. Zu anderen Unterscheidungsmerkmalen vgl. KRCMAR (Computerunterstützung, 1988), S. 9f. u. (Überblick, 1992), S. 8 sowie SPLETTSTÖSSER (Gestaltung, 1991), S. 326.

996) Vgl. VETSCHERA (Support, 1990), S. 68.

997) Vgl. KRCMAR (Überblick, 1992), S. 8.

998) Vgl. KRCMAR (Überblick, 1992), S. 8.

Herkömmliche Datenbanksysteme unterstützen eine arbeitsteilige Aufgabenerfüllung durch den Mehrfachzugriff auf Daten. Als eine maßgebliche Beschränkung gilt jedoch das ACID-Konzept,[999] das langandauernde Transaktionen, die sich durch zeitlich ausgedehnte Verhandlungen über Datenwerte ergeben, verbietet.[1000] Als weitere Nachteile werden unzureichende Unterstützung unbestimmter Datenwerte, mangelnde Berücksichtigung des Zeitbezugs der Daten und Unzulänglichkeiten hinsichtlich eines aktiven Verhandlungs- und Benachrichtigungssystems genannt.[1001]

Spezielle, auf Gruppenstrukturen ausgelegte Datenbanksysteme können helfen, den Beitrag zur oben erwähnten Prozeßvereinfachung zu erhöhen. Einen dedizierten datenbanktechnischen Ansatz verfolgt das Projekt PSA-DBS (**Problem Solving Activities-Database System**).[1002] Das Ziel ist eine möglichst weitgehende datenbanktechnische Unterstützung der Entwicklung komplexer technischer Produkte, die sich von Vorgängermodellen ausgehend als Variantenkonstruktion mit mehreren Freigabestufen unter Beteiligung verschiedener Entwicklungsteams vollzieht. Die sich aus den zu unterstützenden Aufgaben und Arbeitsprozessen im Projekt ergebenden Fakten oder Anforderungen an ein spezifisches Datenbanksystem sind:

- Entwicklungsteams
  Am gesamten Entwicklungsprozeß sind verschiedene Entwicklungsteams beteiligt, innerhalb derer Tätigkeiten in enger Absprache erfolgen und die deswegen als kollektiver Aktor interpretiert und behandelt werden können.

- Selektive Vergabe von Lese- und Schreibrechten
  Lese- und Schreibrechte müssen in Abhängigkeit von Datenobjekten, vom Grad der Unbestimmtheit und von der Gruppenzugehörigkeit vergeben werden können.

- Verwaltung von Werten verschiedener Qualitätsstufen
  Das Attribut Datenqualität soll für das eigentliche Bezugsattribut dessen Freigabestufe beinhalten.

- Benachrichtigung
  Aktive Mechanismen sollen eine automatische Informationsverteilung erleichtern.

Das prototypische Datenbanksystem PSA-DBS basiert im Kern auf einem relationalen Datenbanksystem, das es durch eine Zusatzschicht erweitert[1003]. Diese besteht aus den folgenden Realisierungskonzepten, die die oben genannten Anforderungen datenbanktechnisch implementieren:

---

999) Vgl. zum ACID-Konzept S. 86.

1000) Vgl. JABLONSKI u.a. (Datenbankunterstützung, 1993), S. 34 u. KIRSCHE (Datenabfragesprache, 1993), S. 196.

1001) Vgl. JABLONSKI u.a. (Datenbankunterstützung, 1993), S. 34 u. KIRSCHE (Datenabfragesprache, 1993), S. 196f.

1002) Vgl. dazu und zu den folgenden Ausführungen JABLONSKI u.a. (Datenbankunterstützung, 1993) u. KIRSCHE (Datenabfragesprache, 1993).

1003) Als Implementierungstools wurden die Sprache C und das relationale Datenbanksystem Rdb von Digital unter VAX/VMS eingesetzt.

- PSA/AUW

Eine Problem Solving Activity (PSA) versteht sich organisatorisch als ein Teilprojekt, für das die darin zu konkretisierenden Daten und die dazu berechtigten Personen definiert werden. Eine PSA wird wiederum in Atomic Units of Work (AUW) zerlegt, kurze transaktionale Operationen, die ACID-Eigenschaften aufweisen und dadurch die physische Speicherkonsistenz aufrechterhalten (s. Abb. 50).

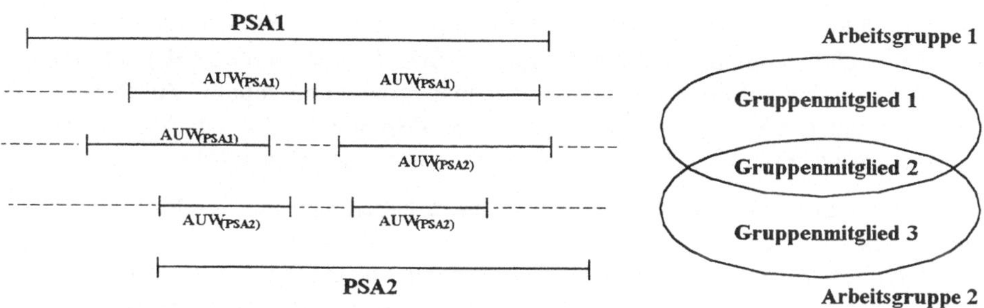

Abb. 50: Problem Solving Activities (PSA), Atomic Units of Work (AUW) und
Arbeitsgruppen
(Quelle: JABLONSKI u.a. (Datenbankunterstützung, 1993), S. 39)

- Datenprädikate[1004]

Ein Datenprädikat spezifiziert die für einen Datenwert geltende Freigabestufe. Freigabestufen sind in aufsteigender Rangfolge ihrer Konkretisierung als Empfehlungen, Einschränkungen oder festgehaltene Werte definiert. Nach dieser Rangordnung werden Werte aktualisiert, d.h., Einschränkungen überschreiben Empfehlungen und festgelegte Werte invalidieren Empfehlungen. Bei festgelegten Werten ist die endgültige Wertfindung erfolgt. Ein Zurücksetzen auf andere Datenqualitäten mit geringerem Bestimmtheitsgrad ist nicht ohne weiteres möglich, da andere PSA bereits auf diesen Werten aufbauen. Empfehlungen gelten als harte Intervalle, die zwar den endgültigen Wert noch offenlassen, aber schon den möglichen Bereich eingrenzen. Durch entsprechende Zugriffsrechte können Empfehlungen auch von anderen PSA gelesen und weiter konkretisiert werden. Weiche Intervalle repräsentieren Empfehlungen, die ebenfalls von anderen PSA weiter konkretisiert werden können. In Fällen inkompatibler Empfehlungen werden Verhandlungsprozeduren ausgelöst, die die erstmalig empfehlende PSA zur Annahme, Ablehnung oder neuerlichen Verhandlung auffordern.

- Erweiterter Sperrmechanismus

Die selektive Vergabe von Lese- und Schreibrechten erfordert einen erweiterten Sperrmechanismus.

1004) Vgl. dazu auch die Ausführungen zu PSA-DBS in Abschnitt V.A.6.f) u. insbesondere Abb.
48.

- Trigger
  Die bereits aus aktiven Datenbanksystemen bekannten ECA-Regeln[1005] werden zur Realisierung eines Benachrichtigungsmechanismus eingesetzt. Trigger werden beim Ändern oder Festlegen eines Datenwerts, Setzen oder Ändern einer Empfehlung oder eines Vorschlags oder beim Verlassen oder Eintreten in einen Beobachtungsbereich ausgelöst. Neben der Inkraftsetzung eines Triggers müssen ggf. noch weitere Parameter und eine Liste der zu benachrichtigenden Personen angegeben werden.

Zur Handhabung von PSA-DBS wurde die für den in die Wirtssprache C eingebetteten Gebrauch bestimmte Datenbanksprache CSQL (Cooperative **SQL**) entwickelt, die alle SQL-Befehle auf die kooperative Datenbankumgebung anpaßt. Zusätzlich wurden Konzepte zur Definition und Beendigung von PSA und AUW, zur Modellierung von Triggern sowie zur Führung von Verhandlungsstrategien geschaffen.

Wie bereits an einigen Stellen kurz erwähnt, ergeben sich bei der Entwicklung dedizierter Datenbanksysteme zur Unterstützung von Gruppenarbeitsprozessen Überschneidungen zu anderen Technologie-Ansätzen. In diesem Zusammenhang werden häufig bestimmte Merkmale objektorientierter Systeme als geeignete Konstrukte angeführt.[1006] Dazu gehören das Versionenmanagement und ein erweitertes Transaktionsmanagment zur Handhabung langandauernder oder geschachtelter Transaktionen.[1007] Darüber hinaus erlaubt die verhaltensmäßige Objektorientierung die Programmierung von Funktionen zur Realisierung von Triggern, Benachrichtigungssystemen und Verhandlungsstrategien. Das ECA-Paradigma der Triggermodellierung ist die Grundlage aktiver Datenbanksysteme. Zeitbezogene Datenbanksysteme unterstützen das Versionen- und Historienmanagement, um beispielsweise auf Daten und -freigabestufen vorheriger Projektstufen zurückzugreifen. Unscharfe Datenbanksysteme erlauben eine differenziertere Modellierung und Auswertung unbestimmter Daten, die jedoch bisher im Projekt PSA-DBS nicht als relevant erachtet wurden.[1008]

1005) Vgl. S. 158.

1006) Vgl. HULL u. KING (Modeling, 1987), S. 255, SCHLAGETER u. UNLAND (Concepts, 1990), S. 184 sowie LAMB (ObjectStore, 1991), S. 55.

1007) Vgl. zum Versionenmanagement als Merkmal objektorientierter Systeme S. 141 und als Ergebnis der Verwaltung von Transaktions- oder Registrierzeiten Abb. 38 auf S. 146. Ein erweitertes Transaktionsmanagement wurde auch im Rahmen aktiver Datenbanksysteme betrachtet. Vgl. dazu S. 162. Zu langandauernden Transaktionen und sog. "long locks" vgl. KÜSPERT u. RAHM (Trends, 1990), S. 265 u. 282f.

1008) Vgl. KIRSCHE (Datenabfragesprache, 1993), S. 197.

B. Externe Datenbanken

1. Charakterisierung und Angebot

Externe Datenbanken, synonym wird auch von Informations- und Online-Datenbanken gesprochen, zeichnen sich durch folgende Merkmale aus:[1009]

- öffentliche Zugänglichkeit
- Online-Nutzung[1010], zumeist über Datenfernnetze[1011]
- Nutzung gegen Entgelt
- prinzipielle inhaltliche Eignung

Zumeist sind die über das Fachwissen verfügenden, das Datenmaterial sammelnden und aufbereitenden Datenbankproduzenten nicht identisch mit den Datenbankanbietern (Hosts), die als Rechenzentren die notwendigen technischen Bedingungen bereitstellen und häufig mehrere Datenbanken verschiedener Produzenten vertreten.[1012] Für den Benutzer der Datenbanken bietet dies den Vorteil einer einheitlichen Abfragesprache.[1013] Nach der Angebotsbreite der Hosts unterscheidet man "Informationskaufhäuser" und "Informations-Spezialitätenläden".[1014] Als weitere dienstleistende Stellen agieren "Informationsbroker", die im Auftrage gelegentlicher Datenbanknutzer, für die sich die Einrichtung eines eigenen Datenbankzuganges nicht lohnt, tätig werden.[1015]

Das Gale Directory of Databases - das umfassendste Verzeichnis weltweit produzierter und angebotener Datenbanken - zählt im Juli 1994 5.307 externe Online-Datenbanken von 2.200 Produzenten bei 812 Hosts.[1016] Zu dieser Zeit waren ebenfalls 1779

1009) Vgl. SCHERFF, (Online-Datenbanken, 1988), KMUCHE (Datenbanken, 1990), S. 11 u. STAUD (Fachinformation, 1993), S. 5.

1010) Eine Offline-Nutzung liegt vor, wenn der Informationsnachfrager nicht selber die Datenbank befragt, sondern den Datenbankanbieter oder eine dritte Stelle (Informationsbroker) beauftragt, die Informationen für ihn zu recherchieren. Die Offline-Nutzung bietet sich für gelegentliche Benutzer an und soll hier nicht weiter betrachtet werden, da sie wichtige Vorteile einer Online-Nutzung wie z.B. Interaktivität und Aktualtiät nicht bietet.

1011) Der Online-Zugang über nationale und internationale Datenfernnetze ist kein konstituierendes Merkmal externer Datenbanken. Vielmehr werden auch solche Datenbanken als externe bezeichnet, die den Informationssuchenden über CD-ROM, Diskette, Magnetband oder einen sonstigen elektronischen Datenträger erreichen. Vgl. STAUD (Fachinformation, 1993), S. 5. Jedoch ist dann ein aktueller Informationsstand - ein maßgebliches Argument für die Nutzung externer Datenbanken - immer mit einem Update über die Verschickung eines Datenträgers verbunden, so daß sich diese Alternative vorwiegend bei wenig dynamischen Informationen im Sinne von Nachschlagewerken anbietet.

1012) Vgl. BECKER (Datenbanken, 1988), S. 26.

1013) Vgl. BECKER (Datenbanken, 1988), S. 26.

1014) Vgl. BECKER (Datenbanken, 1988), S. 26.

1015) Vgl. BECKER (Datenbanken, 1988), S. 27.

1016) Vgl. YOUNG MARCACCIO (Introduction I, 1994), S. x.

Datenbanken auf CD-ROM, 781 auf Diskette und 600 auf Magnetband erhältlich.[1017] Manche Datenbanken sind auf verschiedenen Medien verfügbar.

Der Markt für Online-Datenbanken weist zwischen 1985 und 1993 ein durchschittliches Jahreswachstum von 16,5% auf und zeichnet sich durch eine hohe Fluktuation aus.[1018] Nach den Angaben von SCIENTIFIC CONSULTING (s. Abb. 51) betrug der Weltumsatz 1992 ca. 12,6 Mrd. US$. Verglichen mit einem Weltumsatz der Printmedien von etwa 266 Mrd. US$ ein eher noch bescheidener Markt. Doch ist auch trotz der sinkenden, aber immer noch zweistelligen Zuwachsraten von einem weiterhin sehr großen Marktpotential auszugehen.[1019]

	1988	Anstieg	1989	Anstieg	1990	Anstieg	1991	Anstieg	1992
gedruckt	219	6%	232	5%	244	4%	253	5%%	266
elektronisch	6.6	24.5%	8.2	19.3%	9.8	14.3%	11.2	12.8%	12.6

Abb. 51: Weltweite Umsätze mit gedruckten und elektronischen Medien von
1988-1992 (in Mrd. US$)
(Quelle: SCIENTIFIC CONSULTING (Markt, 1992))

Die Zunahme des Informationsangebots läßt sich auch anhand der Entwicklung des Datensatzvolumens veranschaulichen (s. Abb. 52).

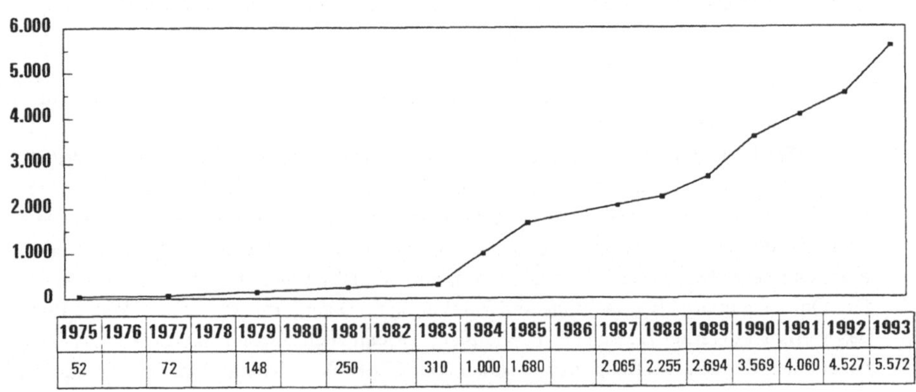

1975	1976	1977	1978	1979	1980	1981	1982	1983	1984	1985	1986	1987	1988	1989	1990	1991	1992	1993
52		72		148		250		310	1.000	1.680		2.065	2.255	2.694	3.569	4.060	4.527	5.572

Abb. 52: Zahlenmäßige Zunahme der Datensätze (in Mio.)
(Quelle: WILLIAMS (State, 1994), S. xix)

1017) Vgl. YOUNG MARCACCIO (Introduction II, 1994), S. x.
1018) Vgl. BONI (Datenbanken, 1994), S. 23.

Betrachtet man externe Datenbanken als eine Alternative zu gedruckten Medien, dann läßt sich bezüglich der Inhalte feststellen, daß in jenem der gesamte Wissensbestand der Menschheit gespeichert und abrufbar sein kann.[1020] Auf Grund der Verbreitung computergestützter Drucktechnik werden künftig gedruckte Werke zunehmend auch in elektronischer Form zur Verfügung stehen. Darüber hinaus werden bestimmte Informationen ausschließlich in externen Datenbanken angeboten werden.

2. Klassifikationsmöglichkeiten

Die vielen in externen Datenbanken angebotenen Informationen sowie die sich laufend verändernden Möglichkeiten der Informationsdarstellung, bedingt durch die rasche Entwicklung auf den Feldern der Speichertechnologie und der Telekommunikation, erschweren die Möglichkeit, externe Datenbanken zu klassifizieren. Im folgenden sollen die wichtigsten dahingehenden Vorschläge dargestellt werden, die bei der späteren Diskussion der Einsatzpotentiale im strategischen Controlling zweckdienlich sein werden.

Eine Klassifikationsmöglichkeit externer Datenbanken, die häufig im Bibliothekswesen angewendet wird, ist die Unterteilung in Referenz- und Quelldatenbanken.[1021] Jene enthalten nur Verweise auf die eigentlichen Informationsquellen, die anschließend erst noch beschafft werden müssen, während diese die primären Informationen (Statistiken, Fakten und Texte) bereits umfassen und direkt zur Verfügung stellen.[1022]

Eine zweite wichtige Einteilung geht von einer Perspektive aus, die die Datentypen oder Informationsdarstellung und die damit verbundenen Auswertungsmöglichkeiten aus informatikorientierter Sicht betrachtet.[1023] Als generische Haupttypen werden literaturbezogene Textdatenbanken von numerischen Faktendatenbanken unterschieden (s. Abb. 53).[1024]

1019) Zu einer ausführlichen Diskussion der Wachstumstrends vgl. HAWKINS (Trends 1, 1993), (Trends 2, 1993) und (Trends 3, 1994).

1020) Vgl. KMUCHE (Datenbanken, 1990), S. 55.

1021) Vgl. BECKER u.a. (Wissen, 1990), S. 15, BEHME (Informationsbeschaffung, 1992), S. 108 u. zu einer ausführlichen weiteren Differenzierung dieser Klassen STAUD (Fachinformation, 1993), S. 21ff.

1022) Vgl. BECKER u.a. (Wissen, 1990), S. 15 u. STAUD (Fachinformation, 1993), S. 21f.

1023) Vgl. BEHME (Informationsbeschaffung, 1992), S. 108 u. STAUD (Fachinformation, 1993), S. 19.

1024) Vgl. BECKER (Datenbanken, 1988), S. 24, BEHME (Informationsbeschaffung, 1992), S. 108 u. STAUD (Fachinformation, 1993), S. 19.

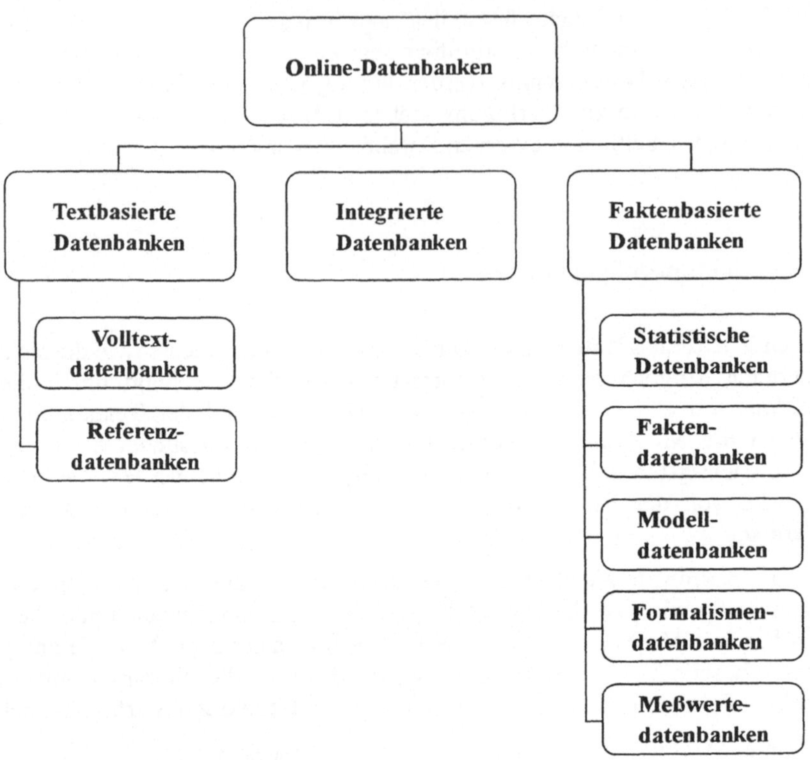

Abb. 53: Arten von Online-Datenbanken[1025]

Textdatenbanken enthalten überwiegend unformatierte Texte als logische Einheiten aus alphanumerischen Zeichen (Buchstaben, Zahlen und Sonderzeichen), die meistens als "Abfallprodukte" moderner, computergestützter Satztechnik anfallen.[1026] Textdatenbanken lassen sich noch einteilen in textbezogene Referenzdatenbanken, die bibliographische Daten zu Büchern, Aufsätzen, Artikeln u.ä. nur um Deskriptoren und ggf. eine kurze Inhaltsangabe ("Abstracts") ergänzen, und in Volltextdatenbanken, die auch den Text in vollem Umfange beinhalten.[1027] Der durch Referenzdatenbanken offenkundig gewordene Widerspruch zwischen schneller, elektronischer Informations-

---

1025) In Anlehnung an BEHME (Informationsbeschaffung, 1992), S. 109 u. STAUD (Fachinformation, 1993), S. 21.

1026) Vgl. KMUCHE (Datenbanken, 1990), S. 49 u. BEHME (Informationsbeschaffung, 1992), S. 108f.

1027) Hierbei wird die oben bereits eingeführte Unterscheidung in Referenz- und Quelldatenbanken angewendet. Diese logisch nicht einwandfreie Vermischung der Klassifikationskriterien soll hier der überwiegenden Handhabung in der einschlägigen Literatur folgend übernommen werden.

verfügbarkeit und aufwendiger Beschaffung der gedruckten Quellen führte zu einer Ausdehnung von Nachfrage und Angebot bei den Volltextdatenbanken.[1028] Für die Verwendung von Volltextdatenbanken sprechen folgende Vorteile:[1029]

- Ausschluß der Gefahr subjektiver Informationsverfälschung durch Deskriptoren und Abstracts.
- Freitextsuche
- Höhere Aktualität durch zeitgleiches Erscheinen in Datenbank und als Printmedium (teilweise ist die Information früher in der Datenbank verfügbar), da ein separater Erfassungsvorgang entfällt.
- Experten können "zwischen den Zeilen" lesen.
- Die aufwendige Beschaffung der Quelliteratur entfällt.

Diesen Vorteilen stehen folgende Nachteile gegenüber[1030]:

- Auf Grund des großen Speicherbedarfs zumeist je nur eine Zeitung oder Zeitschrift enthalten.
- Wenn umfangreiche Texte nur als Ganzes angezeigt und abrufbar sind, aber nur ein kleiner Teil von ihnen benötigt wird, entsteht "Informationsballast".
- Die Freitextsuche kann sich bei einer Vielzahl von Homo- und Synonymen gegenüber standardisierten Deskriptorensystemen als nachteilig erweisen.

Die aufgezeigten Nachteile werden jedoch im Laufe der informationstechnologischen Entwicklung abnehmen. Die sich sehr schnell entwickelnde Speichertechnologie wird die Begrenzung auf eine oder wenige Volltextquellen bald aufheben. Die beiden letztgenannten Probleme bei der Abfrage von Volltextdatenbanken können durch eine komfortablere Abfrageschnittstelle beseitigt werden. Der Zwang zur Durchsicht und Übernahme von "Informationsballast" entfällt, wenn der Benutzer direkt an die Stelle eines Dokuments geführt wird, das die gesuchten Begriffe enthält, und Dokumente auch auszugsweise übertragen werden können. Die Problematik der Synonymie kann zunächst durch die zusätzliche Verwaltung von Deskriptoren zu den Volltextdokumenten gemildert werden. Darüber hinaus können spezielle Experten- und Datenbanksysteme[1031] zur inhaltlichen Texterkennung eingesetzt werden.

Marktstatistiken belegen den Trend zu mehr Volltext-Datenbanken, die zahlenmäßig von 535 in 1985 bis auf 3155 in 1993 angestiegen sind, während die Anzahl der Referenz-Datenbanken lediglich von 1094 auf 1739 wuchs.[1032]

Faktendatenbanken[1033] enthalten primäre Informationen, die in der Regel in quantitativ-numerischer Form vorliegen.[1034] Sie weisen im Vergleich zu Textdatenbanken eine

---

1028) Vgl. BONI (Datenbanken, 1994), S. 22.

1029) Vgl. BECKER (Datenbanken, 1988), S. 25, KMUCHE (Datenbanken, 1990), S. 53 u. BEHME (Informationsbeschaffung, 1992), S. 110. Vgl. zur Problematik der Deskribierung auch die Ausführungen zu Dokumentenverwaltungssystemen in Abschnitt V.A.6.d).

1030) Vgl. BECKER (Datenbanken, 1988), S. 25, KMUCHE (Datenbanken, 1990), S. 54 u. BEHME (Informationsbeschaffung, 1992), S. 111.

1031) Vgl. Abschnitt V.A.6.d).

1032) Vgl. WILLIAMS (State, 1994), p. xxiii.

stärkere Formatierung der darin enthaltenen Informationen auf, die häufig in Tabellenform strukturiert sind. Typische Vertreter dieser Klasse sind (quasi-)statistische Datenbanken, die statistisches Zahlenmaterial in Rohform und/oder aggregiert in Kennzahlen oder Zeitreihen anbieten.[1035] Textliche (Fakten-)Datenbanken enthalten kommentierende Textpassagen. In Modell- oder Formalismendatenbanken werden formale Sprachen oder Modelle zur Informationsdarstellung verwendet, um beispielsweise chemische Formeln und Molekularstrukturen abzubilden.[1036] Eine Sonderstellung nehmen Echtzeitdatenbanken ein, die Fakten möglichst zeitnah mit geringen Verzögerungen, die sich zwischen Sekundenbruchteilen und wenigen Minuten bewegen, bereitstellen.[1037] Typisches Beispiel solcher Datenbanken sind Börsendatenbanken, die Wirtschafts- und Finanzdaten mit sich laufend änderndem Inhalt anbieten, z.B. Wertpapier-, Waren- und Devisenkursnotierungen.[1038]

Integrierte Datenbanken halten beide Informationsarten (unformatierte Texte und formatierte Fakten) kombiniert bereit und besitzen insofern die Vorteile beider Datenbankarten.[1039] Seit noch nicht langer Zeit läßt sich eine Zunahme von Datenbanken beobachten, deren "Datensätze" aus umfangreichen Dokumenten bestehen, die neben quantitativen Daten und Texten auch Graphiken und akustische Signale umfassen.[1040] Dieser Trend zu multi-medialen Datenbanken wird insbesondere durch die Verbesserung der Übertragungswege ("Datenautobahnen") und die zunehmende Verbreitung der CD-ROM-Technologie verstärkt.

Externe Datenbanken lassen sich auch nach den unterschiedlichen inhaltlichen Schwerpunkten klassifizieren. Nach dieser Systematik bilden Wirtschaftsdatenbanken[1041] die wichtigste Gruppe der Online-Datenbanken (51%), gefolgt von Datenbanken aus den Bereichen "Naturwissenschaften, Technik, Patente" (22%), Recht (12%), Geistes- und Sozialwissenschaften (5%), Nachrichten und Zeitungen (5%) sowie

---

1033) Unter einem Faktum werden (nachweisbare) Tatsachen und Ereignisse verstanden. Vgl. DUDENREDAKTION (Fremdwörterbuch, 1982), S. 243. Insofern würden Datenbanken, die auch prognostische Werte enthalten, nicht als Faktendatenbanken bezeichnet werden können. Bei der pragmatischen Abgrenzung zu textorientierten Datenbanken soll der Faktenbegriff jedoch mehr den quantitativ-numerischen Aspekt betonen. Vgl. zu einer ausführlichen Diskussion des Faktenbegriffs STAUD (Online-Datenbanken, 1991), S. 121ff.

1034) Vgl. BECKER (Datenbanken, 1988), S. 25f. u. BEHME (Informationsbeschaffung, 1992), S. 111.

1035) Vgl. BECKER (Datenbanken, 1988), S. 26.

1036) Vgl. STAUD (Online-Datenbanken, 1987), S. 64.

1037) Vgl. BEHME (Informationsbeschaffung, 1992), S. 112.

1038) Vgl. BECKER (Datenbanken, 1988), S. 23.

1039) Vgl. BEHME (Informationsbeschaffung, 1992), S. 112.

1040) Vgl. STAUD (Fachinformation, 1993), S. 20.

1041) STAUD (Fachinformation, 1993), S. 15ff. versteht unter Wirtschaftsdatenbanken Datenbanken mit Informationen über und für die Wirtschaft. Der Autor diskutiert anschließend die Problematik bei der konkreten Umsetzung dieser Definition, die hier jedoch nicht weiter reflektiert werden soll. Hier soll der Hinweis genügen, daß nach dieser Definition Technologiedatenbanken, insbesondere Patentdatenbanken, zu Wirtschaftsdatenbanken zu zählen sind.

multidisziplinäre Inhalte (5%).[1042] Wirtschaftsdatenbanken, hierunter fallen auch die umsatzstarken Echtzeitdatenbanken, lassen sich nach vielfältigen Kriterien[1043] weiter unterteilen. Innerhalb der Technologiedatenbanken nehmen Patentdatenbanken wegen ihrer Bedeutung für das Technologiemanagement eine Sonderstellung ein.

3. Bewertung externer Datenbanken im Vergleich zu traditionellen Informationsträgern

Die Informationsbeschaffung unter Verwendung externer Datenbanken weist gegenüber der traditionellen Form über gedruckte Suchhilfen folgende Vorteile auf:[1044]

- multi-dimensionale Informationssuche durch beliebig komplexe Suchbedingungen
- schnelles Auffinden von Informationen auch in umfangreichsten Datenbeständen
- zeitliche Unabhängigkeit durch Rund-um-die-Uhr-Verfügbarkeit
- räumliche Unabhängigkeit durch weltweite Kommunikation
- vergleichsweise einfache Übertragung in unternehmensinterne Informationssysteme und dadurch bessere Wiederverwendbarkeit der Informationen
- höhere Aktualität[1045]
- exklusive Informationen, die ausschließlich in externen Datenbanken zur Verfügung stehen[1046]
- Diskretion von sensitiven Recherchen

Diesen gegenüberzustellen ist eine Reihe von Schwierigkeiten oder Hemmnissen für diesen innovativen Informationsbeschaffungsweg.

Zunächst muß in diesem Zusammenhang die mangelnde Benutzerfreundlichkeit der gegenwärtig angebotenen Datenbankzugänge erwähnt werden.[1047] Die effiziente Re-

---

1042) Vgl. BONI (Datenbanken, 1994), S. 26. Die Zahlen beziehen sich auf 1991. Ähnliche Angaben finden sich bei BECKER (Datenbanken, 1988), S. 22 u. BEHME (Informationsbeschaffung, 1992), S. 112.

1043) Vgl. die Einteilungen bei BECKER (Datenbanken, 1988), S. 22, BEHME (Informationsbeschaffung, 1992), S. 113 u. STAUD (Fachinformation, 1993), S. 17ff.und Abschnitt VI.B. dieser Arbeit.

1044) Vgl. WINAND (Informationsbanken, 1988), S. 1142, HÜGEL (Online-Datenbanken, 1990), S. 12ff., KMUCHE (Datenbanken, 1990), S. 19ff., BEHME (Informationsbeschaffung, 1992), S. 114 u. BONI (Datenbanken, 1994), S. 29 u. 47.

1045) ORENSTEIN (Report, 1993), S. 14 bemerkt:"...the Wall Street Journal is already available online between 2:00 a.m. and 6:00 a.m. E.S.T. on Dow Jones/Data Times, whereas the printed version doesn´t `hit the street´ until later that morning. Jedoch bemerkt die Autorin auch, daß einige Datenbanken ihren gedruckten Pendants um mehr als sechs Monate `hinterherhinken´.

1046) BUSSMANN klassifiziert Datenbanken nach den zugrunde liegenden Informationsquellen in drei Gruppen: 1. Datenbanken, die ein gedrucktes Medium "elektronifizieren" (z.B. Zeitungen, Nachschlagewerke) 2. Datenbanken, die mehrere gedruckte Medien vereinigen und 3. Datenbanken, die eigene Informationen erheben und anbieten.

cherche erfordert vom Benutzer neben der Kenntnis des Aufbaus der Datenbank die Beherrschung der Retrieval-Sprache. Die Abfragesprachen bestehen aus Befehlen zur Datenbankanwahl, zur text- und faktenorientierten Datensuche, zur Datenübertragung und in Faktendatenbanken ggf. noch zur statistischen Auswertung.[1048] Erschwerend tritt hinzu, daß die Retrieval-Sprachen von Host zu Host verschieden sind, und dadurch auch eine host-übergreifende Suche behindert wird.[1049] Deshalb sind die Akzeptanzschwellen z.Z. noch relativ hoch.[1050] Künftig werden hostübergreifende Benutzeroberflächen oder Zwischensprachen zur problemorientierten Recherche die Host- und Datenbankwechsel selbständig vornehmen, ohne daß der Benutzer dies merkt.[1051] Da das für Datenbankrecherchen erforderliche Wissen (Datenbankinhalt, Host, Abfragesprache u.ä.) in Regeln abbildbar ist, bietet sich die Expertensystemtechnologie zur Implementierung derartiger Schnittstellen an.[1052] Der Umgang mit externen Datenbanken wird in Zukunft wie das Zurechtfinden in Bibliotheken traditioneller Art zur Allgemeinbildung gehören.[1053]

Das begrenzte Angebot an deutschsprachigen Datenbanken erweist sich für viele potentielle Benutzer als eine weitere erhebliche Nutzungsbarriere.[1054]

Ein weiterer bisher unbefriedigender Zustand besteht in der aufwendigen Übertragung externer Daten in die Formate interner Systeme. Auch bei der Lösung dieser Problematik können Expertensysteme eingesetzt werden. So berichtet MERTENS von einem wissensbasierten System, das Zahlungsanweisungen aus unformatierten Telexmeldungen interpretiert und in das gewünschte interne Format überträgt.[1055] Darüber hinaus wird auch die Normierung EDIFACT (Electronic Data Interchange for Administration, Commerce and Transport) die automatisierte Datenübertragung vereinfachen.[1056]

Schließlich sind die Kosten der Nutzung, die neben den reinen Datenbankbenutzungsgebühren Personal- und Systemkosten (Hardware, Software, Fernnetzgebühren) um-

---

1047) Vgl. MEYER u. NOCH (Online-Datenbanken, 1992), S. 178.

1048) Vgl. BECKER (Datenbanken, 1988), S. 28. Eine ausführliche Darstellung der allgemeinen Funktionsweise von Recherchen anhand eines Beispiels findet sich bei SANDMAIER (Informationsvorsprung, 1990), S. 57ff. CLAASSEN u.a. (Fachwissen, 1988) geben ausführliche Beispiele zu Recherchen nach Werkstoff-, Technik-, Chemie-, Ausschreibungs- Marketing-, Firmen- und Softwareinformationen.

1049) Vgl. BECKER (Datenbanken, 1988), S. 28.

1050) Vgl. WINAND (Informationsbanken, 1988), S. 1142. Hier kann in Analogie zu internen Datenbanksystemen von physischer Datenunabhängigkeit gesprochen werden.

1051) Vgl. WINAND (Informationsbanken, 1988), S. 1142f. u. JOCHUM (Expertensysteme, 1991), S. 45.

1052) Vgl. ZELEWSKI (Leistungspotential, 1986), S. 601ff., JOCHUM (Expertensysteme, 1991), S. 47 sowie MERTENS u. GRIESE (Informationsverarbeitung Bd. 2, 1991) S. 48. MERTENS u. GRIESE sprechen bei dieser Einsatzart von Expertensystemen von Zugangssystemen.

1053) Vgl. FALKENHAUSEN (Datenbanken, 1988), S. 18.

1054) Vgl. HANNIG (Wettbewerbsvorteile, 1991), S. 39.

1055) Vgl. MERTENS (Bestandsaufnahme, 1990), S. 35.

1056) Vgl. HEILMANN (Datenmanagement, 1992), S. 94.

fassen, den Vorteilen der Nutzung gegenüberzustellen.[1057] Dabei werden Kostenschätzungen und -vergleiche durch eine verwirrende Gebührenvielfalt und ein schwer zu überschauendes Angebot erschwert.[1058] Eine allgemeine Tendenz in der Gebührenpolitik der Anbieter, die sich durchzusetzen scheint, ist die Höherbewertung der Ausgabe von Trefferdokumenten (Royalties) gegenüber den Suchzeiten.[1059]

Eine empirische Umfrage über den Einsatz externer Datenbanken im FuE-Bereich ergab durchschnittliche Zeitersparnisse von ca. 25%, durchschnittliche Verbesserungen der Problemlösung um ca. 24% und eine durchschnittliche Verringerung der FuE-Kosten um ca. 20%.[1060]

1057) Als Durchschnittskosten pro Recherche wurden in verschiedenen Untersuchungen Beträge zwischen DM 100 und DM 300 ermittelt. Vgl. dazu BONI (Datenbanken, 1994), S. 107 und die dort erwähnte Literatur. Detaillierte Angaben über Systemvoraussetzungen und die anfallenden Kosten/-arten finden sich bei BECKER (Datenbanken, 1988), S. 25, SCHERFF (Online-Datenbanken, 1988), S. 16, (HÜGEL (Online-Datenbanken, 1990), S. 85ff. u. 94ff., KMUCHE (Datenbanken, 1990), S. 72ff. u. 95ff. sowie SANDMAIER (Informationsvorsprung, 1990), S. 19ff. u. 99ff. sowie BONI (Datenbanken, 1994), S. 29ff. u. 107ff.

1058) Vgl. MEYER u. NOCH (Online-Datenbanken, 1992), S. 178.

1059) Vgl. BONI (Datenbanken, 1994), S. 31.

1060) Vgl. HANNIG (Wettbewerbsvorteile, 1991), S. 40.

VI. NUTZENPOTENTIALE VON DATENBANKEN ZUR REALISIERUNG EINER STRATEGISCHEN DATENBANK

Nachdem Stand und Entwicklungen der Datenbanktechnologie aufgezeigt worden sind, sollen im folgenden deren Nutzenpotentiale zur Realisierung einer strategischen Datenbank erörtert werden. Bei internen Datenbanken stehen dabei eine datenbanktechnologisch orientierte und bei externen eine angebotsorientierte Betrachtung im Vordergrund.

A. Interne Datenbanken - eine datenbanktechnologisch orientierte Betrachtung

Interne Datenbanksysteme leisten bereits durch ihre allgemeinen Merkmale und Vorteile im Vergleich zur Dateiverarbeitung - physische und logische Datenunabhängigkeit, erhöhte Datensicherheit und -konsistenz, Mehrbenutzerbetrieb, zentrale Verwaltung der Daten im Data Dictionary - einen bedeutsamen Beitrag zur Verwaltung der wichtigen unternehmerischen Ressource Daten und insofern auch zur informationellen Unterstützung des unternehmerischen Handelns. Insbesondere das Bestreben, Unternehmensdatenmodellen[1061] zu schaffen, bringt Transparenz in die Vielfalt der im Unternehmen vorhandenen Informationsstrukturen und hilft dadurch, das bestehende Informationsangebot zu dokumentieren und im Hinblick auf den objektiven sowie subjektiven Informationsbedarf zu analysieren.

Im folgenden sollen die mit den verschiedenen Datenbanktechnologien jeweilig verbundenen Vorteile erörtert werden.

1. Relationale Datenbanksysteme

Relationale Datenbanksysteme gelten als gegenwärtiger Stand der Datenbanktechnologie und sind insofern als Basis entscheidungsunterstützender Planungs- und Kontrollsysteme Gegenstand zahlreicher Forschungsbemühungen.

Ein Schwerpunkt dieser Arbeiten ist eng mit der RIEBEL´schen Konzeption der flexiblen Einzelkosten- und Deckungsbeitragsrechnung verknüpft.[1062] Hierbei wird der

---

1061) Vgl. zu (Gesamt-)Unternehmensdatenmodellen IV.A.4.

1062) Vgl. zur Konzeption des entscheidungsorientierten Rechnungswesens FN 252 und die dort angegebene Literatur und zu RIEBEL´s Vorschlag RIEBEL (Unternehmensrechnung, 1990). Vgl. zum Einsatz relationaler Datenbanksysteme in diesem Zusammenhang RIEBEL u. SINZIG (Realisierung, 1981), RIEBEL u. SINZIG (Einsatzmöglichkeiten, 1982), MATTHES u. ALBERS (Plandatenbanken, 1985), HAUN (Rechnungswesen, 1987), MERTENS u. HAUN

Grundgedanke verfolgt, das Unternehmensgeschehen mit weitestgehend traditionellen Rechnungswesengrößen in einer möglichst auswertungsneutralen und wenig aggregierten Grundrechnung zu erfassen und über Sonderrechnungen flexibel auswerten zu können. Ersetzt man die durchaus mißverständlichen Begriffe "Grund-" und "Sonderrechnung" durch die treffenderen Termini "Datensammlung" und "Auswertung(-srechnung)", wird die Eignung zur Umsetzung dieser Konzeption eines entscheidungsorientierten Rechnungswesens mit Hilfe eines Datenbanksystems evident. Aus zweierlei Gründen eignen sich insbesondere relationale Datenbanksysteme zur Umsetzung des verfolgten Grundgedankens. Erstens besteht mit der strukturell einfachen Datendarstellung in Tabellen ein wirksames Instrument zur Abbildung der Grundrechnung. Zweitens bietet die deklarative Datenbanksprache SQL eine komfortable Möglichkeit zur flexiblen Abfrage der Daten und damit zur Realisierung der Sonderrechnungen. Wegen der allgemeinen Vorteile gegenüber hierarchischen und Netzwerk-Datenbanksystemen bieten sich relationale Datenbanksysteme nicht nur für das Rechnungswesen an, sondern prinzipiell für sämtliche im Unternehmen anfallende Daten. Deswegen werden sie auch für die datenbanktechnische Umsetzung von Unternehmensdatenmodellen verwendet.[1063]

In den erwähnten Einsatzbereichen relationaler Datenbanksysteme steht die Unterstützung des operativen Controllings im Vordergrund. Die Unterscheidung operativer und strategischer Informationen bereitet jedoch Schwierigkeiten, da strategische Entscheidungen niemals ohne eine Orientierung an operativen Gegebenheiten gefällt werden können. Ein von ROCKART u. DE LONG[1064] angeführtes Beispiel demonstriert den Nutzen von Datenbanken für das strategische Controlling im oben geschilderten Sinne. In diesem Falle war die Profitabilität einer großen Einzelhandelskette gesunken. Die Ursache wurde auf einige wenige Geschäftsstellen zurückgeführt. Diese konnten erst nach Umstellung von einem papiergestützten auf ein datenbankgestütztes Informationssystem, das die geschäftstellenbezogenen Daten der operativen Tätigkeiten (z.B. Umsätze, Sortiment, Lage) umfaßt, ermittelt werden.

Voraussetzung für die Nutzung der den operativen Administrations- und Dispositionssystemen zugrunde liegenden Daten ist deren Verfügbarkeit, ohne einen übermäßigen EDV-technischen Aufwand betreiben zu müssen. Häufig werden die Daten jedoch wegen gewachsener Strukturen in veralteten Systemen gehalten.[1065] Der Gedanke der Unternehmensdatenmodelle und die Umsetzung in relationale Datenbanksysteme erleichtern die Umstellung auf eine moderne Datenbankumgebung und erhöhen dadurch die Informationsverfügbarkeit.

(Rechnungswesen, 1988) sowie SINZIG (Rechnungswesen, 1988). Relationalen Datenbanken liegen auch den auf S. 69angesprochenen Systemen KOLLPROG und REMBA zugrunde.

1063) Vgl. zu Unternehmensdatenmodellen Abschnitt IV.A.4. und die dort angegebene Literatur. Vgl. zur Umsetzung in relationale Datenbanksysteme SCHEER (Wirtschaftsinformatik, 1990).

1064) Vgl. ROCKART u. DE LONG (Systems, 1988), S. 112f.

1065) Vgl. ROCKART u. DE LONG (Systems, 1988), S. 192f.

Auch wenn diese Datenbanken für das strategische Controlling im beschriebenen Sinne relevant sind, können sie nicht als generische strategische Datenbanken bezeichnet werden, weil beispielsweise keine Konkurrentendaten darin enthalten sind. Zwar findet sich ein expliziter Hinweis auf die Notwendigkeit, die Grundrechnung mit anderen Datenbasen, insbesondere über Märkte und Umweltentwicklung, zu ergänzen,[1066] doch wird dieser Gedanke nicht weiter konkretisiert.

Die Eignung relationaler Datenbanksysteme beschränkt sich jedoch keinesfalls auf die beschriebenen eher operativ orientierten Anwendungsfelder. Oft werden diese Systeme auch als Basis strategischer Informationssysteme erwähnt.[1067]

Anhand einer Betrachtung der informationstechnologisch-funktionalen Anforderungen[1068] strategischer Datenbanken läßt sich begründen, warum relationale Datenbanksysteme auch für diesen Einsatzzweck geeignet sind. Ein situativer Informationsbedarf läßt sich mit Hilfe der benutzerfreundlichen Datenbanksprache SQL durch Ad-hoc-Abfragen befriedigen. Dabei sind die Daten unabhängig von physikalischen Strukturen flexibel verknüpfbar. Der Forderung nach Individualisierung des Datenangebots werden relationale Datenbanksysteme über benutzerorientiert erstellbare Sichten (VIEWS) auf die Daten gerecht. Sichten sind als aufrufbare SQL-Standardabfragen zu verstehen und können inhaltlich untransformierte Datenbankausschnitte, Datenaggregationen oder Kennzahlen bereitstellen. Für das Data Drilling bedeutet dies, daß aus der Betrachtung der entsprechenden Standardabfragen die Komponenten der aggregierten Kennzahl ersichtlich sind und gezielt abgefragt werden können ("auflösende Abfragen"). In Bezug auf den Zugang zu internen Datenbanken der Administrations- und Dispositionssysteme gestaltet sich dieser Übergang datenbanktechnisch fließend, da zur Umsetzung von (Gesamt-)Unternehmensdatenmodellen relationale Datenbanksysteme eingesetzt werden. ROCKART u. DE LONG betonen außerdem die flexible Erweiterungsmöglichkeit relationaler Datenbanksysteme, weil bei der Entwicklung einer strategischen Datenbank wegen des Informationsbedarfs der Datenbankinhalt explorativ erarbeitet werden muß und ständigen Veränderungen unterworfen ist.[1069]

Bezüglich der übrigen Anforderungen läßt sich feststellen, daß die neuen Ansätze der Datenbanktechnologie punktuelle Vorteile aufweisen. Diese sollen bei der jeweiligen Darstellung aufgezeigt werden.

Abschließend soll von zwei konkrete Anwendungsbeispiele für den Einsatz relationaler Datenbanksysteme im Rahmen strategischer Informationssyteme berichtet werden. LINK berichtet über den Einsatz eines relationalen Datenbanksystems zur Unterstützung der strategischen Früherkennung.[1070] Das System dient in diesem Falle der Ver-

---

1066) Vgl. RIEBEL (Überlegungen, 1987), S. 1165.

1067) Vgl. BULLEN u. ROCKART (Primer, 1986), S. 412, ROCKART (Role, 1986), S. 379, HANSSMANN u. MEYERSIEK (EDV-Einsatz, 1988), S. 733f., ROCKART u. DE LONG (Systems, 1988), S. 112, 115 u. 193, RIEGER (EIS, 1990), S. 193 sowie MERTENS u. GRIESE (Informationsverarbeitung Bd. 2, 1991) S. 44.

1068) Vgl. Abschnitt IV.C.2.b).

1069) Vgl. ROCKART u. DE LONG (Systems, 1988), S. 115.

1070) Vgl. LINK (Früherkennungssystem, 1991).

waltung von Außendienstberichten, die ebenfalls über Formulare in standardisierter Form erfaßt werden (s. Abb. 54).

Postleitzahl: Name: Datum: ADM:

M = *Markt*   **S** = *eigene Unt.*   **A, B, C** = *Konkurrenten*

	Warengr. 1			Warengr. 2			Warengr. 3		
Preissegmente (oben, mittel, unten):	o	m	u	o	m	u	o	m	u
Markttendenz Wachstum				S		A,B			
Stagnation				M					
Schrumpfung					C				
Bevorratung stark				S					
mittel						C			
schwach									
Präsentation stark		A							
mittel									
schwach									

M = *Mängel bei S*   **S** = *eigene Unt.*   **A, B, C** = *Konkurrenten*

	Warengr. 1			Warengr. 2			Warengr. 3		
Kunde sieht Überlegenheit Produkt		A	A						
Preis		B,C							
Werbung	S								
Service									
Rabattsystem		M							
Funktion									
Oberflächen	A,M								
Hardware									
Elektronik			C						
Zuverlässigk.									
Ausstattung									

C = *Clinics*, **P** = *Praktika*, **K** = *Kataloge*, **F** = *Faltblätter*, **S** = *Schulung*

Kunde wünscht	K, S	

Bestellung TDM	7,5	3,7	0,5

Einzelheiten/Veranlassungen

Rücksprache ja ☐

Abb. 54: Formularaufbau und Beispiel eines Kundenbesuchsberichts
(Quelle: LINK (Früherkennungssystem, 1991), S. 781)

LINK betont die Bedeutung der "...Aggregationsmöglichkeit einer Vielzahl von Einzeleindrücken bei gleichzeitiger Differenzierungsmöglichkeit der Auswertung...", um "...aus der ständigen Flut schwacher Signale jene wichtigen Chancen und Risiken herauszufiltern, auf die die Unternehmung reagieren sollte."[1071]

1071) LINK (Früherkennungssystem, 1991), S. 786.

KRYSTEK u. MÜLLER-STEWENS setzen ebenfalls ein relationales Datenbanksystem zur strategischen Frühaufklärung ein.[1072] Die Datenbank dient dabei der Verwaltung schwacher Signale, die von Scanner-Teams arbeitsteilig über ein standardisiertes Formular erfaßt werden.

Die Möglichkeit der flexiblen Datenabfrage erlaubt auf dieser Basis die Erstellung von Trendlandschaften - nach bestimmten Analyserastern (z.B. nach Mikro- und Makroumwelt) - und die Aufdeckung von Beziehungen zwischen den Trendfeldern.

Abschließend können die Nutzenpotentiale relationaler Datenbanksysteme wie folgt skizziert werden:

- Ad-hoc-Abfragen und flexible Datenverknüpfung durch benutzerfreundliche Abfragesprache SQL
- Individualisierung des Datenangebots durch VIEWS
- Data Drilling durch "'auflösende Abfragen", die sich auf Komponenten aggregierender Abfragen beziehen
- Einheitlicher Zugang zu anderen internen (relationalen) Datenbanksystemen
- Flexible Anpassung des Datenbankinhaltes an veränderte Informationsbedarfe auf Grund hoher Datenunabhängigkeit

2. Neue Ansätze von Datenbanksystemen

a) Objektorientierte Datenbanksysteme

Objektorientierte Datenbanksysteme oder NF^2-Datenbanksysteme eignen sich für Anwendungen, bei denen komplexe Datenobjekte zu verwalten sind. Im Gegensatz zu den Einsatzgebieten konventioneller Datenbanksysteme (hierarchische, Netzwerk- und relationale), die sich durch Massendaten mit wiederkehrender Struktur (z.B. Rechnungen, Aufträge, Artikel) auszeichnen, erfordern Non-Standard-Anwendungen[1073] die Verwaltung komplexer Objekte. Beim praktischen Einsatz objektorientierter Datenbanksysteme stehen bisher jedoch ingenieurwissenschaftliche Informationssysteme zur Fertigungsautomation und -steuerung im Vordergrund.[1074] Einige Autoren bemerken darüber hinaus, daß objektorientierte Datenbanksysteme auch für betriebliche Anwendungen hilfreich seien.[1075] Dieser Auffassung, die von den Autoren leider nicht

---

1072) Vgl. KRYSTEK u. MÜLLER-STEWENS (Frühaufklärung, 1990). In MÜLLER (STAR, 1985), S. 380 wird allgemein von der Erfassung über ein (PC-)Terminal gesprochen. Ob dabei eine relationale Datenbank zugrunde liegt, wird nicht erwähnt.

1073) Vgl. zu Non-Standard-Anwendungen Abschnitt V.A.6.

1074) Vgl. NITTEL (Vergleich, 1989), S. 11, HANEWINCKEL u. KÜSPERT (Integration, 1990) sowie MATTHES u.a. (Datenbanken, 1992), S. 55ff.

1075) Vgl. BUTTERWORTH u.a. (Gem-Stone, 1991), S. 31, CATTELL (Next-Generation, 1991), S. 31, DEUX u.a. (O_2-System, 1991), S. 35, LAMB (ObjectStore, 1991), S. 51 sowie SINZ u. AMBERG (Datenbanksysteme, 1992), S. 440.

weiter ausgeführt wird, soll sich hier angeschlossen werden mit folgender Begründung:

Zunächst läßt sich eine Trennung betriebswirtschaftlicher und technischer Informationssysteme nicht durchhalten.[1076] Die gegenseitige Abhängigkeit liegt auf der Hand: Einerseits steigt die Aussagefähigkeit eines entscheidungsorientierten Rechnungswesens mit einer möglichst detaillierten (Ur-)Datenerfassung. Wichtige Quellen dafür sind - insbesondere vor dem Hintergrund steigender Kapitalintensität durch flexible Fertigungssysteme - die Betriebsdatenerfassung und technische Steuerungssysteme. Andererseits werden auch betriebswirtschaftliche Größen zur Gestaltung technischer Prozesse benötigt, z.B. die Konstruktion unter Kostenaspekten. Außerdem sind, insbesondere auch in betrieblichen Informationssystemen, komplexe Objekte zu verwalten. Die Datenstruktur von Informationssystemen höherer Ebenen der Unternehmenssteuerung zeichnet sich durch heterogene Informationsobjekte (z.B. Strategien, Konkurrenten) aus, weniger durch Massendaten mit sich wiederholenden Formaten. Damit kommt es zu einer Zunahme der Strukturinformationen bis im Extremfalle jedes Objekt eine andere Struktur aufweist. Beispiele komplexer Objekte des strategischen Controllings sind Pläne, Plansysteme oder Projektnetze als konkretisierte, in Maßnahmen, Prämissen und (Zwischen-)Zielen übersetzte Strategien.

In objektorientierten Systemen werden diese Informationen nicht wie in relationalen im Interesse einer verminderten Redundanz durch die Normalisierung auf zahlreiche Relationen zergliedert, sondern als semantisch-ganzheitliche Einheit (Objekt) behandelt. Eine Rekonstruktion über Verbundoperatoren entfällt. Dadurch wird die Abfrage der zusammengehörenden (Objekt-)Informationen erleichtert.

Ein weiterer Vorteil objektorientierter Datenbanksysteme besteht in der Versionenverwaltung, die vornehmlich für die Software-Produktion, die Bearbeitung von Texten und die Entwicklung technischer Anlagen als relevant erachtet wird.[1077] Diese Funktionalität eignet sich auch zur Dokumentation der sich im Laufe der Zeit durch vielfältige intern und extern bedingte Einflüsse ergebenden Plananpassungen und Planversionen. Diese Eignung objektorientierter Datenbanksysteme soll jedoch später im Rahmen zeitbezogener Datenbanksysteme ausführlich diskutiert werden.

Auch die Möglichkeit der Verhaltensmodellierung über Methoden und Nachrichten in objektorientierten Systemen führt zu einer Überschneidung mit der Funktionalität aktiver Datenbanksysteme und soll deswegen ebenfalls später im Rahmen dieser Systeme im Hinblick auf die Eignung zur Implementierung einer strategischen Datenbank beleuchtet werden.

Als nachteilige Eigenschaft objektorientierter Datenbanksysteme muß das Fehlen einer SQL-ähnlichen, deskriptiven Abfragesprache erwähnt werden. Dadurch werden Ad-hoc-Abfragen erschwert, oder bei strenger Einhaltung der Datenkapselung sind nur über die programmierten Methoden "vordefinierte" Ad-hoc-Abfragen möglich. Deswegen sind nicht alle objektorientierten Konzepte für die Implementierung einer stra-

---

1076) Vgl. WEBER (Controlling, 1991), S. 118f.
1077) Vgl. GEBHARDT (Wissen, 1987), S. 85.

tegischen Datenbank geeignet. Anzustreben sind vielmehr Systeme, die die Modellierung komplexer Objekte erlauben, eine Versionenverwaltung realisieren und zudem eine gewisse Verhaltensmodellierung der Daten (z.B. in Form aktiver Regeln) zulassen. Objektorientierte Datenbanksysteme nehmen insofern eine Sonderstellung unter den aufgezeigten Weiterentwicklungen der Datenbanktechnologie ein, als sie viele Konzepte der übrigen enthalten.

Die Nutzenpotentiale objektorientierter Datenbanksysteme lassen sich folgendermaßen zusammenfassen:

- Erleichterung von Ad-hoc-Abfragen durch ganzheitlichen Objektbezug der Daten
- Ansätze zum Zeitbezug der Daten durch Verwaltung verschiedener Kenntnisstände (Versionenverwaltung)
- Verhaltensmodellierung der Daten durch Methoden (z.B. zur Realisierung von Alarmfunktionen, Kommunikationsmechanismen und automatisierten Zugriffen auf interne und externe Datenbanken)

Für NF^2-Datenbanksysteme muß bemerkt werden, daß durch die Bewahrung relationaler Konzepte auch deren Nutzenpotentiale den NF^2-Systemen eingeräumt werden können. Bezüglich des Data Drillings könnte noch vermutet werden, daß diese Funktion durch die Objektorientierung, d.h. die Bewahrung von Informationszusammenhängen, einfacher zu realisieren ist. Allerdings entfällt bei NF^2-Datenbanksystemen das Nutzenpotential der Verhaltensmodellierung der Daten, da darin keine Methoden enthalten sind.

b) Zeitbezogene Datenbanksysteme

Wie bereits festgestellt, ist die Dimension "Zeit" ein unverzichtbarer Bestandteil eines jeden realbezogenen und insofern auch betrieblichen Informationssystems.

Für die Kostenrechnung und Finanzbuchhaltung bedingen neben betriebswirtschaftlichen Analysen auch gesetzliche Erfordernisse sowie Sicherheits- und Schutzaspekte die Aufbewahrung vergangenheitsbezogener Informationen. Die Notwendigkeit zur allgemeinen Verwaltung zeitbezogener, d.h. auch zukunftsbezogener[1078] Werte läßt sich allerdings hauptsächlich durch den kybernetischen Gedanken der Regelung und Steuerung oder Planung und Kontrolle begründen.[1079] Dieser Gedanke drückt sich

---

1078) Planungstheoretisch sind unter zukunftsbezogenen Daten Prognosen und Pläne zu verstehen. Ein Beispiel für die unternehmensextern induzierte Notwendigkeit zur Verwaltung dieser Daten sind Verhandlungen mit Kreditinstituten. Zukunftsbezogene Auswertungen helfen, den diesbezüglichen Informationsbedarf zu befriedigen und können als Argumentationshilfe benutzt werden.

1079) So begründet auch RIEGER (EIS, 1990), S. 194 die Notwendigkeit zur Verwaltung von Zeitreihen in EIS durch deren Kontroll- und Überwachungscharakter. RIEBEL (Unternehmensrechnung, 1990), S. 701 fordert eine dynamische, zukunftsbezogene Grundrechnung als kontinuierliche Zeitablaufrechnung mit der Möglichkeit sachlich und zeitlich beliebig begrenzter

auch im Prozeß- und Kontextaxiom[1080] aus, das nur dynamische Betrachtungen von Steuerungsprozessen als realistische zuläßt. Das Konzept der rollierenden Planung berücksichtigt diesen Grundtatbestand, indem zukunftsbezogene Plan- und Prognosedaten sich zunehmend konkretisieren bis sie zu Ist-Daten der Gegenwart und Vergangenheit werden. Hierdurch wird auch eine Beziehung zu unscharfen Datenbanksystemen deutlich, da mit dem "Näher-rücken" der geplanten Ereignisse deren Konkretisierung zunimmt oder umgekehrt der Unsicherheitsraum abnimmt.

Ein weiterer Grund für eine zeitbezogene Dokumentation besteht darin, daß diese eine notwendige Voraussetzung für die Lernfähigkeit eines Systems darstellt,[1081] denn sowohl die Erfahrungswerte als auch die Lernvorgänge sind durch eine zeitliche (Veränderungs-) Komponente gekennzeichnet, die das Wissen chronologisch ordnet und somit erst das Änderungswissen aufzeigt.[1082]

Die Betriebswirtschaftslehre hat es bisher weitestgehend versäumt, Anforderungen an zeitbezogene Informationssysteme oder Datenbanksysteme zu formulieren sowie die aufgezeigten diesbezüglichen Konzepte der Informatik hinsichtlich ihrer Anwendungs- und Nutzenpotentiale zu analysieren.[1083]

Als eine erste Anregung kann der Vorschlag von PILDER dienen, der folgende inhaltliche Anforderungen stellt:[1084]

- Vier-Augen-Prinzip
  Aus Sicherheitsgründen sollen Daten in der EDV immer von einem zweiten Mitarbeiter geprüft werden. Der Prüfstatus von Daten soll deswegen eingeführt und verwaltet werden.
- Historienspeicherung
  Alte Datenbestände sollen für den Benutzer verfügbar bleiben.
- Abbildung zukünftiger Änderungen
  Zukünftige Entwicklungen sollen erfaß- und auswertbar sein.

Auswertungen. Auch HILDEBRAND (Zeit, 1992) betont die Bedeutung für betriebswirtschaftliche Kontrollaufgaben.

1080) Vgl. zu Prozeß- und Kontextaxiom S. 7.

1081) Vgl. PREIß u. STUCKY (Probleme, 1986), S. 219.

1082) Vgl. PREIß u. STUCKY (Probleme, 1986), S. 219.

1083) Vgl. KNOLMAYER (Berücksichtigung, 1989), S. 79 u. HILDEBRAND (Zeit, 1992), S. 466. Oft findet sich zwar der Hinweis auf die Möglichkeiten der Informationstechnologie, aber eine diesbezügliche Analyse findet nicht statt. So beispielsweise bei RIEBEL (Unternehmensrechnung, 1990), S. 701: "Aber es ist zu hoffen, daß die schnelle Entwicklung der Informatik und ihre Verknüpfung mit der Betriebswirtschaftslehre in absehbarer Zeit dazu beitragen werden, heute noch utopisch erscheinende Vorstellungen für die Entwicklung einer Führungsrechnung, die der wachsenden Wirtschaftsdynamik gerecht wird, mehr und mehr realisierbar zu machen."

1084) Vgl. PILDER (Zeitdimension, 1990), S. 513.

RIEGER geht noch weiter, indem er

- einen speziellen Datentyp "Zeitreihe" mit
- einer entsprechenden Arithmetik zur Synchronisation und Transformation unterschiedlicher Zeitintervalle

für erforderlich hält.[1085]

Alle diese Anforderungen lassen sich größtenteils durch die bereits dargestellten Konzepte zeitbezogener Datenbanksysteme erfüllen. Historienspeicherung und Abbildung zukünftiger Änderungen sind konzeptionell durch die eingeführte Unterscheidung von Registrier- und Gültigkeitszeit zu realisieren und bilden die Grundlage für Abfrage und Auswertung durch zeitbezogene Operatoren, die u.a. auch die Synchronisation und Transformation unterschiedlicher Zeitintervalle vorsehen.

Eine weitergehende Betrachtung von Anforderungen kann an dieser Stelle unterbleiben. Die anschließenden Ausführungen betreffen in erster Linie die Relevanz zeitbezogener Datenbanksysteme für das Controlling im allgemeinen und das strategische Controlling im besonderen.

Zur Darstellung von dynamischen Prozessen wird in der Betriebswirtschaftslehre eine zumeist starre Periodisierung verwendet. Dabei ergeben sich Probleme mit der Abgrenzung und Vergleichbarkeit von Ereignissen.[1086] Die Kritik richtet sich gegen diese starre Periodisierung und fordert eine zeitliche Modellierungsentscheidung unter Kosten-Nutzen-Kriterien bei Berücksichtigung aller durch die moderne Informations- und Kommunikationstechnik gegebenen Möglichkeiten.[1087]

Zeitbezogene Datenbanksysteme liefern durch das Konzept der Zeitmodellierung hinreichende Flexibilität, verschiedene Perioden mit beliebiger Dauer einzurichten. Mit zeitbezogenen Operatoren können diese zeitlichen Einteilungen bei Bedarf des-/aggregiert oder transformiert werden.[1088] Flexibilisierung der Zeiträume und beliebige Transformation innerhalb der Perioden können speziell zur Integration von Liquiditäts-, Erfolgs- und Investitionsrechnung beitragen.

KNOLMAYER demonstriert die unterschiedliche zeitliche Präzision anhand der Finanzplanungen:[1089] Zwischen den Extremen der mehrere Jahre umfassenden strategischen Finanzplanung und der tagesgenauen und z.T. auch tageszeitgenauen Liquiditätsplanung und -disposition liegen zahlreiche von sich gegenseitig beeinflussender und ineinander überführbarer Teilplanungen (z.B. rollierende Finanzplanung auf Monatsebene, tages-, wochen- oder monatsbezogene Kassenberichte).

1085) Vgl. RIEGER (EIS, 1990), S. 194.

1086) Vgl. KNOLMAYER (Berücksichtigung, 1989), S. 79. Vgl. auch die Ausführungen in Abschnitt III.E. zu den Problemen des traditionellen Rechnungswesens.

1087) Vgl. KNOLMAYER (Berücksichtigung, 1989), S. 79.

1088) So können bspw. Tageswerte zu Wochen-, Monats-, Quartals-, Jahres- usw. -Werten aggregiert werden. Transformationen können z.B. die Umrechnung kalenderbezogener Angaben auf die betriebliche Arbeitszeit betreffen.

1089) Vgl. KNOLMAYER u.a. (Daten, 1991), S. 290.

WEBER fordert vor dem Hintergrund, daß weit über die Hälfte der Stückkosten durch Investitionsentscheidungen bereits determiniert ist, die Integration von Kosten- und Investitionsrechnung und die Möglichkeit einer überperiodischen Rechnung.[1090]

Die Einteilung der Periodizität richtet sich demnach gleichermaßen nach inhaltlichen Aspekten und Fristigkeit der Daten.[1091] So wird die Periodizität oder Detailliertheit der Daten mit wachsendem Vergangenheitsbezug und einer damit verbundenen zunehmend mangelnder Relevanz für gegenwärtige Entscheidungen abnehmen, wobei im Hinblick auf Speicherungskosten auch Wirtschaftlichkeitsgründe eine Rolle spielen. Ebenso werden zukunftsbezogene Daten mit wachsendem Planungshorizont und damit einhergehender zunehmender Ungewißheit mit längeren Teilperioden auskommen müssen (s. Abb. 55).

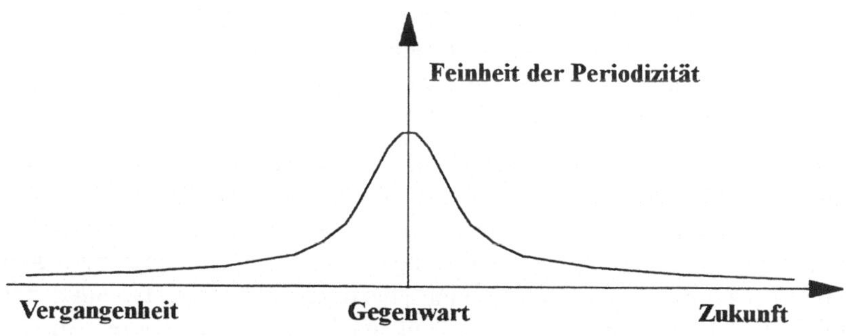

Abb. 55: Feinheit der Periodizität und Zeitbezug von Daten[1092]

Die Attraktivität zeitbezogener Datenbanksysteme liegt somit in der Fähigkeit, vergangene und/oder prognostizierte Entwicklungen komfortabel in Perioden frei wählbarer Länge darzustellen und zu vergleichen.[1093]

Neben der flexiblen Darstellung zeitbezogener Daten wird eine höhere Auswertbarkeit der Daten erzielt. Zeitbezogene Auswertungen (As-of-(time x)-Analysen) erlauben die Analyse beliebiger Zeitpunkte und -räume der Vergangenheit oder Zukunft.

Die Betrachtung von Vergangenheitsdaten wird durch historische und Rollback-Datenbanken unterstützt. Rollback-Datenbanken erlauben die Rekonstruktion vergan-

---

1090) Vgl. WEBER (Controlling, 1991), S. 115ff.

1091) Vgl. HILDEBRAND u. MÜßIG (Modellierung, 1991), S. 242.

1092) Die Darstellung erinnert an die Bilder 7 und 8 bei HILDEBRAND u. MÜßIG (Modellierung, 1991), S. 242. Dort werden jedoch unterschiedliche Einschätzungen der Wichtigkeit vergangenheits-, gegenwarts- und zukunftsbezogener Daten gegenübergestellt. In dieser Darstellung dagegen soll ein für Anwendungen im controllingtheoretischen Umfeld allgemein gültiger Zusammenhang zwischen Zeitbezug und Feinheit der Periodizität der Daten verdeutlicht werden.

1093) Vgl. KNOLMAYER u.a. (Daten, 1991), S. 289.

gener Informationsstände, die die nach damaligen Erkenntnissen für die Zukunft erwarteten Daten umfassen. Dadurch wird eine spätere Beurteilung von Entscheidungen im Rahmen der Abweichungsanalyse ermöglicht.[1094] Sie kann zu einer personenbezogenen und zu einer instrumentell-verfahrensbezogenen Leistungsbewertung herangezogen werden. Jene kann helfen, die Einschätzung von Managementleistungen zu objektivieren, während diese einen selbstkritischen, controlling-theoretischen Lerneffekt auf der Meta-Ebene impliziert: Methoden, Verfahren und Modelle können an Hand ihrer "Informationsverarbeitungsgüte" situationsspezifisch evaluiert und bezüglich ihres Anwendungskontextes künftig besser eingesetzt werden.

Vergangenheitsbezogene Daten bieten sich generell für eine Abweichungsanalyse an und beinhalten über historische Analogien ein erhebliches Lernpotential für zukünftiges Handeln. Außerdem sind Vergangenheitsdaten eine wichtige Grundlage für die zahlreichen statistischen Prognoseverfahren, die Trends aus Zeitreihen berechnen.[1095] Auch die im Rahmen von Frühwarnsystemen eingesetzten Kennzahlen, mit deren Hilfe das unternehmensinterne und -externe Geschehen abgebildet werden sollen, entfalten erst bei Untersuchung ihrer zeitlichen Entwicklung eine besondere Aussagekraft im Hinblick auf die Anzeige von Fehlentwicklungen.[1096]

Zukunftsbezogene Daten erlauben diesbezügliche Auswertungen, die beispielsweise zur Erstellung von Planbilanzen hilfreich sein können. Eine laufende Aktualisierung der Plandaten auf der Grundlage neuester Erkenntnisse führt zum rechtzeitigen Wahrnehmen schwerlich voraussehbarer Entwicklungen. Auch für die Simulation strategischer Maßnahmen ist die Verwaltung zukunftsbezogener Daten notwendig, nämlich um die zeitlichen Verflechtungen einzelner Teilentscheidungen und ihrer Auswirkungen beurteilen zu können. So sind in dem von DEDERICHS entwickelten strategischen Simulationsmodell von jedem Ereigniszeitpunkt alle Daten zeitlich vor- und nachgelagerter Entscheidungssituationen/-komplexe zugänglich.[1097] Der Zugriff auf Informationen nachgelagerter Zeitpunkte kann beispielsweise erforderlich sein, wenn auf Grund dieser Daten Erwartungswerte berechnet werden sollen, die für die zu treffende Entscheidung von Bedeutung sind.[1098] Die Daten vorgelagerter Situationen können als (simuliertes) Erfahrungswissen angesehen werden.

Konzepte zeitbezogener Datenbanksysteme finden Eingang in gruppenunterstützende und objektorientierte Datenbanksysteme.

1094) KNOLMAYER (Berücksichtigung, 1989), S. 82 spricht von "Management Audit". Vgl. auch KNOLMAYER u.a. (Daten, 1991), S. 291.

1095) Vgl. KNOLMAYER u.a. (Daten, 1991), S. 290f. sowie S. 300ff. Dort wird ein Anwendungsbeispiel aus der Liquiditätsplanung konstruiert. Mit Hilfe von Spektralvektoren als Wahrscheinlichkeitsverteilungen der zu erwartenden Zeitpunkte der Zahlungseingänge, die das aus den vergangenheitsbezogenen Daten ableitbare Zahlungsverhalten der Kunden widerspiegeln, werden dort die Zahlungsmittelzuflüsse prognostiziert.

1096) Vgl. MÜLLER-MERBACH (Alarmsysteme, 1979), S. 153f.

1097) Vgl. DEDERICHS (Basismodul, 1993), S. 287.

1098) Vgl. DEDERICHS (Basismodul, 1993), S. 287.

Betrachtet man den Gruppenarbeitsprozeß als schrittweises Konkretisieren von Daten(-werten) im Zeitablauf[1099], dann weisen auch gruppenunterstützende Datenbanksysteme einen Zeitbezug auf. Der von JABLONSKI u.a. entwickelte Prototyp zur Unterstützung eines arbeitsteiligen Prozesses zur Entwicklung technischer Teile sieht dafür unterschiedliche Freigabestufen vor.[1100] Dieses Konzept weist jedoch einen relativ geringen Zeitbezug auf, da jeweils nur die aktuelle Freigabestufe gespeichert wird.

Ein weitergehender Zeitbezug wird in objektorientierten Datenbanksystemen durch die Versionsverwaltung[1101] erreicht. Die Versionsverwaltung entspricht dem Konzept der Registrierzeit und der darauf basierenden Rollback-Datenbanken. HANE-WINCKEL berichtet von einem objektorientierten Datenbanksystem zur Verwaltung von Objekten im CIM-Umfeld.[1102] Neben anderen besonderen Funktionalitäten bietet dieses System eine Zeitversionsverwaltung samt Abfragesprache, mit deren Hilfe Fragen folgender Art beantwortet werden können: "Was hat sich an der Gelenkwelle 4711 seit dem 15. Juli geändert?".[1103] Betrachtet man derartige Fragestellungen im controllingtheoretischen Kontext, so könnten z.B. vergangene Planversionen abgefragt und ggf. im Rahmen eines kollektiven Planungs- und Prognosesystems[1104] als Basis für neue Planverhandlungen oder für spätere Analysezwecke genutzt werden.

Zeitbezogene Datenbanksysteme konzentrieren sich auf die umfassende Herstellung eines Zeitbezugs der Daten. Die dabei für das strategische Controlling entstehenden Nutzenpotentiale noch einmal im Überblick:

- Flexible Modellierung der Genauigkeit des Zeitbezugs (Granularität) für verschiedenfristige Planungen
- Periodenkonvertierung und zeitliche Des-/Aggregation als eine Sonderform des Data Drillings
- Verwaltung verschiedener (Er-)Kenntnisstände
- Verwaltung unterschiedlicher zeitlicher Geltungsbezüge der Daten (Ist- und Plan-/Prognosedaten)
- zeitbezogene Auswertungen (z.B. As-of-Abfragen)

1099) Vgl. JABLONSKI u.a. (Datenbankunterstützung, 1993), S. 37ff.
1100) Vgl. Abb. 48 auf S. 211.
1101) Vgl. S. 141. Vgl. auch SCHLAGETER u. UNLAND (Concepts, 1990), S. 187f.
1102) Vgl. HANEWINCKEL u. KÜSPERT (Integration, 1990).
1103) Vgl. HANEWINCKEL u. KÜSPERT (Integration, 1990), S. 55.
1104) Vgl. zu einem solchen kollektiven Planungs- und Prognosesystem MATTHES (KOLLPROG, 1989).

c) Regelverarbeitende Datenbanksysteme

Dem Regelaxiom[1105] entsprechend sind die Methoden und Verfahren des Controllings nur teilweise analytisch oder synthetisch, sondern vorwiegend als Heuristiken expliziert. Diese sind als tradierte Regeln zu verstehen, die in Lern- und Innovationsprozessen modifiziert und substituiert werden. Der Begriff "Regel" wird dabei in einem umfassenden Sinne verstanden: Das Spektrum reicht von einfachen Regeln wie Definitionsgleichungen (z.B. Gewinn = Umsatz - Kosten) bis hin zu komplexen Regelsystemen, die nicht nur bestehende Erkenntnisse verwenden, sondern auch die Gewinnung neuer anstreben (lernende Systeme) und insofern als Metaregeln bezeichnet werden können.

Aus dieser allgemeinen Perspektive heraus, bieten sich regelverarbeitende Datenbanksysteme zur Unterstützung der Regelevolution i.S. des Regelaxioms an. Im folgenden sollen aktive und deduktive Datenbanksysteme bezüglich ihrer Anwendungspotentiale differenziert betrachtet werden.

(1) Aktive Datenbanksysteme

Aktive Datenbanksysteme zielen auf das datenbankgesteuerte Erkennen von Bedingungskonstellationen, um sodann entsprechende Aktionen auszulösen. Die Allgemeinheit des ECA-Konzepts, die Grundlage für diese Erweiterung der Datenbankfunktionalität, läßt auf ein breites Anwendungspotential schließen. Für aktive Datenbanksysteme werden allgemein folgende Einsatzbereiche in den Vordergrund gestellt und teilweise auch schon Prototypen entwickelt:[1106]

- Prozeßsteuerung und -überwachung in Fertigungssystemen (CIM)
  Beispielregel: Wenn der Luftdruck in einer Druckkammer einen Schwellenwert übersteigt, dann Ventile öffnen; wenn das Instrument A abgenutzt ist, dann ersetze es durch Werkzeug B.
- Netzwerk-Management
  Beispielregel: Ist eine Nachricht nach zwei Tagen noch nicht bearbeitet, dann Weiterleitung an anderen Rechner.
- Krebsforschung/epidemiologische Forschung
  Beispielregel: Häufen sich Meldungen über Krebsfälle in einer bestimmten Bevölkerungsgruppe, dann gib eine Alarmmeldung aus.

1105) Vgl. zum Regelaxiom S. 6.
1106) Vgl. zu Übersichten der Einsatzbereiche MANOLA (Technology, 1980), S. 83f., DAYAL (Database, 1988), S. 152ff., DAYAL u.a. (HiPAC, 1988), S. 51, DITTRICH (Stand, 1990), S. 348f., KNOLMAYER u.a. (Daten, 1991), S. 290, KOTZ u. DITTRICH (Approach, 1993), S. 54 sowie REINWALD u. WEDEKIND (Triggerentwurfssystem, 1993), S. 25f. APPELRATH u.a. (Entwicklung, 1993) stellen einen Prototyp zur Krebsforschung vor.

- Lagerverwaltung
Beispielregel: Wenn der Lagerbestand unter den Mindestbestand sinkt, dann veranlasse eine Nachbestellung.
- Finanzmanagement
Z.B. Ausnutzen maximaler Zahlungsfristen oder von Skonti; Abgleichen von Bankkonten.
- Börse
Z.B. periodisches Kontrollieren eines bestimmten Aktienkurses mit Kauf-/Verkaufsanweisungen.
- Software-Entwicklungsumgebungen
Z.B. automatisches Durchreichen geänderter Software-Module.

Das allgemeine Nutzungspotential aktiver Datenbanksysteme hängt von den folgenden Determinanten ab:

(i)   Dringlichkeit der Aktionsausführung
Viele Anwendungen erfordern eine Reaktion auf Bedingungskonstellationen innerhalb einer bestimmten Zeitspanne. Die Güte des Aktionsergebnisses ist demnach nicht ausschließlich abhängig von der korrekten algorithmischen Herleitung, sondern auch von der benötigten Zeitdauer, um zu diesem Ergebnis zu gelangen.[1107] Nun gestaltet sich alles Handeln abhängig von Raum und Zeit, und eine gewisse zeitliche Dringlichkeit haftet jeder Reaktion an. Extreme Anforderungen finden sich z.B. bei der Prozeßsteuerung mit Echtzeitverarbeitung im Rahmen von CIM und bei Börsenprogrammen zur automatischen Auslösung von Kauf- und Verkaufsanweisungen, wo sich also das Ausmaß der zeitlichen Dringlichkeit nur im Rahmen von Sekunden oder Sekundenbruchteilen bewegt. Aber auch ein rechtzeitiges Reagieren auf Mindestbestandsunterschreitungen im Materiallager durch eine Bestellung innerhalb weniger Stunden kann als dringliche Aktionsausführung gewertet werden. Ebenso weist die Meldung über häufige Krebsfälle in einer bestimmten Personengruppe eine zeitliche Dringlichkeit auf, die jedoch auch nicht im Sekunden-, sondern eher im Tagesbereich liegt.[1108] Das Ausmaß der konkreten zeitlichen Dringlichkeit ist fließend und läßt sich durch die entstehenden Opportunitätskosten annähernd operationalisieren, falls eine Reaktion auf ein eingetretenes Ereignis unterbleibt. Diese Opportunitätskosten sind bei der Prozeßsteuerung bereits nach wenigen Sekunden sehr hoch (z.B. Explosionsgefahr bei Überhitzung), während bei strategischen Maßnahmen zwar längere Zeiträume tolerierbar, dann aber eventuell die Konsequenzen von äußerst schwerwiegender Natur sind und im Extremfalle den Bestand der Unternehmung gefährden. Modelltheoretisch kann der "optimale" Reaktionszeitpunkt durch einen Vergleich der Kosten des Nicht-Reagierens mit den Kosten der Reaktion bestimmt werden (s. Abb. 56).[1109]

1107) Vgl. DAYAL u.a. (HiPAC, 1988), S. 51.

1108) Vgl. APPELRATH u.a. (Entwicklung, 1993), S. 82.

1109) Die modelltheoretische Betrachtung soll lediglich den Zusammenhang verdeutlichen. Die Bestimmung eines solchen "optimalen" Reaktionszeitpunkts ist in der Praxis, wenn überhaupt, natürlich nur schwerlich bestimmbar.

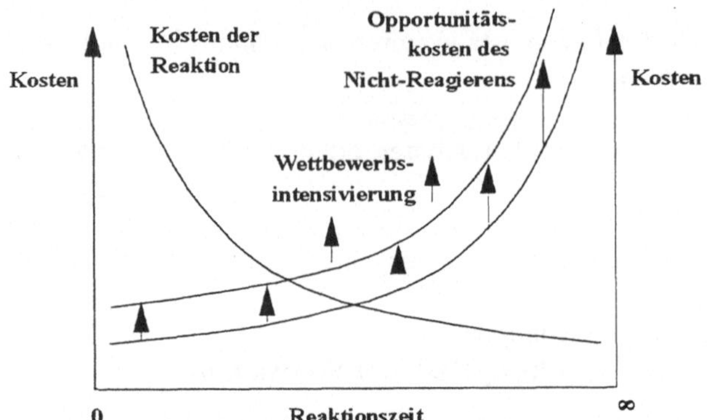

Abb. 56: Erhöhung der Opportunitätskosten des Nicht-
Reagierens durch Verschärfung des Wettbewerbs

(ii) Häufigkeit der Aktionsausführung

Ausgehend vom Gedanken, daß der Nutzen einer Regel mit der Anzahl der Aktionsausführungen steigt, interessiert diese in einer bestimmten Zeitspanne. Zu unterscheiden sind hier der Ereigniseintritt einer Regel (Feuern) und die Aktionsausführung bei Vorliegen der entsprechenden Bedingung. Feuert eine Regel häufig,
ohne daß es zur Aktionsausführung kommt, entsteht ein Aufwand ohne direkten
Nutzen. D.h., das Verhältnis der Anzahl der Aktionsausführungen zum Feuern
der Regel sollte möglichst gegen 1 streben:

$$\frac{\text{Anzahl der Aktionsausführungen in Zeitspanne}}{\text{Feuern der Regel in Zeitspanne}} \overset{!}{\Rightarrow} 1$$

Eine A-priori-Beurteilung, welche der oben erwähnten Anwendungen sich durch
ein günstiges Verhältnis auszeichnen, ist nicht möglich, da sie vom konkreten
Einzelfall abhängt (z.B. von der Häufigkeit der Lagerbewegungen, von der Dynamik des Börsengeschehens).

(iii) Zeitliche Geltungsdauer der Regel

Die Anzahl der Aktionsausführungen und damit der Nutzen der Regel steigen
auch mit der Geltungsdauer der Regel.

(iv) Explizite Bestimmbarkeit des Kontrollobjekts

Um eine Kontrolle automatisieren zu können, muß vor der Kontrolldurchführung
explizit benannt werden, was zu kontrollieren ist.

Das Nutzenpotential aktiver Datenbanksysteme bestimmt sich für jede Anwendung
aus den vorgenannten Determinanten. Insgesamt kommt es durch den Einsatz aktiver
Datenbanksysteme zu einem Rationalisierungs- und Beschleunigungseffekt. Jener

steht für die Delegation von Kontrollaufgaben vom Menschen zur Maschine mit der Möglichkeit der Massenverarbeitung, dieser beschreibt einen zeitlichen Gewinn bei der Ausführung der Kontrollaufgaben. Beide Effekte sind nur theoretisch voneinander zu trennen und treten im praktischen Einsatz gemeinsam auf. Zu einer allgemeinen Analyse der Eignung aktiver Datenbanksysteme sollen die oben aufgezeigten Determinanten des allgemeinen Nutzenpotentials im Hinblick auf das strategische Controlling beleuchtet werden.

Bezüglich der Dringlichkeit einer Aktionsausführung im strategischen Controlling läßt sich natürlich im Vergleich zu Prozeßsteuerungssystemen nicht von zeitlichen Restriktionen im Sekunden-Bereich sprechen. Ebenso werden Häufigkeit der Aktionsausführung (z.B. Meldung über den Eintritt eines neuen Konkurrenten in die Branche) und Geltungsdauer einer strategischen Regel geringer ausfallen (Beispiel: Falls bis zum Zeitpunkt t nicht das Marktanteilsziel x erreicht wird, Desinvestitionsstrategie erwägen). Die aufgestellten Hypothesen lassen sich mit der extrem situativen Bedingtheit jeder Strategie und der geringen Wiederholungsrate ähnlicher Ereignisse begründen. Auch als relativ allgemein geltende Regeln, wie der Erfahrungskurveneffekt und die Produktlebenszyklus-Betrachtung, sind keinesfalls mit den natur- und ingenieurwissenschaftlichen Regeln eines Netzwerkmanagements oder einer Fertigungssteuerung vergleichbar. Die A-priori-Bestimmbarkeit des Kontrollobjekts ist in erster Linie bei den stärker strukturierten Ergebniskontrollen und teilweise auch bei Prämissenkontrollen gegeben. Zur originären Entdeckung schwacher Signale sind aktive Datenbanksysteme dagegen weniger geeignet. Diese Überlegungen schränken zunächst die Einsatzmöglichkeiten aktiver Datenbanksysteme ein. Trotzdem ist auf Grund der Informationsflut und -komplexität eine Reihe von Ansatzpunkten auch im strategischen Controlling denkbar.

Ausgehend von der besonderen Bedeutung externer Datenbanken als Informationslieferanten des strategischen Controllings einerseits und der prinzipiellen Eignung aktiver Datenbanksysteme zur Integration heterogener Hardware-/Softwaresysteme andererseits, bietet sich ein erster möglicher Einsatz in der automatischen Datenabfrage und -konversion an. Wie bereits gesehen, besteht bei der Nutzung externer Datenbanken ein maßgebliches Problem in der Vielfalt der Abfragesprachen und Datenformate. Durch den Einsatz aktiver Datenbanksysteme kann zum einen das aufwendige, benutzerinduzierte Abfragen durch Experten entfallen und zum anderen die Konvertierung in interne Datenformate automatisiert werden.

Häufig sind nicht elementar gespeicherte Daten von Interesse, sondern die durch Aggregation oder Weiterverarbeitung abgeleiteten Informationen (z.B. Kennzahlen). Aktive Datenbanksysteme bieten sich für die automatische Aktualisierung abgeleiteter Informationen an, wenn Elementardaten verändert wurden.[1110]

Ein weiterer möglicher Einsatz aktiver Datenbanksysteme im strategischen Controlling ist die Konsistenzsicherung strategischer Pläne. Bezogen sich die ersten Einsatzschwerpunkte von Triggern auf die Konsistenzerhaltung datenmodellimmanenter Integritätsregeln (z.B. Sicherstellung der referentiellen Integrität in relationalen Da-

---

1110) Vgl. MANOLA (Technology, 1980), S. 84.

tenbanksystemen), so können ECA-Regeln die Einsatzmöglichkeiten in diesem Bereich stark ausdehnen: Beispielsweise werden in CAD-Umgebungen zeitlich verzögerte Konsistenzprüfungen im Anschluß an jede Designphase aufgerufen.[1111] Eine ähnliche Vorgehensweise bietet sich zur Erstellung strategischer Pläne und Konsistenzprüfung zwischen strategischer und operativer Ebene an, wie

- Überprüfung der finanziellen und bilanziellen Ausgewogenheit des Strategieportfolios anhand geplanter finanzwirtschaftlicher Kennzahlen (Umsatz, Cash-Flow usw.) oder Planbilanzen,
- Überprüfung der Abstimmung geplanter Absatzmengen und entsprechender Kapazitäten,
- Überprüfung der operativen Machbarkeit strategischer Maßnahmen (maschinelle oder personelle Restriktionen) und
- laufende Kontrolle operativer Größen (z.B. Kapazitätsauslastung) auf strategische Verträglichkeit.

Strategisches Controlling findet in arbeitsteiligen Projektstrukturen statt und ist nur durch intensive Kooperation, insbesondere durch ständigen Informationsaustausch zwischen den Aufgabenträgern (Geschäftsführung, zentraler Planungsstab, Geschäftsbereichs-/Spartenleitung, Produkt- u. Funktionenmanager) möglich.[1112] Analog zur Entwicklung komplexer technischer Produkte[1113] vollzieht sich auch die Konkretisierung strategischer Pläne schrittweise, und zwar in erster Linie über Verhandlungs- und Argumentationsprozesse. Den aktiven Datenbanksystemen bieten sich hierbei zwei Ansatzpunkte zur Unterstützung:

Der erste ergibt sich aus der Projektstruktur des strategischen Controllingprozesses. Die schrittweise Konkretisierung strategischer Daten (Plan- und Prognosedaten) vollzieht sich über verschiedene Entwicklungsstufen. Die Überführung eines konsistenten Projektstandes zum nächsten erfordert die Abkehr vom Konzept kurzer Transaktionen herkömmlicher Datenbanken; denn in diesem Zusammenhang wird eine Reihe von Teiltätigkeiten als konsistenzwahrende Verarbeitungseinheit angesehen.[1114] Aktuell zu verhandelnde Daten befinden sich demzufolge zeitweilig in einem vorläufigen Zustand, d.h., sie sind durch eine (Teil-)Transaktion verändert, aber noch nicht endgültig. Der HiPAC-Datenbankprototyp eignet sich wegen der möglichen Entkopplung von Ereignissen, Bedingungen und Aktionen durch verschachtelte Transaktionen des Ausführungsmodells besonders zur Implementierung langandauernder Transaktionsfolgen mit vorläufigen Daten und dem eventuell notwendig werdenden kompletten oder teilweisen Zurücksetzen von Datenwerten (z.B. bei Verletzung harter Restriktionen oder Nicht-Erreichen von Mindestanforderungen).

1111) Vgl. DAYAL (Database, 1988), S. 153.

1112) Vgl. COENENBERG u. GÜNTHER (Stand, 1990), S. 463

1113) Vgl. zur Vorgehensweise bei der Entwicklung eines neuen Automobils JABLONSKI u.a. (Datenbankunterstützung, 1993), S. 35 f.

1114) Vgl. CZAP (Informationsspeicherung, 1989), S. 255.

Außerdem eignen sich Trigger oder ECA-Regeln zur Realisierung von Benachrichtigungsmechanismen zur Unterstützung von Gruppenarbeit oder arbeitsteiligen Systemen.[1115] Folgende Beispiele lassen sich für das strategische Controlling anführen:

- Die Ergebnisse einer Umweltanalyse durch den zentralen Planungsstab in Form von Szenarien werden den Geschäftsbereichsleitern als Grundlage für Strategievorschläge übermittelt.
- Durch die Geschäftsführung beschlossene Strategien (Unternehmens-, Geschäftsfeld- und Funktionsstrategien) werden dem Adressaten mitgeteilt.
- Beobachtete Prämissenänderungen werden automatisch an den zentralen Planungsstab weitergeleitet.

Das wichtigste Einsatzpotential aktiver Datenbanksysteme ergibt sich aus der anwendungstechnisch-funktionalen Anforderung, eine Alarmfunktion zur Reduktion der Informationsflut und -komplexität auszulösen. Aktive Datenbanksysteme erfüllen nämlich auf Grund der oben beschriebenen Rationalisierungs- und Beschleunigungseffekte diese Anforderung in idealer Weise.[1116]

Der Beschleunigungseffekt bekommt vor dem Hintergrund einer zunehmenden Entwicklungsdynamik der Unternehmensumwelt und einer damit verbundenen Zeitorientierung, die sich in Konzeptionen wie Frühwarnsystemen und Zeitführerschaft[1117] widerspiegelt, eine besondere Dimension. Aktive Datenbanksysteme verkürzen durch das selbständige Erkennen bestimmter Situationen die für das Controlling besonders bedeutsame Beobachtungszeit (Zeitraum zwischen Auftreten und Erkennen eines Ereignisses).[1118] Rechtzeitiges Erkennen von Chancen und Risiken sowie direktes Reagieren durch Nutzung oder Vermeidung führen zu erheblichen Wettbewerbsvorteilen gegenüber der Konkurrenz.

Im Rahmen von Frühwarnsystemen ist jedoch nicht nur die zeitliche Problematik, sondern auch die Informationsflut zu bewältigen. Häufig sollen deswegen hochaggregierte Kennzahlen das unternehmensinterne und -externe Geschehen abbilden und als Radar für schwache Signale fungieren. Durch die Aggregation gehen jedoch wichtige Detailinformationen verloren, die schon sehr früh Fehlentwicklungen ankündigen.[1119] Insbesondere ist auch die zeitliche Entwicklung zu beobachten, weil extreme Ausschläge auf außergewöhnliche Umstände hinweisen.[1120] Folglich werden datenursprungsbezogene Alarmsysteme gefordert, die wenigaggregierte Daten beinhalten und zur Analyse bereitstellen.[1121] Problematisch erweisen sich allerdings die große Vielfalt

---

1115) Vgl. DAYAL (Database, 1988), S. 154 u. JABLONSKI u.a. (Datenbankunterstützung, 1993), S. 41.

1116) Vgl. MANOLA (Technology, 1980), S. 84 betont diese Funktion aktiver Datenbanksysteme innerhalb von Decision Support Systemen.

1117) Vgl. zum Gedanken der Zeitführerschaft S. 8.

1118) Die gesamte Reaktionszeit setzt sich aus Beobachtungs-, Entscheidungs-, Aktions- und Wirkzeit zusammen. Vgl. dazu WELGE (Controlling, 1988), S. 41f.

1119) Vgl. MÜLLER-MERBACH (Alarmsysteme, 1979), S. 152.

1120) Vgl. MÜLLER-MERBACH (Alarmsysteme, 1979), S. 153f.

1121) Vgl. MÜLLER-MERBACH (Alarmsysteme, 1979).

von Informationen interner und externer Herkunft sowie die zu Interpretationszwekken erforderliche Inbeziehungsetzung.[1122]

Der Einsatz von Informationstechnologie ist die Voraussetzung zur Verwaltung zahlreicher Kenngrößen. Mit dieser Technologie überwindet man die mentale Begrenztheit des menschlichen Gehirns bezüglich der quantitativen Informationsverarbeitungskapazität.[1123] Speziell wird ein aktives Informationssystem gefordert, das den Strom der eintreffenden Daten permanent unter zuvor global festgelegten komplexen Bedingungen überwacht und Auswertungsergebnisse auch ohne ausdrückliche Anforderung eines Benutzers meldet.[1124] Kritisiert werden in diesem Zusammenhang die als passiv zu bewertenden Systeme, deren einzige Aktivität im Auslösen von Berichten beim Eintritt vorher festgelegter einfacher Bedingungen besteht.[1125]

Dagegen eignen sich aktive Datenbanksysteme auf Grund des oben beschriebenen Rationalisierungseffekts in idealer Weise zur Realisierung der geforderten aktiven Informationssysteme. Dabei können zunächst wenigaggregierte Kennzahlen automatisch kontrolliert werden, denn Bandbreiten angenommener Entwicklungen werden bei der Planung erfaßt und anschließend mit ausreichender Häufigkeit durch das System geprüft. Bei Über- oder Unterschreitung wird eine entsprechende Aktion (z.B. Alarmmeldung oder eine direkte Gegensteuerungsmaßnahme) ausgelöst. Die Informationsflut ist insbesondere durch das aktive Abfragen oder Kontrollieren externer Datenbanken zu bewältigen. Darüber hinaus bieten ECA-Regeln durch beliebig komplex formulierbare Ereignisse, Bedingungs- und Aktionsteile sowie optional hinzutretende zeitliche Beschränkungen und Alternativmaßnahmen die notwendige Flexibilität, auch weitergehende Forderungen an Frühwarnsysteme effizient umzusetzen. So kann beispielsweise der wichtige Aspekt des zeitlichen Indikatorverlaufs durch einen Bedingungsteil berücksichtigt werden, der im einfachsten Fall den aktuellen mit dem vorausgegangenen Wert vergleicht oder in differenzierter Weise den Bezug zu mehreren Vergangenheitswerten herstellt und mit Hilfe statistischer Prognosemethoden eine Trendextrapolation durchführt, um auf zu erwartende Bandbreitenüber(-unter-)schreitungen schon hinzuweisen (Die Extrapolation der bisherigen Umsätze läßt z.B. erkennen, daß das anvisierte Umsatzziel wahrscheinlich unterschritten wird).[1126] Zur Verdeutlichung der zeitlichen Entwicklung können Abweichungsmeldungen automatisch in Form von Grafiken angezeigt werden.[1127] Außerdem können Zusammenhänge zwi-

---

1122) Vgl. GERNERT (Frühwarnung, 1979), S. 147.

1123) Vgl. GERNERT (Frühwarnung, 1979), S. 148 u. MÜLLER-MERBACH (Alarmsysteme, 1979), S. 153.

1124) Vgl. GERNERT (Frühwarnung, 1979), S. 148.

1125) Vgl. GERNERT (Frühwarnung, 1979), S. 148.

1126) Vgl. DAYAL (Database, 1988), S. 152. Voraussetzung für die Auswertung von Zeitreihen, ist das Speichern von vergangenheitsbezogenen Werten. Zeitbezogene Datenbanksysteme, vgl. Abschnitt V.A.6.b), zielen u.a. auf die Informationsbewahrung "alter" Werte, indem diese nicht überschrieben, sondern durch aktuelle ergänzt werden.

1127) Vgl. die "display-rules" bei der Anwendung von HiPAC zur Unterstützung von Börsengeschäften bei McCARTHY u. DAYAL (Architecture, 1989), S. 220. Vgl. auch RIEGER (EIS, 1990), S. 196.

schen Kennzahlen, die nur in ihrer Gesamtheit als Situationsmuster relevant sind, entweder in einem komplexen Bedingungsteil oder durch das Auslösen anderer diesbezüglicher ECA-Regeln erfaßt werden.

Zusammenfassend lassen sich die Nutzenpotentiale aktiver Datenbanksysteme wie folgt beschreiben:

- Automatisierte Abfragen externer (evtl. auch interner) Datenbanken zur Aktualisierung der strategischen Datenbank
- Unterstützung simulativer Planentwicklung durch langandauernde Transaktionen
- Erkennen außergewöhnlicher Datenkonstellationen im Rahmen der Frühwarnung (Alarmfunktion)
- Überwachung der Plankonsistenz (i.e. Datenintegritätskontrolle auf Anwendungsebene)
- Kommunikationsmechanismen (z.B. automatisches Weiterleiten von Informationen)

(2) Deduktive Datenbanksysteme

Für die Beurteilung des Nutzenpotentials deduktiver Datenbanksysteme ergibt sich eine besondere Situation, weil sie Funktionalitäten einer anderen Klasse von Systemen, nämlich Expertensysteme, neben den für Datenbanksysteme üblichen umfassen. Da die Nutzenpotentiale von Expertensystemen im strategischen Controlling insofern im Wege eines Analogieschlusses übertragen werden können, sollen diese zunächst diskutiert werden. Anschließend soll dann untersucht werden, welche Anwendungsbereiche darüber hinaus speziell für deduktive Datenbanksysteme in Frage kommen.

Zur Bestimmung möglicher Einsatzfelder von Expertensystemen ist eine Reihe von Kriterien entwickelt worden. PLATTFAUT u.a. kommen zu folgenden:[1128]

1. Der Anwendungsbereich ist durch den Gebrauch von Expertenwissen, Urteilsvermögen und Erfahrung gekennzeichnet.
2. Die Aufgabe erfordert den Gebrauch von Heuristiken.
3. Experten sind vorhanden und in der Lage, ihr Wissen systematisch darzustellen.
4. Das zu untersuchende Problem muß abgrenzbar sein.

Im Gegensatz zu den beiden ersten Anforderungen, die für das strategische Controlling sicherlich als erfüllt angenommen werden können, bestehen bei der dritten Anforderung Bedenken. Es kann nämlich kein allgemein akzeptiertes Hypothesen- oder Theoriegebäude als Wissensbasis für strategische Probleme formuliert werden wie bei technischen Expertensystemen. Der Aufbau einer Wissensbasis müßte im Extremfall nicht nur unternehmens-, sondern auch personenindividuell erfolgen.[1129] Die vierte Anforderung trifft sicherlich nicht zu, wenn man das strategische Controlling als

---

1128) Vgl. PLATTFAUT u.a. (STRATEX, 1987), S. 75.
1129) Vgl. PLATTFAUT u.a. (STRATEX, 1987), S. 76.

Ganzes betrachtet. Allerdings sind Schritte im Controllingprozeß als Teilprobleme abgrenzbar.[1130] Insgesamt läßt sich anhand dieses Kriterienkataloges die prinzipielle Einsatzmöglichkeit von Expertensystemen bei Teilprozessen des strategischen Controllings konstatieren.

Einen differenzierteren Kriterienkatalog von Eigenschaften, die eine Problemsituation aufweisen muß, um als potentielle Expertensystemanwendung gelten zu können, schlagen KRAEMER u. SPANG vor. Ausgehend von der Kritik, daß andere Kriterienzusammenstellungen konkrete Handlungsanweisungen mit generellen Problemeigenschaften vermischen, führen sie eine Unterteilung in problem- und situationsorientierte Faktoren ein.[1131] Da hier nicht der Einsatz in einer konkreten unternehmerischen Situation, sondern die generelle Eignung für das strategische Controlling beurteilt werden soll, können die situationsbezogenen Faktoren vernachlässigt werden. Insgesamt werden zwölf problemorientierte Kriterien aufgestellt:[1132]

1. Die Vielzahl der Einflußfaktoren und Alternativen sowie zeitliche und kostenmäßige Restriktionen machen eine Optimallösung unmöglich.
2. Heuristische Problemlösungsstrategien intendieren das Auffinden satisfizierender Alternativen.
3. Kritische Problemlösungszeit, innerhalb derer reagiert werden muß.
4. Fülle der zu berücksichtigenden Daten und Gefahr des Ausblendens wichtiger Sachverhalte bei Datenaggregation.
5. Vielzahl von verteilten Informationsquellen und Medienbrüche.
6. Problemlösbarkeit nur durch Experten.
7. Bestimmter minimaler Zeitaufwand zur Problemlösung.
8. Vermittelbarkeit der Problemlösung an Nicht-Experten nur durch Experten.
9. Modularisierbarkeit des Problemlösungsprozesses
10. Quantifizierbarkeit des Nutzens.
11. Klare Formulierung der zur Problemlösung benötigten Ausgangsdaten
12. Analogien zu erfolgreich existierenden Entwicklungen.

Während die Kriterien 1.-9. evidentermaßen auf das strategische Controlling zutreffen oder schon bei der Diskussion der von PLATTFAUT u.a. aufgestellten Kriterien als erfüllt befunden wurden, sind die übrigen noch kritisch zu untersuchen. Die Quantifizierbarkeit des Nutzens wird hier als nicht relevant erachtet, weil eine solche Bewertung in erster Linie der argumentativen Unterstützung der Einrichtung eines Expertensystems in einer konkreten unternehmerischen Situation dient und somit eher in die Klasse der situationsbezogenen Kriterien gehört. Auch wird eine Quantifizierung des Nutzens generell als sehr schwierig erachtet.[1133] Die Forderung nach einer klaren

---

1130) Vgl. PLATTFAUT u.a. (STRATEX, 1987), S. 76. Die Unterteilung des umfassenden und komplexen Controllingprozesses in Teilphasen samt zugehöriger phasenspezifischer Instrumente, vgl. Abschnitt II.E u. F., ist Ausdruck der Bestrebung, handhabbare und abgrenzbare Teilprobleme zu bilden.
1131) Vgl. KRAEMER u. SPANG (Controlling, 1989), S. C11.
1132) Vgl. KRAEMER u. SPANG (Controlling, 1989), S. C11f.
1133) Vgl. KÖNIG (Einsatz, 1988), S. 760.

Formulierung der zur Problemlösung benötigten Ausgangsdaten kann durch die ohnehin notwendige Beschränkung auf die Unterstützung von Teilprozessen des strategischen Controllings gemildert werden. Zudem kann ein umfangreiches Informationsangebot durch interne und externe Datenbanken bereitgestellt und bei plötzlich auftretendem Datenbedarf durch das Expertensystem abgefragt werden. Die Beurteilung von Analogien gestaltet sich sehr schwierig. Auf einem hohen Abstraktionsniveau können alle planenden, diagnostizierenden und kontrollierenden Expertensysteme aller Wissenschaftsdisziplinen eingesetzt werden. Da Expertensysteme im strategischen Controlling bereits erfolgreich angewendet werden, lassen sich Analogieschlüsse um die direkte Beurteilung anhand bestehender Systeme ergänzen.

Bevor diese Expertensystemanwendungen aufgezeigt werden, sollen die Ergebnisse ausgewählter empirischer Untersuchungen[1134] helfen, die Einsatzmöglichkeiten zu bewerten. Der weit überwiegende Anteil an Expertensystem-Entwicklungen befindet sich in der Industrie (528 Nennungen). Mit einem großen Abstand folgen Banken (54), Berater (28) und Versicherungen (27).[1135] In der Industrie unterliegen bereits folgende Wertschöpfungsaktivitäten einer relativ starken Durchdringung mit wissensbasierten Systemen: Angebotsauswahl-/erstellung, Auftragsprüfung, Produktgestaltung (CAD), Material- und Zeitwirtschaft, Prozeß-/Produktionssteuerung und -überwachung, Qualitätssicherung, Ausgangslogistik sowie Reparatur und Wartung. Im Bankenbereich spielen Systeme zur Finanzierungs- und Anlageberatung sowie Kreditbearbeitung eine dominierende Rolle. Die Einsatzfelder zur Unterstützung von Beratungsleistungen lassen sich nur schwer kategorisieren. Als Beispiel wird ein System zur Analyse des "Subventionsangebots" und zur Beurteilung von Jahresabschlußdaten angeführt. In Versicherungsunternehmen stehen Expertensysteme zur Entscheidung, ob und inwieweit Verträge zur Brand-, Lebens- und Rückversicherung abzuschließen sind, im Vordergrund.

In der Studie von KRAEMER u. SCHEER wird keine Branchendifferenzierung vorgenommen. Die Einsatzpotentiale wissensbasierter Systeme in den operativ-funk-

---

1134) Vgl. MERTENS (Bestandsaufnahme, 1990), KURBEL u.a. (Schnappschuß, 1990) sowie KRAEMER u. SCHEER (Problemlösung, 1991). MERTENS betont den durch die relative Neuartigkeit dieses Teilgebiets der Angewandten Informatik bedingten induktiv-kasuistischen Charakter seines Beitrags. Die präsentierten Ergebnisse stützen sich demnach nicht etwa auf eine statistisch-repräsentative Umfrage, sondern auf eine an der Universität Erlangen-Nürnberg betriebene Datenbank, die zum Berichtszeitpunkt über 2000 Einträge zu XPS in aller Welt enthielt. Dagegen waren die anderen Untersuchungen als klassische Fragebogenaktionen konzipiert. Jedoch orientieren sich BOLTE u.a. auch an erwähnter Datenbank und befragen Hardwarehersteller, Softwarehäuser und Unternehmensberater gezielt zu den bereits bekannten Expertensystemen und intendieren die Erhebung in- und extensivierender Angaben über zugehörige Hardwareplattformen, softwaretechnische Entwicklungsumgebungen sowie Schulungs- und Beratungsangebote. Die Studie von KRAEMER u. SCHEER beabsichtigt nicht die Feststellung des aktuellen Einsatzes von Expertensystemen, sondern versucht, anhand der Einschätzung der Praxis die zukünftigen Entwicklungspotentiale zu bewerten.

1135) Vgl. zu den folgenden branchenbezogenen Ausführungen MERTENS (Bestandsaufnahme, 1990), S. 21ff.

tionalen Bereichen Finanz-, Produktions-, Logistik-, Absatz-, EDV- und Beschaffungs-Controlling werden als groß eingeschätzt. Als instrumentell-konzeptionelle Basis dienen dabei Soll-Ist-Kostenvergleiche und Kennzahlensysteme. Bei der Analyse möglicher Aufgabenklassen wissensbasierter Systeme in beiden Studien werden die höchsten Einsatzzahlen und auch die besten Einschätzungen der Anwendungsmöglichkeiten bei der Diagnose, Beratung, Konfiguration und Planung konstatiert. In Anlehnung an die Controllingfunktionen liegt nach KRAEMER u. SCHEER der Schwerpunkt der Analyse- und Diagnosesysteme auf Steuerung und Kontrolle, während Planungssysteme Entwicklung und Bewertung prospektiver Prozesse unterstützen.

Von den Ergebnissen[1136] der Untersuchung von KURBEL u.a. sei hier noch die Beobachtung erwähnt, daß sich der überwiegende Teil (ca. 70-80 %) der erfaßten Expertensysteme im Stadium von Prototypen befindet und nur wenige (ca. 15 %) als Produktivsysteme eingesetzt werden.

Die aufgeführten empirischen Studien enthalten keine expliziten Angaben zum Einsatz wissensbasierter Systeme im strategischen Controlling. Dennoch werden die Ergebnisse der Studien für die hier zu beantwortende Frage aus verschiedenen Gründen als relevant erachtet. Erstens bereitet die scharfe Trennung zwischen operativer und strategischer Ebene nicht nur im allgemeinen erhebliche Schwierigkeiten, sondern wird auch durch die Vermischung von Aspekten beider Ebenen in einigen Expertensystemanwendungen fast unmöglich.[1137] Zweitens können im Wege eines Analogieschlusses Erkenntnisse aus dem Umgang mit wissensbasierten Systemen vom operativen in den strategischen Bereich übertragen werden. Auch darf das Nicht-Erwähnen von Anwendungen im strategischen Controlling in den oben aufgeführten Studien keinesfalls zu der Annahme verleiten, derartige Einsatzmöglichkeiten seien nicht vorhanden. Es könnte mit einer im Vergleich zu operativen Systemen geringen Anzahl und einer nicht hinreichend differenzierten Kategorisierung[1138] der Anwendungen sowie mit der strategischen Relevanz und einer damit verbundenen Geheimhaltungsbemühung[1139] begründet werden. Anschließend sollen die operativen Systeme im Hinblick auf ihre strategische Relevanz kurz untersucht, bevor ausgewählte Anwendungen zur direkten Unterstützung des strategischen Controllings diskutiert werden.

1136) Die Hardware- und Softwarekonfiguration betreffenden Ergebnisse sollen hier nicht weiter reflektiert werden. Die Aussagen zu den Einsatzgebieten decken sich auf Grund der gemeinsamen Ausgangsbasis weitestgehend mit denen von MERTENS. Vgl. zu der statistischen Datenbasis auch FN 1134.

1137) So dient beispielsweise das wissensbasierte System KOSTENMANAGEMENT in erster Linie als Vorschlagssystem für eine optimale Kostenstruktur. Durch den Vergleich der unternehmensbezogenen Kostendaten mit Branchen- und Konkurrentenzahlen entsteht ein strategischer Bezug. Vgl. ausführlich zu KOSTENMANAGEMENT DÜRPISCH (Computer, 1988).

1138) Vgl. zur Problematik einer praktikablen und orthogonalen Klassifizierung BOLTE u.a. (Schnappschuß, 1990), S. 48.

1139) Vgl. zu "heimlichen" Entwicklern und Anwendern BOLTE u.a. (Schnappschuß, 1990), S. 49.

Expertensysteme mit Diagnoseschwerpunkt haben bereits Eingang in viele wichtige Controllingbereiche gefunden und werden in ihrer Bedeutung noch zunehmen.[1140] Die Analyse umfangreicher Scannerkassen- und Handelspanel-Daten ist ein Beispiel für den Expertensystemeinsatz im Vertriebsbereich. Auffällige Entwicklungen von Märkten, Produkten oder Markt-Produkt-Kombinationen werden herausgefiltert und auf verursachende Faktoren hin untersucht. Im Produktionsbereich konzentriert sich der Einsatz von Expertensystemen auf die Kontrolle intern (hohe Kapazitätsauslastung, geringe Bestände) und extern (Termintreue) orientierter Zielgrößen.[1141] Im Logistikcontrolling sind laufend Liefertreue, -fähigkeit, -zeit, -qualität und -kosten zu kontrollieren und kundenorientiert auszuwerten[1142]. Auch in den verschiedenen Bereichen des Rechnungswesens lassen sich Expertensysteme einsetzen. Hierbei stehen Analyse und Diagnose der Daten aus Kosten- und Ergebnisrechnungen sowie des Jahresabschlusses im Vordergrund.

Der Nutzeffekt von Diagnosesystemen[1143] liegt in der Befreiung von der Durchsicht großer Datenmengen und in der zuverlässigen Identifikation außergewöhnlicher Datenkonstellationen.[1144] Das Expertensystem funktioniert insofern wie ein Filter, der nur auf besondere Konstellationen aufmerksam macht und von Routinekontrolltätigkeiten entlastet.[1145] Die betriebswirtschaftlich-konzeptionelle Bewältigung großer Datenmengen geschieht durch Kennzahlensysteme, Vergleiche oder Abweichungen, die sich in erster Linie auf Toleranzbereiche, ABC-Kriterien und Änderungen im Verlauf der Abweichungsrichtung beziehen.[1146] Dediziertere Systeme sehen noch das Auslösen situationsgerechter Alternativkalküle (What-if- und How-to-achieve-Rechnungen) und eine anschließende Interpretation der Ergebnisse vor, z.B. als Abweichungsanalyse.[1147] Erfolgt die Darstellung der Interpretations- und Diagnoseergebnisse in Textform, die sich als prägnante Darstellungsform gegenüber der herkömmlichen Kennzahlenanalyse in Tabellen als überlegen erwiesen hat, wird von Expertisesystemen gesprochen.[1148]

1140) Vgl. zur ausführlicheren Darstellung einzelner Systeme MERTENS u. BACK-HOCK (Controlling, 1992), S. 262f. und die dort angegebene Literatur. Vgl. auch die Ergebnisse der empirischen Studie von KRAEMER u. SCHEER (Problemlösung, 1991), S. 216ff. zur Einschätzung der Einsatzmöglichkeiten von Expertensystemen durch die Praxis.

1141) Vgl. zu einem Expertensystem zur Ablaufplanung MATTHES (Expertensystem, 1988).

1142) Zur ausführlichen Darstellung eines Expertensystems zum Logistikcontrolling vgl. DRÄGER (Ansätze, 1990), S. 82ff.

1143) Vgl. zu den Analogien zwischen der ärztlichen und ökonomischen Diagnose MÜLLER-MERBACH (Alarmsysteme, 1979), S. 154ff., der besonders die Orientierung des Arztes an niedrigaggregierten Daten betont.

1144) Vgl. MERTENS (Expertisesysteme, 1989), S. 835 u. 850 sowie MERTENS u. BACK-HOCK (Controlling, 1992), S. 262.

1145) Vgl. NÄGER (Jahresabschlußanalyse, 1991), S. 629.

1146) Vgl. MERTENS u. BACK-HOCK (Controlling, 1992), S. 262.

1147) Vgl. MERTENS u. BACK-HOCK (Controlling, 1992), S. 262.

1148) Vgl. zu Expertisesystemen MERTENS (Expertisesysteme, 1989) u. NÄGER (Jahresabschlußanalyse, 1991).

Wenn auch der primäre Einsatzschwerpunkt bisher geschilderter Systeme im operativen Controlling lag, waren doch auch strategisch relevante Größen (z.B. Lieferfähigkeit, -zeit und -qualität[1149]) einbezogen. Genauer gesagt dienten die Expertensysteme der operativen Umsetzung der als strategisch relevant erachteten Erfolgsfaktoren und damit der Steigerung der Wettbewerbsfähigkeit. Die folgenden ausführlicher dargestellten Systeme unterscheiden sich von den vorher beschriebenen durch die direkte Unterstützung von Aufgaben des strategischen Controllingprozesses.[1150] Eine umfassende Kritik der einzelnen Ansätze sowie der zugrunde liegenden Annahmen oder Wissensbasis ist nicht Gegenstand dieser Arbeit. Vielmehr soll lediglich ein Einblick in derzeitige Einsatzgebiete wissensbasierter Systeme im strategischen Controlling gewährt werden.

Eine erste Stufe der Expertensystemunterstützung im strategischen Controlling kann im Einsatz als intelligentes Lernprogramm gesehen werden, wobei das System der Vermittlung von Basisbegriffen und -instrumenten dient.[1151] Einen ähnlichen Zweck verfolgt der Marketing Strategy Assistant (MSA),[1152] indem der Benutzer dieses Strategiesimulationsspiels erste Erfahrungen auf diesem Gebiet sammeln soll.

Andere Systeme beziehen sich auf spezielle Strategiefragen wie die Auswahl von Exportmärkten für kleinere und mittlere Unternehmen[1153] oder die Konsistenzprüfung bei der Auswahl alternativer Neuprodukteinführungen[1154].

Ein großer Teil von Expertensystemen zur Unterstützung strategischer Aufgaben basiert auf Portfolio-Konzeptionen. Von der Vielzahl soll hier das von PLATTFAUT u.a. vorgeschlagene System STRATEX stellvertretend für diese Klasse dargestellt werden.[1155]

1149) Vgl. zur besonderen strategischen Relevanz von Qualität, Flexibilität und Schnelligkeit FISCHER (Kostenmanagement, 1993).

1150) Vgl. zur dualen Unterscheidung von Einsatzarten von Expertensystemen zur Steigerung der Wettbewerbsfähigkeit durch die Verbesserung der operativen Leistungsfähigkeit einerseits und die Unterstützung der Strategieentwicklung andererseits KÖNIG (Einsatz, 1988), S. 754. Vgl. auch die Ausführungen zu direkten und indirekten Unterstützungsbeiträgen der Informationstechnologie zum Controlling auf S. 65.

1151) Vgl. zu einem solchen System GOUL u.a. (System, 1986).

1152) Vgl. ausführlich zu MSA STENDER (Expertensysteme, 1986).

1153) Vgl. PEGUIN (COLBERT, 1986).

1154) Vgl. LEVINE u.a. (DECIDEX, 1986).

1155) Andere auf dem Portfolio-Ansatz beruhende Expertensysteme sind das speziell auf die Versicherungsbranche zugeschnittene System STRAPLAN, vgl. GABRIEL u.a. (STRAPLAN, 1990), das von KRALLMANN (Strategiefindung, 1990) für den Mittelstand entwickelte System CASA und ESP, das auch die Modellierung von Unsicherheiten mittels der Theorie unscharfer Mengen erlaubt, vgl. ZIMMERMANN (Planning, 1989) und das von MÜLLER-WUNSCH (System, 1986) vorgestellte auf der Marktattraktivitäts-Wettbewerbsstärken-Matrix basierende System. Vgl. zur ausführlichen Darstellung von STRATEX PLATTFAUT u.a. (STRATEX, 1987).

Dieses prototypische Expertensystem sieht die Kombination eines Markt- und eines Technologieportfolios zu einem vierdimensionalen Planungsmodell vor. Aus jeweils neun marktlichen und technologischen Grundstrategien ergeben sich insgesamt 81 vom System empfohlene Detailstrategien. Die Bewertung der technologischen und marktlichen Dimensionen geschieht durch sog. Fragebäume, die in übersichtlicher Form Bewertungskriterien mit jeweiliger Gewichtung aufzeigen. Die Kriterien werden mittels einer Ordinalskala (Wertebereich -5 bis 5) und Konfidenzfaktoren (Wertebereich 0 bis 100), die die Sicherheit des Urteils ausdrücken sollen, bewertet.

Der Vorteil der Realisierung eines solchen Planungsmodells als Expertensystem liegt in der zahlenmäßigen Erweiterung berücksichtigter Einflußfaktoren. Die Fragebäume, zu verstehen als intelligente Checklisten, gewährleisten die Vollständigkeit der Analyse insofern, als einmal erkannte Einflußfaktoren nicht mehr vergessen werden.

Beim praktischen Einsatz des Systems stellte sich die Möglichkeit der bedarfsgerechten Variabilität der Analysetiefe durch die direkte Kriterienbewertung auf hoher Ebene oder nahe an der Wurzel im Fragebaum heraus, ohne die differenzierteren Unterkriterien zu betrachten. Ein wesentlicher Kritikpunkt ist die im Vergleich zu üblichen Portfoliomodellen mit 81 Detailstrategien zwar schon relativ weite, aber noch nicht ausreichende Differenzierung der strategischen Empfehlungen.

Insgesamt wird der Nutzen des Systems bei der Verwendung als intelligente Checkliste zur anfänglichen Bewertung einer strategischen Geschäftseinheit durch eine Planungsabteilung oder eine andere Expertengruppe gesehen. Anschließende Analysephasen widmen sich der weiteren inhaltlichen Ausgestaltung der Strategien. Darüber hinaus wird im Vergleich zu üblichen Portfoliomethoden die Anzahl der berücksichtigten Dimensionen wesentlich vergrößert sowie anhand der verwendeten Indikatoren die Basis für die Kontrolle der getroffenen Annahmen geschaffen.

Weitere Forschungsbemühungen des STRATEX-Projekts beziehen sich auf die direkte Unterstützung einer Gruppenstruktur, um beispielsweise unterschiedliche Bewertungen oder Strategievorschläge gegenüberzustellen und zu diskutieren. Sie beziehen sich weiter auf die Berücksichtigung von Interdependenzen zwischen einzelnen strategischen Geschäftseinheiten, um konträre Aktivitäten zu vermeiden und Synergiepotentiale zu erkennen und auszunutzen.

Expertensysteme werden auch eingesetzt, um den strategischen Planungsprozeß in umfassender Weise zu unterstützen. So hilft das Strategic Planning System (SPS)[1156]

* Ziele, Aktionen und Umweltparameter zu identifizieren und zu benennen,
* das zugrunde liegende kausale Wirkungsgeflecht zu explizieren,
* negative und positive Rückkopplungsbeziehungen zu entdecken und
* Auswirkungen alternativer Strategien zu simulieren.

Im Vordergrund steht dabei die Erstellung einer gemeinsamen Kommunikations- und Diskussionsgrundlage in einer Gruppenumgebung, um schließlich zu allgemein akzeptierten Strategien zu gelangen. Im weiteren Verlauf des Projekts sollen Mechanismen

---

1156) Vgl. zur ausführlichen Darstellung FREEMAN (Approach, 1992).

zur expliziten Zeitmodellierung und zur Handhabung unsicheren Wissens entwickelt werden.

Das Expertensystem EXSTRABS lehnt sich an die von PORTER vorgeschlagene Branchenstrukturanalyse[1157] an.[1158] Jede Wettbewerbskraft der Branche läßt sich durch eine Heterarchie von nicht immer disjunkten Branchenmerkmalen bestimmen (s. Abb. 57).

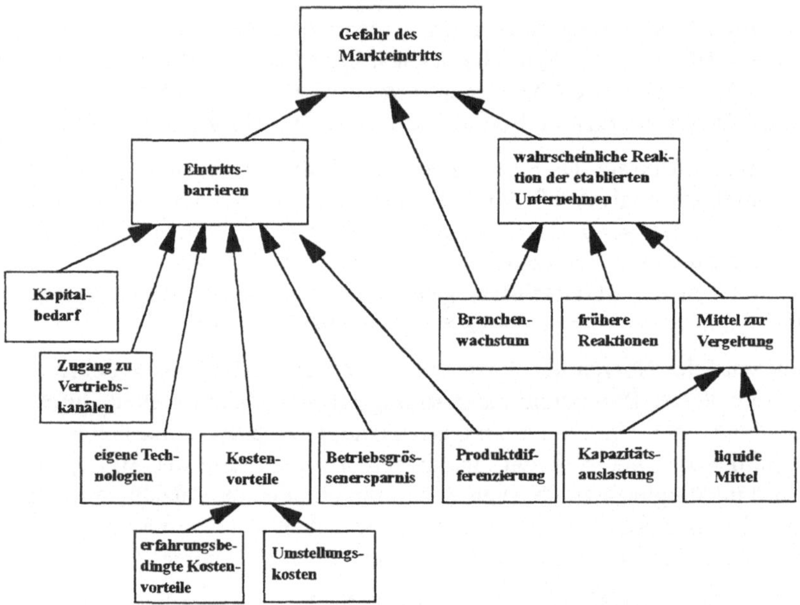

Abb. 57: Bewertungsheterarchie für die Wettbewerbskraft *Bedrohung durch neue Konkurrenten*
(Quelle: LELKE u. WERNERS (EXSTRABS, 1991), S. 320)

Für die Attribute der Branchenmerkmale sind entsprechend der PORTER'schen Konzeption nur qualitative Werte (hoch, mittel, gering) vorgesehen. Auch modellintern erfolgt keine Transformation in numerische Werte. Zwischen den Branchenmerkmalen bestehen zwei Arten funktionaler Beziehungen: Verdichtung und Wertveränderung. Jene führt zu einer verdichteten Informationsdarstellung, während diese die Neubewertung eines Branchenmerkmals auf Grund anderer Attributskombinationen veranlaßt.

1157) Vgl. dazu auch Abschnitt II.F.1.b).

1158) Vgl. zur ausführlichen Darstellung LELKE u. WERNERS (EXSTRABS, 1991). Zwei weitere Prototypen, die sich eng an die PORTER'schen Konzepte anlehnen, hier aber nicht weiter betrachtet werden sollen, sind EUROSTRAT und EUROEXPERT. Vgl. zur ausführlichen Darstellung WANDEL (Expertensysteme, 1992).

Unsicherheiten bei der Bewertung von Merkmalsausprägungen, verbalen Mehrdeutigkeiten und funktionalen Relationen werden mit Sicherheitsfaktoren, Wahrscheinlichkeiten, der Theorie unscharfer Mengen und der daraus ableitbaren linguistischen Variablen modelliert.

Ziel des Einsatzes von EXSTRABS ist die Bestimmung der fünf Wettbewerbskräfte einer Branche, entweder direkt durch Expertenbefragung oder indirekt durch Ableitung aus anderen Branchenmerkmalen. Darauf aufbauend werden durch EXSTRABS geeignete Strategievorschläge erstellt.

Ursache weiterer Forschungsbemühungen sind die noch mangelhaften Möglichkeiten zur Umsetzung der Theorie unscharfer Mengen zur Handhabung linguistischer Bewertungen.

Von der simplen Erkenntnis ausgehend, daß man für Planungen aus Vergangenem lernen kann, wurde von der Deutschen Gesellschaft für Mittelstandsberatung mbH (DGM) ein Expertensystem zur Unterstützung strategischer Beratungsprojekte (Computer Aided Consulting CAC) entwickelt.[1159] In diesem wissensbasierten System wird ein Sach- und Erfahrungswissen aus über 10.000 Beratungsprojekten, Datenbanken mit Daten von Tausenden von Produkten je Branche sowie mehr als 1.500 Erfolgsfaktoren verwaltet. Das DGM-Projekt weist insofern eine Ähnlichkeit zu den Konzepten fallbasierter Expertensysteme auf. Die instrumentelle Umsetzung erfolgte jedoch mit einer regelbasierten Shell.

Das DGM-System gliedert sich in vier Hauptmodule:

- Erhebung genereller Unternehmensdaten, Bildung strategischer Geschäftseinheiten und Zuordnung zu Branchengruppen
- Bewertung der strategischen Geschäftseinheiten im Rahmen der Markt- und Wettbewerbsanalyse, angelehnt an den Instrumenten der Portfolio-Konzeptionen und des PORTER'schen Fünf-Kräfte-Schemas
- Kosten- und Ergebnisanalyse zur Erhebung wichtiger Kostenstrukturdeterminanten und -treiber
- Beschreibung der Unternehmenskultur durch bestimmte Merkmale (z.B. Mitarbeiter-, Kundenorientierung)

Als Ergebnisse des Expertensystems stehen spezielle Bewertungen und Empfehlungen zu den oben genannten Analysebereichen zur Verfügung (z.B. Produktportfolio, Chancen, Bedrohungen, kostentreibende Faktoren, Wertschöpfungstiefe, Fit zwischen Kultur und Strategie) sowie auch generell ausgerichtete strategische Handlungsoptionen.

Der Expertensystemeinsatz in mehr als 200 Beratungsprojekten zeichnet sich durch folgende Nutzeffekte aus:

- verbesserte Zeitökonomie bei der Analyse der Ist-Situation
- Bildung und Prüfung von Hypothesen
- Simulation von Strategie-Alternativen

1159) Vgl. zur ausführlichen Darstellung v. WINDAU (Planung, 1990). Vgl. auch das Vorgängermodell CASA in v. WINDAU (CASA, 1989).

Ein weiteres vielversprechendes Einsatzfeld wissensbasierter Systeme ist der Bereich der Frühaufklärungssysteme. Expertensysteme eignen sich dabei insbesondere für die Automatisierung und Unterstützung der Auswertungsfunktion.[1160] Es besteht Einigkeit über die ausgezeichneten Einsatzmöglichkeiten wissensbasierter Systeme zur Analyse von Kennzahlen.[1161] Da viele Konzepte von Frühwarnsystemen auf Kennzahlen beruhen - ZELEWSKI bezeichnet solche als strukturkonstante[1162] - werden Expertensysteme auch dazu eingesetzt.

Die differenzierte Auswertung von Kennzahlenzeitreihen erlaubt das frühzeitige Erkennen außergewöhnlicher Entwicklungen.[1163] Zahl und Art der zu analysierenden Kennzahlen lassen sich verbessern, so daß beispielsweise wichtige Ereignisse verschleiernde Kompensationseffekte in Kennzahlensystemen offengelegt werden.[1164] Weiterhin kann die KI-Forschung innerhalb der strukturkonstanten Konzepte die primär quantitativ orientierten Methoden der Statistik um qualitative Auswertungsinstrumente der Mustererkennung ergänzen oder teilweise ersetzen.[1165] In einer ersten Phase der Datenanalyse werden große, qualitative, teilweise auch natürlichsprachige Informationssammlungen nach regelmäßigen Teilstrukturen (Mustern) untersucht.[1166] Die so ermittelten Frühindikatoren lassen sich in ihren Ausprägungen anschließend durch quantitative Variablen beschreiben und in einer zweiten Phase den quantitativ-statistischen Verfahren unterziehen.[1167] Insofern werden die Vorzüge wissensbasierter Systeme zur qualitativen und natürlichsprachigen Informationsverarbeitung mit der Effizienz der Statistik zur Auswertung quantitativer Daten verknüpft.[1168]

1160) Vgl. ZELEWSKI (Frühwarnsysteme, 1986), S. 13.

1161) Vgl. MERTENS u. BACK-HOCK (Controlling, 1992), S. 259.

1162) ZELEWSKI versteht unter strukturkonstanten Konzepten solche, die "...jeweils ein Modell der Unternehmungsumwelt unterstellen, deren Strukturen beim Identifizieren von Gefährdungsfaktoren unverändert bleiben." und unter strukturvariablen solche, die versuchen "...Gefährdungsfaktoren (in einstufiger Weise) mit Strukturbrüchen in der - modellhaft (nicht notwendigerweise quantitativ, Anm. d. Verf.) abgebildeten - Unternehmungsumwelt zu identifizieren." (Frühwarnsysteme, 1986), S. 3 u. 6. Strukturkonstante Konzepte stimmen demnach mit den kennzahlen- und indikatorenorientierten Frühwarnsystemen überein, während strukturvariable den auf dem Konzept der schwachen Signale beruhenden Frühaufklärungssystemen entsprechen. Vgl. auch Abschnitt II.F.2.b).

1163) Vgl. NÄGER (Jahresabschlußanalyse, 1991), S. 629. Ein Beispiel für ein solches System ist BETREX (**Betriebsergebnis-Expertensytem**). Das System versucht, ausgehend von einem beliebigen Objekt der Betriebsergebnisrechnung (Kunde, Gebiet, Sparte, Artikel usw.), interessante Datenkonstellationen aufzuzeigen und signifikante Abweichungen auf deren Ursachen zurückzuführen. Vgl. MERTENS u. GRIESE (Informationsverarbeitung Bd. 2, 1991) S. 191f.

1164) Vgl. MERTENS u. BACK-HOCK (Controlling, 1992), S. 269.

1165) Vgl. ZELEWSKI (Frühwarnsysteme, 1986), S. 13. Vgl. zur allgemeinen Anwendung der Mustererkennung in den Wirtschaftswissenschaften und zu den Möglichkeiten zur Informationserschließung innerhalb des Information-Retrievals MERTENS (Mustererkennung, 1977), speziell S. 794.

1166) Vgl. ZELEWSKI (Frühwarnsysteme, 1986), S. 13.

1167) Vgl. ZELEWSKI (Frühwarnsysteme, 1986), S. 14.

1168) Vgl. ZELEWSKI (Frühwarnsysteme, 1986), S. 14.

Die prinzipielle Fähigkeit wissensbasierter Systeme, natürliche Sprache zu verstehen und zu verarbeiten, bietet ebenfalls einen Ansatzpunkt zur stärkeren Rechnerunterstützung der auf schwachen Signalen basierenden strukturvariablen Frühaufklärungssysteme. Eine wichtige Voraussetzung zur Operationalisierung schwacher Signale besteht in der Gültigkeit der innerhalb der Diffusionstheorie beobachteten Verbreitungsmuster, die sich als eine Form von Diffusionsfunktionen[1169] beschreiben lassen.[1170] Weiterhin muß auch die Annahme, daß sich schwache Signale in typischen Primärquellen zuerst niederschlagen,[1171] erfüllt sein.[1172] Auf dieser Grundlage können dann Expertensysteme Primärquellen, die zumeist in Textform gehalten sind, inhaltlich auf das Vorliegen schwacher Signale hin untersuchen, die Informationsflut filtern und dadurch das Problem der beschränkten Verarbeitungskapazität menschlicher Aufgabenträger schließlich bewältigen.[1173]

Wie bereits im Zusammenhang mit Frühwarnsystemen gesehen, können Expertensysteme sehr gut zur Kennzahlenanalyse im weitesten Sinne eingesetzt werden. Als theoretische Grundlage und Anregung für die Verwendung der vielseitig auswertbaren Jahresabschlußdaten kann die Untersuchung von SCHOLZ dienen, der für die US-amerikanische Fluglinien-, Computer- und Bekleidungsbranche durch die Auswertung offenzulegender Finanzvariablen pro Branche aus einzelnen Unternehmensprofilen mehrere typische Muster von Unternehmenspositionen extrahiert und dabei auch typische Übergänge zwischen diesen Mustern in der Längsschnittanalyse feststellt.[1174] Die für einige Branchen beobachteten relativ stabilen Entwicklungsmuster könnten ebenfalls bei der Frühaufklärung eingesetzt werden. Im Rahmen einer Konkurrentenanalyse sind Muster von Unternehmensprofilen als strategische Gruppen[1175] interpretierbar. Sie geben Aufschluß über direkte und indirekte Rivalitäten.

Insgesamt sind bereits viele Expertensysteme entwickelt worden, die sich eng an rechnungswesenorientierte Kennzahlen anlehnen.[1176] Sie sind tendenziell geeignet, die engen Grenzen bisheriger Entscheidungsmodelle zur Bilanzpolitik, die zumeist nicht über 10 Einflußgrößen hinausgehen, zu überwinden und Möglichkeiten zu umfangreichen Variations- und Simulationsrechnungen für Planbilanzen zu eröffnen.[1177] Ebenso

---

1169) Vgl. Abb. 4 auf S. 25.

1170) Vgl. ZELEWSKI (Frühwarnsysteme, 1986), S. 15.

1171) Vgl. die Trendlinien "Verbreitungsmuster von Ideen in Medien" und "Vorreiter von Ideen" in Abb. 4 auf S. 25, die auf Primärquellen (z.B. bestimmte Fachzeitschriften, führende Experten) hinweisen.

1172) Vgl. ZELEWSKI (Frühwarnsysteme, 1986), S. 15f.

1173) Vgl. ZELEWSKI (Frühwarnsysteme, 1986), S. 17.

1174) Vgl. SCHOLZ (Branchenanalyse, 1985).

1175) Vgl. zum Konzept der strategischen Gruppen PORTER (Wettbewerbsstrategie, 1987), S. 177ff.

1176) Vgl. etwa die Darstellungen bei MERTENS (Expertisesysteme, 1989), JACOBS (Jahresabschlußanalyse, 1989) sowie MERTENS u. BACK-HOCK (Controlling, 1992).

1177) Vgl. ZELEWSKI (Leistungspotential, 1986), S. 712 u. NÄGER (Jahresabschlußanalyse, 1991), S. 629. Das System JASPER (JAhresabSchlußanalyse als Planungs- und EntscheidungsRechnung) kann alternative Unternehmensentwicklungen und Wertansätze in ihren bi-

könnte die Bilanzanalyse der Jahresabschlüsse von Mitwettbewerbern im Rahmen der Konkurrentenanalyse expertensystemgestützt vorgenommen werden. Ein weiteres Einsatzfeld liegt in der Unternehmensbewertung anhand öffentlich zugänglicher Jahresabschlußdaten.[1178] Dabei würden nicht nur Schwachstellen durch bloße Soll-Ist-Abweichungen aufgedeckt, sondern durch die kausal-analytische Leistungsfähigkeit auch deren Ursachen offengelegt.[1179]

Zusammenfassend können die Nutzenpotentiale von Expertensystemen im strategischen Controlling folgendermaßen charakterisiert werden:[1180]

- Ausweitung des systemseitig analysierten Datenmaterials und damit Entlastung des Controllers
- Zeitnahes Erkennen außergewöhnlicher Datenkonstellationen (Chancen und Risiken)
- Erkennen von Zusammenhängen
- Nachvollziehbarkeit und Verbesserung von Entscheidungen
- Weitgehende Berücksichtigung aller plausiblen Alternativen
- Effiziente Einschränkung von Suchräumen

Da deduktive Datenbanksysteme definitionsgemäß Expertensystemfunktionen erfüllen, lassen sich die oben geschilderten Anwendungsbereiche wissensbasierter Systeme auf deduktive Datenbanksysteme übertragen. Deduktive Datenbanksysteme weisen aber noch weitere Funktionen auf, so daß das bisher beschriebene Einsatzfeld noch nicht das gesamte Potential aufzeigt. Im folgenden soll versucht werden, anhand der problemorientierten Kriterien zum Expertensystemeinsatz[1181] die erweiterten Möglichkeiten deduktiver Datenbanksysteme auszuleuchten. Mit Blick auf die besonderen Eigenschaften deduktiver Datenbanksysteme[1182] sind folgende Kriterien näher zu betrachten:

- Fülle der zu berücksichtigenden Daten und Gefahr des Ausblendens wichtiger Sachverhalte bei Datenaggregation
- Klare Formulierung der zur Problemlösung benötigten Ausgangsdaten

Das erste Kriterium besagt, daß sich Expertensysteme auch für solche Anwendungen eignen, bei denen eine Menge von Daten zu berücksichtigen ist und die Gefahr des Ausblendens wichtiger Sachverhalte durch Datenaggregation besteht. Der Datenfülle sind jedoch Grenzen gesetzt.. So berichten MERTENS u. BACK-HOCK von unzumutbaren Laufzeiten im Stundenbereich beim Praxistest mit Massendaten des Proto-

---

lanziellen Auswirkungen abbilden. Vgl. dazu ausführlich JACOBS (Jahresabschlußanalyse, 1989).

1178) Vgl. ZELEWSKI (Leistungspotential, 1986), S. 712ff.

1179) Vgl. ZELEWSKI (Leistungspotential, 1986), S. 713. Diese Funktionalität wird auch von RIEGER als eine Anforderung für ein Executive Information System aufgestellt.

1180) Vgl. PLATTFAUT u.a. (STRATEX, 1987), S. 77, KÖNIG (Einsatz, 1988), S. 760, KRAEMER u. SPANG (Soll-Ist-Kostenvergleich, 1989), S. 78, MERTENS (Expertisesysteme, 1989), S. 835 sowie KRAEMER u. SCHEER (Problemlösung, 1991), S. 222.

1181) Vgl. S. 246.

1182) Vgl. S. 180.

typs CONTREX, der das Ergebnis- und Kostenstellen-Controlling unterstützen soll.[1183] Die Autoren sehen deswegen auch die Notwendigkeit zur Abstimmung von Expertensystemen und Datenstrukturen hinsichtlich einer optimalen Performance.[1184] Allgemein wird dann auch eine Datenbankunterstützung für solche Expertensystemanwendungen explizit gefordert.[1185] Wegen der bekannten Nachteile einer bloßen Kopplung von Datenbank- und Expertensystem[1186] bieten sich in diesen Fällen deduktive Datenbanksysteme an mit einem integrierten Unterstützungspotential zur effizienten und intelligenten Verarbeitung großer Datenbestände. Der wichtige Nutzeffekt des Expertensystemeinsatzes, von der Durchsicht großer Datenmengen zu entlasten,[1187] läßt sich somit durch deduktive Datenbanksysteme noch vergrößern.

Das Kriterium der klaren Formulierung der zur Problemlösung benötigten Ausgangsdaten schränkt die Einsatzmöglichkeiten von Expertensystemen ein. In deduktiven Datenbanksystemen wird diese Forderung relaxiert, da das System einen ad-hoc auftretenden Informationsbedarf durch einen direkten Datenzugang eigenständig befriedigen kann. Dieser Sachverhalt ist deswegen von besonderer Bedeutung, da der strategische Informationsbedarf nur sehr schwierig festlegbar und vorhersehbar ist.

Der allgemeine Anwendungsbereich deduktiver Datenbanksysteme ist nicht nur auf eine effiziente Auswertung umfangreicher Datenbestände beschränkt, sondern bietet auch die Möglichkeit zur komfortablen Formulierung rekursiver und spezieller Ad-hoc-Abfragen. Beide Aspekte sind für das strategische Controlling von besonderer Bedeutung; denn die Menge zu berücksichtigender Informationen steigt weiterhin an. Einerseits erhöht sich das interne Datenangebot durch den Ausbau operativer Administrations- und Dispositionssysteme sowie der Betriebsdatenerfassung im Rahmen der CIM-Einführung,[1188] andererseits erweitert sich das Informationsangebot mit der ständig steigenden Anzahl externer Datenbanken. Das zunehmende Aufkommen interner und externer Daten führt zum Problem der Auswahl relevanter Informationen und des Erkennens wichtiger Zusammenhänge aus der Flut der Daten.[1189] Hierbei können deduktive Datenbanksysteme ein wichtiges Hilfsmittel sein. Als Beispiel seien hier noch einmal die für die Konsumgüterindustrie überaus wichtigen Scannerkassendaten aufgegriffen. HANNSMANN u. MEYERSIEK[1190] berichten von einem Fall, in dem Daten über 85.000 Einzelhandelsgeschäfte vorlagen. Die Daten können anhand von Beschreibungsmerkmalen (z.B. Verkaufsfläche, jährliche Kundenzahl, Jahresumsatz) in der Marken- und Regalflächenpolitik als Grundlage für die Bildung von

---

1183) Vgl. MERTENS u. BACK-HOCK (Controlling, 1992), S. 269.

1184) Vgl. MERTENS u. BACK-HOCK (Controlling, 1992), S. 269.

1185) Vgl. MERTENS (Expertisesysteme, 1989), S. 840, KRAEMER u. SPANG (Soll-Ist-Kostenvergleich, 1989), S. 83 sowie STAHLKNECHT (Wirtschaftsinformatik, 1991), S. 391.

1186) Vgl. S. 174.

1187) Vgl. S. 249.

1188) Vgl. KRAEMER u. SPANG (Soll-Ist-Kostenvergleich, 1989), S. 79, KRAEMER u. SCHEER (Problemlösung, 1991), S. 214f. sowie MERTENS u. BACK-HOCK (Controlling, 1992), S. 258.

1189) Vgl. MERTENS u. BACK-HOCK (Controlling, 1992), S. 258.

1190) Vgl. HANNSSMANN u. MEYERSIEK (EDV-Einsatz, 1988), S. 729.

Marktsegmenten genutzt werden - einer wichtigen Voraussetzung zur Entwicklung innovativer Strategien.[1191]

Die Notwendigkeit, rekursive Abfragen formulieren zu können, wurde bereits am Beispiel der Stücklistenauflösung im Rahmen der Fertigungsplanung aufgezeigt.[1192] Im strategischen Kontext finden sich ähnliche Strukturen bei der Auflösung von Beteiligungsverhältnissen im Rahmen der Konkurrentenanalyse, z.B. durch die Abfrage "Welche Unternehmungen sind an der Firma X unmittelbar und mittelbar beteiligt?". Während rekursive Abfragemöglichkeiten speziell für die Auflösung oder Aufbereitung hierarchischer Informationsstrukturen vorgesehen sind, eignen sich Ad-hoc-Abfragen im allgemeinen trotz der mangelnden Vorherbestimmbarkeit und Planbarkeit des strategischen Informationsbedarfs besonders für eine informationelle Unterstützung des strategischen Controllings. Die Einrichtung von Möglichkeiten zu komfortablen Ad-hoc-Abfragen kann als weitere Maßnahme zur Schaffung größerer Flexibilität in Analogie zu flexiblen Organisations- und Fertigungsstrukturen verstanden werden, die ebenfalls aus einer mangelnden Planbarkeit resultieren, bedingt durch das dynamischere Umsystem der Unternehmung.[1193]

Der Einsatz deduktiver Datenbanksysteme als wissenschaftliche Datenbanken eröffnet eine interessante Perspektive für das PIMS-Projekt. Dieses hat sich die Erforschung von Quasi-Gesetzmäßigkeiten im strategischen Bereich durch statistische Auswertungen ausgewählter, auf strategische Geschäftseinheiten bezogener Daten der Mitgliedsunternehmen (weltweit ca. 3000) zur Aufgabe gemacht.[1194] Die bisherigen Untersuchungen beschränken sich auf die multiple Regressionsanalyse. Über expertensystemgestützte Hypothesenüberprüfungen wurde bisher in der Literatur nicht berichtet.

Ein dem PIMS-Projekt konzeptionell sehr ähnliches Einsatzgebiet deduktiver Datenbanksysteme, das unter Praktikabilitätsaspekten aber auch für eine einzelne Unternehmung durchführbar scheint, findet sich in der von SCHOLZ vorgenommenen Branchenanalyse.[1195] Die darin verwendete statistische Methodik ist eine extreme Komplexitätsreduktion, bei der im Gegensatz zu Datenaggregationen (z.B. Korrelationsrechnungen - wie in PIMS - und Mittelwertbestimmungen, bei denen der Umfang der zu berücksichtigenden Daten eine untergeordnete Rolle spielt) die Identitäten der einzelnen Unternehmungen mit den dazugehörenden Daten bestehen bleiben.[1196] Deduktive Datenbanksysteme ermöglichen die Auswertungsflexibilität einerseits und die Verfügbarkeit der Einzeldaten auch bei großen Datenbeständen andererseits.

Die Forderung an Expertensysteme, Abweichungen und außergewöhnliche Datenkonstellationen aus großen Informationsbeständen möglichst frühzeitig zu erkennen,[1197]

1191) Vgl. HANNSSMANN u. MEYERSIEK (EDV-Einsatz, 1988), S. 729.

1192) Vgl. S. 179.

1193) Vgl. zur Bedeutungsverschiebung der Managementinstrumente und zum Aufbau von Flexibilitätspotentialen S. 8.

1194) Vgl. zu PIMS auch Abschnitt II.D.

1195) Vgl. SCHOLZ (Branchenanalyse, 1985) u. die Ausführungen auf S. 255.

1196) Vgl. SCHOLZ (Branchenanalyse, 1985), S. 136.

1197) Vgl. KRAEMER u. SPANG (Soll-Ist-Kostenvergleich, 1989), S. 84.

führt zum Gedanken der Kombination deduktiver Datenbanksysteme zur dedizierten Auswertung großer und qualitativer Datenbestände mit aktiven Datenbanksystemen, die regelmäßig wiederkehrende oder auf Grund bestimmter Ereignisse ausgelöste Datenanalysen automatisieren.[1198] So könnten beispielsweise die in externen Datenbanken verfügbaren Jahresabschlüsse von Konkurrenten durch aktive Regeln abgefragt und anschließend durch deduktive Komponenten ausgewertet werden. Darüber hinaus können auch weitere Folgeaktionen wie What-if- und How-to-achieve-Rechnungen ausgelöst werden.

Die erwähnten großen Datenbestände (z.B. Zeitreihen von Kennzahlen, Scannerkassen- und Börsendaten) beziehen sich in der Regel auf unterschiedliche Zeitpunkte oder -räume. Die Verwaltung umfangreicher Vergangenheitsdaten ist Voraussetzung für die Entwicklung fallbasierter, intelligenter Systeme. Elemente zeitbezogener Datenbanksysteme vereinfachen die Verwaltung und Verarbeitung (z.B. zeitliche Aggregationen und Transformationen) zeitlich orientierter Datenwerte.

Die den deduktiven Datenbanksystemen zuzuweisenden Nutzenpotentiale umfassen neben denen der Expertensysteme (s. S. 256) speziell noch die folgenden:

- Hypothesenprüfung anhand großer Datenbestände zur Strategieentwicklung
- Mustererkennung in großen Datenbestände zur Frühwarnung
- Verbesserung der Ad-hoc-Auswertung durch rekursive Abfragen

d) Terminologische Datenbanksysteme

Betriebliche Informationen werden oft in Textform gehalten. Die folgenden Tendenzen sprechen für eine weitere Zunahme dieser Informationsform:

- Zunahme der Produktdokumentation[1199]
  Hochkomplexe Produkte bedürfen einer umfassenden Dokumentation. Hierzu wird das produktspezifische Know-how vieler Stellen des Unternehmens benötigt.
- Wachsende Kundenorientierung erfordert ein Kundeninformationssystem[1200]
  Das systematische Sammeln und Auswerten kundenbezogener Informationen dient einer verbesserten, kundenspezifischen Angebotspolitik.

1198) Vgl. zu aktiven Frühwarnsystemen auch Abschnitt VI.A.2.c)(1) und zum speziellen Einsatz intelligenter Textauswertungssysteme in diesem Zusammenhang ZELEWSKI (Frühwarnsysteme, 1986), S. 22ff.

1199) Laut einer Erklärung auf der Pressekonferenz der Gesellschaft für Terminologie und Wissenstechnik vom 14.7.87 schätzt der Verband der chemischen Industrie, daß in Deutschland pro Antrag auf Arzneimittelzulassung ca. 200.000 Seiten Testberichte u.ä. erforderlich sind. In der chemischen Industrie gab es 1989 ca. 8 Mio. Substanzen, deren Anzahl sich jährlich um 250.000 neue Verbindungen erhöht. Die Entwicklung eines neuen Telefonvermittlungssystems bei der Siemens AG wurde von der Erstellung von 70.000 Seiten Dokumentationsunterlagen und der Schaffung mehrerer Tausend neuer Begriffe begleitet. Vgl. CZAP (Informationsmanagement, 1989), S. 202f. und die dort zitierte Literatur.

1200) Vgl. CZAP (Informationsspeicherung, 1989), S. 254f.

- Produkt- und Produktionsindividualisierung bei kürzeren Produktlebenszyklen[1201]
Computergestützte, flexible Fertigungssysteme (CIM) ermöglichen auftragsbezogene, kundenspezifische Kleinserien- und Einzelfertigung.
- Zunehmende Nutzung externer Volltextdatenbanken[1202]
Viele externe Datenbanken enthalten unstrukturierte Textinformationen.[1203]

Zur Eruierung möglicher Einsatzbereiche terminologischer Datenbanksysteme im strategischen Controlling sollen zunächst Terminologielehre, konzeptionelle Basis terminologischer Datenbanksysteme, und begriffliche Charakteristika des strategischen Controllings gegenübergestellt werden. Hierzu sind einige der bereits aufgezeigten Thesen zur Begriffsbildung[1204] vor dem Hintergrund der im strategischen Controlling zu verwendenden Begriffe zu diskutieren. Für diese Betrachtung bietet sich eine Zweiteilung der diesbezüglichen Begriffe an. Im engeren Sinne (direkte Controllingbegriffe[1205]) sind fachbezogene Termini gemeint, die sich auf Grund von Theorien und Instrumenten des strategischen Controllings gebildet haben (strategische Geschäftseinheit, Erfolgspotential, Kostenführerschaft, schwache Signale u.ä.). Im weiteren Sinne (indirekte Controllingbegriffe) sind darunter alle Begriffe zu verstehen, die Gegenstand strategischer Betrachtungen werden können, indem sie die allgemeinen Begriffe im engeren Sinne situationsabhängig mit Inhalt füllen (z.B. Kostenführerschaft durch funktionsreduziertes Produkt X, Ökologieorientierung als Erfolgsfaktor, konkretes, schwaches Signal, das auf Tendenz X hinweist). Die folgende Betrachtung bezieht sich zunächst auf die direkten Begriffe.

- Begriffe haben Individualitätscharakter
Der Individualitätscharakter von Begriffen, bedingt durch persönliche und kontextbezogene Erfahrung, gilt ganz besonders im strategischen Controlling, wird doch oft betont, daß jeder Manager strategische Handlungen anhand seines eigenen Unternehmens- oder Umweltmodells bewertet.

- Begriffsbildung erfolgt zu Kommunikationszwecken
Die terminologisch unpräzise Basis von Begriffen (z.B. Erfolgspotentiale, Erfolgsfaktoren[1206]) des strategischen Controllings führt häufig zu Mißverständnissen und Kommunikationsschwierigkeiten, die in Extremfällen falsche Strategien auslösen können.

- Die Zweckorientierung von Begriffen begünstigt Standardisierungen
Die durch den Kommunikationszweck der Begriffsbildung erforderliche Standardisierung von Begriffen ist durch die theoretische und instrumentelle Basis auch für Begriffe des strategischen Controllings möglich.

1201) Vgl. CZAP (Informationsmanagement, 1989), S. 203f. u. CZAP (Informationsspeicherung, 1989), S. 253f.
1202) Vgl. MERTENS u. GRIESE (Informationsverarbeitung Bd. 2, 1991), S. 14.
1203) Vgl. dazu Abschnitt V.B.
1204) Vgl. S. 184.
1205) Auf den Zusatz "strategisch" wird verzichtet.
1206) Vgl. zu den Versuchen einer inhaltlichen Konkretisierung Abschnitt II.D.

- Die Standardisierung von Begriffen nimmt deren Dynamik
  Die Dynamik strategischer Begriffe spiegelt sich wider im Wandel der einschlägigen Theorien und Instrumente. Standardisierungen dürfen der instrumentellen Weiterentwicklung nicht im Wege stehen.

- Begriffe haben eine unterschiedliche Stabilität
  Theorien und Instrumente sowie die damit verbundenen Begriffssysteme werden unterschiedlich schnell weiterentwickelt, modifiziert oder verworfen.

Als Fachsprache sind die direkten Begriffe des strategischen Controllings für eine Verwaltung in terminologischen Datenbanksystemen besonders gut geeignet. Zu beachten bleibt allerdings die Begriffsdynamik, die hier zunächst nur durch den Wandel von Theorien und Instrumenten charakterisiert werden kann. Eine konkrete Einsatzentscheidung wird auch sicherlich davon abhängen, wieviel Flexibilität das System im Hinblick auf sich wandelnde Begriffssysteme bietet. Da terminologische Datenbanksysteme in der beschriebenen Form bisher noch nicht EDV-technisch realisiert wurden, bliebe eine solche Bewertung ohne empirische Grundlage sehr spekulativ. Sie soll deswegen hier unterbleiben. Es soll jedoch darauf hingewiesen werden, daß im Rahmen einer empirischen Untersuchung zum Einsatz von EIS, die "Bildung einheitlicher Begriffe" als zweitwichtigstes Nutzenpotential von insgesamt acht eingestuft wurde.[1207] Daraus läßt sich schließen, daß eine uneinheitliche Begriffsauffassung der Beteiligten als Problem angesehen wird und für terminologische Datenbanksysteme ein beachtliches Nutzenpotential besteht.

Bezüglich der indirekten Controllingbegriffe ist festzustellen, daß diese nicht in einen engen fachsprachlichen Rahmen passen. Vielmehr sind die Phänomene des intern und extern strategisch relevanten Analysefeldes in sozio-ökonomischen, technologischen und politischen Realitätsausschnitten zu finden. Eine Unterstützung durch auf Fachsprachen beschränkte Systeme würde deshalb skeptisch zu beurteilen sein.

Trotz dieser eher pessimistischen Beurteilung der generellen Einsatzmöglichkeiten terminologischer Datenbanksysteme sollen im folgenden mögliche Ansatzpunkte einer inhaltsorientierten Textverarbeitung aus zwei Gründen tiefer analysiert werden. Zum einen verspricht der hohe Anteil textorientierter, strategischer Informationen[1208] ein dementsprechend bedeutsames Potential zum anderen weisen - wie später noch zu zeigen sein wird - die schon erfolgreich eingesetzten Expertensysteme zur Textauswertung und -verdichtung ermutigende Ergebnisse auf.

Konkrete Anwendungsbeispiele belegen die Relevanz von Textinformationen in verschiedenen Einsatzbereichen des strategischen Controllings. HANSSMANN u. MEYERSIEK fordern wegen der häufig unstrukturierten oder textuellen Form strategischer Informationen generell Raum für freie Texte bei der technischen Realisierung der EDV-Unterstützung vorzusehen, um anhand von Veröffentlichungen, Kunden- und Lieferantengesprächen, Seminaren sowie Messebesuchen ein besseres Verständnis der funktions- und unternehmensbezogenen Erfolgsfaktoren entwickeln zu

---

1207) Vgl. SEIBT u.a. (EIS, 1994), S. 22.
1208) Vgl. Abschnitt III.B.

können.[1209] Ebenso messen KIRSCH u. TRUX einem Dokumentations- und Retrievalsystem zur Verwaltung von Dokumenten unterschiedlichster Art (Pressemeldungen, wissenschaftliche Aufsätze, Gesprächsnotizen usw.), in denen sich zunächst schwache Signale niederschlagen, eine besondere Bedeutung bei.[1210] In den von KRYSTEK u. MÜLLER-STEWENS sowie LINK vorgeschlagenen datenbankgestützten Frühwarnsystemen sind Textfelder zur Erfassung und Auswertung schwacher Signale vorgesehen.[1211] RIEGER sowie MERTENS u. GRIESE schlagen als Basis für ein EIS eine Dokumentenbibliothek vor, die bereits formatierte Berichte aus beliebigen Quellsystemen für Briefing Book-Anwendungen enthält.[1212] Eine spezielle Umsetzung des textorientierten Information Retrievals im Rahmen eines strategischen Kontextes verfolgen MATSCHKE u.a., indem sie den Aufbau einer Know-how-Datenbank verfolgen, die u.a. die Eingabe von Text zur verbalen Beschreibung technischer Lösungen mit deren Vor- und Nachteilen erlaubt.[1213] Diese Datenbank kann als informationelle Basis dienen zur strategischen Produktprogrammplanung, technologischen Stärken- und Schwächenbestimmung sowie Festlegung des Forschungs- und Entwicklungsprogramms.[1214]

Nach diesen Ausführungen über generelle Einsatzmöglichkeiten auf Grund begriffstheoretischer Betrachtungen und dem Aufzeigen erster Ansätze der Textrelevanz bei der Informationstechnologieunterstützung des strategischen Controllings sollen nun konkrete Nutzeffekten beim Einsatz terminologischer Datenbanksysteme vorgestellt und kasuistisch verdeutlicht werden.

Terminologische Datenbanksysteme führen wegen der ihnen zugrunde liegenden einheitlichen begrifflichen Basis und der Möglichkeit zur inhaltsorientierten Textauswertung zu einer Verbesserung der unternehmensinternen Kommunikation. Die Verbesserung läßt sich analytisch auf eine horizontale und eine vertikale Dimension zurückführen. Auf der horizontalen wird z.B. die Zusammenarbeit zwischen Vertriebs-, sowie Forschungs- und Entwicklungsabteilung verbessert, auf der vertikalen werden Informationen aus den unteren Hierarchieebenen auch für Aufgaben des strategischen Controllings nutzbar gemacht. Der dadurch gestiegene Informationsbestand erhöht auch die zeitliche Effizienz des Reaktionsvermögens einer Unternehmung.

Der Effekt einer verbesserten unternehmensinternen Kommunikation soll nun durch einige ausgewählte Einsatzgebiete terminologischer Datenbanksysteme verdeutlicht

---

1209) Vgl. HANSSMANN u. MEYERSIEK (EDV-Einsatz, 1988), S. 733.

1210) Vgl. KIRSCH u. TRUX (Frühaufklärung, 1979), S. 66. Dort werden allerdings noch nicht die Möglichkeiten heutiger Technologien berücksichtigt.

1211) Vgl. MÜLLER (STAR, 1985), KRYSTEK u. MÜLLER-STEWENS (Frühaufklärung, 1990) sowie LINK (Früherkennungssystem, 1991). Vgl. dazu auch S. 229ff. und die Abb. 54 in dieser Arbeit.

1212) Vgl. RIEGER (EIS, 1990), S. 193 sowie MERTENS u. GRIESE (Informationsverarbeitung Bd. 2, 1991) S. 44.

1213) Vgl. MATSCHKE u.a. (Know-how-Datenbank, 1984), S. 474f.

1214) Vgl. MATSCHKE u.a. (Know-how-Datenbank, 1984), S. 478.

werden, die sowohl einen indirekten als auch einen direkten Beitrag[1215] zum strategischen Controlling aufweisen können.

Der Einsatz terminologischer Datenbanksysteme zur Produktdokumentation kann dazu beitragen, bei der Einführung neuer Produkte oder bei deren Änderung einen zeitlichen Vorteil gegenüber der Konkurrenz zu erlangen.[1216] Die Einrichtung eines textauswertenden Kundeninformationssystems kann über den allgemeinen Erfolgsfaktor der Kundenorientierung einen indirekten Beitrag leisten. Darüber hinaus kann dieses Informationssystem direkt zur Marktsegmentierung und über die Auswertung der Gründe für die Kaufentscheidungen zur Ermittlung von Erfolgsfaktoren beitragen.

Entsprechend einem Kundeninformationssystem werden im strategischen Controlling auch ein Lieferanten- und ein Konkurrenteninformationssystem von Interesse sein; denn ebenso wie Kundeninformationen sind Lieferanten- und Konkurrentendaten in einer Kombination strukturierter und unstrukturierter Form zu erfassen und zu verwalten.

Der Einsatz terminologischer Datenbanksysteme würde sich auf Grund der fachsprachlichen Orientierung auch für die Realisierung einer Know-how-Datenbank anbieten. Dadurch könnten die Schwächen des von MATSCHKE u.a. dargestellten Systems,[1217] das mit Suchbegriffen arbeitet und damit die Unzulänglichkeiten klassischer Dokumentenverwaltungssysteme aufweist, überwunden werden.

Auch das STAR-System eignet sich für eine Unterstützung durch terminologische Datenbanksysteme. Die Klassifizierung oder das Retrieval von Trend-Meldungen erfolgt in diesem System über eine Matrix mit den Dimensionen Mikro- und Makro-Umfeld, womit eine thematische Zuordnung zu den einzelnen Matrixfeldern möglich ist.[1218] Die Auswertung der Trendmeldungen (z.B. Häufungen) erfolgt dann nur noch über die Betrachtung einzelner Matrixfelder. Diese Vorgehensweise erinnert an die starre Klassifizierung durch Suchbegriffe in Dokumentenverwaltungssystemen. Dagegen könnten terminologische Datenbanksysteme über Begriffsverknüpfungen auch inhaltliche Bezüge zwischen den Trend-Meldungen verschiedener Matrixfelder aufdecken.

Die interne Kommunikation gestaltet sich in international operierenden Unternehmen als besonders problematisch, weil dort neben großen räumlichen Distanzen Sprachbarrieren zu überwinden sind.[1219] Der Einsatz terminologischer Datenbanksysteme, deren Ursprung in Systemen zur Unterstützung von Übersetzertätigkeiten liegt, ge-

---

1215) Vgl. zur Unterscheidung von direkten und indirekten Beiträgen zum strategischen Controlling s. S. 65

1216) Vgl. zur Problematik der betrieblichen Dokumentation und zu den diesbezüglichen Einsatzmöglichkeiten terminologischer Datenbanken CZAP (Informationsmanagement, 1989).

1217) Vgl. MATSCHKE u.a. (Know-how-Datenbank, 1984), S. 472ff.

1218) Vgl. MÜLLER (STAR, 1985), S. 380ff sowie KRYSTEK u. MÜLLER-STEWENS (Frühaufklärung, 1990), S 353.

1219) Vgl. MATSCHKE u.a. (Know-how-Datenbank, 1984), S. 471. ZELEWSKI (Leistungspotential, 1986), S. 708f. belegt den beachtlichen Bedarf multinationaler Unternehmen an automatischen Textübersetzungen anhand der analogen Problematik der Europäischen Union, die zur Entwicklung eines Expertensystems zur Unterstützung der Übersetzungstätigkeit geführt hat.

währleistet eine schnellere Informations- und Know-how-Verfügbarkeit über verschiedene Sprachräume hinweg. Im Rahmen der Produktdokumentation führt dies wiederum zu einem zeitlichen Vorsprung.[1220] Die Verbesserung der sprachraumübergreifenden Kommunikation gewinnt insbesondere vor dem Hintergrund der Globalisierung und Internationalisierung des Wettbewerbs beträchtlich an Bedeutung.

Ein erheblicher Teil von Textinformationen, die für das strategische Controlling relevant sind, stammt aus unternehmensexternen Quellen. Hierzu gehören beispielsweise Fachzeitschriften und Fachberichte, Tagespresse und Geschäftsberichte. Liegen derartige Informationen noch nicht in maschinenlesbarer Form vor, müssen sie eingescannt[1221] werden. Im folgenden wird jedoch davon ausgegangen, daß die erwähnten Informationen auch über externe Datenbanken[1222] zugänglich sind. Externe Datenbanken bieten durch die Versorgung mit Informationen in maschinell lesbarer Form eine wichtige Voraussetzung für die Bewältigung der Informationsflut. Terminologische Datenbanksysteme bieten dabei eine verbesserte Auswertungseffizienz, weil sie eine weitergehende, d.h. inhaltsorientierte Textanalyse im Vergleich zu Systemen vornehmen, die im Sinne klassischer Dokumentenverwaltungssysteme lediglich syntaktische Übereinstimmungen von Suchbegriffen mit zu untersuchendem Text feststellen. Bei der Darstellung textverdichtender Expertensysteme, die automatisch umfangreiche Texte benutzerorientiert zusammenstellen, berichtet ZELEWSKI von dem System FRUMP (**F**ast **R**eading **U**nderstanding and **M**emory **P**rogram), das Nachrichtenmeldungen aus der online angeschlossenen Nachrichtenagentur UPI (United Press International) zusammenfaßt.[1223] Ein anderes Expertensystem wertet Nachrichtentexte über den Weizenhandel inhaltlich aus.[1224] MERTENS berichtet von einem wissensbasierten System, das Zahlungsanweisungen aus unformatierten Telexmeldungen interpretiert und in das gewünschte interne Format überträgt.[1225] KRYSTEK spricht direkt Einsatzmöglichkeiten textverarbeitender Expertensysteme für strategische Frühaufklärungssysteme an, indem er darauf hinweist, daß diese Expertensysteme fähig sind, "... bestimmte Begriffe und deren semantisch relevanten Derivative zu erkennen und sie auf der Basis einer gespeicherten Datenbank sinnvoll und logisch kombinativ zu reproduzieren."[1226] Auf die enge Beziehung zwischen Künstlicher Intelligenz und terminologischen Datenbanksystemen wurde bereits hingewiesen.[1227] Auch hier zeigt sich, daß die von KRYSTEK erwähnte und explizit den Expertensystemen zugewiesene Funktionalität genau dem Anliegen terminologischer Datenbanksysteme entspricht. Insofern lassen sich diese im Rahmen der Früherkennung einsetzen. Der Anwendungs-

---

1220) Vgl. CZAP (Ansätze, 1988), S. 213.

1221) Vgl. zur Darstellung der Scannertechnologie STAHLKNECHT (Wirtschaftsinformatik, 1991), S. 49ff. u. HANSEN (Wirtschaftsinformatik, 1992), S. 270ff.

1222) Zu externen Datenbanken und deren zunehmender Bedeutung vgl. Abschnitt V.B.

1223) Vgl. ZELEWSKI (Leistungspotential, 1986), S. 702.

1224) Vgl. ZELEWSKI (Leistungspotential, 1986), S. 702 in FN 5.

1225) Vgl. MERTENS (Bestandsaufnahme, 1990), S. 35.

1226) KRYSTEK (Frühaufklärung, 1990), S. 75.

1227) Vgl. S. 191

schwerpunkt liegt dabei auf der Teilaufgabe des Monitoring[1228], d.h. der weiteren Kontrolle erkannter schwacher Signale bezüglich ihrer Entwicklung zu starken Signalen oder sich durchsetzenden Tendenzen. Mit Hilfe der Funktionalität aktiver Datenbanksysteme könnte auf außergewöhnliche Situationen hingewiesen werden. Zur Kontrolle der Unternehmensumwelt sollten auch externe Datenbanken wie Patentdatenbanken zur Technologiefrüherkennung durch terminologische Datenbanksysteme überwacht werden. Die beschränkte Lesekapazität menschlicher Aufgabenträger, die nur die Kontrolle einiger weniger Quellen umfassen kann[1229], würde dadurch überwunden.

Abschließend können für terminologische Datenbanksysteme zwei Nutzenpotentiale festgehalten werden:

- Verbesserung der unternehmensinternen Kommunikation durch einheitliches Begriffssystem des strategischen Controllings
- Gesteigerte Auswertungseffizienz externer Textinformationen zur Frühwarnung

e) Unscharfe Datenbanksysteme

Nur selten kann ein Unternehmen bei Entscheidungssituationen von einer vollkommenen Informationsgrundlage ausgehen, vielmehr müssen Handlungen überwiegend auf der Basis inexakter Informationen[1230] ausgewählt und begründet werden. Derartige Entscheidungen bleiben z.Z. noch weitestgehend dem Menschen vorbehalten, dessen Denkvorgang sich im Gegensatz zu automatisierten Informationsverarbeitungsprozessen durch die Fähigkeit auszeichnet, auch inexakte Informationen berücksichtigen zu können.

Die Eignung unscharfer Mengen für Anwendungsbereiche, die sich durch einen hohen Anteil unbestimmter, vorwiegend qualitativ meßbarer und verbaler Daten auszeichnen,[1231] läßt vermuten, unscharfe Datenbanksysteme könnten ein wichtiger Baustein einer strategischen Informationsbasis sein. Die allgemeinen Ausführungen zu den Charakteristika strategischer Informationen belegen, daß gerade im strategischen Controlling vage, qualitative und verbale Daten zu verarbeiten sind.[1232] Deswegen werden für Top-Management-Informationssysteme explizit auch solche Verbesserungen der Informationsauswertungsinstrumente gefordert, die unscharfe Informationen maschinell verarbeitbar machen.[1233]

1228) Vgl. zum Monitoring S. 24

1229) Vgl. MÜLLER (STAR, 1985), S. 380.

1230) Vgl. zur Problematik der unvollkommenen Information das Informationsaxiom auf S. 6 und Abschnitt III.B.

1231) Vgl. S. 43

1232) Vgl. Abschnitt III.B. und auch das Informationsaxiom auf S. 6.

1233) Vgl. POHLE (Analyse, 1990), S. 16 sowie HANSSMANN u. MEYERSIEK (EDV-Einsatz, 1988), S. 738.

Ein weiterer Hinweis auf die Relevanz unscharfer Datenbanksysteme sind Erwähnungen der folgenden potentiellen Anwendungen, die einen direkten Bezug[1234] zum strategischen Controlling haben, in der Literatur:[1235]

- konkurrentenbezogener Produktlinienvergleich
- Entscheidungsunterstützungssysteme und "What-if-Analysen"
- Erkennen von Markttrends.

BUCKLES u. PETRY berichten über den Einsatz eines unscharfen Datenbanksystems zur Unterstützung von Regierungsstellen bei energiepolitischen Entscheidungen.[1236] Als Entscheidungsgrundlage dient der Grad der Meinungsübereinstimmung oder -differenz von Ökologen und Ökonomen bezüglich der Auswirkungen energiepolitischer Maßnahmen. Die Meinungsumfrage geschieht über Fragebogen, in denen einzelne Maßnahmen in ihren Auswirkungen auf Umwelt und Ökonomie bewertet werden. Dabei verwendet man qualitativ-verbale Ausdrücke wie "minimal", "limited", "severe", "irreversible" für Effekte auf die Ökologie und "negligible", "reasonable", "expensive", "prohibitive" zur Bewertung ökonomischer Konsequenzen. Beide Bewertungsskalen sind jeweils in ihren Übereinstimmungsgraden zwischen den einzelnen Ausdrücken durch Similaritätsrelationen[1237] erfaßt. Mit diesen Ausgangsdaten können nun Abfragen nach Übereinstimmungsgraden der Experten bezüglich der einzelnen Maßnahmen vorgenommen werden. Ein ähnliches Verfahren gibt es im betrieblichen strategischen Controlling, weil auch hier verschiedene Experten zu Auswirkungen strategischer Maßnahmen befragt werden. Insbesondere vor dem Hintergrund verschiedener Interessen der Steuerungsinstitutionen oder Anspruchsgruppen (Anteilseigner, Managment, Arbeitnehmer, Kunden, Lieferanten, Kreditgeber)[1238] kann dieses Verfahren zu allgemein akzeptierten Lösungen führen, zumindest zu einer Konfliktbewältigung beitragen.

Zudem zeugt die Integration unscharfer Mengen in Expertensysteme und Simulationsmodelle zur Unterstützung des strategischen Controllings von der Notwendigkeit und Relevanz unscharfer Datenbanksysteme.

Das von PLATTFAUT entwickelte System STRATEX bedient sich zur Übertragung analoger quantitativ-numerischer Werte in diskrete verbal denominierte Klassen der Äquivalenzklassenbildung.[1239] Die Autoren gehen anschließend auf die Problematik der scharfen Klassengrenzen oder Punktbewertungen ein und versuchen, das Problem durch überlappende Bereiche zu lösen.[1240] Die Theorie der unscharfen Mengen kann

---

1234) Vgl. zur Unterscheidung von direkten und indirekten Beiträgen zum strategischen Controlling S. 65.

1235) Vgl. BUCKLES u. PETRY (Representation, 1982), S. 225 sowie ZEMANKOVA u. KANDEL (Imprecision, 1985), S. 137f.

1236) Vgl. BUCKLES u. PETRY (Applications, 1982).

1237) Vgl. zum Konzept der Similaritätsrelation S. 196.

1238) Vgl. zu den unterschiedlichen Zielsystemen der Steuerungsinstitutionen auch das Ziel-/Wertaxiom auf S. 6.

1239) Vgl. PLATTFAUT u.a. (STRATEX, 1987), S. 80. Vgl. zu STRATEX auch S. 250ff.

1240) Vgl. PLATTFAUT u.a. (STRATEX, 1987), S. 88.

die unnatürlich scharfen Grenzen durch dem tatsächlichen Bewertungsempfinden näherliegende, fließende Übergänge in idealer Weise ersetzen.

LELKE u. WERNERS benutzen die Theorie unscharfer Mengen, um in EXSTRABS die bei der Modellierung der Branchenstrukturanalyse auftretenden verschiedenen Arten von Unsicherheiten adäquat abbilden zu können[1241]. Diese erstrecken sich auf linguistische Variablen, deren kompensatorische Verknüpfung sowie auf unsichere Regeln.[1242]

Zur Vermeidung der mit einer Punktpositionierung verbundenen Pseudogenauigkeit[1243] schlagen ANSOFF u.a. für die Portfolio-Analyse die Einführung von Unschärfebereichen vor.[1244] Diese bestehen in einer einfachen Version aus einer pessimistischen Unter-, einer optimistischen Obergrenze, einem wahrscheinlichen Wert und in dedizierterer Form aus einem beliebigen Bereich. Besondere Bedeutung für das strategische Controlling haben die im Zeitablauf stattfindenden Kontraktionen und Diffusionen der Unschärfebereiche.[1245]

Auch ZIMMERMANN greift den Gedanken der Unschärfenbehandlung in Portfoliokonzepten auf und verwendet die Theorie unscharfer Mengen zu deren modelltheoretischen Integration. U.a. wird vorgeschlagen, scharfe Grenzen der Quadranteneinteilung in der Marktanteils-Marktwachstums-Matrix durch unscharfe Definitionen zu ersetzen.[1246] Ein anderer Vorschlag: Linguistische Variable in das Expertensystem ESP integrieren, um unscharfe Inputdaten zur Positionsbestimmung der strategischen Geschäftseinheiten zuzulassen.[1247] Das Ergebnis der Verarbeitung unscharfer Inputdaten besteht demzufolge in unscharfen Positionen der strategischen Geschäftseinheiten innerhalb des Portfolios. Die unscharfen Positionen werden in ESP als Rechtecke visualisiert, deren Ausmaß den Unschärfegrad der Positionsbestimmung anzeigt.[1248]

DEDERICHS benutzt unter Verweis auf die mit einer strategischen Betrachtung verbundenen Inexaktheiten die Theorie unscharfer Mengen als theoretische Basis für sein Computersimulationsmodell zur Unterstützung kollektiv abgestimmter Entwicklungsprognosen der Unternehmung.[1249] Strategische Prozeß- und Potentialwirkungen werden durch trianguläre Zahlen[1250] abgebildet, die einerseits eine im Rahmen des Modells ausreichende Unschärfe einfangen, andererseits die rechentechnische Verarbeitung erheblich vereinfachen oder erst ermöglichen. Die Verwaltung triangulärer Daten

---

1241) Vgl. LELKE u. WERNERS (EXSTRABS, 1991), S. 321. Vgl. zu EXSTRABS auch S. 252

1242) Vgl. LELKE u. WERNERS (EXSTRABS, 1991), S. 321.

1243) Vgl. auch FN 189.

1244) Vgl. ANSOFF u.a. (Unschärfenpositionierung, 1981), S. 971ff.

1245) Vgl. ANSOFF u.a. (Unschärfenpositionierung, 1981), S. 981f. Vgl. auch Abb. 48 auf S. 211.

1246) Vgl. ZIMMERMANN (Planung, 1980), S. 371f. sowie ZIMMERMANN u. WERNERS (Planungsentscheidungen, 1989), Sp. 2054. Vgl. auch die Abbildungen 9 u. 10 auf den Seiten 41 bzw. 42.

1247) Vgl. ZIMMERMANN (Planning, 1989), S. 267ff. Vgl. zu ESP auch FN 1155.

1248) Vgl. zur Herleitung der Unschärfebereiche ZIMMERMANN (Planning, 1989), S. 269f.

1249) Vgl. DEDERICHS (Basismodul, 1993), S. 156ff.

1250) Vgl. zu triangulären Zahlen S. 43

geschieht in diesem Modell über Tabellen, die mit Ausgangsdaten initialisiert sind und während der Prozeßsimulation verändert werden.[1251] Da die verwendete Simulationssprache die Verarbeitung unscharfer Daten nur unzureichend unterstützt, wurden Vergleichs-, Prüf- und Einplanungsfunktionen oder -routinen ersatzweise in FORTRAN programmiert.[1252] Dies bedeutet jedoch, daß alle triangulären Potentialdaten im Hauptspeicher gehalten werden müssen. Hieraus ergeben sich in Analogie zur Problematik der Expertensysteme, die ebenfalls zu verarbeitende Daten im Hauptspeicher halten, eine restriktive Begrenzung der Datenmenge auf die Hauptspeichergröße und eine unzureichende globale Zugriffsmöglichkeit. Die genannten Probleme verschärfen sich wegen der vielen zu verarbeitenden Daten - bedingt durch die Dynamisierung des Modells und die Vielzahl der im strategischen Bereich zu berücksichtigenden Einflußfaktoren - und wegen der auch von DEDERICHS betonten Kollektivität strategischer Planungs- und Prognoseprozesse, die insbesondere globale Zugriffsmöglichkeiten erfordert.[1253] Eine erste Möglichkeit der datenbanktechnischen Unterstützung besteht in der Übertragung der FORTRAN-Tabellen in ein relationales Datenbanksystem. Dabei bliebe jedoch die gleiche Kritik anzubringen, wie bei der von TROSSMANN vorgeschlagenen Lösung,[1254] weil Verarbeitung und Interpretation der unscharfen Daten weiterhin außerhalb der Datenbanksphäre durch das Simulationsoder Anwendungsprogramm erfolgen. Eine konsequentere Unterstützung gewährleisten hier unscharfe Datenbanksysteme, die die umfassende Verwaltung unscharfer oder triangulärer Daten übernehmen und die bisher in FORTRAN programmierten Vergleichs-, Prüf- und Einplanungsfunktionen oder -routinen durch eine unscharfe Datenbanksprache weitestgehend ersetzen, um so die zuvor genannten Nachteile zu vermeiden. In diesem Zusammenhang bietet sich der von BUCKLES u. PETRY vorgestellte Ansatz eines erweiterten relationalen Datenbankmodells zur Abbildung und Manipulation triangulärer, unscharfer Zahlen an.[1255]

Einen weiteren Hinweis auf das Anwendungspotential unscharfer Datenbanksyteme im strategischen Controlling liefert der von JABLONSKI u.a. entwickelte Datenbankprototyp zur Unterstützung der Entwicklung komplexer technischer Produkte.[1256] Während des Planungsprozesses auftretende Unschärfen werden über verschiedene Datenkonkretisierungsgrade modelliert. Die bei ingenieurtechnischen Entwurfsprozessen auftretende Vielzahl von vorläufigen, unscharfen und sich im Zeitablauf durch schrittweises Aushandeln konkretisierenden Daten[1257] ist ebenfalls ein Merkmal eines rollierenden oder iterativen strategischen Planungs- und Kontrollprozesses. Die innerhalb der rollierenden Planung entworfenen Pläne vergangener Planungszeitpunkte

---

1251) Vgl. DEDERICHS (Basismodul, 1993), S. 283.

1252) Vgl. DEDERICHS (Basismodul, 1993), S. 283f.

1253) Vgl. zu der sich aus der Dynamisierung ergebenden höheren Datenmenge auch Abschnitt V.A.6.b) u. DEDERICHS (Basismodul, 1993), S. 287. Vgl. zur Kollektivität des Controllingprozesses und zum damit notwendigen Mehrfachzugriff auf Daten Abschnitt V.A.6.f).

1254) Vgl. 192.

1255) Vgl. BUCKLES u. PETRY (Numbers, 1984) u. Abschnitt V.A.6.e).

1256) Vgl. dazu Abschnitt V.A.6.f).

1257) Vgl. JABLONSKI u.a. (Datenbankunterstützung, 1993), S. 35f.

können mit alten Bauteilen verglichen werden, die im Rahmen der Variantenprodukti-
on selten ganz, sondern zumeist nur teilweise als Anpassungen auf neue Anforderungen zur Disposition stehen. Deshalb wird auch in rollierenden Planungs- und Kontrollsystemen an die bisherigen Planungen angeknüpft, indem diese den neuen Bedingungen angepaßt werden. Hierdurch wird aber auch die Affinität zu zeitbezogenen Datenbanksystemen wieder evident, da sich Kenntnisstände und Datenkonkretisierungsgrade im Zeitablauf dermaßen ändern können, daß unter Umständen auf vergangene
Informations- oder Planungsstände zurückgegriffen werden muß. Ein weiteres wichtiges gemeinsames Merkmal ingenieurtechnischer und controllingtheoretischer Entwicklungsprozesse ist die Arbeitsteilung oder Kollektivität. Da gruppenorientierte Datenbanksysteme gerade solche arbeitsteiligen Prozesse unterstützen wollen, soll darauf
erst im nächsten Abschnitt bei deren Betrachtung eingegangen werden.

Neben den aufgezeigten Parallelen bei der Entwicklung komplexer technischer Produkte und strategischer Pläne sind wichtige Unterschiede zu beachten. Im strategischen Bereich tritt erschwerend die Verarbeitung sprachlicher Informationen hinzu.
Unscharfe Datenbanksysteme können durch linguistische Variable einen Beitrag zur
Operationalisierung und Explizierung natürlichsprachiger Ausdrücke leisten. So gesehen können sie als Basis für natürlichsprachige Expertensysteme dienen, für die die
Eignung der Theorie unscharfer Mengen bereits konstatiert wurde.[1258] Konzepte unscharfer Datenbanksysteme bieten sich auch für die direkte Verarbeitung von Textinformationen an.[1259]

Darüber hinaus erlaubt insbesondere der Ansatz von ZEMANKOVA u. KANDEL
durch die Komponente der "explanatory database" eine Individualisierung in dem Sinne, daß jede Steuerungsinstitution (Individuum, Gruppe) als Datenbankbenutzer eigene Definitionen (Zugehörigkeitsfunktionen) unscharf formulierter Größen modellieren
kann. Hierdurch wird hauptsächlich den in Ziel-/Wert- und Rationalitätsaxiom[1260] po-
stulierten individuellen und polyvalenten, teilweise verdeckten Präferenzstrukturen
strategischer Controllingsysteme Rechnung getragen. Eine eventuell auch künstlich
weiterhin anonym gehaltene Explizierung vorher bewußt verdeckter Zielvorstellungen
der Steuerungsinstitutionen kann insofern zu einer Konfliktlösung beitragen, als die
Zielvorstellungen mit Hilfe rechnergestützter, polykriterieller Optimierungsmetho-
den[1261] verarbeitet und zur Lösungsfindung genutzt werden können.

Die Nutzenpotentiale unscharfer Datenbanksysteme im zusammenfassenden Überblick:

- Verwaltung unscharfer Daten (z.B. triangulärer Potentiale)

1258) Vgl. ZELEWSKI (Frühwarnsysteme, 1986), S. 19f. u. PERLITZ (Frühwarnsysteme, 1993),
Sp. 686. Vgl. auch die Ausführungen auf S. 264.

1259) Vgl. KOHOUT u.a. (Retrieval, 1984). Die Autoren stellen in diesem Beitrag ein Dokumen-
ten-Retrievalsystem vor, das mit einem unscharfen Thesaurus arbeitet.

1260) Vgl. zu den polyvalenten und unvollständig explizierten Zielsystemen der Steuerungsinstitutionen das Ziel-/Wertaxiom und das Rationalitätsaxiom auf S. 6.

1261) Als eine Entwicklungsbasis würde sich bspw. das System kollektiver oder verteilter Con-
trollingprozesse KOLLPROG anbieten. Vgl. dazu S. 69 und die dort angegebene Literatur.

- Erweiterte (Ad-hoc-)Auswertungsmöglichkeiten durch unscharfe Abfragen
- Flexiblere Datenverknüpfung durch unscharfe Vergleiche (z.B. zur Kompromißfindung)
- Individualisierung von Dateninterpretationen und linguistischen Variablen durch die "explanatory database"

f) Gruppenunterstützende Datenbanksysteme

In Unternehmen, i.S. des Institutionenaxioms verstanden als arbeitsteilige Systeme mit verschiedenen Steuerungsstellen, vollzieht sich ein großer Teil betrieblicher Aufgabenerfüllung in kooperativer Gruppenarbeit.

Eine allgemeine Unterstützung erfährt die Gruppenarbeit, indem Datenbanken innerhalb von Gruppensitzungen als Ad-hoc-Informationslieferanten genutzt werden. Bei dieser Verwendungsart wird die Anbindung an unternehmensinterne und externe Datenbanken über möglichst benutzerfreundliche Zugangssysteme mit grundlegenden Möglichkeiten der Datenaggregation und graphischen Aufbereitung im Sinne von Executive Information Systemen betont.[1262] Es handelt sich in diesem Falle aber nicht um eine speziell gruppenorientierte Datenbanktechnologie, sondern um eine EIS-ähnliche Datenbank-Nutzung in einer Gruppenumgebung. Es wird bemerkt, daß eine derartige Nutzung von Datenbanken als "Information Center" in GDSS mit zahlreichen Problemen verbunden ist,[1263] wie dies auch schon bei EIS-Systemen beobachtet wurde.[1264]

Eine andere Möglichkeit der Gruppenarbeitsunterstützung ergibt sich, wenn über längere Zeiträume hinweg kooperative Entwicklungsprozesse durchlaufen werden müssen und Entscheidungen sich erst durch schrittweises Aushandeln oder Festlegen von Datenwerten manifestieren. Der Nutzen gruppenunterstützender Datenbanksysteme liegt dabei in einer speziellen informationellen Integration und Kommunikation der Beteiligten.[1265] Dieses Ziel verfolgt der gruppenarbeitsunterstützende Datenbankprototyp PSA-DBS,[1266] der die arbeitsteilige Entwicklung komplexer technischer Bauteile vereinfachen möchte. Auf die Parallelität von ingenieurtechnischen Entwurfs- und strategischen Controllingprozessen in Form sich im Zeitablauf sukzessive vermindernder Datenunbestimmtheiten wurde bereits hingewiesen und ihre datenbanktechnischen Konsequenzen ausführlich behandelt. Eine weitere Gemeinsamkeit, die sich in diesem

---

1262) Vgl. KRAEMER u. KING (Systems, 1988), S. 122.

1263) Angeführt wird die Komplexität des Zugriffs, der Aggregation und graphischen Darstellung relevanter Daten, die eine prompte Informationsbefriedigung während der Gruppensitzung nicht zuläßt, so daß die Datenbanken meistens nur zur informationellen Sitzungsvorbereitung dienen. Vgl. KRAEMER u. KING (Systems, 1988), S. 122.

1264) Vgl. SEIBT u.a. (EIS, 1994), S. 16f.

1265) Eine allgemeine informationelle Integration entsteht bei der Nutzung von Datenbanksystemen durch den Mehrfachzugriff.

1266) Vgl. zu PSA-DBS Abschnitt V.A.6.f) und die dort angegebene Literatur.

Zusammenhang ergibt, besteht in der Kollektivität der Prozesse; denn auch die Durchführung eines strategischen, rollierenden Planungs- und Kontrollsystems bleibt nicht auf einen eng begrenzten Personenkreis beschränkt, sondern involviert nach dem Institutionenaxiom einen großen Anteil der Mitarbeiter, wenn nicht die gesamte Unternehmung.[1267] Dabei entspricht das in PSA-DBS verfolgte Konzept der Entwicklungsteams, innerhalb derer einerseits eine enge Kooperation erfolgt, die nicht durch datenbanktechnische Hürden wie Zugriffsrechte beeinträchtigt werden darf,[1268] zwischen denen aber andererseits eine vorwiegend durch aufbau- und ablauforganisatorische Gestaltungsrahmen vorgegebene Beziehungsstruktur besteht und sich insofern für die datenbanktechnische Reglementierung anbietet, dem Konzept von Controllingteams in einem verteilten Controlling. Die enge Kooperation innerhalb der Entwicklungs-/Controllingteams ist für kreative Entwurfsprozesse notwendig. Die aufbauorganisatorischen Regelungen manifestieren sich einerseits in Berechtigungen, Daten festzulegen und andererseits in zu akzeptierenden Vorgaben. In PSA-DBS wird dieser Gedanke durch die dynamische Zuweisung von Zugriffs- oder Bestimmungsrechten und -graden weiter verfeinert, da die Entscheidungsspielräume und -vorgaben nicht für den gesamten Prozeß feststehen, sondern im Laufe der Zeit oder in Abhängigkeit der Projektphasen variiert werden können. Der ablauforganisatorische Rahmen wird in erster Linie durch zeitliche Folgebeziehungen geprägt. Die Bedeutung der räumlichen Komponente tritt nämlich, außer bei einer erforderlichen persönlichen Kommunikation von Angesicht zu Angesicht, durch die globalen Zugriffsmöglichkeiten in Datenbanksystemen in den Hintergrund.

Für gruppenorientierte Datenbanksysteme können also die folgenden Nutzenpotentiale festgestellt werden:

- Unterstützung arbeitsteiliger Planungs- und Kontrollsysteme durch Bildung von Controllingteams als Benutzergruppen
- Dynamische, d.h. an Planungsphasen orientierte Vergabe von Zugriffs-/Bestimmungsrechten

---

1267) Vgl. zum Institutionenaxiom S. 6.
1268) Vgl. JABLONSKI u.a. (Datenbankunterstützung, 1993), S. 36 u. KIRSCHE (Datenabfragesprache, 1993), S. 197.

3. Zusammenfassung der Ergebnisse

Die aufgezeigten Nutzenpotentiale der einzelnen Datenbanksysteme sollen hier noch einmal im Hinblick auf die informationstechnologisch-funktionalen Anforderungen systematisiert werden. Abb. 58 zeigt diese Betrachtung als Matrix.

inform.techn.-funkt. Anford.	Datenbanksysteme								
	relationale	NF^2	objekt-orient.	zeitbe-zogene	aktive	deduk-tive	termi-nolog.	un-scharfe	grupp.-unterst.
Ad-hoc-Datenzugang	++ SQL	+++ ooSQL	+/--			++ (rekurs.)			
Flexible Verknüpf-barkeit der Daten	++ SQL	++ ooSQL		+ (zeitbez.				++ unscharf	
Zugang zu internen Datenbanken	++ UDM	++ UDM			++ autom.				
Zugang zu externen Datenbanken			+ Meth.		+++ autom.				
Data Drilling	+	++		+ (zeitbez.					
Individualisierung des Datenangebots	+ VIEWS	+ VIEWS						+++ expl. DB	
Zeitbezug der Daten			+ Version.	+++					
Alarmfunktion			+ Meth.		+++				
Kommunikations-mechanismen			+ Meth.		+		++ Begriffe		+++
Verwaltung von Regeln			+ Meth.		+ ECA	+++ $\approx$ XPS			
Verwaltung qual. Daten in Textform							+++	+ ling. Var	
Verwaltung un-scharfer Daten								+++	

Zeichenerklärung:

+++ = sehr großes Nutzenpotential

++ = großes Nutzenpotential

+ = eher geringes Nutzenpotential

-- = Hindernis

Abb. 58: Übersicht der Nutzenpotentiale

B. Externe Datenbanken - eine angebotsorientierte Betrachtung

Die Bemühungen zur technischen Unterstützung der betrieblichen Informationsbedarfsdeckung waren bisher vorwiegend auf unternehmensbezogene Daten gerichtet (z.B. Kunden, Artikel, Lieferanten).[1269] Jedoch sind unternehmensexterne Informationen für einen großen Teil unternehmerischer Planungs-, Steuerungs- und Kontrollprozesse unverzichtbar.[1270] Im Rahmen des strategischen Controllingprozesses wird der Betrachtung von Informationen über das generelle und spezielle Unternehmensumfeld innerhalb der Umweltanalyse eine eigenständige Phase gewidmet, die mit der Unternehmensanalyse die Basis der gesamten Strategiefindung ausmacht.[1271] Insbesondere die zunehmende Verschärfung des internationalen Wettbewerbs fordert einen Zugang zu unternehmensexternen Informationsquellen.[1272]

Der Notwendigkeit, unternehmensumfeldbezogene Daten zu berücksichtigen, steht die Schwierigkeit des Auffindens und der schnellen Verfügbarkeit relevanter Informationen in einer zunehmend komplexen Wettbewerbsarena gegenüber.[1273] Von dieser Dilemma-Situation können externe Datenbanken befreien. Eine Teilmenge aller potentiell interessierenden, unternehmensumfeldbezogenen Informationen wird durch externe Datenbanken in maschinenlesbarer Form verfügbar gemacht.[1274] Dieser Anteil wächst mit dem ständig zunehmenden Angebot von Online-Datenbanken. Mit dem breiten Informationsangebot externer Datenbanken kann der prinzipiellen Unmöglichkeit einer vollständigen A-priori-Ermittlung eines strategischen Informationsbedarfs begegnet werden. Das ständig wachsende Informationsangebot kann als strategische Chance angesehen werden. Unternehmen, die in der Lage sind, dieses Angebot zu nutzen, können ihre Entscheidungsqualität durch eine fundierte Informationsbasis erhöhen.[1275] Zu einem flexiblen Informationssystem, das zur Unterstützung des strategischen Controllings die Möglichkeit bietet, einen Basisdatenbestand (z.B. interne Datenbanken) nach situativem Bedarf ad-hoc zu ergänzen, gehört deswegen ein Zugang zu externen Datenbanken.[1276]

Allgemeine Vorteile externer Datenbanken gegenüber gedruckten Medien bei der Informationssuche wurden bereits aufgezeigt.[1277] Diese sollen hier wieder aufgegriffen

---

1269) Vgl. SCHERFF (Online-Datenbanken, 1988), S. 17. Vgl. auch die unternehmensweiten Datenmodelle bei SCHEER (Wirtschaftsinformatik, 1990).

1270) Vgl. WINAND (Informationsbanken, 1988), S. 1132.

1271) Vgl. S. 16

1272) Vgl. SCHERFF (Online-Datenbanken, 1988), S. 17.

1273) Vgl. SCHERFF (Online-Datenbanken, 1988), S. 17.

1274) Vgl. ROCKART u. TREACY (CEO, 1982), S. 83f., MERTENS u. PLATTFAUT (DV-Unterstützung, 1985), S. 20, HANSSMANN u. MEYERSIEK (EDV-Einsatz, 1988), S. 732, WINAND (Informationsbanken, 1988), S. 1132, MOORMANN (Planung, 1989), S. 97 u. STENZ (Führungssysteme, 1992), S. 710.

1275) Vgl. SCHERFF (Online-Datenbanken, 1988), S. 17.

1276) Vgl. POHLE (Analyse, 1990), S. 10. Vgl. auch IV.C.2.b).

1277) Vgl. Abschnitt V.B.3.

und in ihrer speziellen Bedeutung für ein strategisches Controlling in Betracht gezogen werden.[1278]

Die flexible Verwendungsmöglichkeit von Such- und Ordnungskriterien hilft bei der Bewältigung der Informationsflut, indem die gesuchten Informationen hochselektiv beschrieben und somit schnell gefunden werden. Periodisch wiederkehrende Abfragen sind zu automatisieren. Dies führt zu einer rationelleren und zuverlässigeren Informationsversorgung. Die derzeitig noch bestehenden Nutzungsbarrieren in Form unkomfortabler und hostspezifischer Retrievalsprachen können in diesem Zusammenhang als eine weitere Chance zur Schaffung von Wettbewerbsvorteilen verstanden werden, da nur wenige Abfrager über das erforderliche Know-how verfügen.[1279]

Räumliche Unabhängigkeit durch weltweite Kommunikationsmöglichkeiten ist ganz besonders für exportorientierte, multinationale Unternehmen von großer Bedeutung.

Die Übernahme von Daten aus externen in interne Datenbanken ermöglicht deren Weiterverwendbarkeit und erhöht die Informationsversorgung der Mitarbeiter, die sich nicht im Umgang mit externen Datenbanken auskennen. Zudem fallen die Abfragekosten nur einmal an.

Höhere Aktualität, schnellere Informationsrecherche und jederzeitige Verfügbarkeit der Informationen schaffen einen zeitlichen Vorteil im Wettbewerb, der als besonders wichtiges Argument für eine elektronische Informationsbeschaffung angeführt wird.[1280] Bei prozeßtheoretischer Betrachtung erhöht sich die Steuerungsflexibilität durch zwei Effekte. Zum einen wird die im Rahmen der Planung als zeitaufwendigste Phase einzustufende Informationsbeschaffung und -auswertung verkürzt, so daß Steuerungsinformationen (Pläne) früher zur Verfügung stehen und weniger Zeit zwischen Planinitiierung und -ausführung liegt,[1281] zum anderen stehen Regelungsinformationen zu externen Prämissenkontrollen schneller zur Verfügung.

Zeitliche Vorteile und effiziente Informationsselektion aus umfangreichen Datenbeständen legen den Einsatz externer Datenbanken im Rahmen von Frühwarnsystemen nahe.[1282] Beispielsweise wird im STAR-Konzept[1283] ein Medien-Scanning von 100 regelmäßig erscheinenden Zeitschriften, Zeitungen u.ä. durchgeführt.[1284]

1278) Vgl. zu einer anderen Argumentationskette bezüglich der Wettberbsvorteile durch die Nutzung externer Datenbanken LEONHARD (Datenbanken, 1985), S. 499.

1279) Vgl. MEYER u. NOCH (Online-Datenbanken, 1992), S. 178.

1280) Vgl. RICHTER (Online-Datenbanken, 1985), S. 332.

1281) Vgl. FALKENHAUSEN (Datenbanken, 1988), S. 16.

1282) Vgl. WAGNER (Informationssysteme, 1987), S. 178ff, KIND (Informationsmanagement, 1986), S. 491, LEONHARD (Datenbanken, 1985) S. 499, MÜLLER (STAR, 1985), S.380ff., KRYSTEK u. MÜLLER-STEWENS (Frühaufklärung, 1990), S. 352 sowie REYES (Konkurrenz, 1992), S. 4.

1283) Vgl. MÜLLER (STAR, 1985) sowie KRYSTEK u. MÜLLER-STEWENS (Frühaufklärung, 1990).

1284) Vgl. PERLITZ (Frühwarnsysteme, 1993), Sp. 685.

Insbesondere für die Strategie einer internationalen Zeitführerschaft sind frühzeitige Informationen von essentieller Bedeutung, so daß sich in diesem Falle der Einsatz externer Datenbanken sicherlich auszahlt.

Die Ausführungen belegen, daß die Nutzung externer Datenbanken im Wettbewerb zu einem entscheidenden Informationsvorsprung verhelfen kann. Als Einschränkung der Relevanz externer Datenbanken könnte auf die öffentliche Zugänglichkeit, also auf eine mangelnde Exklusivität der Informationen verwiesen werden. Dem ist zunächst entgegenzuhalten, daß die Informationen zwar öffentlich zugänglich sind, aber gegenwärtig wegen der bereits beschriebenen Nutzungsbarrieren nur besonders innovativen Unternehmen vorbehalten sind. Weiterhin muß beachtet werden, daß sogenannte geheime Informationen, die z.B. durch Mitarbeiterwechsel von Konkurrenten oder informale Kontakte unter Branchenexperten erworben werden, im Verhältnis zu öffentlich verfügbaren in ihrer Bedeutung häufig überschätzt werden.[1285] Wettbewerbsvorteile entstehen zwar auch durch Exklusivität von Informationen, jedoch spielen die Art der Nutzung und deren Interpretation eine ebenfalls wichtige Rolle.

Nachdem die allgemeinen Vorteile der Nutzung externer Datenbanken für das strategische Controlling dargestellt wurden, sollen sie nun anhand ausgewählter Datenbanken oder Datenbankklassen belegt werden. Als Grundlage der angebotsorientierten Analyse dient das Gale Directory of Databases.

Für den Controllingbereich sind in erster Linie Wirtschaftsdatenbanken von Interesse.[1286] Aus dem Bereich der technologischen Datenbanken sind wegen der Bedeutung von Technologien[1287] für den Wettbewerb Patentdatenbanken von besonderer Relevanz. Grundsätzlich dürfte jedoch jedes Element des gesamten Wissensbestandes einen hohen Wert für wirtschaftliche Sachverhalte haben.

Bei der Behandlung der Frühwarnsysteme konnte festgestellt werden, daß der überwiegende Anteil relevanter Informationen öffentlich zugänglich ist. Demzufolge sind Presse- und Nachrichtendatenbanken (s. Abb. 59) ein wertvoller Informationsfundus. Diese Datenbanken können hinsichtlich ihres Inhalts nicht einem bestimmten Beobachtungsbereich - wie etwa Patentdatenbanken der Technologiebeobachtung - zugeord-

---

1285) KING u. CLELAND (Planning, 1978), S. 254 sind der Meinung, daß "...*most intelligence activities* (even of the CIA and certainly of business) *operate primarily using public information.*" Zur Stützung ihrer These zitieren sie ZACHARIAS (Missions, 1946), S. 117f., Deputy Chief des Naval Intelligence während des 2. Weltkrieges, der schätzt, daß die U.S. Navy 95% ihrer Informationen von öffentlichen, 4% von semi-öffentlichen und nur 1% von geheimen Quellen bezog. Auch KRYSTEK u. MÜLLER-STEWENS (Frühaufklärung, 1990), S. 352 konstatieren die Relevanz öffentlicher Informationen und zitieren ebenfalls einen amerikanischen Nachrichtendienstexperten: Eric L. Cuter beobachtet: "Als Geheimdienstler macht man immer wieder die verblüffende Entdeckung, daß die interessantesten Informationen in den Zeitungen stehen." (Die Quelle wird von den Autoren nicht angegeben.)

1286) Vgl. BEHME (Informationsbeschaffung, 1992), S. 113.

1287) Vgl. KOCH u. FENDT (Online-Recherche, 1988), die von einer Umfrage unter Managern in 20 Ländern in der Zeitschrift "International Management" berichten. Dabei wurde das Schritthalten mit neuen Technologien als dringlichste Forderung eingestuft.

net werden. Sie sind vielmehr auf Grund ihres allgemeinen Inhalts für alle umweltana-
lytischen Aufgaben bedeutsam.

Datenbank	Inhalt
HANDELS-BLATT	Volltext-DB als Online-Version der Wirtschaftstageszeitung "Handelsblatt"
WIRT-SCHAFTS-WOCHE	Volltext-DB als Online-Version der Wirtschaftszeitung "Wirtschaftswoche"
Reuter TEXTLINE	Datenbank mit mehr als 5 Mio. Referenzen und Abstracts sowie in den meisten Fällen inkl. Quelltext der 2000 weltweit bedeutendsten Finanz- und Wirtschafts-magazine und -zeitungen. Aktualisierung bis zu 7 mal täglich. (seit 1980)
PAIS International	Bibliographische Datenbank mit ca. 385.000 monatlich aktualisierten Referen-zen zu den wichtigsten Ereignissen in den Bereichen Politik, Wirtschaft, Finan-zen, Gesetzgebung und internationale Beziehungen. (seit 1972)
New Product Announce-ment/Plus (NPA/PLUS)	Volltext-Datenbank mit ca. 200.000 Presseerklärungen von mehr als 15.000 Un-ternehmen zu neuen Produkten, Technologien und Dienstleistungen aus ca. 60 Branchen mit Schwerpunkt auf modernen Technologien und Wachstumsbran-chen. Wöchentliche Aktualisierung mit ca. 800 neuen Dokumenten. (seit 1985)
CNN News Transcripts	Umfaßt den kompletten Text von 50 Fernsehprogrammen des Cable News Net-works (CNN). Beinhaltet Nachrichten und Analyse nationale und internationa-ler Ereignisse. Tägliche Aktualisierung. (seit 1992)

Abb. 59: Presse- und Nachrichtendatenbanken
(Quelle: Gale Directory of Databases)

Als Analyseraster sollen nun die im Rahmen der Umweltanalyse unterschiedenen Be-
obachtungbereiche dienen.[1288] Die generellen Beobachtungsbereiche umfassen demnach sozio-kulturelle, rechtliche und politische, gesamtwirtschaftliche und wirtschaftspolitische sowie technologische Faktoren. Die speziellen Beobachtungsbereiche
konzentrieren sich auf die Branche und die Konkurrenten.

1288) Vgl. STAEHLE (Management, 1991), S. 582ff. Vgl. zu anderen Systematisierungen von
Wirtschaftsdatenbanken anhand bestimmter betriebswirtschaftlich-funktionaler Einsatzbereiche WINAND (Informationsbanken, 1988), S. 1137ff. u. BEHME (Informationsbeschaffung,
1992), S. 113.

1. Generelle Beobachtungsbereiche

Der Einsatz externer Datenbanken zur Beurteilung genereller Beobachtungsbereiche dient in erster Linie der Beurteilung des makroökonomischen und makrosozialen Umfeldes, das sich weitestgehend einer Beeinflussung durch die einzelne Unternehmung entzieht. Bei einer regionalen Abgrenzung der generellen Beobachtungsbereiche verwenden international operierende Unternehmen die nachgefragten Informationen zur Länderrisikobeurteilung.[1289]

a) Sozio-kulturelle Faktoren

Sozio-kulturelle Faktoren bestimmen das gesellschaftliche Zusammenleben und sind von Unternehmen als Rahmenbedingungen für den Wettbewerb zu berücksichti-

Datenbank	Inhalt
DRI Metropolitan Area Forecast	7.650 viertel-/jährliche, ökonomische und demographische Prognosen für die USA. Halbjährliche Aktualisierung. (seit 1974)
SUPERSITE(TM)	Statistische Daten zu demographischen Variablen für die USA. Jährliche Aktualisierung. (seit 70er Jahre)
UN Demographic	9.200 Zeitreihen mit fünfjähriger Periodizität für 165 Länder mit je 30 Indikatoren und Vorhersagen zur demographischen Entwicklung bis zum Jahr 2025. (seit 1950)
SOLIS	Bibliograph. Datenbank mit ca. 160.000 und jährlich ca. 15.000 hinzukommenden Referenzen zu allen Bereichen der Sozialwissenschaften. (seit 1945
DRI Housing Forecast	13 vierteljährlich aktualisierte Zeitreihen und Hochrechnungen zum Wohnungswesen in den USA. (seit 1974)
ENVIROLINE	Bibliographische Datenbank mit ca. 200.000 und jährlich ca. 10.000 hinzukommenden Quellen zu allen Bereichen des Umweltschutzes. Monatliche Aktualisierung. (seit 1971)
ACOMPLINE/ URBALINE	Bibliograph. Datenbank mit ca. 270.000 und jährlich ca. 18.000 hinzukommenden Ref. zu Aspekten der Stadtentwicklung und -politik. (seit 1945)
SOLIS	Bibliographische Datenbank mit ca. 160.000 und jedes Jahr 15.000 zusätzlichen Referenzen und Abstracts zu allen soziologischen Feldern. (seit 1945)
Art Sales Index	Text-numerische Faktendatenbank mit Informationen (z.B.Beschreibungen und Preise) von ca. 1,5 Mio. Kunstobjekten von ca. 25.000 Auktionsplätzen weltweit. Tägliche Aktualisierung.

Abb. 60: Externe Datenbanken mit sozio-kulturellem Bezug
(Quelle: Gale Directory of Databases)

1289) Vgl. MERTENS u. PLATTFAUT (DV-Unterstützung, 1985), S. 20.

gen.[1290] Zu ihnen zählen beispielsweise demographische Entwicklung, Mobilität in der Sozialstruktur, religiöse Werte, Bildungsniveau sowie Verhältnis zwischen Arbeitnehmern und Arbeitgebern.[1291] Das breite Spektrum an potentiell relevanten Informationen spiegelt sich auch in der Mannigfaltigkeit der für diesen Bereich interessierenden externen Datenbanken wider. Abb. 60 zeigt mögliche Informationsquellen.

b) Rechtliche und politische Faktoren

Die steigende Anzahl gesetzlicher Bestimmungen (z.B. durch die Europäische Union) führt zu einer zunehmenden Notwendigkeit, die sich daraus ergebenden Chancen und Risiken zu berücksichtigen.[1292] Zu den wichtigsten Beobachtungskomplexen zählen die Rechtsstruktur (Handels- und Gesellschaftsrecht, Arbeitsrecht und Steuerrecht) sowie die Wettbewerbs-, Industrie-, Verteidigungs-, Innen- und Außenpolitik.[1293] Auch hier ergibt sich ein weit gefächertes Spektrum externer Datenbanken als Informationslieferanten (s. Abb. 61). Zur Beobachtung aktueller politischer Entwicklungen sind Presse- und Nachrichtendatenbanken prädestiniert. Spezielle juristische Datenbanken geben Auskunft über Gesetze.

Datenban	Inhalt
JURIS	Volltext-/bibliograph. Datenbank mit über 800.000 Dokumenten aus den Bereichen Sozial-, Arbeits-, Staats- und Verfassungsrecht, Zivil- und Strafrecht, Verwaltung.
LABOR-LAW II	Bibliographische Datenbank mit ca. 320.000 und monatlich ca. 1.500 hinzukommenden Verweise auf Gerichtsentscheide zu Arbeitsbeziehungen, -verhältnisse, -zeit und Löhne sowie Gesundheit und Sicherheit am Arbeitsplatz für die USA.

Abb. 61: Externe Datenbanken mit rechtlichem und politischem Bezug
(Quelle: Gale Directory of Databases)

1290) Vgl. DUNST (Portfolio-Management, 1979, S. 23.
1291) Vgl. DUNST (Portfolio-Management, 1979, S. 23 u. STAEHLE (Management, 1991), S. 583f.
1292) Vgl. DUNST (Portfolio-Management, 1979, S. 22.
1293) Vgl. DUNST (Portfolio-Management, 1979, S. 22 u. STAEHLE (Management, 1991), S. 584.

c) Gesamtwirtschaftliche und wirtschaftspolitische Faktoren

Die gesamtwirtschaftlichen und wirtschaftspolitischen Faktoren sollen ein Bild der makroökonomischen Situation der Volkswirtschaft und der Außenhandelsbeziehungen geben. Zumeist beinhalten die externen Datenbanken statistische Zeitreihen in numerischer oder text-numerischer Form.[1294] Aus diesem umfangreichen Beobachtungsbereich[1295] zeigt Abb. 62 eine Auswahl bedeutsamer Datenbanken.

Datenbank	Inhalt
Statistical Information of the Federal Republic	Daten des Statistischen Bundesamtes. 600.000 Zeitreihen über die ökonomische und demographische Entwicklung in der BRD. Jedes Land mit einer funktionierenden Verwaltung bietet i.d.R. eine solche Datenbank. (seit 1950)
Deutsche Bundesbank Data	25.000 monatlich aktualisierte Zeitreihen aus den gedruckten Veröffentlichungen der Deutschen Bundesbank mit Informationen über die allgemeine ökonomische Entwicklung und die Situation an Geld- und Kapitalmärkten. (seit 1984)
OECD ANA1 u. OECD MEI	ca. 30.000 monatlich bis vierteljährlich aktualisierte Zeitreihen zu volkswirtschaftlichen Gesamtrechnungen und Indikatoren der Binnenökonomie der OECD-Mitgliedsstaaten sowie einiger zusätzlicher Ländergruppen.
DRI International Economic Database	5.000 laufend aktualisierte Zeitreihen zu Finanz- und Wirtschaftsindikatoren für 44 Industrienationen.
ECONBASE	13.000 teilweise prognostische Zeitreihen der wichtigsten ökonomischen Indikatoren für die USA und 30 weiterer Länder. Monatliche Aktualisierung.
CRONOS	Hauptwirtschafts- und Außenhandelsindikatoren für EG-Länder und einige andere Länder in insgesamt ca. 900.000 Zeitreihen.
SJRUNDT	Text-numerische Prognosen und Bewertungen zum Wirtschaftsklima.

Abb. 62: Externe Datenbanken mit gesamtwirtschaftlichem und wirtschaftspolitischem Bezug
(Quelle: Gale Directory of Databases)

Datenbanken mit Informationen über gesamtwirtschaftliche und wirtschaftspolitische Situationen sind insbesondere bei der Marktselektion im Rahmen von Internationalisierungsstrategien von Bedeutung. SCHNEIDER u. MÜLLER zeigen, wie auf der Basis von Im- und Exportdaten der Außenhandelsstatistik des United Nations Statistical Office Länder mit "Hoffnungsmärkten" ausfindig gemacht werden.[1296]

1294) Vgl. STAUD (Fachinformation, 1993), S. 164.

1295) Vgl. MEYER u. NOCH (Online-Datenbanken, 1992), S. 176.

1296) Vgl. SCHNEIDER u. MÜLLER (Marktselektion, 1989), S. 23ff. u. 63ff.

d) Technologische Faktoren

Nach STAEHLE ist die technologische Entwicklung zum wichtigsten generellen Umweltfaktor geworden. Dieser bewirkt besonders langfristige Trends, die ihrerseits wiederum alle generellen und speziellen Faktoren beeinflussen.[1297] Die Technologie wirkt

Datenbank	Inhalt
PATOSDE (Patent Online System Germany)/ PATGRAPH	Bibliographische, deutschsprachige Patentdatenbank mit 1,4 Mio. und wöchentlich 2.000 hinzukommenden Verweisen auf Patentschriften. Enthält vom Deutschen Patentamt im Patentblatt veröffentlichte Biographien deutscher Offenlegungs-, Patent- und Gebrauchsmustervorschriften sowie die Anmeldungen beim Europäischen und der Weltorganisation für geistiges Eigentum (WIPO) mit Bestimmung der Bundesrepublik Deutschland als Vertragsstaat. Wöchentliche Aktualisierung (seit 1968). PATGRAPH enthält als Ergänzung ca. 141.000 Graphiken. Wöchentliche Aktualisierung um ca. 450 neue Bilder. (seit 1983)
PATOSEP	Bibliographische/Volltextdatenbank in englischer, französischer und deutscher Sprache mit ca. 560.000 Verweisen auf Patentanmeldungen. (seit 1978)
DOMA (Dokumentation Maschinenbau)	Bibliographische Datenbank mit ca. 649.000 und jährlich ca. 35.000 hinzukommenden Verweisen und Abstracts auf deutsche und internationale Fachliteratur des Maschinenbaus und angrenzender Gebiete. (seit 1970)
INSPEC	Bibliographische Datenbank mit ca. 4 Mio. und 14tägig ca. 11.000 hinzukommenden Verweisen zu den Bereichen Physik, Elektrotechnik, Elektronik und Computertechnik. (seit 1969)
CA SEARCH	Weltweit größte Chemie-Dokumentation als bibliographische Datenbank mit ca. 10 Mio. und 14tägig ca. 20.000 hinzukommenden Verweisen auf Fachliteratur, Patente, Berichte, Dissertationen u.ä. (seit 1967)
INPADOC	Weltweit umfassendste Patentdatenbank mit ca. 20 Mio. und wöchentlich ca. 70.000 hinzukommenden bibliographischen Verweisen auf Patente von 56 Patentorganisationen. Wegen Originalsprachlichkeit der Patenteintragungen für Recherchen weniger geeignet. (seit 1968).
World-Patents-Index	Patente aus 31 Industrieländern sowie die Europäischen und PCT-Anmeldungen, 6. Mio. Dokumente, wöchentliche Ergänzung um ca. 20.000. Wegen englischsprachiger Abstracts und komfortabler Recherchemöglichkeiten bedeutendste Patentdatenbank. Seit 1988 sind auch Zeichnungen und Diagamme enthalten. (seit 1974)

Abb. 63: Technik-/Patentdatenbanken
(Quelle: Gale Directory of Databases)

über Veränderungen von Produkten, Fertigungsverfahren und Produktanwendungen auf den Wettbewerb ein. Zur Analyse der technologischen Umwelt bieten sich Technikdatenbanken an. Eine besondere Stellung innerhalb der Technikdatenbanken nehmen die Patentdatenbanken ein. Patente sichern nicht nur zeitlich begrenzte Rechte

---

1297) Vgl. STAEHLE (Management, 1991), S. 585.

(BRD 20 Jahre) auf technologisches Know-How (Schutzrechtsfunktion)[1298], sondern dokumentieren als Meilensteine der technologischen Entwicklung wichtige Ergebnisse von Forschungs- und Entwicklungsaktivitäten auch nach außen (Informationsfunktion).[1299] Weltweit werden ca. 60 Patentdatenbanken angeboten.[1300] Abb. 63 zeigt eine Auswahl wichtiger Technik- und Patentdatenbanken.

Für die Nutzung von Patentinformationen oder -datenbanken spricht eine Reihe von Argumenten:

1. Nach Schätzungen der Fachleute sind in Patentschriften 85-90 Prozent des gesamten veröffentlichten technischen Wissens gespeichert, das wiederum nur zu einem geringen Teil in der sonstigen Literatur zu finden ist.[1301] Weltweit erweitert sich der Fundus pro Jahr um ca. 500.000 Anmeldungen.[1302] Da eine Voraussetzung der Patenterteilung in der kommerziellen Nutzbarkeit besteht, weisen Patentinformationen einen starken Anwendungsbezug auf.[1303] Zu dieser Informationsquelle, die auch nicht durch das Fachwissen der FuE-Entwicklung ersetzt werden kann, gibt es gegenwärtig keine Alternative mit vergleichbarer Informationsqualität.

2. Patentinformationen geben bereits in einem sehr frühen Stadium über technologische Innovationen Kenntnis, da zwischen Anmeldung und Produktrealisation häufig mehrere Jahre liegen.[1304] Darüber hinaus zeigt sich bei diffusionstheoretischer Betrachtung,[1305] daß auch technologische Strukturbrüche nach bekannten Mustern ablaufen.[1306] Frühe Basispatente führen bei Schlüsseltechnologien zu einem Innovationsschub, dem - manchmal erst mit mehrjähriger Verspätung - eine Flut von Publikationen in der Fachliteratur folgt. Rückgang der Patentaktivitäten und Verla-

---

1298) Vgl. zum Aspekt des gewerblichen Rechtsschutzes von Patenten WEIGAND (Patentinformationen, 1991), S. 230f.

1299) Vgl. MERKLE (Patentinformationen, 1985), S. 398, MERTENS u. PLATTFAUT (DV-Unterstützung, 1985), S. 20, FENDT (Trends, 1988), S. 73, KOCH u. FENDT (Online-Recherche, 1988), S. 81, KOSCHATZKY (Patentdatenbanken, 1991), S. 263f. u. WOLFRUM (Technologiemanagement, 1991), S. 127. KOSCHATZKY sieht in der Informationsfunktion die eigentliche Intention von Patenten, da dadurch anderen Unternehmen die Möglichkeit zur weiteren Forschung gegeben und der technologische Fortschritt angeregt wird. Der Autor sieht seine Ansicht durch das Etymon von Patent, das er mit dem lateinischen "patere" gleichsetzt, das nicht etwa "schützen", sondern "offenlegen" bedeutet, bestätigt.

1300) Vgl. MEYER u. NOCH (Online-Datenbanken, 1992), S. 175.

1301) Vgl. GREIF (Patentinformationen, 1982), FENDT (Trends, 1988), S. 73 u. KOCH u. FENDT (Online-Recherche, 1988), S. 81, KOSCHATZKY (Patentdatenbanken, 1991), S. 263 u. WOLFRUM (Technologiemanagement, 1991), S. 128.

1302) Vgl. KOSCHATZKY (Patentdatenbanken, 1991), S. 264.

1303) Vgl. KOSCHATZKY (Patentdatenbanken, 1991), S. 264.

1304) Vgl. MERKLE (Patentinformationen, 1985), S. 401, FENDT (Trends, 1988), S. 73, KOCH u. FENDT (Online-Recherche, 1988), S. 81, KOSCHATZKY (Patentdatenbanken, 1991), S. 264 u. WOLFRUM (Technologiemanagement, 1991), S. 128f.

1305) Vgl. S. 23.

1306) Vgl. MERTENS u. PLATTFAUT (DV-Unterstützung, 1985), S. 20 sowie FENDT (Trends, 1988), S. 74f.

gerung auf Verbesserungsinnovationen kennzeichnen die späte Entwicklungsphase von Technologien, in der bereits die Kommerzialisierung durch Produktentwicklungen eingesetzt hat. Im Rahmen einer Vektoranalyse läßt sich das in Abb. 64 aufgezeigte Entwicklungsmuster mit den Phasen Entwicklungsstadium, Umgehungs-/Verbesserungserfindungen, Sättigung/Degeneration und Perfektionierung mit etwaigem Übergang zu einer Folgetechnologie finden.[1307] Patentschriften eignen sich deswegen in hervorragender Weise zur Früherkennung technologischer Trends.[1308]

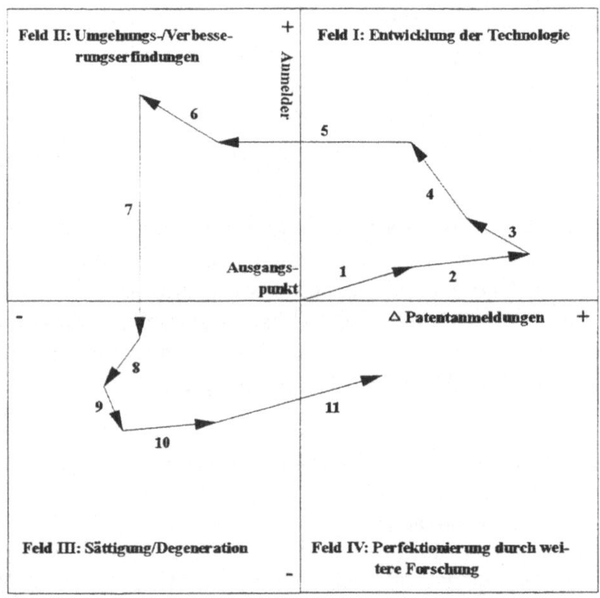

Abb. 64: Vektoranalyse auf der Basis von Patentanmeldungen zur Untersuchung der Entwicklung von Technologiebereichen (jährliche Erhebungen). (Quelle: MERKLE (Patentinformationen, 1985), S. 413)

3. Schutzrechte werden in Patentdatenbanken anhand der allerorts verbindlichen Internationalen Patentklassifikation (IPC) erfaßt, die in ihrer fünften Fassung von 1990 über mehr als 60.000 (Unter-)Klassen und (Haupt-/Unter-)Gruppen verfügt.[1309] Dadurch lassen sich auch spezielle Technikfelder präzise beschreiben, und die Auswertbarkeit steigt im Gegensatz zu anderen externen Datenbanken.[1310]

1307) Vgl. MERKLE (Patentinformationen, 1985), S. 412ff.

1308) Vgl. FENDT (Trends, 1988), S. 73.

1309) Vgl. FAUST (Früherkennung, 1987), S. 16f., KOSCHATZKY (Patentdatenbanken, 1991), S. 264 u. WOLFRUM (Technologiemanagement, 1991), S. 131. Das US-amerikanische Patent-

4. Im Gegensatz zu anderen Publikationen, die weltweit "Gültigkeit" besitzen, gilt in Patentdatenbanken das Territorialprinzip, das ein Schutzrecht für nur die Länder vorsieht, für die es beantragt war.[1311] Deswegen lassen sich auch schon aus dem Anmeldeverhalten der Institutionen wichtige Rückschlüsse über deren ökonomische Strategien ziehen.[1312]

Bei der Recherche[1313] in Patentdatenbanken steht weniger die einzelne Patentschrift im Vordergrund, weit mehr interessieren die von einer Vielzahl von Anmeldungen gezeichneten Strukturen und Entwicklungsmuster,[1314] die durch Patentindikatoren offengelegt werden sollen. Standardsoftwarepakete[1315] zur Patentrecherche zielen mit ihren Standardauswertungen auf die Erstellung dieser Patentindikatoren, die nicht nur der Identifizierung allgemeiner technologischer Trends dienen, sondern bereits wichtige Anregungen für die Analyse der speziellen Umweltfaktoren liefern. Die Betrachtung der diesbezüglichen Möglichkeiten soll hier vorgezogen werden.

Der Patentindikator *relative Veränderungsrate der Patentanmeldezahl* gibt Aufschluß über die Entwicklungsdynamik eines Technikfeldes.[1316] Eine dynamische Auswertung nach der *unternehmensbezogenen Anzahl angemeldeter Patente* liefert frühe Hinweise für die Konkurrentenanalyse, da insbesondere in neuen wachstumsstarken Gebieten der Überblick über die stark flukturierenden Wettbewerber leicht verlorengeht.[1317] Einsteiger mit hohen Wachstumsraten können als interessante Akquisitionskandidaten

amt verwendet dagegen die eigene Klassifikation USPOC, die jedoch automatisch in die IPC-Klassifikation transformiert wird. Vgl. FAUST (Früherkennung, 1987), S. 19f.

1310) Vgl. KOSCHATZKY (Patentdatenbanken, 1991), S. 264.

1311) Vgl. KOSCHATZKY (Patentdatenbanken, 1991), S. 264.

1312) Vgl. KOSCHATZKY (Patentdatenbanken, 1991), S. 264.

1313) Zu konkreten Recherchebeispielen und den diesbezüglichen Befehlen vgl. KOSCHATZKY (Patentdatenbanken, 1991), S. 264f u. KRESTEL (Patentdatenbanken, 1991) sowie SCHMOCH u. KOSCHATZKY (Recherchen, 1991). Zur besonderen Problematik der Recherche nach chemischen und japanischen Patenten vgl. KÄMPER (Online-Recherche, 1991) bzw. WECKEND (Recherche, 1991).

1314) Vgl. FENDT (Trends, 1988), S. 73.

1315) Beispiele für solche Analysepakete sind die vom Fraunhofer-Institut für Systemtechnik und Innovationsforschung entwickelte "Patentstatistische Konkurrenzanalyse", vgl. dazu KOSCHATZKY u.a. (Informationsvorsprung, 1991), und die "Systematische Patentanalyse (SYMPAT)" von FENDT, vgl. ders. (Trends, 1988), S. 78ff. Andere Systeme, die neben der reinen statistischen Recherche der Erfassung und Verwaltung von Patenten dienen, sind PATSYS, URANUS und PATENTÜBERWACHUNG. Vgl. zu diesen Systemen SCHMIDT u.a. (Inhouse-Patentdatenbanken, 1991).

1316) Vgl. WOLFRUM (Technologiemanagement, 1991), S. 129 u. PEIFFER (Technologie-Frühaufklärung, 1992), S. 155f.

1317) Vgl. MERTENS u. PLATTFAUT (DV-Unterstützung, 1985), S. 20, FENDT (Trends, 1988), S. 73, KOCH u. FENDT (Online-Recherche, 1988), S. 85f., KOSCHATZKY (Patentdatenbanken, 1991), S. 266f., WOLFRUM (Technologiemanagement, 1991), S. 130, PEIFFER (Technologie-Frühaufklärung, 1992), S. 156, MÜNCH (Konkurrenz, 1993) u. STAUD (Fachinformation, 1993), S. 84.

identifiziert werden.[1318] Auch lassen sich auf der Basis der unternehmensbezogenen Patentanalyse Stärken-Schwächen-Vergleiche mit den wichtigsten Konkurrenten vornehmen.[1319] Die *Zeit von der Patentanmeldung bis zur Markteinführung* läßt sich als "proxy" für die Fähigkeit einer Unternehmung verwenden, wissenschaftlich technische Erfolge in ökonomische zu überführen.[1320]

Zur Einschätzung der qualitativen Bedeutung von Patenten kann anhand der *Auslandsanmeldungen* der Umfang beantragter Schutzrechte herangezogen werden, weil die Schutzrechte mit hohen Kosten verbunden sind und daher nur vielversprechende Erfindungen flächendeckend in mehreren Ländern und Wirtschaftsräumen als Patent angemeldet werden.[1321] Eine Auswertung nach Herkunftsländern der anmeldenden Institutionen liefert außerdem ein Bild des internationalen Wettbewerbs.[1322] Weitere Qualitätsindikatoren sind *Prüfungs-, Erteilungs-* und *Lizenzierungsquote* der Anmeldungen, da diese bei der ökonomischen Umsetzung auf einen hohen Erwartungswert schließen lassen.[1323] Schließlich liefert die *mittlere Zitierfrequenz* in anderen Patentschriften Hinweise für eine qualitative Beurteilung einer Erfindung.[1324]

Zu ihrer zeitlichen Einordnung können das *Alter der Patente* und das *Alter der darin zitierten Schriften* dienen.[1325] Das *Verhältnis von Patent- zu sonstigen Literaturangaben* gibt Aufschluß über die Wissenschaftsbindung.[1326] Stützt sich ein Patent auf einen hohen Anteil anderer Patentschriften, so weist das auf einen geringen Innovationsgrad hin.

Neben der Betrachtung der anmeldenden Organisationen gibt die Beobachtung hervorragender Forscherpersönlichkeiten wichtige Aufschlüsse über technologische Trends sowie Forschungs- und Entwicklungsschwerpunkte der Institutionen.[1327] Die *Anzahl anmeldender Forscher pro Erfindung* kann als Indikator für den von der anmeldenden Institution betriebenen personellen FuE-Aufwand gewertet werden.[1328]

1318) Vgl. FENDT (Trends, 1988), S. 76.

1319) Vgl. FENDT (Trends, 1988), S. 76f. u. POHLE (Analyse, 1990), S. 17.

1320) Vgl. POHLE (Analyse, 1990), S. 17.

1321) Vgl. FENDT (Trends, 1988), S. 76, KOCH u. FENDT (Online-Recherche, 1988), S. 87 u. WOLFRUM (Technologiemanagement, 1991), S. 128f. FAUST (Früherkennung, 1987), S. 12f. wendet dagegen ein, daß dieser Indikator durch eine Verfahrensvereinfachung und Verringerung des Aufwands bei Auslandsanmeldungen innerhalb der Vertragsstaaten des Europäischen Patentamts an Aussagekraft verloren habe.

1322) Vgl. KOSCHATZKY (Patentdatenbanken, 1991), S. 267.

1323) Vgl. PEIFFER (Technologie-Frühaufklärung, 1992), S. 156 u. 164.

1324) Vgl. WOLFRUM (Technologiemanagement, 1991), S. 129 u. PEIFFER (Technologie-Frühaufklärung, 1992), S. 158.

1325) Vgl. PEIFFER (Technologie-Frühaufklärung, 1992), S. 156.

1326) Vgl. PEIFFER (Technologie-Frühaufklärung, 1992), S. 156.

1327) Vgl. FENDT (Trends, 1988), S. 78.

1328) Vgl. PEIFFER (Technologie-Frühaufklärung, 1992), S. 156. Einschränkend müssen jedoch die unterschiedlichen Gepflogenheiten der Erfindernennungen im internationalen Vergleich beachtet werden. Vgl. dazu FAUST (Früherkennung, 1987), S. 171ff.

Die Beteiligung von *Einzelerfindern* legt die Vermutung nach einem relativ hohen Problemlösungsdruck aus dem Anwendungsbereich nahe.[1329]

Argumente gegen die Nutzung von Patentinformationen, wie Lücken in bestimmten Bereichen (z.B. Software, Tiere), das "Veröffentlichen" in schwer zugänglichen Hauszeitschriften und die Überholung von Patenten durch eine sehr dynamische Entwicklung, sind nur in Spezialfällen zu beachten und für die meisten Fälle als irrelevant befunden worden.[1330]

In Bezug auf die datenbanktechnischen Möglichkeiten von Patentdatenbanken muß die mangelhafte Unterstützung von Volltext und Graphik kritisch angemerkt werden; denn nur durch die vollständige Wiedergabe der Patentschrift und der darin enthaltenen Zeichnungen ist eine Einschätzung der technologischen und ökonomischen Relevanz möglich.[1331] In Zukunft kann jedoch auf Grund der schnell voranschreitenden Entwicklung der Informations- und Kommunikationstechnologie mit einer schrittweisen Behebung dieses Mangels gerechnet werden. Die durch komplizierte Abfragesprachen bedingten, insbesondere für kleine und mittelständische Unternehmen merklichen Nutzungsbarrieren werden durch eine Reihe von Standardsoftwarepaketen verringert.

Als problematisch erweist sich jedoch die Interpretation der technologischen und ökonomischen Qualität von Patenten. Hierzu sind folgende Gründe zu nennen:[1332]

- länderspezifische Patentierungsvorschriften und Klassifizierungsgewohnheiten
- mangelnde Aktualität der Patentklassifikationen
- Patentierungsneigung der Unternehmen
- bewußte Informationsverschleierung und -aussparungen
- bewußte Nichtanmeldung aus Furcht vor Umgehungsanmeldern
- Inventionsaktivitäten zur Rettung verdrängter Technologien
- Sperrpatente, die nicht verwendet werden
- Anmeldeschübe mit niedrigem inhaltlichem Gehalt aufgrund entsprechender Inventionsanreize

Trotz dieser Schwierigkeiten erweisen sich systematische Analysen in Patentdatenbanken für ein Technologiemanagement als äußerst wirkungsvoll und dienen den folgenden strategischen Aktivitäten:[1333]

1329) Vgl. PEIFFER (Technologie-Frühaufklärung, 1992), S. 159.

1330) Vgl. SCHMOCH u.a. (Technikprognosen, 1988) zit. n. KOSCHATZKY (Patentdatenbanken, 1991), S. 264.

1331) Vgl. KRESTEL (Patentdatenbanken, 1991), S. 244.

1332) Vgl. FAUST (Früherkennung, 1987), S. 17ff., KOSCHATZKY (Patentdatenbanken, 1991), S. 267, WOLFRUM (Technologiemanagement, 1991), S. 131ff., PEIFFER (Technologie-Frühaufklärung, 1992), S. 159f. u. GEORGY (Patentdatenbanken, 1993), S. 23.

1333) Vgl. MERKLE (Patentinformationen, 1985), S. 402, FENDT (Trends, 1988), S. 80, KOCH u. FENDT (Online-Recherche, 1988), S. 81f., KOSCHATZKY (Patentdatenbanken, 1991), S. 268, WOLFRUM (Technologiemanagement, 1991), S. 128 u. PEIFFER (Technologie-Frühaufklärung, 1992), S. 154ff.

- Früherkennung technologischer Trends
- Festlegung der eigenen FuE-Aktivitäten
- Bestimmung der FuE-Aktivitäten der Konkurrenten
- Identifikation potentieller Konkurrenten
- Identifikation von Technologieführern
- Investitionsentscheidungen zum Einstieg in neue Technologien
- Planung von Diversifikationen

Eine empirische Studie über den Einsatz externer Datenbanken im FuE-Bereich belegt die Bedeutung von Patentdatenbanken. Danach wurden von allen Befragten Patentdatenbanken als wichtigste externe Informationsquelle angegeben.[1334] Bei einer Phasenbetrachtung des FuE-Prozesses werden die Erkenntnisse aus Patentdatenbanken vorrangig in der ersten Screeningphase zur technologischen Bestandsaufnahme verwendet.[1335] Die Einsatzintensität nimmt in späteren Phasen bis hin zur Konstruktion ab.[1336] Hauptsächlich für die Strategie der frühen Technologienachahmung liefern Patentrecherchen wichtige Hinweise, während der Nutzen für eine Technologieführerschaft geringer ausfällt, da der Wettbewerbsvorteil durch eigenständige FuE-Aktivitäten erzielt wird.[1337]

Patentdatenbanken sind aus dem gesamten Angebot externer Datenbanken die primären Informationsquellen für eine Technologiebeobachtung. Ein anderer wichtiger Bereich der Informationsgewinnung sind Publikations- und (Co-)Zitationsanalysen,[1338] zu deren Unterstützung sich wissenschaftlich-technische Datenbanken anbieten. Bei der (Co-)Zitationsanalyse wird versucht, die Effektivität technologischer Entwicklungen anhand der intra- oder interdisziplinären Zitationshäufigkeit und der damit verbundenen Diffusion zu bewerten.[1339] Hierzu eignen sich sehr gut die verschiedenen fachbereichsbezogenen Online-Versionen des "Science Citation Index" (SCI).[1340]

Die Ergebnisse der Patentrecherche liefern an sich schon wichtige Hinweise für die Bestimmung des weiteren wettbewerblichen Agierens. Dennoch darf nicht auf eine ergänzende Recherche in Wirtschaftsdatenbanken verzichtet werden.[1341] Firmendatenbanken können Aufschluß geben über das FuE-Programm oder Budget, das Produktionsprogramm sowie die finanzwirtschaftlich und bilanzielle Situation der im Rahmen der Patentanalyse gefundenen Konkurrenten. Weiterhin sollten Firmenverflechtungen beachtet werden, da sonst wirtschaftliche und technologische Potenz kleiner Tochter-

---

1334) Vgl. HANNIG (Wettbewerbsvorteile, 1991), S. 39f.

1335) Vgl. HANNIG (Wettbewerbsvorteile, 1991), S. 39.

1336) Vgl. HANNIG (Wettbewerbsvorteile, 1991), S. 39.

1337) Vgl. HANNIG (Wettbewerbsvorteile, 1991), S. 41.

1338) Vgl. PEIFFER (Technologie-Frühaufklärung, 1992), S. 140ff. Dort wird auch auf die Co-Word- und Co-Heading-Analysis verwiesen, die versucht, das parallele Auftreten von Deskriptoren als Beziehungsnetz zu visualisieren und damit die Verwandtschaft technologischer Felder offenzulegen. Die Kanten repräsentieren die Beziehungsintensität zwischen den Deskriptoren (Knoten).

1339) Vgl. PEIFFER (Technologie-Frühaufklärung, 1992), S. 145.

1340) Vgl. PEIFFER (Technologie-Frühaufklärung, 1992), S. 145.

1341) Vgl. MÜNCH (Konkurrenz, 1993), S. 28.

gesellschaften großer Konzerne falsch beurteilt werden.[1342] Schließlich empfiehlt sich eine zusätzliche Konsultation von (Wirtschafts-)Pressedatenbanken, die ebenfalls wichtige Informationen über bestimmte Konkurrenten beinhalten können.[1343]

2. Spezielle Beobachtungsbereiche

Die Branche und die wichtigsten Konkurrenten sind als zentrale Beobachtungsobjekte der speziellen Unternehmensumwelt zu analysieren.[1344]

a) Branchen

Branchenbezogene Datenbanken mit Informationen über die einschlägigen Unternehmen, Märkte, Produkte, Technologien und Trends gewähren einen tiefen Einblick in die Branchensituation. Zu unterscheiden sind branchenallgemeine Datenbanken, die Informationen zu mehreren Branchen beinhalten, von branchenspezifischen, die sich auf eine einzige Branche konzentrieren und auch tagesaktuelle Berichte und Pressemitteilungen umfassen (s. Abb. 65).

Eine weitere für die Branchenanalyse bedeutsame Gruppe bilden die Einkaufsführerdatenbanken, die helfen die Frage - "Wo kann ich was einkaufen?" - zu beantworten (s. Abb. 66). Sie bilden damit die informationelle Grundlage für einen Vergleich alternativer Beschaffungsmöglichkeiten, die Beurteilung der Lieferantenmacht und Make-or-Buy Entscheidungen.[1345] Einkaufsführerdatenbanken sind klassische Produktdatenbanken, die als Gegenstück zu den unten beschriebenen Firmendatenbanken zu sehen sind: Produktdatenbanken gehen von Produkten und Dienstleistungen aus und ergänzen diesbezügliche Informationen um Firmendaten, Firmendatenbanken be-

---

1342) Vgl. das Fallbeispiel bei MÜNCH (Konkurrenz, 1993), S. 28. Hier war ein kleiner lokaler Konkurrent in einen technologisch führenden, weltweiten Konzern eingebunden.

1343) Vgl. das Fallbeispiel bei MÜNCH (Konkurrenz, 1993), S. 28, bei dem erst über eine (Wirtschafts-)Pressedatenbank Kenntnisse von einer Forschungskooperation wichtiger Konkurrenten erlangt wurden.

1344) Vgl. STAEHLE (Management, 1991), S. 583. Das von PORTER vorgeschlagene Fünf-Kräfte-Schema, vgl. II.F.1.b), dient häufig einer differenzierteren Betrachtung der Branchen- und Konkurrentensituation. Als Analyserahmen für die systematische Prüfung der Einsatzpotentiale externer Datenbanken scheint das Konzept jedoch weniger geeignet, da aufgrund der Verschiedenartigkeit der Datenbankinhalte zu viele Überschneidungen entständen, die der Übersichtlichkeit nicht förderlich sein würden. Vielmehr werden die einzelnen Komponenten des Fünf-Kräfte-Schemas - der Systematik STAEHLES folgend - innerhalb der Beobachtungsobjekte Branche und Konkurrenten behandelt.

1345) Vgl. MEYER u. NOCH (Online-Datenbanken, 1992), S. 177f.

Datenbank	Inhalt
Predicast Forecasts	1 Mio. monatlich aktualisierte Dokumente und Tabellen mit Prognosen zu Produkten, Branchen und Märkten. (seit 1971)
Promt	Täglich aktualisierte bibliographische und teilweise Volltext-Datenbank mit ca. 2,8 Mio. Zusammenfassungen und Verweisen aus 1.200 Publikationen, die Informationen über fast alle Wirtschaftsbereiche und Produkte enthalten. (seit 1972)
Global*base*	Ca. 900.000 Dokumente zu Wettbewerbsaktivitäten, neuen Produkten oder Dienstleistungen, neuen Technologien, Unternehmen und Trendanalysen aus 600 Quellen weltweit. (seit 1986)
FINDEX	13.000 Literaturhinweise auf Marktstudien von ca. 550 Marktforschungs- und anderen Unternehmen über 55 Branchen mit der Möglichkeit zur Online-Bestellung. Vierteljährliche Aktualisierung. (seit 1972).
ICC Keynote Industry Reports (ICKN)	Ca. 450 detaillierte Analysen über 220 Branchen der britischen Wirtschaft im Volltext, die über Trends und Aktivitäten in den Branchen sowie über die jeweiligen Schlüsselunternehmen berichten. Umfaßt die letzten drei Jahre und wird mit der Verfügbarkeit einer neuen Analyse aktualisiert. Darüber hinaus sind 23.000 Investment-Analysen von Brokern über Unternehmen und Branchen verfügbar.
Market Analysis and Information Database (M.A.I.D.)	Beinhaltet Neuigkeiten und Informationen über nahezu alle Konsum- und Investitionsgütermärkte weltweit in drei Unterdatenbanken: Researchline mit 50.000 Marktanalysen, Newsline mit Neuigkeiten aus den weltweit wichtigsten Zeitschriften und Zeitungen sowie Companyline mit Finanzanalysen von 4,5 Mio. Unternehmen in 40 Ländern. Wöchentliche Aktualisierung. (seit 1983).
Automotive News Service (AUTO)	50.000 Referenzen und Zusammenfassungen von 200 Handelszeitschriften und Zeitungen über die U.S.-amerikanischen Automobilbranche. (seit 1987)
RAPRA - Rubber and Plastics Research Abstracts	Halbwöchentlich aktualisierte bibliographische Datenbank mit über 425.000 Verweisen auf Fachliteratur (Zeitschriften, Konferenzberichte, Fachbücher usw.) über die kunststoffverarbeitende Industrie. 14-tätige Aktualisierung mit ca. 1.000 neuen Referenzen.

Abb. 65: Branchenbezogene (branchenallgemeine und -spezifische) externe Datenbanken
(Quelle: Gale Directory of Databases)

schreiten dagegen den umgekehrten Weg.[1346] Produktdatenbanken können als permanent eingerichtete, hoch aktuelle elektronische Fachmesse angesehen werden. Firmendatenbanken sind natürlich ebenfalls für eine vertiefende Recherche von Informationen einzelner Lieferanten wertvoll.

Neben der Verhandlungsmacht der Lieferanten ist auch die der Abnehmer im Rahmen einer Branchenanalyse zu berücksichtigen. Ferner sind auch potentielle Substitutionsprodukte zu beobachten, durch die tiefgreifende Umwälzungen in der Branche entstehen können. Zu beiden Komplexen können die oben aufgezeigten Branchen- und Firmendatenbanken abgefragt werden. Im Zusammenhang mit Substitutionsprodukten ist

---

1346) Vgl. STAUD (Fachinformation, 1993), S. 98.

Datenbank	Inhalt
ABC Deutschland	Text-numerische Faktendatenbank mit Hinweisen auf Produkte, die von ca. 76.000 Firmen in der Bundesrepublik Deutschland hergestellt und angeboten werden.
BDI Die deutsche Industrie	Text-numerische Faktendatenbank als Online-Version des Einkaufsführers "Die deutsche Wirtschaft - Made in Germany" mit 90.000 Produktbegriffen und Herstellernachweisen für ca. 22.000 exportorientierte Industrieunternehmen.
Wer liefert was? (WLWD)	Text-numerische Faktendatenbank als Online-Version des Einkaufsführers "Wer liefert was?" mit Hinweisen auf rund 163.000 Firmen in der BRD, Österreich, Schweiz, Belgien, Luxemburg und den Niederlanden. Vierteljährliche Aktualisierung.

Abb. 66: Einkaufsführerdatenbanken
(Quelle: Gale Directory of Databases)

die Datenbank Predicasts New Product Announcements/Plus erwähnenswert,[1347] die im Volltext Presseverlautbarungen zur Ankündigung neuer Produkte und Dienstleistungen anbietet. Noch zu nennen sind Patentdatenbanken, die mit Angaben über potentielle kommerzielle Verwendungsmöglichkeiten technologischer Innovationen ebenfalls unverzichtbare Hinweise auf Bedrohungen durch Ersatzprodukte oder -dienstleistungen geben.

b) Konkurrenten

Innerhalb der Analyse bestehender und potentieller Konkurrenten interessieren am meisten Firmendatenbanken, die in erster Linie Angaben über die Art (Produkte, Märkte) und den Erfolg (Jahresabschluß) der Geschäftstätigkeiten enthalten (s. Abb. 67). Außer bei der Analyse von Wettbewerbern können Firmendatenbanken bei der Auswahl von Kooperationspartnern und der Bewertung von Akquisitionskandidaten nützlich sein.[1348] Eine Sonderstellung innerhalb dieser Klasse nehmen Jahresabschlußdatenbanken ein, die sich auf Informationen spezialisiert haben, die nach handels-, steuerrechtlichen oder sonstigen Vorschriften publizitätspflichtig sind.[1349] Als Einschränkung erweist sich jedoch die größtenteils nationale Ausrichtung von Firmen- und Jahresabschlußdatenbanken[1350], die eine internationale Konkurrentenanalyse er-

---

1347) Vgl. STAUD (Fachinformation, 1993), S. 103 u. 506.

1348) Vgl. zu einer ausführlichen Darstellung der Auswertungsmöglichkeiten und Suchstrategien in Firmendatenbanken TANGTHE (Firmeninformationen, 1988).

1349) Vgl. zu Jahresabschlußdatenbanken o.V. (Jahresabschlußdatenbanken, 1988) u. BÖRNER (Jahresabschlußinformationen, 1988).

1350) Vgl. o.V. (Jahresabschlußdatenbanken, 1988), S. 31 u. STAUD (Fachinformation, 1993), S. 33.

Datenbank	Inhalt
Annual Reports Abstracts (ARA)	Monatlich aktualisierte text-numerische Faktendatenbank mit 250.000 Dokumenten mit Tabellen, Texten und Kennziffern aus Geschäftsberichten von über 4.000 US-amerikanischen und ausgewählten anderen Aktiengesellschaften.
Dun & Bradstreets UK, Austria, France, Spain, Belgium, Germany ...	14 text-numerische, länderspezifische Faktendatenbank mit Beschreibungen von ca. 2 Mio. europäischen Unternehmen mit teilweise umfangreichen Marktanalysen.
Dun & Bradstreets Market Identifiers (DMI)	Text-numerische Faktendatenbank mit detaillierten Beschreibungen von ca. 7,3 Mio. US-amerikanischen Unternehmen. Vierteljährliche Aktualisierung.
World-Wide Companies (WWC)	Monatlich aktualisierte Angaben zu den 2.200 weltweit größten Unternehmen aus 40 Ländern mit Bilanzen und dazugehörigen vergleichbaren Kennziffern.
Analysis Corporation PLC	Wöchentlich aktualisierte textlich-numerische Faktendatenbank mit detaillierten Beschreibungen von ca. 2.000 Unternehmen mit detaillierten Angaben über die geschäftliche und finanzielle Situation.
ICC - Full Text Company Reports	6000 Volltextdokumente mit allgemeinen Geschäftsberichten und Finanzdaten von mehr als 3.000 europäischen Unternehmen. Wöchentliche Aktualisierung.
INVESTEXT	Volltextdokumente über 11.000 amerikanische und 4.000 nicht-amerikanische Unternehmen sowie Marktanalysen, erstellt von Experten der Investmentbanken und Anlageberatern. Zusätzlich 500.000 internationale Unternehmens- und Branchenberichte von führenden Investmentbanken, Brokern, Beratungs- und Marktforschungsunternehmen. Informationen über 25.000 publizitätspflichtige Unternehmen und 53 Branchen.
Who Owns Whom	Monatlich aktualisierte text-numerische Faktendatenbank mit üblichen firmenbezogenen Angaben und dem Beziehungsgeflecht von 21.000 Muttergesellschaften und 330.000 Tochterfirmen.
CREDITREFORM-Datbank (CREFO)	Finanz- und Kreditinformationen über mehr als 2 Mio. Unternehmen in der BRD und in Österreich. Tägliche bis vierteljährliche Aktualisierung.
Hoppenstedt Deutschla (HOPE)	Text-numerische Faktendatenbank mit grundlegenden Angaben zu ca. 65.000 deutschen Unternehmen mit mind. 20 Beschäftigten oder mind. DM 2. Mio. Umsatz. Vierteljährliche Aktualisierung.

Abb. 67: Firmendatenbanken
(Quelle: Gale Directory of Databases)

schwert. Zwar existieren Datenbanken, die internationale Firmeninformationen umfassen, jedoch sind diese weniger umfangreich als national spezialisierte. Deswegen empfiehlt sich für eine internationale Konkurrentenanalyse ein zweistufiges Vorgehen, bei dem in einem ersten Schritt eine weltweite Identifikation der Konkurrenten erfolgt, an die sich im zweiten Schritt eine vertiefende Analyse in national ausgerichteten Datenbanken anschließt.

Neben diesen primär auf Firmendaten spezialisierten Datenbanken sind branchenallgemeine und branchenspezifische Datenbanken eine Quelle wertvoller konkurrentenbezogener Informationen. Patentdatenbanken bilden die Basis für eine technologisch orientierte Konkurrentenanalyse und geben wichtige Aufschlüsse über die jeweiligen Forschungsaktivitäten.[1351] Schließlich bieten auch Pressedatenbanken aktuelle Informationen über das Wettbewerbsverhalten der Konkurrenten.[1352] Externe Datenbanken dienen bei der Konkurrentenanalyse nicht nur der Recherche nach quantitativen Fakten, wie Anzahl der Mitarbeiter oder Jahresabschlußzahlen, sondern liefern im Rahmen einer Imageanalyse auch zweckdienliche Informationen zur Ermittlung eines "subjektiven Eindrucks", den die Wettbewerber bei ihren Abnehmern (Kunden) hinterlassen.[1353] Neben Kostengünstigkeit und Schnelligkeit wird die für die Konkurrenzforschung wichtige Diskretion der Recherche betont.[1354]

1351) Vgl. S. 283.

1352) Vgl. MEYER u. NOCH (Online-Datenbanken, 1992), S. 177 u. STAUD (Fachinformation, 1993), S. 84.

1353) Vgl. REYES (Konkurrenz, 1992).

1354) Vgl. REYES (Konkurrenz, 1992), S. 7.

VII. KONKRETISIERUNG EINER PROTOTYPISCHEN STRATEGISCHEN DATENBANK

Eine strategische Datenbank als Kernelement eines SIS sollte bestimmte datenbanktechnologische und inhaltliche Konstruktionselemente enthalten. Die datenbanktechnologischen Konstruktionselemente leiten sich unter Berücksichtigung des Standes und der Entwicklungstendenzen der Datenbanktechnologie aus den informationstechnologisch-funktionalen Anforderungen an eine strategische Datenbank ab. Die Zusammenstellung der inhaltlichen Konstruktionselemente orientiert sich am Informationsbedarf des strategischen Controllings und der darauf basierenden betriebswirtschaftlich-inhaltlichen Anforderungen.

A. Datenbanktechnologische Konstruktionselemente eines erweiterten Datenbankmodells

Als datenbanktechnologische Ausgangsbasis werden relationale Datenbanksysteme vorgeschlagen. Hierfür sprechen die folgenden Gründe.[1355] Das relationale Datenbankmodell bietet auf Grund der weitreichenden Datenunabhängigkeit und -neutralität die notwendige Flexibilität, um die Datenbank dem sich laufend verändernden strategischen Informationsbedarf anzupassen. Die konzeptionelle Einfachheit des Strukturteils - alle Daten werden in Tabellen gehalten - und der Operatoren, die die Basis für die deklarative und mengenverarbeitende Sprache SQL bilden, führen zu einem hohen Maße an Benutzerfreundlichkeit und -autonomie. Die umfassende theoretische Fundierung gewährleistet einen zuverlässigen Datenbankbetrieb mit ausreichender zeitlicher Performanz. Schließlich weisen relationale Datenbanksysteme einen hohen Verbreitungsgrad in der Praxis auf. Dadurch wird der Zugang zu anderen internen Datenbanken erleichtert, da man sich innerhalb der gleichen Technologie bewegt. Im Interesse des Investitionsschutzes sollten sich datenbanktechnologische Entwicklungen an diesem Standard orientieren und ihn evolutionär verbessern.

Die vorgestellten neuen Ansätze der Datenbanktechnologie verfolgen spezielle Ziele, die zumeist an einer bestimmten Kritik herkömmlicher, d.h. hierarchischer, Netzwerk- und relationaler Datenbanksysteme anknüpfen. Alle Ansätze leisten im Hinblick auf die informationstechnologisch-funktionalen Anforderungen an strategische Datenbanken nützliche Beiträge. Da kein einzelner neuer Ansatz der Datenbanktechnologie allen Anforderungen gerecht wird, soll hier das Konzept erweiterbarer Datenbanksysteme vorgestellt werden. Dabei stehen weniger die bisher betrachteten Datenbanksysteme als vielmehr einzelne Datenbankfunktionalitäten im Mittelpunkt des Interesses, die je nach Anwendungserfordernissen modular zu einem dedizierten Datenbanksy-

---

1355) Vgl. auch die Ausführungen in VI.A.3.

stem zusammengestellt werden.[1356] In diesem Sinne werden die für die Konstruktion einer strategischen Datenbank notwendigen Datenbankfunktionalitäten im folgenden zusammengetragen. Dabei wird zunächst auf die für eine Modellierung strategisch relevanter Informationen notwendigen Datentypen und anschließend auf die zur Datenmanipulation und -abfrage erforderlichen Operatoren eingegangen.

1. Datentypen

Zur Erfassung und Verwaltung strategischer Informationen in einer Datenbank sollten die folgenden Datentypen verfügbar oder durch den Benutzer definierbar sein:

(1) Komplexe Objekte oder geschachtelte Relationen.
Die durch die Normalisierung erzwungene Informationszergliederung relationaler Datenbanksysteme in "flache" Tabellen ist zu vermeiden. Strategische Informationen (z.B. Strategien als Maßnahmenbündel mit Prämissen, Zwischen- und Endergebniszielen) weisen komplexe Strukturen auf, die nur sehr umständlich in Tabellen zu erfassen sind. Statt dessen sind Konzepte des objektorientierten und des NF^2- Datenmodells (Ober-/Unterklassen, Vererbung/Spezialisierung, Tupel, Listen und Mengen in geschachtelten Relationen) zu verwenden, die anwendungslogisch zusammengehörende Informationen nicht unnötig zergliedern.

(2) Informationsbewahrende Felder und Registrierzeit
Durch Überschreiben "alter"[1357] Daten gehen vergangene Kenntnisstände verloren. Diese sind jedoch für retrospektive Analysen von Entscheidungen mit dem daraus erwachsenden Erkenntnis- und Lernpotential notwendig und nützlich. Des weiteren kann z.B. im Rahmen einer iterativen Planung zu vergangenen Planungs(-zwischen-)ständen zurückgeschritten und daran angeknüpft werden. Zur eindeutigen Zuweisung von Kenntnisständen zu bestimmten Zeitpunkten der Vergangenheit müssen die Daten mit einer Registrierzeit versehen werden, die dokumentiert, wann ein neuer Wert im System eingetragen wurde. Die Registrierzeit muß den Erfordernissen entsprechend fein (z.B. auf die 100stel-Sekunde genau) oder grob (z.B. nur monatsgenau) modellierbar sein (Zeitgranularität).

(3) Gültigkeitszeit und Zeitreihen
Der kybernetische Charakter des Controllings bedingt die Analyse vergangenheits- und insbesondere zukunftsbezogener Daten (Prognosen, Pläne). Dieser Zeitbezug wird durch die Gültigkeitszeit ausgedrückt, die prinzipiell für jedes einzelne Datum besteht und verwaltet werden kann. Für Zeitreihen ist die Gültig-

---

1356) Vgl. DATE (Introduction, 1990), S. 727ff., DITTRICH (Stand, 1990) sowie LOCKEMANN u.a. (Future, 1990), S. 27.

1357) "Alte" Daten dürfen nicht mit vergangenheitsbezogenen Daten verwechselt werden. So handelt es sich beispielsweise bei der Aktualisierung einer Prognose um zukunftsbezogene Werte. Vergangenheits- und Zukunftsbezug sind vielmehr Gegenstand der Gültigkeitszeit, die sich orthogonal zur Registrierzeit verhält.

keitszeit der Daten in periodisch wiederkehrenden Intervallen gleicher Länge festgelegt (z.B. Tage, Monate, Jahre). Bezüglich der Zeitgranularität gilt das gleiche wie für die Registrierzeit.

(4) Unscharfe Felder und trianguläre Zahlen
Zur Erfassung und Verwaltung vager und inexakter Informationen sind verschiedene Datentypen vorzusehen. Ein Datentyp sollte neben dem Datenwert den Zugehörigkeitsgrad als eine Zahl aus dem Intervall [0, 1] aufnehmen. Ein weiterer sollte unscharfe Begriffe (linguistische Variablen) und Zahlen als Zugehörigkeitsfunktionen (z.B. über Wertepaare) abbildbar machen. Trianguläre Zahlen sind im Interesse einer vereinfachten Darstellung und Verarbeitung unscharfer Zahlen auf drei Parameter reduzierte Zugehörigkeitsfunktionen.

(5) Datenqualitätsfelder
Für Daten, die sich weitestgehend einer physikalisch-technischen oder intersubjektiv akzeptierten Meßvorschrift entziehen, sowie für zukunftsbezogene Daten (Prognosen, Pläne) ist wichtig zu wissen, mit welcher Verläßlichkeit diese Information zu verwenden ist. Dies bedeutet z.B. für eine prognostizierte Zeitreihe, daß deren Zustandekommen (verwendete Methode, beteiligte Personen u.ä.) dokumentiert und abfragbar ist. Ein Beispiel für eine andere Datenqualität sind Datenfreigabestufen, die in ingenieurtechnischen Entwicklungsprozessen und im Rahmen kollektiver Planungssysteme auftreten. Sie dienen dabei der dynamischen Zuweisung von Rechten der beteiligten Institutionen zur Festlegung von (Plan-)Daten. Datenqualitätsfelder müssen nicht unbedingt als besonderer Datentyp eingeführt werden. Oft ist bereits die Beschreibung eines Bewertungsverfahrens und der beteiligten Personen über ein Textfeld ausreichend.

(6) Beliebig erweiterbare Textfelder
Ein Teil strategischer Informationen läßt sich nur in Textform fassen (z.B. Beschreibungen schwacher Signale, Szenarien, Beurteilungen und Einschätzungen). Zur Aufnahmen derartiger Informationen müssen Felder für Texte beliebiger Größe und Form vorgesehen werden.

(7) Regelfelder
Regeln sind zur Verwaltung und Verarbeitung strategischer Informationen äußerst bedeutsam. Sie können dabei in vielfältiger Form eingesetzt werden. Als Integritätsregeln erhöhen sie die Korrektheit und Konsistenz des Datenbestands auf Datenmodell- (z.B. Kontrolle der Primär- und Fremdschlüsselbeziehung im relationalen Datenbankmodell) und Anwendungsebene (Regeln zur Plankonsistenz, z.B. die Liquiditätsbedingung). Regeln können eine automatische Datenkonversion aus externen in interne Datenbanken übernehmen. Mit Hilfe von Regeln brauchen ableitbare Daten nicht explizit oder mehrfach in der Datenbank gespeichert zu sein. Das automatische Überwachen bestimmter Daten oder -muster (z.B. Kritischen Erfolgsfaktoren) sowie das Auslösen beliebiger Aktionen oder -komplexe können von Regeln gesteuert werden. Schließlich können Regeln Aussagen über die Interpretation und Verarbeitung (Heuristiken, Methoden) strategischer Informationen enthalten.

2. Operatoren

Die vorgeschlagenen neuen Datentypen führen zu einem umfassenderen semantischen Inhalt einer strategischen Datenbank. Daraus erwächst die Möglichkeit und zugleich die Notwendigkeit zur Einführung neuer Operatoren, die das gesteigerte Informationspotential effizient auswerten können. Es werden die folgenden Erweiterungen auf der Ebene der Operatoren vorgeschlagen:

(1) Objektbezogene Abfragen ohne tabellenbezogene Joins
Objektbezogene Informationen müssen ganzheitlich ohne die explizite Angabe von Tabellenverknüpfungen über Primär-Fremdschlüsselbeziehungen durch den Benutzer abfragbar sein.

(2) Abfragen impliziter Daten
Neben den explizit in der Datenbank gespeicherten Daten müssen auch implizite Daten, die erst über die Auswertung von Regeln abgeleitet werden, abfragbar sein.

(3) Rekursive Abfragen
Im Interesse einer komfortableren Datenauswertung sind auch rekursive Abfragen notwendig. Sie können auf zweierlei Weise realisiert werden. Zum einen können Regeln als dauerhafte Aussagen über rekursive Beziehungen von Datenfeldern formuliert, zum anderen diese Beziehungen aber auch nur temporär als Join-Bedingung über spezielle Join-Operatoren hergestellt werden und zum Ergebnis führen.

(4) As-of-time-Abfragen
Die Verwaltung von Registrier- und Gültigkeitszeit erlaubt besondere Auswertungen. Mit As-of-time-Abfragen können Daten mit einem bestimmten Zeitbezug abgefragt werden. Bezieht sich eine solche Abfrage auf die Registrierzeit, so sind vergangene Kenntnisstände in der Datenbank das Ziel der Abfrage. Ist die Gültigkeitszeit Gegenstand der Datensuche, dann sind in der Vergangenheit, Gegenwart oder Zukunft gültige Werte von Interesse. Beide Abfragearten sollten kombinierbar sein. Dies ist beispielsweise bei einer Betrachtung verschiedener Kenntnisstände zu einer Prognose von nöten.

(5) Zeitbezogene Vergleichsoperatoren
Zeitbezogene Datenabfragen sollten durch besondere Vergleichsoperatoren (before, after, while usw.) erleichtert werden.

(6) Zeitliche Des-/Aggregation
Operatoren zur zeitlichen Des-/Aggregation erleichtern den Vergleich von Daten oder Zeitreihen unterschiedlicher zeitlicher Granularität, beispielsweise in den kurz-, mittel- und langfristig orientierten Finanz- und Investitionsplanungen. Die Desaggregation wird durch die zeitliche Detailliertheit der Datenerfassung begrenzt.

(7) Analytische Des-/Aggregation
Unter analytischer Des-/Aggregation werden hier solche verstanden, die sich auf beliebige, aber nicht zeitliche Objekthierarchien beziehen. Als Beispiele sind Umsatzbetrachtungen nach geographischen (Verkaufsbezirke, Regionen, Länder u.ä.) oder organisatorischen Hierarchien (Vertreter, Niederlassungen, Sparten u.ä.) und generell alle Kennzahlensysteme zu nennen. Zusätzlich sollten dem Benutzer verschiedene Objekthierarchien angezeigt werden und zur Verfügung stehen. Die Desaggregation wird auch hier durch Detailliertheit der Datenerfassung begrenzt.

(8) Akzeptanzschwellen für unscharfe Vergleiche
In unscharfen Abfragen müssen für den WHERE-Bedingungsteil Akzeptanzschwellen (thresholds) anzugeben sein, die für die gewünschten Daten den minimalen Grad der Bedingungserfüllung angeben.

(9) Unscharfe Modifizierer
Zur komfortablen Verarbeitung von Zugehörigkeitsfunktionen bei der Datenabfrage sind unscharfe Modifizierer (z.B. and, or, not, very, approximately) nützlich.

(10) Volltextsuche und Hypertextfunktionen
Die umfangreichen Textinformationen einer strategischen Datenbank müssen unabhängig von datenbanktechnischen Objekten (Tabellen, Dateien u.ä.) über Volltextrecherchen nach bestimmten Zeichenketten oder Begriffen durchsuchbar sein. Die Problematik der Synonymie und Homonymie sollte über einen Thesaurus entschärft werden, der aus Begriffen - modelliert als komplex vernetzte Objekte - besteht und u.U. auch unscharfe Begriffsbeziehungen enthält. Zur benutzerfreundlichen Navigation durch die Textinformationen sollten Hypertextfunktionen vorhanden sein.

B. Datenbankentwurf

Nachdem die erforderlichen datenbanktechnischen Konstruktionselemente festgelegt wurden, soll nun bestimmt werden, welche Entitäten oder Daten(-cluster) in einer strategischen Datenbank enthalten sein müssen. Die Zusammenstellung orientiert sich am Informationsbedarf des strategischen Controllings und an den darauf basierenden betriebswirtschaftlich-inhaltlichen Anforderungen. Entsprechend der beim Datenbankdesign üblichen Vorgehensweise soll für die strategischen Informationen zunächst ein Strukturierungsvorschlag mit Hilfe eines modifizierten Entity-Relationship-Modells vorgestellt werden. Daran schließt sich die Übertragung in das zuvor konzipierte erweiterte Datenbankmodell an.

1. Strategische Informationen auf der Ebene eines semantischen Datenmodells

Wie bei den bereits an anderer Stelle geschilderten Unternehmensdatenmodellen,[1358] sollen die Informationen zunächst mit Hilfe eines (semantischen) Datenmodells strukturiert werden. Die in Theorie und Praxis gegenwärtig diskutierten Unternehmensdatenmodelle enthalten ausschließlich Daten über operative Tätigkeiten. Diese sind zwar unverzichtbar für strategische Auswertungen und Analysezwecke, jedoch bleiben die für ein strategisches Controlling notwendigen und durch die betriebswirtschaftlich-inhaltlichen Anforderungen näher spezifizierten Informationen[1359] unberücksichtigt. Abb. 68 zeigt einen Vorschlag zur Strukturierung strategischer Informationen mit Hilfe eines objektorientiert modifizierten Entity-Relationship-Modells.

Im Mittelpunkt der Betrachtung steht die strategische Geschäftseinheit. Jede strategische Geschäftseinheit agiert in einer Branche und verfolgt bestimmte Ziele, zu deren Erreichen die ihr zur Verfügung stehenden Potentiale eingesetzt werden können. Der Potential-Begriff ist sehr weit gefaßt; neben operativen Basispotentialen (z.B. Materialien, Maschinen oder menschliche Arbeit) sind auch strategische Erfolgspotentiale (z.B. relativer Marktanteil, Know-how oder Produktqualität) darunter zu verstehen. Ziele sind durch angestrebte zukünftige Potentialsituationen operationalisiert. Strategien basieren auf einer Reihe von Prämissen[1360] und bestehen aus Maßnahmen, die mit bestimmten potentialverändernden Wirkungen verbunden sind. Eine strategische Geschäftseinheit verfolgt diejenige Strategie, deren Wirkungen die verfolgten Ziele in bester Weise erreichen. Kritische Erfolgsfaktoren sind als mitarbeiterbezogene Prämissen modelliert. Die Mitarbeiter sind einer strategische Geschäftseinheit zugeordnet.[1361] Außerdem besteht ein Bezug zum Entitätstyp "schwache Signale", der einen bestimmten Mitarbeiter als Autoren benennt. Da ein schwaches Signal grundsätzlich alle strategischen Entitäten betrifft und erst im Übergang zu einem starken Signal bezüglich seiner Konsequenzen beurteilt werden kann, sind zunächst nur Einschätzungen möglich. Diese sind durch Aufzählung möglicher betroffener Bereiche zu konkretisieren. Um die Masse schwacher Signale nach den betroffenen Bereichen clustern zu können, sind nur bestimmte Zuordnungen zu strategischen Entitätstypen oder Entitäten zugelassen. Die gestrichelten Verbindungslinien von schwachen Signalen zu strategischen Geschäftseinheiten, Branchen und Prämissen deuten diese Zuordnungsmöglichkeiten an.

Neben den strategischen Geschäftseinheiten sind der Branche die Lieferanten, Kunden und Konkurrenten - als (Unter-)Entitätstypen des (Ober-)Entitätstyps "Firma" model-

---

1358) Vgl. die Ausführungen in Abschnitt IV.A.4.

1359) Vgl. die Ausführungen in Abschnitt IV.A.C.2.a)

1360) Prinzipiell sind alle zukunftsbezogenen Daten, die nicht unmittelbar von der Unternehmung beeinflußbar sind (Lageprognosen), als Prämissen anzusehen. Für die Modellierung bedeutet dies, daß die Prämissen auf viele Entitätstypen verteilt sind. Prämissen sollen hier aber als eigenständiger Entitätstyp modelliert werden, um sie besser mit Prämissenkontrollregeln versehen zu können.

1361) Im Sinne einer dualen Organisation könnte weiterhin der Entitätstyp "Stelle" eingeführt und verschiedenen strategischen Geschäftseinheiten zugeordnet werden.

liert - zugeordnet. Die Beziehung zwischen den Entitätstypen "Konkurrent" und "Potential" erlaubt die Verwaltung von Konkurrentenpotentialen.[1362]

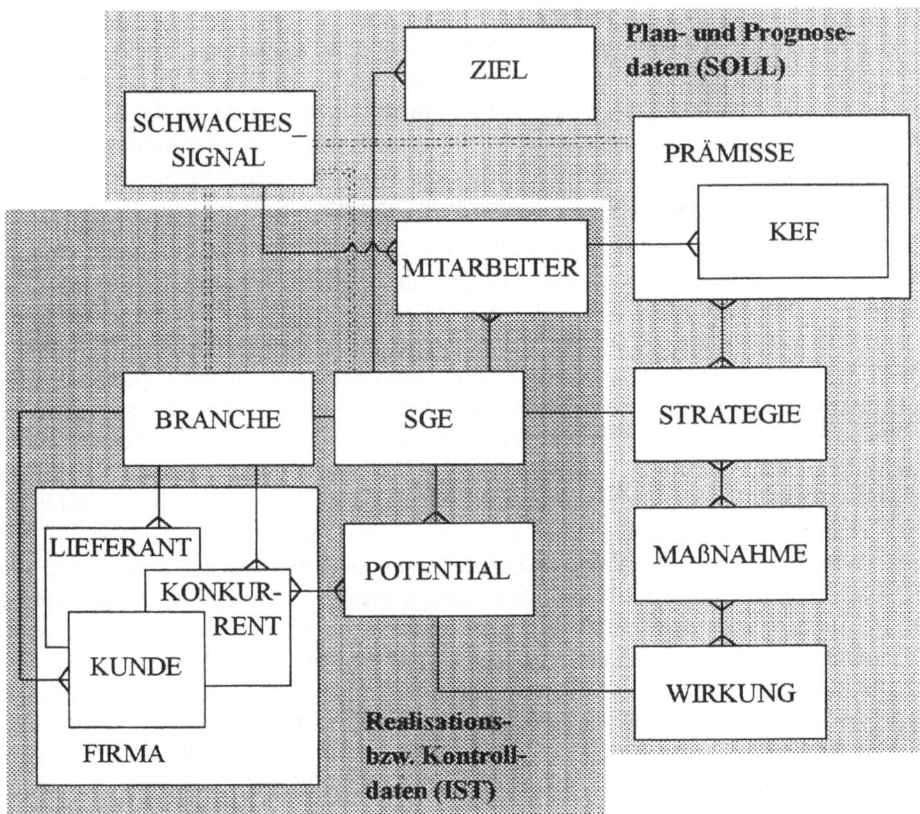

Abb. 68: Strategische Informationen in einem objektorientiert modifizierten Entity-Relationship-Modell

Als Voraussetzung für den controllingtheoretischen Soll-Ist-Vergleich als Element eines kybernetischen Regelkreislaufs müssen Plan- und Prognosedaten (SOLL) von Realisations- bzw. Kontrolldaten (IST) unterschieden werden. Diese Zuordnung ist in Abb. 68 kenntlich gemacht.

1362) Als Erweiterung sind die Modellierung von Zielen und Strategien der Konkurrenten denkbar. Gleiches gilt auch für ausgewählte Kunden und Lieferanten.

2. Strategische Informationen auf der Ebene eines erweiterten Datenbankmodells

Das in Abb. 68 gezeigte Schema strategischer Daten wird nun weiter konkretisiert. Dabei wird das zuvor konzipierte erweiterte Datenbankmodell zugrunde gelegt.

Objekte:

(1) **POTENTIAL**
   (Name, Dimension, Skalentyp, Messvorschrift, Messregel, Bestand (G), Bewerter)

(2) **ZIEL**
   (Name, Kommentar, (POTENTIALE, außer Bestand plus Zielbestand, Endergebniskontrolle))

(3) **PRAEMISSE**
   (Name, Kommentar, Prämissenkontrolle)

(4) **STRATEGIE**
   (Name, Kommentar, PRAEMISSEN, MAßNAHMEN, WIRKUNGEN)

(5) **MAßNAHME**
   (Name, Kommentar, WIRKUNGEN)

(6) **WIRKUNG**
   (Name, (POTENTIAL, außer Bestand (G)), Beitrag(G), Zwischenergebniskontrolle)

(7) **SGE**
   (Name, POTENTIALE, BRANCHE, ZIELE, STRATEGIE)

(8) **BRANCHE**
   (Name, Umsatz (G), Wachstum (G))

(9) **MITARBEITER**
   (Name, (SGE nur Name))

(10) **KEF**
   (MITARBEITER, PRÄMISSEN)

(11) **FIRMA**
   (Name, Adresse(Strasse, PLZ, Ort, Telefon))

(12) **KUNDE**
   (FIRMA, (SGE nur Name), BRANCHE)

(13) **LIEFERANT**
   (FIRMA, (SGE nur Name), BRANCHE)

(14) **KONKURRENT**
   (FIRMA, POTENTIALE, (SGE nur Name), BRANCHE)

(15) **SCHWACHES_SIGNAL**
   (Name, Kommentar, (MITARBEITER nur Name), Quelle, Bezug, Kontrollregel, Verteiler)

Bei der Datenbeschreibung werden folgende vereinfachende Annahmen getroffen:

- Eindeutige Bezeichner (Primärschlüssel) werden durch das System verwaltet (Surrogatkonzept).
- Nullwerte sind zugelassen und werden als nicht bekannt interpretiert.
- Registrier- und Gültigkeitszeit sind tagesgenau.
- Jedem Objekt wird eine Gültigkeitszeit zugeordnet. Zusätzlich wird für alle Attributswerte, die mit (G) gekennzeichnet sind, eine Geltungszeit verwaltet.
- Ohne explizite Angabe eines Gültigkeitszeitraumes wird standardmäßig die Registrierzeit als Anfang einer unendlichen, in die Zukunft reichenden Gültigkeitszeit angenommen.
- Attributswerte werden nicht überschrieben. Statt dessen wird der alte Wert mit der Systemzeit versehen, zu der der neue Wert eingetragen wurde.
- Wiederholgruppen werden durch den Plural der Objekte und/oder Klammern angezeigt.
- Werden nur ausgewählte Attribute vererbt, dann sind diese nach dem Objekt in Klammern angegeben.

ad (1) **POTENTIAL**

a. Tabellenstruktur und Beispieldaten

Name	Dimension	Skalentyp	Messvorschrift	Messregel	Bestand (G)	Bewerter
Umsatz	DM	kardinal	Berechne ...	ON EVENT ...;	(1000/1000/1000)	
Know-how	ohne	nominal	Bewerte ...	keine	hoch	Herr X (Branchenexp.), Frau Y (Leiterin FuE) ...
Qualität	%	ordinal	Kundenumfrage: ...	ON EVENT ...;	(10/30/35)	
Kundentreue	%	ordinal	Wiederkaufsrate: ...	ON EVENT ...;	(50/55/57)	
A_Material	kg	kardinal	Berechne...	ON EVENT ...;	(1000/1000/1000)	
X_Maschine	St	kardinal	Berechne...	ON EVENT ...;	(3/3/3)	
...					...	...

b. Datenbeschreibungsbefehl

```
CREATE OBJECT POTENTIAL
    (name                char(30),
     dimension           char(10),
     skalentyp           char(10),
     messvorschrift      varchar,
     messregel           ECA_rule,
     bestand             tri_number(10,2),
     bewerter            varchar);
```

c. Kommentar

Durch dieses Objekt sollen beliebige Potential-Bewertungsverfahren (quantitative und qualitative) möglich sein. "dimension" und "skalentyp" könnten als benutzerdefinierte Atribute auf bestimmte Wertebereiche beschränkt werden. Ebenfalls könnten dadurch die zulässigen Operatoren kontrolliert werden (z.B. keine Addition von DM und %-Angaben, keine Abstandsmessung für Ordinalzahlen). Das Attribut "messvorschrift" enthält eine Anleitung in natürlicher Sprache, wie die Meßgröße zu ermitteln ist. Häufig sind die (Ausgangs-)Daten zur Messung in internen oder externen Datenbanken bereits vorhanden, so daß die Messung automatisierbar ist. Für diese Fälle enthält das Attribut "messregel" eine entsprechende Regel in einer EDV-gerechten Sprache (z.B. als ECA-Regel). Darüber hinaus ist mit ECA-Regeln auch die Eingabe von subjektiven Bewertungen über die Tastatur vorgesehen. Der Potentialbestand wird als trianguläre Größe modelliert, um auch unscharfe Angaben zu erlauben.[1363] Dies ist sinnvoll, weil häufig keine scharfen Meßvorschriften vorhanden oder - insbesondere bei Konkurrentenpotentialen - die Informationen unvollständig sind und deswegen geschätzt werden müssen. Durch die Angabe drei gleich großer Zahlen ist auch die Eingabe scharfer Größen als Spezialfall möglich. Für Bewertungsverfahren, die einen ho-

---

1363) Vgl. zur unscharfen Modellierung von Potentialen mit Hilfe triangulärer Zahlen DEDERICHS (Basismodul, 1993).

hen subjektiven Interpretationsspielraum zulassen, enthält das Feld "Bewerter" Angaben über die beteiligten Personen.

ad (2) ZIEL

a. Tabellenstruktur und Beispieldaten

Zielname	Zielkommentar	Zielpotentiale		
		s. POTENTIAL	Zielbestand	Endergebniskontrolle
Qualitäts-steigerung	Die Kundenbedürfnisse konzentrieren sich zunehmend auf qualitativ hochwertige Produkte. Deswegen ...	... ...	200/250/300 -3/-2/-1,5 ...	ON EVENT ... ON EVENT ...
Kostensen-kung	Die Konkurrentenanalyse hat ergeben, daß unsere Produkte zu teuer sind. Aus diesem Grunde ...			
Mitarbeiter-zufriedenheit	Aus sozialen und ökonomischen Gründen wird eine hohe Mitarbeiterzufriedenheit angestrebt. Dies empfiehlt sich ...			
...	...	... ...	... ...	... ...

b. Datenbeschreibungsbefehl:

```
CREATE OBJECT ZIEL
        (name                   char (30),
        kommentar               varchar,
        zielpotentiale          set of object POTENTIAL
                                not bestand(G)
                                plus zielbestand            tri_number(10,2),
                                plus endergebniskontrolle   ECA_rule);
```

c. Kommentar

Die Attribute "name" und "kommentar" dienen einer verbalen Beschreibung und Erklärung der Ziele. Operationalisiert werden die Ziele durch zukünftig angestrebte Potentialbestände. Eine automatisierte Endergebniskontrolle wird durch ECA-Regeln realisiert.

ad (3) **PRÄMISSE**

a. Tabellenstruktur und Beispieldaten

Name	Kommentar	Prämissenkontrolle
Wachstum A-Branche	Es wird davon ausgegangen, daß die Branche in den nächsten fünf Jahren weiterhin folgendermaßen wächst:	ON EVENT ... (Abfrage externer Mafo-Datenbanken)
Auslastung	Die Verbesserung der Fertigungssteuerung führt zu einer jährlichen Verringerung der Leerzeiten um 2%.	ON EVENT ... (Abfrage interner CIM-Daten)
Konkurrenten-verhalten	Anzahl und Marktanteil der Konkurrenten bleiben nahezu unverändert.	ON EVENT ... (Abfrage externer Mafo-Datenbanken)
Beschaffungs-markt	Die Beschaffungspreise werden auf Grund eines verschärften Wettbewerbs folgendermaßen sinken: ...	ON EVENT ... (Abfrage externer Mafo-Datenbanken)
...	...	...

b. Datenbeschreibungsbefehl

```
CREATE OBJECT PRAEMISSE
      (name                 char(30),
       kommentar            varchar,
       prämissenkontrolle   ECA_rule);
```

c. Kommentar

Die Felder "name" und "kommentar" dienen der verbalen und teilweise auch quantitativen Beschreibung der Prämissen. Die ECA-Regeln automatisieren die Prämissenkontrolle durch die Abfrage interner und externer Datenbanken.

ad (4) **STRATEGIE**

a. Tabellenstruktur und Beispieldaten

Name	Kommentar	Prämissen	Maßnahmen	Wirkungen
Qualitätsführ- rerschaft	Es wird eine umfassende Qualitätsführerschaft gegenüber der Konkurrenz angestrebt. Als besonders wichtig ...	s. PRÄMISSE	s. MASSNAHME	s. PRÄMISSE
Kostenführ- rerschaft	Wir möchten der preisgünstigste Anbieter von XYZ-Produkten sein.			
...	...	...	...	...

b. Datenbeschreibungsbefehl

```
CREATE OBJECT STRATEGIE
    (name               char (30),
    kommentar           varchar,
    praemissen          set of object PRAEMISSE,
    massnahmen          set of object MASSNAHME,
    wirkungen           set of object WIRKUNG);
```

c. Kommentar

Neben den zur verbalen Beschreibung gedachten Feldern "name" und "kommentar" umfaßt das Objekt "Strategie" die Objekte "Praemissen", "Massnahmen" und "Wirkungen".

ad (5) **MASSNAHME**

a. Tabellenstruktur und Beispieldaten

Name	Kommentar	Wirkungen
Qualitätssiche- rungssystem	Im Interesse des Qualitätszieles wird ein Qualitätssicherungssystem eingerichtet. Dieses besteht aus ...	s. WIRKUNG
Qualitätswerbung	Die gesteigerte Produktqualität wird unseren Kunden durch eine qua- litätsbetonende Marketingaktion vermittelt.	
Target Costing	Zum Erkennen und Ausnutzen von Rationalisierungspotentialen wird das Target Costing eingeführt. Bei diesem Konzept ...	
...	...	...

b. Datenbeschreibungsbefehl

```
CREATE OBJECT MASSNAHME
     (name                    char (30),
     kommentar                varchar,
     wirkungen                set of object WIRKUNG);
```

c. Kommentar

Die Felder "name" und "kommentar" dienen einer verbalen Beschreibung der Maßnahmen. Eine weitere Konkretisierung erfolgt durch das noch zu beschreibende Objekt "Wirkung".

ad (6) **WIRKUNG**

a. Tabellenstruktur und Beispieldaten

Name	POTENTIAL	Beitrag	Zwischenergebniskontrolle
Ausgaben Kauf Maschine A	s. POTENTI- AL	-1500/-1600/-1750	ON EVENT ...
Imageverbesserung		3,2/3,0/2,5	ON EVENT ...
Kundenzuwachs Werbemaßnahme B		210/250/260	ON EVENT ...
Umsatz Produkt E		3600/4000/4100	ON EVENT ...
...	...	...	...

b. Datenbeschreibungsbefehl

```
CREATE OBJECT WIRKUNG
    (name                        char(30),
    POTENTIAL                    object
                                     not bestand(G),
    beitrag                      tri_number);
    zwischenergebniskontrolle    ECA_rule);
```

c. Kommentar

Dieses Objekt erfaßt und konkretisiert die erwarteten Konsequenzen der Maßnahmen als trianguläre negative oder positive Potentialbeiträge . Mit Hilfe der Kontrollregeln werden Zwischenergebniskontrollen durch Abfragen in- und externer Datenbanken automatisiert.

ad (7) **SGE**

a. Tabellenstruktur und Beispieldaten

Name	Potentiale	BRANCHE	Konkurrenten	STRATEGIE
A-SGE	s. POTENTIAL	s. BRANCHE	s. Objekt KONKURRENT	s. STRATEGIE
B-SGE				
...	...	...	...	...

b. Datenbeschreibungsbefehl

```
CREATE OBJECT SGE
      (name                char (30),
       potentiale          set of object POTENTIAL,
       BRANCHE             object,
       ziele               set of object KONKURRENT, only name,
       STRATEGIE           object);
```

c. Kommentar

Eine strategische Geschäftseinheit verfügt über verschiedene Potentiale, verfolgt eine Strategie in einer Branche gegenüber verschiedenen Konkurrenten.

ad (8) **BRANCHE**

a. Tabellenstruktur und Beispieldaten

Name	Umsatz	Wachstum
A-Branche	9.000.000/9.000.000/9.000.00	2/2,3/2,6
B-Nische	2.400.000/2.800.000/3.000.00	10/12/14
...	...	...

b. Datenbeschreibungsbefehl

```
CREATE OBJECT BRANCHE
      (name                  char (30),
      umsatz                 tri_number,
      wachstum               tri_number);
```

c. Kommentar

Als branchenbezogene Daten sind das realisierte Umsatzvolumen sowie das jährliche Wachstum als trianguläre Zahlen vorgesehen. Dies ist beispielsweise erforderlich, um auch nur unvollständig bekannte Werte oder nicht eindeutige Statistiken in Bandbreiten abbilden zu können.

ad (9) **MITARBEITER**

a. Tabellenstruktur und Beispieldaten

Name	SGE
Müller	s. SGE
Schmitz	
Meier	
Huber	
...	...

b. Datenbeschreibungsbefehl

```
CREATE OBJECT MITARBEITER
      (name                  char (30),
      SGE                    object,
                                   only name);
```

c. Kommentar

Das Objekt "MITARBEITER" verwaltet die beschäftigten Personen und gibt Auskunft über die SGE-Zugehörigkeit.

ad (10) **KEF**

a. Tabellenstruktur und Beispieldaten

MITARBEITER	Prämissen
s. MITARBEITER	s. PRAEMISSE
...	
...	...

b. Datenbeschreibungsbefehl

```
CREATE OBJECT KEF
      (MITARBEITER         object,
       praemissen          set of object PRAEMISSE);
```

c. Kommentar

KEF sind als mitarbeiterbezogene, subjektive Prämissen modelliert..

ad (11) **FIRMA**

a. Tabellenstruktur und Beispieldaten

Name	Adresse				Telefon
	Strasse	PLZ	Ort		
A-Firma	A-Str. 1	49893	A-Ort		02902/187662
B-Firma	B-Str. 2	58009	B-Ort		09768/89012
...			...		

b. Datenbeschreibungsbefehl

```
CREATE OBJECT
      (name              char (30),
       adresse
           strasse       char(30),
           plz           char(10),
           ort           char(30),
           tel           char(20));
```

c. Kommentar

Das Objekt FIRMA dient der Modellierung der Objekte "LIEFERANTEN", "KUN-DEN" und "KONKURRENTEN".

ad (12) **KUNDE**

a. Tabellenstruktur und Beispieldaten

FIRMA	SGE	BRANCHE
s. FIRMA	s. SGE	s. BRANCHE
...	...	...

b. Datenbeschreibungsbefehl

CREATE OBJECT KUNDE
        (FIRMA   object,
        SGE   object,
                                only name,
        BRANCHE   object);

c. Kommentar

Kunden werden aus den Objekten "Firma", "SGE" und "Branche" gebildet. Auf die Modellierung weiterer Attribute wird hier verzichtet.

ad (13) **LIEFERANT**

a. Tabellenstruktur und Beispieldaten

FIRMA	SGE	BRANCHE
s. FIRMA	s. SGE	s. BRANCHE
		...

b. Datenbeschreibungsbefehl

CREATE OBJECT KUNDE
        (FIRMA   object,
        SGE   object,
                                only name,
        BRANCHE   object);

c. Kommentar

Lieferanten werden wie Kunden aus den Objekten "Firma", "SGE" und "Branche" gebildet.

ad (14) **KONKURRENT**

a. Tabellenstruktur und Beispieldaten

FIRMA	SGE	POTENTIALE	BRANCHE
s. FIRMA	s. SGE	s. POTENTIAL	s. BRANCHE
...		...	...

b. Datenbeschreibungsbefehl

```
CREATE OBJECT KONKURRENT
      (FIRMA                object,
       SGE                  object,
                                 only name,
       POTENTIALE           set of object POTENTIAL,
       BRANCHE              object);
```

c. Kommentar

Das Objekt "Konkurrent" wird wie die Kunden und Lieferanten modelliert. Hinzu tritt noch die Zuordnung von Potentialen.

ad (15) **SCHWACHES_SIGNAL**

a. Tabellenstruktur und Beispieldaten

Name	Kommentar	Autor	Quelle	Bezug	Maßnahmen	Kontrollregeln	Verteiler
A_Tech-nologie	Die A-Technologie gefährdet ...	s. MIT-ARBEI-TER	X-Zeitschrift	A_Produkt, B_Branche	Weitere Beobach-tung der X-Zeitschrift Beobachtung des Patentierungsver-haltens	ON EVENT ...; ON EVENT ...;	s. MIT-ARBEI-TER
B_Kon-kurrent	B_Konkurrent über-legt, in die Branche einzutreten.Dies würde bedeuten, daß ...	s.o.	Messe-Ge-spräch	D_Produkt, F_Branche	Gespräch mit Herrn Y von B_Konkur-rent Medien-Scanning für B_Konkurrent	ON EVENT ...;	s.o.
S_Sub-vention	Die S-Subvention fördert...	s.o.	Gespräch mit Herrn Z von Partei P	C_Produkt, B_Branche	Gespräch mit Herrn B von Partei F.	keine	s.o.
...	...						

b. Datenbeschreibungsbefehl

```
CREATE OBJECT SCHWACHES_SIGNAL
      (name                  char(40),
      kommentar              varchar,
      autor                  object MITARBEITER,
                                only name,
      quelle                 char(200)
      bezug                  list of words,
      massnahmen             varchar,
      kontrollregeln         set of ECA_rule,
      verteiler              set of object MITARBEITER,
                                only name);
```

c. Kommentar

Die durch ein schwaches Signal betroffenen Bereiche werden durch die Eingabe von Schlüsselbegriffen im Feld "bezug" erfaßt. Die Schlüsselbegriffe sollten nicht beliebig formulierbar sein, sondern sich auf bestimmte strategische Entitäten (z.B. strategische Geschäftseinheiten, Branchen und Prämissen) beschränken. Dieses Feld ist als Liste modelliert, deren Rangfolge den Grad der Betroffenheit der Entitäten ausdrückt. Die Reaktion wird verbal im Feld "massnahmen" beschrieben, die teilweise durch ECA-Regeln im Feld "kontrollregel" im Sinne eines Monitoring automatisierbar sind.

VIII. ZUSAMMENFASSENDE BEWERTUNG UND AUSBLICK

In Anbetracht der Problematik einer unzureichenden informationstechnologischen Unterstützung des strategischen Controllings, das bei einem zunehmend intensiven Wettbewerb zum unverzichtbaren Bestandteil einer modernen Unternehmensführung wird, bestand das Ziel dieser Arbeit im Entwurf einer prototypischen, strategischen Datenbank als Kernelement computergestützter Informationssysteme zur Planung und Kontrolle unternehmerischer Entwicklungsoptionen.

Bei den Grundaspekten des strategischen Controllings wurden der prozessuale Charakter als kybernetischer Regelkreis und die (Erfolgs-)Potentialorientierung sowie -konkretisierung besonders betont. Die Betrachtung der im strategischen Controlling benötigten und verwendeten Informationen zeigte, daß sich diese durch bestimmte Merkmale auszeichnen. Hierzu gehören ein verstärkter Bezug auf das Unternehmensumfeld, eine A-priori-Unbestimmbarkeit, ein qualitatives Meßniveau, ein subjektiver und kollektiver Interpretationsbedarf sowie schließlich ein hohes Maß an Unvollständigkeit, Unsicherheit und Vagheit. Die Theorie unscharfer Mengen wurde als ein neuartiges Instrumentarium zur Abbildung inexakter Informationen eingeführt. Die Merkmale der Informationen fanden Eingang in die Formulierung von Anforderungen an ein strategisches Rechnungswesen, welches das traditionelle, eher operativ orientierte zu einem umfassenden Instrument zur Abbildung des Unternehmensgeschehens und der relevanten Umwelt weiterentwickeln möchte. Es wurden eine Potentialorientierung, ein Projekt- und Prozeßdenken, eine weitere Ausdehnung auf externe Bezugsobjekte sowie eine Öffnung des Meß- und Abbildungsinstrumentariums für qualitative Bewertungen gefordert.

Die bis dahin erzielten Ergebnisse dienten der Charakterisierung des Konzepts einer strategischen Datenbank als Kernelement computergestützter Informationssysteme zur Unterstützung des strategischen Controllings sowie der Formulierung von betriebswirtschaflich-inhaltlichen und informationstechnologisch-funktionalen Anforderungen.

Die Betrachtung der Datenbanktechnologie zeigte, daß neue Anwendungsfelder (sog. Non-Standardanwendungen) zu zahlreichen Weiterentwicklungen konventioneller, insbesondere relationaler Datenbanksysteme führen. Die für eine Realisierung einer strategischen Datenbank in Betracht kommenden wurden anhand der informationstechnologisch-funktionalen Anforderungen ausgewählt und ausführlicher analysiert. Dazu gehörten objektorientierte, zeitbezogene, aktive, deduktive, terminologische, unscharfe und gruppenunterstützende Systeme, die jeweils bestimmte Schwächen der konventionellen überwinden. Bei den externen Datenbanken wurde festgestellt, daß das damit verfügbare Informationsangebot ständig zunimmt und dieses Medium im Vergleich zu anderen eine schnellere und gezieltere Informationssuche ermöglicht.

Die Beurteilung der Nutzenpotentiale relationaler und neuerer Ansätze von Datenbanksystemen zur Realisierung einer strategischen Datenbank anhand der informationstechnologisch-funktionalen Anforderungen führt zu den folgenden (Haupt-)Ergebnissen:

- Relationale Datenbanksysteme unterstützen durch die benutzerfreundliche (Datenbank-)Sprache SQL einen Ad-hoc-Datenzugang. Die Daten sind dabei flexibel verknüpf- und auswertbar. Da relationale Datenbanksysteme sehr weit verbreitet sind, gestaltet sich der Zugang zu anderen internen Datenbanken ohne aufwendige Schnittstellen.

- Objektorientierte Datenbanksysteme vermeiden die künstliche Informationszergliederung relationaler, weil Daten nicht tabellen-, sondern objektbezogen verwaltet werden. Die Möglichkeit der Methodenprogrammierung macht diese Systeme zu einem generell einsetzbaren Werkzeug. Als nachteilig erweist sich jedoch der Rückschritt zu einer prozeduralen (Programmier-)Sprache.

- NF^2-Datenbanksysteme verknüpfen die Vorteile der objektbezogenen Informationsverwaltung mit der benutzerfreundlichen (Datenbank-)Sprache SQL.

- Zeitbezogene Datenbanksysteme erlauben eine beliebige Genauigkeit der Zeitmodellierung (Periodizität), bewahren vergangene Kenntnisstände und verwalten zu den Daten deren Geltungsdauer. Dadurch sind zeitbezogene Auswertungen möglich.

- Aktive Datenbanksysteme eignen sich für eine Automatisierung der Kontrolle. Außerdem können Daten aus anderen Datenbanken (interne u. externe) regelmäßig aktualisiert werden.

- Deduktive Datenbanksysteme verwalten neben den üblichen Fakten Regeln. Deren Eignungspotential reicht von einer gesteigerten Auswertungseffizienz (Ableitung nicht explizit gespeicherter Daten über Regeln) bis hin zu allen Expertensystemanwendungen mit der zusätzlichen Möglichkeit, auf umfangreiche Daten zugreifen zu können.

- Terminologische Datenbanksysteme verwalten Begriffe als semantische Einheiten. Sie sorgen damit für eine einheitlichere Begriffsverwendung, d.h. eine verbesserte Kommunikation. Außerdem erlauben sie eine an Begriffsinhalten orientierte Verwaltung von Texten.

- Unscharfe Datenbanksysteme lassen neben "einwertigen" Größen auch "fuzzy"-Angaben in Anlehnung an Zugehörigkeitsfunktionen der Theorie unscharfer Mengen zu. Hierdurch können beispielsweise linguistische Variablen in Abfragen benutzt werden.

- Gruppenunterstützende Systeme erlauben die Bildung von Controllingteams als Benutzergruppen mit dynamischen, an einzelnen Controllingphasen orientierten Datenzugriffs-/Datenbestimmungsrechten im Rahmen eines verteilten Controllings.

Bei der angebotsorientierten Betrachtung externer Datenbanken ergab sich, daß sie wichtige Informationslieferanten für den auf die Unternehmensumwelt bezogenen Teil der strategischen Datenbank sind. Dabei sind neben speziellen Branchen- und Firmendatenbanken insbesondere Patentdatenbanken zur Früherkennung und Überwachung technologischer Trends wertvoll. Da die Nutzung externer Datenbanken z.Z. noch relativ aufwendig ist, kann für die Nutzer darin ein strategischer Wettbewerbsvorteil wegen des Informationsvorsprunges vermutet werden.

Die Konkretisierung einer protoypischen, strategischen Datenbank folgte zunächst dem Gedanken der erweiterbaren Datenbanksysteme, die bestimmte Funktionalitäten je nach Anwendungserfordernissen modular zusammenstellen. Dabei wurden unter Berücksichtigung informationstechnologisch-funktionaler Anforderungen an eine strategische Datenbank deren Konstruktionselemente als Datentypen und Operatoren aus den einzelnen Ansätzen von Datenbanksystemen zusammengetragen. Anschließend wurden die Daten der strategischen Datenbank nach Maßgabe betriebswirtschaftlich-inhaltlicher Anforderungen mit Hilfe eines semantischen Datenmodells strukturiert. Hierdurch wurde der Gedanke der (Gesamt-)Unternehmensdatenmodelle auf die strategische Ebene ausgedehnt. Schließlich wurde die strategische Datenbank bis auf die Ebene des erweiterten Datenbankmodells konkretisiert.

Mit dieser strategischen Datenbank wird den informationellen Anforderungen des strategischen Controllings umfassend Rechnung getragen:

- Der mangelnden Bestimmbarkeit des strategischen Informationsbedarfs wird mit einer benutzerfreundlichen, objektorientiert erweiterten Sprache für Ad-hoc-Abfragen und einem Zugang zu externen Datenbanken begegnet.

- Der (Erfolgs-)Potentialorientierung entsprechend sind beliebige Potentialarten der strategischen Geschäftseinheiten und Konkurrenten modellierbar. Jeder Potentialart kann eine eigene Meßregel als verbale Anleitung für den menschlichen Bewerter und/oder als automatisierte Abfrage zugewiesen werden.

- Dem kybernetischen Charakter und den unterschiedlichen Periodizitäten verschiedenfristiger Planungen wird durch die Verwaltung des Zeitbezugs in der Datenbank Rechnung getragen. Die Unterscheidung zwischen Plan-/Prognose- und Realisations-/Kontrollwerten kann vom System selbständig erkannt und bei Auswertungen berücksichtigt werden.

- Es erfolgt eine weitestgehende Verlagerung der Kontrollaktivitäten (Prämissen-, Zwischen- und Endergebniskontrollen) auf die strategische Datenbank, die selbständig unerwünschte Datenkonstellationen erkennt. Durch die automatisierte Abfrage externer Datenbanken kann sich die Kontrolle auch auf Objekte außerhalb der Unternehmung beziehen.

- Unvollständigkeit, Unsicherheit und Vagheit strategischer Informationen können durch trianguläre/unscharfe Zahlen realistischer in der Datenbank ausgedrückt werden. Für verbale Einschätzungen stehen auch Textfelder zur Verfügung, die über Volltextrecherchen durchsucht werden können und dadurch Bezüge zu anderen strategischen Informationen herstellen (Auswirkungen schwacher Signale auf Branchen, Konkurrenten u.ä.)

- Subjektive und kollektive Interpretation strategischer Daten (z.B. Prognosen, schwache Signale) werden durch Datenqualitätsfelder erleichtert.

Bezüglich der im Rahmen dieser Arbeit entwickelten strategischen Datenbank sind folgende Punkte kritisch anzumerken:

- Die untersuchten Datenbanksysteme (außer relationale und objektorientierte) werden bisher vorwiegend als Forschungsprototypen betrieben, die von einer kommerziellen Verfügbarkeit noch weit entfernt sind. Erste Ansätze zur Umsetzung ausgewählter Konzepte lassen sich allenfalls bei den projektierten SQL-Standards ausmachen, die wahrscheinlich erst in mehreren Jahren breite Verwendung finden werden. Das bedeutet, daß die hier entwickelte strategische Datenbank nicht in der konzipierten Form programmiert und unter realistischen Bedingungen getestet werden konnte.

- Ein anderer Kritikpunkt bezieht sich auf den Inhalt der konzipierten strategischen Datenbank. Die aufgezeigten Informationscluster und -strukturen sind lediglich ein musterhafter Vorschlag, der versucht, eine möglichst flexibel erweiter- und anpaßbare Minimalkonfiguration aufzuzeigen. Eine konkrete, strategische Datenbank muß auf Grund der Kasuistik und der Variabilität des strategischen Informationsbedarfs unternehmensindividuell gestaltet und evolutionär entwickelt werden.

An diese Kritik schließen sich die offenen Probleme bzw. Anknüpfungspunkte der Arbeit an. Auf datenbanktechnologischer Seite sind bisher nur auf Forschungsebene bestehende Datenbankprototypen zu kommerziell verfügbaren Systemen weiterzuentwickeln. Aus controllingtheoretischer Sicht muß die hier begonnene Formulierung von Anforderungen an geeignete Datenbanktechnologien zur Unterstützung des strategischen Controllings - insbesondere durch neue Methoden der Informationsbedarfsermittlung und Ansätze eines strategischen Rechnungswesens - fortgeführt werden. Die Forschungsarbeiten im datenbanktechnologischen und controllingtheoretischen Bereich müssen sich dabei ergänzen, und die dabei entwickelten strategischen Datenbanken unter realen Einsatzbedingungen erproben und bewerten.

LITERATURVERZEICHNIS

ABELL, D.F.: Defining the Business - The Starting Point of Strategic Planning. Englewood Cliffs (N.J.) 1980.

ADOLF, Martin u. FILLHARDT, Hartmut: Der Vererbungsbegriff in der Objektorientierung. In: HMD, 30. Jg. (1993), H. 170, S. 35-46.

AGUILAR, F.J.: Scanning the Business Environment. New York 1967.

ALBACH, Horst (Schriftl.) u.a.: Erfahrungskurve und Unternehmensstrategie. ZfB Ergänzungsheft 2/87.

ALBERT, Hans: Traktat über kritische Vernunft, 2. Aufl., Tübingen 1969.

ANDERSON, Carl R. u. PAINE, Frank T.: PIMS: A Reexamination. In: Academy of Management Review, Juli 1978, S. 602-611.

ANSOFF, Igor: Corporate Strategy: An Analytic Approach to Business Policy for Growth and Expansion. New York 1965.

ANSOFF, Igor: Managing Strategic Surprise by Response to Weak Signals. In: ZfbF, 28. Jg. (1976), S. 129-152.

ANSOFF, H.I., KIRSCH, W. u. ROVENTA, P.: Unschärfenpositionierung in der Strategischen Portfolio-Analyse. In: ZfB, 51. Jg. (1981), H. 10, S. 963-988.

ANTHONY, Robert N., DEARDEN, John u. VANCIL, Richard F.: Key Economic Values. In: Management Control Systems, Homewood (Ill.), Irwin 1972.

APPELRATH, H.-J., BEHRENDS, H., JASPER, H. u. ORTLEB, H.: Die Entwicklung aktiver Datenbanken am Beispiel der Krebsforschung. In: Datenbanksysteme in Büro, Technik und Wissenschaft. GI-Fachtagung, Braunschweig, 3.-5. März 1993, hrsg. v. Wolffried STUCKY u. Andreas OBERWEIS. Berlin u.a. 1993, S. 74-93.

ARIAV, Gad: Preserving the Time Dimension in Information Systems. Diss./Tech. Rep. DS-WP 83-12-06, Decision Sciences Dept., University of Pennsylvania, Dez. 1983.

ARIAV, Gad: A Temporally Oriented Data Model. In: ACM Transactions on Database Systems, 11. Jg. (1986), H. 4 (Dec.), S. 499-527.

AX, Antonius u. BÖRSIG, Clemens: Praxis der integrierten Unternehmensplanung. Planungsphilosophie und Planungssystem des Unternehmens Mannesmann. In: ZfbF, 31. Jg. (1979), S. 894-925.

BACK-HOCK, Andrea: Executive Information Systems - Ein neuer Anlauf zur Realisierung von computergestützten Managementinformationssystemen. In: WiSt, 19. Jg. (1990), H. 3, S. 137-140.

BACK-HOCK, Andrea: Perspektiven für die DV-Unterstützung des Controlling. In: Controlling, 3. Jg. (1991), H. 2 März/April, S. 94-99.

BANDEMER, H. u. GOTTWALD, S.: Einführung in Fuzzy-Methoden. Theorie und Anwendung unscharfer Mengen. Thun u. Frankfurt a.M. 1990.

BARZEN, Dietmar und WAHLE, Peter: Das PIMS-Programm - was es wirklich wert ist. In: HARVARDmanager, 12. Jg. (1990), H. 1, 100-109.

BECKER, Jörg u.a.: Wissen ist Macht. Zur politischen und ökonomischen Bedeutung von Datenbanken. Düsseldorf 1990.

BECKER, Thomas: Zukunftsmarkt Datenbanken. In: technologie & management, 37. Jg. (1988), H. 2, S. 22-29.

BECKER, W.: Funktionsprinzipien des Controlling. In: ZfB, 60. Jg. (1990), H. 3, S. 295-318.

BEHME, Wolfgang: Externe Informationsbeschaffung. In: Controlling und EDV, hrsg. v. B. HUCH u.a. Frankfurt a.M. 1992, S. 100-115.

BEN-ZVI, J.: The Time Relational Model. Dissertation, Computer Science Department, Universität Kalifornien, Los Angeles 1982.

BERTHEL, Jürgen: Informationsbedarfsanalyse. In: Handwörterbuch der Organisation, hrsg. v. Erich FRESE, 3. Aufl., Stuttgart 1992, Sp. 872-886.

BLEICHER, K.: Grenzen des Rechnungswesens für die Lenkung der Unternehmensentwicklung. In: Betriebswirtschaftliche Steuerungs- und Kontrollprobleme, hrsg. v. W. LÜCKE. Wiss. Tagung d. Verb. d. Hochschullehrer für Betriebswirtschaft an der Universität Göttingen. Wiesbaden 1988, S. 33-47.

BOCCA, J.: EDUCE a Marriage of Convenience: Prolog and a Relational DBMS. In: Third IEEE Symposium on Logic Programming, 1986, S. 36-45.

BODENDORF, Freimut: Daten- und Methodenbanken. In: Controlling und EDV, hrsg. v. B. HUCH u.a. Frankfurt a.M. 1992, S. 243-257.

BOLOUR, A., ANDERSON, T.L. u. WONG, H.K.T.: The Role of Time in Information Processing: A Survey. In: SIGArt Newsletter, April 1982, S. 28-48.

BOLTE, Christian, KURBEL, Karl, MAHMOUD, Moazzami u. PIETSCH, Wolfram: Ein Schnappschuß der Expertensystemszene in der Bundesrepublik Deutschland. In: Wissensbasierte Systeme in der Betriebswirtschaft, hrsg. v. D. EHRENBERG u.a., Berlin 1990, S. 39-53.

BONI, Manfred: Datenbanken in Wirtschafts- und Sozialwissenschaften. Elektronische Fachinformation für Studium und Praxis. München 1994.

BÖRNER, Rudolf: Jahresabschlußinformationen - ein wichtiger volkswirtschaftlicher Produktionsfaktor. In: technologie & management, 37. Jg. (1988), H. 2, S. 32-34.

BRACHMAN, R.J. u. SCHMOLZE, J.G.: An overview of the KL-ONE knowledge representation system. In: Cognitive Science, 9. Jg. (1985), S. 171-216.

BRENNER, Walter: Entwurf betrieblicher Datenelemente. Reihe: Betriebs- und Wirtschaftsinformatik, hrsg. v. H. R. HANSEN u.a., Berlin u.a. 1988.

BRODIE, M.L. u. RIDJANOVIC, D.: On the Design And Specification of Database Transactions. In: On Conceptual Modeling, Perspectives from Artificial Intelligence, Databases, and Programming Languages, hrsg. v. M.L. BRODIE u.a., New York 1984, S. 277-306.

BUBENKO, J.A. jr.: Information modelling in the context of system development. Invited Paper to IFIP Congress, 1980, S. 395-411.

BUCKLES, Bill P., PETRY, Frederick E. u. PILLAI, Jayadev: Network data models for representation of uncertainty. In: Fuzzy Sets and Systems, 13. Jg. (1990), Nr. 38, S. 171-190.

BUCKLES, Bill P., PETRY, Frederick E. u. SACHAR, Harvinder S.: A domain calculus for fuzzy relational databases. In: Fuzzy Sets and Systems, 12. Jg. (1989), Nr. 29, S. 327-340.

BUCKLES, Bill P. u. PETRY, Frederick E.: Fuzzy Databases and Their Applications. In: Fuzzy Information and Decision Processes, hrsg. v. M.M. GUPTA u. E. SANCHEZ. North Holland, Amsterdam 1982, S. 361-371.

BUCKLES, Bill P. u. PETRY, Frederick E.: A fuzzy representation of data for relational databases. In: Fuzzy sets and systems, 7. Jg. (1982), Nr. 7, S. 213-226.

BUCKLES, Bill P. u. PETRY, Frederick E.: Extending the Fuzzy Data Base with Fuzzy Numbers. In: Information Sciences, 34. Jg. (1984), S. 145-155.

BUCKLES, Bill P. u. PETRY, Frederick E.: Information Theoretical Characterization of Fuzzy Relational Databases. In: IEEE Trans. Systems, Man and Cybernetics, 1983, H. 13, S. 74-77.

BULLEN, Christine V. u. ROCKART, John F.: A Primer on Critical Success Factors. In: The Rise of Managerial Computing. The Best of the Center for Information Systems Research, Sloan School of Management, MIT, hrsg. v. J.F. ROCKART u. C.V. BULLEN. Homewood (Ill.) 1986, S. 383-423.

BUßMANN, Lutz: Exklusives Wissen. In: Cogito, 9. Jg. (1993), H. 5, S. 25-29.

BUTTERWORTH, Paul, OTIS, Allen u. STEIN, Jacob: The Gem-Stone Object Database Management System. In: Communications of the ACM, 34. Jg. (1991), H. 10, S. 64-77.

BUZZELL, Robert D. u. GALE, Bradley T.: Das PIMS-Programm. Strategien und Unternehmenserfolg. Wiesbaden 1989.

CATTELL, R.G.G.: Object Data Management: Object-orientied and Extended Relational Database Systems. Reading, Mass. 1991.

CATTELL, R.G.G.: What are Next-Generation Database-Systems. In: Communications of the ACM, 34. Jg. (1991), H. 10, S. 31-33.

CHAKRAVARTHY, Sharma: Rule Management and Evaluation: An Active DBMS Perspective. In: ACM SIGMOD Record, 18. Jg. (1989), H. 3 (September), S. 20-28.

CHANG, C.L. u. WALKER, A.: PROSQL: A Prolog Programming Interface with SQL/DS. In: First International Workshop on Expert Database Systems, Menlo Park (Cal.) u.a. 1984, S. 233-246.

CHEN, Peter. P.: An Algebra For A Directional Binary Entity Relationship Model. In: IEEE Proceedings. International Conference On Data Engineering, Los Angeles (Cal.) 1984. Washington 1984, S. 37-40.

CHEN, Peter S.: The Entity-Relationship Model - Toward a Unified View of Data. In: ACM Transactions on Database Systems, 1. Jg. (1976), Nr. 1 (March), S. 9-36.

CHIMENTI, D., GAMBOA, R., KRISHNAMURTHY, R., NAQVI, S., TSUR, S., ZANIOLO, C.: The LDL System Prototype. In: IEEE Transactions on Knowledge and Data Engineering, 2. Jg. (1990), H. 1 (März), S. 76-90.

CHRUBASIK, B. u. ZIMMERMANN, H.J.: Evaluierung der Modelle zur Bestimmung strategischer Schlüsselfaktoren. In: DBW, 47. Jg. (1987), H. 4, S. 426-450.

CLAASSEN, Walter (Red.) u.a., Klaes GmbH (Hrsg.): Fachwissen Online-Recherche: Suchstrategien in Online-Datenbanken. Essen 1988.

CODASYL: Data Base Target Group. Report April 1971, ACM New York 1971.

CODASYL: DDL Journal of Development. Report June 1973.

CODASYL: Report of CODASYL Data Description Language Committee. In: Information Systems, 3. Jg. (1978), Nr. 1, S. 247-320.

CODD, E. F.: A Relational Model for Large Shared Data Banks. In: Communications of the ACM, 13. Jg. (1970), Nr. 6 (June), S. 377-387.

CODD, E. F.: Extending the Database Relational Model to Capture More Meaning. In: ACM Transactions on Database Systems, 4. Jg. (1979), Nr. 4, S. 397-434.

COENENBERG, Adolf G.: Organisation des Rechnungswesens. In: HWO, 2. Aufl., hrsg. v. Erich GROCHLA, Stuttgart 1980, Sp. 1996-2006.

COENENBERG, Adolf G. und BAUM, Heinz-Georg: Strategisches Controlling. Reihe: Universitätsseminar der Wirtschaft. Schriften für Führungskräfte, Bd. 12, hrsg. v. Hermann SIMON u.a. Stuttgart 1987.

COENENBERG, Adolf G. u. FISCHER, Thomas M.: Prozeßkostenrechnung - Strategische Neuorientierung in der Kostenrechnung. In: DBW, 51. Jg. (1991), H. 1, S. 21-38.

COENENBERG, Adolf G. u. GÜNTHER, Thomas: Der Stand des strategischen Controllings in der Bundesrepublik Deutschland. In: DBW, 50. Jg. (1990), H. 4, S. 459-470.

COMPUNICATION GmbH, Datenbankdienste (Hrsg.), Red.: Klaus Engelhardt: Datenbanken mit Patentinformationen. Essen 1988.

CONNOR, M.F.: Structured Analysis and design technique. In: Systems Analysis and Design. A Foundation for the 1980's, hrsg. v. William W. COTTERMAN u.a., New York u. North Holland 1981, S. 213-234.

CROCKETT, Fess: Revitalizing Executive Information Systems. In: Sloan Management Review, 34. Jg. (1992), Sommer, S. 39-47.

CZAP, Hans: Neue Ansätze in Terminologie und Wissenstechnik zur Unterstützung von Information und Kommunikation. In: Terminology and Knowledge Engineering, Bd. 2. Supplement, Proceedings International Congress on Terminology and Knowledge Engineering, 29.9.-1.10.1987, hrsg. v. Hans CZAP u. Christian GALINSKI. Frankfurt a.M. 1988, S. 212-223.

CZAP, Hans: Informationsmanagement durch semantische Datenbanken. In: Informationstechnologie und strategische Führung, hrsg. v. Klaus SPREMANN u. Eberhard ZUR. Wiesbaden 1989, S. 199-214.

CZAP, Hans: Datenbankunterstützung der betrieblichen Dokumentation. In: ZfB, 59. Jg. (1989), H. 4, S. 7-24.

CZAP, Hans: Informationsspeicherung und -wiedergewinnung bei terminologischen Datenbanksystemen. In: Studien zur Klassifikation und Ordnung, hrsg. v. R. WILLE. Reihe: Klassifikation und Ordnung, Bd. 19. 12. Jahrestagung der Gesellschaft für Klassifkation e.V., Darmstadt, 17.-19. März 1988. Frankfurt a.M. 1989, S. 252-261.

CZAP, Hans: Construction and representation of concepts in enterprises. In: TKE '90: Terminology and Knowledge Engineering, Vol. 2. Proceedings 2nd Int. Congress on Terminology and Knowledge Engineering. Applications, hrsg. v. H. CZAP u. W. NEDOBITY. Frankfurt a.M. 1990, S. 496-504.

DANIEL, Ronald D.: Management Information Crisis. In: HBR, 39. Jg. (1961), Oktober, S. 111-121.

DATE, C.J.: An Introduction to Database Systems, Vol. I. 5. Aufl., Reading Mass. u.a. 1991.

DAVISON, Mark E.: Business Direction Planning. In: ORACLE Magazine, 6. Jg. (1992), Nr. 3 (Summer), S. 49-53.

DAYAL, Umeshwar: Active Database Management Systems. In: Proceedings of the third International Conference on Data and Knowledge Bases: Improving Usability and Responsiveness, hrsg. v. C. BEERI u.a. Jerusalem 1988, S. 150-167.

DAYAL, Umeshwar, HSU, Meichun u. LADIN, Rivka: Organizing Long-Running Activities with Triggers and Transactions. In: Proceedings of the 1990 ACM SIGMOD International Conference on Management of Data, hrsg. v. Hector Garcia-MOLINA u. H.V. JAGADISH. Atlantic City 1990, S. 204-214.

DAYAL Umeshwar u.a.: The HIPAC Project: Combining Active Databases and Timing Constraints. In: ACM SIGMOD Record, 17. Jg. (1988), H. 1 (März), S. 51-69.

DE LONG, David W. u. ROCKART, John F.: A Survey of Current Trends in the Use of Executive Support Systems. In: The Rise of Managerial Computing. The Best of the Center for Information Systems Research, Sloan School of Management, MIT, hrsg. v. J.F. ROCKART u. C.V. BULLEN. Homewood (Ill.) 1986, S. 190-205.

DECHERT, K.-H.: Erschließung strategischer Erfolgspotentiale durch ein voll integriertes DV-gestütztes Rechnungswesen. In: krp, 30. Jg. (1991), H. 6, S. 298-301.

DEDERICHS, Jürgen: Ein computergestütztes Basismodul kollektiver strategischer Controllingsysteme. Bergisch-Gladbach u. Köln 1993.

DE SCANTIS, G. u. GALLUPE, B.: Group Decision Support Systems. A New Frontier. In: data base, Winter 1985, S. 3-10.

DEUX, O. u.a.: The O_2 System. In: Communications of the ACM, 34. Jg. (1991), H. 10, S. 34-48.

DICKHOVEN, Siegfried u. MINNEMANN, Joachim: Methoden- und Modellbanksysteme. In: Handwörterbuch der Planung, hrsg. v. N. SZYPERSKI. Stuttgart 1989, Sp. 1129-1135.

DIJKSTRA, E.: Guarded Commands, Nondeterminacy and Formal Derivation of
Programs. In: Communications of the ACM, 18. Jg. (1975), H. 8, S. 453-457.

DITTRICH, Klaus R.: Objektorientiert, aktiv, erweiterbar: Stand und Tendenzen der
"nachrelationalen" Datenbanktechnologie. In: Informationstechnik, 32. Jg.
(1990), H. 5, S. 343-354.

DITTRICH, Klaus R.: Objektorientierte Datenmodelle als Basis komplexer Anwendungssysteme - Stand der Entwicklung und Einsatzperspektiven. In: Wirtschaftsinformatik, 32. Jg. (1990), H. 3 (Juni), S. 228-237.

DRÄGER, U.: Ansätze zur Unterstützung der oberen Führungsebene durch wissensbasierte Planungs- und Kontrollsysteme. Dissertation, Nürnberg 1990.

DUBOIS, D. u. PRADE, H.: Fuzzy Numbers: An Overview. In: Analysis of Fuzzy
Information, Bd. 1 Mathematics and Logic, Boca Raton 1987, S. 3-39.

DUDENREDAKTION (Hrsg.): Duden. Das Fremdwörterbuch. 4. Aufl., 1982.

DUNST, Klaus-H.: Portfolio Management. Konzeption für die strategische Unternehmensplanung. Berlin u. New York 1979.

DUNST, Klaus-H.: Strategische Einflußfaktoren. In: Handwörterbuch der Planung,
hrsg. v. N. SZYPERSKI. Stuttgart 1989, Sp. 1893-1903.

DÜRPISCH, W.: Jetzt ersetzt der Computer den Betriebsberater. In: Impulse, H. 8,
1988, S. 114-119.

DZHINCHARADZE, A. u. VOLKOVA, I.: The role of terminology in creating
knowledge data bases. In: TKE `90: Terminology and Knowledge Engineering,
Vol. 2. Proceedings 2nd Int. Congress on Terminology and Knowledge Engineering. Applications, hrsg. v. H. CZAP u. W. NEDOBITY. Frankfurt a.M.
1990, S. 1-5.

EDER, J. u.a.: Bier - the behaviour integrated entity relationship approach. In: 5th
International Conference on Entity-Relationship Approach 1986, hrsg. v. S.
SPACCAPIETRA. Dijon 1987, S. 147-166.

ELMASRI, Ramez A. u. NAVATHE, Shamkant B.: Fundamentals of Database Systems. Redwood City (Cal.) 1989.

ESWARAN, K.: Specifications, Implementations and Interactions of a Trigger Subsystem in an Integrated Database System. IBM Research Report RJ 1820, San Jose 1976.

FALKENHAUSEN v., Hasso: Information aus Datenbanken: Rohstoff für die Zukunftssicherung. In: technologie & management, 37. Jg. (1988), H. 2, S. 12-21.

FAUST, Konrad: Frühererkennung technischer Entwicklungen auf der Basis von Patentdaten. München 1987.

FENDT, Heinz: Technische Trends rechtzeitig erkennen. In: HARVARDmanager, 10. Jg. (1988), H. 4, S. 72-80.

FERG, S.: Modelling the time dimension in an entity-relationship-model. In: Entity-Relationship Approach: The Use of ER Concept in Knowledge Representation, 4th Int. Conf. on Entity-Relationship Approach (Chicago, Ill., 29-30. Okt. 1985), hrsg. v. P.P. CHEN. Washington D.C. 1985, S. 280-286.

FERSTL, Otto K. u. SINZ, Elmar J.: Objektmodellierung betrieblicher Informationssysteme im Semantischen Objektmodell (SOM). In: Wirtschaftsinformatik, 32. Jg. (1990), H. 6 (Dezember), S. 566-581.

FERSTL, Otto K. u. SINZ, Elmar J.: Ein Vorgehensmodell zur Objektmodellierung betrieblicher Informationssysteme im Semantischen Objektmodell (SOM). In: Wirtschaftsinformatik, 33. Jg. (1991), H. 6, S. 477-491.

FICKENSCHER, Helmut, HANKE, Peter u KOLLMANN, Karl-Heinz: Zielorientiertes Informationsmanagement. Ein Leitfaden zum Einsatz und Nutzen des Produktionsfaktors Information. Wiesbaden 1990.

FISCHER, Thomas M.: Kostenmanagement strategischer Erfolgsfaktoren: Instrumente zur operativen Steuerung der strategischen Schlüsselfaktoren Qualität, Flexibilität und Schnelligkeit. München 1993.

FREEMAN, Edward H.: A Knowledge-based Approach to Strategic Planning. In: Logic Programming in Action, hrsg. v. G. COMAN u.a. Reihe: Lecture Notes in Artificial Intelligence, hrsg. v. J. SIEKMANN u.a. Berlin u.a. 1992, S. 109-117.

FRÖHLING, Oliver: Strategisches Management Accounting. In: krp, 30. Jg. (1991), H. 1, S. 7-12.

GABRIEL, R., GRÄFF, H. u. BORGARD, A.: Entwicklung des wissensbasierten Systems STRAPLAN zur Strategischen Planung in der Versicherungsbranche. In: Zeitschrift für Planung, Bd. 1, Nr. 3, 1990, S. 245-263.

GABRIEL, Roland u. FRICKE, Detlev: Expertensysteme zur Lösung betriebswirtschaftlicher Problemstellungen. In: ZfbF, 43. Jg. (1991), H. 6, S. 544-565.

GÄLWEILER, Aloys: Unternehmensplanung - Grundlagen und Praxis. Neuausg./bearb. u. erg. v. Markus Schwanninger, Frankfurt a.M. u. New York 1986.

GÄLWEILER, Aloys: ...zur Kontrolle strategischer Pläne. In: controller magazin, 4. Jg. (1979), H. 5, S. 209-217.

GÄLWEILER, Aloys: Zur Kontrolle strategischer Pläne. In: Planung und Kontrolle. Probleme der strategischen Unternehmungsführung, hrsg. v. H. STEINMANN. München 1981, S. 383-399.

GANS, Ch.: Strukturen der Informationsverarbeitung im Rechnungswesen. In: WISU, 15. Jg. (1986), H. 3, S. 121-127.

GARDARIN, Georges u. KIERNAN, Jerry: Deductive Database Rule Languages: Analysis and Case Study. In: Database Systems of the 90's. International Symposium. Müggelsee, Berlin, FRG, 5.-7. November 1990, hrsg. v. A. BLASER. Reihe: Lecture Notes in Computer Science hrsg. v. G. GOOS u. J. HARTMANIS. Berlin u.a. 1990, S. 198-216.

GARDARIN, Georges u. VALDURIEZ, Patrick: Relational Databases and Knowledge Bases. Reading (Mass.) 1989.

GATZIU, Stella u. DITTRICH, Klaus R.: Eine Ereignissprache für das aktive, objektorientierte Datenbanksystem SAMOS. In: Datenbanksysteme in Büro, Technik und Wissenschaft. GI-Fachtagung, Braunschweig, 3.-5. März 1993, hrsg. v. Wolffried STUCKY u. Andreas OBERWEIS. Berlin u.a. 1993, S. 94-103.

GEBHARDT, F.: Semantisches Wissen in Datenbanken - Ein Literaturbericht. In: Informatik-Spektrum, Bd. 10 (1987), H. 2 (April), S. 79-98.

GEORGY, Ursula: Patentdatenbanken - Angebot und Recherchetips. In: Cogito, 9. Jg. (1993), H. 1, S. 22-25.

GERNERT, Dieter: Frühwarnung und Krisenbewältigung - Vom passiven zum aktiven Informationssystem. In: ZfB-Ergänzungsheft 2/79: Frühwarnsysteme. Horst Albach (Schriftl.) u.a. 1979, S. 147-150.

GESCHKA, H. u. v. REIBNITZ, U.: Die Zukunft inszeniert. In: FAZ, Blick durch die Wirtschaft, 23. Jg. (23.6.1980), S. 3.

GIMNICH, Rainer u.a.: Human Factors of Database Systems. In: Database Systems of the 90's. International Symposium. Müggelsee, Berlin, FRG, 5.-7. November 1990, hrsg. v. A. BLASER. Reihe: Lecture Notes in Computer Science hrsg. v. G. GOOS u. J. HARTMANIS. Berlin u.a. 1990, S. 115-134.

GOMEZ, P.: Frühwarnung in der Unternehmung. Bern 1983.

GÖPFERT, Jochen: Objektorientierte Datenbanksysteme. In: HMD, 30. Jg. (1993), H. 170, S. 24-34.

GOUL, M., SHANE, B. u. TONGE, F.: Using a Knowledge-Based Decision Support System in Strategic Planning Decisions: An empirical Study. In: Journal of Management Information Sytems, 2. Jg. (1986), H. 4, S. 70ff.

GRAHAM, Ian: Expert Systems: Knowlegde, Uncertainty and Decision. New York 1988.

GRAY, J.: The Transaction Concept: Virtues and Limitations. In: Proceedings of the 7th International Congress on Very Large Data Bases, 1981, S. 144-154.

GREIF, S.: Angebot und Nachfrage nach Patentinformationen - Die Informationsfunktion von Patenten. Göttingen 1982.

GÜNTHER, Thomas: Erfolg durch strategisches Controlling? Eine empirische Studie zum Stand des strategischen Controlling in deutschen Unternehmen und dessen Beitrag zum Unternehmenserfolg und -risiko. Dissertation, Augsburg 1990.

GUPTA, Anoop u. FORGY, Charles L.: Measurements on Production Systems. Technical Report CMU-CS83-167, Carnegie-Mellon University, Dezember 1983.

HADERLE, Donald J.: Database Role in Information Systems: The Evolution of Database Technolog y and its Impact on Enterprise Information Systems. In: Database Systems of the 90's. International Symposium. Müggelsee, Berlin, FRG,

5.-7. November 1990, hrsg. v. A. BLASER. Reihe: Lecture Notes in Computer Science hrsg. v. G. GOOS u. J. HARTMANIS. Berlin u.a. 1990, S. 1-14.

HAHN, Dietger: Zweck und Standort des Portfolio-Konzepts in der strategischen Unternehmensplanung. In: Strategische Unternehmensplanung, hrsg. v. D. HAHN u. B. TAYLOR, 2. Aufl., Würzburg u. Wien 1983, S. 114-134.

HAHN, Dietger: Planungs- und Kontrollrechung, 3. Aufl., Wiesbaden 1985.

HAHN, Dietger u. KRYSTEK, U.: Betriebliche und überbetriebliche Frühwarnsysteme für die Industrie. In: ZfbF, 31 Jg. (1979), S. 76-88.

HAHN, Dietger u.a.: Gesamtunternehmungsmodelle als Entscheidungshilfe im Rahmen der Zielplanung, strategischen und operativen Planung. In: Strategische Unternehmungsplanung, hrsg. v. D. HAHN u. B. TAYLOR. 5. Aufl., Wien u. Heidelberg 1990, S. 687-717.

HAHN, Dietger: Strategische Kontrolle. In: Strategische Unternehmungsplanung, hrsg. v. D. HAHN u. B. TAYLOR. 5. Aufl., Wien u. Heidelberg 1990, S. 651-664.

HAMEL, Winfried: Ansatzpunkte strategischer Bilanzierung. In: ZfbF, 36. Jg. (1984), H. 11, S. 903-912.

HANEWINCKEL, Frank u. KÜSPERT, Klaus: Integration durch objektorientierte Datenbank. In: VDI-Z Zeitschrift für integrierte Produktionstechnik, 132. Jg. (1990), Nr. 3 (März), S. 50-57.

HANF, Volker: Integrierte Datenmodellierung bei BMW - ein Erfahrungsbericht. In: Wirtschaftsinformatik, 33. Jg. (1991), H. 4 (August), S. 300-307.

HANNIG, Uwe: Wettbewerbsvorteile. In: Cogito, 7. Jg. (1991), H. 5, S. 35-42.

HANSEN, Hans Robert: Wirtschaftsinformatik I, 6. Aufl., Stuttgart u. Jena 1992.

HANSON, Eric N.: An Initial Report on the Design of Ariel: A DBMS with an Integrated Production Rule System. In: ACM SIGMOD Record, 18. Jg. (1989), H. 3 (September), S. 12-19.

HANSSMANN, Friedrich u. MEYERSIEK, D.: EDV-Einsatz im strategischen Management. In: Handbuch Strategische Führung, hrsg. v. H. HENZLER. Wiesbaden 1988, S. 717-741.

HARS, Alexander u. SCHEER, August-Wilhelm: Datenstrukturierung - Grundlage der Gestaltung betrieblicher Informationssysteme. In: Information Management, 6. Jg. (1991), H. 1, S. 38-46.

HASPESLAGH, Philippe: Portfolio-Planning: Uses and Limits. In: HBR, Januar-Februar 1982, S. 58-73.

HAUN, Peter: Entscheidungsorientiertes Rechnungswesen mit Daten- und Methodenbanken. Berlin u.a. 1987.

HAWKINS, Donald T.: Growth trends in electronic information services market - Part 1. In: Online, 17. Jg. (1993), H. 4 (Juli), S. 98-100.

HAWKINS, Donald T.: Growth trends in electronic information services market - Part 2. In: Online, 17. Jg. (1993), H. 5 (Sept.), S. 105-108.

HAWKINS, Donald T.: Growth trends in electronic information services market - Part 3. In: Online, 18. Jg. (1994), H. 1 (Jan.), S. 117-119.

HAX, Arnoldo C. u. MAJLUF, Nicolas S.: Strategisches Management. Ein integratives Konzept aus dem MIT. Frankfurt a.M. u. New York 1988.

HEILMANN, Heidi u. SIMON, Manfred: Expertensysteme. In: HMD, 26. Jg. (1989), H. 147, S. 3-17.

HEILMANN, Heidi: Datenmanagement. In: Controlling und EDV, hrsg. v. B. HUCH u.a. Frankfurt a.M. 1992, S. 86-99.

HENDERSON, J.C., ROCKART, J.F. u. SIFONIS, J.G.: A Planning Methodology for Integrating Management Support Systems. In: The Rise of Managerial Computing. The Best of the Center for Information Systems Research, Sloan School of Management, MIT, hrsg. v. J.F. ROCKART u. C.V. BULLEN. Homewood (Ill.) 1986, S. 257-282.

HERZOG, O., REISIG, W. u. VALK, R.: Petri-Netze: Ein Abriß ihrer Grundlagen und Anwendungen. In: Informatik-Spektrum, 7. Jg. (1984), H. 1, S. 20-27.

HEUER, Andreas: Objektorientierte Datenbanken. Konzepte, Modelle, Systeme. Bonn u.a. 1992.

HEUER, Andreas: Objektorientierter Datenbankentwurf. In: Informatik-Spektrum, 16. Jg. (1993), H. 1, S. 96-97.

HEUER, Andreas: Konzepte objektorientierter Datenmodelle. In: Entwicklungstendenzen bei Datenbank-Systemen, hrsg. v. G. VOSSEN u. K.-U. WITT. München u. Wien 1991, S. 203-252.

HILDEBRAND, Knut u. MÜßIG, Michael: Modellierung zeitbezogener Daten im unternehmensweiten Datenmodell. In: Wirtschaftsinformatik, 33. Jg. (1991), H. 3, Juni, S. 238-243.

HILDEBRAND, Knut: Aspekte der Zeit bei der Informationsverarbeitung. In: Wist, 21. Jg. (1992), H. 9, S. 465-466.

HILDEBRANDT, L. u. STRASSER, H.: PIMS in der Praxis. In: HARVARDmanager, 12. Jg. (1990), H. 4, S. 127 - 132.

HINTERHUBER, Hans H.: Strategische Unternehmungsführung. Bd. I Strategisches Denken. Vision, Unternehmungspolitik und Strategie. 4. Aufl., Berlin u. New York 1989.

HINTERHUBER, Hans H. u.a.: EDV-gestützte Planbilanzen für strategische Geschäftseinheiten. In: Strategische Planung, Bd. 2 (1986), S. 227-243.

HOMBURG, Christian: Modellgestützte Unternehmensplanung. Wiesbaden 1991.

HORVÁTH, Peter u. MAYER, R.: Prozeßkostenrechnung. Der neue Weg zu mehr Kostentransparenz und wirkungsvolleren Unternehmensstrategien. In: Controlling, 1. Jg. (1989), H. 4, S. 214-219.

HORVÁTH, Peter u. SEIDENSCHWARZ, W.: Zielkostenmanagement. In: Controlling, 4. Jg. (1992), H. 3, S. 142-150.

HORVÁTH, Peter: Entwicklungstendenzen des Controlling: Strategisches Controlling. In: Unternehmungsführung aus finanz- und bankwirtschaftlicher Sicht, hrsg. v. Thomas RÜHLI. Stuttgart 1981, S. 398-415.

HSU, M., LADIN, R. u. MCCARTHY, D.: An Execution Model for Active Database Management Systems. In: Proceedings of the 3rd International Conference on Data and Knowledge Bases, Juni 1988, S. 171-179.

HUCH, Burkhardt: EDV-gestütztes Controlling: Stand und Entwicklungen. In: Controlling und EDV, hrsg. v. B. HUCH u.a. Frankfurt a.M. 1992, S. 15-28.

HUCH, Burkhard, BEHME, Wolfgang u. OHLENDORF, Thomas: Rechnungswesen-orientiertes Controlling. Heidelberg 1992.

HÜGEL, Reinhold: Der internationale Markt für Online-Datenbanken. Reihe: Europäische Hochschulschriften. Frankfurt a.M. u.a. 1990.

HULL, Richard u. KING, Roger: Semantic Database Modeling: Survey, Applications, and Research Issues. In: ACM Computing Surveys, 19. Jg. (1987), Nr. 3, S. 201-260.

IOANNIDIS, Y., CHEN, J., FRIEDMAN, M. u. TSANGARIS, M.: BERMUDA - An Architectural Perspective on Interfacing Prolog to a Database Machine. In: Second International Conference on Expert Database Systems, April 1985, S. 91-105.

ISO: Database Language SQL, Document ISO-9075-1987.

ISO: Database Language SQL, Document ISO-9075-1992.

ISO: Database Language SQL with Integrity Enhancement, Document ISO-9075-1989.

JABLONSKI, Stefan u.a.: Datenbankunterstützung für kooperative Gruppenarbeit. In: Informationstechnik und Technische Informatik, 35. Jg. (1993), H. 1, S. 34-44.

JACOBS, O.H.: EDV-gestützte Jahresabschlußanalyse als Planungs- und Entscheidungsrechnung, München 1989.

JOCHUM, Friedbert: Expertensysteme im Information Retrieval. In: Cogito, 7. Jg. (1991), H. 1, S. 42-47.

KAHN, H. u. WIENER, A.J.: Ihr werdet es erleben, Wien u.a. 1968.

KÄMPER, Ulrich: Online-Recherchen nach chemischen Patenten. In: Informationstechnik, 33. Jg. (1991), H. 5, S. 252-258.

KATZ, Martin: Database Management and Distributed Data Processing. In: Microcomputers, Corporate Planning and Decision Support Systems, hrsg. v. The WEFA Group, David J. GIANTURCO u. Nariman, BEHRAVESH. New York u.a. 1988, S. 55-64.

KEMPER, A. u. MOERKOTTE, G.: Basiskonzepte objektorientierter Datenbanksysteme. In: Informatik-Spektrum, 16. Jg. (1993), H. 1, S. 69-80.

KILGER, W.: Flexible Plankostenrechnung und Deckungsbeitragsrechnung, 9. Aufl., Wiesbaden 1988.

KIND, Jürgen: Besseres Informationsmanagement durch externe Datenbanken. In: OFFICE MANAGEMENT, 34. Jg. (1986), H. 5, S. 490-504.

KING, William R. u. CLELAND, David I.: Information for More Effective Strategic Planning. In: Long-Range Planning, 10. Jg. (1977), H. 1 (Februar), S. 59-64.

KING, William R. u. CLELAND, David I.: Strategic Planning and Policy. New York u.a. 1978.

KING, R. u. McLEOD, D.: A Database Design Methodology And Tool For Information Systems. In: ACM Transactions on Office Information Systems, 3. Jg. (1985), H. 1 (Januar), S. 2-21.

KIRSCH, Werner u. TRUX, Walter: Strategische Frühaufklärung und Portfolio-Analyse. In: ZfB-Ergänzungsheft 2/79, Horst Albach (Schriftl.) u.a. 1979, S. 47-69.

KIRSCHE, Thomas: Eine Datenanfragesprache für den praktischen Umgang mit vorläufigen Daten in und zwischen eng kooperierenden Gruppen. In: Datenbanksysteme in Büro, Technik und Wissenschaft. GI-Fachtagung, Braunschweig, 3.-5. März 1993, hrsg. v. Wolffried STUCKY u. Andreas OBERWEIS. Berlin u.a. 1993, S. 196-205.

KLEINHANS, A.: Wissensverarbeitung im Management. Frankfurt a.M. u.a. 1989.

KLOPPROGGE, M.: Gegenstands- und Beziehungsgeschichten: ein Konzept zur Beschreibung und Verwaltung zeitveränderlicher Informationen in Datenbanken. Dissertation, Universität Karlsruhe, Fakultät für Informatik 1983.

KMUCHE, Wolfgang: Umgang mit externen Datenbanken. Ein praktischer Leitfaden für die maßgeschneiderte Informationsbeschaffung durch externe Datenbanken. Kosten - Nutzen - Möglichkeiten. 3. Aufl., München 1990.

KNOLMAYER, G.: Die Berücksichtigung des Zeitbezugs von Daten bei der Gestaltung computergestützter Informationssysteme. In: Zeitaspekte in betriebswirtschaftlicher Theorie und Praxis, hrsg. v. H. HAX u.a. 50. Wissenschaftliche Jahrestagung des Verbandes der Hochschullehrer für Betriebswirtschaft e.V., Köln, 24.-28. Mai 1988. Stuttgart 1989, S. 77-88.

KNOLMAYER, G., BÖTZEL, St. u. DISTERER, G.: Zeitbezogene Daten in betrieblichen Informationssystemen - Ein Vergleich ausgewählter Datenmodelle an einem Beispiel aus der Finanzplanung. In: Aktuelle Fragen der Finanzwirtschaft und der Unternehmensbesteuerung, hrsg. v. D. RÜCKLE. Wien 1991, S. 287-319.

KOCH, D.: Objektorientierte Datenbanksysteme - Marktübersicht 1992. In: Objektorientierte Informationssysteme II. IAO-Forum, Bd. T29, hrsg. v. H.-J. BULLINGER, Berlin u.a. 1992.

KOCH, Andrea u. FENDT, Heinz: Systematische Online-Recherche in Patentdatenbanken zur Erschließung von Markt-, Produkt- und Firmeninformationen. In: HMD, 25. Jg. (1988), H. 141, S. 80-95.

KÖHLER, Richard: Die Kontrolle strategischer Pläne als betriebswirtschaftspolitisches Problem. In: Zeitschrift für Betriebswirtschaft, 46. Jg. (1976), H. 4/5, 301-318.

KÖHLER, Richard: Grundprobleme der strategischen Marketingplanung. In: Die Führung des Betriebes, hrsg. v. M. N. GEIST u. R. KÖHLER. Stuttgart 1981, S. 261-291.

KÖHLER, Richard: Marketing-Accounting. In: Marketing-Schnittstellen: Herausforderungen für das Management, hrsg. v. G. SPECHT, G. SILBERER u. W. H. ENGELHARDT. Stuttgart 1989, S. 117-139.

KOHOUT, L.J., KERAVNOU, E. u. BANDLER, W.: Automatic Documentary Information Retrieval by Means of Fuzzy Relational Products. In: Fuzzzy Sets And Decision Analysis, hrsg. v. H.J. ZIMMERMANN, L.A. ZADEH u. B.R. GAINES. North Holland 1984, S. 383-404.

KÖNIG, Wolfgang: Zum Einsatz wissensbasierter Systeme in Unternehmensplanung und -führung. In: Handbuch Strategische Führung, hrsg. v. H. HENZLER. Wiesbaden 1988, S. 743-776.

KOSCHATZKY, Knut: Online-Statistik in Patentdatenbanken für Mittelständische Unternehmen. In: Informationstechnik, 33. Jg. (1991), H. 5, S. 263 - 268.

KOTZ, Angelika u. DITTRICH, Klaus: Adding active Functionality to an Object-Oriented Database System - a Layered Approach. In: Datenbanksysteme in Büro, Technik und Wissenschaft. GI-Fachtagung, Braunschweig, 3.-5. März 1993, hrsg. v. Wolffried STUCKY u. Andreas OBERWEIS. Berlin u.a. 1993, S. 54-73.

KRAEMER, Kenneth L. u. KING, John L.: Computer-Based Systems for Cooperative Work and Decision Making. In: ACM Computing Surveys, 20. Jg. (1988), H. 2 (Juni), S. 115-146.

KRAEMER, Wolfgang u. SPANG, Stefan: Kosten-Expertensysteme zum intelligenten Soll-Ist-Vergleich. In: HMD, 26. Jg. (1989), H. 147, S. 77-94.

KRAEMER, Wolfgang u. SCHEER, August-Wilhelm: Wissensbasierte Problemlösungen für betriebswirtschaftliche Anwendungsgebiete am Beispiel des Controlling - Ergebnisse einer empirischen Analyse. In: DBW, 51. Jg. (1991), H. 2, S. 211-229.

KRAEMER, Wolfgang. u. SPANG, Stefan: Expertensysteme im Controlling. In: krp, 28. Jg. (1989), H. 1, S. C11-C13.

KRALLMANN, H.: Wissensbasierte Stategiefindung. In: Europa nach 1992, Wettbewerbsstrategien auf dem Prüfstand, Stuttgart 1990, S. 159-174.

KRAMPE, G. u. MÜLLER, G.: Diffusionsfunktionen als theoretisches und praktisches Konzept zur strategischen Frühaufklärung. In: ZfbF, 33. Jg. (1981), H. 5, S. 384-401.

KRCMAR, Helmut: Computerunterstützung für Gruppen - neue Entwicklungstendenzen bei Entscheidungsunterstützungssytemen. In: Information Management, 3. Jg. (1988), H. 3, S. 8-14.

KRCMAR, Helmut: Annäherungen an Informationsmanagement - Managementdisziplin und/oder Technologiedisziplin. In: Managementforschung, hrsg. v. W.H. STAEHLE u. J. SYDOW. Berlin u. New York 1991, S. 163-203.

KRCMAR, Helmut: Computer Aided Team - Ein Überblick. In: Information Management, 7. Jg. (1992), H. 1, S. 6-9.

KRESTEL, Heidrun: Patentdatenbanken im kritischen Vergleich. In: Informationstechnik, 33. Jg. (1991), H. 5, S. 236-244.

KRIEGER, Rudolf u. STUCKY Wolffried: Datenbanken. In: Handwörterbuch der Organisation, hrsg. v. Erich FRESE. 3. Aufl., Stuttgart 1992, Sp. 455-468.

KRYSTEK, Ulrich: Controlling und Frühaufklärung. In: Controlling, 2. Jg. (1990), H. 2 (März), S. 68-75.

KRYSTEK, Ulrich u. MÜLLER-STEWENS, Günther: Grundzüge einer strategischen Frühaufklärung. In: Strategische Unternehmungsplanung, hrsg. v. D. HAHN u. B. TAYLOR. 5. Aufl., Wien u. Heidelberg 1990, S. 337-364.

KÜHN, R. u. WALLISER, M.: Problementdeckungssystem mit Frühwarneigenschaften. In: DU, 32. Jg. (1978), H. 3, S. 223-246.

KUNG, H.: A Temporal Framework for Database Specification And Verification. In: Proceedings of the 10th International Conference on Very Large Data Bases (Singapore), Long Beach, California 1984, S. 91-99.

KÜSPERT, K. u. RAHM, E.: Trends in Distributed and Cooperative Database Management. In: Database Systems of the 90's. International Symposium. Müggelsee, Berlin, FRG, 5.-7. November 1990, hrsg. v. A. BLASER. Reihe: Lecture Notes in Computer Science hrsg. v. G. GOOS u. J. HARTMANIS. Berlin u.a. 1990, S. 263-293.

LAMB, Charles, LANDIS, Gorden, ORENSTEIN, Jack u. WEINREB, Dan: The ObjectStore Database System. In: Communications of the ACM, 34. Jg. (1991), H. 10, S. 50-63.

LANGE, Bernd: Portfolio-Methoden in der strategischen Unternehmensplanung. Dissertation, Hannover 1981.

LANGE, Bernd: Die Erfahrungskurve: Eine kritische Beurteilung. In: ZfbF, 36. Jg. (1984), S. 229-245.

LANGE, Bernd: Bestimmung strategischer Erfolgsfaktoren und Grenzen ihrer empirischen Fundierung. In: Die Unternehmung, 36. Jg. (1982), H. 1, S. 27-41.

LAUSEN, Georg u. MARX, Beate: Das Relationenmodell und die Normalisierung. In: HMD, 27. Jg. (1990), H. 152, S. 30-42.

LAUSEN, Georg u. SEIB, Jürgen: Von Datenbanksystemen zu wissensbasierten Systemen. In: Studien zur Klassifikation und Ordnung, hrsg. v. R. WILLE. Reihe: Klassifikation und Ordnung, Bd. 19. 12. Jahrestagung der Gesellschaft für

Klassifkation e.V., Darmstadt, 17.-19. März 1988. Frankfurt a.M. 1989, S. 119-136.

LELKE, Belinda u. WERNERS, Brigitte: Modellierung und Implementierung von EXSTRABS: Ein Expertensystem zur Branchenstrukturanalyse der strategischen Planung. In: Wirtschaftsinformatik, 33. Jg. (1991), H. 4 (August), S. 316-324.

LEONHARD, Ulf: Externe Datenbanken - ein Mittel zur effizienten Informationsbeschaffung. In: Office Management, 34. Jg. (1986), H. 5, S. 494-499.

LEVINE, P., MAILLARD, J.-Ch., u. POMEROL, J.-Ch.: DECIDEX, un Système "Intelligent" pour l'Aide à la Décision Stratégique. In: Proceedings of the IFAC International Conference on Economics and Artificial Intelligence, Aix-en-Provence 1986, S. 154ff.

LINDSAY, Bruce u. HAAS, Laura: Extensibility in the Starburst Experimental Database System. In: Database Systems of the 90's. International Symposium. Müggelsee, Berlin, FRG, 5.-7. November 1990, hrsg. v. A. BLASER. Reihe: Lecture Notes in Computer Science hrsg. v. G. GOOS u. J. HARTMANIS. Berlin u.a. 1990, S. 217-248.

LINK, Jörg: Aufbau und Einsatz eines datenbankgestützten Früherkennungssystems im mittelständischen Unternehmen. In: ZfB, 61. Jg. (1991), H. 7, S. 777-791.

LINNEMAN, R.E. u. KENNELL, J.D.: Shirt-sleeve approach to long-range plans. In: HBR, 55 Jg. (1977), März-April, S. 141-150.

LIPSKI, Witold jr.: On Semantic Issues Connected with Incomplete Information Databases. In: ACM Transaction on Database Systems, 4. Jg. (1979), Nr. 3, S. 262-296.

LIU, Ken-Chih u. SUNDERRAMAN, Rajshekhar: Applying an Extended Relational Model to Indefinite Deductive Databases. In: Proceedings of the 2nd International Symposium on Methodologies for Intelligent Systems, Charlotte, N.C., Oct. 1987, hrsg. v. Z.W. RAS u. M. ZEMANKOVA. New York 1987, S. 175-184.

LIU, Ken-Chih u. SUNDERRAMAN, Rajshekhar: Indefinite and Maybe Information in Relational Databases. In: ACM Transactions on Database Systems, 15. Jg. (1990), Nr. 1 (März), S. 1-39.

LIU, Ken-Chih u. SUNDERRAMAN, Rajshekhar: A Generalized Relational Model for Indefinite and Maybe Information. In: IEEE Transactions on Kowledge and Data Engineering, 3. Jg. (1991), H. 1 (March), S. 65-77.

LOCKEMANN, Peter C. u. RADERMACHER, Klaus: Konzepte, Methoden und Modelle zur Datenmodellierung. In: HMD, 27. Jg. (1990), H. 152, S. 3-16.

LOCKEMANN, Peter C. u.a.: Future Database Technology: Driving Forces and Directions. In: Database Systems of the 90's. International Symposium. Müggelsee, Berlin, FRG, 5.-7. November 1990, hrsg. v. A. BLASER. Reihe: Lecture Notes in Computer Science hrsg. v. G. GOOS u. J. HARTMANIS. Berlin u.a. 1990, S. 15-33.

LOCKEMANN, Peter C.: Weiterentwicklungen relationaler Datenbanken für objektorientierte Anwendungen. In: Informatik-Spektrum, 16. Jg. (1993), H. 1, S. 81-88.

LOHMANN, Guy M. u.a.: Extensions to Starburst: Objects, Types, Functions and Rules. In: Communications of the ACM, 34. Jg. (1991), H. 10, S. 94-109.

LÜCKE, Wolfgang: Planbilanz. In: Handwörterbuch der Planung, hrsg. v. N. SZYPERSKI. Stuttgart 1989, Sp. 1279-1290.

MACHARZINA, Klaus: Rechnungswesen und Planung. In: Handwörterbuch der Planung, hrsg. v. N. SZYPERSKI. Stuttgart 1989, Sp. 1713-1730.

MACNULTY, C.A.R.: Scenario development for corporate planning. In: Futures, 9. Jg. (1979), Februar, S. 83-90.

MAIER, Elisabeth u. MAYER, Renate: Entwurf einer Benutzerschnittstelle für Terminologie-Datenbanken. In: Proceedings of the International Congress on Terminology and Knowledge Engineering, 1987.

MALIK, F.: Strategie des Managements komplexer Systeme. Ein Beitrag zur Managementkybernetik evolutionärer Systeme. 2. Aufl., Bern u. Stuttgart 1986.

MANN, Rudolf: Praxis Strategisches Controlling mit Checklists und Arbeitsformularen. Von der strategischen Planung zur ganzheitlichen Unternehmensführung. 4. Aufl., Landsberg a. L. 1987.

MÄNNEL, W. u. WARNICK, B.: Entscheidungsorientiertes Rechnungswesen. In: Handbuch Controlling, hrsg. v. Elmar MAYER u. Jürgen WEBER, Stuttgart 1990, S. 396-418.

MANOLA, Frank A. u. DAYAL, Umeshwar: PDM: An Object-Oriented Data Model. In: 1st International Workshop on Object-Oriented Database Systems. Monterey CA. September 1986.

MANOLA, Frank: Database Technology in Decision Support Systems: An Overview. In: Decision Support Systems: Issues and Challenges. Proceedings of the IIASA, Vol. 11, June 1980. Oxford u.a. 1980, S. 69-93.

MARKOWITZ, H.: Portfolio-Selection. In: Journal of Finance, 7. Jg. (1952), H. 7, S. 77-91.

MATSCHKE, M.J. u. KOLF, J.: Historische Entwicklung, Begriff und organisatorische Probleme des Controlling. In: DB, 33. Jg. (1980), S. 601-607.

MATSCHKE, Rita u.a.: Das Konzept einer Know-how-Datenbank im Industriebetrieb. In: Angewandte Informatik, 26. Jg. (1984), H. 11, S. 471-479.

MATTHES, J., KOCH, D. u. FISCHER, D.: Objektorientierte Datenbanken für die Produktdokumentation. In: ZwF, 87. Jg. (1992), H. 1, S. 55-58.

MATTHES, Winfried u. ALBERS, Erwin: Plandatenbanken zur integrierten Projektsteuerung (DBase II-Version). Arbeitsbericht Nr. 61 des Seminars für Allgemeine Betriebswirtschaftslehre und Betriebswirtschaftliche Planung, Universität zu Köln, 1985.

MATTHES, Winfried: Phasen des Managementprozesses. In: WISU, 15. Jg. (1986), H. 6, S. 283-290.

MATTHES, Winfried: Ein lernendes Expertensystem in der Ablaufplanung In: Entscheidungsunterstützende Systeme im Unternehmen, hrsg. v. Manfred R. Wolff. München u.a. 1988, S. 73-119.

MATTHES, Winfried: KOLLPROG - Module eines kollektiven Prognosesystems zur Entwicklungsplanung der Unternehmung. In: Mikrorechnereinsatz in den Wirtschaftswissenschaften, hrsg. v. Günther BEUERMANN u. Manfred WOLFF. München 1989, S. 149-174.

MATTHES, Winfried u. SCHMIDT, Andreas: Integrierte Einzelprozeßrechnung (EPR/IPRS). Problemprämissen und Grundstruktur (Modul I zur integrierten Projektsteuerung IPS). Betriebswirtschaftlicher Forschungbericht Nr. 1, Rechnergestütztes Controlling, Universität Wuppertal, 3. Aufl. 1991.

MAUTHE, Karl Dieter u. ROVENTA, Peter: Versionen der Portfolio-Analyse auf dem Prüfstand. In: ZfO, 51. Jg. (1982), H. 4, S. 191-204.

MAYER, Renate u. MAIER, Elisabeth: Spezifikation eines konzeptionellen Schemas für Terminologiedatenbanken. In: Terminology and Knowledge Engineering, Bd. 1. Proceedings International Congress on Terminology and Knowledge Engineering 29.9.-1.10.1987, hrsg. v. Hans CZAP u. Christian GALINSKI. Frankfurt a.M. 1987, S. 151-163.

McCARTHY, Dennis R. u. DAYAL, Umeshwar: The Architecture Of An Active Data Base Management System. In: ACM SIGMOD Record, 18. Jg. (1989), H. 3, S. 215-224.

McKENZIE, Edwin: Bibliography: Temporal Databases. In: ACM SIGMOD Record, 15. Jg. (1986), H. 4 (Dezember), S. 40-52.

McKENZIE, Edwin, L. u. SNODGRASS, Richard T.: Evaluation of Relational Algebras Incorporating the Time Dimension in Databases. In: ACM Computing Surveys, 23. Jg. (1991), Nr. 4, S. 501-543.

MERKLE, Erich: Die Analyse technologischer Entwicklungen auf der Grundlage von Patentinformationen. In: Strategisches Marketing, hrsg. v. H. RAFFÉE u. K.-P. WIEDEMANN. Stuttgart 1985, S. 391-419.

MERTENS, Peter und PLATTFAUT, Eberhard: Ansätze zur DV-Unterstützung der Strategischen Unternehmensplanung. In: DBW, 45. Jg. (1985), H. 1, S. 19-30.

MERTENS, Peter u. BACK-HOCK, Andrea: Wissensbasierte Systeme zur Unterstützung des Controlling. In: Controlling und EDV, hrsg. v. B. HUCH u.a. Frankfurt a.M. 1992, S. 258-272.

MERTENS, Peter u. GRIESE, Joachim: Integrierte Informationsverarbeitung. Bd. 1: Administrations- und Dispositionssysteme in der Industrie. 8. Aufl., Wiesbaden 1991.

MERTENS, Peter u. GRIESE, Joachim: Integrierte Informationsverarbeitung. Bd. 2: Planungs- und Kontrollsysteme in der Industrie. 6. Aufl., Wiesbaden 1991.

MERTENS, Peter u. HAUN, Peter: Daten- und methodenbankorientiertes Rechnungswesen - eine 3. Generation der Computerunterstützung? Erfahrungen mit
einem Laborsystem an der Universität Erlangen-Nürnberg. In: Betriebswirtschaftliche Steuerungs- und Kontrollprobleme, hrsg. v. W. LÜCKE. Wiesbaden
1988, S. 211-230.

MERTENS, Peter: Theorie der Mustererkennung in den Wirtschaftswissenschaften.
In: ZfbF, 29. Jg. (1977), H. 12, S. 777-794.

MERTENS, Peter: Expertisesysteme als Variante der Expertensysteme zur Führungs-
information. In: ZfbF, 41. Jg. (1989), H. 10, S. 835-854.

MERTENS, Peter: Betriebliche Expertensysteme in der Bundesrepublik, in Österreich
und in der Schweiz - Bestandsaufnahme und neuere Entwicklungen. In: Wissensbasierte Systeme in der Betriebswirtschaft, hrsg. v. D. EHRENBERG u.a.
Berlin 1990, S. 17- 38.

MERTENS, Peter: EDV. In: Handwörterbuch des Rechnungswesen, hrsg. v. Klaus
CHMIELEWICZ. 3. Aufl., Stuttgart 1993, Sp. 415-422.

MERTES, H. u. KLONKI, U.: Vorgehensweise für die Erstellung eines unternehmensweiten Datenmodells bei der Hoesch AG. In: Wirtschaftsinformatik, 33.
Jg. (1991), H. 4 (August), S. 308-315.

MESAROVIC, M. u. PESTEL, E.: Menschheit am Wendepunkt, 2. Bericht an den
Club of Rome zur Weltlage, Hamburg 1977.

MEYER, Anton u. NOCH, Rainer: Online-Datenbanken. In: WiSt, 21. Jg. (April
1992), H. 4, S. 173-178.

MILLING, Peter: Betriebswirtschaftliche Aspekte der Theorie unscharfer Mengen.
In: ZfB, 52. Jg. (1982), H. 8, S. 716-733.

MILLING, Peter: Expertensysteme zur Unterstützung betrieblicher Entscheidungsprozesse. In: WiSt, 18. Jg. (1989), H. 9, S. 385-390.

MOORMANN, Jürgen: Strategische Planung mit DSS-Generatoren. Eine Studie zum
Einsatz von Planungssprachen und Spreadsheetprogrammen am Beispiel der
strategischen Bankplanung. Reihe: Hochschulschriften zur Betriebswirtschaftslehre, hrsg. v. D. BESCHORNER u. M. HEINHOLD, Bd. 74. München 1989.

MORIK, K. u. ROLLINGER, C.-R.: Partnermodelle im Evidenzraum. In: GWAI-83, 7th German Workshop on Artificial Intelligence, 19.-23.09.1983, Dassel/Solling. Reihe: Informatik Fachberichte, Bd. 76. Berlin u.a. 1983, S. 158-168.

MÜLLER, Günter: STAR: Ein Ansatz zur Verwirklichung einer Strategischen Frühaufklärung. In: Strategisches Marketing, hrsg. v. H. RAFFÉE u. K.-P. WIEDEMANN. Stuttgart 1985, S. 370-390.

MÜLLER-MERBACH, Heiner: Datenursprungsbezogene Alarmsysteme. In: ZfB-Ergänzungsheft 2/79, Horst Albach (Schriftl.) u.a. 1979, S. 151-161.

MÜLLER-MERBACH, Heiner: Dem mündigen Anwender: Datenbanken und Informationssysteme. In: technologie & management, 37. Jg. (1988), H. 2, S. 6-8.

MÜLLER-MERBACH, Heiner: Komprehensive Informationssysteme und Allgemeine Betriebswirtschaftslehre. In: ZfB, 59. Jg. (1989), H. 10, S. 1023-1045.

MÜLLER-WUNSCH, M.: Ein wissensbasiertes System zur strategischen Produktplanung. Arbeitsbericht des Fachgebiets Systemanalyse und EDV im Institut für Quantitative Methoden der TU Berlin, Berlin 1986.

MUNARI, Silvio und NAUMANN, Chris: Strategische Steuerung - Bedeutung im Rahmen des Strategischen Management. In: ZfbF, 36. Jg. (1984), H. 5, S. 371-384.

MÜNCH, Vera: Der Konkurrenz auf der Spur. In: Cogito, 9. Jg. (1993), H. 1, S. 26-29.

MUßHOFF, Heinz J.: Decision Support Systems. In: Handwörterbuch der Planung, hrsg. v. N. SZYPERSKI. Stuttgart 1989, Sp. 255-262.

MYLOPOULUS, John u. BRODIE, Michael: Current Trends and Future Directions. In: Information Systems and Artificial Intelligence: Integration Aspects. Proc. of the 1st Workshop, Ulm, FRG, March 19-21, 1990, hrsg. v. D. KARAGIANNIS. Reihe: Lecture Notes in Computer Science hrsg. v. G. GOOS u. J. HARTMANIS. Berlin u.a. 1990, S. 152-180.

NÄGER, Lorenz: Jahresabschlußanalyse mit XPS - Anspruch, Möglichkeiten und Grenzen. In: WiSt, 20. Jg. (1991), H. 12, S. 628-631.

NEUMANN, M.: Industrial Organization. Ein Überblick über die quantitative Forschung. In: ZfB, 49. Jg. (1979), H. 7, S. 645-660.

NITTEL, Silvia: Relationale und objektorientierte Datenbanksysteme für CIM-Applikationen - ein Vergleich. In: CIM Management, 5. Jg. (1989), H. 6, S. 11-14.

NOACK, Jörg: Zur Integration von Datenbanken und wissensbasierten Konzepten. In: Informationstechnik, 34. Jg. (1992), H. 2, S. 113-123.

o.V.: Jahresabschlußdatenbanken. In: technologie & management, 37. Jg. (1988), H. 2, S. 30-31.

OBERKAMPF, V.: Szenario-Technik, Frankfurt a.M. 1976.

ORACLE Corporation: SQL Language Reference Manual, Version 6.0, Part Number 778-V6.0, November 1988, Revised 1990.

ORENSTEIN, Ruth M.: "How full is full" revisited: A status report on searching fulltext periodicals. In: Database, 16. Jg. (1993), H. 5 (Okt.), S. 14-23.

ORTNER, E.: Semantische Modellierung - Datenbankentwurf auf der Ebene der Benutzer. In: Informatik-Spektrum, 8. Jg. (1985), H. 8, S. 20-28.

ORTNER, E., RÖSSNER, J. u. SÖLLNER, B.: Entwicklung und Verwaltung standardisierter Datenelemente. In: Informatik-Spektrum, 13. Jg. (1990), H. 1, S. 17-30.

PECKHAM, Joan u. MARYANSKI, Fred: Semantic Data Models. In: ACM Computing Surveys, 20. Jg. (1988), Nr. 3, S. 153-189.

PEGUIN, D.: COLBERT: Système Expert en Stratégie Export pour PME, les Leçons d'une Experience. In: Proceedings of the IFAC International Conference on Economics and Artificial Intelligence, Aix-en-Provence 1986, S. 243ff.

PEIFFER, Stephan: Technologie-Frühaufklärung. Identifikation und Bewertung zukünftiger Technologien in der strategischen Unternehmensplanung. Hamburg 1992.

PERLITZ, Manfred: Frühwarnsysteme. In: Handwörterbuch des Rechnungswesen, hrsg. v. Klaus CHMIELEWICZ. 3. Aufl., Stuttgart 1993, Sp. 679-688.

- 343 -

PFEIFFER, W. u. BISCHOF, P.: Produktlebenszyklus - Instrument jeder strategischen Produktplanung. In: Planung und Kontrolle, hrsg. v. H. STEINMANN, München 1981, S. 133-154.

PHILIPPATOS, G.C.: Portefeuille-Theorie. In: Handwörterbuch der Finanzwirtschaft, hrsg. v. H. E. BÜSCHGEN, Stuttgart 1976, Sp. 1443-1450.

PICOT, Arnold: Strukturwandel und Wettbewerbsdruck. In: ZfbF, 42. Jg. (1990), H. 2, S. 119-134.

PICOT, Arnold: Der Produktionsfaktor Information in der Unternehmensführung. In: Information Management, 5. Jg. (1990), H. 1, S. 6-14.

PICOT, Arnold u. MAIER, Matthias: Computergestützte Informationssysteme. In: Handwörterbuch der Organisation, hrsg. v. Erich FRESE. 3. Aufl., Stuttgart 1992, Sp. 923-936.

PILDER, Christhard: Die Abbildung von Prüfvorgang und Zeitdimension in Datenmodellen. In: Wist, 19. Jg. (1990), H. 10, S. 513-516.

PISTOR, P.: Objektorientierung in SQL3: Stand und Entwicklungstendenzen. In: Informatik-Spektrum, 16. Jg. (1993), H. 1, S. 89-94.

PLATTFAUT, E., KRAETZSCHMAR, G. u. MERTENS, P.: STRATEX - ein prototypisches Expertensystem zur Unterstützung der Strategischen Planung. In: Strategische Planung, Bd. 3 (1987), S. 71-103.

POHLE, Klaus: Kritische Analyse des Management-Informationssystems aus der Sicht des Vorstands. In: Unternehmensführung und Controlling, hrsg. v. Hans-Ulrich KÜPPER u.a. Reihe: Frankfurter betriebswirtschaftliches Forum an der Johann-Wolfgang-Goethe-Universität, Bd. 3. Wiesbaden 1990, S. 3-18.

POLKE, M.: Information als kritische Ressource. In: Handbuch strategische Führung, hrsg. v. Herbert A. Henzler, Wiesbaden 1988, S. 353-378.

PORTER, Michael E.: Wettbewerbsstrategie, 4. Aufl., Frankfurt a.M. 1987.

PORTER, Michael, E.: Wettbewerbsvorteile, Frankfurt a.M. 1986.

PORTER, Michael E. u. MILLAR Victor E.: How Information Gives You Competitive Advantage. In: HBR, 63. Jg. (1985), Juli-August, S. 149-160.

POTOCZNY, Henry B.: On similarity relations in fuzzy relational databases. In: Fuzzy sets and systems, 7. Jg. (1984), Nr. 12, S. 231 -235.

PREIß, Nicolai u. STUCKY, Wolffried: Probleme des Datenmanagements für entscheidungsunterstützende Systeme. In: Entscheidungsunterstützende Systeme im Unternehmen, hrsg. v. Manfred R. Wolff. München u.a. 1988, S. 193-227.

PREIßLER, Peter R.: Controlling: Lehrbuch und Intensivkurs. 3. Aufl., München 1991.

PÜMPIN, Cuno: Management strategischer Erfolgspositionen. Das SEP-Konzept als Grundlage wirkungsvoller Unternehmungsführung. Schriftenreihe Unternehmung und Unternehmungsführung, Bd. 10. Bern u. Stuttgart 1982.

PUPPE, F.: Einführung in Expertensysteme, Berlin u.a. 1988.

RAJU, K. u. MAJUMDAR, A.: The study of joins in fuzzy relational databases. In: Fuzzy sets and systems, 10. Jg. (1987), H. 21, S. 19-34.

RAJU, K. u. MAJUMDAR, A.: Fuzzy Functional Dependencies and Lossless Join Decomposition of Fuzzy Relational Database Systems. In: ACM Transactions on Database Systems, 13. Jg. (1988), Nr. 2 (Juni), S. 129-166.

RECHKEMMER, Kuno: Topmanager endlich on-line?. In: HARVARDmanager, 16. Jg. (1994), H. 1, 26-31.

REICHMANN, Th. u. LACHNIT, L.: Unternehmensführung mit Hilfe eines absatzorientierten Frühwarnsystems. In: ZfB-Ergänzungsheft 2, 1979, S. 107-119.

REIMER, U. u. SCHEK, H.-J.: A frame-based knowledge representation model and its mapping to nested relations. In: Data and Knowledge Engineering, 4. Jg. (1989), S. 321-352.

REINWALD, B. u. WEDEKIND, H.: Logische Grundlagen eines Triggerentwurfssystems. In: Informationstechnik und Technische Informatik, 35. Jg. (1993), H. 1, S. 25-33.

REISIG, W.: Petrinetze - Eine Einführung. 2. Aufl., Berlin u.a. 1991.

REITMAN, W.R.: Heuristic Decision Procedures, Open Constraints and the Structure of Ill-Defined Problems. In: Human Judgements and Optimality, hrsg. v. M.W. SHELLY u. G.L. BYRAN, New York 1964, S. 282-315.

REYES, Gloria: Was die Konkurrenz über sich verrät. Imageforschung mit Datenbanken. In: Cogito, 8. Jg. (1992), H. 5, S. 2-7.

RICHTER, Hans-J.: Elektronische Informationsbeschaffung: Online-Datenbanken - effiziente Informationsquellen für das Unternehmensmanagement. In: ZfO, 54. Jg. (1985), H. 5-6, S. 331-335.

RIEBEL, Paul u. SINZIG, Werner: Zur Realisierung der Einzelkosten- und Deckungsbeitragsrechnung mit einer relationalen Datenbank. In: ZfbF, 33. Jg. (1981), H. 6, S. 457-489.

RIEBEL, Paul u. SINZIG, Werner: Einsatzmöglichkeiten relationaler Datenbanken zur Unterstützung einer entscheidungsorientierten Kosten-, Erlös- und Deckungsbeitragsrechnung. In: EDV-Systeme im Finanz- und Rechnungswesen, hrsg. v. P. STAHLKNECHT. Berlin u.a. 1982, S. 93-125.

RIEBEL, Paul: Überlegungen zur Integration von Unternehmensplanung und Unternehmensrechnung. In: ZfB, 57. Jg. (1987), H. 12, S. 1154-1167.

RIEBEL, Paul: Einzelkosten- und Deckungsbeitragsrechnung: Grundfragen einer markt- und entscheidungsorientierten Unternehmensrechnung. 6. Aufl., Wiesbaden 1990.

RIEGER, Bodo: Executive Information Systems. In: Büroautomation im betrieblichen Umfeld, hrsg. v. Susanne FUHRMANN u. Thomas PIETSCH. Berlin 1990, S. 183-206.

RIESER, I.: Frühwarnsysteme. In: DU, 32. Jg. (1978), H. 1, S. 51-68.

ROCKART, John, F.: The Role of the Executive in the New Computer Era. In: The Rise of Managerial Computing. The Best of the Center for Information Systems Research, Sloan School of Management, MIT, hrsg. v. J.F. ROCKART u. C.V. BULLEN. Homewood (Ill.) 1986, S. 374-382.

ROCKART, John F.: Topmanager sollten ihren Datenbedarf selbst definieren. In: HARVARDmanager, 2. Jg. (1980), H. II, 45-58.

ROCKART, John F. u. DE LONG, David W.: Executive Support Systems. The Emergence of Top Management Computer Use. Homewood (Ill.) 1988.

ROCKART, John F. u. TREACY, Michael E.: The CEO Goes On-Line. In: HBR, 60. Jg. (1982), H. 1, S. 82-88.

RÖMER, Elisabeth M.: Konkurrenzforschung. In: ZfB, 58. Jg. (1988), H. 4, S. 481-501.

ROMMELFANGER, Heinrich: Entscheiden bei Unschärfe. Fuzzy Decision Support-Systeme. Berlin u.a. 1988.

RÜTTLER, Martin: Information als strategischer Erfolgsfaktor. Konzepte und Leitlinien für eine informationsorientierte Unternehmensführung. Berlin 1991.

SAGER, Juan C.: A Practical Course in Terminology Processing. Amsterdam u. Philadelphia, 1990.

SAKAI, H.: A Method for Entity Relationship Behaviour Modelling. In: Entity-Relationship Approach to Software Engineering, hrsg. v. C. G. DAVIS u.a., Nord-Holland 1983.

SANDMAIER, Wolfgang: Informationsvorsprung mit Online-Datenbanken: Internationale Wissensressourcen für die Praxis. Frankfurt a.M. 1990.

SCHÄFER, Gunter: Entwurfstechniken logischer Datenstrukturen. In: Informatik-Spektrum, 16. Jg. (1993), H. 1, S. 50-59.

SCHEER, August-Wilhelm: EDV-orientierte Betriebswirtschaftslehre. 3. Aufl., Berlin u.a. 1986.

SCHEER, August-Wilhelm: Wirtschaftsinformatik. 3. Aufl., Berlin u.a. 1990.

SCHEER, August-Wilhelm: Entwurf des konzeptionellen Schemas einer Datenbank für das innerbetriebliche Rechnungswesen. In: Grenzplankostenrechnung. Stand und aktuelle Probleme, hrsg. v. A.-W. SCHEER. 2. Aufl., Wiesbaden 1991, S. 179-205.

SCHEER, August-Wilhelm (Hrsg.): Grenzplankostenrechnung. Stand und aktuelle Probleme, 2. Aufl., Wiesbaden 1991.

SCHEK, Hans-Jörg u. SCHOLL, Marc H.: Evolution of Data Models. In: Database Systems of the 90's. International Symposium. Müggelsee, Berlin, FRG, 5.-7. November 1990, hrsg. v. A. BLASER. Reihe: Lecture Notes in Computer Science hrsg. v. G. GOOS u. J. HARTMANIS. Berlin u.a. 1990, S. 135-153.

SCHERFF, J.: Information Retrieval mit Online-Datenbanken. In: HMD, 25. Jg. (1988), H. 141, S. 3-18.

SCHIMANK, C.: Strategische Entscheidungsunterstützung durch prozeßorientierte Kosteninformation. In: Strategieunterstützung durch das Controlling: Revolution im Rechnungswesen?, hrsg. v. Peter HORVÁTH, Stuttgart 1990, S. 227-247.

SCHLAGETER, Gunter u. UNLAND, Rainer: Object-Oriented Database Systems: Concepts and Perspectives. In: Database Systems of the 90's. International Symposium. Müggelsee, Berlin, FRG, 5.-7. November 1990, hrsg. v. A. BLASER. Reihe: Lecture Notes in Computer Science hrsg. v. G. GOOS u. J. HARTMANIS. Berlin u.a. 1990, S. 154-197.

SCHLAGETER, Gunter u. STUCKY, Wolffried: Datenbanksysteme: Konzepte und Modelle. 2. Aufl., Stuttgart 1983.

SCHLAK, H.D. u. ZEMANKOVA-LEECH, M.: Introduction to FRDB (Fuzzy relational data base) system. Technical Document, Dept. of Mathematics and Computer Science, Florida State University, Tallahassee 1983.

SCHMIDT, Joachim W. u. MATTHES, Florian: Language Technology for Post-Relational Data Systems. In: Database Systems of the 90's. International Symposium. Müggelsee, Berlin, FRG, 5.-7. November 1990, hrsg. v. A. BLASER. Reihe: Lecture Notes in Computer Science hrsg. v. G. GOOS u. J. HARTMANIS. Berlin u.a. 1990, S. 81-113.

SCHMIDT, Ralph, SCHEIN, Barabara u. KLAS, Andreas: Inhouse-Patentdatenbanken für mittelständische Unternehmen. In: Informationstechnik, 33. Jg. (1991), H. 5, S. 276-282.

SCHMIDT, Reinhard: Expertensysteme zur Unterstützung der strategischen Planung. In: Informationstechnologie und strategische Führung, hrsg. v. Klaus SPREMANN u. Eberhard ZUR. Wiesbaden 1989, S. 255-274.

SCHMOCH, Ulrich u.a.: Technikprognosen und Patentindikatoren. Köln 1988.

SCHMOCH, Ulrich u. KOSCHATZKY, Knut: Praktische Durchführung von Recherchen in Patentdatenbanken. In: Informationstechnik, 33. Jg. (1991), H. 5, S. 259-262.

SCHNEIDER, Dieter J.G. u. MÜLLER, Ralph U.: Datenbankgestützte Marktselektion. Eine methodische Basis für Internationalisierungsstrategien. Stuttgart 1989.

SCHOLZ, Ch.: Strategische Branchenanalyse durch Mustererkennung. In: ZfB, 37.
     Jg. (1985), H. 2, S. 120-141.

SCHRADE, E.: Informationspotentiale datenbankgestützter Kosten-, Erlös- und Er-
     gebnisrechnung. In: Kostenrechnungs-Standardsoftware für mittelständische
     Unternehmen, hrsg. v. W. MÄNNEL, Wiesbaden 1990, S. 85-95.

SCHREYÖGG, Georg: Der Managementprozeß - neu gesehen. In: Managementfor-
     schung, Bd. 1, hrsg. v. W.H. STAEHLE u. J. SYDOW. Berlin u. New York
     1991, S. 255-289.

SCHREYÖGG, Georg u. STEINMANN, Horst: Strategische Kontrolle. In: ZfbF, 37.
     Jg. (1985), H. 5, S. 391-410.

SCHREYÖGG, Georg u. STEINMANN, Horst: Zur Praxis strategischer Kontrolle.
     In: ZfB, 56. Jg. (1986), H. 1, S. 40-50.

SCHREYÖGG, Georg u. STEINMANN, Horst: Strategic Control: A new perspecti-
     ve. In: Academy of Management Review, 12. Jg. (1987), H. 1, S. 91-103.

SCIENTIFIC CONSULTING, Dr. Schulte-Hillen (Ed.): Der Markt für Informations-
     dienste 1988-1992, Köln 1992.

SCHWARZE, Jochen: Daten- und Datenbankorientierung in der Betriebswirtschafts-
     lehre. In: Angewandte Informatik, 29. Jg. (1987), H. 2, S. 51-58.

SCOTT MORTON, Michael S.: The State of the Art of Research in Management
     Support Systems. In: The Rise of Managerial Computing. The Best of the Cen-
     ter for Information Systems Research, Sloan School of Management, MIT,
     hrsg. v. J.F. ROCKART u. C.V. BULLEN. Homewood (Ill.) 1986, S. 325-353.

SEIBT, D., KEMPER, H.-G., BALLENSIEFEN, K. u. SCHARDT, D.: Executive
     Information Systems (EIS) in deutschen Großunternehmen - Ergebnisse einer
     empirischen Erhebung. Arbeitsbericht 94/1 des Lehrstuhls für Wirtschaftsinfor-
     matik insbesondere Informationsmanagement, Universität zu Köln.

SEIDENSCHWARZ, W.: Target Costing und Prozeßkostenrechnung. In: Prozeßko-
     stenmangement, hrsg. v. Ifua Horváth & Partner GmbH, München 1991, S. 49-
     70.

SHAW, Phil: Database Language Standards: Past, Present, and Future. In: Database
     Systems of the 90's. International Symposium. Müggelsee, Berlin, FRG, 5.-7.

November 1990, hrsg. v. A. BLASER. Reihe: Lecture Notes in Computer Science hrsg. v. G. GOOS u. J. HARTMANIS. Berlin u.a. 1990, S. 55-80.

SHENOI, S. u. MELTON, A.: Proximity Relations in the Fuzzy Relational Database Model. In: Fuzzy sets and systems, 12. Jg. (1989), Nr. 31, S. 285-296.

SHENOI, S., MELTON, A. u. Fan, L.T.: An Equivalence Classes Model of Fuzzy Relational Databases. In: Fuzzy sets and systems, 13. Jg. (1990), Nr. 38, S. 153-170.

SHOSHANI, A. u. KAWAGOE, K.: Temporal Data Management. In: Proceedings of the 12th International Conference on Very Large Data Bases (Kyoto, Japan), Los Altos, California 1986, S. 79-88.

SILBERSCHATZ, Avi u.a.: Database Systems: Achievements and Opportunities. In: Communications of the ACM, 34. Jg. (1991), H. 10, S. 110-120.

SIMON H.: Die Zeit als strategischer Erfolgsfaktor. In: Zeitaspekte in betriebswirt-schaftlicher Theorie und Praxis, hrsg. v. H. HAX u.a. 50. Wissenschaftliche Jah-restagung des Verbandes der Hochschullehrer für Betriebswirtschaft e.V., Köln, 24.-28. Mai 1988. Stuttgart 1989, S. 117-130.

SINZ, Elmar J.: Das Strukturierte Entity-Relationship-Modell. In: Angewandte In-formatik, 30. Jg. (1988), Nr. 5, S. 191-202.

SINZ, Elmar J. u. AMBERG, Michael: Objektorientierte Datenbanksyteme aus der Sicht der Wirtschaftsinformatik. In: Wirtschaftsinformatik, 34. Jg. (1992), H. 4, August, S. 438-441.

SINZ, Elmar J.: Das Entity-Relationship-Modell (ERM) und seine Erweiterungen. In: HMD, 27. Jg. (1990), H. 152, S. 17-29.

SINZIG, W.: Datenbank-orientiertes Rechnungswesen. Berlin u.a. 1988.

SNODGRASS, Richard: The Temporal Query Language TQuel. In: ACM Transacti-ons on Database Systems, 12. Jg. (1987), S. 247-298.

SNODGRASS, Richard: Temporal Databases: Status and Research Directions. In: ACM SIGMOD Record, 19. Jg. (1990), H. 4 (Dezember), S. 83-89.

SNODGRASS, R. u. AHN, I.: A Taxonomy of Time in Databases. In: International Conference on Management of Data: Proceedings of the ACM SIGMOD Conference (Austin, Tex .), hrsg. v. ACM. New York 1985, S. 236-246.

SOO, M.D.: Bibliography on Temporal Databases. In: ACM SIGMOD Record, 20. Jg. (1991), H. 1 (März), S. 14-23.

SPLETTSTÖSSER, Dietrich: Computergestützte Gestaltung von Gruppen-Entscheidungsprozessen. In: Wirtschaftsinformatik, 33. Jg. (1991), H. 4 (August), S. 325-331.

SPRENGEL, F.: Informationsbedarf strategischer Entscheidungshilfen. Frankfurt a.M. 1984.

STAEHLE, Wolfgang, H.: Management. Eine verhaltenswissenschaftliche Perspektive. 6. Aufl., München 1991.

STAHLKNECHT, Peter: Computergestützte Planung. In: Handwörterbuch der Planung, hrsg. v. N. SZYPERSKI. Stuttgart 1989, Sp. 210-219.

STAHLKNECHT, Peter: Einführung in die Wirtschaftsinformatik. 5. Aufl., Berlin u.a. 1991.

STALK, George: Zeitwettbewerb: Schnelligkeit entscheidet auf den Märkten der Zukunft. Frankfurt a.M. 1990.

STAM, R u. SNODGRASS, R.: A Bibliography on Temporal Databases. In: IEEE Database Engineering, 7. Jg. (1988), H. 4 (Dezember), S. 231-239.

STAUD, Josef L.: Online Datenbanken. Aufbau, Struktur, Abfragen. Bonn u.a. 1991.

STAUD, Josef L.: Fachinformation online: ein Überblick über Online-Datenbanken unter besonderer Berücksichtigung von Wirtschaftsinformationen. Berlin u.a. 1993.

STENDER, J.: Expertensysteme im Marketing - Anwendungsmöglichkeiten und Perspektiven. In: HMD, 23. Jg. (1986), H. 128, S. 99-107.

STENZ, Thomas: Führungssysteme für das Management: Vom Management-Informationssystem zum Executive Information System. In: Controlling, hrsg. v. Klaus SPREMANN u. Eberhard ZUR. Wiesbaden 1992, S. 703-712.

STICKEL, Eberhard: Datenbankdesign. Methoden und Übungen. Reihe: Praxis der Wirtschaftsinformatik, hrsg. v. K.H. RAU u. E. STICKEL. Wiesbaden 1991.

STONEBRAKER, Michael u. KEMNITZ, Greg: The POSTGRES Next-Generation Database Management System. In: Communications of the ACM, 34. Jg. (1991), H. 10, S. 78-92.

STÖRIG, Hans Joachim: Weltgeschichte der Philosophie, Stuttgart 1985.

STREICHER, Rudolf u. TURNHEIM, Georg: Strategisch Planen und Managen mit dem IBM PC. Wiesbaden 1988.

STREIM, Hannes: Human Resource Accounting. In: Handwörterbuch der Planung, hrsg. v. N. SZYPERSKI. Stuttgart 1989, Sp. 743-750.

STUBBART, C.: Are environmental scanning units effective?. In: Long Range Planning, 18. Jg. (1982), H. 6, S. 139-145.

SUTTON, D.R. u. KING, P.J.H.: Integration of Modal Logic and the Functional Model. In: Advanced Database Systems. 10th British National Conference on Databases, BNCOD Proceedings 10 Aberdeen, Scotland, July 6-8, 1992, hrsg. v. P.M.D. GRAY u. R.J. LUCAS. Berlin u.a. 1992, S. 156-174.

SZEWCZAK, Edward J.: Building a Strategic Data Base. In: Long Range Planning, 21. Jg. (1988), Nr. 2, S. 97-103.

SZYPERSKI, Norbert: Gegenwärtiger Stand und Tendenzen der Entwicklung betrieblicher Informationssysteme. In: Probleme beim Aufbau betrieblicher Informationssysteme, hrsg. v. H. R. HANSEN u. M. P. WAHL, München 1973, S. 25ff.

SZYPERSKI, Norbert u. WINAND, Udo: Strategisches Portfolio-Management: Konzept und Instrumentarium. In: ZfbF, 30. Jg. (1978), S. 123-132.

SZYPERSKI, Norbert u. WINAND, Udo: Grundbegriffe der Unternehmungsplanung. Stuttgart 1980.

SZYPERSKI, Norbert u. WINAND, Udo: Planung und Rechnungswesen. In: Handwörterbuch der Betriebswirtschaft, hrsg. v. E. KOSIOL u.a. 2. Aufl., Stuttgart 1981, Sp. 1348-1368.

SZYPERSKI, N. u. RICHTER, U.: Messung und Bewertung. In: Handwörterbuch des Rechnungswesen, hrsg. v. E. KOSIOL u.a. 2. Aufl., Stuttgart 1981, Sp. 1206-1214.

SZYPERSKI, Norbert: Rechnungswesen als Informationssystem. In: Handwörterbuch des Rechnungswesens, hrsg. v. E. KOSIOL u.a. 2. Aufl., Stuttgart 1981, Sp. 1426-1439.

TANGTHE, Patrick: Firmeninformationen - zehn Online-Strategien für die effektive Nutzung deutscher Firmendatenbanken. In: Claassen, Walter (Red.) u.a., Klaes GmbH (Hrsg.): Fachwissen Online-Recherche: Suchstrategien in Online-Datenbanken. Essen 1988, S. 245-282.

THALHEIM, Bernhard: Konzepte des Datenbank-Entwurfs. In: Entwicklungstendenzen bei Datenbank-Systemen, hrsg. v. G. VOSSEN u. K.-U. WITT. München u. Wien 1991, S. 1-48.

THOMAS, P. u.a.: The British Term Bank Project. In: Terminology et Traduction, Nr. 3-1986, Comm. d. Communautés Européennes, Luxemburg, S. 45-100.

THURNHERR, B.: Konzepte und Sprachen für den Entwurf konsistenter Datenbanken. Dissertation, ETH Zürich 1980.

TREACY, Michael, E.: Supporting Senior Executives' Models for Planning and Control. In: The Rise of Managerial Computing. The Best of the Center for Information Systems Research, Sloan School of Management, MIT, hrsg. v. J.F. ROCKART u. C.V. BULLEN. Homewood (Ill.) 1986, S. 172-189.

TRIPATHY, R.C. u. SAXENA, P.C.: Mulitvalued Dependencies in Fuzzy Relational Databases. In: Fuzzy Sets and Systems, 13. Jg. (1990), S. 267-279.

TROSSMANN, Ernst: Finanzplanung mit Netzwerken: Konzeption eines Netzwerkmodells und einer Datenbank für die betriebliche Finanzplanung. Reihe: Betriebswirtschaftliche Forschungsergebnisse, Bd. 94. Berlin 1990.

TSUR, Shalom: Deductive Databases in Action. In: Proc. 10th ACM SIGACT-SIGMOD-SIGART Symposium on Principles of Database Systems, New York 1991, S. 142-153.

TSUR, Shalom: A (Gentle) Introduction to Deductive Databases. In: Logic Programming in Action, hrsg. v. G. COMAN u.a. Reihe: Lecture Notes in Artificial Intelligence, hrsg. v. J. SIEKMANN u.a. Berlin u.a. 1992, S. 65-79.

ULLMAN, Jeffrey D.: Database and Knowledge-Base Systems (Bd. I), Rockville, Md. 1988.

VETSCHERA, R.: Group Decision and Negotiation Support - A Methodological Survey. In: OR-Spektrum, 12. Jg. (1990), S. 67-77.

VETTER, M.: Aufbau betrieblicher Informationssysteme. Stuttgart 1982.

WAGNER, Hans-Peter: Computergestützte Informationssysteme in der Unternehmensplanung. Dissertation, München 1987:

WANDEL, Hans-Ulrich: Expertensysteme in der strategischen Planung. Reihe: Göttinger Wirtschaftsinformatik, Bd. 4. Dissertation, Göttingen 1992.

WEBER, Jürgen: Einführung in das Controlling. Stuttgart 1988.

WEBER, Jürgen: Einführung in das Controlling. Teil 2: Instrumente. 3. Aufl., Stuttgart 1991.

WEBER, Reinhold: SQL2-Norm und SQL3-Projekt. In: Informatik-Spektrum, 13. Jg. (1993), H. 1, S. 95.

WECKEND, Bernd Rüdiger: Recherche nach japanischen Schutzrechten. In: Informationstechnik, 33. Jg. (1991), H. 5, S. 245-251.

WEDEKIND, Hartmut: Relationale Datenbanksysteme. In: Informatik-Spektrum, 1. Jg. (1978), H. 1, S. 5-16.

WEDEKIND, Hartmut: Objektorientierung und Vererbung. In: Informationstechnik, 32. Jg. (1990), H. 2, S. 79-86.

WEIGAND, Hubert: Besonderheiten der Patentinformationen. In: Informationstechnik, 33. Jg. (1991), H. 5, S. 230-243.

WELGE, Martin K.: Unternehmungsführung, Bd. 1: Planung. Stuttgart 1985.

WELGE, Martin K.: Unternehmungsführung, Bd. 3: Controlling. Stuttgart 1988.

WELGE, Martin K. u. AL-LAHAM, Andreas: Organisation des Strategischen Managements. In: Handwörterbuch der Organisation, hrsg. v. Erich FRESE. 3. Aufl., Stuttgart 1992, Sp. 2355-2374.

WIEDERHOLD, G. u. EL-MASRI, R.: Structural Model For Database Design. In: Entity-Relationship Approach to Systems Analysis and Design. Amsterdam 1980.

WILD, Jürgen: Grundlagen der Unternehmungsplanung. Reinbek bei Hamburg 1974.

WILLIAMS, Martha E.: The State of Databases Today. In: Gale Directory of Databases, Bd. I. hrsg. v. Gale Research Inc., Detroit 1994, S. xvii-xxviii.

WINAND, Udo: Externe Informationsbanken für betriebliches Informationsmanagement - Ein noch unerschlossenes Potential. In: ZfbF, 40. Jg. (1988), H. 12, S. 1130-1149.

WINAND, Udo: Erfolgspotentialplanung. In: Handwörterbuch der Planung, hrsg. v. N. SZYPERSKI. Stuttgart 1989, Sp. 440-452.

WINDAU v., Peter: Strategie- und Kulturberatung mit Hilfe des Expertensystems CASA. In: Bank und Markt, 18. Jg. (1989), H. 11, S. 34-38.

WINDAU v., Peter: Strategische Planung mit Hilfe von Expertensystemen. In: Zeitschrift für Planung, (1992), H. 1, S. 41-50.

WISWEDE, Günther: Gruppen und Gruppenstrukturen. In: Handwörterbuch der Organisation, hrsg. v. Erich FRESE. 3. Aufl., Stuttgart 1992, Sp. 735-754.

WITTMANN, Waldemar: Unternehmen und unvollkommene Information, Köln 1959.

WOLFRUM, Bernd: Strategisches Technologiemanagement. Wiesbaden 1991.

WOO, Carolyn Y.Y. u. COOPER, Arnold C.: Strategies of Effective Low Share Businesses. In: Stategic Management Journal, 2. Jg. (1981), S. 301-318.

WOO, Carolyn Y.Y.: Evaluation of the Strategies and Performance of Low ROI Market Share Leaders. In: Strategic Management Journal, 4. Jg. (1983), S. 123-135.

WÜSTER, E.: Einführung in die Allgemeine Terminologielehre und terminologische Lexikographie. 2. Aufl., Kopenhagen 1985.

YOUNG MARCACCIO, Kathleen: Introduction. In: Gale Directory of Databases, Bd. I. hrsg. v. Gale Research Inc., Detroit 1994, S. ix-xi.

YOUNG MARCACCIO, Kathleen: Introduction. In: Gale Directory of Databases, Bd. II. hrsg. v. Gale Research Inc., Detroit 1994, S. ix-xi.

ZACHARIAS, Chr.: Dynamische Unternehmensarchitektur. Ein Ansatz zur Führung flexibler Strukturen im Zeitwettbewerb. Dissertation, Wuppertal 1992.

ZACHARIAS, E.M.: Secret Missions: The Story of an Intelligence Officer. New York 1946.

ZADEH, Lofty A.: Fuzzy Sets. In: Information and Control, 8. Jg. (1965), S. 338-353.

ZADEH, Lofty A.: Similarity relations and fuzzy orderings. In: Information Sciences, 20. Jg. (1979), H. 3, S. 177-200.

ZANIOLO, C.: The Database Language GEM. In: Proceedings of the ACM SIG-MOD International Conference on the Management of Data. New York 1983, S. 207-217.

ZELEWSKI v., Stephan: Konzepte für Frühwarnsysteme und Möglichkeiten zu ihrer Fortentwicklung durch Beiträge der künstlichen Intelligenz. Arbeitsbericht Nr. 4 des Seminars für Allgemeine Betriebswirtschaftslehre, Industriebetriebslehre und Produktionswirtschaft der Universität zu Köln. Köln 1986.

ZELEWSKI v., Stefan: Das Leistungspotential der Künstlichen Intelligenz: eine informationstechnologisch-betriebswirtschaftliche Analyse, Bd. I-III. Bonn 1986.

ZEMANKOVA, M. a. KANDEL, A.: Implementing imprecision in information systems. In: Information Sciences, 35. Jg. (1985), S. 107-141.

ZEMANKOVA-LEECH, M. u. KANDEL, A.: Fuzzy Relational Data Bases - a Key to Expert Systems. Köln 1984.

ZIMMERMANN, Hans-Jürgen u. WERNERS, Brigitte: Unscharfe Planungsentscheidungen. In: Handwörterbuch der Planung, hrsg. v. N. SZYPERSKI. Stuttgart 1989, Sp. 2053-2060.

ZIMMERMANN, Hans-Jürgen: Strategische Planung - Eine potentielle Anwendung der Theorie unscharfer Mengen. In: Operations Research Proceedings, hrsg. v. B. FLEISCHMANN u.a. Berlin u. Heidelberg 1980, S. 369-376.

ZIMMERMANN, Hans-Jürgen: Strategic Planning, operations research and knowledge based systems. In: The interface between artificial intelligence and operations research in fuzzy environment, hrsg. v. J.-L. VERDEGAY u. M. DELGADO. Köln 1989, S. 253-274.

ZIMMERMANN, Hans-Jürgen: Fuzzy set theory - and its applications. 2. Aufl., Boston u.a. 1991.

ZLOOF, M.M.: Query by Example. In: Proceedings National Computer Conference, AFIPS Press, Arlington, VA 1975, S. 431-437.

ZLOOF, M.M.: Query-by-example: a data base language. In: IBM Systems Journal, 1977, H. 4.

ZVIELI, A. u. CHEN, P.: Entity-relationship modeling and fuzzy databases. In: Proc. Int. Conf. on Data Engineering, (1986), Nr. 2, S. 320-327.